愛德華・吉朋像

羅馬帝國衰亡史

第三卷

THE HISTORY OF THE DECLINE AND FALL OF THE ROMAN EMPIRE
VOLUME III   IN SIX VOLUMES

吉朋〔Edward Gibbon〕◎著

席代岳◎譯

第三卷目次

第三卷插圖目次

說明：編號 1.吉朋像爲賀爾平(Patrick Halpin)的版畫作品，編號10.羅馬帝國行政區圖爲譯
    者提供，其餘皆爲皮拉內西(Gioyanni Battista Piranesi)作於十八世紀之蝕刻版畫作品。

第二十七章

格里先崩殂 阿萊亞斯教派受到打擊 聖安布羅斯的事
蹟 麥克西繆斯的第一次內戰 狄奧多西的性格作風、
治理事國和知錯悔罪 華倫提安尼二世殞世 尤金紐斯
的第二次內戰 狄奧多西駕崩(340-397A.D.)

一、格里先早年的功業和償事的性格(379-383A.D.)

　　格里先(Gratian)在二十歲以前，名聲已勝過最有成就的君王。溫和友
善的個性贏得友人喜愛，和藹親切的言行獲得人民擁戴，文人雅士欣賞君
王的慷慨大方並讚揚他的學識和口才，勇敢過人和熟嫻弓馬也獲得軍隊的
推崇，教士認為格里先謙卑的虔誠是他最無可比擬的完美德行。科爾瑪
(Colmar)的勝利解救西方免於可怕的入侵，東方行省充滿感激之情，把狄
奧多西的成就和國家的安全，歸之於偉大的君王有識人之明。格里先在完
成令人緬懷的事蹟後，不過四、五年便被弒身亡，只有過去的名聲殘存下
來。其實在他被謀害之前，一般來說，已經失去羅馬世界的尊敬和信任。

　　格里先的性格和行為發生驚人的改變，不能全歸於旁人奉承和諂媚的
影響，事實上身為華倫提尼安的嫡子，從小就為阿諛之徒包圍，此不足為
怪；也不能說是他的剛愎和任性所以致之，因為這是他溫和的個性一直想
要極力避免的行為。若深入觀察格里先的生活，可以了解到他讓公眾失望
的真正原因。他身為一國之君，他的德行不是藉由經驗和逆境所養成，而
是皇家教育早熟和人工催成的果實。他的父親用溺愛的親情刻意栽培，延

請各門學科和各種技藝的明師，來塑造年輕皇子的身心[1]。豈不知天下事物愈難到手愈受重視，反之亦然！他們費盡心力傳授的知識，只能表現出誇張的成果和過譽的讚許而已。格里先的個性柔和順從，接受明智的訓示可以產生美好印象，缺乏熱情可以解釋理性過強。那些教過他的導師逐漸升到高位成為國家的大臣[2]，巧妙掩飾是他們在當家作主的事實，因此君王在一生之中每遇重要關頭，行動就顯得很堅定、適切而正確。但精心教導的影響力無法穿透表面發揮作用。教學經驗豐富的導師正確引導皇家門生，但無法把積極進取和獨立自主的原則，灌輸到他軟弱和怠惰的心靈中，可是唯有運用此一原則，才能成為一個英雄人物，幸福的生活在永無止息的追求榮譽中。等到時間和意外使這些忠誠的顧命大臣離開宮廷，西部的皇帝逐漸墮落到原形畢露，把管理政府的權力委棄給野心分子，任其玩法弄權，自己則沉溺在毫無意義的消遣之中。無論是宮廷還是行省，賣官鬻爵苞苴公行，這些一無是處的封疆大吏，唯一功績是追查褻瀆神聖的罪行。君王為信仰而蒙蔽良知，只聽從聖徒和主教的指引[3]。他們獲得皇帝的詔書，對於違犯、忽略和不知「神聖法條」的人，當成十惡不赦的大罪來懲處。年輕的格里先經常鍛鍊體能和武術，特別喜歡演練成效顯著的項目，像是調教馬匹、拉弓射箭和投擲標槍。這些都是士兵的看家本領，卻被皇帝用在不務正業的狩獵，帝王為了享樂，圍起面積廣闊的園林，供應數量繁多的飛禽走獸。格里先忽略身為九五之尊的職責和威嚴，把整天的時光浪費在賣弄技巧和勇氣的捕獵活動。羅馬皇帝為自己擅長一種技藝而感到驕傲和滿足，卻不知最卑賤的奴隸，所擁有的技藝比他更為高明。

1　華倫提尼安將格里先的教育託付給奧松紐斯(Ausonius)負責後，很少注意兒子的宗教問題。奧松紐斯自稱異教徒，作詩很有名氣，顯示那個時代的品味低落。

2　奧松紐斯不斷被擢升至重要職位，他曾出任意大利禁衛軍統領(377A.D.)、高盧禁衛軍統領(378A.D.)，接著被授與執政官(379A.D.)。他用卑躬屈膝而又冗長乏味的奉承詩文來表示感激之意，這之中有一些有價值的作品也被保留至今。

3　安布羅斯(Ambrose, 339-397A.D.，聖徒及米蘭大主教)為了教導君主，撰寫三位一體信仰的神學論文。蒂爾蒙特(Tillmont, Louis Sebastien le Nain de, 1637-1698A.D.，法國教會歷史學家)把格里先頒布偏執又不寬容的宗教法令，認為是這位大主教的功勞。

無數觀眾回想起當年的尼祿和康莫達斯（Commodus），但是格里先因本身的純潔和節制，所以沒有產生他們那種惡魔式的獸行，他的手裡只沾染動物的鮮血[4]。

二、不列顛的叛變和格里先被弒(383-387A.D.)

世人雖認為格里先的品德已經墮落，但只要沒有傷害到軍隊，激起軍方的厭惡之心，倒也不會危及統治安全。年輕的皇帝聽從老師的教導，宣稱自己是軍隊的朋友和學生，花很多時間在軍營裡與大家親切交談，對於忠心耿耿為自己服務的部隊，要把他們的健康、生活、酬勞和職位視為最關切的事務，那麼一切問題都可迎刃而解。等到格里先不理政事沉溺於射獵活動，若是大臣中有人具有高明的狩獵技巧，君臣就會常聚在一起，從而產生密切的感情。例如有一小隊阿拉尼（Alani）人從軍隊被派到皇宮擔任勤務，他們以前就習慣在錫西厄廣大無邊的平原上遊獵，高盧的林園和圍場相形之下小得多，使他們的精湛技能更能大顯身手。這支受到寵愛的衛隊，格里先對他們的才幹和習俗都讚不絕口，因信任他們而讓他們單獨負起護衛皇帝安全的工作。他經常穿著錫西厄武士的裝束，帶著他們的武器，背負長弓和華麗的箭囊，身著毛皮的服飾，出現在士兵和人民的面前，好像有意引起公眾反感。羅馬君主毫無意義的打扮，等於是否定本國的體制和習俗，使軍團所有成員的內心充滿悲憤和惱怒[5]；連在帝國軍隊裡的日耳曼人，擁有強大勢力而使人側目，但是他們對於北國蠻子的奇裝

---

4 阿米努斯（Ammianus Marcellinus，四世紀羅馬軍人和歷史學家）和小維克托（Victor）承認格里先的功業，在指責的同時，也惋惜他的格調日趨墮落，因此被拿來與康莫達斯相提並論，他們認為他可免於「血腥兇手」的惡名。菲羅斯托杰斯（Philostorgius，368-433A.D.，拜占庭歷史學家）和戈德弗洛瓦（Godefroy Jacques，1587-1652A.D.，歷史學家和法學家）也為之緩頰，不讓人認為他的行為可與尼祿相比擬。

5 諾昔繆斯（Zosimus）和小維克托都把發生動亂的原因，歸於他偏愛阿拉尼人，引起羅馬軍隊的不滿。

異服，也表露出不屑一顧的態度。誰知這些來自北國的野蠻部族，不到幾
年工夫，就從窩瓦河浪跡天涯來到塞納河畔。一股理直氣壯而且毫無顧忌
的怨聲，在帝國西部的軍營和守備部隊中滋長迴響。溫和而怠惰的格里先
忽略事態的嚴重，沒有及早撲滅不滿的徵候；由於缺乏臣民的摯愛和尊
敬，因此臣民對君王不會產生畏懼之心，君王也無法發揮影響力以獲得所
期望的支持。想要推翻現存的政府，事實上是極為困難的工作，而且格里
先的帝位穩如泰山，從君士坦丁建立帝國的政策以來，受到傳統、法律、
宗教以及政軍權力平衡等諸多重要因素的保護。探求不列顛產生叛亂的原
因並非重點所在，意外事件通常是社會騷亂的根源，叛變的種子落在僭主
和篡奪者的手裡，才會發芽生根成長茁壯。駐守偏遠島嶼的軍團，長久以
來就以瀰漫著僭越傲慢的風氣而著稱於世[6]。麥克西繆斯(Maximus)的大
名在天下板蕩之時脫穎而出，獲得士兵和省民異口同聲一致擁戴。在他未
來命運的發展還未定奪之前，這位皇帝也可以稱之為叛徒。他是西班牙
人，就是因為連狄奧多西這位同鄉、戰友和對手都能身登大寶，因而激發
起羨慕和憤恨之心。他一生主要的事蹟都發生在不列顛，並非我不願找出
他結婚的證據，但據說他與一個領主的女兒訂有婚約，這位領主的領地在
喀納芬夏(Caernarvonshire)[7]，相當富有。但這種省民階層正好讓人知道出
身寒微，再不然就是被放逐的家族。就算麥克西繆斯身為政府和軍隊的官
員，但也沒有獲得總督或將領的職位[8]。那個時代只要能做持平之論的作
家，都承認他有卓越的才能和廉潔的操守，他可說功勳彪炳，雖然是狄奧
多西的手下敗將，但仍受到當代人士推崇。麥克西繆斯雖感到不滿，但並

6　傑羅姆(Jerom Eusebius Hieronymus, 347-419A.D.，聖徒、翻譯家和修道院院長)在
　　貝拉基(Pelagian)教義的論戰中，說出發人深省的名句：「不列顛行省是培養暴
　　君的溫床」，使得參加爭辯的本地學者都感到很不是滋味。
7　海倫娜(Helena)是優達(Eudda)的女兒，其禮拜堂仍存於西塞哥(Caersegont)，即
　　現今的喀納芬。有見識的讀者對這一類威爾斯的證據不會感到滿意。
8　康登(Camden William，1551-1623A.D.，英國史家)說麥克西繆斯是不列顛的總
　　督。這位研究英國古文物的先驅的意見被後代子孫深信無疑。帕卡都斯(Pacatus)
　　和諾昔繆斯努力要防止此種錯誤，我採用他們兩人的決定性證據。

沒有取而代之的野心，僅是指責君主的行為而已，如此一來卻等於煽動部
隊的情緒，使得流言四起怨聲載道。但在群眾的騷動之中，他可能是玩弄
權術故作姿態，也可能是沒有嚴辭拒絕帝位。當然他發表的聲明也相當可
信，說是被迫接受紫袍加身的險惡局面[9]。

　　背叛帝國帶來同樣的危險，從此刻起，麥克西繆斯離棄正統合法的君
主，違背忠誠服務的誓言，要是他局限自己的雄心壯志在狹小的不列顛，
不僅沒有長治久安的希望，甚至難保自己的性命。他下定勇敢而明智的決
心，要使格里先無法明瞭他的企圖，很久以後讓人記憶猶新，以為是不列
顛的部族發生大遷移[10]。皇帝平時住在巴黎，得到敵軍接近的警報，於是
把原本浪費在獅子和黑熊身上的標槍，現在要用在對付叛賊的正途上，但
因積弱太久且積習已深，狀況已惡化到不堪回首的地步。等到大事臨頭，
軍隊的防守能力無法發生任何作用，唯一可恃之處是人民和盟友的支持。
高盧的軍隊不僅沒有阻止麥克西繆斯的進軍，反而興高采烈用忠誠的歡呼
迎接王師。民眾也跟著行動，讓君王感受背棄的羞辱。部隊的配置是為了
能立即對皇宮提供勤務，現在位於巴黎附近的單位，首度丟掉格里先的旗
幟。西部的皇帝向著里昂（Lyons）逃亡，只有三百名騎兵隨護，他希望在
沿路通過的城市找到庇護，至少能得到一條穿越的通路。現實的殘酷讓他
知道真相，每處城門緊閉，不肯接納落難的君主。要是他沒有被里昂行省
奸詐的總督出賣，還是可以安全抵達自己兄弟的領地，並帶著意大利和東
部的部隊打回去。格里先聽到矢言忠誠的保證感到安心，懷著獲得支持的
希望。誰知這一切都沒有半點效果，等到麥克西繆斯的騎兵主將安德拉果
蘇斯（Andragathius）領軍抵達，他的願望全部落空。斷然執行篡賊命令的

9　蘇庇修斯‧塞維魯斯（Sulpicius Severus, 363-420A.D.，早期基督教修道士）和奧羅
　　休斯（Orosius Paulus，四世紀神學家和史學家）都認同麥克西繆斯的清白和功勳。
　　但奇怪的是，諾昔繆斯沒有幫他說話，因為諾昔繆斯是格里先的死對頭。

10　厄舍爾（Usher）大主教費很多心血蒐集不列顛和歐洲大陸的傳說。這次大遷移包括
　　三萬名士兵和十萬名平民，後來定居在不列塔尼（Bretagne）。遷移途中，早已指
　　定的新娘，包括聖烏爾蘇拉（St. Ursula）在內，有一萬一千名貴族和六萬名平民的
　　處女，走錯路在科隆（Cologne）登陸，全遭匈奴人殘酷謀害。

軍官毫無憐憫之情,等格里先用過晚餐後,將他交到弒君者手裡(383年8月25日)。甚至在苦苦哀求後,也不願將屍體交還給他的兄弟華倫提尼安二世[11]。皇帝逝世後,接著是最有實力的將領梅洛包德斯(Mellobaudes)被處死,這位法蘭克人的國王到生命最後一刻還保持敵友難分的名聲,這也是他「坐山觀虎鬥」投機策略應得的報應[12],基於國家安全,這種斬草除根的行動確有必要。成功的篡位者在權勢被西部各行省承認以後,難免要吹噓自己的功勳並且感到極為得意,說除了在戰爭中陣亡的人以外,他的勝利沒有沾染羅馬人的鮮血。

鼎革的事件造成極為迅速的帝位接替,使得狄奧多西來不及進軍解救他的恩主,就已獲得格里先戰敗和被弒的消息。就在東部皇帝真正感到憂慮而且裝出極度悲悼的時刻,麥克西繆斯的內廷大臣抵達,帶來很大的困擾。擔任這個職位是一名德高望重的長者,並非往常那樣選用宦官擔任,要把不列顛篡位者的嚴正立場和克制態度,向君士坦丁堡的宮廷公開宣示。使臣用謙卑的語氣詳盡說明,他的主子行為正當且有充分理由,同時用模稜兩可的辭句鄭重昭告,謀殺格里先確實罪無可逭,完全是士兵在突發狀況下的狂暴行為,麥克西繆斯根本不知情也沒有同意。使臣接著用堅定而處於平等地位的聲調,向狄奧多西提出和平與戰爭的建議讓他選擇,並且以充滿活力的宣言終結他的講話。雖然麥克西繆斯像是羅馬人,但身為臣民的君父,他的選擇是運用軍隊防衛國家安全。要是他的友誼受到拒絕,那麼他已經全副武裝完成準備,不惜為了爭奪整個帝國,在戰場一決高下。對方要求立即而且斷然的答覆,但是狄奧多西處於此緊要關頭,同時要能平撫內心的情緒,又要能善盡國家的責任,感到格外的困難。基於

---

11 諾昔繆斯將格里先死亡的地點,從高盧的盧格都儂(Lugdunum)搬到瑪西亞(Maesia)的辛吉都儂(Singidunum)。編年史中可以找到暗示,索諾曼(Sozomen,五世紀拜占庭律師和歷史學家)和蘇格拉底(Socrates Scholasticus,380-450A.D.,拜占庭教會歷史學家)的作品中有一些不實記載。安布羅斯提出最可信的證言。

12 帕卡都斯表揚梅洛包德斯的忠貞行為,而《普洛斯帕(Prosper)編年史》提到他的反叛是格里先被弒的主要原因,安布羅斯在有機會為他辯白時,只譴責他殺死格里先忠心的待從瓦利奧(Vallio)。

個人的榮譽和感恩的心情，大聲疾呼要復仇雪恥，由於格里先的寬宏大量
和知人善任，他才得到君王的冠冕。他的忍耐會讓自己蒙受不白之冤，以
爲他仍然深記往日的傷害，而忘卻爾後的恩德；如果他接受對方的友誼，
就必須分擔弒君的罪行。如果寬恕麥克西繆斯的罪惡，司法原則和社會正
義都會受到嚴重的打擊，篡奪獲得承認造成的先例，會使帝位傳承結構趨
向解體的地步，在未來的世代將帝國再度投入罪行和災難之中。感恩和榮
譽的情操永恆不變的節制著個人的行爲，但是就君王的立場而論，居高位
所負的責任更爲重要，要是讓無辜的民族因他的懲罰行爲而受到傷害，基
於法律和人道的準則，就是十惡不赦的大罪也只有放過不予理會。謀害格
里先是篡奪的行爲，但格里先掌握帝國能征慣戰的行省，結果尚且如此；
東部因爲哥德戰爭的災難和爭鋒弄得民窮財盡，而且最讓人感到憂心忡忡
之處，就是等到帝國的實力在相互爭戰中消耗殆盡，即使獲得勝利的征服
者也會成爲北方蠻族的俎上肉。狄奧多西在深思熟慮權衡輕重以後，決定
忍住憤怒之情，接受僭主提出的盟約。但他提出重要條款要求對方遵守，
麥克西繆斯必須以獲得阿爾卑斯山以北地區爲滿足，格里先的兄弟確定保
有意大利、阿非利加和西伊里利孔的統治權，還有些相關條件列在協定之
中，用來保障故世皇帝的死後尊榮和法律權益。按照當時的習慣，三位帝
國共治者的肖像要陳列供民眾瞻仰。我們不該輕率認定，在舉行莊嚴的典
禮訂約復交的時刻，狄奧多西私下竟懷著毀約和復仇的打算[13]。

三、狄奧多西的受洗和格列哥里的任職(340-380A.D.)

　　格里先雖然藐視羅馬軍隊，激起士兵怒火，白白喪失性命；但他對基
督教的教士卻特別尊敬，所獲得的回報是這個勢力強大的階層，對他表示
出讚許和感激之情。多少世代以來，無論是在世間和天國，他都獲得超

13　我們可以不接受諾昔繆斯讓人反感的懷疑態度，但不能否認他們簽訂和平條約。
　　狄奧多西的朋友一定會忘掉這件事，不然就盡量避免提及。

凡入聖的殊榮[14]。正統教會的主教表示哀悼，他的逝世帶來難以彌補的
損失。他們同時也感到欣慰，因爲格里先把東部的權杖交到一個君王的
手裡，這位活躍的人物用他全副精神和能力，支持謙卑的信仰和狂熱的激
情。在教會的恩主之中，狄奧多西的光榮足可匹敵君士坦丁的聲名。要是
君士坦丁的功勞在於樹起十字架的旗幟，那麼他的後輩可以一較長短的勳
業，是清除基督教的阿萊亞斯異端和消滅羅馬世界的偶像崇拜。狄奧多西
是第一個受洗時眞誠信仰三位一體的皇帝，雖然他出生在一個基督教家
庭，按照那個時代的社會習俗和實際狀況，總會盡量延後實施入教的儀
式，但在他即位的第一年年底，患了一場大病差點性命難保，使他不願再
冒延遲受洗的危險。在他再度進入戰場對付哥德人之前，由提薩洛尼卡的
正統教會主教阿契留斯（Acholius）[15]，爲他舉行神聖的洗禮（380年2月28
日）。等到皇帝從聖水洗禮盆中緩緩抬起頭來，全身洋溢著再生的溫暖感
覺。他頒布一份義正辭嚴的詔書，公開宣示自己的信仰，爲臣民指出應該
皈依的宗教：

> 吾人甚爲欣慰（這是皇帝的官式用語），接受仁政治理的各民族，
> 對於聖彼得傳授給羅馬人的宗教，能保持虔誠的信仰傳統。現經
> 由教皇達瑪蘇斯（Damasus）和使徒榮銜的亞歷山卓主教彼得所宣
> 布的宗教，要能堅定不移地皈依，遵照使徒訓諭和福音教義，讓
> 我們信仰聖父、聖子和聖靈這唯一的眞神。我們虔誠相信三位一
> 體有同等的神格和尊榮，我們裁決追隨這種教義的信徒才有資格
> 稱爲正統基督徒。同時我們也判定所有其他教派全是極度愚昧的
> 瘋子，應把他們打上可恥的標誌，稱他們是異端分子。同時在這
> 裡宣布，他們不合法的聚會不得僭用教會這個可敬的名字，除了
> 神的正義要定他們的罪，他們在塵世也要遭到嚴厲的制裁。我們

---

14 米蘭大主教是神的代言人，提到自己的門生格里先在上天有崇高的地位。

15 阿契留斯又名阿斯科留斯（Ascolius），與安布羅斯建立友誼且受到推崇而享譽當
時。安布羅斯說他是「忠義志士」，後來又讚許他在君士坦丁堡和意大利之間奔
波，完全以國事和大局爲重，絲毫沒有替自己打算的意圖。

的權威接受最高智慧的引導，會考量對他們施加適當的懲罰。

　　一個士兵的信仰是接受教誨所產生的結果，並非孜孜不倦探究經典所獲得。皇帝常把注意力放在正統教派此一顯著的目標上，這是他經過審慎選擇後所做出的決定。阿萊亞斯派神學家那種似是而非的題材、狡猾詭譎的爭辯和曖昧含糊的信條，都不會對他的宗教觀念產生任何影響。有次他表示那麼一點興趣，要與能言善辯而又學識淵博的優諾繆斯（Eunomius）晤面談話，優諾繆斯已過著隱退生活，離君士坦丁堡不太遠。但接見會產生危險的後果，皇后弗拉西拉（Flaccilla）擔心夫君的救贖問題，皇帝在她懇求以後聽從她的勸阻。狄奧多西具備粗淺能力可以理解哲學辯論，使得他的信念更為堅定。他剛把奧古斯都的頭銜和地位授與長子阿卡狄斯（Arcadius），兩位君主都坐在莊嚴的寶座上接受臣民的效忠。伊科尼姆（Iconium）主教安菲羅契斯（Amphilochius）趨近寶座，用尊敬的態度向狄奧多西行禮後，接著用像對待平民子弟的態度，很親切的招呼阿卡狄斯。狄奧多西被他這種無禮的行為激怒，下令將土裡土氣的教士立即驅離覲見的行列。就在衛士逼他走向門口的時候，這位反應敏捷的善辯者抓住機會表達自己的意見，很大聲宣布：「啊，皇帝陛下，天國的主已經準備用這種方式，對待像我這樣不虔誠的人，因為我只知道抱著喜悅的心崇拜聖父，拒絕承認聖子有同樣的尊榮。」狄奧多西立即擁抱伊科尼姆主教，他從非常戲劇化的比喻中接受重要的教訓，從此不會忘記[16]。

　　君士坦丁堡是阿萊亞斯派的主要基地和堡壘，大約有四十年的時間（340-380A.D.）[17]，君主和教士的信仰受到羅馬和亞歷山卓正統教派的杯葛。馬其頓紐斯（Macedonius）沾滿基督徒的鮮血才登上總主教的寶座，後來陸續由優多克蘇斯（Eudoxus）和達摩菲盧斯（Damophilus）接任。他們的

16　蒂爾蒙特對「土裡土氣的主教」和「名不見經傳的小城」這種用語，表示不以為然；我只能說，無論是安菲羅契斯還是伊科尼姆，對羅馬帝國而言都無關緊要。

17　這四十年時間的計算是從優西庇烏斯強行當選開始，他抓住機會從尼柯米地亞主教跳上君士坦丁堡大主教的寶座。

主教轄區很容易從帝國每個行省輸入罪惡和謬誤，大眾熱情追隨宗教的爭
辯，可以讓一大群無聊的城市人用來打發時間。我們可以信得過一個很有
見識的旁觀者，雖然他的描述很詼諧，倒也可以體驗宗教熱情帶來饒舌的
效果。他說：

> 這座城市充滿工匠和奴隸，每個人都是深奧莫測的神學家，在店
> 舖裡和街道上宣講教義。要是你想去換一塊銀子，他會告訴你聖
> 父與聖子相異之處。如果你要買一條麵包，等你開口以後，答覆
> 的話是聖子的神格低於聖父。要是你問浴池準備好沒有，回答是
> 聖子從虛無之中產生[18]。

　　各種教派的異端在君士坦丁堡阿萊亞斯派的保護下，相安無事的共榮
共存。阿萊亞斯派盡力確保諸多小教派的依附，同時用絕不寬容的態度，
濫用在尼斯會議獲勝的成果。康士坦久斯和華倫斯統治期間完全偏袒一
方，本體同一論的殘存人員勢力衰弱，被剝奪所有公開或私下的宗教活
動。有人用很悲愴的言詞說，像是羊群沒有牧羊人在旁照顧，散落在山
嶺裡徘徊，或被貪婪的惡狼吞食[19]。他們的宗教熱忱並沒有衰退，反在高
壓下增長實力和勇氣，華倫斯過世時，他們抓住機會，暫時獲得局部自
由，在主教和本堂神父指導下進行正常的宗教集會。

　　卡帕多西亞人巴西爾和格列哥里・納齊成[20]，是世俗辯才和正教信仰
極其罕見的結合，在當代人物中有卓越的表現。這兩位演說家有深厚的友
誼，彼此相輔相成，無往不利，無論是他們本人的意見或公眾的看法，受

18　格列哥里・納齊成 (Gregory Naziazen) 第三十三篇講辭討論這方面的問題，實在說
　　內容大同小異，有的地方更好笑。但是我發現這幾段話裡的用詞，倒不必出於學
　　者之口才會正確無誤。

19　可以參閱格列哥里・納齊成第三十二篇講辭，寫成一千八百句抑揚格的詩篇敘述
　　他的平生事蹟。然而每一個醫生對治好的痼疾，總要誇大病情的嚴重。

20　除非把格列哥里・納齊成的年齡弄錯了三十年，否則他跟巴西爾都出生於329
　　年。蘇伊達斯 (Suidas，十一世紀拜占庭辭典學家) 的荒謬編年史之所以被接受，
　　是要讓格列哥里的父親免受牽連，因爲他怎能在出任主教後，還生得出兒子。

到讚揚的程度可以比擬希臘古代的名家。他們在深造時同樣有好學的求知精神，都在雅典的學院裡苦讀不懈，虛心研究；他們在隱退時同樣有虔誠的宗教信仰，都在本都的曠野裡沉思默想，孤獨生活。無論是相互競爭還是彼此羨慕所產生的一點摩擦，在格列哥里和巴西爾聖潔而坦誠的胸懷裡，全部消失得無影無蹤。等到巴西爾從一介平民升為凱撒里亞總主教的職位，讓全世界同時也可能讓他本人，見識到他性格裡最傲慢的一面。他很謙卑的表示要給朋友安排職務，實際上等於是給人帶來痛苦的侮辱，可能他原本的打算就是如此。他並沒有給格列哥里有用而且顯目的位置，好讓他盡情發揮優異的才幹。傲慢的總主教在廣闊行省的五十個主教職位中，選擇狀況最惡劣的薩昔瑪(Sasima)村莊[21]，該處沒有水源和青蔥的林地，也沒有可供交往的社會活動，位於三條道路的交叉口，只有粗野而喧囂的馬車夫不斷來往，格列哥里勉強屈服於羞辱的放逐。他被聖職任命為薩昔瑪的主教，但他提出嚴正的抗議，說他從未與令人厭惡的新娘完成屬靈的婚禮。後來他答應去掌理家鄉的納齊祖斯(Nazianzus)教會[22]，他的父親擔任此地主教已超過四十五年。但是他仍舊念念不忘要有更多的聽眾和更大的舞台，於是抱著鴻圖大展的志向，接受君士坦丁堡正統教派提出的光榮邀請。

　　格列哥里抵達首都(378年11月)，就受到一屋子親友虔誠而寬厚的接待。這個非常闊大的房間就奉獻為宗教禮拜之用，取名為安娜斯塔西亞(Anastasia)，表示尼西亞信仰的復活。私人的聚會所後來改建成為壯麗宏偉的教堂，等到時隔久遠，很容易讓人相信此地出現過奇蹟和異象，證實聖母曾經親臨並且保護此地。格列哥里‧納齊成在安娜斯塔西亞的講道，

21　格列哥里‧納齊成描繪出薩昔瑪荒涼的景象，在安東尼紐斯的旅行指南上，定出準確位置，離開阿齊拉斯(Archelais)是四十九哩，到台納(Tyana)是三十二哩。

22　納齊祖斯的名聲因格列哥里而不朽，但是希臘人和羅馬人都把他的家鄉稱為戴奧凱撒里亞(Diocaesarea)；普里尼(Pliny the elder，Plinius Secundus，一世紀羅馬博物學家，著有《自然史》)、托勒密(Ptolemy，Claudius Ptolemaeus，二世紀希臘天文學家、地理學家和數學家，建立托勒密體系，著有《天文學大全》)和希洛特特克里斯(Hierocles)都曾提及，位於艾索里亞(Isauria)的邊境。

花費很多的心血獲得最大的勝利，在兩年之內歷盡靈性修爲的滄桑和傳教事業的興衰。阿萊亞斯派爲他的大膽進取心所激怒，特別把他傳播的教義提出來加以警告，要是他再宣講三個分開而相等的神格，虔誠的群眾受到刺激，會用暴力和動亂來鎮壓阿納泰休斯異端的非法聚會。從聖索非亞主座教堂出發一群烏合之眾，其中有「喪失憐憫他人權利的普通乞丐，有外形像山羊或半人半馬的僧侶，還有比耶洗別(Jezebel)*23更可怕的婦女」。安娜斯塔西亞的大門被打破，暴民使用木棍、石頭和火把進行攻擊，發生很多傷害事件。在打架滋事的過程中有一個人喪失性命，格列哥里在第二天早晨被傳喚到官員那裡，認定死者公開表示信仰耶穌，因而覺得滿意。當他從外來敵人的危險和恐懼中被拯救出來，他那開創未久勢力弱小的教堂受到內部派系的侮辱和騷擾。有位外鄉人自稱麥克西繆斯24，拿犬儒學派哲學家的身分做掩飾，暗示自己得到格列哥里的信任，濫用這位主教所贊成的主張到處招搖撞騙，與埃及的一些主教建立秘密連繫，用私下的聖職任命來排擠他的贊助人，榮登君士坦丁堡大主教的寶座。這種羞辱的下場有時會使卡帕多西亞的傳教士，懊惱自己退處到卑微而孤獨的地點。但是他辛勤的工作獲得報酬，聲譽日增而且信徒日眾，使他津津樂道及，過去數量龐大聽眾中絕大部分人員，對於傳道者濟世救人的辯才大爲傾倒25，反倒是信徒不滿篡奪者的教會在信仰方面的諸多缺失。

四、君士坦丁堡宗教會議和阿萊亞斯派的沒落(380-381A.D.)

狄奧多西接受洗禮和頒布詔書，使得君士坦丁堡的正統基督徒感到信心滿滿而且意氣風發。他們對於仁慈君王的應許，懷著焦急的心情在等待

---

*23 [譯註]耶洗別是西頓(Sidonians)王之女，以色列王亞哈(Ahab)之妻，她殺了耶和華的先知，受到神的指責：「狗在耶斯列(Jezreel)的外郭，必吃耶洗別的肉。」

24 格列哥里·納齊成在講辭裡對他大讚揚，但是等到他們發生爭執以後，麥克西繆斯把名字改爲希羅(Heron)，我認爲對這種難以理解的私人恩怨不必著墨太多。

25 格列哥里像作白日夢一樣，陶醉在成功的自滿之中，然而從他與聖傑羅姆親切的談話可以知道，傳道者了解受到大眾鼓掌歡呼的眞正價值。

豐碩的成果。他們的願望很快達成，皇帝在結束戰事以後，立即率領軍隊
大張旗鼓班師回朝。在他返回國門的次日召見達摩菲盧斯（380年11月26
日），對阿萊亞斯派的高級教士提出指示，讓他們抉擇，是要贊同尼西亞
信條，還是要立即放棄一切，將全部都交給正統教派的信徒，其中包括主
教府邸、聖索非亞主座教堂和君士坦丁堡所有教堂的產權和使用的權利。
達摩菲盧斯有執著的宗教信念，這在正統教會的聖徒看來是天大的喜事。
他毫不躊躇選擇應走的路，寧願過貧窮和放逐的生活[26]。在他解職以後，皇
帝的都城接著舉行滌罪儀式。阿萊亞斯派信徒帶著自滿的神色提出抱怨，
說是微不足道的會眾占據上百座教堂，人數不夠根本無法坐滿。在此同
時，絕大部分民眾還不是正統教會的信徒，這些異端教派被殘暴的驅離每
一處宗教禮拜的地點。狄奧多西硬下心腸不為所動，就像天使一樣保護著
正統教會，眼中所見只有虔誠的信仰。他很審慎增援軍團部隊來助陣，帶
著更能發揮效果的世俗武器，派出一大群皇家衛隊占領聖索非亞教堂。皇
帝指揮格列哥里用凱旋班師的莊嚴行列，通過君士坦丁的街道，帶著恭敬
的態度親手將他安置在總主教的寶座。格列哥里如果還有自負之情，那就
會感到功成名就而且心滿意足。但是聖徒（他無法克制人類德行中的瑕疵）
看到當前的狀況深感羞辱，發覺自己現在進入羊欄，不像牧羊人反倒更像
一匹惡狼。為了維護他的安全，四周環圍著耀目的刀戈，自己已經成為敵
方詛咒的目標，面對人數眾多的教派，他怎麼敢生藐視之心。他看到無數
的群眾，不分男女老幼擁擠在主要的街道，連門窗裡和屋頂上都是人潮，
耳裡聽到的是混合著狂怒、悲傷、驚訝和絕望的吵鬧喧囂。格列哥里坦
承，在他就任聖職值得紀念的那一天，東部的都城像是遭受暴風雨侵襲的
城市，或是已經落在蠻族征服者的手裡[27]。

　　過了六個禮拜以後，狄奧多西宣布，阿萊亞斯派的主教和教士要是再

26　蘇格拉底和索諾曼提到達摩菲盧斯傳播福音的言行，並沒有表示絲毫讚許之意。
　　蘇格拉底說他很難抗拒權勢的誘惑，只要有利可圖就很容易屈服。
27　君士坦丁堡主教為了後代子孫，把驚人的徵兆都記載下來。11月一個濃雲密布的
　　早晨，主教的行列進入教堂時，太陽穿破雲層發出耀目的光芒。

持頑固的態度,拒絕相信或者承認尼西亞會議的教義,在他統治範圍之內的所有教堂,要把這些人全部驅逐出去。他指派部將薩坡爾(Sapor)負責這個特別的任務,授與他相當大的權力,同時制定相關的法律,運用軍事力量作為後盾[28],指導教會進行改革,賦予自行處理的權責,以積極推動各項工作。東部的行省在沒有發生動亂和流血狀況下,建立皇帝所信仰的宗教。阿萊亞斯派信徒的作品要是容許流傳下去[29],裡面就會包括宗教迫害的悲慘故事,說是邪惡的狄奧多西統治下對教會施加懲處,神聖的悔改者遭受很大的痛苦,藉此想從公正的讀者那裡獲得憐憫和同情。然而倒是可以相信,阿萊亞斯派信徒沒有反抗,從某些角度來看,可以規避狂熱和報復所產生的暴力行為。在相互比較之下,不像正統教會在康士坦久斯和華倫斯統治時期,所表現的堅定立場和固執態度。相互敵對的教派所奉行的倫理特質和觀念,都為同樣的自然律和宗教觀所制約,但是可以發現一種非常重要的情況,就是可以用堅持神學上的信仰程度來加以區分。兩個教派無論是在學校或是教堂,同樣承認和崇敬耶穌至高無上的神性,就如同我們易於把感情和意念歸於神明。這時為了謹慎和尊敬起見,對於聖子極為崇高的完美,有一派人要盡量誇大炫耀,另一派人要限制保留。阿泰納休斯的門徒大喜欲狂,傲慢之心油然而生,認為自己是天之驕子;阿萊亞斯的信徒為私下的焦慮受盡折磨,自認犯下不可饒恕的罪行,由於他們吝於將讚美和尊榮歸於世界的審判者。阿萊亞斯派的觀點是滿足於冷靜而投機的心態;但是尼西亞信條的教義受到有力的推薦,來自虔誠的獻身精神所建立的勳業,才會在信仰的時代獲得萬眾歸心的勝利。

皇帝懷抱希望,要在正統教會的教士集會中找到真理和智慧,在君士坦丁堡召集宗教會議(381年5月)。一百五十名主教參加,會議順利進行,

---

28　在三個教會歷史學家中,只有狄奧多里特(Theodoret)提到薩坡爾的重要使命,蒂爾蒙特很有見地,把時間從格里先在位移到狄奧多西統治。

29　雖然菲羅斯托杰斯談到達摩菲盧斯被驅出君士坦丁堡,我並未借重他的說法。優諾繆斯派的歷史學家,會用正統教會的篩子把材料小心的過濾一遍(也就是菲羅斯托杰斯的說法完全是正統教會的意見)。

沒有任何困難和延遲，完成在尼斯會議中建立的神學體系。「神子」的本
性是包括有關三位一體的第二神格，然後在自然類似的狀況下擴展並轉移
到第三神格，因對此有不同見解，才在四世紀引發極為狂暴的爭論[30]。打
倒阿萊亞斯教義獲得勝利的對手，對一些受尊敬的神學家，提出非常曖昧
而模稜兩可的說辭，覺得應該加以解釋，以堅定正統教派信徒的信心，譴
責失去民心和矛盾百出的馬其頓教派。他們也擔心，如果容許聖子與聖父
同質的說法成立，就好像認同有三個神存在。最後宣布全體一致同意的文
件，承認聖靈有相等的神性，從此神秘的教義被基督教世界所有民族和教
會接受。與會人員在感激和尊敬之餘，全部指派為狄奧多西的主教，在全
國代表大會中的位階列為第二等[31]。他們獲得宗教真理的知識，要用傳統
來保存並以啟示來傳授，但歷史所顯示的證據另有衡量，不容許君士坦丁
堡的神父運用個人權勢發揮這麼大的作用。在這樣一個時代，神職人員從
使徒純潔的模式中形成可恥的墮落，愈是毫無價值和腐化敗壞的事物，愈
在主教集會中引起更多關注和帶來更多騷擾。甚多對立的利益和習性引發
的衝突和動亂，使神職人員激發難以控制的情緒，支配行為的主要情緒是
喜愛黃金和爭論。這批高階教士現在大多推崇狄奧多西正統信仰的聖明，
審慎適應教條，觀點一再變換，在教會和國家不斷的改革聲中，用君主的
宗教來律定自己逢迎的信仰。皇帝只要暫時停止使用優勢的影響力，充滿
驕傲、憎恨和厭惡這種荒謬而自私的動機，就出現在盲目推動而亂哄哄的
宗教會議中。在君士坦丁堡會議召開期間，米利久斯因病去世，這是結束
安提阿分裂的最好時機，可以使得保利努斯在主教職位平安做滿任期，而
且他的志行高潔，信仰虔誠，無懈可擊。基於他的信念一直受到西部教會

---

30 格列哥里·納齊成在君士坦丁堡為了駁斥阿萊亞斯派、優諾繆斯派和馬其頓
(Macedonians)派的邪說，發表多篇神學講道辭。勒·克拉克(Le Clerc，Jean,
1657-1736A.D.，亞美尼亞學者)經整理編成一份內容充實的摘要，裡面提到馬其
頓派尊奉聖父和聖子，聖靈沒有包括在內。他們大可把三位一體論稱為善惡二元
論。格列哥里信奉三神論，就他的看法，天上的君王類似井然有序的貴族體制。
31 君士坦丁堡舉行第一次宗教大會，目前還是在梵蒂岡贏得勝利，但是教皇始終猶
豫不決，有時會躊躇不前，這種態度使謙卑的蒂爾蒙特感到困擾。

的支持，宗教會議的主教決心要讓不和造成的傷害延續下去，就迅速任命
一個犯僞誓罪的候選人[32]，這樣做並沒有損及東部自以爲是的尊榮，聖子
的死亡和復活就是最好的例證。對於西部的教會則不然，像這種偏頗不公
而又雜亂無章的會議程序，逼得參加集會態度嚴肅的成員，不是提出異議
就是退出會場。擾嚷不休的多數派仍舊是占有戰場的主人，就好像拿黃蜂
或鵲鳥，與一群鶴鳥或鵝來相比，只不過吵鬧的場面縮小而已。

　　疑懼之心油然滋長，那些頑強的異端分子和惡意的無信仰人士，用懷
有偏見的手繪出教會宗教會議不堪入目的圖畫。誠摯的歷史學家憑著他的
名氣，將有益世道人心的訓諭傳給後代子孫，不讓迷信和偏頗發揮效用，
使得抱怨寂靜無聲。他是那個時代信仰最虔誠和口才最犀利的主教之一，
是教會的聖徒和博士，懲治阿萊亞斯異端的皮鞭和支撐正統信仰的樑柱。
君士坦丁堡會議的首要成員，在米利久斯死後執行主席的功能，這位偉大
人物就是格列哥里·納齊成。他面對舉止粗魯的與會人員和氣量狹窄的待
遇[33]，事實證明不僅毫無退縮的跡象，反而提起全副精力振奮士氣，使會
議能夠發揮最大功能。爲了肯定聖職的權利要求，大家毫無異議一致通
過，君士坦丁堡主教來自人民的推選和皇帝的批准。格列哥里很快自食苦
果，成爲惡意和嫉妒的受害者。東部的主教一直盡心追隨著他，現在看到
他處理安提阿的問題太過溫和，在惱怒之下不再支持，把他丟給反對派的
埃及人。這些人對他當選的合法性始終爭吵不休，堅持主張已作廢的教
規，那就是禁止任意調動主教的職務。格列哥里爲人自負而又謙遜，不願
讓人以爲他出於野心和貪婪才發生爭執，於是帶著幾分氣憤公開表示放棄
對教會的管理。要知道這個教會是他費盡千辛萬苦得以恢復和建立。他的

32　在米利久斯去世之前，他的下屬有六到八個最具聲望的神職人員要離職，其中包
　　括弗拉維亞在內，他爲了獲得和平，願意放棄安提阿主教的職位。蒂爾蒙特認爲
　　他基於職責不應相信有這件事，但是他供稱弗拉維亞一生的言行，有很多情節看
　　來有違克里索斯托的稱譽，好像他的作爲也不符聖徒的要求。

33　第十四、第二十七和第三十二篇講辭，分別在格列哥里一生志業中不同幾個階段
　　宣布。在最後這篇講辭的結語中，他用莊嚴的態度告別世人和天使、城市和皇
　　帝、東部和西部，言辭令人傷感，表現出崇高的情操。

辭職（381A.D.）爲宗教會議和皇帝接受，好像理所當然之事，這倒是出乎他意料。就在他希望能享受勝利果實時，主教寶座落到元老院議員聶克托流斯（Nectarius）手中。這位新任大主教具有平易近人的性情和德高望重的容貌，在很偶然的狀況下受到推薦，爲了使他趕快先辦理受洗的儀式，只有延後舉行就任聖職的典禮。格列哥里感受君王和高級教士的忘恩負義，再次退隱到卡帕多西亞不爲人知的偏僻之地，以作詩和祈禱度過生命中最後八年時光。他的名字加上聖徒的頭銜，但他具有慈善的心胸[34]和高雅的才智，反映出格列哥里名聲和事蹟的燦爛光輝。

五、狄奧多西頒布詔書迫害異端教派（380-394A.D.）

狄奧多西爲清算阿萊亞斯派倨傲的統治，認爲應該盡情報復在康士坦久斯和華倫斯的宗教狂熱下，羅馬正統基督徒所受到的傷害。正教皇帝認爲異端教派都是叛徒，反對上天和世間的最高權威，所以要運用權力對罪犯的肉體和靈魂進行特別審判。君士坦丁堡會議的教條明確律定信仰的眞正標準，那些掌管狄奧多西良知的神職人員，建議最有效的迫害方法。在長達十五年（380-394A.D.）的期間，他至少頒布十五次嚴苛的詔書對付異端教派。特別是那些拒絕接受三位一體教義的基督徒，爲剝奪他們逃避的希望，他嚴格制定各種法律和詔書。若有人宣稱某些條款會對他們有利，那麼法官要視爲欺騙和僞造的不合法文件，不加以引用。他要用刑事成文法來懲治異端教派的執事人員、宗教集會和信徒本人，呼籲立法者要用痛心疾首的態度大事抨擊異端邪說。其一，異端教派的宣教師僭用主教和長老神聖的職稱，無法獲得正統教會教士同等的待遇；不僅要取消所有特權和薪俸，如果膽敢宣講受譴責教派的教義，實施褻瀆神聖的儀式，就犯下重罪，要受到放逐和籍沒的刑事處分。若有人敢贈予、接受或資助異端教

34　我只能說那是格列哥里‧納齊成的本性，還沒被宗教狂熱訓練得冷酷無情，燃起迫害的火焰。但他退隱後，勸誡聶克托流斯要舉發君士坦丁堡的異端教派。

派的聖職任命,應處以十磅黃金(超過四百英鎊)的罰鍰。這樣做的目的是
期望本堂神父全部絕滅後,剩下無依無靠的信徒,受到無知和渴求的驅使
回歸到正統教會的領域。其二,嚴格禁止不合法的宗教聚會,很周詳的包
括各種可能的環境,因為異端教徒可能假借名義,用他們心中認為的方式
敬拜上帝和基督。他們的宗教集會無論是公開或私下、白天或夜晚、城市
或鄉村,都被狄奧多西的詔書明令禁止。建築物或場地只要用於不合法的
目的,就喪失在帝國領域內的財產所有權。其三,一般認為異端教派錯誤
的行為源於內心頑固的性格,所以這種性格應該是指責和處罰的目標。破
門罪要用民事的手段配合以加強驅除效果,戴上表示可恥身分的特別標
誌,將他們與市民同胞隔離。高階官員出面說明,對誤入歧途民眾施加侮
辱不僅是正當行為,且確有必要。異端教派的信徒逐漸喪失從事高尚或賺
錢職業的資格。狄奧多西對自己的公正行為感到滿意,他在詔書中說得很
清楚,如果優諾繆斯(Eunomians)派把聖子的神性與聖父加以區別,那麼
他們就不能立下遺囑,也不能從遺產的贈予中獲得好處。摩尼教派的異端
分子罪不可赦,犯者唯一的救贖是死刑。奧迪安(Audians)派或稱十四日
(Quartodecimans)派[35]信徒同樣遭到重懲,他們犯下窮兇極惡的重罪,竟
敢在不適當的日子舉行復活節的慶典。每一個羅馬人有權提出公開控訴,
狄奧多西在位時首次設置宗教檢查官,這個名字真是讓人無比痛恨。然我
們可以確信,他所頒布的刑責詔書很少強制執行。信仰虔誠的皇帝顯然要
用矯正和恐嚇的手段來對付倔強的臣民,至於懲罰多半是說說而已。

　　狄奧多西制定宗教迫害原則,他的公正和虔誠被聖徒讚許,但照本宣
科拿來執行,則是用來對付他的敵手和僭主麥克西繆斯。在基督徒君主當
中,首次有人用宗教觀點來處死基督徒臣民。普里西利安(Priscillian)派[36]

35　他們的復活節就像猶太人的逾越節,是春分後那個月份的第十四日,非常頑強反
　　對羅馬教會和尼西亞教條的規定,把復活節固定在禮拜天。

36　拉德納(Lardner, Nathaniel, 1684-1768A.D.,英國新教徒神學家)運用淵博的學識、
　　良好的判斷力和溫和的態度,戮力從事這個案例的研究。蒂爾蒙特只把那些神職
　　人員的污物耙攏在一起,真是一個有用的清道夫。

是新出現的異端邪說(385A.D.)，擾亂西班牙行省的安寧，本案經過上訴
以後，從波爾多的宗教會議送到特列夫的皇家宗教法庭審理。禁衛軍統領
宣判，有七位人員受到苦刑、定罪和處決。頭一個是普里西利安本人，他
是西班牙的阿維拉(Avila)主教[37]，有良好的家世而且極爲富有，流利的口
才和淵博的學識更是生色不少。兩位長老和兩位輔祭要陪伴敬愛的主教一
起赴死，自認會成爲光榮的殉教者。還要加上拉特洛尼安(Latronian)這位
詩人，他的名聲直追古人。最後是波爾多的貴夫人優克洛西婭
(Euchrocia)，她是演說家德爾斐狄斯(Delphidius)的遺孀。有兩位主教贊
同普里西利安的觀點，被判處距離遙遠處境淒慘的放逐[38]。還有一些卑劣
的罪犯，裝出及早悔改將功贖罪的樣子獲得赦免。要是犯人有些自白可以
相信，也是完全出於畏懼和痛苦的逼供，提供含糊不清的報告產生惡意和
輕信的結果，認爲異端教派的普里西利安分子，犯下各種人神共憤的惡
行，像是施展魔法、不信上帝和猥褻好色[39]。普里西利安在屬靈姊妹的伴
同下漫遊世界，被控在宗教集會中一絲不掛作祈禱。有些極爲武斷的流言
使大家相信，他用可憎而有罪的卑劣手段，與優克洛西婭的女兒發生不正
常的關係，所獲得的財產已受到扣押。但是經過深入而公正的調查以後發
現，要說普里西利安的信徒違犯自然的法則，那是他們的生活要求嚴格禁
欲，而不是荒淫亂性。他們對正常的房事用拒絕的態度加以指責，極爲不
智的做法是要求夫妻分離，經常引起家庭的不和。在他們禁止或是勸告之
下，完全不能食用肉類，而且不斷的祈禱、禁食和守夜，諄諄教誨要遵守
嚴格而完美的宗教奉獻生活。這個教派發人深省的教義、有關基督的人性
和神格，以及人類靈魂的性質，來自諾斯替派和摩尼教的體系。這種徒有

37 主教的職位(在舊卡斯提爾(Old Castile)地方)現在合兩萬達克特(ducats，歐洲通用的金幣或銀幣)一年，因此很難產生新異端的始作俑者。
38 他們之中有一個被送到不列顛北部荒涼的島嶼，有點像古老的錫利(Scilly)礁岩那種惡劣的狀況。
39 對於奧古斯丁(Augustin，354-430A.D.，天主教在北非希波教區的主教、哲學家和神學家)和李奧(Leo)教皇讓人起反感的誹謗之辭，蒂爾蒙特團團吞下，拉德納鼓起男子漢勇氣加以拒絕，難免讓人聯想，懷疑他會欣賞古老的諾斯替教派。

虛名的哲學從埃及傳到西班牙，並不適合西部粗鄙的習性。普里西利安那
些出身並不體面的門徒，開始只有忍受，後來人數逐漸減少終於消失不
見。他的教義雖然爲教士和人民所拒絕，但是他的處死有很長時間引起激
烈的爭論。對於他判罪的公正與否有些人加以指責，也有人大聲讚許。

　　我們很樂意看到那些最著名的聖徒和主教之間的人性矛盾，米蘭的安
布羅斯和土爾的馬丁[40]，認爲這種情況要運用宗教的寬容原則。他們同情
這些不幸的人在特列夫遭到處決，拒絕與那些謀殺主教的人士保持同教的
團契之情。馬丁過於激動，以致背離一般的處理方式，他的動機值得讚
美，他的懺悔更可以做爲我們的表率。土爾和米蘭的主教毫不猶豫的公開
宣稱，異端教派的作爲是永恆的罪孽，但是仍爲他們在世俗的死亡中鮮血
淋漓的情景感到震驚。人類誠摯的本性要抗拒神學人爲的偏見，對待普里
西利安和他的追隨者可恥而違法的審判程序，肯定安布羅斯和馬丁的人道
精神。政府和教會的負責官員逾越各自的職權界限，世俗的法官在有關信
仰和主教的管轄權這方面，竟能接受上訴以及宣布最後的判決。在罪惡的
宗教迫害中，主教擔任控告人是可恥的行爲，殘酷的伊薩修斯(Ithacius)[41]觀
看異端分子身受荼毒而無動於衷，同時還唆使判處死刑，激起人類的義憤
和不滿。允許放蕩的主教施展惡行等於提供證據，那就是與利益有關的污
穢動機刺激他的宗教狂熱。處死普里西利安以後，粗糙的宗教迫害處理方
式，成爲精純熟練而且條理分明的神聖職責，指派教會和世俗的權力分掌
不同的業務。用來供奉的犧牲品按照正常程序是由教士解送給官吏，再由
官吏交給劊子手。教會冷酷無情的判決用憐憫和關懷的溫和語氣表示，宣
布犯人靈魂和信仰的罪行。

40　蘇庇修斯運用《神聖歷史》和《馬丁傳》保持謹慎小心的態度，但他在《對話
　　錄》就比較敢表達自己；不過馬丁受到良心和一個天使的譴責，以後再施用奇蹟
　　就沒有那麼容易。

41　正統教會的長老和異教徒演說家，基於義憤同聲斥責伊薩修斯的行爲和作風。

六、米蘭大主教安布羅斯的德性善行和處事風格(374-397A.D.)

　　基督教的知名人士為狄奧多西的統治增益光彩。格列哥里・納齊成是才幹出眾、能言善道的傳道師。土爾的馬丁有天賦的名聲，建立在民眾中的威望[42]。但是神職人員中精力充沛、才智高超的首要人選，仍舊落在堅忍不拔的安布羅斯身上[43]。他出身羅馬貴族家庭，父親曾擔任高盧禁衛軍統領要職；他經過一段自由教育的學習期間後，通過幾次正常的晉升，獲得黎古里亞(Liguria)省長的職位，這個行省包括宮廷所在地米蘭在內。他在三十四歲正式受洗以前，出乎所有人意料之外，突然從省長改任大主教，正像一般人所說，其中絲毫不摻任何手腕和陰謀。全體人民異口同聲稱譽他的宗教頭銜，所以能夠保持恆久不變的擁護態度，人們認為是出於某種超自然力量的影響。雖然說從他過去生活中的習慣和職務來看，這位文職官員毫無準備，但還是勉強自己接受宗教職位。他積極進取的才能，很快使他能夠以充滿熱情和行事審慎的態度，負起教會的統轄權。他一方面欣然拋棄世俗種種華而不實的高貴排場，一方面心甘情願為了教會的利益，指引皇帝不要偏離自己的良心，進而掌控帝國的行政事務。格里先像對待父親那樣敬愛他，那篇論三位一體信仰的長文便是專為教導這位年輕的君王而作。等到皇帝悲慘死去，皇后賈絲蒂娜(Justina)為自身和兒子華倫提尼安的安全，毫無把握而膽顫心驚時，安布羅斯以米蘭大主教的身分，兼任兩個不同的大使職位，被派往特列夫。他以同樣的堅定態度和靈巧手段，行使他的宗教和政治權力，盡可能運用自己的威望和才氣，制止

42　在《馬丁傳》和《對話錄》裡提到馬丁的奇蹟，包含的內容很適合生性粗魯的蠻族，外表看來倒也沒有背離奧古斯丁時代的模式。照說他所表達的判斷力和品味應該有共通之處，令人感到驚異的是，怎麼會產生那樣強烈的對比。

43　保利努斯(Paulinus)輔祭為聖安布羅斯作傳，文字簡短而且內容膚淺，優點是引用原始的證據；蒂爾蒙特和本篤會(Benedictine)的編者，用一貫勤奮的工作精神，寫出更出色的傳記。

麥克西繆斯的野心，保障意大利的和平[44]。安布羅斯把畢生精力都貢獻給教會事業，他藐視財富，放棄自己世襲的家產，為了贖回俘虜，毫不猶豫賣掉敬神用的金銀器具。米蘭的教士和人民都熱愛他們的大主教，就是軟弱的君主也對他極為尊敬，他真可以說是受之無愧。他從未向華倫提尼安二世祈求給予恩惠，也從來不怕會觸怒皇帝。

這位年輕皇帝以及意大利的政權，自然都落到了他母親賈絲蒂娜手裡。她是一個美麗而精明的女性，雖然身處正教人士之中，可惜卻信奉阿萊亞斯派的邪說，還極力想把她的信仰灌輸給孝順的兒子。賈絲蒂娜認為，羅馬皇帝有權在統治地區，向公眾推行自己所信的宗教，因而她作了一個溫和而合理的讓步，向大主教提出要求，不論在米蘭城內和郊區，完全放棄只容許單一教會存在的作法。但是安布羅斯的行事準則和這種要求截然不同[45]，世上的宮殿全歸凱撒所有，教堂卻是上帝的聖所。而且在他的教區範圍之內，他本人作為使徒的合法繼承人，是上帝的唯一侍者。基督教所具有的一切權利，無論是世俗或宗教方面，只屬真正的信徒所有。安布羅斯由於自己的神學觀點，代表著正統教會的真理標準，自詡立場非常堅定，身為大主教絕不會與撒旦的爪牙舉行會議和談判，同時相當執著的宣稱，他寧可殉教死去，也不願與褻瀆神明的罪惡行為妥協。賈絲蒂娜把他的拒絕看成無禮和犯上，感到極為不滿，便匆忙決定要行使兒子的君王權力。她希望在復活節即將來臨之際，公開對民眾展現信仰的熱忱，下令安布羅斯要在宗教會議上接受審訊。大主教按照一個臣民應遵守的本分，非常順服的接受召喚，但卻有無數的群眾未經同意跟著一起來到，情緒激昂，推擠著皇宮大門。華倫提尼安手下的大臣一時手足無措，不禁驚恐萬分，在這種狀況下不敢對米蘭大主教判處流放，反而要低聲下氣求他挺身而出，用威望來保護皇帝的安全，恢復都城的平靜。安布羅斯把得到

的承諾，在當時轉達給民眾，卻很快為不講信用的宮廷所推翻。每年這段
嚴肅的祭典期間，原本是虔誠基督徒專用於宗教活動，現在全部陷於狂熱
和騷亂的強烈震撼之中，前後有六天之久（385年4月3日-4月10日）。皇家
的官員奉命，立即將皇帝和他的母親接到波提安（Portian），後來又改為巴
西里卡（Basilica）。皇帝的御駕按照禮儀要加上金飾的頂蓋，四周掛上華
麗的帷幔，但是官員馬上發現，必須派出強大的衛隊嚴密戒備，才能使皇
室免於群眾的侮辱行動。阿萊亞斯教派的基督徒要是敢在街上行走，就會
隨時面臨極大的生命危險。這時安布羅斯不計前嫌，把仇敵從憤怒的群眾
手中救出來，深以自己具有這種能力和威望，而至感欣慰。

安布羅斯雖盡力阻止人們的宗教狂熱，以免造成嚴重後果，但他那沉
痛而令人激動的布道演說，卻繼續不斷煽起米蘭人民的義憤和叛亂情緒。
人民說賈絲蒂娜的個性就像是夏娃、約伯（Job）的妻子、耶洗別
（Jezabel）、希羅底（Herodias）*46，這些不敬的言詞全被胡亂加在皇帝母親
的頭上。她企圖為阿萊亞斯派建立一所教堂的願望，也被人拿來與在異教
統治時期，基督教所遭受最殘酷的迫害相比。宮廷採取的應對措施，更向
人顯示出動亂的規模實在非常巨大。商會和製造商的法人團體，被處以兩
百鎊黃金的罰款。用皇帝的名義向司法機關和工作人員發布命令，要他們
在社會騷動未結束前不得離家外出。華倫提尼亞的大臣非常愚昧的公開宣
告，米蘭絕大多數有頭有臉的市民，全部支持大主教的作為。這時安布羅
斯又受到政府的要求，應遵照君主的意願，使國家恢復和平。儘管他用最
恭敬的言辭回覆，弦外之意竟也被解釋為嚴重的內戰宣言：

雖然他的生命和榮辱完全操在皇帝之手，但他不會背叛耶穌的教

---

*46 [譯註]這幾位女士都是《聖經》的知名人物：夏娃慫恿亞當吃智慧之樹的果子，
使人類墮落，參閱《聖經》〈舊約全書創世紀第三章〉；約伯的妻子勸約伯要拋
棄耶和華，參閱《聖經》〈舊約全書約伯記第二章〉；耶洗別參閱註23；希羅底
是希羅（Hero）的妻子，用前夫的女兒來誘惑希羅，要砍下施洗者約翰（John the
Baptist）的頭顱，參閱《聖經》〈新約全書馬可福音第六章〉。

會，損害祂神聖的尊嚴。爲了這項事業他已準備承受魔鬼所能加之於他的一切災難，唯一的願望就是能死在虔誠民眾的面前，長眠在聖壇底下。他並沒有挑起人們的憤怒，只有上帝的力量能使它平息。他絕不願看到發生流血和混戰的場面，只能很虔誠的祈禱，希望自己在活著時，不要看見繁榮的城市變成廢墟，整個意大利殘破成一片荒野。

執迷不悟的賈絲蒂娜對抗教會和米蘭的人民，要是有一支唯命是從的皇家軍隊可以運用，必然會使其子統治的帝國受到極大的危害。原本有一大隊哥德人的兵馬開過來，要想占領巴西里卡。從阿萊亞斯派的行事原則和外國傭兵的蠻族習性而言，讓他們去執行殘暴的命令，他們就會遵照辦理，這是意料中事。大主教與派來的人馬在神聖的教堂門口相遇，就用雷霆萬鈞的語氣，大聲宣布要將他們逐出教會，同時用父執和主子的口吻質問，他們雖被請來保護共和國，難道就是爲了侵犯上帝的聖所嗎？蠻族的遲疑不決，使他爭取到幾個鐘頭的時間，能夠做進一步的談判。皇太后終於接受身邊明智謀士的建議，同意正統基督教會擁有米蘭所有教堂，她本人也暫時中止報復的念頭，等候適合的時機。華倫提尼安的母后永遠不會原諒安布羅斯的勝利，年輕的皇帝在衝動之下也不禁大聲說，就是身旁信得過的奴僕，也會隨時把他出賣給那位專橫的教士。

帝國的法令規章，就是有些附有華倫提尼安簽署的敕令，仍然譴責阿萊亞斯派的異端邪說，似乎原諒正統教會的抗拒行動。在賈絲蒂娜的操控之下，對隸屬米蘭宮廷的行省頒布信仰寬容的詔書，讓承認里米尼信條的教徒，獲得全部的宗教自由。同時皇帝宣布，凡是違反這條有益社會大眾的神聖法令，就會被視爲破壞公共和平的敵人，要處以極刑，絕不寬恕。米蘭大主教的性格和言論始終被敵人緊緊盯住，希望他的行爲會犯下錯誤，尤其有的法令曖昧不清而且帶有暴力的血腥性質，更是容易觸犯。阿萊亞斯趁乘機對他進行打擊，可以提供合法的理由，或者是有利的藉口，表面上堅持光明正大的立場，能夠輕易作成流放的裁定。根據公布的判決

書，安布羅斯可以自己選擇流放的地點和陪同人員的數目，但必須立即離開米蘭。然而對安布羅斯來說，宣講並實踐絕對忠誠原則的聖徒權威，與教會所面臨迫在眼前的危險相比起來，那真是算不了什麼。於是他勇敢站起來拒絕服從法庭的命令，得到虔誠民眾一致的支持。大家輪班保護大主教，嚴密把守著大教堂和聖殿的大門。帝國軍隊實施封鎖，卻不願冒險攻打堅不可摧的堡壘。大批貧苦的民眾受過安布羅斯的慷慨施捨，正好利用這個機會表達宗教熱忱和感恩情懷。大主教考慮到長時期單調的守夜活動，慢慢會使人失去耐心，很明智的建立一個發生很大作用的制度，就是在米蘭大教堂定時大聲朗讀聖詩。

他在這場全力以赴的艱苦鬥爭期間，有次在睡夢中得到啟示，告訴他在某處地方挖掘，便能找到杰維休斯（Gervasius）和普羅塔休斯（Protasius）兩位聖徒的遺骸[47]。果然在教堂裡舖著磚石的地面下，挖出兩具完整無缺的骨骼，頭顱與身體分離，上面有流血的痕跡。他舉行嚴肅的儀式將這兩具聖骸展示出來，供群眾前來瞻仰膜拜。安布羅斯利用這次的時機，安排相關細節有利計畫的推行。殉教者的骨骼和寶血，甚至他們的衣物，都被大眾認為具有醫療效用，不論把遺物拿到多遠的地方，這種神奇的功效仍然存在，不受絲毫影響。有一個盲人很奇妙的被治癒[48]，還有幾位被魔鬼附身的人，雖然他們不願詳述這段經過，但都可證實安布羅斯虔誠的信念，神聖的遺物也絕非虛假。這些神蹟的真實性，安布羅斯本人和祕書保利努斯、大批皈依的教徒，以及當時在米蘭教授修辭學的知名人物奧古斯丁，都曾經加以證實。有理性的現代人，對賈絲蒂娜和阿萊亞斯派的宮廷抱持不相信的態度，一定會深表贊同。他們在當時譏笑這些鬧劇性的表演，完全是大主教的陰謀詭計，自己終將身受其害。然而，這種作法對一

---

47 意大利和高盧很多教堂供奉不知姓名的殉教者，看來聖傑瓦斯（St.Gervase）比起他的同伴要幸運得多。

48 盲人的名字叫塞維魯斯（Severus），他觸摸到聖袍就恢復視覺，以後奉獻餘生（至少有二十五年之久）用來服務教會。要是不能證明對遺骨的崇拜，如同對尼西亞信條一樣有效，我倒願意將這個奇蹟推薦給神職人員。

般人民產生很大的影響，傳播非常速迅而且力量勢不可當。軟弱的意大利君王這時才了解，自己無法與上帝所寵愛的人物相抗衡。在當時的環境下，連世俗的力量也都出面支持安布羅斯。狄奧多西的建議絲毫沒有私心，眞正表現出宗教的虔誠和堅定的友誼；但是高盧的暴君，用宗教狂熱的面具，掩蓋住野心勃勃帶有敵意的計畫[49]。

七、麥克西繆斯征服意大利和最後的敗亡(387-388A.D.)

麥克西繆斯要是據有這三個面積廣闊的國家就感到滿足，他的統治可以和平與繁榮，須知他的領地構成現代歐洲最強大的三個王國。但是簒奪者有雄心壯志，認爲他能夠拿實力當工具，建立偉大的事業，結果他初期的勝利反而促使他迅速覆滅，卑鄙的野心當不起熱愛榮譽和武功的讚譽之辭。他在高盧、西班牙和不列顛飽受壓迫的行省勒索財物，用來徵募和維持所向無敵的蠻族大軍，軍隊成員主要是來自日耳曼人最兇狠的部族。他把征服意大利當成全力準備的目標，暗中懷著私心想要毀滅無辜的年輕君主，何況華倫提尼安二世的統治，受到臣民裡面正統教徒的憎恨和杯葛。麥克西繆斯的意圖是要在毫無抵抗的狀況下，一舉占領阿爾卑斯山的關隘，於是他帶著奸詐而狡猾的笑容，接見華倫提尼安二世的使臣敘利亞人多尼努斯（Domninus），逼對方接受別有用心的援助，派遣相當數量的軍隊參加潘農尼亞的戰事。安布羅斯有敏銳的洞察力，發覺敵人打著友誼的幌子掩飾陰謀鬼計，但是多尼努斯受到欺騙，再不然就是爲特列夫宮廷慷慨的利益輸送所收買。米蘭的國務會議非常固執，不認爲這種支援會帶來危險，盲目的信任是來自於畏懼，並非來自於勇氣。支援的協防軍由使臣親自引導行軍，沒有絲毫懷疑就允許他們進入阿爾卑斯山的城堡，但是詭譎的僭主用銜枚疾走的步卒在後跟進，用盡辦法截斷信息，不讓他的運動

---

49 雖然普洛斯帕、索諾曼和狄奧多里特全都證實此事，但是蒂爾蒙特偏袒狄奧多西的調停，對麥克西繆斯抱著不屑一顧的態度。

為人所知，但是胄甲的閃爍和大隊騎兵激起的灰塵，顯示出帶有敵意的外鄉人正在接近米蘭的城門。現在已到生死存亡的最後關頭，賈絲蒂娜和她的兒子只能將這種狀況，歸咎於自己不夠謹慎和麥克西繆斯存心欺騙，但是已沒有時間、兵力和方法來抵抗高盧人和日耳曼人。無論是戰場還是在這座人心浮散的大城之內，逃走是唯一的希望，阿奎利亞是僅有的庇避難地點。麥克西繆斯現在已經現出他的真面目，格里先的兄弟也會落得血濺五步的同一下場。僭主排出凱旋的隊伍進入米蘭（387年8月）。明智的總主教拒絕與篡奪者發生有罪而危險的連繫，於是他在講道時諄諄教導，君王的職責不是玉石俱焚而是要知所進退，等於間接幫助他的門生未來還有光復故土的希望。時運不佳的賈絲蒂娜安全抵達阿奎利亞，但她並不相信城市守備的實力，害怕發生圍城事件，決定懇求狄奧多西大帝保護，何況他的權勢和事功一直為西部的國家同聲讚頌。他們暗中準備船運送皇室人員，倉促之間在威尼提亞，或稱為伊斯特里亞一個不知名的港口上船，橫越整個亞得里亞海和愛奧尼亞海，繞過伯羅奔尼撒最南端的岬角，經過漫長而順利的航行，停靠在提薩洛尼卡的港口。這樣一來，華倫提尼安二世所有的臣民只有背棄遜位的君王，解除對皇帝效忠的責任。要不是意大利邊境一個名叫伊摩納的小城繼續抵抗，就會讓麥克西繆斯獲得有欠光彩但卻勢若破竹的勝利，能夠刀不血刃單獨據有西部帝國。

狄奧多西並沒有邀請皇家的貴賓前往君士坦丁堡的皇宮，而是基於很多不可知的理由讓他們停留在提薩洛尼卡，但這並不表示輕視或漠不關心，因為他本人親自前來接待，整個宮廷和元老院幾乎全部隨駕跟從，用親切的態度表達友情和哀悼之意。信仰虔誠的東部皇帝很溫和的勸告賈絲蒂娜，異端的罪行有時要加以懲罰，不能留在人世毫不理會。公開承認尼西亞信仰是最有效的起步，這是同時滿足人間和天國的大好時機，有助於華倫提尼安二世的中興大業。狄奧多西把有關和戰大計最為重要的問題，說是要諮詢國務會議的看法，討論的主題表面上是著重榮譽和正義，因為自從格里先逝世後，就在這個題目上大作文章。狄奧多西對於華倫提尼安家族的提攜一直感恩在心，現在看到皇室受到追殺使得迫害的行動更為加

劇,同時雙方也沒有誓詞或條約,可以用來約束麥克西繆斯好大喜功的野
心。要是再不採取果敢而堅定的措施,目前的和平不僅無法維持,還會給
東部帝國帶來敵對的行動和入侵的危險。何況蠻族在越過多瑙河後,雖然
自詡為帝國的臣民和士兵,但是天生的兇暴習氣未馴,要是現在有戰事發
生,正好可以讓他們的技能有用武之地,藉著戰爭減少人口的壓力,把行
省從無法忍受的迫害中解救出來。雖然這些理由很充分,也得到國務會議
多數大臣的同意,但狄奧多西仍舊遲疑不決,是否要拔劍挺身而鬥,這樣
一來,事態就沒有挽回的餘地。同時他認為兒子年幼不能影響到未來的安
全,不可耗盡人民的財力,這兩點讓他感到憂慮。此外,以他豁達的個
性,就算暫時吞聲忍氣也不算什麼。在此極度焦慮不安的時刻,羅馬世界
的命運靠一個人來決定,美豔動人的蓋拉(Galla)公主,發揮誘惑力為她
的兄弟華倫提尼安二世求情[50]。美人的眼淚軟化狄奧多西堅持和平的態
度,年輕而純潔的君主決定成人之美以換取他的愛情。賈絲蒂娜運用手腕
來操縱衝動的激情,等到要慶祝皇家的婚禮,內戰已經是箭在弦上無法避
免。有些不通人情世故的學者,以為任何愛情所產生的弱點,都成為偉大
的正統基督徒皇帝無法洗刷的瑕疵,因此在這種狀況下,他們對歷史學家
諾昔繆斯所提出的可疑證據,一直爭論不休。就我的立場來說,想要在世
界的變革中,希望能發現或是找到一些蛛絲馬跡,有關家庭生活溫馨而慈
愛的情懷;同時在這群態度兇狠而且野心勃勃的征服者中,要是能辨別出
一個和藹可親的英雄,能夠真心從所愛者手裡接納這分情意,確實令我感
到滿心佩服。雙方都能信守條約確保與波斯國王的聯盟關係,積極進取而
且慷慨大方的君主,說服黷武好戰的蠻族參加他的陣營,再不然也要尊重
他的邊疆。狄奧多西的領土從幼發拉底河延伸到亞得里亞海,在陸地和海
洋全面響起備戰的聲音。東部的軍隊很技巧的部署兵力,看起來好像兵員
數量倍增,同時也能發揮分散麥克西繆斯注意力的作用,使他一直擔心,

---

50 諾昔繆斯提到華倫提尼安的逃走,以及狄奧多西愛上他的姊姊。蒂爾蒙特故意炮
   製很多證據,好隱瞞狄奧多西的第二次婚姻,不僅立場薄弱而且說辭含混不清。

會有一支經過精選的部隊,在膽識過人的阿波加斯特斯(Arbogastes)指揮下,直接沿著多瑙河的兩岸進軍,大膽的穿過雷蒂提亞行省,進入高盧的心臟地區。在希臘和伊庇魯斯的港口,整備一支實力強大的艦隊,帶著明顯企圖要在意大利登陸,等海戰勝利,打開航路後,華倫提尼安二世與他的母后毫不耽擱,向著羅馬前進,占領帝國和宗教最重要的位置。就在同時,狄奧多西親自率領勇敢無敵且紀律嚴明的大軍,迅速前進迎戰不堪一擊的敵手。麥克西繆斯在圍攻伊摩納後,就在昔西亞(Siscia)附近紮營,這是潘農尼亞的一座城市,寬闊而急湍的薩維河形成難以飛渡的天塹。

久經戰陣的老兵仍然記得僭主馬格南久斯,抵抗曠日持久而且有不斷的資源可以運用,使得他們費盡千辛萬苦經歷三場血戰。但是,跟他一樣篡奪西部皇位的後輩,引起的戰爭不到兩個月的時間就大事底定(388年6月-8月),受到影響的範圍不過兩百哩。東部皇帝是卓越的軍事天才,麥克西繆斯在對比之下顯得懦弱無能,在最關緊要的時刻,表現出毫無兵學素養的舉措,欠缺振奮士氣的大無畏精神。狄奧多西擁有數量龐大而且行動積極的騎兵部隊,使他的才華如虎添翼,占有更大的優勢。匈奴人和阿拉尼人以及效法他們的哥德人,組成很多弓箭手分遣隊,他們在馬背上作戰,像是韃靼人的戰爭進行快速的運動,可以擊敗一成不變只憑匹夫之勇的高盧人和日耳曼人。這些騎兵部隊在炎熱的夏季,經過辛勞的長途行軍,驅策嘴流白沫的戰馬投身薩維河中,就在敵軍眼前游過寬廣的水面,立即發起衝鋒,擊敗據守對岸高地的敵軍。僭主的弟弟馬塞利努斯(Marcellinus)率領經過挑選的支隊前來支援,認爲會給軍隊增加實力、帶來希望。作戰行動因暗夜而中斷,到第二天早晨重新開始,經過一番激烈的戰鬥,麥克西繆斯最勇敢的部隊倖存的殘留人員,在征服者面前放下武器投降。狄奧多西一點都不耽擱,馬上行軍,在伊摩納接受市民的歡呼,繼續向前追擊心驚膽寒拚命逃走的敵人,要殺死或俘虜他的對手來結束戰爭。麥克西繆斯用難以置信的速度,從朱理安‧阿爾卑斯山的絕頂下降到意大利的平原,第一天的傍晚就抵達阿奎利亞。接著他發現四周被包圍,只剩下一點時間關閉城門,但是城牆不可能長期阻擋得勝的敵軍。士兵和

市民不僅絕望而且心懷恨意,加上雙方沒有感情基礎,很快就使可憐的麥克西繆斯垮台。他從寶座上被人拖下來,很粗暴的剝去皇家飾物、長袍和冠冕,帶到離阿奎利亞約三哩的營地,像犯人一樣被押到狄奧多西面前。皇帝的言行舉止無意侮辱西方的僭主,看來像是現出憐憫和饒恕的神色,他們之間並沒有私人仇恨,何況現在他已是不足為患的對象。我們對面前出現的不幸很容易激起內心的同情,看到一個高傲的競爭對手趴俯在腳前,勝利的皇帝暗中難免產生僥倖的感想。但是這種下意識的慈悲心懷,因為要考慮到正義的要求,以及對格里先的冤死有所交待,剎那間消失得無影無蹤,就把他交給殺氣騰騰的士兵,帶開以後立刻梟首示眾。麥克西繆斯失敗被殺的消息傳出去後,舉國歡騰同聲慶賀。他的兒子維克托(Victor)的頭銜是奧古斯都,被勇將阿波加斯特斯下令處死,也有人說是他親自動手執刑。狄奧多西的軍事計畫全部順利達成,就此結束內戰,自然比預期的困難少很多,而且傷亡也不大。他冬季幾個月住在米蘭,好讓受損慘重的行省休養生息,到早春時就像君士坦丁和康士坦久斯一樣,凱旋進入羅馬帝國古老的都城。

八、評述狄奧多西的文治武功和敗德惡行

一個演說家可以保持沉默不表意見以免發生危險,也能毫無困難隨心所欲對當代人物大加頌揚[51]。後人認為狄奧多西的為人處事,值得寫出歌功頌德的讚美詩。他編纂的法典和軍隊的勝利,使他在文治和武功方面,贏得臣民和敵手的尊重,建立相當的威望和崇高的地位。他喜愛過家庭生活,能夠到達文雅的境界,這在帝王的宮殿倒是少見。狄奧多西氣質純真,個性溫和,樂於享受正常的飲宴和情欲之歡,但絕不會沉溺其中,對異性的燕好與熱情也限於合法的對象。在他作為帝國偉人值得驕傲的稱號

---

[51] 拉提努斯・帕卡都斯(Latinus Pacatus)是高盧土著,在羅馬發表這篇演說 (388A.D.),後來成為阿非利加的總督,好友奧松紐斯讚譽他是僅次於魏吉爾(Virgil)的詩人。

之外，還得到忠誠的丈夫和慈愛的父親這些美譽。他像對自己的父親那樣
敬愛叔父，推崇到極高的地位；也像對待自己的兒女那樣愛護子姪，把關
懷的熱忱和照應，遍及眾多姻親和本家中最遠的旁支。他與親密朋友平等
交往，選擇的對象都是從不弄虛作假的人士。他自負有過人的才華，對於
身著紫袍視爲當然之事，毋須刻意炫耀賣弄。從他後來的行爲得知，對登
上帝國寶座以前所受的傷害，已經完全忘懷；而對所受的幫助和恩惠，卻
能牢記在心。他談話的語氣和聲調，無論是嚴肅或輕鬆，全視所接見的臣
民的年齡、地位和性格而定，非常自然毫不做作，和藹可親的神情反映出
眞誠純潔的心靈。狄奧多西尊重簡樸的善良和德性，任何人只要具有一技
之長，都會得到他的賞識，用公正的態度給予慷慨的酬勞，除了對異端邪
說嫉惡如仇，絕不寬恕，實在說，他的恩澤已經遍及全人類。龐大帝國的
政務是如此繁重，完全占去凡人所有的時間和精力，狄奧多西是位勤政愛
民的君王，不在意贏得博學多才的名聲，總要抽出閒暇欣賞人類的大千世
界。歷史是他的最愛。有人特別注意到，每當他讀到辛納（Cinna）、馬留
（Marius）和蘇拉（Sylla）的殘酷暴行*52，總是掩卷嘆息，對人道和自由的大
敵，表達難以抑制的憤慨之情。他對歷史上重大事件給予公正的批評，據
以作爲自己行事的準則，而且狄奧多西當得起眾口同聲的美譽，德操風範
似乎與他的地位齊頭並進，軍國大事愈順利，表現得愈爲謙恭和善。寬宏
大量的胸襟，在內戰獲勝已成定局、國家解除危機以後，顯得尤爲突出。
暴君所仗恃的摩爾人禁衛軍，在戰勝的狂潮中全被殺死。少數罪大惡極的
禍首受到法律的制裁，然而皇帝所重視的當務之急是釋放無辜，並非懲治
罪犯。帝國西部受到迫害的臣民，重新獲得原有的土地，已經感到皇恩浩
蕩，還能得到一筆賠款，相當他們全部的損失，更是欣喜欲狂。氣度豪邁
的勝利者，還要在生活上照顧麥克西繆斯年老的母親，負責讓那些成爲孤
兒的子女接受教育。演說家帕卡都斯（Pacatus）異想天開的提到，要是布魯

*52 [譯註]公元前87至81年羅馬發生內戰，是馬留和蘇拉的對抗。先是馬留從阿非利
　　加率軍進入羅馬，與辛納大殺元老院派人員，次年馬留死亡，蘇拉從東方揮師回
　　朝，擊敗平民派，頒布「公敵宣告名單」，處死民黨五千人。

特斯(Brutus)能夠重返人間*53，即使他是心志堅定的共和主義人士，也會
對狄奧多西大為傾倒，澈底改變對帝王的憎惡心理，一定會坦率承認，對
羅馬人的尊嚴和幸福，只有這種君主才真正是忠實的捍衛者。由於他有如
此完美的人格，因此，帕卡都斯的話還是很有道理。

　　然布魯特斯這位共和國的締造者有洞察世情的眼光，必然會看到狄奧
多西那兩個重要的缺點，沖淡對專制統治所產生的好感。狄奧多西的仁政
常因怠惰而無法貫徹到底54，有時會受到情緒的影響難以善終。他為了達
成目標，會奮不顧身排除阻障；等到計畫完成，度過難關，蓋世的英雄就
會鬆弛下來，享受奢華的宮廷生活，縱情率性自適的樂趣，暫時忘懷君王
應把時間奉獻給人民，負起應盡的責任。狄奧多西性格急躁易怒，處在一
種無人反抗的狀況，很少人能加以勸阻，難免因一時之怒造成嚴重後果。
這位仁慈君王每當意識到自己的弱點和權力，事後難免感到十分驚愕。他
一生都在思考，要壓制或調節不時發作的暴躁脾氣，經由努力所獲得的成
果，增加氣度寬宏的美德。照說，苦心孤詣的作為應能貫徹持盈保泰的習
性，不幸終於面臨失敗的危險。這位明智而仁慈的君王，他的統治被一件
暴行玷污，只能在尼祿和圖密善的史書中找到先例。有位史學家為狄奧多
西作傳，在短短三年內，除了要敘述他對安提阿人民的寬大為懷外，又要
記錄他在提薩洛尼卡的殘殺無辜，看來真是自相矛盾。

九、安提阿的叛亂和提薩洛尼卡的大屠殺(387-390A.D.)

　　安提阿的居民活躍而急躁，凡事只關懷自己的處境和利益，對歷代皇
帝的作為深表不滿。在狄奧多西統治之下，阿萊亞斯派的臣民一直痛心疾

---

*53　［譯註］布魯特斯(85-42B.C.)是羅馬政治家，為凱撒情婦之子，先依附龐培
　　　(Pompey)，敗亡後幸得赦免，力主維護共和體制，聚眾暗殺凱撒於元老院，逃往
　　　希臘，在腓力比(Philippi)會戰被安東尼擊敗後自殺。
54　諾昔繆斯的偏頗之辭不僅坦率而且甚有見地，他提到狄奧多西的怠惰和奮發，變
　　幻無常交替出現，並不是缺失，反而是個性的特色。

首失去自己的教會。當時，有三位相互敵對的主教，爭奪安提阿教會的寶座，最後發布的判決只能滿足一派的要求，難免引起兩個失敗派系的抵制。哥德戰爭需要龐大的費用，加上後來簽訂和約必然帶來巨額的開支，使皇帝不得不加重人民的稅賦。亞細亞各行省未曾捲入這場災難，無法感到切膚之痛，不願爲解救歐洲的困窘出錢出力。狄奧多西的統治將屆十年，昇平盛世要舉行壯觀的慶祝活動，士兵可以獲得數目可觀的賞金，軍隊極爲滿意。一般臣民對於原本自願的捐獻，成爲額外增加的負擔，難免表達消極反抗的態度。皇帝下達多道徵稅的敕令，打破安提阿人民平靜逸樂的生活，請願的群眾圍住行政官員的法庭，一開始用尊敬的哀求語氣，請當局出面爲全民作主；蠻橫的官員傲慢無禮，把群眾的訴願當成抗拒君權的犯罪行爲。於是大家的火氣愈來愈大，譏諷的嘲笑逐漸變成憤怒的謾罵，開始以政府的下級機關爲對象，無形中擴大開來，演變爲攻擊皇帝的神聖人格和尊嚴。激起的憤怒無法壓制，原來建立在重要位置供人民瞻仰的皇室雕像，成爲傾洩的對象。狄奧多西本人，加上父皇、皇后弗拉西拉、兩位皇子阿卡狄斯和霍諾流斯的雕像，全部被毫不留情的從基座上推倒，砸成碎片或輕蔑的在大街拖曳而過，這種侮辱帝國尊嚴的行爲，表現出人民充滿不忠和叛逆的思想。騷動立即被派來的輕步兵和弓箭手鎮壓下去，這時，安提阿的人民眞要思考罪行的性質和產生的後果[55]。

行省的總督因職責所在，如實寫下全部眞相的報告。膽顫心驚的市民把認罪和獲恕的機會，全部託付給弗拉維(Flavian)主教的盡力奔走，以及希拉流斯(Hilarius)議員的口才辯護。希拉流斯是利班紐斯的門徒和朋友，天賦的才華在重大事件發生後，可以發揮最大的效能[56]。安提阿離君士坦丁堡的路途有八百哩，儘管有驛站可用，罪孽深重的城市仍長時間無法獲得確切的信息，民眾擔驚受怕飽受折磨。到處傳播謠言使安提阿交互充滿希望和恐懼，他們驚怖萬分，聽說皇帝震怒，對本人和心愛的皇后受

---

55 基督徒和異教徒全都認爲安提阿的叛亂是受到魔鬼的煽動，有巨無霸似的女人手裡拿著鞭子招搖過市，還有位老人變成青年，接著再變成男孩。

56 諾昔繆斯在一篇記載不實的短文裡，以爲將利班紐斯送到君士坦丁堡，而他在演講裡提到利班紐斯人在安提阿。

到侮辱而大發雷霆，決心將罪惡的城市夷爲平地，所有居民不分男女老幼全屠殺殆盡[57]。很多居民遠走高飛，逃到敘利亞山區和附近沙漠地帶避禍。騷亂終於平息。二十四天後，駐軍將領赫勒比庫斯（Hellebicus）和行政長官凱撒流斯（Caesarius），宣布皇帝的旨意和對安提阿的判決：這座充滿侮慢習氣的省都，不夠資格享有城市的稱號，剝奪東部名城所管轄的土地、特權和稅收，很可恥的貶爲村莊的地位，劃入拉奧狄西亞的行政區域之內[58]；把浴場、競技場和劇院全部關閉，停止市民所有的消遣和娛樂節目。根據狄奧多西嚴格的禁令，取消穀物的分配，派出專人追查個人的刑責，找出犯案的人員，那些人直接參與搗毀神聖雕像的行動，還有那些人在一邊袖手旁觀，未善盡制止之責。赫勒比庫斯和凱撒流斯將審判法庭設置在競技場中央，四周派武裝士兵嚴密戒備。這時，安提阿最富有的市民被五花大綁帶到審判官前面，運用各種酷刑逼出口供，無論是立即判決或暫緩處理，全憑幾位特派大員一語裁定。罪人的土地和房產充公後拍賣，妻兒子女從以往富足奢華的生活，墮入貧窮沒落的困境，人們料想這一天將執行大規模的血腥處決[59]。克里索斯托（Chrysostom）是安提阿辯才出眾的神職人員，用生動的筆調敘述此一事件，比擬爲進行最後審判的世界末日。狄奧多西的使臣雖負有殘酷的任務，但執行時卻有不忍之心，眼見眾多罪犯即將家破人亡，難免同情不幸的遭遇，正好藉機接見從深山和沙漠前來的僧侶和隱士[60]，懷著敬意聆聽緊急的申訴。兩位主審在多方勸說下，同意延期執行判決。經過商議，赫勒比庫斯留在安提阿處理本案，

---

57 利班紐斯（Libanius, 314-393A.D.，安提阿詭辯家和修辭學家）公開宣稱，在目前的統治狀況下，要說害怕大屠殺不僅沒有根據，也是很荒謬的事，何況發生事故時皇帝本人並不在場；照這位說話動人的奴隸所說，要是皇帝在場就會批准使全市血流成河的行動。

58 拉奧狄西亞位於海邊離安提阿六十五哩，這座塞琉西亞（Seleucia）無法自主的城市，竟敢出面爲他們講情，安提阿人大爲惱怒。

59 暴亂發生在復活節的節慶期間，這個日子是隨著年份而變化，所以先要決定是那一年。蒂爾蒙特和蒙佛康（Montfaucon, Bernard de, 1655-1741A.D.，學者）經過用心的查證，認爲是387年。

60 克里索斯托主張發揮勇氣面對困難，不能像犬儒學派人士那樣怯懦，出事就趕快逃走，何況不會產生多大的危險。

凱撒流斯盡速趕回君士坦丁堡面見皇帝，不惜觸犯天顏，請求主上收回成
命。此時，狄奧多西的怒氣已消，代表民眾陳情的主教和議員，有幸得到
皇帝召見。狄奧多西與他們親切的交談，對於安提阿民眾的行為，像位受
到傷害的朋友發出怨言，並不是一味仗著皇帝權威，用恐嚇的手段來報
復。皇帝既往不究，赦免安提阿和市民的罪行，打開監牢的大門，擔心喪
失性命的議員和富室，領回自己的田產和房屋。東部的省都恢復原有的地
位，重新顯現歷史名城的光輝。狄奧多西嘉獎君士坦丁堡的元老院，稱讚
他們不計利害為受難弟兄陳情奔走，將巴勒斯坦的管轄權授與希拉流斯，
酬勞他為同胞仗義直言的辯才，特別在安提阿主教辭退時，以極大尊敬表
示感激之意。安提阿的市民為報答君王不殺之恩，重新建造一千多座新雕
像，帝國四境發出讚頌的歡呼，皇帝深為期許，並公開表示，若伸張正義
是帝王的首要職責，那麼法外施仁必然是國君的最高享受。

　　提薩洛尼卡的叛亂行動，一般認為起因更為荒謬，產生的後果更是可
怕。這座占地極廣的城市是伊里利孔的首府，為了免於哥德戰爭的兵刀之
災，修築堅強的防禦工事，派駐兵力強大的部隊。統領的主將是波昔里克
（Botheric），從名字可知是個蠻族。主將的手下有個容貌出色的男孩，這
位奴隸引起賽車場中著名御車手的情欲，被波昔里克知道後，下令將兇狠
的情人關進監獄。等到駕車比賽那天，群眾見不到喜愛的御車手，不禁大
失所望，對觀眾而言，所看重的是御車手的技術並非品德。加上民眾在過
去與軍隊發生爭吵，不滿的情緒藉機爆發開來。這時，軍隊為了支援意大
利的戰事，調走主要的單位，常有士兵開小差溜走，剩下的兵力在受到狂
怒群眾襲擊時，不足以保護主將的安全。波昔里克和幾位主要官員，慘遭
暴徒殺害，還有人將遍體鱗傷的屍體，拖在大街上遊行示眾。皇帝住在米
蘭的宮廷，接到提薩洛尼卡民眾暴動作亂的報告，感到無比震驚。波昔里
克曾建立功勳，因此讓他的主子感到無限的悲痛和憤怒。但是就當時狀
況，只要派出鐵面無私的法官，經過審判的程序，就會使行兇的首要分子
受到嚴厲的懲處。然而脾氣火爆的狄奧多西，無法等待司法程序的調查和
審訊，很快決定，部將身上流出的鮮血，要用兇手的性命來償還。不過，

這時他的考量，還在寬大爲懷和血腥報復之間猶豫，主教熱忱規勸，使得皇帝幾乎勉強同意網開一面。但大臣魯方努斯(Rufinus)幾句不得體的言辭，激起他滿腔的怒火。在派出信差下達屠殺命令之後，皇帝想阻止命令的執行，但已爲時太晚。對一座羅馬城市的報復行動，交在蠻族的手裡，在盲目衝動之下，不分青紅皂白的大開殺戒。何況這一攻擊計畫，在陰毒、險惡和非法的密謀指使下，用最殘酷的手段進行。提薩洛尼卡的市民收到皇帝名義所下的告示，假意邀請他們前往觀看賽車。市民對這些娛樂絕不嫌多，觀眾人數如此龐大，就打消一切恐懼和疑惑的念頭。等人員到齊後，一聲令下，埋伏在競技場四周的士兵著手行動，不是賽車出場而是展開大屠殺。這場不分外人土著、不管年齡性別、無論有罪無罪的殺戮，持續進行三個鐘頭。被殺人數根據最保守的估計有七千人，更有些作者肯定有一萬五千人，當作奉獻給波昔里克亡靈的犧牲品。一個外國來的商人，可能想到自己不會被殺，提出用自己的生命和財產作擔保，換取兩個兒子其中一人的性命。正在他捨不得而猶豫難決，不知該選那位時，士兵幫他做出決定，對兩個毫無抵抗能力的孩子，用匕首同時刺進他們的胸膛。這群劊子手大肆殺戮的藉口，是說他們不得不拿出足夠的人頭來交差，使得這場有計畫和預謀、遵從狄奧多西命令行事的大屠殺，讓人聽得膽顫心驚，面無人色。皇帝過去曾長期在提薩洛尼卡居住，看來他的罪孽就更爲深重了。這座慘遭不幸的城市，它的街道和建築的外貌，居民的衣著和習性，皇帝都十分熟悉，會隨時呈現在眼前。後來，狄奧多西甚至感到那些遭他屠殺的人們，好像仍然健在一樣。

十、安布羅斯的譴責和狄奧多西的懺悔(388-391A.D.)

皇帝對正統教會的神職人員懷有敬意，尤其禮遇安布羅斯，格外推崇和欽佩他的品格，說他的身上凝聚著主教所具有的最高美德。狄奧多西的友人和大臣處處仿效君主的作爲，對主教表現出虔誠的態度。這樣一來，皇帝有時會感到驚訝，倒不一定引起不滿，那就是他所有的祕密打算，轉

眼之間便傳到大主教的耳中。安布羅斯的行事根據極爲崇高的理念，認爲政府對人民的施政作爲，與神明的榮譽和宗教的利益有相當的關聯。卡利奈孔（Callinicum）是波斯邊境一個不出名的小鎮，當地的僧侶和市民，在主教狂熱情緒的鼓動下，發生暴亂事件，燒毀華倫提尼安教派的集會場所和猶太人的會堂。煽動鬧事的教士受到行省地方官員的裁定，要重建猶太會堂，賠償全部損失，這項公正而溫和的判決也得到皇帝認可。但是米蘭大主教並不同意，爲此口述一封批評和指責的信函，使用的語氣像是皇帝受過割禮，背叛原已受洗的宗教信仰。安布羅斯認爲對猶太教的寬容，就是對基督教的迫害，同時很武斷的宣稱，他和所有眞正的信徒全都熱切期望，願意就這一護教行動的是非功過，以及授與殉教人員名銜有關問題，再與卡利奈孔主教作深入的研討。他用非常悲痛的口吻提到，要是執行這樣的判決，對狄奧多西無玷的名聲和信仰的獲救，會有非常不利的影響。大主教因爲私下的勸誡沒有發生立即的效果[61]，就在布道的講壇上向坐在御座的皇帝，發表公開的講話[62]，在得不到狄奧多西嚴正而明確的保證，對卡利奈孔的主教和僧侶不加任何懲處以前，不再進行在祭壇呈獻祭品的儀式。狄奧多西很眞誠的撤回原來的判決[63]，後來在他居住米蘭期間，隨著與安布羅斯虔誠而親切的交談，敬愛之心更是有增無減。

安布羅斯得知皇帝下令大屠殺的消息，心中充滿悲憤和痛苦，躲到鄉下去獨自憂傷，不願與狄奧多西見面。大主教知道自己保持沉默是軟弱的表現，在眾口鑠金之下，使他成爲罪惡的幫兇，於是在他寫給皇帝的私人信函中，表達出狄奧西斯所犯罪行的嚴重，只有澈底悔改，用眼淚來洗滌自己的罪孽。安布羅斯會因宗教的熱忱而激動，也能保持審慎的作爲，認

61　安布羅斯的講道辭對於耶利米（Jeremiah）的手杖、一顆杏樹和一個婦女爲耶穌洗腳塗油，都有很奇特的諷喻，但在總結時一定會說清楚，帶有鮮明的個人風格。

62　安布羅斯用委婉的語氣提出辯駁，但是嚴辭申斥步兵和騎兵將領提米休斯（Timesius），竟敢說卡利奈孔的僧侶應該懲罰。

63　然而過了五年以後，狄奧多西失去在靈性生活上指導他的人，開始寬恕猶太人，對於摧毀會堂的事件公開提出指責。

爲這是上天對他的顯靈[64]，要用間接的方式，將皇帝暫時逐出教會。他警告狄奧多西不能用自己的名義獻祭，或是當他的面祭神。他勸導皇帝限制自己的行動，專心一意的祈禱，不要妄自接近基督的祭壇，也不要用沾滿無辜人民鮮血的雙手，去接受聖餐。皇帝受到教父的影響，反省自己的過錯，已經深感悔恨，雖然因一時的震怒引起無法挽回的暴行，在萬分悲痛之餘，仍和往常一樣前往米蘭大教堂參加禮拜活動。他走到教堂門口時，大主教攔住他，用上帝使者的口氣和語言對君王說道，僅是私下的懺悔不足以償還公開犯下的罪行，很難平息神靈被激怒的義憤。狄奧多西很誠摯的表示，要是說他犯下殺人的罪行，那麼最爲神所喜愛的大衛，他所犯的罪不僅是謀殺，還有通姦[*65]。一無所懼的安布羅斯回答：「你學大衛那樣犯罪，那麼也要像他一樣的懺悔。」在接受嚴苛的賠償和贖罪條件之後，狄奧多西皇帝的公開懺悔，是教會歷史中最光榮的事件。根據四世紀時基督教教規，對殺人犯最寬大的處罰，也需要二十年的苦行贖罪[66]，把提薩洛尼卡大屠殺受害人數累計起來，個人有限生命無法償還。因此，殺人犯便應逐出神聖的教會，直到死亡終結他罪惡的一生。大主教充分考量宗教政策的各項原則，有鑒於悔罪人具有特殊的地位，尤其是身居帝王之尊還能懺悔自責，決定適切放寬條件，何況公開認錯能夠產生很大的教誨作用，可以作爲縮短苦行期的重要理由。對於一個羅馬皇帝來說，讓他剝去代表君權的服飾，表現出哀悼和懇求的姿態，爲了請求赦免罪孽，在米

60　《安布羅斯書信集》是題材高貴的悲慘史詩，安布羅斯的行爲應比寫作更爲出色才對。他的作品缺乏顯明的風格和個人的才華，就特塔里安(Tertullian，Quintus Septimius Florens Tertullianus，155-220A.D.，基督教早期神學家和護教者)的生龍活虎，拉克坦久斯(Lactantius，240-320A.D.，基督教辯護家)的文雅華麗，傑羅姆的幽默機智，奧古斯丁的滂沛氣勢而言，他都無法相比。

*65　[譯註]以色列國王大衛與將領烏利亞(Uriah)的妻子拔示巴(Bathsheba)發生姦情，讓她有了身孕，大衛就使出計謀讓烏利亞中伏死亡，然後娶拔示巴爲妻，參閱《聖經》〈舊約全書撒母耳記下第十一章〉。

66　按照聖巴西爾(St.Basil)的贖罪戒律，蓄意殺人要當四年的悔罪者，五年的聽道者，七年趴俯在地的悔改者，再加上四年站立的悔改者。我有《聖巴西爾教規書信集》的原本和譯本。

蘭的教堂中痛哭流涕，不管怎麼說都過得去。在這次心靈治療過程中，安布羅斯交互採用溫和與嚴格的手法，大約過了八個多月，狄奧多西恢復原有的信仰活動。從他下達一份詔書，把判決延後三十天執行，可以算是懺悔的主要成果。後世一直推崇大主教的剛毅和正直，但從狄奧多西的所作所爲，證明不怕人世懲罰的君王，屈服於最高審判者的法令，遵從教會執法者的教規，產生非常重要的示範作用。孟德斯鳩（Montesquieu）曾說：「帝王的行動要是被宗教的希望和恐懼所左右，等於是被豢養的獅子，只聽從駕馭者的命令和指揮。」百獸之王聽命於有權威的人，一舉一動要符合控制者的意圖和利益。神職人員掌握國君的良知良能，可以煽起或平息殺機四伏的衝動情緒。安布羅斯先後用極大的熱忱爲人道關懷和宗教迫害出力，同樣都獲得輝煌的成功。

　　高盧的僭主戰敗死去，天下歸於狄奧多西所有。原本他雖獲得格里先拔擢，但光榮的名銜僅及於東部各行省，現今則靠著勝利者的權利統治西部。他在意大利度過三年時光，有效恢復法律尊嚴，過去因麥克西繆斯的篡奪，及華倫提尼安二世沖齡即位，造成長期無法無天和中樞乏力的局面，已全部改正過來。他頒布的法令都會簽署華倫提尼安的名字，但賈絲蒂娜的兒子年齡尚小，宗教信仰曾誤入歧途，勢必應由正統教會的監護人精心照顧。這樣一來，狄奧多西的野心可以使不幸的年輕人毫無抵抗的能力，很容易將他排除在統治階層之外，甚至可以剝奪他的帝國繼承權。要是狄奧多西根據利害關係和策略需要，不顧一切採用冷酷的手段，他的行事也會得到友人的諒解。但在這個極關重要的問題上，他表現出寬宏大量的氣概，贏得多年宿敵的讚許。他把華倫提尼安擁上米蘭的帝座，對於眼前或未來的利益沒有提出任何要求，過去麥克西繆斯用武力侵占的行省，恢復以後便把統治權交還給華倫提尼安。除了大批世襲的領地以外，狄奧多西還慷慨奉送格里先被殺後，靠著自己的英勇所收復的阿爾卑斯山以北的領土。能夠爲恩主之死報仇，獲得解救西部帝國的榮譽，皇帝從米蘭回到君士坦丁堡，很安穩的統治東部各行省，漸漸回復昔日奢華而懶慵的生活習慣之中。狄奧多西把國事的重任全權託付給華倫提尼安二世的兄弟，

在與華倫提尼安的姊姊結婚後，過著夫妻恩愛的宮廷生活。世人推崇他的品格高尚純真，更爲他贏得勝利以後，所表現的慷慨氣度而傾心不已。

十一、華倫提尼安二世的統治和被害身亡(391-394A.D.)

　　皇太后賈絲蒂娜回到意大利不久後過世，她曾親眼目睹狄奧多西的勝利，以後再也無法干預其子的用人及行政。華倫提尼安過去受到她的教導和影響，對阿萊亞斯教派產生好感，這種有害的觀念很快爲正統教會的教育所袪除。他對尼西亞信條日益誠信的熱情，加上對安布羅斯的人品和權威地位，如同父執般尊重，使得正統基督教徒極爲欽佩西部年輕皇帝的德行[67]。他盡忠國事又能自我克制，摒除尋歡作樂的生活，全心投入工作。他對兩個姐妹愛護備至，但她們卻無法影響秉公施政的作爲，即使對一個身分低下的平民，也會作出合法的判決。但這位和藹可親的青年未滿二十歲時，就受到國內叛亂行動的困擾，整個帝國再次陷入悲慘的內戰。阿波加斯特斯是一個驍勇善戰的法蘭克人，在格里先當政時任軍中第二要職，在主子被弒後，便投效狄奧多西麾下，發揮軍事長才促使僭主加速敗亡。平亂後，被任命爲高盧部隊主將，過人的才華和掩飾的心機，使他贏得皇帝和人民的信賴。他還用慷慨的賞賜，破壞軍隊對帝國的忠誠，當他被視爲國之股肱，受到朝廷敬重時，這膽大包天的奸詐蠻子，卻密謀篡奪帝位，即使會使西部帝國陷於絕滅之境亦在所不惜。軍隊的指揮權全落在幾位法蘭克人手裡，阿波加斯特斯將親信提升到主要職位，隨著陰謀的逐步發展，華倫提尼安身邊的忠實臣僕都被更換。西部的皇帝現在既沒有權力，也缺少傳遞信息的耳目，無形中變成身處險境、不由自主的囚犯。

　　華倫提尼安義無反顧的行爲，可以視爲年輕人的莽撞和衝動，也是在位的君王，不認爲自己沒有能力統治帝國，所急於表達的惱怒之情。他暗地裡請米蘭大主教出面調解，一方面也可以作爲見證，能夠保障他的安

67　年輕的皇帝在款待賓客時，自己仍然禁食，拒絕接見一個綺年貌美的女伶。當他下令殺掉豢養的野獸，菲羅斯托杰斯很不厚道的指責他喜愛殘酷的消遣活動。

全。同時，他設法告知東部皇帝他的處境堪危，要是狄奧多西不能火速派
兵相救，將迫使他冒險逃離維恩納（Vienna）皇宮；對他而言這裡就是位於
高盧境內的監獄。這也得怪他自己，不該選擇被反對勢力包圍的地方建立
行宮。然而，遠水救不了近火，得到援助的機會很渺茫，何況每天都受到
看不過眼的刺激，於是皇帝在外無兵馬、內無謀士的情況下，毅然決定冒
著生命危險，要與兵權在握的將領放手一搏。華倫提尼安在皇宮的主殿接
見阿波加斯特斯，等到這位伯爵帶著相當尊敬的表情走上前來，便遞給他
一紙詔書，免除所負全部職務。阿波加斯特斯用諷刺的語調，冷笑說道：
「我的職權非君王一時喜怒所能褒貶。」並且帶著蔑視的神情將詔書扔在
地上。氣憤填膺的皇帝抓住身旁衛士的佩刀，將刀從鞘中抽出，經過一番
激烈的搏鬥，還是未能將武器刺進敵人身上，好在自己也沒有受傷。這場
短兵相接的鬥爭，完全暴露出華倫提尼安的怒衝斗牛和無能為力，而且已
無挽回的餘地。幾天以後，華倫提尼安被發現自縊在寢宮（392年5月15
日）。阿波加斯特斯採取種種措施，用來掩飾無可懷疑的罪行，要讓世人
相信，年輕皇帝之所以自尋短見，完全是感到絕望所致[68]。他的遺體用隆
重的葬禮送往米蘭的墓地，大主教在一篇祭文中哀悼他的德行操守和身遭
慘禍[69]。在這種情況下，安布羅斯基於人道的要求，在神學的戒律規範上
大開方便之門，為了安慰華倫提尼安兩位終日以淚洗面的姐妹，一再向她
們提出保證，信仰虔誠的兄弟雖然沒有接受神聖的洗禮，憑著上帝的慈
悲，將毫無阻礙進入永恆幸福的天堂[70]。

　　行事謹慎的阿波加斯特斯為實現野心，早已完成各項準備。在西部行
省的民眾心中，忠君愛國的觀念早已煙消雲散，大家帶著聽天由命的看法
在觀望，不知何人會合於法蘭克人的心意，被推上寶座即位為君。但他們

68　戈德弗洛瓦費心蒐集華倫提尼安二世去世的有關情節，當代的作者不是說法紛紜
　　就是全無所悉，足證他遭秘密處決。

69　安布羅斯被迫要採取謹慎的態度說話，盡量使用曖昧含糊的語氣，然而他比局外
　　人士甚至其他神職人員的作為，更要大膽得多。

70　夏爾登（Chardon）為聖安布羅斯辯白，說他想盡辦法要舉行絕不可免的施洗儀式，
　　使出全力來調解矛盾與駁斥。

還殘留著羅馬民族的驕傲和偏見，無法接受阿波加斯特斯登基稱帝，何況這個機智的蠻族，覺得遙控一個聽命的羅馬人進行統治，會更得心應手便宜從事。因此他把紫袍授與修辭學家尤金紐斯(Eugenius)[71]，此君早先是他的祕書，後來升為行政長官。伯爵大人無論於公於私，一直讚佩尤金紐斯的忠心耿耿和辦事能力，憑著學識和辯才，加上舉止端莊的器度，受到廣大民眾尊敬。他一再表示不願身登大寶，謙虛的美德更能產生有利的興論。新帝即位後立刻派遣使臣前往狄奧多西的皇宮，假裝悲傷地報告華倫提尼安意外死亡的消息。現在西部的軍隊和行省一致推舉可敬的公民，尤金紐斯擔任西部帝國皇帝，請求東部君王接受，這時完全不提阿波加斯特斯的名字[72]。狄奧多西非常擔心，他認為一個蠻族的忘恩負義，轉瞬間將數年心血和勝利成果毀於一旦，加上心愛的皇后在旁哭泣[73]，要求為她弟弟報仇雪恨，逼得他再次運用武力，來恢復皇室尊嚴。但是，第二次西征是危險而困難的任務，為了避免對方起疑，就用貴重的禮物和含糊的覆函，打發尤金紐斯的使臣，然後花兩年的時間來準備這次內戰。

十二、狄奧多西擊敗尤金紐斯贏得內戰勝利(394-395A.D.)

虔誠的皇帝在做出重大決定之前，急著想要知道上天的旨意，基督教的發展早使德斐爾(Delphi)和多多納(Dodona)的神諭*[74]，根本無從獲得。當時有位埃及僧人，生就通曉未來的神奇天賦，狄奧多西決定向他求教。於是君士坦丁堡皇宮一個備受寵信的宦官優特洛庇斯(Eutropius)，被派專程前往，先乘船到亞歷山卓，再溯尼羅河而上，到達遙遠的行省蒂貝伊斯

---

71 克勞狄安(Claudian)用詩表達對尤金紐斯的蔑視，尤金紐斯雖自稱信奉基督教，但他在當文法教師時，私下仍服依異教信仰，好與諾昔繆斯保持友誼。

72 諾昔繆斯曾提過這位使臣，但他在敘述這件謀叛案時，被另外的事故轉移注意力。

73 諾昔繆斯後來談到蓋拉死於難產，暗示她的丈夫雖然當時悲慟欲絕，但很快就遺忘過去的恩愛。

*74 [譯註]德斐爾是希臘中部福西斯(Phocis)地方的城市，有著名的阿波羅神廟，古希臘各城邦凡遇軍國大事均來此求取神諭；多多納是希臘西北部伊庇魯斯(Epirus)的城市，宙斯神廟位於此地，神諭非常靈驗。

(Thebais)的萊柯波利斯(Lycopolis)，或稱爲狼城(Wolves)的地方*75。神
聖的約翰在該城附近高山頂上，親手建造一間簡陋的小屋，已在裡面居住
五十多年，從不開門應客，也從未見過女人一面，更從未食用經過烹調或
人工處理的食物。他每週五天閉門祈禱和沉思，只在星期六和星期日打開
一扇小窗，接見大批絡繹不絕的求見者，他們來自基督世界的每個角落。
狄奧多西派來的宦官，很恭敬的步行走到聖者的窗前，提出有關內戰的問
題，然後帶著十分吉利的神諭回到皇宮。聖者肯定內戰的殘酷，但必將贏
得勝利的信念，鼓舞皇帝的勇氣[76]。爲了使預言實現，人類智慧所能想到
的方法，全都要善加利用。斯提利柯(Stilicho)和提馬休斯(Timasius)是部
隊的兩位主將，奉命招募新兵加強訓練，全力整頓羅馬軍團的紀律。作戰
兇狠的蠻族部隊，分別在各族酋長的標誌下，排列出戰鬥隊形，伊比利亞
人、阿拉伯人和哥德人彼此不和，卻投效在同一個君王的麾下，使人感到
驚訝。聲威遠播的阿拉里克(Alaric)曾受教於狄奧多西，學會用兵法則和
作戰技巧，後來他運用這些知識毀滅整個羅馬世界[77]。

　　西部皇帝以及他的將領阿波加斯特斯，從麥克西繆斯的錯誤和失敗中
吸取教訓，深知當面之敵富於長期用兵的經驗，完全掌握主動，可以從很
多方面發起進攻。要是自己的戰線延伸過長，就會帶來莫大危險。阿波加
斯特斯把部隊配置在意大利境內，任由狄奧多西的軍團，在毫無抵抗的狀
況下，占領潘農尼亞各行省，到達朱利安阿爾卑斯山的山腳下。無論是出
於無意的疏忽或有意的預謀，連各主要隘道都無人防守，門戶開啓讓敵軍
可以長驅直入。等東部皇帝穿過崇山峻嶺，帶著吃驚的神色，看見哥德人
和日耳曼人的陣容和營地，漫山遍野的散布開來，一直延展到阿奎利亞城

---

*75 [譯註]上埃及(Upper Egypt)的古老都城底比斯的附近地區稱爲蒂貝伊斯，現在這
　　座城市叫做勒克索(Luxor)。

76 克勞狄安提及宦官的旅行，他用極爲不齒的態度，嘲笑埃及人的美夢成空以及尼
　　羅河的神諭失效。

77 諾昔繆斯和蘇格拉底的著作裡都有記載，說是阿拉里克吹噓早年對抗羅馬人的功
　　勞，然而他的自負不能證明大多數皇帝都會逃跑。

牆前面，抵達弗里基達斯(Frigidus)河[78]或稱冷河[79]的河岸。這樣一片地形狹長的戰場，處於阿爾卑斯山和亞得里亞海之間，用兵無自由迴旋的餘地，很難發揮軍事才能。阿波加斯特斯生性固執，根本不做求情的打算，弒君重罪毫無展開談判的可能。狄奧多西急於懲罰謀害華倫提尼安的兇手，好完成光榮的復仇計畫。東部皇帝對前進道路上天然和人為的障礙，絲毫不放在心上，毅然發起攻勢，把最光榮和最危險的任務，交給戰力強大的哥德人負責，心中暗自打算，在血腥的激戰以後，重大傷亡可以稍減戰勝者的氣焰，也可消耗他們的兵員和實力。協防軍部隊有一萬名官兵戰死，連帶伊比利亞將領巴庫流斯(Bacurius)壯烈犧牲，付出慘重的代價仍未能獲得勝利，高盧人仍舊占有上風。等到夜幕低垂，掩護狄奧多西的部隊在潰敗中退卻，皇帝撤到附近一片山林，度過淒涼的夜晚，饑腸轆轆無法入睡。前途暗淡失去希望[80]，只有運用靈活的頭腦，在面臨絕境時，無視於運道的轉變，也不留戀塵世的生命，才能產生堅強的意志繼續奮鬥。

尤金紐斯在營地肆意狂歡慶祝勝利，機警主動的阿波加斯特斯暗地派出相當數量的部隊，占領各山隘要道，從敵人後方把東部軍隊全包圍起來。天色大亮後，狄奧多西看到自己陷於極度危險的困境，不禁大為恐懼，但很快得知起死回生的信息，可解燃眉之急，那就是對方有若干指揮官要背叛僭主，提出讓他們獲得榮譽地位和財物賞賜的歸順條件。狄奧多西毫不猶豫立即接受，當時找不到正式文書，就在一張便箋上寫出約定事

78　弗里基達斯河是條小溪流但是名氣很大，現在叫做維寶(Vipao)河。流經哥瑞茲(Goretz)這片鄉野，在阿奎利亞的上方離亞得里亞海不到幾哩的地方，注入松提烏斯(Sontius)河，也稱利松佐(Lisonzo)河。

79　克勞狄安寫詩的才氣真是無可匹敵：
　　潔白的雪地染成一片腥紅，
　　淒冷的溪流變得煙霧瀰漫；
　　河道堆滿著屍首堵塞不通，
　　鮮血四處流溢使河水高漲。

80　狄奧多里特非常肯定的表示，在聖約翰和聖菲利浦的扶持之下，皇帝在馬背上時而清醒時而沉睡；這是使徒的武士制度中頭一次出現的例子，以後在西班牙和十字軍都非常普遍。

項，再由他批准此一協議。及時獲得的外援振奮部隊士氣，信心百倍地對
阿波加斯特斯的營地發起襲擊。這位主將雖曾在他手下任職，現在既不承
認他有運用武力的權利，也不以爲他有獲得勝利的希望。正當戰鬥進行到
短兵相接的激烈狀況，從東方颳起一陣強勁暴風，這種現象在阿爾卑斯山
區是常事，狄奧多西的部隊處於背風，不會受到狂風影響。捲起的漫天沙
土直襲敵人臉面，馬上使得西部軍隊陣勢大亂，一個個難以站穩腳跟，投
出的標槍不是被風吹回，就是失去準頭。狄奧多西意外獲得有利的天象，
加以渲染就影響到敵軍的心理。聲勢驚人的風暴增加高盧人的恐懼，既然
上天對虔誠的皇帝施以援手，那麼他們對眼不能見的天神投降，也非可恥
之事。狄奧多西贏得決定性的會戰，兩位對手因性格各異而落得不同下
場。無路可逃的修辭學家尤金紐斯，在即將榮登統治寶座時戰敗，只能哀
求征服者高抬貴手。一群心狠手辣的士兵，趁他跪倒在狄奧多西腳前時，
用刀砍下他的頭顱（394年9月6日）。阿波加斯特斯在戰爭中遂行將領的職
責，無愧於軍人名聲，會戰失敗後，接連數日在深山流竄。等了解到前途
已無希望，企圖逃命已於事無補，這個勇冠三軍的蠻子，拿古代羅馬人作
榜樣，用佩劍刺進自己胸膛。意大利一隅之地的戰鬥，決定帝國未來的命
運。華倫提尼安家族合法的繼承人，接納米蘭大主教的諫言，對於西部各
行省的歸順，不再加以指責和追究。當時很多行省犯下參與謀逆的罪行，
只有安布羅斯一人能夠堅持原則，拒不承認獲得成功的篡位奪權行動。米
蘭大主教以大無畏的氣概，拒絕尤金紐斯贈送的禮物，退回專人送來的信
函，毫無留戀的離開米蘭，避免見到僭主可憎的面孔。像這種做法出於任
何人，都會惹來殺身之禍，但是他在所不惜。何況尤金紐斯的敗亡，從他
審慎小心而曖昧不清的談吐中，早已有了預兆。安布羅斯的懿行得到戰勝
君王的讚譽，他的職守忠於基督教會，贏得民眾的擁戴。當時一般的看法
都認爲，狄奧多西的仁義美德歸功於大主教的虔誠引導和循循善誘。

　　狄奧多西擊敗尤金紐斯後，羅馬世界的臣民欣然推崇他的功勳和名
望，根據他即位以來的施政作爲，對於爾後的統治懷抱美好的希望。皇帝
年齡尚不滿五十歲，預期會有很長一段太平盛世。不料他在勝利後僅四個

月就棄世，對帝國而言是出乎意料的重大打擊，轉瞬之間粉碎下一代人的
光明遠景。狄奧多西過著放縱的奢華生活，早已種下病根[81]，突然自皇宮
移駐軍營，衰弱的身體無法承受劇烈的勞頓，日益惡化的水腫說明皇帝即
將不久人世。輿論的訴求抑或基於利害關係，勢必造成東西帝國分裂，兩
位皇子阿卡狄斯和霍諾流斯，因父子舐犢情深，早已獲得奧古斯都的頭
銜，於是分別前往君士坦丁堡和羅馬登基。皇帝不曾讓兩子參加內戰，用
冒險犯難來爭取榮譽。等到狄奧多西擊敗無所作為的敵人後，卻召喚次子
霍諾流斯前來分享勝利成果，從垂死父王手裡接過統治西部帝國的權杖。
霍諾流斯抵達米蘭時，賽車場特別舉辦盛大表演以示歡迎之意，這時皇帝
雖已病骨支離，仍然親自蒞臨與民同樂。他接著在次日參加清晨的盛會，
終於耗盡精力，其餘活動只有由霍諾流斯代表主持，偉大的狄奧多西於當
晚崩殂（395年1月17日）。儘管內戰的仇恨尚未化解，皇帝辭世還是受到帝
國臣民的哀悼。無論是被他征服的蠻族，還是受到壓制的教士，對於舉世
稱譽的皇帝，都異口同聲推崇他的豐功偉業。無能而分裂的統治階層，為
帝國帶來迫在眉睫的危險，羅馬人為之憂心不已。在阿卡狄斯和霍諾流斯
統治時期，每當施政失誤帶來災禍，臣民總是對先帝興起懷念之情。

十三、狄奧多西崩殂後羅馬帝國面臨的危局

歷史學家據實描述狄奧多西的不朽事功，從來也不曾掩飾他的過失佚
行。這位羅馬史書上少見的王侯，因暴虐的性格和慵懶的習慣，損及光輝
的形象。有位學者對狄奧多西浪得虛名，始終耿耿在懷，不惜用誇大的言
辭，評述皇帝罪惡的行徑和危害後世的影響。他非常大膽的斷言，當時帝
國各個階層人士，全都效法君主弱不禁風的女性氣質。他提及各種貪瀆苞
苴作為，腐化社會的風氣和個人的品格，並且談到公眾秩序和人際禮儀的

81　蘇格拉底把狄奧多西所患的疾病歸於戰爭的勞累。菲羅斯托杰斯認為是生活息情
　　和縱情酒色的影響，福提烏斯（Photius，820-891A.D.，君士坦丁堡教會長老和歷
　　史學家）批評菲羅斯托杰斯是信口雌黃的說謊者。

式微，不足以抗拒日益嚴重的道德淪喪。這種趨勢的形成，使得人們不知廉恥爲何物，爲圖一己的安逸生活，放縱情慾的需要，棄個人責任和社會利益如敝屣。當代作家有鑒於人民生活崇尙奢華，社會風氣日趨墮落，大多數是從個人的感受或處境，發出責難之聲。只有少數見解高明的旁觀者，能夠認清社會的變革，發現精巧而隱密的動力，將群體盲目而易變的激情，引導向一個既定的方向推進。如依據可信的理由，能夠斷言狄奧多西在位時，羅馬帝國的奢侈腐化，比之於君士坦丁，甚或奧古斯都時期，都更爲可恥而荒唐。這種變化的形成，也不能歸之有利的改革，使國家的財富增加所致。長時期的內戰災難和政治敗壞，只會導致百業荒廢和生產凋敝，人民的財富在無形中減少。大眾之所以肆意揮霍浪費，因爲他們在掙扎之餘深感絕望，只顧得眼前的享受，不再考慮未來的需要。狄奧多西的臣民認爲自己的財產可能朝不保夕，也就不願拿出錢來，從事那些獲利緩慢的穩當行業。眼前頻繁出現家破人亡、田園毀棄的景象，祖傳的家產隨時可能遭到殘暴哥德人的掠奪，不如趁著還未喪失前先花光算數。在一艘即將沉沒的船上，或是在被圍攻的城市混亂狀況中，必然出現瘋狂的舉動，完全可以用來說明，在一個行將淪亡的國家裡，處在災禍和恐懼之中的群眾，就會愈來愈不愛惜自己的錢財和產業。

令人志氣消沉的奢侈風氣，對宮廷和城市生活造成重大影響，也在無形中毒害和腐蝕著羅馬軍團。當時有位軍人研究羅馬古代的軍紀和訓練，了解所主張的宗旨和要點，鉅細無遺地記錄下軍隊墮落的情況。根據維吉修斯（Vegetius）精到而詳盡的觀察，從羅馬建城之初到格里先在位，步兵都得穿著護身鎧甲。但隨著軍紀的鬆弛和訓練的欠缺，士兵的體能和毅力無法承擔兵役的勞累，都會抱怨護甲過於沉重，極不願穿著在身，久而久之也就奉准將胸甲和頭盔置於一邊。他們的先輩使用沉重的兵器，像是征服世界的短劍和無堅不摧的標槍，也不知何時起從他們手中消失，似乎帶著盾牌就不能使用弓箭一樣。他們勉強開赴戰場，命中注定不是受皮肉之苦，就得寡廉鮮恥臨陣脫逃，通常他們選擇後面這條路。哥德人、匈奴人和阿拉尼人的騎士看到護身鎧甲的好處，就普遍加以採用，加上在投擲武

器方面占很大的優勢,作戰時真是無往不利。反觀羅馬軍團的士兵,上體
毫無防護,接戰時害怕得渾身發抖,何況他們袒露頭部和胸背,怎能抵擋
蠻族的箭雨。軍隊的傷亡、城市的陷落以及名聲的喪失,都無法使格里先
以後的在位者,能恢復穿戴盔甲的古老要求。士兵軟弱畏戰,使自己和國
家全都失去防護的能力,怯懦和懶散可說是帝國敗亡的直接原因[82]。

---

82 從維吉修斯(Vegetius Renatus,Flavius,四世紀羅馬軍事家)提及接踵而至的災難
    來說,我們只有相信,華倫提尼安王朝最後一任毫無光榮事蹟可言的皇帝,竟然
    也是英雄人物。

聶爾瓦廣場的雄偉景觀

在聶爾瓦寬厚的統治下，
無辜的受害者恢復原來的職位和財產，
就是罪有應得的人也都獲得赦免，
逃過懲罰。

VEDVTA·DEGL·P·AVANZI
DEL·FORO·DI·NERVA·

第二十八章

異教信仰全面受到查禁 基督教對聖徒和遺物的崇拜 (378-420A.D.)

一、羅馬異教的狀況和摧毀異教的政策(378-395A.D.)

異教在狄奧多西時代受到摧毀，這是人類思想史上很奇特的事件，源遠流長而且風行一時的迷信竟然完全根除，更是絕無僅有的例證。過去，基督徒特別是教士只有壓下心中不滿，容忍君士坦丁審慎的拖延手法和華倫提尼安老皇的寬容政策，他們認為只要敵手繼續存在，便無法獲得徹底的勝利。安布羅斯和和他的教友發揮影響力，對年輕的格里先和虔誠的狄奧多西這兩位新入教的君主，灌輸迫害異教的觀念和教義。有兩項宗教法的原則表面看來言之有理，得到認可以後演繹出非常嚴苛的結論，對於帝國臣民中仍然信奉祖先宗教儀式的人，產生極為不利的影響。這兩項原則：一為凡行政官員對罪行不予制止或懲處，可以視為犯有該項罪行；一為偶像崇拜的對象無論是虛幻的神祇或真實的魔鬼，犯下褻瀆造物主無上權威的十惡不赦罪行。摩西的戒律還有猶太人歷史[1]上草率而錯誤的案例，教士拿來施用於基督教溫和而普遍的統治[2]，他們激起皇帝的宗教狂

---

1 安布羅斯對於約西亞(Josiah)摧毀偶像崇拜的宗教狂熱，表示稱許並且四處加以讚揚。朱理烏斯‧弗米庫斯‧馬提努斯(Julius Firmicus Maternus)就同樣題材所發表的言論，過於虔誠到喪失人性的程度。

2 貝爾(Bayle，Pierre，1674-1760A.D.，哲學家和智識分子)認為這種偏執的法律非常正當，只限於耶和華對猶太人在塵世的統治，他的用心值得嘉許。

熱，爲的是維護本身的權勢和上帝的尊嚴，在君士坦丁改變宗教信仰以後，不過六十年的工夫，羅馬世界的異教廟宇都遭到空前浩劫。

從努馬(Numa)時代到格里先的統治，羅馬人一直保持神職階級的幾個祭司團體：像是十五位大祭司(Pontiffs)負責屬神事物和人員的最高司法權，成立神聖法庭依據寬大而傳統的體制，裁定不斷出現的各種問題；十五位表情嚴肅而又經驗豐富的鳥卜官(Augurs)，仰望天空觀察飛鳥，預言軍事的行動；十五位西比萊(Sybilline)神諭官(Quindecemvirs)(從名字知道他們的人數)在國家遇到意外的災難時，可以查證未來的情況；六位灶神處女(Vestals)用童貞護衛聖火，關係著羅馬的氣運，要有人敢於窺伺必受嚴懲[3]；七位神膳官(Epulos)負責供神的祭品和祭祀的宴會，指揮莊嚴的遊行隊伍，辦理年度各項節慶和祭典活動；朱庇特(Jupiter)、馬爾斯(Mars)和奎里納斯(Quirinus)[*4]的三位主祭司(Flamens)，是這幾位最有權勢的神祇派往人間的使臣，掌管羅馬和世界的命運；最高神祇官(King of the Sacrifices)是指努馬本人及其繼任者，所具有的宗教職能應該由君王負起責任；還有薩利人(Salians)祭司團、盧帕卡爾(Lupercals)兄弟會[*5]各種不同的組織，他們的祭典儀式雖然荒謬可笑受人輕視，但是成員卻信心滿滿自謂可以獲得不朽神明的賜福。

共和國時代的羅馬祭司有權干預國事，隨著君主制度的建立和帝國政治中心的遷移，逐漸成爲明日黃花，已經煙消雲散。這些祭司階層的神聖身分和崇高地位，仍然受到所在地法律和習俗的保護，可以在首都和行省施用宗教和民事的治理權，特別以大祭司團最爲顯赫。他們身穿紫袍，乘

3　這種神秘或想像的表徵產生很多的傳奇和臆測之辭。

*4　[譯註]朱庇特、馬爾斯和奎里納斯是羅馬古老的三聯神，其中朱庇特是最高的統治者，馬爾斯是戰神，而奎里納斯與三種穀物的祭典有關。全部的祭典由三位大燃火祭司負責，擔任祭司有很多禁忌要遵守。

*5　[譯註]羅馬人的公開祭典由很多封閉性的宗教團體或祭司族負責，各有特定的宗教儀式，像是薩利人祭司團要擔任馬爾斯和奎里納斯的「舞者」，每當國家有戰爭或和平此類大事時，在公開舉行的祭典中祈福表演；盧帕卡爾兄弟會在每年2月15日的逐狼節中，辦理各種遊行和除祟活動。

坐馬車,舉辦盛宴,引起民眾的讚許和羨慕。他們能從聖地的租稅和國庫
的歲入,獲得極為豐盛的薪給,完全足夠維持大祭司的豪奢排場,支付國
家宗教慶典所需的費用。由於獻身祭壇的效力和指揮軍隊的工作並無任何
衝突,羅馬人在當過執政官獲得凱旋式以後,渴望得到大祭司或鳥卜官的
職位。在四世紀時,只有元老院最傑出的議員,才能坐上西塞羅(Cicero)[6]
和龐培(Pompey)的位置。高貴的出身會因僧侶的職位而增加光彩,組成
大祭司團的十五位成員能夠伴隨君王,身價之高令人嚮往,就是基督教皇
帝也不惜屈尊接受最高神祇官的服飾和章紋。等到格里先登基以後,不
僅行事謹慎而且頭腦開明,嚴辭拒絕這些褻瀆神明的標誌[7],把發給祭司
和灶神處女的年俸,使用於國家或教堂的社會服務,廢止他們的榮譽地位
和豁免特權。他所拆除的古老羅馬迷信架構,曾經在民意和習俗的支持下
屹立一千一百年之久。想當年異教還是元老院的合法宗教,議員集會的廳
堂或神廟都供奉著勝利女神的祭壇和雕像[8]。一個神情莊嚴的女性站在圓
形地球上,袍服隨風飄動,背後雙翅高展,向外伸出的手上托著一頂月桂
冠。議員在女神的祭壇前面宣誓遵守皇帝和帝國的法律,在正式開始議事
之前,都會嚴肅的焚香奠酒致敬。拆除此一古老的紀念物是康士坦久斯對
羅馬迷信的唯一破壞行動,勝利女神的祭壇在朱理安的手裡重建,華倫提
尼安樂觀其成。信仰虔誠的格里先再度將祭壇遷走,但是對公共場所有人
頂禮膜拜的神像,聽任不管未加理會,還有四百二十四座廟宇和修院,保
留給民眾以滿足敬神的活動,因而在羅馬的每個地區,基督徒極為敏銳的
心靈總是被偶像崇拜者的香火所觸怒[9]。

6　西塞羅(Cicero,Marcus Tullius,103-43B.C.,羅馬政治家、演說家和哲學家)很
　　坦誠但間接的承認,鳥卜官是他最優先期盼的目標。普里尼能夠效法西塞羅,感
　　到很驕傲。無論從歷史的記載或留下的雕像,可以看到傳統的香火不斷。

7　Pontifex 和 Maximus這兩個字有很不雅的雙關語,我硬壓住沒有提出來。

8　這座雕像是從塔倫滕(Tarentum)運到羅馬,凱撒將它放置在茱麗亞議事廳。奧古
　　斯都用埃及帶回的戰利品,將它裝飾得富麗堂皇。

9　直到君士坦丁當政,市政登記冊仍找不到一所基督教教堂夠資格列名在城市的建築
　　物之內;安布羅斯譴責羅馬引起公眾反感,信徒的所見、所聽和所聞都受到觸犯。

二、勝利女神祭壇的請願和異教的爭論(384-388A.D.)

　　羅馬元老院內的基督徒是少數派[10]，對於多數異教徒贊同的議案，儘管會褻瀆神明卻完全合法，他們只能靠拒絕出席來表達反對的立場。會議在宗教狂熱的煽風點火之下，追求自由權利的行動開始死灰復燃，而且形成燎原之勢。經過提案表決陸續派出四個望重一時的代表團[11]，前往帝國的宮廷申訴祭司階層和元老院的苦衷，請求重建勝利女神的祭壇。元老院將此一重要任務，交付給能言善辯的敘馬克斯(Symmachus)[12]，他的家財萬貫而且出身高貴，在政府曾經擔任阿非利加總督和本市的郡守，還兼任大祭司和鳥卜官的神聖職位。敘馬克斯的胸懷充滿宗教狂熱，激起復興異教的理想，但他在宗教上的敵手，認爲他空有精明的才幹和高尚的德行，終將一事無成，不免爲他感到惋惜[13]。演說家在以前呈送給皇帝華倫提尼安的請願書現在還留存，他本人清楚自己承擔的任務極爲艱鉅而危險，盡力避免提到可能觸及君主宗教信仰的問題，只是謙卑的宣稱祈禱和乞求是唯一的武器，完全用修辭的技巧來表達自己的觀點，至於是否合乎理性的要求也在所不計。敘馬克斯想用展現勝利女神所代表的象徵，誘使想像力豐富的年輕君主產生興趣。他暗示每年用來祭祀神明所需的款項微不足道，就皇帝慷慨和豁達的作風，根本不值得提出討論。但他懇切的表明，羅馬的獻祭活動要是不用共和國的名義支付費用，便無法獲得神的賜恩和成效。他甚至連懷疑論也拿來爲迷信辯護，宇宙的浩瀚無邊以及不可

10　安布羅斯一再強調元老院的基督徒占多數，這種說法根本違背常理。

11　第一次要向格里先請願(382A.D.)，結果君主拒絕接見；第二次是華倫提尼安二世(384A.D.)，敘馬克斯和安布羅斯當著君王發生爭辯；第三次是狄奧多西(388A.D.)；第四次是華倫提尼安二世(392A.D.)。

12　敘馬克斯自己曾擔任過政府和宗教的各種顯要職位，所以認爲皇帝具有「祭司長」和「首席元老」這兩種身分。

13　普魯登久斯(Prudentius Clemens，Aurelius，348-405A.D.，羅馬詩人和基督徒)這樣說過，要是有那麼一個人，就連挖泥也用黃金和象牙做的工具，即使是聖徒，那怕是喜歡爭論的聖徒，遇到這種敵手也會禮讓三分。

理解的奧秘，實非人類所能探索於萬一，理性無能為力時，只有聽任習慣的導引。每個民族遇到軍國大事都會審慎受教，所能忠實依循的儀式和意見，已經接受多少代人的認同和檢驗。要是在這麼多代的時間裡享受著榮耀和興旺，而且虔誠的人民經常獲得在神壇前祈求的賜福，那就應該堅持以往正確而有益的作法，不必輕易涉險試探未知的領域可能帶來危害的變革。努馬的宗教信仰通過時間的考驗，獲得卓越成就，居於極為優勢的地位，不可輕言放棄。就連主宰羅馬命運的守護神，也被演說家請到皇帝的法庭來為自己辯護，這位德高望重的貴婦人說道：

> 高貴的君王和帝國的元首，請憐憫和尊重我已經衰老的年齡，讓虔誠的生命度過不受干擾的歲月。既然我毫無遺憾，就讓我繼續奉行古老的儀式吧！既然我生而自由，就允許我繼續遵循熟悉的制度吧！是這個宗教把整個世界置於我的法律統治之下，是這些儀式把漢尼拔（Hannibal）和高盧人驅出我們的城市和神廟，而到我鬢白如霜的年紀，難道還要忍受如此不堪的羞辱？我對新的體制一無所知，然而還是要我接受；但是我非常清楚，對古老事物的改變，都會喪失榮譽，成為可恥的行動。[14]

　　謹慎的演說家隱匿未發的見解，從人民的恐懼中清楚的表達出來。衰亡的帝國受到災難的折磨和威脅，異教徒一致將它歸罪於基督和君士坦丁的新教。

　　但是，米蘭大主教立場堅定而手法高明，竭力使皇帝反對羅馬辯護人虛妄的說辭，敘馬克斯的希望成為一片泡影。安布羅斯在這場爭辯中不惜放下身段，運用哲學家的語言很輕蔑的問道，羅馬軍團驍勇善戰而且軍紀

14　可以參閱敘馬克斯作品第十卷的第五十四封信函。他的十卷《書信集》完全模仿小普里尼的形式和風格，就他友人的說法，絢麗的文體有如八寶樓台甚或超越先賢。但是敘馬克斯除了講究修辭的體裁，內容極為貧瘠，可說一無是處。從他那嘮叨而又冗長的書信中，無法了解事情的真相，也感覺不到他誠摯的情懷。

嚴明,所以才能百戰百勝,為何要歸功於憑著想像根本目不可見的力量。他同時嘲笑過分尊重古人的做法,只會妨礙到技藝的進步,將人類回歸到原始狀態。接著他提高聲音用神學家的口吻表示,只有基督教的教義才是真理,可以使人類得救,任何形式的多神教都會引導受騙的信徒,走向錯誤的道路,墮入永恆滅亡的深淵[15]。深受寵愛的主教提出這樣的論點,發揮很大的影響力,可以阻止勝利女神祭壇重建。同樣的說法出自高高在上征服者之口,產生更大的力量和效果,古代的神祇被拖在狄奧多西參加凱旋式的戰車後面。在元老院的全體會議上,皇帝按照共和國的傳統提出重要問題,對朱庇特或基督的宗教崇拜究以何者為是,雖然裝出大家可以自由投票的主張,但是他親自到場所帶來的恐懼,使大家的希望完全幻滅。敘馬克斯後來以莫須有的罪名遭放逐,等於對帝國的臣民提出警告,違背君王意願的危險下場。在元老院例行的分組會議上,朱庇特以極大多數的票遭到否決和廢止,這時要有任何議員敢於用發言和投票,大膽支持現已遭到禁絕的神明,就會讓人感到驚奇不已。元老院在倉促中改變信仰,可歸於超自然的力量或卑劣的動機,也有很多的改信者心中懷著奢念,有朝一日可拋棄讓人痛恨的偽裝。但古老的信仰已毫無指望,大家逐漸適應新興的宗教,他們只有屈服於帝王的權勢、流行的時尚和親人的乞求,尤其是他們的妻子兒女,都受到羅馬教士和東部僧人所指使和控制。阿尼西安(Anician)家族的行為堪為表率,受到其他貴族世家的效法,貝西(Bassi)、保利尼(Paullini)和格拉齊(Gracchi)這些古老家族皈依基督教。

---

15 可參閱安布羅斯《書信集》第二卷第五十七和五十八兩封信函,前面的部分是提出簡短警告,後面是答覆敘馬克斯的請願書,若稱為「訴狀」也未嘗不可。普魯登久斯在這位議員還在世時(404A.D.),寫出兩本書來嚴辭駁斥,也套用安布羅斯的觀念,有的地方用「敘事詩」的體裁來表達,若這也算詩作,那可太過冗贅了。真正令人感到奇怪之處,是孟德斯鳩(Montesquieu,Baron de la brede et de,1689-1755A.D.,法國啟蒙思想家、法學家、哲學家)竟然忽略敘馬克斯那兩位知名的敵手,對於奧羅休斯、聖奧古斯丁和薩爾維安(Salvian of Marseilles,390-483A.D.,神學家)所提不著邊際的辯駁之辭,倒是下了一番工夫去詳細評述。

德配天地而又源遠流長的加圖(Cato)世家（這是普魯登久斯
(Prudentius)的過分讚譽之詞），忍不住要卸下大祭司的袍服，讓
古老斑駁的外皮蛻化，脫胎換骨，穿上洗禮用來滌罪的白袍，在
殉教者的墓前供奉執政官的權標和束棒，只有謙卑不再高傲。

　　勤奮工作自食其力的市民和靠公共福利爲生的民眾，成爲源源不絕的
改信者人潮，擁進拉特朗(Lateran)和梵蒂岡大教堂。元老院的敕令禁止偶
像崇拜，獲得羅馬人民一致支持。壯觀的卡庇多神廟任其頹圮，有些分散
在市區的廟宇，受到破壞不被理睬[16]。羅馬已完全屈從在福音的重軛下，
被征服的行省對羅馬的名望和權勢，仍未失去景仰之心。

三、羅馬帝國破壞異教廟宇的行動(381-389A.D.)

　　這些皇帝都像兒女一樣帶著孝心，在改造不朽的名城時，不僅有所顧
忌也十分審慎，專制君主對於省民的成見一向都不放在心上。自從康士坦
久斯去世後[17]，致力宗教推展的工作將近中止二十年，等到宗教狂熱的狄
奧多西登基，再度開始活躍並且獲得最後的成就。英勇無敵的君主之所以
與哥德人奮戰到底，不是追求共和國的榮譽，而是爲了獲得安全。這時他
採用一些有助於護衛天國的行動，但這些行動在明智的人看來，顯得魯莽
且不近情理，而且會觸怒大部分的臣民。他在與異教徒第一次交手獲得勝
利以後，促使信仰虔誠的皇帝重申前令，大力推行詔書所列禁止事項。當
初在東部各行省頒布的法規，在麥克西繆斯被擊敗後，開始被運用在帝國
的整個西部地區。狄奧多西將正統教派的每一次勝利，都歸功於基督徒和
正統教會有純正的信仰。他打擊迷信活動，從禁止奉獻犧牲著手，因爲他
認定那是有罪和邪惡的行爲。從詔書的辭句上來看，他嚴厲譴責檢視被殺

16　卡庇多山的朱庇特神廟被毀，羅馬的其餘廟宇被破壞，使得傑羅姆大喜欲狂。
17　利班紐斯指控華倫提尼安和華倫斯禁止犧牲祭神。東部皇帝也許發布局部的命
　　令，至於全面的命令，法典並沒有提到，而教會史則出現證據，兩者相互矛盾。

動物的內臟以卜吉凶及其後續的種種行為[18]，此無異將構成異教最基本的
犧牲獻祭，一概視為罪行。修建廟宇的目的是為了奉獻犧牲，一個仁德之
君有責任使臣民遠離危險的誘惑，以免觸犯他所制定的法律。皇帝指派東
部禁衛軍統領西尼吉烏斯(Cynegius)一項特別任務，接著授與西部兩位高
階官員賈維烏斯(Jovius)伯爵和高登久斯(Gaudentius)伯爵，要在他們的
直接指揮下進行下列各項工作：關閉所有的廟宇，收繳或摧毀偶像崇拜的
設施和工具，免除祭司的各項特權，沒收異教的產業充作皇帝、教會或軍
隊的費用。等到全面查禁的行動停止，廟宇只剩空無一物的建築，不再用
來供奉偶像，政府必須加以保護，以免廟宇建築遭狂熱分子破壞。很多廟
宇都是希臘建築最壯麗精美的瑰寶，就是皇帝本人也不願損毀城市的華麗
景象，破壞自己擁有的財物。這些碩大無比的屋宇可以保留下來，做為基
督教勝利的永久紀念物。在藝術日益式微的狀況下，這些建築物可以當作
倉庫、作坊或集會場所之用。或許那些廟宇的牆壁，經過神聖儀式的淨化
以後，用來禮拜真正的神，也可以消除古老偶像崇拜的罪孽。

　　但只要這些廟宇存在一天，異教徒心中就暗自滿懷希望，希望再有一
個朱理安掀起帶來吉兆的變革，好重建神祇的祭壇。現在他們在皇帝寶座
前苦苦哀求，根本發生不了任何作用[19]，只會增加基督教改革者的決心，
要毫不留情連根剷除迷信活動。歷經幾位皇帝頒布的法律，表現出趨向溫
和的跡象，在上位者雖冷淡與消極，卻無法堵住教會的精神領袖所領導或
激起的宗教狂熱和掠奪風氣。高盧的土爾(Tours)主教，神聖的馬丁[20]，親自
率領忠實的僧侶，在面積廣大的教區毀棄所有偶像、廟宇和聖地的樹木。
為執行這項艱鉅任務，賢明的讀者自可判斷，支持馬丁的行動究竟是神奇
的力量，還是名利的刀劍。在敘利亞，被狄奧多里特(Theodoret)稱為聖

18　荷馬時代的殺牲獻祭，並沒有檢視內臟以卜吉凶的習慣。托斯卡尼人最早設置占
　　卜官，後來被希臘人和羅馬人征服。

19　狄奧多西希望保留埃笛莎(Edessa)的這所廟宇當做公用，但不久此地就成為一堆
　　瓦礫，當然這種事也有令人可以相信的地方。

20　聖徒有次把一場普通的喪禮當成偶像崇拜的隊伍(就像唐吉訶德一樣)，然後很不
　　智地施行了一次奇蹟。

潔而卓越的馬塞拉斯（Marcellus），是沉溺於使徒熱忱的一個主教，他決心
將阿帕米亞（Apamea）教區所有宏偉的廟宇都夷爲平地。但當年修建朱庇
特神廟的技術水準和牢固程度，卻阻撓他的破壞行動。巨大的殿堂座落在
一個高地上，四邊各有十五根周長十六呎的石柱，支持著高大的屋頂，圓
柱由大石塊砌成，全部用鉛和生鐵灌澆，使用最堅硬和鋒利的破壞工具都
難以損傷分毫。後來他們挖空石柱基礎，再放火燒掉在下面臨時撐住的木
樁，終於使得石柱全部倒塌。此一困難任務以一個黑色神靈的寓言形式記
述，雖然他無法擊敗基督教的工匠，卻也推遲了基督教的摧毀計畫。

　　馬塞拉斯受到勝利鼓舞，決定親自出馬與黑色勢力鬥爭。一支人數眾
多的隊伍由士兵和角鬥士組成，打著主教的旗幟前進，連續襲擊阿帕米亞
教區遍及各處鄉野的廟宇。若能預知那裡有抵抗和危險，這位虔誠的勇士
因爲是跛子，無法參加戰鬥也不能飛奔逃走，他會選擇相當距離外的位
置，至少是標槍擲不到的地方。但就因爲他過於謹慎才死於非命，一群怒
氣衝天的農民發動突擊把他殺死。行省的宗教會議立即宣稱，馬塞拉斯是
爲執行上帝旨意，神聖奉獻自己的生命。僧侶爲了支持偉大的理想，帶著
喧囂的暴怒從沙漠蜂擁而出，競相表現宗教狂熱的行動。他們被異教徒所
仇恨，有些人貪財和放縱的行爲，的確受到大家的譴責：貪財是指他們用
神聖的藉口進行掠奪，放縱是指他們揮霍人民奉獻的錢財，因爲這些人對
於僧侶穿著破爛的衣服，高聲唱著讚美曲以及假裝蒼白的面孔[21]，極爲愚
蠢的表示由衷的崇拜。只有少數廟宇是因爲恐懼、賄賂、關愛或審愼等原
因，受到地方當局或教會領導階層的保護。像是迦太基的天界維納斯神
廟，整個神聖區域的周長有兩哩，非常明智的改建成爲基督教教堂[22]。他
們運用類似的奉獻辦法，得以將羅馬萬神殿的宏偉圓頂[23]，完整無缺的保

21　利班紐斯咒罵這些穿黑衣服的傢伙，說這些個基督教的僧侶，他們吃東西的胃口
　　可以跟大象相比。可憐的大象！它們都是溫馴的動物。
22　這座廟宇已經關閉一段時間，入口的通道都長滿荊棘。
23　在教皇邦尼菲斯（Boniface）四世手裡完成奉獻，我不知道當時怎麼會出現這樣有
　　利的環境，萬神殿在狄奧多西統治以後，又保存了兩百多年。

存下來。但是在羅馬世界的每一個行省,都有一大群既無領導也無紀律的
狂熱分子,對當地安靜的居民進行侵犯。一些最珍貴的古老建築物只留存
遺骸,仍舊展示出這些宗教蠻族的狂暴,也只有這類人物才有時間和興
趣,執行這樣艱鉅的破壞工作。

　　這場浩劫的範圍極其廣闊,一個旁觀者從破壞行動的景象中,也許可
以看出亞歷山卓的塞拉皮斯(Serapis)神廟所留下的廢墟[24]。埃及是一個盛
產迷信的國度[25],但是塞拉皮斯並非土生土長的神靈或惡魔。第一個托勒
密(Ptolemies)國王受到夢的啓示,要他請來在本都海岸,長期受到夕諾庇
(Sinope)居民頂禮膜拜的陌生神祇。但是人們對於祂的屬性和統治範圍完
全不知道,甚至連祂是代表白晝的光明之神還是陰曹地府的冥王,大家也
爭論不休[26]。埃及人固執信奉祖先的宗教,拒絕讓外國的神祇進入他們的
城市[27]。只有逢迎諂媚的祭司,受到托勒密家族的慷慨賞賜,才會服服貼
貼毫不反抗,承認來自本都的神明所具有的權威,並提出一部充滿尊榮的
家譜。這位篡奪者被推上埃及神王奧塞里斯(Osiris)的寶座[28],也占有祂
的床塌,成為艾希斯(Isis)的丈夫。亞歷山卓聲稱受到祂的保護,獲得
「塞拉皮斯之城」的美名而沾沾自喜。塞拉皮斯的廟宇在名氣和壯麗方
面,足可與卡庇多的朱庇特神殿媲美,修建在一座人工堆成的小山頂上,
不僅面積寬闊,而且高出鄰近的城市約一百步。內部的大廳用堅固的拱廊

24　索弗洛紐斯(Sophronius)寫出一部與當代狀況脫節的歷史,但是可以供應很多史
　　料給蘇格拉底、狄奧多里特和魯方努斯;其中魯方努斯正好事發前後在亞歷山
　　卓,是最原始的目擊證人,他的記載應該信得過。

25　吉拉德・佛修斯(Vosius,Gerardus Joannus,1577-1649A.D.,古典學者、評論
　　家、語言學家和神學家)竭盡所能支持祖先這種怪異的概念,約瑟夫族長在埃及
　　受到崇敬,就像神牛阿皮斯(Apis)和神祇塞拉皮斯一樣。

26　希臘人在埃及各地遊歷,也不知道有新的神祇。

27　這是活生生的事實,可以證明祂的外國人血統。

28　只有在羅馬,艾希斯和塞拉皮斯在同一個廟宇裡享用香火。至於在各行省,皇后
　　認為自己的地位高過夫君,所以就視無法平起平坐的配偶,把祂視為來自本都的
　　陌生人。但在埃及的政治和宗教制度,都是女性占有優勢的地位。蒲魯塔克
　　(Plutarch,希臘人,一世紀羅馬傳記作家和哲學家)所寫的文章裡,可看到艾希伊
　　斯和奧塞里斯就是處於這種位階,所說的奧塞里斯等同於塞拉皮斯。

支撐，區分爲很多個走廊和地下的隔間。神聖的主殿被一個四方形的柱廊所圍繞，雄偉的大廳和精美的雕像，呈現藝術的最高水準。還有著名的亞歷山卓圖書館，是保存古代知識的寶庫，如同浴火的鳳凰重新恢復輝煌的光彩[29]。狄奧多西發布詔書嚴禁異教徒的祭祀活動後，對於塞拉皮斯的城市和寺廟仍舊網開一面。像這樣非常獨特的寬容，很不智的歸之於基督徒的迷信所產生的恐懼，好像他們眞的不敢禁絕古老的宗教儀式，認爲這樣才能防止尼羅河氾濫、保佑埃及作物豐收，使君士坦丁堡能繼續存在[30]。

此時[31]，和平與德行之敵狄奧菲盧斯（Theophilus）[32]據有亞歷山卓大主教的寶座，他是個膽大包天的惡棍，雙手沾染銅臭和鮮血，被塞拉皮斯的榮名激起滿腔的怒氣。由於他對一座古老的酒神巴克斯（Bacchus）神殿橫加汙衊，使得異教徒提心吊膽，認爲他會施展更爲毒辣的手段。在群情激盪的埃及首府，有時會因微不足道的挑釁行爲引發一場內戰。塞拉皮斯的信徒雖然實力和數量遠不及對手，但受到哲學家奧林庇斯（Olympius）[33]的鼓舞，仍舊拿起武器，誓死要用生命來捍衛神祇的祭壇。這些異教的狂熱分子固守像碉堡一樣的塞拉皮斯神廟，用勇猛的出擊和頑強的抵抗打敗敵人的圍攻，對基督徒俘虜施以極不人道的酷刑，在困獸之鬥中求得最後的安慰。行事審愼的地方當局竭盡全力促成雙方休戰，等待狄奧多西的批示，以決定塞拉皮斯的命運。兩派人馬不准攜帶武器，在市區廣場集合，要當眾宣讀皇帝的敕令。等到「要拆除亞歷山卓一切偶像」這句話出口

---

29 托勒密古老的圖書館全毀於凱撒的亞歷山卓戰役，馬克・安東尼（Marc Antony）把帕加姆斯（Pergamus）的收藏（大約有二十萬卷）全部都送給克麗奧佩特拉（Cleopatra），構成亞歷山卓新圖書館的基礎。

30 利班紐斯說話不夠謹愼，用侮慢的評述激怒身爲基督徒的主子。

31 馬塞利努斯（Marcellinus）說389年，普洛斯帕（Prosper of Aquitaine，390-463 A.D.，聖徒，法國歷史學家）說是391年，蒂爾蒙特同意前者的時間，而帕吉（Pagi, Antoine，1624-1695A.D.，希臘編年史家）贊成後者的說法。

32 狄奧菲盧斯所處的立場非常曖昧，他的朋友傑羅姆說他是一個聖徒，而他的仇人克里索斯托說他是一個魔鬼。一般而言，整體的看法對他不利。

33 拉德納從蘇伊達斯引用一段很美妙的文章，也可能引自達瑪休斯（Damascius），其中提到虔誠而聖潔的奧林庇斯，並沒有把他當成武士，而是視爲先知。

時，基督徒發出歡欣無比的呼聲，噩運上身的異教徒覺得憤恨塡膺，一個
個鴉雀無聲地溜走，靠著飛奔逃跑或者低聲下氣，以避開敵人充滿恨意的
報復。狄奧菲盧斯動手破壞塞拉皮斯神廟，除了建築物本身的材料非常厚
重結實，已經沒有其他的困難。但這個障礙的確難以排除，最後只有留下
基礎部分不加理會，把殿堂打成一堆瓦礫，就算出了一口怨氣。

　　後來市民很快將一部分殘址整理乾淨，騰出空地修建一座紀念殉教者
的教堂。珍貴無比的亞歷山卓圖書館被搶劫一空，全部毀損無遺。過了二
十年後，只要來訪的參觀者沒有被宗教的偏見遮蔽自己的心靈，當看到那
些空空如也的書架，也會感到無限的痛惜和憤慨。古代天才的著作，有很
多就此從世間消失，要是沒有遭逢打倒偶像崇拜的浩劫，就可以供後人享
受讀書之樂，汲取求知的經驗教訓。現在整個廟宇全部成爲豐富的戰利
品，可以大大滿足大主教的狂熱和貪婪[34]，用來報酬他在宗教戰場的勝
利。他們仔細熔掉金銀鑄造的神像和花瓶，把不值錢的金屬製品全部砸爛
丟到街上。狄奧菲盧斯極力揭發偶像崇拜者欺騙和邪惡的罪行，這些祭司
用天然磁石玩搗鬼的花樣，秘密把活生生的戲子藏在空心的神像裡，使虔
誠的丈夫和信任的婦女被鬼蜮的伎倆陷害。這些指控看來有幾分可信，因
爲與迷信的騙術和謀利並無不合之處。但是那種同樣圖利自己的風氣，使
人的品格日趨下流，對被擊敗的敵人極盡侮辱和謾罵，所以只要想到造謠
生事比查明眞相要容易得多，不免對那些指控要打些折扣。塞拉皮斯的巨
大雕像隨著衪的神廟和宗教同時冰消瓦解，大量不同種類的貴重金屬經過
精工製作，拼湊在一起成爲雄偉的神像，寬度直到聖殿兩邊的牆壁。塞拉
皮斯塑成坐像，左手拿著權杖，整個風格跟朱庇特的形象極爲相似，不同
之處是頭上戴著一頂籃狀或斗狀的帽子，以及右手握著有象徵意義的怪
物，一條蛇昂著頭後面拖著分叉的三條尾巴，末端分別是狗頭、獅頭和狼

34　優內庇斯（Eunapius, 345-420A.D.，希臘修辭學家和歷史地理家）在安東尼紐斯和
　　伊迪休斯（Aedesius）的傳記裡，詛咒狄奧菲盧斯褻瀆神聖的掠奪行爲。蒂爾蒙特
　　引用佩魯西姆（Pelusium）的伊希多爾（Isidore）所寫的一封信，指責總主教是喜愛
　　黃金的偶像崇拜者，全身發出金幣的銅臭味。

頭。信徒非常肯定的宣稱，要是有人膽敢用污穢的手褻瀆神明的威嚴，世
界就會重歸開天闢地的混沌狀態。一個悍不畏死的士兵受到宗教狂熱的激
勵，手執沉重的戰斧爬上高梯，甚至連在場的基督徒群眾都捏把冷汗，不
知會出現什麼驚人的狀況。他對準塞拉皮斯的面孔用力砍了一斧，碎裂的
臉頰墜落地面，雷鳴電閃沒有隨之大作，天地還是保持一片祥和寧靜。獲
勝的士兵揮斧猛劈，巨大的偶像倒塌下來摔成碎片。塞拉皮斯的四肢被拖
著在亞歷山卓的大街遊行示眾，被砍得傷痕累累的軀體陳列在大競技場，
在人群的喊叫聲中縱火燒毀。可想而知，有很多人所以改變宗教，是因為
他們看到自己的保護神已經完全無能為力。

　　這種群眾模式的宗教把可見的實質形體賦予崇拜的對象，最大優點是
使人感覺熟悉而能接受，但優點也是缺失所在，因為會產生不可抗拒的意
外事件，揭穿偶像崇拜的虛妄，使整個信仰全部幻滅。照常理來說，一個
人對於偶像和聖物，若憑著肉眼和雙手去分辨，這些聖物與天然或人工的
物品並無不同，因此難以長期保持崇敬之心。而且，等到危急關頭，這些
偶像秘密而神奇的威力，居然連本身的安全都難保，他們就會鄙視祭司毫
無根據的吹噓，對自己的迷信思想感到荒謬可笑[35]。待塞拉皮斯整個倒塌
後，異教徒還抱著一線希望，認為尼羅河會對埃及褻瀆神聖的統治者，拒
絕供應每年作物所需的水量。氾濫時間延後是表明河神的憤怒，但水勢很
快上漲彌補延遲之不足，但當漲勢過猛超過正常水位時，那些別有用心的
人又沾沾自喜，認為大洪水即將來臨。最後這條大河恢復到大家所熟知的
水位，也就是十六肘這個最有利的高度，英制相當於三十呎[36]。

35　《宗教改革史》提出很多例證，說明信仰的行為經過突然的改變以後，對原來的
　　迷信會產生不屑一顧的心理。

36　我支持所提出的數據，測量河水氾濫的標準從希羅多德時代以來就沒有變過，一
　　直都是使用肘尺。埃及的肘尺相當於英制是二十二吋。

四、立法禁止奉獻犧牲和異教最後的絕滅(390-420A.D.)

　　羅馬帝國的異教廟宇難逃荒廢或絕滅的下場，狄奧多西的法規嚴格禁止奉獻犧牲，異教徒有著根深柢固的迷信思想，要多方設法加以規避。鄉村居民的活動一般不會受到惡毒人士的注意，就用歡宴聚會的形式掩飾宗教活動。在重大的節慶祭日，他們成群集結在神聖樹林的廣闊濃蔭下，宰殺牛羊加以燒烤，按照鄉村的習俗可以焚香和頌歌，看來就像敬神一樣。而且，大家認爲不要把牲口任何部分焚燒饗神，不設置承接鮮血的祭壇，免除儀式開始前的奉獻鹹餅和結束時的酹酒，這種節慶的宴會不會使客人觸犯非法獻祭的罪名，遭受嚴厲的懲罰[37]。不論事實的眞相如何，也不管區別有無道理[38]，狄奧多西最後一份詔書，把所有的藉口和掩飾全部一掃而光，對異教徒的迷信活動給予致命的打擊。這份禁制令運用絕對明確的措辭，皇帝曰：「吾人衷心期許帝國大小臣工，無論行政官員抑或普通市民，亦無視於職務和地位的高低，禁止在任何城市或任何地點，用無辜的犧牲向木雕泥塑的偶像獻祭。」殺生祭神的行爲和用犧牲的內臟占卜的手法(無論腸卜的目的何在)，都視爲大逆不道的謀叛重罪，非處死不足以勸善懲惡。異教徒迷信中較少血腥和不太可怕的儀式，被認爲有害宗教的眞誠和尊嚴而遭到取締，特別像是使用光球、花環和乳香，還有酹酒祭神都在禁止之列，就連供奉於人無害的家神，像是土地公之類都列入嚴格的禁令。要是使用個人的場地進行瀆神和非法的慶祝儀式，犯罪所用的產業就遭受沒收的處分；如果使用別人的房舍進行瀆神活動，就會受到起訴，處以二十五磅黃金或一千個金幣的重罰，而且要立即繳交不得延誤。凡是玩忽職守，發現宗教的敵人在秘密進行偶像崇拜，而不予告發或懲處的人

37　利班紐斯用溫和而隱約的辭句提出辯解的理由，從最早的年代開始，這種飲宴活動爲整個國家帶來活力和生氣，也就是酒神的飲宴才會創造出雅典的劇院。

38　霍諾流斯對鄉村的飲宴活動採取寬容的態度(399A.D.)，但過了九年以後，他發現要重申前令，強調要遵守同一條但書。

員,要處以與此大致相同數量的罰鍰。以上是狄奧多西法規的宗教迫害重
點所在,到了他的兒子和孫子的手裡更是變本加厲,受到基督徒世界的高
聲歌頌和一致讚揚。

在狄西阿斯(Decius)和戴克里先的殘酷統治下,基督教被當成古代和
傳統宗教的叛徒而加以禁止,這是對一個暗中活動的危險教派,抱持著不
公正的懷疑看法。這時正統基督教會緊密團結,迅速獲得勝利。但是對信
仰基督教皇帝的作法,他們違犯人性的尊嚴和福音的教諭,表示出相當贊
成的態度,這並不能拿恐懼和無知當成藉口。多少年代的經驗暴露出多神
教的弱點和愚昧,理性和信仰之光照亮世界,向大多數的人類顯現出偶像
的虛幻,日薄西山的教派仍然堅守自己的崇拜對象。他們原本可以在平靜
和卑微的狀況下,繼續享用祖先的宗教習俗。反過來說,要是異教徒也擁
有原創信徒奮不顧身的狂熱,那麼基督教的勝利必然要血流成河。朱庇特
和阿波羅的殉教者可以攫住光榮的機會,把生命和財產奉獻在祭壇的前
面,但是擇善固執的宗教熱忱和多神教鬆弛而散漫的習性互不相容。正統
教派的君主不斷施加猛烈的打擊,鬆軟而柔順的物質化解所受的暴力,不
會產生重大的傷害。異教徒逆來順受的態度可以保護他們,減輕狄奧多西
法令的折磨和懲罰[39]。他們不再四處宣揚神明的權勢高過皇帝,只是哀傷
的低聲抱怨,接著就停止舉行被君主譴責的神聖儀式。他們要是因為一時
衝動,或者認為可以秘密進行,不惜冒險嘗試所深愛的迷信活動,只要在
事發後表現出知過悔改的謙卑態度,也會瓦解基督徒行政官員要嚴辦的決
心。而且,即使私下極為勉強,他們也不會拒絕福音教對他們的束縛,作
為行為不夠謹慎的認罪表現。教堂充滿日益增加的群眾,這些毫無價值的
改教者,都是基於世俗的動機,接受高居統治地位的宗教,他們虔誠模仿
教徒的舉止神情,隨著大眾一起誦經祈禱,內心卻默念古代的神明,冀圖
使良心得到安慰[40]。要是說異教徒缺少忍辱負重的精神,那麼根本沒有具

---

39 奧古斯丁知道異教徒的心態,就用侮辱的言辭指責他們是膽小鬼。
40 利班紐斯提到像這種偶然的服從,不過像唱戲那樣裝出偽君子的姿態而已,他並
    沒有責備的意思。

備奮起反抗的勇氣。到處散布數以萬計的教徒，只能對廟宇的毀損表示痛
心疾首，接受敵手強加在他們身上的命運，完全屈服毫無爭執的餘地。敘
利亞的農夫和亞歷山卓的市民揭竿而起，這群烏合之眾反對宗教狂熱所引
起的暴怒，被皇帝的威望和權勢鎮壓得噤若寒蟬。西部的異教徒無法提升
尤金紐斯的名氣，反而因為追隨者的三心二意，損害到篡奪者的理念和聲
望。教士敵愾同仇的宣告，他那大逆不道的背教行為更加重謀叛的罪名，
據稱他同意修復勝利女神的祭壇，而且象徵朱庇特和海克力斯的偶像，公
然和戰無不勝的十字架旗幟在戰場對陣。異教徒虛無縹緲的希望很快隨著
尤金紐斯的失敗完全破滅，留下來任憑征服者隨意處置。皇帝要盡力根除
偶像崇拜，不負上天賜給他的恩寵。

　　一個奴隸國家的主子只要不把暴虐偏執的行為施展到極限，即使經常
濫用絕對權力，也會隨時準備接受仁慈的歡呼。狄奧多西有可能正告他的
臣民，提出受洗和死亡這兩條道路可以選擇。然而能言善辯的利班紐斯卻
讚揚皇帝的寬厚，沒有制定實際的法規，迫使所有臣民皈依國君所信奉的
宗教[41]。信奉基督教並沒有定為擁有社會公民權的基本要件，有些教派毫
不猶豫接受奧維德(Ovid)的神話*[42]，堅決否認福音書的神蹟，也沒有受到
加在身上的磨難。皇宮、學校、軍隊和元老院，到處都有虔誠的異教徒，
他們並不隱瞞自己的信仰，毫無區別的享有帝國在行政和軍事上的榮譽；
狄奧多西授與敘馬克斯執政官的職位，與利班紐斯保持長久的私交[43]，
對崇高的德性和才華表現出深切的關懷。這兩位口若懸河的異教徒辯護
士，從來沒有人要求他們改變或者隱瞞宗教觀點。異教徒可以保有範圍極

41　利班紐斯建議宗教迫害詔書的形式，就像狄奧多西所制定那種，看來像是開一個
　　很輕浮的玩笑，要不然就是一場危險的試驗，有些君主也許會採用他的意見。

*42　[譯註]奧維德在公元7年發表最偉大的作品《蛻變》(Metamorphoses)，將古典世
　　界所有的神話體系全部容納在一起，從創造世界到奉祀凱撒為神，組成一個龐大
　　無比的宗教架構。

43　狄奧多西這樣抬舉一個人，使利班紐斯感到極為驕傲，皇帝說在有人覲見時竟敢
　　向朱庇特發誓，然而這種覲見只有修辭學家一個在場。

為廣泛的言論和著作自由，優內庇斯(Eunapius)、諾昔繆斯(Zosimus)[44]和柏拉圖學院狂熱的教師，他們留下歷史和哲學的遺著，宣洩出強烈的敵意，極力抨擊獲勝對手的情操和作為。如果這些惡意中傷的誹謗之辭當時就已眾所周知，那麼我們就會讚許基督教君主的善意，他們竟用藐視的微笑對待迷信和絕望的最後鬥爭[45]。但是，帝國的法規禁止奉獻犧牲和祭祀儀式卻嚴格執行，須知這種宗教是靠習俗而非理論發揮影響力，隨著時間的逝去有助於根絕它所產生的效果。詩人和哲學家獻身創作，可以私自從祈求、沉思和研究中加以栽培。但是公開舉行的禮拜活動，唯一的堅實基礎來自人民的宗教情操，這要靠著模仿和習慣才能養成。只要打斷這種公開的活動，不過幾年的工夫，就可以完成重大的民族改革工作。沒有祭司、廟宇和經典[46]在旁邊加以人為的援助，神學觀點就無法保持長久的記憶。無知的世人自己的內心仍然隨著盲目的希望和畏懼而動盪不安，很快受到地位較高人士的影響，立誓信奉當時居統治階層的神明。他們當初在精神饑渴狀況下被迫接受教義，會在不知不覺中感染極大的熱忱，對新的教義進行支持和傳播。帝國法規頒布以後成長的一代，被吸引到正統基督教會的範圍之內，異教的瓦解是如此的快速而平靜，在狄奧多西逝世不過二十八年以後，立法者再也看不到異教有什麼蛛絲馬跡遺留下來。

五、基督教對聖徒和遺物崇拜的源起

詭辯家把異教的毀滅說成可怕而驚異的事件，大地陷入一片漆黑，世界重歸混沌初開和暗無天日的狀態。他們用莊嚴而悲傷的語調，訴說廟宇

44　諾昔繆斯稱自己是財務伯爵和前律師，用偏袒而猥褻的言辭咒罵基督教的君主，甚至對統治者的父親也不放過。他的作品在私下流傳，可以逃過教會歷史學家的抨擊，直到六世紀末葉的伊發格流斯為止，都沒有人找他的麻煩。

45　然而阿非利加的異教徒抱怨，那個時代並不容許他們獲得像《上帝之城》所宣示的自由，就是聖奧古斯丁也無法否認這項指控。

46　西班牙的摩爾人在宗教裁判所的暴虐統治下，秘密保持伊斯蘭教信仰達一個世紀之久，特別是用阿拉伯語來誦讀《古蘭經》。

都成為墳墓，擺設著許多神像的聖殿，被基督教殉教者的骨骸所玷污。

> 僧侶（優內庇斯認為這是一種骯髒的畜牲，可以劃分在人類的範
> 圍之外）是一種新禮拜儀式的始作俑者，他們的神明就理性的認
> 知而言，被最低賤和可鄙的奴隸所取代。那些罪大惡極的罪犯，
> 在明正典刑以後，頭顱用鹽醃好，身體仍舊留著鞭痕和傷疤，是
> 行政官員刑求和懲處的證明。這些頭顱和傷痕（優內庇斯接著說）
> 就是大地在我們這個時代所創造的神，這些就是殉教者，我們向
> 上帝祈禱和懇求的最高中介人，他們的墳墓現在已經成為聖地，
> 是人民崇敬的對象。

我們不一定要懷有詭辯家的惡意，他們是這場變革的見證人，他們的
驚訝自然可以理解。那就是羅馬法律的卑賤犧牲者在這一場變革中，被推
舉到帝國保護者的地位，難以形容而又無比崇高。基督徒對忠於信仰的殉
教士，這分尊敬是出於感激之情，隨著時光的荏苒和勝利的獲得，昇華為
宗教的崇拜，那些名聞遐邇的聖徒和先知，必然享有殉教士的殊榮。在聖
彼得和聖保羅光榮死難一百五十年後，梵蒂岡和通往歐斯夏（Ostian）的大
道，就是以宗教英雄人物的墳墓[47]，也可以稱為紀念物而舉世知名。在君
士坦丁改變信仰後的年代裡，無論是皇帝、執政官和軍隊的將領，都會很
虔誠來到漁夫和帳幕工的墓前致祭[48]。受到人們敬仰的骨骸被安置在耶穌
的祭壇之下，帝國都城的主教不斷供奉非殺生的祭品。東部世界的新都城
無法提供古老的紀念物，就向所屬行省大力搜刮，因此也顯得相當富有。
聖安得烈（St. Andrew）、聖路加（St. Luke）和聖提摩太（St. Timothy）的遺
體，都在不為人知的墳墓中安眠近三百年之久，才被隆重遷到使徒教堂，

---

47 該猶斯（Caius）是羅馬長老，生活在澤菲萊努斯（Zephyrius）時代（202-219A.D.），
　是這種迷信行為最早的證人。
48 我感謝能引用教皇本尼迪克特（Benedict）十四，在1750年為天主教大赦年寫的牧函。

這是大手筆的君士坦丁修建在色雷斯的博斯普魯斯海峽岸邊[49]。大約又過了五十年，同一邊的海岸又接納以色列人的士師和先知撒母耳（Samuel）*[50]。他的骨灰裝在金瓶裡用絲綢包裹，主教排成一列親手傳遞，撒母耳的遺物也由人們以歡欣鼓舞的心情，非常恭敬的接受，好像活著的先知光臨般，從巴勒斯坦到君士坦丁堡城門口的大道上，排滿連綿不絕的接送隊伍。阿卡狄斯皇帝走在地位最高的教士和元老前面，親自迎接極為不凡的貴賓，他始終有權受到君王的頂禮膜拜[51]。羅馬和君士坦丁堡作出榜樣，肯定基督教世界的信仰和紀律，聖徒和殉教者的名聲經過一段式微的時期，基於世俗的原因只能發出喃喃的抱怨聲[52]，從此以後就普遍的建立起來。在安布羅斯和傑羅姆的時代，為了穩定和激發虔誠的信仰，仍然要依靠部分神聖的遺物，可以證明基督教會有難言之隱。

六、基督教對聖徒和遺物崇拜的具體作法

　　從君士坦丁統治到馬丁路德的宗教改革，一千兩百年的光陰須臾而過，基督教簡樸模式的純潔和完美，被聖徒和遺物的崇拜破壞。甚至在第一代人物推行和接受有害的改革時，從他們身上就可看到墮落的徵候。

　　其一，聖徒遺物比黃金和寶石珍貴[53]。這種令人動心的經驗使得教士

49　傑羅姆為這次聖徒遺體的遷移，找到目擊證人，教會歷史家都忽略此事，亞該亞的教士在信函中提到聖安得烈在佩特利（Patrae）的激情演出，巴隆紐斯（Baronius，Caesar，1538-1607A.D.，意大利樞機主教）希望能相信此事，蒂爾蒙特受到壓力只有否認，但聖安德烈還是成為君士坦丁堡在精神和信仰上的奠基者。

*50　[譯註]撒母耳是以色列的先知和士師，奉神意旨立掃羅為王，時間在公元前十一世紀左右，這是「君權神授」之始，參閱《聖經》〈舊約全書撒母耳記上〉下。

51　傑羅姆用非常炫耀的態度，敘述撒母耳遺體的遷移，當時的編年史都有記載。

52　魏吉蘭久斯（Vigilantius）是當時的新教徒，堅定地反對僧侶、遺物、聖徒和齋戒這些迷信的行為，但是沒有發生效用。傑羅姆把他比擬為九頭龍、地獄狗和人馬怪，認為他是魔鬼的代言人。只要深入研究聖傑羅姆和魏吉蘭久斯的論戰，以及聖奧古斯丁對聖司蒂芬奇蹟的記錄，很快可以大概了解宗教先驅人物的信仰。

53　博索布勒（Beausobre，Isaac de，1659-1738A.D.，神學和史學家）用世俗的眼光看待西麥那（Smyrna）教士虔誠行為，他們仔細地保存著殉教者聖波利卡普（St. Polycarp）的遺骸。

為增加教會財富,根本不考慮真假,或是否有無可能,就給骷髏杜撰一個
名字,編造一段故事。使徒的名聲,還有效法高尚德行的聖者,都被宗教
的傳奇故事所遮蔽。在那些最早發生且貨真價實的殉教士隊伍中,他們增
加成千上萬想像中的英雄人物,除了在奸詐的幻覺和輕信的神話之中,幾
乎都不可能存在。土爾並非唯一把罪犯視為聖徒,拿他們的遺骨當作聖物
來崇拜的教區[54]。這種迷信的作法有助於增加欺騙和輕信的誘惑力量,在
不知不覺中澆滅基督教世界歷史和理論的指路明燈。

其二,若人民的信仰不能及時得到幻覺和神蹟的幫助,證明極為可疑
的聖物不僅真實可靠而且靈驗異常,那麼迷信的發展過程肯定不會這樣迅
速,還能取得所向無敵的勝利。在狄奧多西二世統治時期,盧西安
(Lucian)[55]是耶路撒冷的長老,身兼卡發加馬拉(Caphargamala)村的神
父,這個地方離城大約二十哩。他提到曾做了一個很奇怪的夢,而且為了
使他不要產生懷疑,一連三個禮拜六都重複出現同樣的夢境。一個德高望
重的人物留著長鬚穿著白袍,手裡拿著金棒,在寂靜的夜晚出現在他的面
前。他交代自己的名字是加梅勒(Gamaliel),同時向驚訝的長老透露,除
了他本人的屍首,還有他的兒子阿比巴斯(Abibas)、友人尼可迪繆斯
(Nicodemus)以及司蒂芬(Stephen)的遺體,全都秘密埋葬在附近的田野,
其中司蒂芬非常有名,是基督教的第一個殉教者*[56]。他帶著不耐煩的口氣
說道,現在是把他和他的朋友從陰暗的監牢裡放出來的時候了,他們的露
面對苦難的世界會帶來好處,而且特別選擇盧西安把他們的處境和願望,
通知耶路撒冷的主教。懷疑和困難雖然延遲重要的發現,但還是被新的憧

---

54 土爾的馬丁從死者的口裡逼出這段供詞,這種錯誤倒是順理成章的事,揭發出來
　就要靠奇蹟,不知這兩種狀況那種經常發生?

55 盧西安最早的記載是用希臘文撰寫,經阿維都斯(Avitus)翻譯成拉丁文由巴隆紐
　斯發表,本篤會編纂聖奧古斯丁編成兩個版本,書中字句有的地方並不相同(是
　在他完成《上帝之城》以後),且內容有很多謬誤之處,主要是證據薄弱而且前
　後矛盾。這個傳奇最無法令人相信的地方,後來經過蒂爾蒙特的修飾和刪改。

*56 [譯註]司蒂芬是耶路撒冷教會的執事,在猶太會堂辯述基督教義,遭亂石擊斃,
　成為基督教第一個殉教士。

憬一一化解。主教在無數群眾圍觀之下挖開墓地，加梅勒、他的兒子以及
朋友的棺木都很整齊的排在裡面。但在盛著司蒂芬遺骸的第四口棺木重見
天日時，大地忽然震動起來，大家馬上聞到天堂的氣味，其中有七十三名
前來幫忙的助手，他們罹患的各種疾病立刻都被治好。司蒂芬的同伴仍舊
安息在寧靜的卡發加馬拉村，然而第一個殉教者的骨骸，在一支莊嚴的隊
伍護送下，遷往錫安山專為供奉聖徒遺物的教堂。這些聖物的碎塊和一滴
血[57]，還有從遺骨上面刮下來的片屑，幾乎在羅馬世界所有的行省，都認
為具有毋庸質疑的神性和不可思議的力量。連態度嚴肅而學問淵博的奧古
斯丁[58]，都證實聖司蒂芬的遺骨在阿非利加顯現無數的奇蹟。憑著奧古斯
丁理性的認知，我們很難指責他的輕信，然而在他傲世的巨著《上帝之
城》一書中，卻有非常神奇的敘述，何況希波(Hippo)的主教借用這本
書，實事求是而且永垂不朽的證明基督教的真理。奧古斯丁表情很嚴肅的
宣稱，他所選來記述的奇蹟都經過公開的證實，不是親身經歷就是在場目
睹殉教者的神奇能力，很多奇特的事蹟被人忽略或是日久忘懷，希波也不
是這個行省最受垂愛的城市，然而在他列舉的七十多件奇蹟中，其中在他
的教區內不過兩年的時間[59]，就發生三件死而復活的例子。要是擴大範圍
遍及基督教世界所有的教區和聖徒，從永無止境的源頭不知會產生多少傳
奇和謬誤。但我們只能這樣設想，在迷信而無知的時代，奇蹟很難被看成
是自然律的變異，最後也難逃湮滅的命運。

其三，殉教者的墳墓是永恆的舞台，出現不計其數的奇蹟，向虔誠的
信徒顯示屬靈世界的情況和架構，他的宗教觀似乎建立在事實和經驗的堅
固基礎之上。不論世人的靈魂在與肉體分離到復活的漫長時間中，究竟處

57　那不勒斯每年都要液化出來聖司蒂芬一小瓶鮮血，等到他的地位為聖詹納流斯
(St. Januarius)所取代，這種奇蹟才停止發生。

58　奧古斯丁花十三年(413-426A.D.)的時間寫成二十二卷的鉅著《上帝之城》，豐
富的知識來自他人的學術，爭論的觀點出於自己的主張，但是整部作品的構思宏
偉、雄辯有力而且技巧熟練，博得舉世讚譽。

59　弗里庫法斯(Freculphus)保存一則高盧或西班牙的成語：「誰要是說他清楚聖司蒂
芬所有的奇蹟，那他是在說謊。」

於何種狀態,提到聖徒和殉教者超凡入聖的靈魂,絕不會無所事事在長眠中度過[60],這倒是很顯然的事。同時,聖徒和殉教者非常生動而明確的意識到自己享有幸福、美德和權柄(也不必探明他們居住的地點和什麼性質的幸福),他們已獲得保證可以擁有永恆的報酬,他們的智能可以無限擴展超出人類的想像。從經驗獲得證明,他們能夠聽到和理解無數信徒的各種請求,這些人在同一時間,在遙遠世界的不同角落,呼喊著司蒂芬或馬丁的名字,祈求伸出援手給予救助。祈求者的信心植基於堅定的理念,這些與耶穌共同統治世界的聖徒,會用憐憫的眼光注視大地,相信他們一直在關懷著正統教會的繁榮興旺。任何人只要效法他們的忠貞和虔誠,就會受到他們的照顧,成為特別關懷和寵愛的對象。確實如此,有時候他們的友誼也會受到世俗想法的影響,用偏愛的眼光看待出生、居住、死亡、埋葬和擁有他們的遺骸而封為聖地的地方。那些較為卑微的情緒像是驕傲、貪婪和報復,他們具有天神般的胸懷不應受到玷污,然而聖徒也會紆尊降貴明確表示,他們對信徒的慷慨非常滿意而感激,懲罰的利矢投向不信上帝的妖孽,這些罪人褻瀆莊嚴的神龕,不相信他們具有超凡入聖的能力。要是有一些人非常固執,拒絕承認神的一個代理人,而提出的證據連自然界所有創造的生物都能接受,人類心靈中最細微和最隱密的活動都會服從[61],那麼,這些人犯下的罪行實在是十惡不赦,要是對此還表示懷疑,也未免太令人感到奇怪。據說在祈禱或犯罪以後,會很快產生應得的效果,甚至轉瞬間就有報應,可見聖徒在上帝身旁享有恩惠和特權,基督徒表示至為滿意。是否他們要不斷在慈悲的聖座前面代為求情說項,或者他們是否不能以接受寬厚和公正的指示為據,把權力轉授給屬下的神職人員,對這些要作深入的探究,不僅多餘也沒有必要。想像經過不斷的努

60 波尼特(Burnet,Thomas,1635-1715A.D.,英國沙特修道院院長)蒐集宗教先驅人物的意見,他們確認人類靈魂在長眠或休息之中,直到最後審判日才醒轉過來。他後來表示,若人類的靈魂獲得生動而有感覺的存在,會造成很多不便。

61 聖司蒂芬的遺骸在米諾卡(Minorca),不到八天工夫使五百四十個猶太人改變信仰。實在說,幫助他們改宗的是嚴酷行動,像是燒毀猶太會堂,把固執的猶太教徒趕到山區活活餓死。

力，昇華爲宇宙動因的默思和崇拜，就會急切接受較低位階的愛慕者，可以與籠統的概念和平庸的才能相匹配。原創基督徒崇高而簡潔的神學思想逐漸退化，在已經蒙上玄學的陰影以後，又引進適合大眾口味的神話學，有恢復多神教統治的傾向，看來所謂的天國也不過爾爾[62]。

其四，宗教的對象逐漸降到以想像爲標準，採用的儀式和典禮都要對世人的感官產生強烈的影響。要是特塔里安（Tertullian）和拉克坦久斯（Lactantius）[63] 在五世紀初葉從死中復活[64]，協助料理聖徒或殉教者風行一時的慶典[65]，看到褻瀆神聖的景象一定大爲吃驚，且悲憤不已，因完全取代基督徒會眾純潔而屬靈的禮拜方式。等教堂大門打開，香火瀰漫、鮮花香氣、及中午的燈火和燭光，不僅庸俗而多餘，還發出瀆神的光芒，這些都讓他們感到厭惡。他們若走近聖壇護欄，就要穿過匍匐在地的人群，其中大多是外地人和朝香客，在舉行歡宴的夜晚來到這城市。這些人早已被宗教狂熱或美酒灌得酩酊大醉，會虔誠的親吻神聖建築物的牆壁和地面，且誠心祈禱。無論他們使用何種語言，都是對著聖徒的屍骸、血液和骨灰而發，這些遺物通常用亞麻布或絲綢覆蓋。基督徒經常前往殉教者墓地，希望借助其影響力，獲得所有精神和世俗的福分。他們祈求身體健康、治癒疾病、不孕的妻子多產，且兒女平安幸福。每當他們要經歷長程跋涉或危險的旅途，就會懇求神聖的殉教者在路上給他們指引和保護。若他們沒遭遇危難，平安歸來，就會匆忙趕到殉教者墓地，對於天上保護人的英靈和遺物，表示出無限的感激。牆上掛著他們接受恩惠的紀念物，像是金和

62　休謨（Hume，David，1711-1776A.D.，英國哲學家和史學家，是著名的不可知論者）像一個哲學家，提到多神論和基督教一神論的自然流動，並且會產生逆流。

63　依據特塔里安、拉克坦久斯和阿諾比烏斯（Arnobius the elder，四世紀基督教辯護家）的諄諄教誨，要求教徒的禮拜活動不僅純潔，而且屬於精神的領域，所以才會反對異教徒的儀式，甚至就是對猶太教的祭典也抱著不以爲然的態度。

64　道畢涅（D'Aubigne）坦率的提出說明，也獲得胡格諾（Huguenot）派神父的同意，認爲依據信仰法規是在最初的四百年之內。經過紅衣主教佩隆（Perron）的討價還價又多加四十年，他們也答應。然而不管怎麼說，這種計算實在是夠愚蠢的了。

65　摩尼教徒福斯都斯（Faustus）指責天主教的偶像崇拜。博索布勒是個新教徒也是哲學家，他直率且引經據典地提到，基督教徒的偶像崇拜是在第四和第五世紀引進。

銀製作的眼睛和手腳,還有富於教誨意味的圖像,顯現聖徒像保護神一樣的形象、功德和奇蹟。但這些圖像很快就會毀損,因為虔誠的信徒表露偶像崇拜者過分崇敬的行動。在古老的年代和遙遠的國家,同樣不變的原始迷信精神也會運用同樣的手法,欺騙人類的無知,影響人類的感官[66]。我們應該坦率的承認,正統基督教會的神職人員也效法異教徒所採用的模式,那些都是他們過去急著要摧毀的東西。就是最受尊敬的主教也不由自主的相信,那些無知的鄉巴佬,要是在基督教內部找到與異教類似之處,等於獲得一點補償,就會感到自鳴得意,情願放棄異教的迷信。在不到一個世紀的時間內,君士坦丁的宗教終於完成征服羅馬帝國的豐功偉業,但是這些投降的對手,卻使用計謀在不知不覺中將勝利者制服[67]。

---

66 迷信行為的類似性根本毋須假冒和仿效,也可以從日本追蹤到墨西哥。武布頓 (Warburton, William, 1698-1779A.D.,格洛斯特主教、學者和辯論家)攫住這個觀念,加以扭曲後,認為放諸四海皆準。

67 提到模仿異教的行為,米德頓(Middleton, Conyers, 1683-1750A.D.,英國神學辯護家)從羅馬來信欣表同意。武布頓的譴責使他只有將兩個宗教的歷史連接起來,證明基督教的抄本非常古老。

屋大維婭柱廊的外部已殘破不堪

羅馬帝國絕大多數人民都是勤勉而靈巧的勞工，
從各方面盡其所能為少數富人服務。
這些走運的寵兒為了展示驕縱的心態，
滿足聲色的欲望，
對於他們的穿著、飲食、住所和擺設，
莫不務求精美舒適，
富麗堂皇。

第二十九章

羅馬帝國在狄奧多西兩子繼位後完全分裂 阿卡狄斯
和霍諾流斯當政 盧方努斯和斯提利柯綜攬大權 吉爾
多在阿非利加叛變後被殲(386-398A.D.)

一、羅馬東西兩個帝國的分治已成定局(395A.D.)

　　羅馬的天才隨著狄奧多西的死亡而絕滅，這位奧古斯都和君士坦丁的
最後繼承人，曾經率領軍隊縱橫戰場，使羅馬帝國建立權勢和威嚴。不
過，他逝世後功業長存，還在保護著兩個兒子，他們是個性軟弱而且毫無
經驗的青年。阿卡狄斯和霍諾流斯在他們的父皇崩殂後，受到全國民眾一
致推崇分別成為東部和西部帝國的皇帝，每一個階層無論是新、舊羅馬的
元老院、教士、官吏、士兵和人民，全都熱誠向他們宣誓效忠。阿卡狄斯
十八歲登基，他出生於西班牙平民家庭的普通住屋，但是在君士坦丁堡的
宮殿裡接受皇家教育，坐上平靜無事而金碧輝煌的寶座，過了庸庸碌碌的
一生。從那時起他統治著色雷斯、小亞細亞、敘利亞和埃及所屬各行省，
從下多瑙河一直延伸到波斯和衣索比亞的邊界。他的弟弟霍諾流斯在十一
歲時，名義上統治著意大利、高盧、阿非利加、西班牙和不列顛。部隊防
衛著國土的邊界，一面是對付卡里多尼亞人，在另一邊是用來防備摩爾
人。最重要也是戰亂頻仍的伊里利孔統領轄區，平分給兩位君王。西部帝
國仍然領有並防護諾利孔、潘農尼亞和達瑪提亞所屬各行省，但是最大兩
個行政區達西亞和馬其頓，原來是格里先託付給英勇的狄奧多西，現在則
與東部帝國聯合在一起。兩個帝國在歐洲的邊界，與現在分隔日耳曼和土

耳其的國境線並沒有多大不同。羅馬帝國在完成最後永久的分裂時,有關個別的疆域、財富、人口和軍事實力這些主要的利益,都可以獲得平衡和補償,大致能夠不分軒輊。狄奧多西的兒子是從他們的父親手裡繼承權杖,這是天賜的禮物,將領和大臣已經習慣尊敬皇家幼兒的威嚴,軍隊和人民並沒有用要求選舉這危險的行動,來提醒他們應有的權利,就是逐漸發現阿卡狄斯和霍諾流斯的軟弱,以及在他們統治下一再發生的災難,也無法抹去根深柢固的忠誠。羅馬的臣民仍舊尊敬統治者本人甚至他的名字,並憎恨反對帝座權威的叛賊和濫用君主權力的大臣。

二、魯方努斯擅權亂政及殘民以逞的行徑(386-395A.D.)

狄奧多西擢用魯方努斯(Rufinus)是在玷汙統治的光榮,這是一個政府和宗教都在派系傾軋的時代,像這樣極其卑劣的寵臣,他的所做所爲無論從那方面來說,都當得上惡貫滿盈的罪名。魯方努斯有強烈的野心和貪婪的欲望[1],不惜拋棄位於高盧偏處一隅不爲人知的家園[2],跑到東部的首府去尋找機會,具有膽大心細和口若懸河的本領,使他能在法律這個有利可圖的行業出人頭地,等獲得成功能夠按部就班在政府機構謀得重要職位,並掌握機會,很快升爲御前大臣。他的職務具有很多功能,在執行時要與政府各部門密切協商。他不僅勤奮而且具備這方面的才能,很快就獲得君主的信任,但他本性傲慢、惡毒和貪婪,卻很久都無法爲人知曉。這些惡行都被極爲高明的僞裝面具掩蓋,他表現出來的情緒都是爲了奉承主子的欲望,然而,在提薩洛尼卡恐怖的大屠殺中,殘酷的魯方努斯在事前激起狄奧多西的狂怒而下達屠殺令,事發卻毫無悔恨之心。他身爲大臣對

1　阿勒克托(Alecto)(譯註:希臘復仇三女神之一)見到人民過幸福的生活產生妒恨的心理,召開地獄的宗教會議,米吉拉(Megaera)(譯註:希臘復仇三女神之一)推薦她的門徒魯方努斯與會,鼓勵他要立下爲危害人世的功勳。看來克勞狄安的憤怒不同於魏吉爾,有如土努斯(Turnus)的性格之不同於魯方努斯。

2　馬卡(Marca)雖以他這位老鄉爲恥,但魯方努斯生於伊盧薩(Elusa),是諾分‧波普利(Novem Populi)的首府,現在是一個小村落,名叫加斯科尼(Gascony)。

其他人員擺出高傲而不屑一顧的態度，從來不會忘記自己所受的傷害，就他的說法，只要是他的敵人就會喪失在政府服務的資格。普洛摩都斯（Promotus）是步兵主將，曾在東德人入侵時擊敗來敵，為國家立下很大的功勞。有位傑出人物是普洛摩都斯政治上的敵手，雖然他輕視對方的為人和出身，但看到他的敵手因為魯方努斯的關係，而遭受到不公平的對待時，就會引起心中的憤慨，即使對方是政治上的敵手，普洛摩都斯仍決定加以支持。於是在一次公開的會議中，這位脾氣暴躁的老兵，看見受皇帝寵愛的大臣擺出無禮的傲慢態度，忍不住就揮拳大打出手。這種當著皇帝的面所發生的暴力行為，可以視為對君主的侮辱，君主絕不可能置之不理。普洛摩都斯受到罷黜和放逐的處分，奉命前往多瑙河整修軍事營區設施，要即刻成行，不得延誤。因此這位將領的喪生（雖然他是在一次規模很小的衝突被蠻族所殺）也要歸罪於魯方努斯奸詐的計謀。

　　犧牲一個英雄人物可以滿足魯方努斯的報復心理，升任執政官的高職讓他趾高氣揚感到自負。但只要東部禁衛軍統領和君士坦丁堡郡守這兩個重要職位，始終把持在塔提安（Tatian）[3]和其子普洛庫盧斯（Proculus）的手裡，他們聯合起來的力量，就會對御前大臣的野心和利益形成牽制，他的權勢就會受到威脅而難保穩固。這兩位位高權重的大員後來被控瀆職和貪汙，皇帝指示成立專設委員會來審判此重大案件，但委員會內又有幾位法官被指名與罪行有關，難免在受到責備後就會使此事會不了了之。可是宣布判決書的權力，一直保持在主席的手裡　，而主席就是由魯方努斯本人擔任。塔提安被解除東部統領職務，打進地牢後，這時他的兒子雖然覺得仍有幾位大臣清白未受牽連，但他們不會施以援手，加上委員會內一個法官與他們有仇，於是趕快秘密逃走。要是專制暴政毋須使自己不顧身分地位，可以運用卑劣無恥和氣量狹窄的手段，那麼魯方努斯就會感到滿意，

3　諾昔繆斯敘述塔提安和其子垮台的始末，認為他們清白無辜遭到冤曲，甚至仇敵指控對元老院大廈的鎮壓行動，他們也提出充分的證據是子虛烏有之事。然而塔提安與阿萊亞斯派的關係密切，過去曾任埃及的行政長官（373A.D.），所以蒂爾蒙特認定他罪大惡極。

因為還有一個受人厭惡的罪犯可以拿來犧牲。在審理案情的過程中，他外表看來公正而且態度客氣，使得塔提安產生僥倖的心理，以為會受到君王的關愛。同時主席對他提出莊嚴的保證，甚至敢用狄奧多西的名字發出神聖的誓言，更加堅定塔提安的信心。他最後被說服，終於寫出一封私函，將逃亡在外的兒子普洛庫盧斯召喚回來。他立即遭到逮捕，辨明身分判決有罪，就在君士坦丁堡的郊區被斬首，像這樣倉促行事只是讓人對君主的仁慈感到失望而已。酷殘的法官根本不尊敬有執政官身分的元老院議員，無視他的痛苦和不幸，強迫他去觀看自己兒子的處刑。能致人於死的繩子緊緊繞著兒子的頸子，但此時他恨不得能速死以求解脫。塔提安獲得減刑，可以在貧窮和放逐中了斷可憐的餘生。他們父子受到懲罰也許是罪有應得，魯方努斯基於野心不得不使出絕情的手段，現在目標達成應可以減輕敵意。但是他讓人痛恨之處在於毫無審慎和公道之心，縱容自己趕盡殺絕的報復情緒，甚至把塔提安父子的家鄉呂西亞，撤除羅馬行省的位階，使當地無辜民眾蒙上羞辱的標誌。他甚至公開宣稱塔提安和普洛庫盧斯的鄉親，在帝國政府中不會獲得任何職位和利益。東部的新任統領（魯方努斯很快繼任敵手所空出來的職位）並沒有任何改變，不會因為執行宗教的責任而放棄喪盡天良的罪惡，雖然在那個時代大家認為宗教信仰是獲得救贖的基本條件。他在卡爾西頓的郊區名叫歐克的地方，興建規模極其壯觀的莊園，為了表現信仰的虔誠，增添一所宏偉的教堂，奉獻給使徒聖彼得和聖保羅。不斷有人在此祈禱和苦修，還有一個正規的僧侶團體，使得此地充滿聖潔的氣氛。他為了奉獻教堂和自己受洗，特別召開人數眾多的宗教會議，東部的主教全部參加，這兩個典禮都擺出極為豪華的排場。當魯方努斯在聖水盆前滌盡所有的罪惡，有一個年老的埃及隱士非常冒失，竟然向這位態度傲慢且野心勃勃的政客提出意見，要成為他的教父。

狄奧多西的統治原則使他的大臣裝出偽善的面貌，盡量掩飾濫權的行為，有時還要拿捏分寸自我約束。魯方努斯最關心的事，就是讓君王過著怠惰無為的生活，不要受到軍國大事的干擾，因為他還有治理的能力和服

眾的德性，過去靠著過人的才華才能登基稱帝[4]。但皇帝經常遠離朝廷以及後來逝世，使魯方努斯獨攬大權，個人聲勢凌駕阿卡狄斯之上，專橫的統領把軟弱的年輕人視為自己的門生，而不是高高在上的統治者。他根本不管輿論的批評，毫無忌憚任性而為，不知悔恨為何物，充滿惡意和勒索的強勢作風，無論任何事物即使能讓他獲得榮耀而人民獲得幸福，也會一昧反對。在他那墮落的心靈中，貪婪的情緒主宰一切，不惜用各種巧取豪奪的手法，盡情搜括東部財富：魚肉人民的稅收，苞苴公行的貪瀆，金額高漲的罰鍰，喪盡天良的籍沒。暴虐的統領並用更改和偽造遺囑的方式，掠奪外鄉人或仇敵子女合法的遺產，就像在君士坦丁堡皇宮那種無法無天的作為，把法庭的正義和權貴的包庇一併公開發賣。有野心的候選人要想在地方政府獲得官職和薪俸，支付的代價是他的家產那最值錢的部分，不幸的人民要把生命和財產放棄給出手大方的買主。他有時會犧牲幾個不得人望的罪犯，來安撫公眾的不滿情緒，施予的懲罰使得東部的統領、手下的同謀和判案的法官都有利可圖。要是貪婪並非人類最盲目的欲念，那麼魯方努斯的動機就會讓人感到奇怪，也就會引起我們的探索，到底是什麼原因會使他不惜違犯人道和正義原則，去累積如此巨額的金銀財寶。何況他不可能愚蠢到去盡情揮霍，也不可能不知道具有這筆財富所帶來的危險。或許他懷有虛榮的念頭，一心一意為獨生女兒的利益打算，要把她嫁給皇家的門生子弟，成為尊貴的東部皇后。或許他用很有道理的說法來騙自己，貪婪是達成野心的工具，他渴望將財富置於堅固且獨立的基礎上，不再依靠年輕皇帝善變無常的性格。但他忽略這要掌握士兵和人民的向心，因此必須慷慨的散發獎賞，而他為了斂財花費許多精力，犯下許多罪行；魯方努斯極為小氣吝嗇，獲得大批不義之財只會給他帶來指責和嫉妒，他的手下只會辦事而無忠誠之心，人民畏懼惹禍上身只能敢怒不敢言。

4　孟德斯鳩讚許狄奧多西制定一條法規，派人送給統領魯方努斯，勸阻他不要用叛　國或褻瀆神聖的字眼進行宗教迫害行動。有暴虐的成文法足以證明暴政的存在，　但是一份值得頌揚的詔書，可能包含君王或大臣未必為真的表白及虛有其表的意　願。因此，最讓人生氣的事，恐怕正是需要批判這種莫須有的教規。

盧西安(Lucian)的下場等於向東部帝國宣告,統領辦理日常事務沒有像從前那樣疾力從公,但是採取報復行動不僅迅速積極,而且絕不心慈手軟。盧西安的父親是佛羅倫久斯統領,過去用高壓統治高盧,也是朱理安的仇敵,把掠奪和貪瀆所得的財富留給盧西安繼承。盧西安花費一部分遺產來結交魯方努斯,贏得他的友誼和東方伯爵的高位。但這位新官員很不智的背離宮廷的規矩,也可說是那個時代的準則,等於用廉潔而溫和的仁政羞辱他的恩主,因為他竟敢拒絕批准一件不公正的判案,原來這樣做是為了使皇帝的叔父獲得利益。阿卡狄斯很容易聽信小人之言,認為這是對他的侮辱,因而氣憤不已。東部的統領決定要對這位忘恩負義的代理人,親自施加殘酷的報復。他馬不停蹄從君士坦丁堡趕了七、八百哩的路,在深夜進入敘利亞的首府安提阿,引起整個地區一片驚慌和緊張,大家雖然不知道他的意圖,卻很清楚他的個性。東部伯爵是十五個行省的首長,卻像一個身犯重罪的犯人,被五花大綁帶到魯方努斯專案法庭的前面。他的正直和廉潔不容置疑,同時也沒有任何人提出控訴,但盧西安卻幾乎沒有經過審訊就被判有罪,要接受殘酷和可恥的懲罰。這些暴虐的官員在主子的命令下,拿皮鞭抽打盧西安的頸部,用燒熔的鉛澆他的四肢,當他因錐心的疼痛而昏厥以後,就把他放在緊密掩蓋的舁床裡抬走。這個案件在城內引起公憤,魯方努斯不願讓市民看到他臨死掙扎的樣子。魯方努斯實施極其殘酷的手段,這是他專程趕來的唯一目標,馬上在戰慄群眾懷恨在心的詛咒聲中離去。他從安提阿趕回君士坦丁堡,一路加快速度,希望不要有任何耽誤,好及時完成他的女兒和東部皇帝的婚事。

三、權臣和豎閹的鬥爭以及立優多克西婭為后(395A.D.)

魯方努斯深有感受,一個明智的大臣必須善於運用習性,當成強韌而看不見的鍊條,用來緊緊把帝王像俘虜一樣掌握在手中,因為善變又疲軟的君主,會趁著大臣不在時,把他的功勳一筆勾消,至於恩寵的喪失更不在話下。當統領正在安提阿大肆報復時,一些受寵的宦官在寢宮總管優特

洛庇斯（Eutropius）的指使下，暗中進行密謀活動，想剝奪他在君士坦丁堡皇宮的權力。他們發現阿卡狄斯並不喜愛魯方努斯的女兒，並不是心甘情願要娶這位新娘，於是他們私下設計要用美麗的優多克西婭（Eudoxia）來取代。她是法蘭克人將領保托（Bauto）[5] 的女兒，自從這位爲帝國服務的將領過世後，她在普洛摩都斯之子的家庭裡接受教育。年輕的皇帝受到家庭教師阿爾昔紐斯（Arsenius）[6]虔誠的照應，被嚴格的看管要過純潔的生活，聽到侍奉的宦官用盡心機，拿奉承的言詞描述優多克西婭的美貌，難免抨然心動，看到她的畫像後，更是情不自禁。皇帝知道要把這分愛慕保密，不要讓大臣知道，雖然事關皇帝的幸福，但因爲涉及大臣的利益，所以努方魯斯一定會大力反對。等到魯方努斯回朝後，向君士坦丁堡的民眾宣布即將舉行皇家婚禮，安排各種盛大的活動，用熱烈的歡呼來慶祝他的女兒洪福齊天。一個由太監和官員組成的迎親隊伍，擺出華麗而壯觀的排場，抬著送給未來皇后的鳳冠、禮服和名貴的飾物離開皇宮大門，莊嚴的行列通過城內街道，到處張燈結彩擠滿圍觀的人群。但他們抵達普洛摩都斯之子的住處，宦官總管保持恭敬的態度進入府邸，把皇家的袍服授與金髮雪膚的優多克西婭，引導她進入皇宮與阿卡狄斯舉行合巹之禮[7]（395年4月27日）。這件對付魯方努斯的密謀進行得如此順利，使得身居高位的大臣受到難以忘懷的訕笑，他所處的職位是以奸詐和謊言構築而成，現在反受其害，因此感到更加痛苦。滿懷野心的宦官私下用女色迷惑君王獲得恩寵，贏得勝利；魯方努斯不僅氣憤更產生大難臨頭的恐懼，女兒的羞辱與他息息相連，傷害到他的親情和自尊。就在魯方努斯抱著自我炫耀的心情，將要成爲國君的父親，未來會有一大群皇家後裔時，竟會讓在他的仇敵家中接受教育的異國女士，送進皇家的寢宮。優多克西婭不僅用綺年美貌獲得

5　諾昔繆斯推崇法蘭克人保托的勇氣、謹愼和正直。
6　阿爾昔紐斯從君士坦丁堡皇宮逃脫後，在埃及修道院過五十五年堅忍的苦修生活。
7　由此可知古老的許門（Hymenael）儀式，流行在東部的基督徒中，並不算是偶像崇拜。新娘裝出被迫離開父母的樣子，像是心不甘情不願的去到丈夫家中。我們的婚姻在形式上要求公眾認定新娘是羞澀的處女，所以才有這些不近情理的舉動。

年輕丈夫的專寵,更用理性和見識的長處掌握更大的權勢。皇帝聽到妻子不斷的勸告,要對受到傷害而又有勢力的臣民,保持高度的警惕心,為防反噬應先下手根除。魯方努斯知道自己犯下滔天大罪,已經喪失一切希望,就是退休也無法過安全而舒適的生活。但他仍舊掌握效力強大的工具,可以保護自己的職位,鎮壓敵人的蠢動。統領對東部帝國政府無論在軍事或民政方面,都能運用無人可以控制的勢力,同時他要是決心運用他的金錢,只要是一個迫上梁山的政客所能想像的暗中企圖,無論是自尊、野心和報復,都能花錢買到適當的工具。魯方努斯的性格就像被人所指控那樣,暗中陰謀反叛他的君王想要取而代之,秘密邀請匈奴人和哥德人入侵帝國的行省,增加社會的混亂情勢。奸詐的統領一生都花在宮廷的勾心鬥角上,用同樣的武器來對付宦官優特洛庇斯的鬼蜮伎倆。現在怯懦的魯方努斯感到驚慌失措,根本無法抗拒的對手不懷好意到來,他就是名震天下的將領斯提利柯(Stilicho),西部帝國的主人。

四、斯提利柯以兩個帝國的保護人自居 (385-408A.D.)

詩人是天賜的恩典,可用來歌頌英雄的成就,過去阿奇里斯獲得荷馬的青睞,讓亞歷山大極為羨慕*8,現在斯提利柯也能享有這種殊榮,這在天才和藝術都已告衰微的狀況下,是極其難得的事。克勞狄安(Claudian)[9]在詩興大發時,通常就用詩來指責魯方努斯和優特洛庇斯這些仇敵,他們的罪惡罄竹難書;同時也用華麗的詞藻,描繪權勢驚人的恩主獲得光榮的勝利和卓越的成就。回顧那個無法供給可信史料的時代,我們可以拿霍諾流斯的編年史作為例證,都是當代作者一些抨擊的誹謗和奉承的頌詞,但

---

*8　[譯註]偉大的英雄人物阿奇里斯是馬其頓人傳說中的遠祖,亞歷山大進軍抵達伊利亞時,就到阿奇里斯的墓上獻花圈,對他萬分羨慕,因荷馬用《伊利亞德》寫出他一生傲人的事蹟,流芳百世,永垂不朽,參閱《亞歷山大遠征記》第一卷。

9　斯提利柯一直是克勞狄安寫詩的主要題材,無論是直截了當描述或刻意掩飾以陪襯,當這位英雄人物首次出任執政官,年輕時代的形象就在他的詩中隱約出現。

像克勞狄安所處的環境,不僅是詩人還是宮廷近臣,照說在寫作方面能夠
具有更大優勢,有些學者認為有必要將虛構或誇張的詩句,轉變成敘述眞
正史實的散文。但後來他之所以保持沉默,是為了使斯提利柯的家庭不要
受到無謂牽連,這倒可以拿來當成有用的證據。因此他的贊助人既不可
能,也毫無必要大肆吹噓祖先的光榮事蹟,只能稍為提到他的父親是蠻族
騎兵隊的軍官,在華倫斯的麾下服務,倒是能夠證實有些武斷的言辭。這
位將領雖然長期以來指揮羅馬軍隊,然而他的先世是野蠻而不忠的汪達爾
人部族。要不是斯提利柯在體能和身材方面有驚人的優點,這位自負的吟
遊詩人,也不可能當著數千名觀眾面前,毫不猶豫的肯定表示,他在各方
面已經凌駕古代半人半神的英雄。斯提利柯無論在何處都邁開大步前進,
當他通過首都的街道,驚訝的群眾會讓路給這位陌生人。無論參加任何私
下的聚會場合,他都會展現出一個英雄的儡人威嚴。他年輕時就嚮往軍旅
生涯,憑著審愼的策畫和英勇的行動,在戰場屢建奇功,出人頭地。東部
的騎士和弓箭手對他的技術讚不絕口,每次軍隊升遷,他都受到大家的推
舉,因而受到君主的器重。開始時怕他功高震主形成阻礙,但事後證明他
忠心耿耿,皇帝因而深慶得人。狄奧多西派遣他代表帝國與波斯國王簽訂
莊嚴的和平條約,他果然不負所望,能夠維護羅馬帝國的威嚴。返回君士
坦丁堡後,皇帝為了獎勵他的功勞,賜與皇室聯姻的光榮,因此與皇室建
立親密的姻親關係。狄奧多西基於手足之情,收養弟弟霍諾流斯的女兒。
塞妮娜(Serena)[10]在善於逢迎的宮廷,以容貌美麗和知書達禮受到大家稱
許,斯提利柯在眾多的角逐者中脫穎而出,經過激烈競爭,獲得公主的垂
愛和皇帝的首肯[11]。身為塞妮娜的丈夫保證會效忠於帝座,憑著斯提利柯
精明的才幹和無畏的英勇,會盡心盡力協助皇帝登基。

10　克勞狄安寫出一首並不出色的詩,用奉承的筆調生動描繪塞妮娜美麗容貌。她是
　　狄奧多西最寵愛的姪女,和她的姊妹塞曼提婭(Thermantia)出生在西班牙,年紀
　　很小時就送到君士坦丁堡皇宮,享盡人間的榮華富貴。

11　有些人可能懷疑,狄奧多西收養她是否合法,或者僅是說說而已,但是一件古老
　　的銘文上有斯提利柯很獨特的頭銜,「封神的狄奧多西之女的丈夫」。

　　他按部就班向上擢升，從騎兵將領、宮廷伯爵，一直到羅馬帝國或至
少是西部帝國所有步兵和騎兵的主將[12]。他的敵人也不得不承認，他始終
保持重視功業勝於金錢的軍人本色，更不會中飽士兵的薪餉和賞金，盡量
讓每個人都能享用國家給予的恩惠[13]。他後來防衛意大利的安全，對抗阿
拉里克和拉格達蘇斯的大軍，展現出指揮若定和英勇無敵的用兵才能，在
早期的事功中樹立卓越的聲名。在這樣一個時代，羅馬將領屈從居於高位
的君王，很少在意榮譽和尊嚴的法則，不能把軍事的天才發揮到登峰造極
的地步。普洛摩都斯是他競爭的對手也是多年的好友，對於好友受到謀害
使斯提利柯感到哀悼，決心要施出報復的手段。詩人提到屠殺數千名逃走
的巴斯塔納人（Bastarnae），就像羅馬的阿奇里斯拿血腥的犧牲，奉獻給另
一個帕特洛克拉斯（Patroclus）的亡靈*[14]。斯提利柯的功業和勝利使魯方努
斯產生忌恨，要不是塞妮娜有良好的人脈和高度的警覺，保護她的夫婿抗
拒國內的仇人，否則，當他在戰場征服帝國敵寇時，誹謗的伎倆可能已經
得逞。狄奧多西一直支持邪惡的大臣，由於魯方努斯極為勤奮，委派他負
責宮廷的事務和管理東部的政府。但是當狄奧多西揮軍擊滅尤金紐斯僭主
時，卻靠忠誠的將領協助，完成困苦而光榮的內戰。在生命最後的幾個
月，垂死的國君推舉斯提利柯負責照顧他的兒子和整個帝國。斯提利柯具
有旺盛的企圖心和統御軍隊的能力，完全可以勝任託孤的重要工作。在阿
卡狄斯和霍諾流斯尚未成年時，斯提利柯主要是承擔起兩邊帝國的防備任
務[15]。等他當政後，採取的措施把指揮的活力和進取的精神展示給所有民

12　克勞狄安在獻詩題名上，通常加上「內廷伯爵」官銜。斯提利柯即使升到最高的
　　地位，都很審慎保有這個重要的職位。

13　克勞狄安的華麗詩篇洋溢著光輝的才氣，對斯提利柯只是錦上添花而已，但是諾
　　昔繆斯帶著勉為其難的樣子，更能肯定斯提利柯（運用軍事的統治手段）的正直。

*14　[譯註] 在特洛伊戰爭中，英勇善戰的阿奇里斯與統帥阿格曼儂發生爭執，憤而退
　　出戰場，結果好友帕特洛克拉斯被特洛伊皇子赫克托殺死，阿奇里斯要為友報
　　仇，再度出擊大肆屠殺特洛伊人馬，赫克托應戰終於不敵陣亡。

15　羅馬法律的「未成年」區分為兩種，期限是十四歲和二十五歲，一種是本人需要
　　受監護人的照料，另一種是財產需要受託付人或法定監護人的管理。但是對被選
　　出的君主而言，這種法律的觀念並沒有轉用過來形成一種制度。

族知曉。他在隆冬季節越過阿爾卑斯山,沿著萊茵河順流而下,從巴西爾的堡壘到巴塔維亞的沼澤,一路巡視各地區的守備狀況,壓制日耳曼人蠢蠢欲動的情勢。他沿著河岸建立穩固而光榮的和平以後,用難以置信的速度趕回米蘭皇宮[16]。霍諾流斯本人和整個朝廷全都聽命於這位西部的主將,歐洲的行省和軍隊也毫無猶豫服從他的權威,但在名義上是遵奉年幼的君王。兩位對手仍然對斯提利柯的權利發生爭執,難免激起他施加報復的心理。在阿非利加,摩爾人吉爾多(Gildo)還能保持傲慢而危險的獨立;君士坦丁堡的大臣則統治著東部的君主和帝國。

五、斯提利柯制裁權臣引起兩個帝國的勃谿(395A.D.)

斯提利柯就像皇家兄弟的監護人一樣毫無偏袒之心,按照規定將先帝的兵器、珠寶以及華麗的衣物和擺設,公平的分給他們兩人[17]。遺產裡最重要的部分,包括羅馬人或蠻族組成數量龐大的軍團、各種支隊和騎兵分隊,在內戰期間都集結在狄奧多西的旗幟之下。歐洲和亞洲數量龐大的軍隊,過去只對這位君王產生敬畏之心,現在因為摩擦而激起強烈的怒氣,斯提利柯靠著嚴格的紀律保護市民的土地,不致受到驕縱的士兵任意的掠奪。現在意大利駐紮太多戰力強大的部隊,這種狀況只能適用在帝國的邊疆。雖然他急著處理,以解除心腹大患,但他又發現,握有這些部隊正可用來對付阿卡狄斯的大臣,因此公開宣布他要再度領導東部的部隊,並巧妙利用日耳曼將會發生動亂的謠言,以掩飾自己滿足野心和報復的圖謀。當傳來斯提利柯往皇宮接近的消息時,惡貫滿盈的魯方努斯提高警覺,知道對方的敵意不會善了罷休,盤算出自己前途渺茫,因此更增加恐懼之心。獲得安全的唯一希望,是運用阿卡狄斯皇帝的權勢進行干預。斯提利

---

16 可以參閱克勞狄安的詩篇,但是斯提利柯從米蘭到來登(位於荷蘭)的來回行程,要限定在十五天之內。

17 不僅是逝世皇帝的袍服和冠冕,就是頭盔、劍柄、劍帶、胸甲也都鑲著極為貴重的珍珠、翡翠和鑽石。

柯沿著亞得里亞海岸行軍，快抵達提薩洛尼卡時，接到一件緊急公文，命令將東部的部隊調回去，同時宣稱要是他再繼續前進，就拜占庭宮廷的看法，這是充滿敵意的行為。西部的將領出人意料之外很快從命，這是要讓世人知道他的忠誠和節制，何況他已經獲得東部軍隊的愛戴，可以把血腥的圖謀託付於他們的熱誠，趁著他不在現場下手，可以減少危險也免得受到指責。斯提利柯讓哥德人蓋納斯(Gainas)指揮東部的部隊，非常信任他會聽命從事，相信這位強壯的蠻族，絕不會因畏懼和悔恨而改變他的意圖，很容易說服士兵來懲處斯提利柯和羅馬的敵人。這是魯方努斯自己激起的仇恨，要致他死命的秘密流傳讓數千人知曉，但是從提薩洛尼卡到君士坦丁堡城門的長途行軍中，還能忠實保持沒有洩密。就在他們決定不讓他活命時，要先用奉承的態度養成他驕縱之心。野心勃勃的統領上了大當，以為已經與實力強大的協防軍講好條件，他們會把皇冠放在他的頭上。等他要散發金庫的錢財時，因為時間過於遲緩而且帶著很勉強的態度，使得氣憤的軍隊在接受時，不但不感激還反而認為是一種侮辱。距離都城約一哩的地方，從西部回來的部隊在赫布多蒙(Hebdomon)皇宮前的戰神教練場駐紮，皇帝以及大臣按照古老的習慣，對於支持帝座的權力表示歡迎之意(395年11月27日)。魯方努斯隱藏天生那副傲慢的姿態，裝出殷勤有禮的模樣，沿著隊列向前走過。此時部隊兩翼慢慢從左右兩邊合攏過來，這位注定要送命的受害人被圍在圈子中間。就在他反應到大難臨頭時，蓋納斯已發出動手的信號，一個站在前面的士兵大膽地用劍刺進統領胸膛，魯方努斯倒在面無人色的皇帝腳前，不住呻吟接著死亡。如果一剎那的痛苦能償還一生的罪惡，要是受到暴行摧殘的屍首能成為憐憫的對象，那麼伴隨著魯方努斯被謀殺的恐怖情況，就會使我們的人道思想發揮最大效果。血肉模糊的屍體就拋棄在當地，留給從城市四面蜂擁而來的群眾，他們為了洩憤，不分男女都在踐踏殘餘的遺屍。想起從前這位倨傲的大臣只要蹙額不悅，就會讓大家渾身戰慄不已。他的右手被砍下來帶著通

過君士坦丁堡的大街通衢，對於貪婪的佞臣強索錢財是最殘酷的嘲笑。他的頭顱被插在一根長矛的矛尖[18]，高舉並公開示眾。按照希臘共和國的野蠻規定，無辜的家人都要分擔他的罪行所帶來的懲罰。宗教的影響力使魯方努斯的妻子兒女受惠匪淺，他們的安全受到聖殿保護免於暴民的危害，獲得允許平安的隱退到耶路撒冷[19]，把餘生奉獻給基督教的宗教活動。

斯提利柯的詩人還是免不了當時的習性，帶著獰笑的歡樂來頌揚正義的行動，然而這種恐怖的手段，已經違反自然和社會的法則，侵犯君主的尊嚴和權威，對於軍隊的跋扈不法重新建立危險的先例。克勞狄安沉思宇宙的秩序與和諧，滿足於神明的存在，但是惡行免於懲罰的風氣勃然興起，顯然與倫理的本質產生牴觸；魯方努斯遭遇的下場成為僅有的事實，能夠驅除詩人心中對宗教所產生的疑慮，這種行為可以證明上天的報應疏而不漏，但是對人民的幸福並沒有多大貢獻。不到三個月的時間，皇宮就發布一件很特殊的詔書，等於把新的處理方式通知大家。宮廷對於魯方努斯的家產建立有獨占權的金庫，東部帝國的臣民不得任意妄為據為己有，否則一定嚴懲不貸。這樣一來，過去受到貪婪佞臣所傷害的民眾，再也無法找回公道[20]。斯提利柯謀殺他的敵手沒有獲得所望的成果，雖然報復之心已經滿足，但是政治上的企圖沒有達成。軟弱的阿卡狄斯只能提供名義上的統治，他需要一個寵臣做為實際的主子，宦官優特洛庇斯富於逢迎手段，得到家人一樣的信任，選擇他是很自然的事。皇帝想到個性剛強才氣很高的外國勇士，內心驚慌不已，頓生厭惡之感。就是蓋納斯的武力和優多克西婭的魅力，也都支持皇宮的寢宮總管，他們之間為權力的分配已獲

18　克勞狄安像一個解剖者，用冷酷不帶感情的手法分析魯方努斯。諾昔繆斯和傑羅姆也曾如法炮製。

19　異教徒諾昔繆斯提及他們在教堂的庇護和後來的朝聖，魯方努斯的姊妹西葦尼婭（Sylvania）餘生在耶路撒冷度過，在修道院的歷史中享有大名。(1)、這位勤勉求知終生未婚的處女，精讀奧利金（Origen）、格列哥里和巴西爾對聖經的註釋，總計有五百萬行之多。(2)、她在八十歲時曾自負的提到，這些年來她從未洗過手、臉和身體的任何部分，只除了手指尖以外，因為要領聖體。

20　新任的大臣還是免不了貪婪的行為，盡量要把前任的財產據為己有，這樣做是為了保障未來的安全。

得共識。不忠不義的哥德人被派任東部的主將,毫無顧忌背叛恩主的利益。就是剛剛殺害斯提利柯仇敵的部隊,也開始反對他的政策和構想,支持君士坦丁堡的君王有獨立自主的能力。阿卡狄斯的佞倖醞釀永無止息的秘密戰爭,用來對付實力強大的英雄。他一直渴望將羅馬的兩個帝國,以及狄奧多西的兩個兒子,全部掌握在自己的手裡,由他來統治也由他來護衛。他們非常努力在暗中進行各項陰謀活動,目的是要剝奪皇帝對他的器重、人民對他的尊敬和蠻族對他的友誼。斯提利柯一生之中,多次受到僱用殺手的行刺。君士坦丁堡的元老院下達敕令,宣稱他是國家的公敵,東部行省龐大的產業全部被充公。帝國已經到達登峰造極之境,所有的民族都逐漸產生連繫,成為阿卡狄斯和霍諾流斯的臣民。在這個最關緊要時,羅馬人的名聲要想延續下去,不要遭到毀滅的命運,唯一的希望是靠著各民族的精誠合作和相互支援。然而他們受到各自主子的教導,相互之間要視為路人和仇敵,抱著幸災樂禍的心理看待對方的苦難,把蠻族當成推心置腹的盟友,同時鼓勵他們入侵自己同胞的疆域。意大利的土著受到影響,藐視拜占庭的希臘人,認為他們奴性太重過於軟弱,遂模仿羅馬元老院議員的穿著,僭用他們的地位和權勢。希臘人從來沒有拋棄仇恨和輕蔑的心態,他們文雅的祖先自古以來,一直這樣看待西部粗魯的居民。兩個政府之間的隔閡很快使兩個民族形成分離,這也證實我對拜占庭歷史抱持質疑態度的想法很正確。他們毫無間斷的指控,霍諾流斯的統治極為羞辱可恥,使人難以忘懷。

六、吉爾多在阿非利加的叛亂和暴政(386-398A.D.)

行事謹慎的斯提利柯對於反對他掌控政府的君王和人民,並沒有堅持使用武力來改變他們的態度,很明智的作法是不再理會阿卡狄斯,把他丟給那些一無是處的佞倖。雖然他經常表現出軍事素養和能力,但是為了善盡大臣的職責,不願挑起兩個帝國陷入內戰之中。但是如果要斯提利柯再忍受阿非利加的反叛,等於把首都的安全和西部皇帝的尊嚴,完全委付給

善變無禮的摩爾人叛徒。吉爾多[21]是僭主弗爾繆斯（Firmus）的弟弟，在羅馬軍隊長期服務建立功勳，晉升到軍階是伯爵的高位。皇帝為了獎勵他的忠誠，就把因謀逆而喪失的巨大家產，全部發還給他。狄奧多西的宮廷政策不當，採用引起災害的權宜作法，為了與有勢力的家族建立利害一致的關係，因此支持他們有合法的政府權力。宮廷授與弗爾繆斯的弟弟指揮阿非利加的軍事，激起他的野心要僭奪司法和財務的權力，從此以後無帳目可以稽查，也沒有制衡的力量。在十二年的統治期間，他始終保持官員的身分，除非不怕引起內戰，沒有人敢調動他的職務。阿非利加的行省多年來一直在暴君的管轄下呻吟不已，他與毫無人性的外鄉人沆瀣一氣，帶有偏見憎恨地方上的黨派，把只注重形式的法律拿來當作害人的手段。戰慄的客人被邀請前來與吉爾多共餐，要是表現出畏懼的樣子，就會讓他產生懷疑激起暴怒，大聲呼叫手下人把來客拖走處死。吉爾多縱情於貪婪和色欲而不能自拔，要是他白天讓有錢的富豪面無人色，到了夜晚就會使丈夫和父母驚慌不已。許多年輕貌美的妻子和女兒都被僭主拿來滿足獸欲，事後還被用來犒賞那群兇惡的蠻族和殺手，他們都是一些生長在沙漠的黝黑土著，吉爾多認為他們是保護王座唯一值得信任的衛隊。狄奧多西和尤金紐斯內戰期間，阿非利加的伯爵也是實際上的統治者，竟然保持態度傲慢和啓人疑竇的中立，對於鬥爭的雙方拒絕用部隊和船隻加以援助，期望在決定未來的命運以後，再與戰勝者建立虛有其表的聯盟關係。像這種表白的方式當然會使羅馬世界的主子感到不滿，但是狄奧多西之死以及其子接位後的懦弱和混亂，只有讓摩爾人的勢力在一方坐大。他拒絕戴上冠冕稱帝已經自認感到委曲，何況為了證明他的順從，仍繼續用穀物當作慣常的貢金或津貼供應羅馬。帝國每次劃分疆域，阿非利加的五個行省總是維持不變被指派給西部，吉爾多對於用霍諾流斯的名義統治廣大的區域也能感到滿意，但是等他了解到斯提利柯的作風和企圖，馬上向距離更遠而且實

21　克勞狄安像是在誇大吉爾多的惡行，但是他那摩爾人的身世、名聲狼籍的行為和聖奧古斯丁的指控，證明詩人的抨擊之辭確有幾分道理。巴隆紐斯對阿非利加的叛亂事件，運用各種技巧進行深入的研究。

力較弱的君王表達輸誠之意。阿卡狄斯的大臣願意接受不忠叛賊的投效，抱著不切實際的希望，以爲可以使東部帝國增加阿非利加爲數眾多的城市。吉爾多引誘東部大臣提出主權的要求，但是他們無法用武力來支持，就是所提的理由也不能自圓其說。

當斯提利柯義正辭嚴答覆拜占庭宮廷的要求以後，就在元老院的法庭正式指控阿非利加的暴君。過去這裡曾審判過世間的君王和敵國，在經歷這麼多年的辛酸以後，想像中的共和國在霍諾流斯的治下復活。皇帝將省民控訴的細節詳情和吉爾多的罪行有關條文咨會羅馬元老院，古老議會的成員可以用來公開譴責叛徒，一致表決通過宣布吉爾多是國家的敵人。元老院的敕令使羅馬人動武不僅合法，而且更帶有神聖的意味。一個民族仍舊記得他們的祖先是世界的主人，要是他們不抱這種習慣性的想法，情願要麵包也比自由與偉大更切實際得多，就會對象徵古代自由權利的舉動帶著不由自主的驕傲，發出歡呼之聲。羅馬的存在依賴阿非利加的收成，要是宣戰很明顯會帶來饑饉。敘馬克斯郡守在元老院召開會議討論，把他的憂慮向大臣提出警告，報復的摩爾人很快就會禁止穀物外運，飢餓的民眾會引發大規模的暴亂，威脅到都城的寧靜和安全。辦事細心的斯提利柯爲了解決羅馬人民的困難，早已設想萬全之計，毫不延遲著手進行。大量可以及時供應的穀物儲存在高盧內陸行省，裝船以後靠著隆河的急流向下航行，然後再用方便的海運送到台伯河。在整個阿非利加戰爭期間，羅馬的倉庫始終維持滿溢的狀況，首都的尊嚴也免遭受羞辱，人煙稠密的群眾保持平靜的情緒，對於和平與富裕充滿信心。

七、阿非利加的戰事和吉爾多兄弟的敗亡(398A.D.)

斯提利柯把解決羅馬的困難和指揮阿非利加的戰爭，託付給一個將領負責，他滿腔熱血地計畫採取行動，以向暴君尋求報復。吉爾多和馬西查

爾(Mascezel)[22]都是納巴爾(Nabal)的兒子，兩人爭執不和，已無法保持手足親情，雙方引發致命口角。篡奪者憚忌幼弟的英勇和才幹，在無法控制的狂怒之下非取他性命不可。馬西查爾力薄勢孤，只有到米蘭宮廷尋找庇護，不幸的消息立刻傳來，說是他兩個無辜的兒子竟被暴虐的伯父謀害，痛苦的父親只有等待報仇的機會。斯提利柯一直保持高度警覺心，已著手集結西部帝國的海運和軍事戰力，若暴君發起勢均力敵的戰爭，他決定要親自率軍進擊。但意大利需要他坐鎮，否則會危及帝國邊區的防備。他判斷最合理的方案，是讓馬西查爾負責指揮此大膽的冒險行動，可以率領經過挑選久經戰陣的老兵，這些人過去在尤金紐斯麾下服務。組成的部隊有賈維烏、海克留和奧古斯坦軍團，以及聶爾維安協防軍，這些士兵的旗幟都有獅子的標誌，部隊也都取吉利的名稱像是「神明保佑」和「所向無敵」等等。他們曾讓世人知曉，他們能夠顛覆也能保衛篡奪者的寶座。但整體而言，組成的兵力很少且徵兵困難，派出的七個隊[23]在羅馬的軍隊中位階很高又享有盛名，可以上陣的總兵力一共是五千人[24]。艦隊由戰船和運輸船組成，從托斯卡尼的比薩港出發，在暴風雨的氣候裡航向卡普拉里亞(Capraria)島，取名源於最早的居民都是野山羊，現在被一群陌生的野蠻人占領，成為殖民區。

> 整個島嶼(那時有見識的旅客這麼說)都是人，也可以說被這些人
> 所污染，他們都在逃避人生。這些人稱自己為僧侶或遁世者，害
> 怕獲得好運道，因為會產生失去的憂慮。他們情願過最惡劣的生
> 活，即使陷入不幸的境地也不過如此。他們的抉擇怎會如此荒謬
> 絕倫！想法怎會如此有違常情！身為人類，他們不願為非作歹，

22　馬西查爾已屆中年，他在羅馬軍隊服務，反對他哥哥弗爾繆斯(373A.D.)，已是二十五年前的事。克勞狄安非常了解米蘭宮廷，選擇馬西查爾不在於他的功勳，而是他受到冤曲要報仇。摩爾人戰爭不值得霍諾流斯御駕親征，也不需斯提利柯出馬。

23　訓練的方式已經改變，所以軍隊的編組也使用不同的名稱，不完全是過去的軍團、支隊和連隊這幾個固定的稱呼而已。

24　奧羅休斯有資格對此兵力數字表示懷疑，同時與諾昔繆斯提到的狀況也不盡吻合。

但也無法施展善行，處於悲哀的瘋狂狀況。若不是病態，也是自
覺有罪所產生的效能。這些苦惱的人士對自己的肉體施加酷刑，
就像用法律的手將痛苦施加於逃亡的奴隸身上[25]。

　　以上是一個異教徒官員對卡普拉里亞的僧侶，非常不客氣的批評。虔
誠的馬西查爾感化他們選擇爲神服務的道路，有些人爲他的乞求所說服，
登上艦隊的船隻，看到羅馬將領無分日夜都在祈禱、戒齋和唱讚美詩，感
到欽佩不已。信仰虔敬的領導者獲得這些生力軍後，更增加勝利的信心。
爲了避免科西嘉危險的岩岸，就沿著薩丁尼亞的東岸航行。爲了抗拒暴烈
的南風，船隻在卡利阿里(Cagliari)寬廣的海灣裡錨泊，距離阿非利加海
岸只有一百四十哩[26]。

　　吉爾多運用阿非利加的全部力量準備對抗入侵，羅馬士兵的忠誠讓人
產生懷疑，他費盡力氣來加以鞏固，非常慷慨地贈送禮物，同時答應很多
承諾；對於吉土利亞和衣索匹亞距離遙遠的部落，也用這種方式吸引他們
加入陣營。他很自負地檢閱一支七萬人的大軍，很傲慢無禮地誇口說他的
騎兵數量之多，馬匹飛奔所激起的沙石，就足以把馬西查爾來自寒冷地區
的高盧和日耳曼土著[27]所組成的部隊，陷在熾熱的黃沙裡，但這種推測之
辭只會給他帶來恥辱。指揮霍諾流斯軍團的這個摩爾人，對於自己的同胞
所運用的方式實在太了解，毫不擔心這批赤裸身體的烏合之眾。他們沒有
盾牌，全靠左臂拿一個斗篷來保護，等到用右手投出標槍以後，就完全空
手沒有武器可用。他們的馬匹沒有受過訓練，很難控制，也不服從韁繩的
引導。馬西查爾率領五千名老兵面對數量優勢的敵軍，紮下營寨等候三天

25　克勞狄安曾提及哥岡納(Gorgona)島上有個宗教瘋子。對這種褻瀆神聖的稱呼，
　　魯提留斯(Rutilius)及其同謀者註釋家巴爾修斯(Barthius)稱爲「島上瘋子」。蒂
　　爾蒙特心平氣和談到此事，他認爲多疑的詩人對人的讚譽之辭等同譴責。

26　《吉爾多之戰》第一卷寫到此結束，克勞狄安其餘的詩都已散失，所以大軍在阿
　　非利加那個地方登陸，以及以後的狀況如何，我們都無從得知。

27　奧羅休斯應該留下記錄，否則只有克勞狄安大肆宣揚吉爾多的傲慢無禮，以及各
　　種蠻族隊伍的強大戰力。

後，下達全面接戰的號令[28]。他縱馬走到敵人陣線的前面，向他們提出很
好的條件以獲得和平並且赦免他們。他迫近位於最前面的掌旗手，是一名
阿非利加人，當對方拒絕屈從時，他用劍斬斷這位掌旗手的手臂，一擊之
下，手臂和旗幟都掉落地面。這種看起來像是降服的動作，使戰線上所有
的旗幟很快效法，等於接到投誠的信號一樣，所有反正的支隊全部呼叫合
法統治者的名字。蠻族爲羅馬盟軍的陣前起義而驚惶不已，依照他們的習
性，一哄而散趕快逃走，馬西查爾在沒有流血的狀況下，輕易贏得獲勝的
光榮[29]。暴君從戰場逃到海岸，登上一艘小船，希望能安全抵達東部帝國
一些友善的港口，但是碰到頂頭風把船吹回塔布拉卡(Tabraca)港口[30]。這
件事很快讓其餘的行省知道，這裡屬於霍諾流斯的疆域，也是他的部將所
管轄的地區。當地居民爲了顯示他們的悔過和忠誠，就把吉爾多抓住，關
在地牢裡。他陷於絕境，卻能夠免於報復的酷刑，是因爲要把他交給過去
受到傷害，而現在已獲得勝利的弟弟[31]。阿非利加的俘虜和戰利品都呈獻
在皇帝腳前，斯提利柯雖然獲得莫大成功，但認爲整個事件要依共和國的
法律來處理，就將惡名昭彰的罪犯交給羅馬元老院和人民[32]，由此可見他
那溫和與誠摯的一面。審判按照莊嚴的程序公開進行，法官運用過時且不
切實際的條文，以中斷供應羅馬人民生存所需糧食爲名，判處這位阿非利
加的官員死刑。皇家大臣想藉此機會壓榨富裕而有罪的行省，最有利的方
式是牽連更多人員成爲吉爾多的共犯。要是說霍諾流斯曾下一道詔書，用
來阻止告密者惡意羅織陷人入罪的勾當，然而過了十年後，又頒布詔書重
申前令，追查以往涉及叛亂的黨徒，要求知情人員出面揭發所犯罪行。暴

28　聖安布羅斯已經過世一年，但是在幻景中顯示出勝利的時間和地點，後來馬西查
　　爾向保利努斯提到他在夢中所出現的狀況。保利努斯是聖徒最早的傳記作家，可
　　以很容易從奧羅休斯那裡得知此事。

29　諾昔繆斯認爲發生激烈的戰鬥，但是奧羅休斯的敘述掩蓋眞實的情況，把一切都
　　歸之於奇蹟。

30　塔布拉克位於兩個希波(Hippo)城之間，奧羅休斯把這裡當成一個會戰的地點，
　　但是我們根本不知道所發生的狀況，也無法定出精確的位置。

31　克勞狄安敘述吉爾多之死，後來經過諾昔繆斯和奧羅休斯的翻譯。

32　克勞狄安描述審判的過程，對於能夠恢復古老的制度讚譽不絕。

君的追隨者在最初要是逃過士兵的殺害和法官的判罪,得知他的兄弟馬西查爾的不幸下場,應該可以感到莫大安慰,因為這些人絕不可能獲得他的寬恕。馬西查爾完成重要戰爭後的那年冬天,在米蘭宮廷接受大聲的讚美、表面的感激和私下的嫉妒[33]。他的死亡可以說是意外,也可歸之於斯提利柯的罪行。摩爾王子陪伴西方主將經過一座橋樑,突然從馬背上摔到河裡,隨從為獻殷勤急忙趕上去,這時看到斯提利柯的臉上掛著殘酷而邪惡的笑容,全部停下來,不給予援救,眼看著不幸的馬西查爾被淹死[34]。

阿非利加的凱旋使得霍諾流斯皇帝的婚事喜上加喜,新娘是表妹瑪麗亞,就是斯提利柯的女兒。門當戶對的聯親授與氣焰薰天的大臣更高的權力,成為皇家聽話門徒的父親。克勞狄安在這個喜氣洋洋的日子寫出美妙的詩篇,用鮮明活潑的筆調歌頌皇家新人的幸福,英雄的偉大事業鞏固帝國和支持帝座。希臘的古老神話涉及信仰的虔誠久已無人使用,在詩人的天才火花之下重新出現。塞浦路斯的樹叢用來祝福白頭諧老和愛情永固,維納斯從家鄉的海上滿面春風翱翔而過,把溫馨的影響散布到米蘭的皇宮。無論在什麼時代,神話故事的愉悅和歡樂都在我們的心田引起共鳴。但這種難忍的示愛激起宮廷的笑意,克勞狄安認為年輕的君王應該如此,美麗的妻子(要是她配得上用美麗來讚許的話)對於夫君的激情既無所畏懼,也不抱希望。霍諾流斯只不過十四歲而已,新娘的母親塞妮娜運用手腕以及婉言說服,延遲皇家新人的圓房時間。瑪麗亞在當了十年的妻子死時還是一個處女,皇帝之所以保持獨身是因為個性冷漠,加上體質非常虛弱。臣民只要研究一下國君的個性,就會發現霍諾流斯毫無感情,接著知道他更無才能,不僅身體軟弱疲憊而且精神委靡不振,難以負起身登帝座的重責大任,無法享受少壯年齡的歡樂生活。他在幼年時代還經常練習騎射等軍事項目,但後來全部放棄過於勞累的活動。身為西部的君王,竟以

---

33 狄奧多西和其子所有的勝利,斯提利柯自認全部參與而且可以分享榮譽,特別提到阿非利加的光復,完全是他運籌帷幄之功。

34 諾昔繆斯的敘述過於粗糙而簡潔,我必須用緩和的筆調修改,真是使人難以置信。奧羅休斯責備獲得勝利的將領,違反聖所庇護的權利。

飼養家禽自娛[35]，且認為是日常事務中最緊要的工作，反把統治帝國的大事託付到斯提利柯穩固而熟練的手裡。歷史的經驗會贊同所提疑點，一個君主生於帝王之家，比起統治國土裡最卑賤的農夫而言，他們受到有價值的教育，有野心的大臣容許他長大到成人的年齡，但不願激起他的勇氣和熱情，也不願擴展他的眼界和知識[36]。霍諾流斯的前任無論是以身作則或親臨指揮，習慣於激起軍團奮勇殺敵的精神，從他頒布法律的日期，可證實他那積極的活動遍及羅馬帝國的行省。但狄奧多西的兒子在怠惰和慵懶的日子裡度過一生，把自己當成宮殿的俘虜和國家的來客，抱著事不關己的漠然態度，一再忍受蠻族大舉兵刀的攻擊，最後終於遭到顛覆，而他就像一個旁觀者坐看西部帝國絕滅。二十八年的統治形成一部驚天動地的歷史，但根本不需要提到霍諾流斯皇帝的名字。

---

35 我採用當時一般人對霍諾流斯的看法。希臘歷史學家提到奇特而極不可能的故事，我一概不加理會。

36 狄奧多西甚或克勞狄安的經驗教訓，就一個偉大和自由的民族而言，可以為未來的君王創建美好的制度。這是霍諾流斯和他那墮落的臣民無法辦到的事。

第三十章

哥德人反叛 大掠希臘後，在阿拉里克和拉達蓋蘇斯率領下兩度入侵義大利 斯提利柯擊退蠻族 日耳曼人蹂躪高盧 君士坦丁王朝在西羅馬帝國被篡奪的狀況 斯提利柯被迫亡身(395-408A.D.)

一、哥德人的反叛及希臘慘遭蹂躪(395-397A.D.)

羅馬臣民若還未忘記狄奧多西大帝的功業，就會知道，過世的皇帝為了支撐脆弱而腐朽的帝國，曾花費多大的苦心經營。他是元月去世，該年冬天尚未結束時，哥德族已完成動武準備。蠻族的協防軍打起獨立自主的旗幟，公開要與羅馬為敵，兇狠的內心念念不忘要揭竿而起。他們的同胞受制於上一個和約的條件，想過平靜和勤奮的生活卻招來欺詐和災禍。他們聽到號角聲，就放棄農莊，全副熱情拿起過去被迫丟下的武器。多瑙河的天塹已經全部敞開可以通行無阻，野性未泯的錫西厄武士從森林出發，那個格外嚴寒的冬天就像詩人所說：「他們拉著沉重的大車，在寬闊而凍結的冰層上，輾過憤恨不平的河流。」位於多瑙河南岸行省的那些不幸的土著，在過去二十年一直忍受苦難的折磨，幾乎已經熟悉他們在想像中那副蠻橫的模樣。形形色色的蠻族隊伍打著哥德人光榮的名號，縱情任性的散布開來，從達瑪提亞的森林邊一直到君士坦丁堡的城牆[1]。哥德人從

---

[1] 阿丁隆(Altinum)主教希利奧多魯斯(Heliodorus)失去姪兒尼波提安(Nepotian)極為悲傷，他的朋友傑羅姆為了安慰他，就把那個時代發生的公私災難摘要做成一份記錄，讓他知道這種不幸很難避免。

審慎而又慷慨的狄奧多西手裡獲得的年金,有時給付會中止再不然就減少數量,可以當成叛亂的藉口。由於他們對狄奧多西不知戰陣爲何物的兒子抱著輕視的態度,在受到這種侮辱時更爲憤怒。同時阿卡狄斯的大臣不僅軟弱無能,而且食言多變,更加燃起哥德人憎恨之心。魯方努斯經常拜訪蠻族的營地,爲了討好起見,故意帶著他們的武器,模仿他們的衣著,這些都成爲他通敵的證據。人們後來發現,國家的敵人不知是出於感激還是策略的動機,雖然到處燒殺破壞,但是對於失去民心的統領,只要是他的私產,還是會手下留情。哥德人的行動不受他們酋長的驅使,現在都聽從阿拉里克的指揮,因爲這些酋長的作爲出於盲目而固執的情緒,不像阿拉里克英勇過人而又足智多謀。這位顯赫的領袖出身是巴爾提人(Balti)高貴的門第[2],只對阿瑪利人(Amali)的皇室地位表示順服。他要求擁有羅馬軍隊的指揮權,受到拒絕後,激起滿腔怒火,顯示出宮廷的極度愚蠢和重大失策。雖然心存奢望要攻占君士坦丁堡,但明智的將領立即放棄這種不切實際的打算。阿卡狄斯皇帝處於離心離德的宮廷和心懷不滿的人民之中,對於哥德大軍的聲勢感到極爲驚懼。城市的實力雖然缺乏高明的將才和英勇的部隊,但不論陸地或海上的防禦工事,都使得蠻族任意投擲的標槍完全失去作用。色雷斯和達西亞毫無反抗餘地而且已經殘破不堪,阿拉里克不願再在這裡肆意蹂躪,決定要找出迄今未受戰火摧殘的行省,以便在名聲和財富方面都能得到豐碩的收獲[3]。

魯方努斯將統治希臘的軍政大權授與這樣一個官員,果然不出大眾所料,把古代的民主和學術中心拱手讓給哥德侵略者。安泰阿克斯(Antiochus)以執政官頭銜出任總督,與他倍受尊敬的父親相比眞是不肖之子。吉隆久斯(Gerotius)指揮行省的部隊,可以執行暴君欺壓民眾的命

2　巴爾提這個著名的氏族在法蘭西一直非常興旺,特別是在哥德人行省塞提瑪尼亞
　　(Septimania),或稱朗格達克(Languedoc)。這個名稱經過訛傳變成保烏(Baux),
　　這個家族有一個分支以後定居在那不勒斯王國,保烏領主在靠近亞耳(Arles)附
　　近,有七十九個附屬村鎮,全部不受普羅旺斯伯爵管轄。

3　諾普繆斯讓我們知道征服雅典的狀況,但克勞狄安的暗示和隱喻有若黑夜的明燈。

令，這方面的資格倒是綽綽有餘。要是憑著勇氣和能力來防衛國土，何況
只靠著天然的險阻而無人為的工事，實在說是力有未逮。阿拉里克越過馬
其頓和帖撒利的平原，根本沒有受到任何抵抗，很快到達伊塔(Oeta)山脈
的山麓，崎嶇不平而又森林密布的高地，使得騎兵部隊很難通過。整個山
脈順著海岸由東向西延伸，在懸崖和馬利亞(Malian)灣之間留下三百呎寬
的間隙，有的地方縮小到只剩一條羊腸小道，僅供成單行的運輸車隊通
過。在色摩匹雷這個狹窄隘道，利奧尼達斯(Leonidas)和三百名斯巴達人
在此英勇捐軀[*4]。只要有作戰經驗豐富的將領，就可以仗著地形之利，拒
止或擊滅哥德人的入侵。或許能在這個神聖的地點，從墮落的希臘人心胸
之中激起戰陣之勇的火花。配置在色摩匹雷擔任守備的部隊，根本沒有接
戰就奉命撤離。阿拉里克在毫無阻礙的狀況下迅速通過，皮奧夏
(Boeotia)和福西斯(Phocis)肥沃的土地立即被蠻族的洪流淹沒，蠻族屠殺
能服役的及齡男子，從烈火沖天的村莊裡擄走美貌的婦女，掠去戰利品和
牛群。幾年以後，前往希臘遊歷的旅客，很容易發現哥德人行軍經過所留
深印人心的斑斑血跡。底比斯之所以倖存，不是靠著七個城門的防禦力
量，而是阿拉里克無法久待，急著前進去占領雅典和派里猶斯(Piraeus)這
個重要的港口。也是基於這個原因，他不願曠日持久的圍城以免帶來危
險，所以提出條件接受他們的降服。等到雅典人聽到哥德人前鋒已經抵達
的聲音，很容易被說服交出他們大部分的財產，當作密涅瓦之城和所有居
民的贖金。雙方舉行莊嚴的宣誓後批准條約並且忠實履行應盡的義務，允
許哥德君王帶一小隊經過挑選的隊伍進入城中。他讓自己盡興在浴場裡洗
滌，感到全身無比的輕鬆，還接受官員安排的豪華飲宴，很高興能夠表現
出自己的舉止，並非對於文明社會的禮儀一竅不通[5]。

---

*4　[譯註]公元前408年，波斯國王澤爾西斯(Xerxes)率十八萬大軍入侵希臘，陸上防
　　守以色摩匹雷隘道為重點，斯巴達國王利奧尼達斯及所屬三百御林軍，全部激戰
　　陣亡。波斯軍隊進迫雅典，終於在沙拉米斯(Salamis)會戰和普拉提亞(Plataea)會
　　戰中敗北，從此開始希臘雄霸天下的局面。

5　為了遵從傑羅姆和克勞狄安的本意，我在諾昔繆斯比較保留的陳述中加上悽慘的
　　色彩，因為他想把雅典遭受的災難盡量低調處理。

　　但是阿提卡（Attica）整個地區，從蘇尼姆（Sunium）海岬到麥加拉（Megara），由於他懷著惡意到來而受到摧殘。若用當代一個哲學家的話來比擬，雅典本身就像被殺的受害者所遺留的空皮囊而已。從麥加拉到科林斯的距離不超過三十哩，所謂的「壞路」無法讓敵人通行，也不過說說罷了，實際上走起來很方便，現在的希臘人仍照樣使用。西昔隆（Cithaeron）山濃密而幽暗的森林覆蓋著內陸地區，賽翁尼安（Scironian）的山岩逼近水際，上面蜿蜒著狹窄道路，瀕臨海岸有六哩的長度，不論在任何時代，若讓敵人通過這段山岩都是可恥的事。接著是科林斯地峽，只要一小部意志堅定且英勇無畏的士兵，就能成功守衛暫時構成的防線。這段五或六哩的塹壕可連接愛奧尼亞海和愛琴海，伯羅奔尼撒的城市對於天然的防壁信心十足，使他們完全不考慮本身古老的城牆。羅馬總督的貪婪耗盡所有資源，把不幸的行省出賣給敵人。科林斯、亞哥斯和斯巴達毫無抵抗，屈服在哥德人的武力之下，所幸居民免於遭受屠殺，只是眼睜睜看著家人被擄為奴，城市被大火吞噬[6]。蠻族在搬走瓶甕和雕像時，完全看所用材料是否貴重，根本不考慮藝術價值。女性俘虜降服在戰爭的原則下，享受美色是英勇的報酬，希臘人也沒有理由抱怨，從英雄時代的例證來看這是公正的行為[7]。這個不同凡響的民族，他們的後代看待英勇和訓練，就像斯巴達人當年瞧不起城牆一樣。但他們不會再記得他們的祖先，對比阿拉里克還要難對付的入侵者那樣豪邁地回答：「汝若是神，應不會傷害未曾冒犯汝之人；汝若是人，可前來交手，發現有人可與汝分庭抗禮[8]。」從色摩匹雷到斯巴達，哥德人的領袖繼續進軍，尚未遭到決一死戰的對手。

6　一個年輕的俘虜在科林斯被毀時，隨口用拉丁話讀出荷馬有名的詩句，馬米烏斯（Mummius）聽到流下眼淚，證明這位粗暴的征服者，不僅有欣賞的品味也有仁慈的心地，雖然他不一定知道這首詩的來源出處。

7　荷馬經常敘述女性俘虜秉持極為難得的容忍態度，對於殺害自己父親和丈夫的兇手，竟會曲意侍候百般奉承。拉辛（Racine，Jean Baptiste，1639-1699A.D.，法國劇作家和詩人）用細膩的手法觸及這種激情的表現和轉變。

8　蒲魯塔克用拉柯尼亞（Laconic）方言記載，說是皮瑞斯（Pyrrhus）率領兩萬五千步兵和兩千騎兵，及二十四頭大象，攻打斯巴達；萊克古斯（Lycurgus）為了守備這個沒有城牆的城市，就向對方說出這段話，這已經是斯巴達開始衰落的後期階段。

但是即將絕滅的異教有一個忠心的擁護者，充滿信心的公開宣布，密涅瓦女神和無敵的伊基斯（Aegis）*9，還有阿奇里斯憤怒的幽靈[10]，會來守護雅典，只要希臘的神明帶著同仇敵愾的氣勢降臨人世，外來的戰勝君王就會聞風喪膽。在一個宗教奇蹟的時代，就是歷史學家諾昔繆斯（Zosimus），對於這種極爲平常的恩典，也難免要出來爭功。但阿拉里克無論是在睡眠或清醒的時刻，他的內心根本不會接受希臘的迷信，也不會產生這種印象。荷馬的詩歌和阿奇里斯的名聲，可能從未進入目不識丁的蠻族耳中，他們倒是虔誠接受基督教信仰，被教導要藐視羅馬和雅典那些虛幻的神明。哥德人的入侵並沒有給異教帶來辯證榮譽的機會，倒是在很偶然的狀況下加速根絕殘餘分子。西瑞斯（Ceres）的神秘儀式延續一千八百年之久，在伊琉西斯（Eleusis）毀滅和希臘災難以後，已無法倖存於世[11]。

這民族最後的希望無法依靠自身的武力、神祇和國君，只能寄託西部帝國將領的援助。斯提利柯（Stilicho）雖未獲得允許去擊退希臘的侵略者，但還是決定進軍施加懲責。一支龐大的艦隊在意大利的港口完成整備，部隊在愛奧尼亞海上經過短暫而順利的航行，靠近被毀滅的科林斯，在地峽下船。阿卡迪亞（Arcadia）那塊森林密布的山區，是傳說中潘神（Pan）和德拉茲（Dryads）的居留地*12，此處成爲兩位勢均力敵的將領相互角力的場合。經過曠日持久且過程可疑的爭戰，羅馬人的戰術和毅力終於占上風。哥德人在疾病和逃亡侵襲下，逐漸撤退到福洛伊（Pholoe）地勢高峻的山區，接近佩尼烏斯（Peneus）河的源頭，位於伊利斯（Elis）的邊界，這是一處聖地，過去可以不受戰爭侵害[13]。蠻族的營地立即被圍困，河流

---

*9　[譯註]伊基斯是天神宙斯所持的防盾和雅典娜所穿的胸甲，有神奇莫測的威力。

10　荷馬用高貴的詩句描述阿奇里斯的英勇行爲。

11　優內庇斯暗示有一群僧侶背叛希臘，投奔到哥德人的營地。

*12　[譯註]潘神是人身羊足，頭有雙角的牧神，愛好音樂，善於排簫；而德茲拉是居於山林水澤的樹木精靈。

13　部隊行軍通過伊利斯要交出武器，伊利斯人安全有了保障就變得富有，他們喜愛農村生活所以沒有城市。富裕會引起驕傲的心理，他們就取消維護安全的特權，結果帶來極大的痛苦。波利比阿斯（Polybius，公元前二世紀希臘史學家）建議他們退回那神聖不受侵犯的圈子裡。

的水源在經過轉向以後流到另外的河道[14]。當他們在難以忍受的口渴和飢餓的壓力下，仍然苦戰不息時，對手已經構成強大的包圍圈，可以阻止他們逃脫。斯提利柯在完成所有防備措施以後，認為穩操勝券，遂離開戰地去享受凱旋之樂，在希臘人的劇院欣賞各種戲劇節目和色情舞蹈。士兵擅自拋棄連隊標誌，分散在盟友的國土上到處橫行，那些逃過敵人毒手的劫後餘生人員，也都避免不了再被掠奪的命運。阿拉里克抓住此千載難逢的機會，執行極為大膽的計畫，比起在會戰中獨撐危局、掌握混亂場面，這更能展現一個將領的真正才華。他為了從伯羅奔尼撒的困境中找到生路，必須突破包圍營地的塹壕線，實施困難而危險的行軍，走三十哩直達科林斯灣，然後把部隊、俘虜和戰利品運過一個內海的海灣，位於賴昂姆(Rhium)和對岸之間狹窄的地區，寬度大約有半哩。阿拉里克的行動必須秘密、謹慎而且迅速，當羅馬的將領獲得信息，敵人逃脫他千辛萬苦的包圍而感到狼狽不堪時，哥德人已完全據有重要的行省伊庇魯斯。進擊的行動過於遲緩使阿拉里克獲得時間，經過秘密的談判後，和君士坦丁堡的大臣簽訂條約。斯提利柯接到對手傲慢的命令，因擔心會引起內戰，只有撤離阿卡狄斯的疆域。阿拉里克成為東部皇帝的盟友和部屬以後，雖然是羅馬的大敵，斯提利柯只有對他的崇高地位表示尊敬。

二、東部帝國對蠻族的安撫和蠻族入侵意大利(398-403A.D.)

有位希臘哲學家[15] 在狄奧多西逝世後訪問君士坦丁堡，就國君的責任和羅馬帝國的狀況，發表極為高明的見解。辛尼休斯(Synesius)對致命的

14　克勞狄安提到這件事但是沒說出河流的名字，可能是指阿爾菲烏斯(Alpheus)河，我的看法認為是佩尼烏斯河，一條水很淺的溪流有寬而深的河床，海克力斯流過伊利斯在塞利尼(Cyllene)下方注入大海，這條河與阿爾菲烏斯河會合以後，可以用來沖洗奧琴(Augean)的畜廄。

15　辛尼休斯是塞林派到阿卡狄斯皇帝身邊的代表，他在君士坦丁堡度過三年時光(397-400A.D.)。他向皇帝呈獻一頂金冠，然後公開宣講帶有教誨意味的演說。這位哲學家在410年成為托勒美斯(Ptolemais)主教，大約在430年去世。

惡習感到惋惜，尤其是先帝把寬容的作風引進兵役制度是不智的作法。保
衛國家是每個人不可逃避的義務，現在公民以及臣民可以花錢買到免服兵
役的許可，靠蠻族傭兵的武力來維護國家安全。錫西厄人、亡命之徒都被
允許加入軍隊，玷污帝國最光榮的職位。這些殘忍兇惡的青年無視於法律
的規範，根本不願學得一技之長，急著想要發財致富，把人民當成輕視和
仇恨的對象。哥德人的權力就像坦塔拉斯（Tantalus）的巨石[*16]，永遠懸掛
在頭上，造成和平與安全的威脅。辛尼休斯建議君王要像勇敢而高貴的愛
國者，對所屬指示具體的作法。他勸勉皇帝要有男子氣概的德行，做爲榜
樣激勵臣民勇往直前的精神，從宮廷和軍營中擯棄奢侈豪華的風氣，拿人
民的軍隊來取代蠻族的傭兵，基於全民的利益來防衛他們的法律和財產。
當國家處於危險關頭，就要迫使商人離開店舖，哲學家離開學校，負起保
國衛民的責任，把怠惰的市民從歡樂的美夢中驚醒，也要使勤奮的農民獲
得武裝，可以保護他們的田莊和收成。只有統率這樣的部隊，才配得上羅
馬人的名字，才能發揚羅馬人的精神。他鼓勵狄奧多西的兒子親自去迎戰
這些蠻族。實在說，他們配不上真正的英勇，除非把他們驅趕到錫西厄的
荒漠，或是讓他們貶低到可恥的奴役地位，就像當年拉斯地蒙人對擄獲的
希洛特人（Helots）那樣[*17]，否則絕不要輕言放下武器。阿卡狄斯的宮廷聽
了辛尼休斯一席話，空懷滿腔熱情，讚賞雄辯的言詞，然而卻忽略規勸的
內容。或許問題是出於哲學家本身，他對東部皇帝的講話，就所提理由和
德行的措辭來說，看來應該用在斯巴達國王的身上。他採用移樽就教的態
度，擬出不切實際的計畫，無論是性質和情況都與這個墮落的時代完全脫
節；或許問題出在傲慢的大臣身上，他們的職權很少受到外來意見的干
擾，所以會把每一個意見看成粗俗不堪或是脫離現實，只要是超出他們的

---

*16 [譯註] 坦塔拉斯是天神宙斯之子，因洩露天機受到永恆的懲罰，站在齊頸深的水
　　中，頭上有果樹，饑欲食而渴欲飲時，水退走而果消失，同時頭上懸有一塊巨
　　岩，隨時都會墜落把他壓成肉醬。

*17 [譯註] 希洛特人是被斯巴達征服的部落，全部人員都成爲奴隸，後來受到斯巴達
　　被黜國王波桑尼阿斯的煽動，有作亂的跡象。於是斯巴達人運用計謀以編入軍
　　隊，給予自由爲獎賞，選出最勇敢的奴隸兩千人，全部隔離以後殺死。

能力，或是偏離公務的形式和先例，就會大力反對。

　　當辛尼休斯的演講和蠻族的敗亡成爲談話主題，讓大家討論不休時，君士坦丁堡公開發布一份詔書，宣布擢升阿拉里克的職位，讓他成爲東部伊里利孔的主將。羅馬的省民和盟友都感到氣憤塡膺，因爲蹂躪希臘和伊庇魯斯的蠻子竟獲得如此豐碩的報酬，但爲了守信，只有尊重條約的規定。勝利的哥德人在圍攻不久的城市裡，成爲合法的官員，兒子剛被屠殺的父親和妻子遭受強暴的丈夫，現在成爲他們權勢所管轄下的臣民。叛亂的成就激起每一個外國傭兵領導者的野心，從阿拉里克對新獲得指揮權的運用方式，可看出他的策略是極其堅定而且明智。對於瑪古斯（Margus）、瑞塔里亞（Ratiaria）、納蘇斯和提薩洛尼卡，這四個儲存和製造攻擊及防禦武器的城市，他發布命令，要求將盾牌、頭盔、軍刀和長矛這些額外的補給品，提供給他的軍隊。這些不幸的省民被迫要製造毀滅自己的工具，蠻族把無法發揮勇氣的最大缺失已經除去。阿拉里克的家世、光榮的事蹟和對未來的規畫深具信心，逐漸把整個民族在他勝利的旗幟下融合成爲一體。蠻族的酋長全體一致同意，伊里利孔的主將依據古老的習慣，坐在舉起的盾牌上，在莊嚴的儀式中被擁立爲西哥德人的國王[18]。武力倍增原來具有的權勢，他位居於兩個帝國的邊陲，交互對阿卡狄斯和霍諾流斯的宮廷提出虛僞的保證，一直到他下定決心，宣告要入侵西部帝國的疆域。原來屬於東部帝國位於歐洲部分的行省，早已殘破不堪，亞細亞無法直接進入，君士坦丁堡的實力在前面擋住他的攻勢。他受到意大利的名聲、美景和財富吸引，以前曾訪問過兩次，私心渴望將哥德人的旗幟樹立在羅馬的城牆上，把三百次凱旋所累積的戰利品，都奪取過來讓他的軍隊享受財富和尊榮[19]。

18　喬南德斯（Jornandes，六世紀中葉，哥德史學家）用激昂的態度地對整個過程作詳盡敍述。

19　這個重大歷史事件發生前七年，阿拉里克就有預兆，據信還當眾宣布，要不然就是克勞狄安提到此事。但他並沒指出明確的期限，要是說得不準，解釋的人可以從含糊的言辭中，獲得脫身的藉口。

　　史料的缺乏[20] 和日期的不準[21]，對於阿拉里克的軍隊第一次入侵意大利，要想描述有關細節至感困難。他的行軍可能是自提薩洛尼卡出發，經過好戰成性而且充滿敵意的潘農尼亞，抵達朱理安·阿爾卑斯山的山麓。穿越山區的通道有重兵把守，已經構築塹壕和工事，圍攻阿奎利亞以及征服伊斯特里亞和威尼提亞行省，顯然要消耗相當的時日。他的作戰行動除了極為謹慎而又緩慢以外，整個期間只能讓人感到相當可疑。哥德國王主動退兵撤回多瑙河兩岸，在他再度打算突入意大利的心臟區域之前，用蜂擁而來的蠻族生力軍增援他的部隊。像這樣震驚社會的重大事件，竟會從治學勤勉的歷史學家筆下漏過未曾記述。只有克勞狄安為了打發時光聊以自娛，曾經思索阿拉里克大舉出兵以後，對兩位沒沒無聞人物的機遇所造成的影響，其中一個是阿奎利亞的教會長老，另一個是維洛納的農夫。他在一首詩中，敘述學問淵博的魯方努斯受到敵手的召喚，被要求在羅馬宗教會議中公開露面。留在被圍攻的城市雖然危險，但他經過盤算認為這樣做比較有利。蠻族正在狂暴衝擊阿奎利亞的城牆，可以使他免於受到異端的殘酷判決，否則就會在若干主教的堅持下承受慘無人道的鞭刑，接受永久放逐到荒涼小島的懲處[22]。在另一首詩中他說這位老人[23]根本無視於國王和主教的爭執，在維洛納附近度過簡單而清白的一生。他的歡樂、欲望和知識，都局限在他父親遺留的農莊這個很小的範圍內，老年時用來支撐行走的一根拐杖，他在幼年時期也曾在同一地點看到家人用過。然而那怕是過著與世無爭的農村生活（克勞狄安描述得非常真誠而且充滿感情），還

20　克勞狄安的長詩《傑提(Getic)之戰》，其中有九百七十句提供最好的史料，從慶祝霍諾流斯擔任第六次執政官開始寫起；諾昔繆斯始終保持沉默，我們只能降格以求，從奧羅休斯和編年史的斷簡殘篇中找一點資料。

21　雖然喬南德斯犯了很大的錯誤，把阿拉里克的意大利戰爭寫得混淆不清，但是他很肯定指出斯提利柯和奧理安出任執政官的年代(400A.D.)，那麼克勞狄安提到波連提亞會戰是403年就很正確，至於其間發生那些狀況，就很難弄得清楚。

22　喬維尼安(Jovinian)反對齋戒和守貞，傑羅姆為之憤怒不已，所以他受到傑羅姆的迫害和侮辱。

23　這個寓言是克勞狄安早期非常出名的作品，考利(Cowley)模仿這種自然而流暢的筆調，但在細部的描繪上還是遜色不少，因為他的生活中沒有這種體驗。

是逃不掉戰爭蓋天漫地而來的狂暴。他種的樹木,那些與他同年齡的老樹,被焚燒整個鄉土的大火所吞噬,哥德人的騎兵分遣隊洗劫他的木屋,侵犯他的家庭,阿拉里克的權力摧毀他的幸福,使他以後無法再享用,更不能傳給子孫。詩人說道:「傳聞長著環繞恐怖的陰鬱雙翼,宣告蠻族的大軍正在前進,要使意大利充滿驚惶畏懼。」每個人都感到憂心如焚,財富愈多者愈感焦慮,那些膽小如鼠的傢伙帶著值錢的財物上船,想到西西里島或阿非利加海岸避難。人們對於宗教迷信的畏懼和責怪,更加誇大國家所遭受的災難,隨時都有奇特充滿不祥預兆的可怕故事在流傳。異教徒把一切罪過都推給忽略占卜徵兆和停止奉獻犧牲,但是基督徒從聖徒和殉教者的求情贖罪,使心靈獲得很大的安慰[24]。

霍諾流斯皇帝的畏懼心如同崇高的地位,凌駕於臣民之上,顯得與眾不同。他受教於高傲的態度和奢華的生活,不承認世間竟會有那種力量,大膽妄爲到敢冒犯奧古斯都繼承人的安寧。大臣曲意奉承的伎倆掩蓋住迫在眉睫的危險,一直到阿拉里克接近米蘭的皇宮,他才知道大事不妙。當戰爭的聲音將年輕的皇帝從夢中驚醒,他的行爲不像一般同齡者,急著拿起武器來備戰,而是熱切聽從膽怯顧問所提出的意見,要把神聖的皇上和忠心的隨從,運送到高盧所屬行省安全而遙遠的地點。只有斯提利柯[25]具備勇氣和權威,可以阻止這種極不光彩的舉動,這樣等於把羅馬和意大利放棄給蠻族。但是皇宮的部隊最近才被派遣到雷蒂提亞邊區,加上新徵的兵員緩不濟急,西部的主將只能提出承諾,要是米蘭的宮廷在他離開時留在原地,他會立即帶著大軍回來,以優勢兵力迎擊哥德國王。斯提利柯沒有耽誤一點時間(片刻時光對國家的安全都極爲重要),急忙登船渡過拉里安(Larian)湖,不顧阿爾卑斯山嚴寒的冬季,攀登冰天雪地的高山,在敵軍未曾預料他會親臨指揮的狀況下,率軍突擊在雷蒂提亞一帶騷擾的敵

---

24 從保利努斯和巴隆紐斯所提到的情況,意大利全境普遍陷入驚慌之中,甚至遠抵康帕尼亞的諾拉,名聲顯赫的悔罪苦修者已在此地定居下來。

25 克勞狄安僅僅稱讚斯提利柯,對於皇帝都不屑稱讚。霍諾流斯在自己的宮廷中一定顯得無足輕重。

人。蠻族尊敬意志堅定的酋長，仍舊能夠運用指揮的語氣，阿里曼尼人有
些部族更是如此，尤其是他親自選出勇敢的年輕人，被認爲是尊重和愛護
他們的表示。從鄰近敵人手裡解救出來的支隊，不斷投效到皇家的旗幟
下。同時斯提利柯對西部最遙遠的部隊發布命令，用急行軍兼程趕去保護
霍諾流斯和意大利。放棄萊茵河的碉堡工事後，高盧的安全靠日耳曼人信
守條約，以及羅馬古老而懾人的威名。甚至就是配置在不列顛邊牆後面，
防備北方卡里多尼亞人的軍團，都很快受到召喚調回大陸。阿里曼尼人數
量龐大的騎兵部隊，也被說服要投效到皇帝麾下。這時皇帝正焦急等待主
將趕回去，行事審愼而勇敢果斷的斯提利柯，在當前的情況下成爲眾所注
目的焦點，這也同時暴露出衰落帝國的積弱不振。羅馬的軍團長久以來無
論是紀律和勇氣都已江河日下，實力早在哥德戰爭和內戰中損耗殆盡，現
在只有不管行省的安危，才能集結一支軍隊來防衛意大利。

三、斯提利柯在意大利對蠻族的用兵(403A.D.)

　　看起來好像是斯提利柯將君王遺棄在毫無防衛的米蘭皇宮，事實上他
可能計算過離開的期限、敵軍的距離以及可以遲滯他們行動的障礙。主要
的阻障還是靠著意大利的河流，像是阿第傑(Adige)河、明修斯(Mincius)
河、奧略歐(Oglio)河和阿杜阿(Addua)河，在冬季和春季時，因爲降雨和
冰雪溶化的關係，這些河流都會漲水，河面不僅寬闊而且水流湍急[26]。但
是當前這個季節非常乾燥，哥德人毫無困難就能越過寬廣而多石的河床，
在中央的位置才有一道水很淺的溪流。就在阿拉里克趨近米蘭的城牆或郊
區，看到羅馬皇帝在前面棄城逃走，感到驕傲自負不禁心中大樂，而這時
哥德軍隊早已派出一支強大的分遣隊，固守阿杜阿河的橋樑和通路。霍諾
流斯在一小群高階官員和宦官的陪同下，身邊只有兵力微弱的護衛，很快

26　每位旅客都記得，倫巴底經常爲突如其來的滂沱大雨所苦。奧地利人隨著熱那亞
　　人之後，把營地設置在波西維拉(Polcevera)的乾河床上。

向著阿爾卑斯山區撤退，想在亞耳城找到安身的地方，過去有幾位皇帝都在此地建立行宮。但是哥德人的騎兵很快就會趕上[27]，使霍諾流斯無法渡過波河[28]。他們處於非常緊急的危險狀況，逼得找有防禦工事的阿斯塔(Asta)當作臨時避難所，這是黎古里亞或皮德蒙(Piedmont)的一個小鎮，位於塔納魯斯(Tanarus)河的河岸[29]。像這樣一個沒沒無聞的地方竟會聚集如此豐碩的戰利品，勢必無法長久抵抗，哥德國王立即開始圍城不斷實施加壓力。皇帝事後勇敢宣稱，他的胸懷坦然從不畏懼，可能連他自己的宮廷都沒有人要相信[30]。最後到了毫無希望的緊要關頭，蠻族已提出能保持尊嚴的投降條件，終於盼望到英雄前來，憑著他的名聲突然使皇帝獲得解救，免於遭到被敵人俘虜的恥辱。斯提利柯親自率領英勇無敵的選鋒，為了怕攻占橋樑浪費時間，全體泅水渡過阿杜阿河，接著需要越過波河，這是極為大膽的冒險行為，更不必提所遭遇到的危險和困難。但這樣他就能抄近路穿越哥德人營地抵達阿斯塔城下，成功的行動能恢復羅馬人的希望，也維護他們的榮譽。蠻族不僅沒有攫取勝利的果實，反而在各方面逐漸被西方的部隊圍困，援軍還在不斷通過阿爾卑斯山的各處隘道。蠻族的居留地被清剿，運輸的車隊被攔截，羅馬人提高警戒準備建立防禦圈，要把圍攻阿斯塔的部隊全部圍困在裡面。哥德民族留著長髮的酋長都來參加軍事會議，他們全是年長的武士，身體圍裹著毛皮，嚴峻的面孔畫著顯示榮譽的疤痕。他們考慮是繼續作戰獲得光榮，還是確保掠奪所得的利益，最後認為以慎重為上策，建議及時撤退。在這場重要的爭辯中，阿拉里克展現羅馬征服者的氣勢，提醒在座的同胞所達到的成就和企圖後，用激勵士氣的講話，向他們提出莊嚴而確切的保證。最後的結論是決心要

27　克勞狄安無法明確回答我們的問題，霍諾流斯本人當時在那裡？然而逃走一定會引起追捕，意大利學者西哥紐斯(Sigonius)和穆拉托里(Muratori，Lodovico Antonio，古物學家)認同我對哥德戰爭所抱持的觀點。

28　旅行指南標明一條可以通行的道路，阿斯塔在右邊幾哩的地方。

29　阿斯塔或稱阿斯提(Asti)，是一個羅馬殖民區，現在成為當地的首府，十六世紀政權移交給薩伏衣公爵。

30　霍諾流斯等到次年在羅馬可以誇口說大話，這時離開危險地區有五百哩遠。

在意大利建立一個王國，縱使殞身喪命也在所不惜。

　　紀律鬆弛的蠻族受到奇襲，就會陷入危險的境地，但是，斯提利柯不再追逐享樂和痛飲的聲色之娛，決定要攻擊身為基督徒的哥德人，趁著他們在慶祝復活節的歡宴時刻[31]。為了執行這個策略，當然就教士的說法是褻瀆神聖的行為，把任務交付給索爾(Saul)這個蠻族出身的異教徒。不過，他在狄奧多西的資深將領中，特別獲得顯赫的名聲。阿拉里克建立在波連提亞(Pollentia)[32]附近的哥德人營地，在皇家騎兵突然發起的猛烈襲擊中，完全陷入混亂的局面(403年3月29日)。但是，不過片刻工夫，他們的領袖發揮天賦的無畏才能，對所屬下達進入戰場展開會戰的命令，於是他們立刻從驚慌的狀況中恢復。基督教的上帝肯定他們的理想，基於虔誠的宗教信念，對他們與生俱來的英勇氣質更能加添新的力量。在這場接戰中，雙方有很長一段時間保持勢均力敵的狀態，阿拉酋長的外形矮小而粗野，卻掩藏著氣度寬宏的心靈，奮不顧身的搏鬥直到為帝國犧牲性命，證明他那無可置疑的忠誠。這個驍勇的蠻族在克勞狄安的詩歌中，還未得到應有的名聲，因為詩人只讚美他的美德卻忽略不提他的名字。他戰死以後所指揮的隊伍發生驚慌跟著逃散，要不是斯提利柯立即率領羅馬和蠻族的步兵發起攻擊，一翼騎兵的潰敗就會決定阿拉里克的勝利。將領的戰術素養加上士兵的驍勇奮戰克服所有的阻礙，一天的血戰到達日暮，哥德人從戰場撤離，營地的塹壕被強行突入，就像羅馬的臣民飽嚐洗劫和殺戮的痛苦一樣，他們也遭到大禍臨頭的報應。科林斯和亞哥斯貴重的戰利品，讓西部的老兵都發了一筆橫財。阿拉里克被擄來的妻子，曾經迫不及待要求他所應許的羅馬珠寶和貴族女婢，現在只有懇求對她表示輕視的敵人大發慈悲。數以千計的俘虜從哥德人的鎖鍊中得到釋放，他們分散在意大利的行省，異口同聲頌揚這位解救者的英雄事蹟。無論是從詩人還是從共和

31　奧羅休斯為羅馬人不敬神的行動感到震驚，竟在復活節的禮拜天攻擊虔誠的基督
　　徒。然而就在同時，群眾公開在埃笛莎的聖湯瑪士神龕前祈禱，要絕滅阿萊亞斯
　　派的強盜。蒂爾蒙特引用一份講道辭，誤認是聖克里索斯托所講。

32　波連提亞的遺址在杜林東南二十五哩，附近是倫巴底國王的皇家狩獵區。

國的立場來說，斯提利柯的凱旋[33]可以比得上馬留，在意大利同一塊地方，迎戰並殲滅北部蠻族的另一支大軍。後代子孫看見辛布里人和哥德人的累累白骨和破爛頭盔，會感到困惑而難以分辨，願意興建一座戰勝紀念碑來緬懷這兩位名垂千古的將領。他們在這個讓人低迴不已的地點，擊敗羅馬兩個最難克服的敵人[34]。

　　克勞狄安[35]用歌功頌德的雄辯之辭來讚揚波連提亞的勝利，這一天可以說是他的贊助人一生之中最光榮的日子。但可以聽出弦外之音眞正是在推崇哥德國王，實在說他的名字可以用譴責的稱呼打上海盜和土匪的標誌，每個時代的征服者同樣都能加上這種頭銜，但斯提利柯的詩人心知肚明，阿拉里克具有絕不認輸的堅忍氣質，能從每一次挫折中奮發圖強，獲得敵人的資源後東山再起。他在步兵部隊慘敗後，帶著完整無缺的騎兵主力逃離戰場，也可說是被迫後撤，一點都不浪費時間來悲悼許多英勇同伴難以挽回的損失，留下勝利的敵軍以爲可以俘虜哥德國王，行動難免受到牽制。於是阿拉里克大膽決定突破亞平寧山無人防守的關隘，使富裕的托斯卡尼成爲一片焦土，情願戰死在城下也要奪取羅馬。斯提利柯的主動積極和勇於任事拯救首都免於一場浩劫，但他對陷入絕境的敵人存著忌憚之心，不願用另一次會戰來賭帝國的命運，提議要用金錢換取蠻族的離去。銳氣十足的阿拉里克拒絕所提條件，對於允許撤離和提供年金，表示出藐視和憤慨的態度，但他對各行其事的酋長，只能運用有限而且不穩的權力。由於他們願意對他效勞，他才能從相互平等的地位擢升爲國王。除了少數人另有打算，他們還是願意追隨未能獲勝的統帥，其中很多人在私下與霍諾流斯的大臣取得協議，受到誘惑就要考慮自己的利益。國王只有屈

33　克勞狄安和普魯登久斯非常肯定羅馬人在波連提亞的勝利，並且在作品中表示慶賀之意，但這些詩文的表達不夠精確。就目前發現的事實來說，斯提利柯的證詞並不可靠，所以過去認爲可信之處也產生很多疑點。

34　克勞狄安的結語鏗鏘有力文采斐然，但這位詩人的地理常識有問題，才會將辛布里人和哥德人的戰場說成同一地點。維塞里(Vercellae)和波連提亞相距六十哩，若辛布里人在維洛納寬廣而荒涼的平原被擊敗，那麼所處位置的緯度還得要高一點。

35　對克勞狄安和普魯登久斯的詩作要嚴格檢查，使描述的情景能吻合實際的狀況，才能對歷史有所交代。

從大眾的要求，批准與西部帝國所簽訂的條約。他率領軍容壯大的部隊進入意大利，現在只能帶著殘部回師渡過波河。羅馬軍隊有相當大的兵力用來繼續監視他的行動，斯提利柯與一些蠻族酋長保持秘密連繫，阿拉里克若在營地或會議中有什麼企圖和打算，他很快就會接到通知。

哥德國王要用光榮的成就凸顯他的撤退是另有圖謀，決心占領重要的城市維洛納，控制雷蒂提亞・阿爾卑斯山的主要通道，可以引導進軍路線經過散布著日耳曼人部落的地區，建立聯盟關係以補充耗損過大的實力，然後經從萊茵河的另一邊，侵入高盧富饒且毫無戒心的行省。他根本不知有叛徒已將行動計畫洩露出去，向著山區的通道前進，誰知已被皇家的部隊占據。片刻之間，他的前鋒、側翼和後衛同時暴露在攻擊之下，這場血戰在離維洛納城外不遠處展開，比起上次在波連提亞的慘敗，哥德人的損失不算太嚴重。國王快速逃脫，否則不是被殺就是被俘。若不是阿拉尼人輕舉妄動，羅馬主將的計謀就不會落空。阿拉里克將軍隊的殘餘人員安頓在鄰近的山岩地區，下定決心要完成準備，忍受兵力優勢敵軍的圍攻，現在對手已從各方面對他形成合圍之勢。但他無法抗拒飢餓和疾病所造成的毀滅效應，對於缺乏毅力且任性善變的蠻族，也不可能阻止陸續發生的逃亡事件。陷於這種窮途末路的處境，他從自己的勇氣和敵手的寬厚中找到出路，要把哥德國王的撤離看成是對意大利的解救[36]。雖然人民和教士無法對和戰大計提出合理判斷，但卻敢於指責斯提利柯的策略。他有許多次圍困和殲滅國家大敵的機會，最後卻還是縱虎歸山。公眾獲得安全之初會產生感激和歡愉，但後來大家的心頭都為猜忌和誹謗所盤據。

四、霍諾流斯巡視羅馬及經營拉芬納（400-404A.D.）

羅馬市民聽到阿拉里克的進軍感到心驚膽寒，趕緊動工整修首都的城牆，等於明確宣告人民的畏懼和帝國的衰落。等蠻族撤離後，霍諾流斯經臣下勸說，接受元老院基於責任所提出的邀請，在這個極為吉利的時期，

36　傑提之戰和霍諾流斯第六次出任執政官，跟阿拉里克的撤退和失利很難說有何關連。

前往皇家的都城慶祝對哥德人的勝利(404A.D.)，以及他第六次出任執政官的職務[37]。羅馬的郊區和街道，從米爾維亞(Milvian)橋一直到巴拉廷(Palatine)山，全部擁擠著觀看的人潮。在這一百多年漫長的期間，統治的君主只有三次親臨巡視。他們的眼光集中在只有斯提利柯夠資格坐的戰車上，現在他陪同站在皇家的後生晚輩旁邊。大家同聲向凱旋式的盛大排場歡呼不已，跟君士坦丁和狄奧多西不一樣，這次並沒有沾染內戰的鮮血。隊伍通過一個高大的凱旋門，是專為這次盛典所建造。但不需要七年的時間，哥德人的羅馬征服者要是識字，就會讀出紀念碑上詞藻優美的銘文，居然記載他們整個民族遭到擊敗，已經完全毀滅。皇帝在首都居留七個月，他的行為中規中矩，很細心的迎合教士、元老院和羅馬人民的愛好。教士由於他經常拜訪使徒的聖地，贈送豐盛的禮物而感到教誨有功。在凱旋式的行列中，特別沒有讓元老院議員很丟臉的跟在皇家的戰車後面步行，同時斯提利柯在會議中裝出一副優容和尊敬的態度。霍諾流斯在公開的競賽活動中表現關心和殷勤的模樣，一再使得人民感到滿意。而且場面非常華麗盛大，觀眾深表讚許。等到預定的比賽回合結束，賽車場突然改變原有的布景和裝飾，捕獵野獸提供變化多端而且精采刺激的娛樂節目，接著是軍事的舞蹈表演。從克勞狄安生動鮮明的敘述看來，想像中有點類似現在的馬上比武競賽。

在霍諾流斯提供的競賽活動，角鬥士[38]殘酷的搏命殺戮，最後一次用鮮血沾汙羅馬的大競技場。第一個基督徒皇帝所能享有的殊榮，是首次頒布詔書指責流血犧牲的表演和娛樂[39]，但這項仁慈的法令只能表示君王的意願，未能改正積習已深的惡行。諸如此類的殘害生命已將一個文明進步的民族，墮落到比吃人的野蠻民族都還不如的程度。帝國的大城市每年被

37　克勞狄安在霍諾流斯出任第六次執政官所寫的詩篇中，還有一些敘述皇帝到羅馬的旅行、凱旋式和慶祝活動。

38　有關角鬥士這個引起大家好奇而且內容恐怖的題材，可以參閱黎普休斯(Lipsius, Justus, 1547-1606A.D.，荷蘭學者和政治理論家)所著兩卷《農神節》(*Saturnalia*)，作者是研究古代文物的學者，把這種活動視為遵行古代的習俗。

39　戈德弗洛瓦的評述對角鬥士的歷史提供大量材料。

殺的受害者多達幾百人，甚至幾千人，到了12月時，更要特別提供角鬥士的格鬥節目。呈獻到羅馬人民的眼裡全是流血和殘酷，這種視死如歸的壯觀，帶給他們衷心的感激。正當全民沉醉在波連提亞大捷的歡樂之中，有位基督教詩人規勸皇帝運用權威根除恐怖的習俗，這種惡行長久以來對人道和宗教的呼籲充耳不聞[40]。普魯登久斯（Prudentius）悲愴的敘述不如特列瑪克斯（Telemachus）獻身的勇氣那樣有效，這位亞細亞的僧侶犧牲自己的生命，對人類而言可說是重如泰山[41]。奮不顧身的僧侶縱身跳進格鬥場阻止角鬥士的對決，羅馬人看到喜愛的節目受到干擾不禁大為光火，大家投擲石塊把他當場擊斃。但群眾的狂暴很快平息下來，他們欽佩特列瑪克斯的義行，配得上殉教者的榮譽，毫無怨言接受霍諾流斯的法律，大競技場的所有活動永遠禁止犧牲人命。有些市民遵守祖先遺留的習俗，意有所指的提到，只有在這個表現堅毅精神的訓練場，還能保留最後殘餘的尚武風氣，使羅馬人習慣於流血的場面，輕視死亡不為所動。但是，古代希臘和現代歐洲的英勇行為是何等的高貴，就可證明這種虛榮而殘酷的偏見根本無法自圓其說。

　　米蘭的皇宮毫無防衛能力，使皇帝本人陷身危險境地，何況這個門戶洞開的國家，到處都有蠻族肆虐橫行，迫得他要在意大利一些無法攻入的城堡中，找到一處能夠安全居留的庇護所。帖撒利人在亞得里亞海岸建立一個名叫拉芬納（Ravenna）的殖民區，位置離波河九個河口最南端約十到十二哩處，這個地方後來歸還給翁布里亞的土著。奧古斯都有鑑於此處的位置適中，在離舊城約三哩處，整備一個廣闊的海港，可以容納兩百五十艘戰船。這個海軍基地的建設包括軍械庫和倉儲棧房、部隊的兵舍和工匠的作坊，是羅馬艦隊永久的守備據點，獲得光榮的出身和不朽的令名。從港口到市鎮這塊區域立刻充滿建築物和居民，拉芬納三個面積廣闊而且人

40　可參閱普魯登久斯的結論，足證他讀過拉克坦久斯議論風生的抨擊之辭。基督徒辯護家對這種血腥的競技活動毫無寬宥之心，認為被異教徒引用到宗教的節日慶典。

41　我很願意相信聖特列瑪克斯的事蹟，但因為人道的緣故而殉教的唯一神職人員，竟然沒有一所教堂奉獻給他，也沒有為他建立祭壇。

口眾多的居留區，逐漸合併成爲意大利最重要的城市之一。奧古斯都時代
興建的主運河，從波河注入充沛的水源，經過城市流進海港，還把水流引
進環繞著城牆的深邃壕溝，再分爲上千條小運河流到城市每個區域，隔離
成無數的小島，只能運用船隻和橋樑取得連繫。拉芬納的房屋看來可以比
擬威尼斯，興建在木樁打入地層的基礎上。鄰近的地區一直到很多哩的範
圍之內，都是水淺泥深難以超越的沼澤。拉芬納靠著人工修築的堤道與內
陸連接，等到來勢洶洶的敵軍接近時，不僅容易防守，必要時也可以破
壞。不過，這些沼澤地區也散布著一些葡萄園，雖然在四、五次收成以後
就會耗盡地力，但城市享受產量豐盛的美酒比喝水還要方便[42]。空氣清新
宜人而且有益健康，很像亞歷山卓周邊的狀況，雖然地勢低窪又潮濕，但
不致引起疾病和瘟疫。還有一件特別有利之處，就是亞得里亞海的潮汐會
衝進運河，使停滯的水流動，因此不會產生有礙衛生的污水。每天都有鄰
近地區的船隻，順著潮水進入拉芬納的市區中心。海水逐漸後退，使現代
的城市離開亞得里亞海有四哩遠。早在公元五到六世紀時，奧古斯都的港
口就成爲景色怡人的果園，有一塊松林叢生之地，羅馬艦隊當年就在那裡
錨泊[43]。甚至就是滄海桑田的變遷，也能使這個地點的自然形勢增加幾分
力量，一片淺灘對敵人的大型船艦就是很有效的障礙，這個有利的位置再
用設施和人力來加強。西部的皇帝只關切自身的安全，在他的一生當中，
有二十年的時間龜縮在拉芬納，這個四周被城牆和沼澤包圍的永久監牢。
霍諾流斯的作法被實力衰弱的繼承人仿效，像是哥德人的國王，以及後來
的艾克薩克斯（Exarchs），都在這裡占據皇帝的寶座和宮殿。一直到八世

---

42 馬修（Martial）玩弄騙子的詭計，有人要賣給他酒而不是水，但是他一本正經的宣
　　稱，水槽在拉芬納比葡萄園值錢得多；賽東紐斯（Sidonius, Sollius Modestus
　　Apollinaris，詩人、克勒蒙主教）抱怨這座城市沒有泉水和輸水渠道，同時把缺乏
　　清水、可厭的蛙鳴和擾人的蚊蚋列爲本地人要面對的不幸。
43 狄奧多爾（Theodore）和霍諾里婭（Honoria）的傳奇故事，德來登（Dryden）原封不動
　　從薄卡丘（Boccaccio）借用，搬到查西（Chiassi）的森林裡去上演。查西是從克拉西
　　斯（Classis）這個字轉訛而來，而克拉西斯就是軍港的名稱，加上中間連接的卡薩
　　里斯（Caesaris）大道，也可稱爲郊區，構成拉芬納的三重都市。

紀中葉，拉芬納都是政府所在地和意大利的首都[44]。

霍諾流斯的戒懼審愼不是沒有根據，他的預防措施也不是沒有效果。正當意大利從哥德人手中獲得解救而薄海歡騰時，在日耳曼民族之中正掀起一場猛烈的風暴（400A.D.），他們屈服在無可抗拒的激昂之中，這是從亞洲大陸極東之地逐漸傳播過來。長城以北的廣大地區在匈奴人逃走以後，全部屬於勝利的鮮卑人所有。他們有時分裂成獨立部落，有時聯合在一個強勢的酋長手下，最後自稱拓跋氏，意爲廣大地區的主人，能夠團結一心建立難以抗拒的強大實力。拓跋氏很快迫使東部沙漠地區的遊牧民族，承認他們在兵力上的優勢地位，趁著中國積弱不振和內部混亂大舉侵入。這些幸運的韃靼人採用被征服民族的法律和習俗，在王國的北部行省建立一個新王朝，統治將近一百六十年之久。在他們進入中國稱王稱帝之前，有的世代就因爲英勇而獲得名聲，其中有一個拓跋氏的君王將名叫莫柯（Moko）的奴隸編進騎兵隊，後來這個奴隸畏懼懲罰就背棄他的隊伍，率領一百多名追隨者逃進沙漠。這幫土匪和亡命之徒逐漸壯大，從一個營地擴展爲一個部族，最後成爲人數眾多的民族，獲得聞名於世的稱呼——哲歐根（Geougen）人。世襲的酋長都是奴隸莫柯的後代，錫西厄的王國也採用他們的位階制度。最偉大的後裔是年輕的土隆（Toulun），遭遇很多災難，經過磨練成爲英雄人物。他在逆境中勇敢奮鬥，打破拓跋氏蠻橫加在身上的重軛，成爲民族的立法者和韃靼的征服者。他的部隊有正規編制，以群爲單位，每群一千兩百人，臨陣退縮者的懲罰是用亂石擊斃，最顯赫的職位用來獎賞英勇的戰士。土隆非常了解本身的狀況，對中國的學術抱著藐視的態度，所採用的技藝和制度，以有利他的統治能發揮戰鬥精神爲限。他的氈幕夏天時駐紮在水草豐茂的塞林加河畔，冬天遷移到更南邊的地區，征服的疆域從朝鮮半島越過額爾濟斯河，擊敗住在裏海北部的匈奴，榮獲「可汗」的新稱號，用來彰顯從偉大勝利中贏得的聲望和權力。

44　從404年起，頒布《狄奧多西法典》的日期，固定以君士坦丁堡和拉芬納爲準，不再有變動。

五、日耳曼人大遷移及拉達蓋蘇斯的入寇(405-406A.D.)

中國人和羅馬人都有廣闊疆域,雙方在地理上形成隔絕,穿越這段無人知曉的區域,就像通過窩瓦河來到維斯杜拉河一樣,很多重大事件不是中斷就是湮滅。然而從蠻族的習性以及成功遷移的經驗,明顯看出匈奴人受到哲歐根人的武力壓迫,他們在氣焰高漲的勝利者出現後,很快向後撤走,一直延伸到黑海的領域都被他們同宗的部族占有。匈奴人倉促逃往富饒的平原,維斯杜拉河在這片土地上緩緩流進波羅的海,他們來到此地馬上轉變成勇敢的攻擊。匈奴人入侵使北部地區提高警覺,變得騷動不安,有的民族被迫撤離,對日耳曼的國境帶來相當大的壓力[45]。這地區的居民,古人認為是蘇伊威人、汪達爾人和勃艮地人,後來決定把森林和沼澤放棄給薩瑪提亞的難民,或至少讓他們過多的人口流入羅馬帝國各行省[46]。勝利的土隆採用哲歐根人的可汗這個頭銜後又過了四年,另一個蠻族是傲慢的羅多迦斯特(Rhodogast),也稱拉達蓋蘇斯(Radagaisus)[47],從日耳曼北邊一直前進,幾乎抵達羅馬的城門,留下殘餘的軍隊終於摧毀西羅馬帝國。這支龐大的隊伍以汪達爾人、蘇伊威人和勃艮地人最具實力,但阿拉尼人發現在新的位置獲得友善接待,就將行動快速的騎兵部隊,用來加強日耳曼重裝步兵的戰力,於是哥德人的冒險分子全都熱情投效到拉達蓋蘇斯的麾下,有些史學家稱他為哥德國王。一萬兩千名勇士因高貴的出身和英勇的事蹟有別於一般庶民,威風凜凜擔任前鋒部隊[48]。整個群體不

---

45 樸洛柯庇斯(Procopius of Caesarea,六世紀拜占庭史學家)提及從帕拉斯‧米奧拉斯到日耳曼北部的大遷移,認為是饑饉所引起。但他對古老歷史的見解,常因無知和錯誤而打折扣。

46 諾昔繆斯通常會概述多瑙河與萊茵河以外的民族,包括他們的情況和後來的稱呼,以及古代作者偶爾對他們所加的各種形容詞。

47 拉達迦斯特(Rhadagast)是奧博崔特(Obotrites)(在麥克林堡(Mecklenburgh))人的神祇。英雄人物常會採用保護神的名字,但蠻族不會對失敗的英雄頂禮膜拜。

48 奧林庇多魯斯(Olympiodorus)原來要表達的意義並不精確,我認為他們都是君王和貴族,以及忠心耿耿的夥伴,過幾世紀以後,可稱他們為武士和護衛。

少於二十萬作戰人員，再加上婦女、孩童和奴隸，總人數可能到達四十萬之眾，勢不可當的遷移行動從波羅的海海岸出發。就像當年共和國威名最盛的時代，數以萬計的辛布里人和條頓人從此地傾巢而出，前去侵襲羅馬和意大利。這些蠻族離開故土後，只留下顯示出偉大的遺跡，像是連綿不絕的防壁和巨大的土堤，經過很多年代，此地是範圍廣闊的可怕荒涼之域，一直到後代子孫的權力建立名聲，新的居民才流入空曠的土地。要是歐洲的政體無法保護統治和財產的所有權，現在已經篡奪一大片土地的民族，即使沒有能力耕種，也很快就會得到勤勞而貧窮的鄰居給予協助。

國家之間的連繫和溝通，在那個時代既不完善也不可靠。拉芬納宮廷根本不知道北部地區發生重大變革，直到在波羅的海形成的烏雲，蔓延到上多瑙河兩岸響起震耳的雷聲。要是西部的皇帝聽到大臣帶來信息，說有迫近的危險打擾到他的休閒生活，這時他也認為可以當作戰爭的旁觀者，任這些蠻族自相殘殺而私心慶幸不已。羅馬的安全託付給斯提利柯的策謀和武力，但帝國已處於實力虛弱和民窮財盡的狀況，無力重建多瑙河防務，無法有效阻止日耳曼人入侵[49]。霍諾流斯那位警覺性極高的大臣，他的希望只限於防衛意大利，再一次放棄行省，召回所有的部隊。同時他想盡辦法徵募新兵，雖然運用嚴厲的處置，但兵士還是怯懦逃避。他又採取最有效的手段來逮捕或引誘逃兵，對於願意從軍的奴隸答應給予自由和兩個金幣的獎賞[50]。他費盡千辛萬苦總算從龐大帝國的臣民中，組成一支有三到四萬人的軍隊，想當年在西庇阿和卡米拉斯（Camillus）的時代，就是羅馬地區有自由權的市民立即可以如數提供[51]。斯提利柯的三十個軍團加

---

49 諾昔繆斯把戰爭和斯提利柯的勝利，轉移地點越過了多瑙河，這種奇怪的錯誤在
   於讀過希臘人以訛傳訛的記載，很難完全改正過來。最好的辦法是引用諾昔繆斯
   的說法時，一定要抱著存疑的態度。

50 這項法規的頒布時間（406年5月18日）使我們解決很多問題，戈德弗洛瓦用來推測
   拉達蓋蘇斯的入侵年份；蒂爾蒙特、帕吉和穆拉托里認為是前一年，所以持這種
   說法，是基於對諾拉的聖保利努斯不得不表示禮貌和尊敬。

51 羅馬快被高盧人占領時，元老院在緊急狀況下編成十個軍團，共有四萬兩千步兵
   和三千騎兵，從奧古斯都以後這個城市就沒有派出這樣大的兵力。像這種傳聞讓
   研究古史的學者感到困擾，但孟德斯鳩清楚加以說明。

上增援的大量蠻族協防軍,阿拉尼人以個人身分加入服役,還有匈奴人和哥德人的部隊,他們都在本國君主胡爾丁(Huldin)和薩魯斯(Sarus)的領導之下,基於利益和仇恨反對拉達蓋蘇斯的野心。

日耳曼人的共主拉達蓋蘇斯勢如破竹(406A.D.),越過阿爾卑斯山、波河和亞平寧山的天險,他的左手邊留下霍諾流斯那難以進入的皇宮,被遺忘在拉芬納的沼澤之中;另一邊是斯提利柯的營地,大本營設置在提塞隆(Ticinum)也就是帕維亞(Pavia),距離遙遠的軍隊還沒有集結完畢以前,看來是避免進行決戰。很多意大利的城市遭到洗劫和摧毀,拉達蓋蘇斯圍攻佛羅倫斯[52],是這個知名共和國在歷史上最早發生的重大事件。市民靠著堅定的毅力加上蠻族缺乏攻城的技術,不僅使敵人無法得逞,也暫時阻止入侵的狂流。羅馬元老院和人民在敵軍接近到一百八十哩時感到戰慄不已,很急切拿已經逃過的危險與即將來臨的滅亡作一比較。阿拉里克是一個基督徒和士兵,率領一支有紀律的軍隊,明瞭戰爭的法則,尊敬條約的神聖,無論是在營地或在教堂,會與帝國的臣民親切的交談;反之,野蠻的拉達蓋蘇斯對南方文明國家的習俗、宗教甚至語言都極為陌生,殘酷的迷信激怒兇狠的脾氣。一般相信他受到嚴正誓言的束縛,要把城市化為一堆瓦礫和塵土,要將最有名望的羅馬元老院議員當作犧牲,用他們的血在祭壇上平息神明的震怒。公眾的危險在於國內災禍產生時,會伴隨著展現宗教派系無可救藥的瘋狂。那些朱庇特和麥邱里深受壓迫的信徒,尊敬這位虔誠異教徒的作風。雖然他是羅馬不共戴天的仇敵,但他們大聲宣稱,比起拉達蓋蘇斯的武力更擔心他所選定的犧牲,在私下暗自高興國家遭逢災難,可以用來指責基督徒對手的信仰[53]。

佛羅倫斯面臨窮途末路的困境,市民微弱的勇氣只靠聖安布羅斯的權

52　馬基維利(Machiavel,Niccoio di Bernardo,1469-1527A.D.,佛羅倫斯的政治家和外交家)像哲學家那樣引經據典說明佛羅倫斯的源起。當地民眾為了便利通商貿易,才從腓蘇利山區慢慢遷移到亞諾(Arno)河岸。三人執政團使佛羅倫斯成為殖民區,提比流斯當政時,獲得一座蒸蒸日上的城市應有的名聲和讚譽。

53　拉達蓋蘇斯祭拜索爾(Thor)和沃登(Woden),他心目中的朱庇特不同於奧林帕斯山和卡庇多(Capitoline)山的喬夫(Jove)。多神教可用多方通融的廟宇,把來自各路神明聚合一起,但正統的羅馬人始終憎惡高盧和日耳曼的活人獻祭。

威加以支持。他在夢中得到啓示，獲得快速援救的應諾[54]，接著他們突然看到斯提利柯的旗幟出現在城牆外，帶著聯合兵力來解救忠誠的城市，並且很快讓這個重要的地點成爲蠻族大軍的墳墓。那些作者敘述拉達蓋蘇斯的失敗有不同的說法，產生明顯的矛盾，但並沒有曲解提出的證據，這方面的作法倒很一致。奧羅休斯（Orosius）和奧古斯丁因爲友誼和宗教而關係密切，把勝利視爲奇蹟歸於神的恩典而非人的英勇[55]，嚴格排除其他可以獲勝的因素，甚至認爲連作戰的流血犧牲都沒有出現。兩位作者提到羅馬人的營地，呈現的景象是兵甲充足而又無所事事，佛羅倫斯對面的腓蘇利（Faesulae）山高聳拔地而起，他們樂於見到蠻族陷入絕境，在崎嶇而貧瘠的山巒中慢慢滅亡。他們非常誇張的斷言基督徒大軍沒有一個士兵被殺或受傷，我們或許可以用無言的輕視態度視之，但奧古斯丁和奧羅休斯其餘的敘述，倒是吻合戰爭的狀況和主將的性格。斯提利柯知道自己指揮帝國僅有的最後一支軍隊，基於審愼的考量，不願與倔強而又狂暴的日耳曼人在戰場決一勝負。他要用堅強的防線將敵人包圍，這是第三次拿來對付哥德國王，規模更爲龐大，可以發揮最大的效果。羅馬的軍人即使大字不識也都熟悉凱撒的戰例，狄瑞奇恩（Dyrrachium）的對壘線有十五哩長，用連續不斷的塹壕與防壁把二十四座碉堡連接起來*[56]，等於是提供一種壕溝戰的模式，可以圍困數量龐大的蠻族人員，斷絕他們的給養，讓他們活活餓死。羅馬部隊與他們的祖先相比，作戰的英勇自嘆不如，勤奮的精神倒是沒有完全喪失。要是士兵認爲辛苦的奴工有損自己尊嚴，托斯卡

54　保利努斯（Paulinus）提到這個故事是潘索菲婭（Pansophia）親口所說，她是佛羅倫斯一個信仰虔誠的婦人。據稱大主教從此停止積極參與世俗的事務工作，所以無法成爲深得民心的聖徒。

55　這兩位朋友在阿非利加寫出這段獲勝的經過，已經是十年或十二年以後的事。塞維爾（Seville）的伊希多爾（Isidore，560-636A.D.，聖徒、塞維爾主教、神學家）毫無保留全盤接受權威說法。不論奧羅休斯在這段期間加進多少讓人感到興趣的事實，全都是出於宗教虔誠心理的胡言亂語。

*56　[譯註]公元前48年，凱撒率軍渡海到希臘，爲了在狄瑞奇恩包圍龐培大軍，建構工程巨大的對壘線，尤其在南部重點地區，所有的塹壕成雙層配置，防備敵人從後方登陸實施夾攻，並將流向大海的河流改道或修建堤壩，使龐培軍隊無法得到飲水。

尼可以提供數以千計的農夫,雖然不參加作戰,但靠著構築工事,同樣能
爲拯救自己的家園盡一分力量。大量的馬匹和人員被包圍得無法動彈[57],
饑饉而非戰鬥使他們漸趨毀滅,但羅馬人花時間進行這樣艱鉅的工程時,
卻暴露在焦急敵軍的不斷攻擊之下。挨餓的蠻族在絕望之中被迫對抗斯提
利柯的防線,羅馬將領有時也得遷就勇敢的協防軍,他們一直施壓要攻擊
日耳曼人的營地,基於各種意外的狀況就會產生激烈而血腥的戰鬥。在諾
昔繆斯以及普洛斯帕(Prosper)和馬塞利努斯(Marcellinus)的編年史,對這
方面的敘述令人肅然起敬。羅馬軍隊及時把人員和物資送進佛羅倫斯城
內,拉達蓋蘇斯挨餓的大軍反而被圍困。氣焰驚人的國王率領這麼多驍武
的民族,在損失最英勇的武士後,淪落到只有託付給誠信履行條約和寄望
斯提利柯大發慈悲[58]。但有帝王身分的俘虜死於可恥的斬首,玷辱到羅馬
和基督教的凱旋。執行死刑經過短期的延遲,更坐實勝利者的罪行,不僅
冷酷而且是精心策畫的結果[59]。幾成餓殍的日耳曼人即使逃過協防軍的殺
害,也以少到幾塊金幣的價格被出賣爲奴。食物不足加上水土不服,大量
不幸的外鄉人身亡異域,看來這些不講人道的買主,無法從利用他們的勞
力得到豐碩的收穫,很快遭到人財兩空的損失。斯提利柯向皇帝和元老院
報告他的成就,第二次獲得「意大利救主」的光榮稱號[60]。

---

57 奧羅休斯的修辭學表達方式,並不適合用來描述對大軍的包圍。但腓蘇利山離佛
羅倫斯只有三哩,可能有足夠的空間容納拉達蓋蘇斯的大本營,因此可能納入羅
馬人的防線之內。

58 奧林庇多魯斯在敘述這段史實時,認爲雙方還有保持友情的聯盟關係,這樣更坐
實斯提利柯的罪行。

59 奧羅休斯信仰虔誠但不通人情,可以犧牲國王阿加格(Agag)和他的子民阿美勒凱
特人(Amalekites),毫無同情心。冷酷的歷史學家比血腥的劊子手還要可恨。

60 克勞狄安的繆司在那裡,她是否睡著了?她是否罷工了?我認爲霍諾流斯的第七
任執政官(407A.D.)可提供題材寫出富麗堂皇的詩篇。在發現狀況無法挽回前,
斯提利柯(在羅慕拉斯、卡米拉斯和馬留之後)有資格稱爲羅馬第四位奠基者。

六、日耳曼人入侵高盧所造成的後果(406A.D.)

勝利的名聲特別加上奇蹟,產生非常誇張的說法,說從波羅的海地區遷移的大軍甚至整個種族,全都悲慘的滅亡在佛羅倫斯城下。實在說都沒有錯,拉達蓋蘇斯本人羞辱的下場,加上勇敢和忠誠的伙伴跟著犧牲,還有蘇伊威人、汪達爾人、阿拉尼人和勃艮地人各族的群眾,他們追隨著將領的旗幟,都占到本族三分之上的人數[61]。這樣一支聯合大軍使我們感到驚奇,但引起分裂的原因更明顯有力,像是家世出身所產生的驕縱心理、英勇行為帶來的傲慢無禮、高高在上指揮激起的嫉妒羨慕、不願屈居下屬的憤怒情緒、各持己見不願讓步的爭執,種種因利益和情感所產生的對立不和,在這麼多的國王和武士之間不斷發生,何況他們根本不知道什麼是謙讓和服從。拉達蓋蘇斯被擊敗後,日耳曼還有兩個很大的群體,人數都在十萬以上,仍舊維持著相當的武力,在亞平寧山和阿爾卑斯山之間,或許在阿爾卑斯山與多瑙河之間流竄,很難確定他們是否想為領袖之死雪恥復仇,或是急需發洩憤怒的情緒。斯提利柯的謹慎和堅定而使蠻族的目標有所轉變,他所採取的步驟是阻止他們進軍,同時又便於他們撤離。他最關心的主要目標是羅馬和意大利的安全,至於犧牲遙遠行省的財富和安寧,在他而言不僅漠不關心而且在所不惜[62]。蠻族獲得潘農尼亞的逃兵加入陣營,因而明瞭整個地區和道路的狀況。阿拉里克曾經計畫要入侵高盧,拉達蓋蘇斯大軍的殘部著手執行[63]。

---

61 《普洛斯帕編年史》有正確的記載,使佛羅倫斯的勝利減少奇蹟的成分,與意大利、高盧和日耳曼的歷史發生密切的關係。

62 奧羅休斯和傑羅姆提出嚴正的指控,說斯提利柯誘使蠻族入侵。其實,他們所說的「誘使」表示間接的意義,斯提利柯為了救意大利而犧牲高盧。

63 布瓦(Buat)伯爵感到滿意,在入侵高盧的日耳曼人當中,有三分之二人員是拉達蓋蘇斯大軍的殘部。有關這部分的敘述,可以參閱《歐洲古代通史》。這本膾炙人口的鉅著我失之交臂,直到1777年才精心閱讀,早在1771年我發現很多觀念,竟與本書不謀而合。

　　然而，要是他們抱著一廂情願的想法，以爲居住萊茵河兩岸的日耳曼部落會給予他們幫助，希望就會落空。阿里曼尼人保持無所作爲的中立態度，法蘭克人用忠誠和勇氣來防衛羅馬帝國的安全。斯提利柯爲了應付目前的狀況，第一步行動是盡快從萊茵河順流而下，最主要的著眼點是穩定黷武好戰的法蘭克人不致有變，確保雙方堅定的聯盟關係，還有就是使共和國與和平的心腹大患能夠離開意大利。瑪科米爾（Marcomir）是法蘭克人的一位國王，違犯應予遵守的條約，在羅馬官員主持的法庭公開定罪，被判決很溫和的處分，流放到遙遠的托斯卡尼行省。這種罷黜有損帝王的尊嚴，卻沒有激起臣民的憤慨，他們反而處死想要替他的兄弟報仇的桑諾（Sunno），並且與法蘭克人的君主保持友善的聯盟關係，這些人之所以登上寶座完全是斯提利柯所做的選擇。當北部的民族大遷移，引起高盧和日耳曼的邊境動盪不安，法蘭克人英勇迎戰單獨由汪達爾人組成的大軍。汪達爾人根本不顧敵手過去給他們的教訓，再次與蠻族聯軍分離，採取單獨的作戰行動，結果因爲魯莽輕進而付出慘痛的代價，兩萬汪達爾人連同他們的國王戈迪吉斯克拉斯（Godigisclus）在戰場被殺。要不是阿拉尼人的騎兵隊前來解救，揮軍蹂躪法蘭克人的步兵，汪達爾人整個民族都會遭到滅絕的命運。法蘭克人在受到堅強抵抗後，被迫放棄無法占到優勢的鬥爭。戰勝的同盟軍追擊前進，在那年最後一天（406年12月31日），嚴寒季節使萊茵河全部凍結，在毫無抵抗的狀況下揮軍進入高盧未設防的行省。蘇伊威人、汪達爾人、阿拉尼人和勃艮地人這次的入侵具有歷史意義，他們再也沒有後撤。這可以當成羅馬帝國在阿爾卑斯山以外地區衰亡的先兆，萊茵河這條地塹在重要的時刻已完全被摧毀，再也無法使地球上野蠻和文明國家保持分離。

　　提到日耳曼的和平，多少年來一直取決於法蘭克人的歸附和阿里曼尼人的中立，但在此時，羅馬的臣民絲毫沒有覺察到趨近的災難，還在享受平靜和繁榮的景況，很少會對高盧邊境的安定表示感激之情。他們的牲口和牛群獲得允許在蠻族的草地放牧，獵人深入幽暗的赫西尼亞森林，既不

畏懼也無危險[64]。萊茵河的兩岸就像台伯河，到處都是優美的住宅和耕種的農莊。要是一個詩人順流而下，他會表示懷疑不知那一邊是羅馬人的疆域。這種和平與富裕的景色突然變成赤地千里的大漠，只有冒煙的廢墟使人為的荒蕪有別於自然的孤寂。蠻族襲擊市面熱鬧的門次（Mentz），全城受毀無寸瓦之覆，數千基督徒在教堂遭到慘無人道的屠殺。窩姆斯經過長期圍攻一直堅守不降，城破後市民已無噍類。斯特拉斯堡、斯拜爾斯（Spires）、理姆斯（Rheims）、土爾內（Tournay）、阿拉斯（Arras）和亞眠（Amiens），都忍受沉重的負擔，經歷日耳曼人殘酷的壓迫。毀滅一切的戰火從萊茵河畔蔓延開來，遍及高盧十七個行省的大部分區域。把海洋、阿爾卑斯山和庇里牛斯山之間，這個人民富足而範圍廣大的國度，全部放棄給蠻族。他們把教會的主教、元老院的議員以及處女，全部混雜在一起驅趕著前行，大車裝滿從他們的家庭和祭壇上搜刮來的戰利品。我們感激神職人員藉這個機會教誨基督徒要悔改，隱約描述出公眾遭到重大災難的狀況。他們認為世間的罪行引起神施以正義的制裁，人類在這個邪惡和欺騙的世界，被當成易毀之物受到拋棄。但貝拉基派（Pelagian）[65]引起的爭論，想要探測慈恩和宿命的深淵，拉丁教士很快拿來應用，上帝下令施行、預見或容許一連串的道德與自然的災禍，要想權衡理由的輕重與否，那是既不完美且有很多謬誤。受苦人民的罪行和災難，毫無道理要比照他們的祖先，同時他們怪罪神的正義，對人類之中的弱者、無辜和幼童，沒有從毀滅之中加以赦免。無用的爭論忽視不變的自然律，那就是無辜者可以得到和平，勤奮者可以得到富足，英勇者可以得到安全。拉芬納宮廷的

---

64 克勞狄斯敘述高盧邊疆的平靜和繁榮。都博斯神父（Abbé Dubos）讀到是阿爾巴（Alba）河（一條名不見經傳的小溪，流過阿登森林）而不是阿爾比斯（Albis）河，就詳述高盧牛群放牧在易北河所出現的危險狀況，真是何其愚蠢！就詩人的地理觀而論，易北河和赫西尼亞森林就是代表日耳曼任何一條河流，或任何一座森林。克勞狄安經不起我們研究古代歷史的學者嚴格檢查。
65 405年貝拉基派的教義首次掀起風波，十年之內在羅馬和迦太基受到譴責，聖奧古斯丁經過一番鬥爭終於大獲全勝，但希臘教會對敵手頗表贊同。民眾在沒有了解以前，並沒有參與爭論（這點倒是令人感到百思不解）。

政策怯懦而自私，要召回巴拉廷（內衛）軍團來保衛意大利，剩下配置的部隊無法勝任困難的使命。蠻族的協防軍寧願不受軍紀的約束，任意掠奪物品來獲取利益，也比正常和有限的薪餉要好得多。

高盧行省充滿成群身強力壯的年輕人，在防衛著田園、家人和祭壇。要是他們無懼死亡，就值得說服以為己用，知道他們生長的鄉土，就可以拿他們當作連續而且無法克服的障礙，來對付前進中的入侵者。蠻族缺乏紀律和武器，只要這致命的缺點繼續存在，就會因為久經戰陣導致兵員數量屈居劣勢，最後降服於人口眾多的國家。當查理五世入侵法蘭西時，他審問一名戰俘，從邊界到巴黎要幾天的行程，「或許要十二天，但要把戰鬥的時間算進去。」像這樣英勇的回答，能制止野心勃勃君王的傲慢自大態度。霍諾流斯的臣民有別於法蘭西斯一世的臣民，他們激起完全不同的士氣。不到兩年的功夫，波羅的海野蠻人已經逐漸分離的部隊，說句公道話，人數少到受輕視的程度，根本沒有作戰就前進到庇里牛斯山的山麓。

七、不列顛的叛亂和君士坦丁的擁立（407-408A.D.）

在霍諾流斯統治早期，斯提利柯保持警覺始終防衛遙遠的不列顛，免於來自海洋、山嶺和愛爾蘭海岸的敵人[66]發起入侵行動。但這些從不死心的蠻族，沒有忽略哥德人戰爭的好機會，這時行省在邊牆和駐地的羅馬部隊已被抽調一空。若有任何一個軍團人員從意大利的遠戍中回到故鄉，就會事無鉅細地談到霍諾流斯的為人和宮廷，他們的看法偏向於解除忠誠的束縛，刺激不列顛的軍隊產生謀叛的念頭。犯上作亂的風氣在早期驚擾高連努斯（Gallienus）的統治，後來因為士兵產生貪婪的暴力行為又開始死灰復燃，那些不幸或具有野心的人員成為選擇的對象，當作滿足欲望的工

---

66 據稱愛爾蘭的蘇格蘭人經由海上入侵不列顛的西部海岸，甚至內紐斯（Nennius）和愛爾蘭的傳說，也提供不了多少可信的事實。九世紀還存在的聖派翠克（St. Patrick）傳記，就不下六十六種之多，裡面包含數以千計的謊言和不實傳聞。然而我們相信，在愛爾蘭人的一次入侵行動中，未來的使徒讓俘虜在前面帶路。

具，最後成為白白犧牲的受害人[67]。軍隊在開始時擁立馬可斯（Marcus），讓他身兼不列顛和西方的皇帝，接著在倉促的狀況下謀殺他，違犯強加於自己身上忠貞的誓言。他們不贊同他的行事方式，所以把事件本末寫成一篇文辭並茂的墓誌銘，鐫刻在他的墓碑上。格里先（Gratian）是下一個人選，他們奉上冠冕和紫袍，過了四個月，格里先得到和前任同樣的下場。

回憶當年偉大的君士坦丁，不列顛的軍團把教會和帝國奉獻給他，就會聯想到第三位選擇的奇特動機，他們發現有一個列兵的名字叫做君士坦丁，還沒有權衡他是否有能力和份量足以維護光榮的名號，就帶著任性的輕浮舉動把他扶上寶座。然而比起馬可斯和格里先的短暫統治，君士坦丁的權力倒是很穩固，政府的運作非常成功。要是把無所事事的軍隊留在營區會帶來危險，過去已經發生兩次謀叛和流血事件，逼得他要動手征服西部的行省。君士坦丁率領微不足道的兵力在布倫（Boulogne）登陸，休息幾天後，號召高盧的城市掙脫蠻族的枷鎖，承認他是合法的君主。這些城市毫不猶豫就響應他的號召，願意服從他的統治，拉芬納的宮廷抱著置身事外的心理，等於解除一個被棄民族所應盡的忠誠責任。他們現在正處於水深火熱之中，能夠接受環境的改變，不僅毫無顧慮而且帶著幾分希望，產生自欺的想法，認為他的部隊和權勢，甚至於一個羅馬皇帝的名位，可以在高盧定居下來，保護不幸的國度免於蠻族的蹂躪。君士坦丁對抗分離的日耳曼人獲得首次成功，奉承的聲音誇大成為戰績輝煌的決定性勝利。敵人再度聯合起來擺出傲慢無禮的姿態，讓人知道上次的勝利並不足恃。經過談判獲得一段短暫而不穩的休戰期，要是有些蠻族的部落在他出手大方的禮物和承諾之下，答應出力防守萊茵河，這種花費很大而且得不到保證的協定，也無法重建高盧邊境原有的作戰勇氣和實力，只能羞辱君主的尊嚴，耗盡國庫僅存的財富。這位虛有其表的高盧解救者，在想像的勝利中帶著洋洋自滿的神態，進軍南方的行省，立即使他本人遭到意料中的危險。哥德人薩魯斯奉令把叛賊的頭顱送到霍諾流斯的腳前，於是不列顛和

67　諾昔繆斯、奧羅休斯、奧林庇多魯斯、教會歷史和有關的編年史，提到不列顛的僭主時，人數都會少算，像是拉丁人就不知道有馬可斯這號人物存在。

意大利的部隊，毫無意義消耗在國內的爭戰之中。君士坦丁損失查士丁尼和尼維加斯特斯（Nevigastes）兩員將領，前者在戰場被殺，後者在與叛黨談和中遭了毒手，只有加強防禦能力，在維恩納固守。皇家軍隊在攻城七天沒有得手後，突然開始撤退，同時對於阿爾卑斯山的山賊和土匪，很可恥地用金錢買得安全通過的保證[68]。這些山區現在拿來隔開兩個敵對國家的統治疆域，這樣等於有雙重邊界的防禦工事由帝國的部隊守備，這些兵力大可以用來有效維護羅馬的國境，對抗日耳曼和錫西厄的蠻族。

君士坦丁在高盧面對接近的危險，只有在庇里牛斯山這邊可以展現勃勃野心。但他的帝座建立於西班牙的歸順而非征服，主要是基於常規和習慣的臣屬地位，他們會接受高盧統領所委派的官員和法令。對君士坦丁的權威僅有的反對並非來自政府的授意和人民的風氣，而是狄奧多西家族出於私人的情緒和利益。留在家鄉的四兄弟[69]從故世的皇帝那裡，獲得很高的地位和豐富的家財，因此頗為親友推崇，很多受到恩惠的年輕人冒險前來投效，想從狄奧多西的兒子那裡尋找機會。他們想要掌握露西塔尼亞的駐防部隊，失敗以後，就退到自己的產業上，用私人經費武裝一支部隊，全部由奴隸和徵召的追隨人員組成，很勇敢的前去占領庇里牛斯山的堅強據點。國內的反抗事件使高盧和不列顛的君主產生警惕心，同時也感到困窘，迫得他要與蠻族協防軍幾支隊伍進行磋商，好為西班牙戰爭效命疆場。這些部隊有顯赫的戰功，被稱為「霍諾流斯幫」（Honorians）[70]，這個名字可以提醒他們要效忠合法的君主。要是這個說法講得通，那麼蘇格蘭人也會偏愛一個不列顛的國君。摩爾人和馬科曼尼人受到篡奪者極度慷慨的引誘而加入他們的陣營，說是事成以後要把西班牙的軍職甚或公職分配

68　諾昔繆斯用巴高迪（Bagaudoe）這個名字來稱呼他們，聽起來不會引起太大的反感，在第十三章提到他們是作亂的農民。

69　維里尼努斯（Verinianus）、迪第繆斯（Didymus）、狄奧多西和拉格狄斯（Lagodius）在當代宮廷裡，會被稱為有君王的血統，但並不表示他們有特權或位階在臣民同胞之上。

70　這些霍諾流斯幫包括蘇格蘭人或阿塔柯提人（Attacotti）兩個隊、摩爾人兩個隊、馬科曼尼人兩個隊，還有維克托里人（Victores）、阿斯卡里人（Ascarii）和加利卡尼人（Gallicani）各一個隊，全部屬於六十五個皇家協防軍部隊的一部分。

給蠻族。霍諾流斯幫的部隊一共有九個隊，總兵力不超過五千人，他們在西部帝國的建立過程很容易追查出來。這些數量有限的兵力足夠結束這次戰爭，免得君士坦丁的權力和安全受到威脅。狄奧多西家族的農民部隊在庇里牛斯山被包圍殲滅，有兩個兄弟的運氣很好，從海上逃到意大利和東部，另外兩位被拘禁一段時間後在亞耳處決。如果霍諾流斯仍對公開的羞辱毫無感覺，或許會對高貴的親戚遭到不幸而受影響。如此微弱的武力就決定歐洲西部行省的所有權，所及的範圍從安東尼邊牆到海克力斯之柱。那個時代的歷史學家根本不了解重大變革的前因後果，持著狹窄而偏頗的觀念，毫無疑問不會把有關和戰的軍國大計看得那麼重要。但是國家實力整個在衰敗之中，甚至將專制政府最後的資源都消耗一空，民窮財盡的行省所得歲入已經負擔不起所需費用，無法使不滿和怯懦的人民入營服役。

八、斯提利柯的綏靖行動和產生的影響 (404-408A.D.)

詩人運用奉承的筆調敘述羅馬鷹幟在波連提亞和維洛納的勝利，從意大利的邊境追擊倉促撤退的阿拉里克，一隊想像中的幽靈隊伍，在蠻族大軍的上頭盤旋，帶來的戰爭、饑饉和疾病使他們幾乎全軍覆滅。這次遠征行動整個過程充滿噩運，哥德國王必須忍受相當大的損失，不斷從事襲擾作戰的軍隊要有一段休息的時間，補充所需的兵員，恢復已經喪失的信心。逆境在磨鍊也在展現阿拉里克的才華，英勇無敵的名聲吸引蠻族最剽悍的勇士投效哥德人的陣營，他們來自黑海到萊茵河這片廣大的地區，為掠奪和征服的欲望掀起洶湧的怒潮。斯提利柯認為他是值得尊敬的敵手，阿拉里克立刻接受對方的友誼。他拒絕為東部的皇帝服務，願意與拉芬納的宮廷締結和平盟約，成為伊里利孔統領轄區內所有羅馬軍隊的主將。霍諾流斯的大臣過去授與這個職位，整個地區完全依據真正古老的界線劃定，為了使雄圖大展的計畫能夠順利進行，條約裡訂出或暗示相關的規定，然而卻因拉達蓋蘇斯的大舉入侵而暫緩實施。哥德國王保持中立的立

場，可以與凱撒在加蒂藍（Catiline）叛國案*71漠不關心的態度相比，他對
共和國的公敵拒絕給予協助，但也不加以反對。等擊敗汪達爾人後，斯提
利柯重申對東部各行省的權利，指派負責司法和財務的文職官員，同時宣
稱他已失去耐心，要率領羅馬人和哥德人的聯軍直迫君士坦丁堡的城門。
但斯提利柯厭惡內戰，非常清楚國內軟弱的狀況，無論如何還是以謹慎為
上策，所以國內的和平勝於國外的征服是無可置疑的主張，同時他最關心
的大事，是要使阿拉里克的軍隊遠離意大利。這種企圖並沒有逃過哥德國
王洞察一切的眼光，他繼續與敵對的宮廷保持讓人起疑的連繫，甚至可以
視為對斯提利柯的反叛。同時他像無法得到滿足的傭兵，深入帖撒利和伊
庇魯斯發起虛應故事的作戰，立刻回師對毫無成效的服務要求額外龐大的
報酬。他從意大利邊界靠近伊摩納（Aemona）的營地，把很長一份承諾經
費和補給的紀錄，派人呈送給西部的皇帝，要求立即滿足所需，明確暗示
拒絕會產生的後果。然而他的行動要是帶有敵意，他的言詞非常得體而且
順從，很謙卑的表白自己是斯提利柯的朋友和霍諾流斯的士兵，會毫不遲
疑率領部隊進軍對抗高盧的篡奪者，懇求賜予西部帝國無人領有的行省，
作為哥德民族永久的居留地。

　　這兩位政客想欺騙對方和整個世界，有關政治的秘密記錄一定收藏在
難以進入的暗室之中。若非在人數眾多的會議中發生爭論，顯示出阿拉里
克和斯提利柯之間有連繫，否則根本無人知曉此事。政府需要人為的支
持，就必須移樽就教於自己的臣民不可，所顯示的原則是軟弱而不是溫
和，因而在不知不覺中恢復羅馬元老院的權勢。霍諾流斯的大臣用恭敬的
態度與共和國的立法機構進行磋商，斯提利柯在凱撒的宮殿召集元老院會
議，用委婉的言詞報告政府事務的實際狀況，提出哥德國王的需求，和平
與戰爭會遵從他們明智的抉擇。議員從四百年的睡夢中突然驚醒，看來在
重要的事務上，只能激起前輩所具有的勇氣而非智慧。他們用正常的發言

---

*71　[譯註]公元前63年羅馬政局發生危機，西塞羅頒布「元老院最終敕令」處理加蒂
　　藍案。凱撒雖然沒有加入叛黨，然而仍與西塞羅和加圖在元老院爭辯不休，但還
　　是無法挽回，涉案人員有三千人被殺。

或喧囂的呼叫大聲宣稱，花錢購買不穩而羞辱的休戰，對羅馬的尊嚴沒有任何好處。高傲的人民作出的判斷，常會無可避免帶來毀滅的羞辱。大臣有關和平的意圖，只有少數沒有骨氣或經過收買的追隨者給予支持。他只能就自己的行為甚或哥德君主的要求致歉，期望能平息大家煽動的情緒。

> 支付津貼激起羅馬人的氣憤不平，但不應該看成是貢金或贖款，說蠻族的敵人用威脅來強行勒索（這是斯提利柯的說辭）。阿拉里克對於被君士坦丁堡的希臘人所篡奪的行省，很誠懇的向共和國提出主權的要求，作為他的服務公平而合理的報酬。阿拉里克所以中止作戰行動開始後撤，是因為皇帝非常急迫給他去信，雖然是私函他也只有服從。在塞妮娜的調停下，已經獲得這些有違原來宗旨的命令（斯提利柯沒有掩飾自己家族所犯的錯誤）。他的妻子很重視孝道，現在為此與皇家的兄弟意見不合，而這位兄弟是她養父的兒子，親情很容易重於公眾利益，所以他也無法對此事進行追查。

這種表面上的理由雖然得到斯提利柯的認同，卻隱約掩蓋著拉芬納皇宮的陰謀活動。經過一場激辯後，元老院勉強給予批准，議員仗義勇為和堅持自由權利的呼聲平息下來，通過用津貼的名義支付四千磅黃金，拿來保障意大利的和平，修好與哥德國王的友誼。朗帕狄斯（Lampadius）是會議裡最有名望的成員，他堅持杯葛的立場，大聲疾呼表達反對的意見：「這不是和平條約而是賣身契。」然後很快躲進基督教堂的庇護所，好逃避大膽抗拒所帶來的危險。

九、奧林庇斯的陰謀和斯提利柯的覆亡(408A.D.)

但是斯提利柯的統治即將走向終點，自尊心很強的大臣感覺到羞辱臨頭的跡象。朗帕狄斯的大膽舉動受到讚許，元老院不願長期居於卑躬屈節

的地位，對於只能招怨且虛有其表的自由權利，擺出輕視和抗拒的態度；部隊仍舊擁有羅馬軍團的名義和特權，對於斯提利柯偏愛蠻族而憤憤不平；公眾的災禍是人民墮落的必然後果，卻全部歸咎於大臣有害的政策。然而斯提利柯只要維持統治權，能夠掌握皇帝懦弱的心靈，就能繼續對抗人民甚或士兵的叫囂。但原來聽話而又溫馴的霍諾流斯變得畏懼、疑慮和憎恨，奸詐的奧林庇斯(Olympius)[72]用基督徒的虔誠面具掩飾邪惡的本質，在暗中陷害他的恩主(408年5月)。奧林庇斯靠著斯提利柯的提攜在皇宮擢升為地位最高的官員，對毫無懷疑之心的皇帝揭露真相。皇帝已經年滿二十五歲，在自己的政府沒有分量和權力。奧林庇斯同時很生動的描述斯提利柯的企圖，用非常技巧的手法打動皇帝怯懦和怠惰的性格，說他準備謀害君王，懷著莫大的野心要讓他的兒子優奇流斯(Eucherius)戴上皇冠。皇帝在這位新寵臣的唆使下，用自主的聲調顯示君王的尊嚴和地位，斯提利柯很驚奇的發現，宮廷和御前會議在暗中的決定，全都違反他的利益和意圖。霍諾流斯宣稱不願居住在羅馬的皇宮，情願回到拉芬納安全的城堡。等接到他的兄弟阿卡狄斯死亡的信息，準備拜訪君士坦丁堡，要用監護人的身分，管理年幼的狄奧多西所統治的行省[73]。在聽取這樣大規模的遠征行動的困難和費用以後，奇特而突然的出擊所進行的積極準備工作就停頓下來。但皇帝前往帕維亞的營區顯示出危險的計謀，這裡的部隊都成為斯提利柯的敵人，雖然他的蠻族協防軍仍舊駐紮在當地。斯提利柯聽取查士丁尼的意見，這位他所信任的羅馬人不僅是他的擁護者，而且非常活躍很並有遠見，反對他前往帕維亞，因為會有害於他的聲望和安全。查士丁尼費盡唇舌還是毫無成效，注定奧林庇斯贏得勝利，行事謹慎的律師遂離開即將遭受毀滅的贊助人。

72　奧林庇斯來自黑海的海岸地區，是表現極為出色的官員，無論個人的行為和性格，從外表看來讓諾昔繆斯感到滿意。奧古斯丁欽佩奧林庇斯對宗教的虔誠，稱許他是教會的孝順兒子，但阿非利加聖徒的過譽之辭，可能是出於不知底細和刻意奉承。

73　斯提利柯表示要安排前往君士坦丁堡的行程，最後還是讓霍諾流斯打消不切實際的幻想。東部帝國不會聽從他的命令，也很難用武力征服。

　　皇帝行進途中經過波隆那，斯提利柯秘密操縱激起衛警兵變，後來又得到平息，他宣布對罪犯處以十一之刑*74，接著認爲他們過去有功而給予赦免。這次暴亂事件後，皇帝最後一次擁抱大臣，已把他看成叛賊。霍諾流斯繼續前往帕維亞營區，接受部隊對皇帝的歡呼，大軍在此集結是爲遂行高盧戰爭。第四天早晨，皇帝在教唆之下，宣布要集合軍隊舉行宣誓典禮，而這些士兵經過奧林庇斯花錢收買和大力說服，準備執行血腥陰謀事件。一聲號令下，他們先殺掉斯提利柯的朋友，都是帝國最顯赫的官員：像是高盧和意大利的兩位禁衛軍統領、騎兵和步兵的兩位主將、御前大臣、財務大臣、內務大臣和宮廷伯爵，還有很多人員失蹤，很多住家受到劫掠，憤怒的兵變繼續施展暴行，直到日暮才結束。皇帝被發現渾身戰慄站在帕維亞街頭，沒有穿袍服和冠冕，接受寵臣勸說，責備死者的罪過，用嚴肅的言辭嘉許兇手的忠誠和主持正義的行動。

　　帕維亞大屠殺使斯提利柯內心充滿悲憤和憂慮，他很快在波隆那營區召集同盟領袖會議。這些人追隨在他麾下會一起遭到滅亡命運，衝動的呼叫在會場中響起，大聲吶喊要爲死者報仇，一刻都不能延遲，要打著英雄的旗幟進軍，勝利就會垂手可得。有罪的奧林庇斯和墮落的羅馬人，都會受到打擊和制裁，最後要將他們連根剷除，甚至可以把皇冠戴在受枉曲的將領頭上。斯提利柯沒有立即下定決心，否則局勢大有可爲，他在猶豫遲疑中喪失時機，以致陷入無法挽回的困境。他仍舊不知皇帝下落，也不相信自己人員的忠誠，同時他的內心感到害怕，爲對抗意大利的軍隊和人民，必須要武裝一大群難以駕馭的蠻族，很可能產生致命後果。關係密切的盟友無法忍受他那怯懦和遲疑的拖延，帶著畏懼和氣憤的心情撤離。薩魯斯是哥德人武士，在蠻族中因孔勇有力和作戰慓悍而知名，在午夜時突然侵襲恩主的營地，搶奪行李輜重，殺死護衛的匈奴人，衝進帳幕。大臣

---

*74 [譯註] 羅馬軍隊的軍紀要求極爲嚴酷，除了個人的處分還有部隊的處罰。要是違犯重大罪行，像是謀逆叛變、違抗命令、不聽節制、殺害長官等，經常會處以「十一之刑」，就是將出事部隊擊籤抽出十分之一人員，要其餘未中籤人員排成夾道，拿棍棒將受刑者逐一擊斃。

心中憂慮尚未入睡，正在沉思自己所處險境，好不容易逃脫哥德人的殺害，立即對意大利的城市發出最後警告，要他們關上城門防範蠻族。

這時斯提利柯已走上絕路，迫得只有到拉芬納自投羅網，豈不知該地已完全落入仇敵手中。奧林庇斯擁有霍諾流斯授與軍政大權，很快就知道他的對手以哀求者的身分，落腳在基督教堂的祭壇前面。這位僞君子的性格卑劣，裝出虔誠的面孔採用規避的手段，不願違犯神聖的庇護特權。赫拉克利安（Heraclian）伯爵率領一隊士兵，在清晨（408年8月23日）出現在拉芬納教堂前，主教對莊嚴的誓言感到滿意，他們奉到皇室命令是要保護斯提利柯本人的安全。等到不幸的大臣受騙踏出聖所大門，赫拉克利安拿出死刑執行狀要立即動手處決，斯提利柯的罪名是謀逆和犯上。他保持平靜的態度沒有申辯，隨從人員明知大勢已去，仍想給予無效的援救。斯提利柯不愧身爲羅馬最後一個名將，情願引頸就戮，死於赫拉克利安的劍下。

十、霍諾流斯宮廷對斯提利柯親友的迫害（408A.D.）

皇宮那群奴才過去一直崇拜斯提利柯的權勢，現在對他的敗亡橫加誣衊。從前只要與西部主將有一點親屬關係，都能獲得財富與官職，現在全部受到刻意的罷黜和嚴厲懲處。他的家庭與狄奧多西皇室有三重聯婚的姻親關係，落到極爲慘痛的處境，甚至對地位最卑微的農夫都羨慕不已。他的兒子優奇流斯在逃走途中被截回，無辜的青年被處死後，接著是塞曼提婭（Thermantia）的離婚。她補上姊姊瑪利亞的位置擔任皇后，也像瑪利亞一樣雖然結婚，始終還是處女之身。斯提利柯的朋友就即使逃過帕維亞的屠殺，也受到奧林庇斯斬草除根的迫害，在殘酷的審訊之下，要他們承認結黨密謀和褻聖弑君。他們寧死不屈，更不願承認莫須有的罪名，這種堅定的意志證實庇主的識人之明[75]和含冤受曲。專制的權力可以取人性命

75　他的朋友之中有兩位重要人物應該提到，彼得是司法部門首長，還有寢宮總管杜特流斯（Deuterius），斯提利柯運用他來保護寢宮安全。但在這樣一個個性軟弱的君王下，還無法從控制寢宮獲得安全保證，這也是令人感到奇怪之處。

而毋須審判，抹殺功績毋須證據，不明是非的司法無法使後代子孫口服
心服[76]。斯提利柯功在國家是有目共睹的事實，他的罪名不僅證據薄弱而
且未必其然，完全是眾口鑠金的阿諛和仇恨之辭。在他死後四個月，用霍
諾流斯的名義頒布一件詔書，要恢復兩個帝國之間的自由交往和連繫，過
去因為公眾之敵在中作祟，才會長期中斷。這位大臣的名聲和財富來自國
家的繁榮興旺，現在被控要把意大利出賣給蠻族，而他在波連提亞、維洛
納以及佛羅倫斯的城牆之下，屢次擊敗蠻族大軍。說他圖謀要將帝冠置於
其子優奇流斯的頭上，但在執行時不能沒有準備和同謀。有野心的父親也
不應該將未來的皇帝優奇流斯在二十歲時，還在秘書處擔任護民官這樣低
微的職位。甚至斯提利柯的敵手帶著惡意指責他的宗教信仰，他那掌握時
機而且帶有奇蹟性質的救援，在教士的讚許下舉行虔誠的慶典。現在這些
教上斷言，優奇流斯即位馬上就會採取措施，要恢復偶像崇拜，對教會著
手迫害行動。不過，斯提利柯的兒子一直在基督教內部接受教育，身為父
親表示一貫的同意和熱烈的支持[77]。塞妮娜竟敢把灶神廟所供神像的華麗
項鍊據為己有[78]。褻瀆神聖的大臣所作所為受到異教徒的詛咒，他下令將
西比萊聖書和羅馬神諭丟到火裡[79]。斯提利柯的真正罪名是傲慢的言行和
僭人的權力，他抱著高貴的情操不願讓自己的同胞流血犧牲，顯然有助於
不值一提的敵手獲得勝利。即使霍諾流斯如此對待這樣一個人士，過去曾
盡力保護他的童年和捍衛他的帝國，但後代子孫仍不屑責備皇帝忘恩負
義，對霍諾流斯可說是最後一次羞辱。

　　在這一大批跟著遭殃的人員當中，他們的財富和地位在當時都受到注

76　奧羅休斯仿製虛偽不實和充滿狂怒的宣言，當時新成立的政府散發到所有行省。
77　奧古斯丁滿意這些有效的法律，這是斯提利柯刻意制定用來對付異端邪說和偶像
　　崇拜，現在仍保存在《法典》之中。他僅僅運用奧林庇斯證實對宗教的虔誠。
78　我們可以看到那個時代對藝術的欣賞極其低劣，竟然會給雕像穿上華麗的衣著。
79　可以參閱魯提留斯‧奴馬提努斯(Rutilius Numatianus)的作品，宗教的熱忱使他
　　寫出用辭典雅而氣勢雄偉的詩篇，提到斯提利柯從卡庇多神廟的大門上拆除金
　　板，或是閱讀預言的神諭，這都是故意陷害他的誹謗之辭。這些都是非常蠢的故
　　事，而且只要是指控他的信仰不虔誠，等於是對推崇他的話增加分量和可信度，
　　何況連諾昔繆斯都不得不讚許他的德行。

意，我們的好奇心僅及於著名的詩人克勞狄安。他受到斯提利柯的關懷和
照應，也隨著庇主的敗亡而慘遭摧殘。他在宮廷的位階是擔任名義上的護
民官和書記官，要感激塞妮娜有力的調停，能夠娶得阿非利加行省富有的
女繼承人[80]。克勞狄安獲得羅馬元老院的賞識和厚愛，把雕像樹立在圖拉
真廣場[81]。等到讚美斯提利柯的言辭成為犯罪的證據，權勢薰人而且心胸
狹窄的廷臣，就把克勞狄安視為眼中釘，為他那無禮的才智所激怒。他曾
經用生動的雋語加以比較，描繪出意大利先後兩位禁衛軍統領完全相反的
性格。有一位像哲學那樣無為而治，情願把時間花在睡眠和閱讀上；對比
之下，另外一個是唯利是圖的貪官，不辭辛勞追逐著不義之財。「多麼幸
福！」克勞狄安說道：「要是馬留斯（Mallius）一直清醒而哈德良
（Hadrian）永遠沉睡，意大利的人民該有多麼幸福！」像這種友善和溫馨
的規勸不會干擾到馬留斯的休憩，但是哈德良在旁虎視眈眈等待報復的機
會，很容易從斯提利柯仇敵的手裡，獲得這樣令人討厭的詩人當成微不足
道的犧牲品。不過，詩人在這場混亂的變局當中，行事盡量謹慎小心不要
搶著出頭。他寫一封卑躬屈膝的求饒書信，向受到冒犯的統領公開認錯，
用悲慘的筆調悔恨當年的輕率和幼稚，完全是出於衝動和愚蠢，誠摯建議
他的對手能像神明、英雄和獅子一樣，具有慈悲為懷的精神，望寬宏大量
的哈德良高抬貴手，放過毫無抵抗力且受人輕視的仇人。他已處於羞辱和
貧困的卑賤地位，因為放逐、刑求和親密友人之死，而受到很深的傷害。

　　不論他的懇求是否有效，未來的生活是否發生意外事件，不過幾年時
光詩人也隨著大臣仙逝，哈德良的名字也被人遺忘。但只要拉丁語文仍舊

80　在奧菲斯（Orpheus，希臘神話中的詩人和歌手，善彈七弦琴，能使猛獸俯首）的婚
　　禮（非常得體的比擬）中，生氣勃勃的自然界奉獻各種禮物，神明賜福給祂所寵愛
　　的詩人。克勞狄斯沒有牛羊成群的牲口，也沒有出產酒類和橄欖油的田園，他那
　　富有的新娘會給他帶來這一切家財，但他到阿非利加只帶著塞妮娜的一封介紹
　　信，他的朱諾（Juno，天后，朱庇特之妻，掌管婚姻和生育）賜給他幸福的生活。
81　克勞狄安感到極大的榮譽，也認為自己有這份資格。最早的雕像是大理石像，十
　　五世紀在羅馬發現，位於龐坡紐斯・里屠斯（Pomponius Laetus）的家園裡。一個
　　詩人的雕像應該被當時的文人和他的同胞樹立起來，他的一生應該比克勞狄安更
　　要偉大，這才是高貴的構想。

保存和運用，閱讀克勞狄安的作品就會給人帶來歡樂。若要公正衡量他的
功過，必須知道克勞狄安無法滿足我們所持的動機，當然更無法讓我們保
持沉默。我們很不容易寫出一段文章，值得形容爲卓越崇高或悲憫動人，
也不容易選出一首詩，能夠融入人們的內心，擴展大家的想像。閱讀克勞
狄安的詩，想從令人感到興趣的傳說中，尋找可喜的虛構故事和人爲的指
引行動，或是希望能夠公平而生動的敘述眞實人生的狀況和處境，但這一
切歸於徒然。我們知道他寫出這些祝頌或抨擊之辭，都是爲了服務他的庇
主，這些因襲的作品鼓舞他的意念，要超過眞理和自然的限制。不過，這
些不完美的形象在某些程度上爲克勞狄安的詩意所補償，他用少見而寶貴
的才華使卑賤的題材得以提升，貧瘠的題材得以修飾，單調的題材得以變
化。他的特色尤其是在敘事詩方面表現柔美和華麗，很少會失於展現多樣
化的想像力，不會濫用文化教養所獲得的穿鑿附會，有時會表現出強有力
的風格，調和的詩體呈現極爲流暢的氣勢。對於這些讚許之辭，出乎意料
獨立於任何時代和地區之外。克勞狄安出身於不利的環境，我們對於他的
功績更要加上一筆；他是處於藝術和帝國衰微時代的埃及人[82]，接受希臘
人的教育，在成熟的年齡不僅精通且能駕馭拉丁語文，翱翔在軟弱無力的
當代人士之上，在相隔三百多年後又置身在古羅馬的詩人之列[83]。

82　克勞狄安出於虛榮心作祟，把自己當成佛羅倫斯人或西班牙人，但從他一封書信
　　中，證實他是土生土長的亞歷山卓人。

83　斯特拉達(Strada)認爲克勞狄安的英雄史詩，與羅馬時代五位大詩人盧克里久斯
　　(Lucretius)、魏吉爾、奧維德(Ovid)、盧坎(Lucan)和斯塔久斯(Statius)難分軒
　　輊。克勞狄安的贊助人是頗有成就的廷臣卡斯提里歐內(Castiglione)，他的景慕
　　者人數眾多且表現極爲熱情。然而嚴苛的批評家難免要提出指責，說是異國的種
　　子和花卉在拉丁民族的土壤上，長出繁茂的枝葉開出瑰麗的花朵。

屋大維婭柱廊的內部已成大雜院

羅馬人構建許多帶有紀念性的大型建築物，
其中為歷史所忽略不知有多少，
能夠抗拒歲月侵蝕和蠻族摧毀的卻又屈指可數。

第三十一章

阿拉里克入侵意大利 羅馬元老院和人民的對策 羅馬第三度被圍，城破遭受哥德人的暴行掠奪 阿拉里克之死 哥德人撤離義大利 君士坦丁王朝的沒落 高盧和西班牙為蠻族所據有 不列顛的自主(408-499A.D.)

一、西部帝國式微導致哥德人入侵意大利(408A.D.)

國勢衰弱而政出多門的當局毫無獨立自主的能力，就會公然出現要與敵國保持密切連繫的現象，阿拉里克若能參與拉芬納的國務會議，也會像霍諾流斯的大臣一樣，勸他盡快處死斯提利柯[1]。哥德國王儘管不願這樣做，還是想要摧毀心中的強敵，因為這個死對頭在意大利和希臘，曾兩次想用武力將他殲滅。宮廷大臣基於深仇大恨和利害關係，處心積慮要讓偉大的斯提利柯受辱敗亡。作戰英勇的薩魯斯(Sarus)憑著在軍隊的名聲，無論是基於個人行為或父輩遺傳，都能對加入聯盟的蠻族產生影響，但只能被推薦給國內過去一些朋友。這些人不僅看不起也討厭作風卑鄙的土庇利奧(Turpilio)、瓦拉尼斯(Varanes)和維吉蘭久斯(Vigilantius)，因為這幾個將領從以往表現來看根本不配稱為軍人，現在也比照新近發跡的寵臣，紛紛晉升指揮步兵、騎兵和內廷部隊的主將。奧林庇斯(Olympius)為頭腦簡單又信仰虔誠的皇帝所擬定的詔書，哥德君王一定會欣然簽署。霍諾流

---

[1] 從斯提利柯之死到阿拉里克到達羅馬之前這段時期，出現一序列重大事件，只有諾昔繆斯提到。

斯驅除所有反對正統教會的人員,不讓他們擔任公職。凡對他的宗教持異議的人員,絕不讓他們在軍隊服役。採取非常草率的行動,將很多勇敢且經驗豐富的軍官解職,只因為他們堅持異教信仰,或者接受阿萊亞斯教派的見解。諸如此類措施對敵人極為有利,阿拉里克必然贊同,或許會自己提出建議。至於蠻族是否會接受帝國大臣的指示或是得到他的默許,拋棄極不人道的殘酷行為,增進本身所能獲得的利益,這點倒是值得懷疑。追隨斯提利柯的外籍協防軍對他的受害感到悲痛萬分,想要報復但考慮到妻兒子女的安全,只有黯然打消這種念頭。他們的家屬都被當作人質,拘留在意大利警衛森嚴的城市裡,最值錢的財物也放在城中。就在此時,像是接到一齊動手的信號,意大利的城市為恐怖的屠殺和掠奪所玷辱,蠻族的家人和財產慘遭毀滅。蠻族的部隊因為所受的傷害而激起暴怒,即使最溫馴和滿身奴氣的人也會鋌而走險,他們把憤恨和希望的眼光投向阿拉里克的軍營,異口同聲立下重誓,要用血債血還和永不言和的戰爭,來報復這個奸詐背信的民族。霍諾流斯的大臣犯下天怒人怨的行為,帝國不僅喪失三千名最勇敢士兵的協力,反而增加心腹之敵,這支戰力強大的軍隊足以左右戰局,現在使得這枚砝碼從羅馬人這邊,轉移到哥德人的天平上。

　　哥德國王所面對的這個敵人,一切作為缺乏長遠考量和全盤計畫,所以無論是運用談判的技巧還是戰爭的手段,他都能保持優勢地位。阿拉里克從位於意大利邊界的營地,密切注意宮廷發生的變革事件,觀察爭權奪利和內部不滿的發展狀況,掩飾蠻族入侵者的敵對面貌,裝出是斯提利柯大將忠心盟友的親善姿態。當蠻族不再對斯提利柯產生畏懼之心,就對他的功業表示由衷的讚頌和惋惜。心懷不滿的人感到自己所受切身的痛苦,更加堅定決心要用迫切的邀請,敦促哥德國王入侵意大利。國王自己也有理由作為進攻的藉口,帝國的大臣仍舊拒不支付四千磅黃金,這是元老院同意用來獎勵他的服務,也拿來平息他憤怒的情緒。他的企圖所以獲得成功,在於堂堂正正的堅毅態度加上運用權術的審慎作風。他要求能夠公正而且合理滿足他的願望,同時信誓旦旦提出保證,只要獲得應支付給他的黃金,就會立刻退兵。他無法相信羅馬人的承諾,除非把兩位國家高級官

員的兒子，埃伊久斯（Aetius）和傑生送到營地作為人質，但他也會派遣幾位哥德民族出身高貴的青年，當作交換來保證誠意。阿拉里克故作謙遜的態度，被拉芬納的大臣誤解為軟弱和恐懼，他們不屑於和對方談判和平條約，也認為沒必要集結軍隊。他們太過輕率的自信，完全不知道大禍即將臨頭，在決定和戰的重大時刻，喪失機會，造成無可挽回的局面。

就在山雨欲來的寧靜中，大臣期望蠻族會從意大利邊境撤離，阿拉里克大膽而迅速的進軍（408年10月），越過阿爾卑斯山和波河。阿奎利亞、阿丁隆、康科第亞（Concordia）和克里摩納（Cremona）等城市，屈服在強大兵力之下，馬上遭到蠻族的剽掠和搜刮。三千名協防軍的加入更增強他的聲勢，未在戰場遭遇敵軍一兵一卒的狀況下，神速前進，抵達保護西部皇帝難以攻陷行宮的沼澤邊緣。行事謹慎的哥德人領袖知道圍攻拉芬納沒有多大指望，就對著里米尼向南急進，沿著亞得里亞海岸一路燒殺下去，意圖征服偉大的羅馬。有一個意大利隱士以宗教的熱忱和聖潔的言行，深受蠻族尊敬，在遇到這位得勝君王時，大膽宣稱，憤怒的上天將要降災給地上的壓迫者。阿拉里克嚴正回答，他感覺到一種神秘而靈性的衝動，驅使他向羅馬進軍，聖徒聽了無話可說。阿拉里克知道憑著他的才華和運道，能勝任極為艱鉅的冒險行動，並把勇往無前的熱情傳輸給哥德人。過去對羅馬人的莊嚴和名聲懷有迷信的尊敬，可以在不知不覺中消除殆盡。他的軍隊為掠奪的希望激起高昂的士氣，沿著弗拉米尼亞大道前進，占領無人防守的亞平寧山隘口[2]，進入富饒的翁布里亞平原，就在克萊屯努斯（Clitumnus）河岸紮營，肆意屠殺並大嚼乳白色的牛群，這是長久以來飼養供羅馬人舉行凱旋式之用。納爾尼（Narni）這座小城的地勢居高臨下，加上及時發生一陣暴風雨，在雷鳴閃電中免於被攻陷的命運。同時哥德國王也瞧不起沒有油水的獵物，仍舊保持奮不顧身的勇氣繼續進軍，等他穿過用蠻族戰利品裝飾得極為雄偉的凱旋門，就在羅馬城下紮營[3]。

2　艾迪生（Addison）對通過亞平寧山的道路有栩栩如生的描述，哥德人根本沒有心情觀賞沿途美景，但他們很高興發現薩克薩·因特西撒（Saxa Intercisa）無人防守，這個狹窄的關隘是維斯巴西安從山岩中間闢開一條道路。

3　對於阿拉里克的行軍狀況我們並不清楚，只能借用霍諾流斯在同一條路線旅行的記載，從拉芬納到羅馬的距離大約是兩百五十四羅馬里。

二、羅馬在歷史上面對強敵壓境的作爲

帝國都城在長達六百一十九年的歲月中，從未遭到外敵臨門搦戰的羞辱。漢尼拔遠征失敗突顯「元老院和人民」的性質，雖說元老院要是與國王的御前會議相比，不但成員的身分卑下，顯不出高貴的氣質。就是人民也像皮瑞斯（Pyrrhus）的使臣所言，是一群不怕犧牲，殺之不盡的「九頭龍」[4]。在布匿克戰爭期間，每一個元老院的議員都要在軍隊服完規定期限的兵役，不論是擔任下級軍官還是負責重要職務，頒布的敕令授與執政官、監察官或笛克推多臨時指揮權，產生很多作戰英勇又經驗豐富的將領，爲共和國提供援助。戰爭初期羅馬人可以從軍的及齡公民只有二十五萬人[5]，其中有五萬人爲了保衛國家犧牲性命。部署在意大利、希臘、薩丁尼亞、西西里和西班牙不同營地的二十三個軍團，大約需要十萬人，所以在羅馬和鄰近地區還剩下數量相等的人員，他們一樣有從軍報國的雄心壯志，每位市民從幼年起，就像一個士兵接受體能和軍事訓練。漢尼拔鑑於羅馬元老院既不派兵解卡普亞（Capua）之圍[*6]，也沒有集結分散的部隊，只是期待他率軍進犯羅馬，這種堅毅的精神倒是使漢尼拔大感驚異。他在距離城市三哩的阿尼奧（Anio）河畔紮營，很快獲得消息，說他拿來搭帳蓬的土地，在一次公開拍賣中被人用適當的價格買走，同時有一支部隊

4　這個譬喻是皮瑞斯的樞密大臣賽尼阿斯（Cyneas），在出任使臣以後歸來所說，他曾深入研究羅馬的軍事訓練和生活習慣。

5　羅馬在第二次布匿克戰爭時期，實施過三次人口普查，所得的數字分別是二十七萬零三百一十三人、十一萬七千一百零八人以及二十一萬四千人；其中第二次數目急劇下降，第三次又上升，有些學者認爲是李維的本文有誤，雖然現存的原稿倒是完全一致；但他們並沒考慮第二次人口普查只在羅馬實施，數量減少並不完全是死亡，而是有很多士兵出征的關係；李維在第三次人口普查中肯定表示，在各別的軍需官照料之下軍團都已召集起來。從表列的數字裡，要扣除六十歲以上無法參加作戰的人員，所占的比例大約是十二分之一。

*6　[譯註]公元前215年漢尼拔圍攻卡普亞，企圖控制南意大利成爲後方基地，若能掌握當時元老院不予救援之機會，待奪取後經過整補，迅速組成攻城序列進攻羅馬則大有可爲，然漢尼拔變更計畫，致使弗爾維斯（Fulvius）在公元前211年攻下卡普亞，漢尼拔此時進軍羅馬城下，已無所作爲，只有撤軍而已。

使用與他位置相反的路線，奉命增援西班牙軍團[7]。他率領阿非利加的部隊來到羅馬城，發現有三支大軍列出陣勢，準備接戰，這時漢尼拔知道一定要擊滅最後一支敵軍，否則就沒有脫身希望，心中不禁產生畏懼，立即匆忙撤軍離開，承認羅馬人的豪邁氣概天下無敵。

布匿克戰爭後，元老院的議員一脈相承保留共和國的稱呼和形象，霍諾流斯的臣民日益墮落，恬不知恥以英雄後代自詡，想當年曾擊退漢尼拔的大軍，征服地球上許多民族。信仰虔誠的寶拉（Paula）[8]繼承世俗榮耀，卻表現出鄙夷的態度。她的宗教導師和傳記作家傑羅姆，對這方面有很詳盡的敘述：她的父親從家譜可以追溯到高貴的阿格曼儂，好像顯示出希臘人的血統；但她的母親布列西拉（Blaesilla）的祖先名字包括西庇阿、伊米留斯‧保拉斯（Aemilius Paulus）和格拉齊（Gracchi）兄弟這些偉大的人物；寶拉的丈夫托克索久斯（Toxotius）自認有皇室血胤，來自朱理安家族的祖先伊涅阿斯（Aeneas）[*9]。富豪鉅賈希望有高貴的家世，可以從自我誇耀中滿足虛榮的心理，門下的食客在旁高聲頌揚使他們得意忘形，更容易使無知的老百姓相信他們身價不凡。而且當時的習俗可以採用庇主的姓氏，使得被釋的自由奴和部從能列名聲名顯赫的家族，也助長這種愛慕虛榮的風氣。不過，大多數的名門世家在內憂外患的侵陵下，逐漸凋零以致絕滅。要想找到一個家族的第二十代直系子孫，在阿爾卑斯山的深處或阿普利亞（Apulia）的僻野，較之於羅馬這個充滿機運、危險和變革的舞台，更要容易得多。每一次王朝的鼎革，帝國每個行省總會出現一批膽大包天的投機分子，靠著自己的本領或惡行爬上顯赫的地位，攫取羅馬的財富、榮譽和宮闈，對於執政官家族殘留且早已貧窮和卑賤的子孫，根據自己的需要加

7　李維認為這是兩種意外狀況，完全是機運和勇氣的關係才產生驚人的效果，我對他的看法感到不以為然，認為這都是元老院基於政策有意在背後操控。

8　傑羅姆把寶拉列入顯赫的格拉齊家族，特別是在敘述托克索久斯時加上朱理烏斯的名字，事實上西部行省有幾千個家庭都獲得這營榮譽，已經不足為奇。

*9　[譯註]伊涅阿斯是特洛伊戰爭中英雄人物，希臘聯軍破城後，攜家人從大火中逃出，經過長期流浪抵達意大利，其後人建立羅馬城，故羅馬人尊伊涅阿斯為始祖，羅馬詩人魏吉爾有長詩《伊涅亞德》敘述其事。

以壓迫或保護，而那些顯赫家族的後代，早已忘懷祖先光榮的事蹟[10]。

三、羅馬權貴阿尼西安家族的輝煌事蹟

在傑羅姆(Jerom)和克勞狄安(Claudian)享有盛名的時代，元老院議員一致推崇阿尼西安(Anician)家族的顯赫地位。只要稍微回顧他們過去的事蹟，很容易就了解這個甘心屈居次席的貴族世家不僅源遠流長，而且名滿天下。在羅馬城最早的五個王朝中，無人知曉阿尼西安家族，他們的家世淵源於普里涅斯特(Praeneste)這個城鎮。併入羅馬後，這些新市民最大的野心也不過想獲得保民官的職位，這是一個平民所享有的最高榮譽[11]。公元前168年，獲得執政官名銜的阿尼修斯(Anicius)一舉征服敵軍並俘虜國王[12]，光榮結束伊利里孔戰爭，使整個家族出人頭地。這位將領獲得凱旋式後，後代子孫先後有三位出任執政官，使家族的名聲綿延不絕，日益昌隆[13]。從戴克里先在位到西羅馬帝國滅亡，這個家族的表現極爲燦爛輝煌，與皇室的紫袍相比不會相形見絀[14]。整個家族有幾個分支藉著婚姻和繼承的關係，把阿尼西安家族、佩特洛尼安(Petronian)家族和奧利比里安(Olybrian)家族的財勢和名位聯合起來。在每一代的後裔中，因爲繼承的權利使擔任執政官的人數增加。阿尼西安家族在宗教信仰和財富產業方

10　塔西佗很肯定的提到，從阿克興會戰到維斯巴西安即位，元老院逐漸充滿新加入的家族，都來自意大利的自治市和殖民區。

11　最早在皮格修斯(Pighius)的編年史裡提到阿尼修斯·蓋盧斯(Anicius Gallus)，羅馬建城後506年出任平民保民官，另外一名護民官是奎因都斯·阿尼修斯(Q. Anicius)，在羅馬建城後508年，後來得到普里涅斯特(praenestinus)的頭銜，李維認爲在羅馬最高貴的家族中，阿尼西安家族的地位要低一等。

12　李維(Livy，Titus Livius，59B.C.-17A.D.，羅馬史學家，著《羅馬史》一四二卷，記述羅馬建城到公元前9年全部歷史)很公正的讚許阿尼修斯的功績，提到他在馬斯頓的光榮戰功獲得極爲響亮的聲譽，是在伊里利孔的凱旋式之前的作爲。

13　三次出任執政官是在羅馬建城前593年、818年和967年，後兩次分別是尼祿和卡拉卡拉在位時，尤其是第二次出任執政官，因爲可恥的奉承爲人所詬病，甚至就是罪行的證據。只要打上偉大和古老的標記，就能用來證明一個貴族世家的譜系。

14　六世紀，意大利哥德國王的大臣提到阿尼西安家族，對他們高貴的家世表示尊敬。

面，都居於最優勢的地位。他們是羅馬元老院中最早皈依基督教的議員，
很可能是因為阿尼修斯・朱理安（Anicius Julian）的關係，他後來成為執政
官和羅馬的郡守，為了彌補曾經追隨馬克森久斯（Maxentius）參加叛黨的
過錯，很快信奉君士坦丁的宗教[15]。蒲羅布斯（Probus）是阿尼西安家族的
族長，他不僅個人勤奮努力，曾享有與格里先共同擔任執政官的榮譽，四
次出任禁衛軍統領的高位，龐大的世襲財產更加增多到驚人的程度，無數
產業遍布羅馬世界廣大的地區。雖然公眾質疑他獲得財富的手法並不表贊
同，但這位幸運的政客倒是氣度大方而且慷慨好施，博得部從的感激和世
人的欽佩[16]。人們對他生前的成就是如此尊敬，以致蒲羅布斯的兩個兒子
在幼年時，經過元老院請求，就獲得候選執政官的資格。從羅馬編年史上
可以看到，這是從無先例的殊榮。

　　「阿尼西安府邸豪華的大理石柱！」是用來表示財大氣粗和富麗堂皇
的一句諺語，也使得羅馬的貴族和議員只要能力所及，就盡量模仿這個光
彩奪目的家族。狄奧多西時代有篇精確描寫羅馬狀況的文章，列舉一千七
百八十處供有財有勢市民居住的房舍，其中很多是華麗壯觀的府邸，使我
們無法責備詩人用誇張的筆調加以描繪。羅馬城有很多處皇宮，每一處皇
宮等於一座城市，在範圍之內包括生活和享受所需的一切東西，像是市
場、競技場、廟宇、浴場、柱廊、濃蔭的林木、以及人工的鳥園。歷史學
家奧林庇多魯斯（Olympiodorus）曾描述羅馬被哥德人圍攻的狀況，還提到
幾位最富有的議員，每年可以從他們的產業中獲得四千磅黃金的收益，大
約等於十六萬英鎊。這裡面還沒有計算數量極為龐大的穀物和酒類，如果
將這些物品發售，金額還可以增加三分之一。要是與這份極為驚人的財富
相比，一個議員年收入通常是一千磅或一千五百磅黃金，也只能適度維持
元老階級的尊榮，因為有很多的公務的開支和擺排場的費用。霍諾流斯當
政時留下的記錄提到，有幾位愛擺排場又人氣旺盛的貴族，為了慶祝出任

15　從普魯登久斯的作品中，可以證明阿尼修斯・朱理安是最早的基督徒議員，異教
　　徒為此對阿尼西安家族表示不滿。
16　兩位波斯總督旅行來到米蘭和羅馬，要聽安布羅斯的講道以及拜訪蒲羅布斯。克
　　勞狄安根本不知此事，又怎能拿來表彰蒲羅布斯的榮譽。

行政長官的周年紀念，連續舉行七天的宴會，花費金額超過十萬英鎊[17]。羅馬元老院的議員所擁有的產業，遠超過現代人的標準，而且不限於意大利境內，所有權可以越過愛奧尼亞(Ionian)海和愛琴海，一直到達最遙遠的行省。奧古斯都為了能永久紀念阿克興(Actium)海戰的勝利[*18]，特別建立尼柯波里斯(Nicopolis)這個城市，全部都是虔誠的寶拉名下的產業。塞尼加(Seneca)還提到，過去一些敵對民族用來做為分界線的河流，現在從市民的私人土地上流過[19]。羅馬人的產業可以根據其性質和環境，由自家的奴隸負責耕作，或者簽訂契約租給勤勞的農夫。古代的經濟學家一般都贊成自行耕種的辦法，要是有的莊園距離過遠或者範圍太大，主人根本無法親自照料。他們認為要找一家世代承租的農戶，靠著土地過活產生相依為命的關係，總比雇用不負責任或圖利自己的莊頭來管理要可靠得多[20]。

　　一座人煙繁密的都城有許多富有貴族，他們無心在軍中博取功名，也很少參與政府工作，把閒暇時間全用在私人理財和生活享樂。從商在羅馬一直受到鄙視，但元老院的議員從共和國初期開始，就以高利貸作為賺錢

17　阿利庇斯、敘馬克斯和麥克西繆斯的兒子，他們在出任法務官時，分別花費了一千兩百磅、兩千磅和四千磅黃金。一般來說實際的費用還是有伸縮的餘地，但很難解釋《狄奧多西法典》的規定，裡面把法務官的費用分為三等，第一等是兩萬五千袋銀幣，第二等是兩萬袋，第三等是一萬五千袋，所謂每袋是指一百三十五個銀幣，或者相當於兩千六百二十五個銅幣(每個銀幣等於二十一個銅幣，後來英國的幣制一幾尼為二十一個先令，就是準此而來)。要是照當前的幣值換算，兩萬五千袋相當於十五萬英鎊，或者每袋大致是五或六英鎊，就第一種費用而言已經高得離譜，第二種所提到的天文數字更是太荒謬。所以就個人的了解，應該有比較合理的費用才對，但讓人困惑的是法律的用語不應有這種錯誤。

*18　[譯註]公元前31年，屋大維和安東尼為爭天下，在希臘阿克興進行海上決戰，雙方兵力各有三萬五千到四萬人左右，船隻各有四百艘，開戰後克麗奧佩特拉遁走，安東尼隨之棄逃，屋大維大勝，經此役主宰羅馬世界，成為帝國之開國君王。

19　塞尼加(Seneca, Lucius Annaeus, 4B.C.-65A.D.，羅馬哲學家、政治家和劇作家)說這種話完全是強辭奪理。羅馬人在公開場合，不會把貪財好貨和愛慕虛榮的話掛在口裡，到處大事吹噓。這位哲學家自己就有非議之處，如果真有其事，那麼他靠著橫徵暴斂，光是人頭稅就到手三十萬鎊以上，再拿來放高利貸，這種作法甚至在不列顛引起叛亂，按照蓋爾(Gale)的臆測，他跟福斯提努斯(Faustinus)一樣在薩佛克(Suffolk)的柏立(Bury)附近有產業，還有一些在那不勒斯王國。

20　伏盧休斯(Volusius)是一個富有的元老院議員，通常他的佃戶都出生在他的產業上。哥倫美拉(Columella)能接受這種說辭，並且認為這種作法很明智。

行業，增加世襲財產和部從數量，為照顧當事人雙方的意願和利益，就會規避陳腐不堪的法令，有時還會公然違犯[21]。羅馬通常都會存放數目極為驚人的財富，有些是帝國流通的貨幣，或者成為金銀製作的器具。在普里尼時代就有不計其數的餐具櫥，所藏的白銀成色十足，比起西庇阿征服迦太基運回來的銀塊還要多得多[22]。大部分的貴族揮霍成性，發現自己是富豪世家然而心靈上貧窮不堪，過著放蕩的生活卻感到百無聊賴，有成千雙辛勤工作的手不斷用來滿足他的欲望，其中大部分是家裡豢養的奴隸，他們害怕受到懲罰像牛馬一樣的勞累，還有各種工匠和商販，他們有更為強烈的願望要獲得利潤。古人無法獲得工業進步以後所發明或改良的生活用品，現代能夠生產大量的玻璃製品和亞麻布料，使得歐洲各民族的生活更為舒適，遠超過羅馬議員講究排場的奢侈和豪華所能得到的享受[23]。

四、歷史學家阿米努斯對羅馬的描述

羅馬人的奢華和習俗一直是可以仔細研究的項目，但深入探討會使我的作品偏離主題，所以我只能簡略敘述羅馬和居民的狀況，特別適用於哥德人入侵那段期間。阿米努斯·馬塞利努斯（Ammianus Marcellinus）是當代的歷史學家，很明智的選擇首都作為最好的居家地點，可以生動描述重大公眾事件，攙合在他所熟悉的背景當中。見識高明的讀者不一定贊同嚴厲的指責、史料的選用和表達的方式，卻可能發現潛藏的成見和個人的憎恨，才會使阿米努斯產生絕不通融的性格，但是看到他表現出羅馬風格極

21 華勒休斯（Valesius）從克里索斯托和奧古斯丁得到證明，說是元老院的議員不得有放高利貸的行為，然而《狄奧多西法典》明定，允許議員可收取百分之六的利息，約為合法利率的一半，而且讓人感到奇怪之處，是這種許可僅授與年輕的議員。
22 普里尼所提到擄獲的白銀是四千三百八十磅，李維增加到十萬零二十三磅，要是就一個富裕的城市來說，前面這個數字未免太少，而後面這個數字對私人的餐具櫃來說，實在是太多了。
23 學識淵博的阿柏斯諾特（Arbuthnot，John，1667-1735A.D.，英國數學家和物理學家）用幽默的口吻說這段話，我相信真是如此，奧古斯都的窗子沒有玻璃，也不可能穿著襯衣，等到君士坦丁以後帝國的晚期，亞麻布和玻璃的使用才變得很普遍。

為有趣而富於創意的風貌[24]，保證會滿足讀者帶有哲理的好奇心。

羅馬的偉大(以下是這位歷史學家的說法)建立在功業和機運的結合，這種狀況極其罕見而又不可思議。羅馬經歷漫長的幼年時期，要與意大利的各個部族進行艱辛的鬥爭，這些部族位於新興城市附近，全部成為它的敵人。到了強壯而熱情的青年時期，慨然承受戰爭的風暴，派遣戰無不勝的軍隊翻越高山渡過海洋，從地球上各個地區帶回凱旋的桂冠。最後，瀕臨老境還能憑著往日的威名降服來敵，尋求安逸而平靜的幸福生活。這座德高望重的城市曾經制服最兇狠的民族，建立法律體系成為正義和自由永不鬆懈的捍衛者。現在像一個明智而富有的父親，把龐大的家產心甘情願交給凱撒管理，這些都是它寵愛的兒子。安定而長遠的和平緊接在共和國的動亂以後出現，努馬統治時期的幸福再度降臨人世，花團錦簇的羅馬仍舊是世界的女皇，臣服的民族依然尊敬人民的名字和元老院的威嚴。但這種天賦的顯赫氣勢(阿米努斯繼續說道)為一些貴族的行為所玷污和削弱，他們毫不珍惜個人的名聲和國家的榮譽，毫無忌憚使出罪惡的伎倆和愚蠢的舉動。他們相互爭取空虛的頭銜，非常怪異的選用或製造最崇高而又宏亮的名號，像是雷布魯斯(Reburrus)、法布紐斯(Fabunius)、帕果紐斯(Pagonius)、塔拉休斯(Tarrasius)等等[25]，使世人聽到表示驚訝和尊敬。他們抱著虛幻的野心希望自己的名字永垂不朽，最喜

---

24 我對阿米努斯的原作做了一些修改，特此說明如下：(1)、我把原作第十四卷的第六章和第二十八卷的第四章內容合併寫成一篇；(2)、將原來雜亂無章的一大堆材料，編排得有次序也合於條理；(3)、修改原文過於誇張的語氣，刪除冗長多餘的詞句；(4)、原文有的地方只是暗示並未確切表示，我進一步加以解說清楚。我的譯文經過重寫以後，或許不如原文典雅，卻能掌握信與達的要求。

25 古物學家就是非常仔細的探求，也無法查證這些特殊的人名，我個人的意見是歷史學家自己杜撰這些名字，他好像生怕用來諷刺別人或是真的有人使用。不過，羅馬人原來的命名很簡單，後來逐漸加長，甚至光怪離奇的名字有四個、五個到七個之多。舉個例來說，像是有人的名字叫做馬可斯・瑪修斯・馬繆斯・福流斯・巴布流斯・昔西連努斯・普拉西達斯(Marcus Maecius Maemmius Furius Balburius Caecilianus Placidus)。

愛比照自己的容貌，到處建立青銅或大理石的雕像，為了要稱心
如意還得在雕像外表包上金箔。這項殊榮最早授與執政官阿昔流
斯（Acilius），他靠著武力和謀略制服實力強大的安泰阿克斯
（Antiochus）國王*26。

這些貴族拿出自己在各行省擁有的產業出租清單，從日出到日落
不停的炫耀家世和誇大財富，非要激起每個人的恨意不可。須知
這些怒火中燒的人民還記得他們的先輩，從未用精美的飲食和華
麗的衣服，不使自己有別於階級最低的士兵。但後來的貴族卻用
高軒駿馬27和美服華飾，衡量他們職位的高低和權勢的大小。他
們穿著紫色的絲質長袍在風中飄動，有時會在有意或無意之間裝
出激動的樣子，好顯露出他們的內衣，上面繡出各種動物圖形的
精美襯袍28。他們像騎著驛馬旅行一樣，在街道上也用同樣的速
度疾馳而過，後面跟著五十人組成的僕從行列，一路上把鋪道的
石塊都踢鬆了。有些富家太太和豪門貴婦也大膽效法議員的舉
動，她們乘坐有蓬馬車不斷在城市和郊區寬闊的大道上四處遊
玩。每當這些大人物屈尊光臨公共浴場，在進去時總要大聲吆喝
和不斷指使，把供羅馬人民使用的設施，全部包下來讓他們專

---

*26　[譯註]公元前202年敘利亞國王安泰阿克斯三世，與馬其頓國王菲利浦五世建立
　　同盟，要逐步瓜分埃及和希臘，公元191年羅馬執政官阿昔流斯派往希臘，於色
　　摩匹雷會戰獲勝，接著在弗卡亞（Phocaea）海戰大獲全勝，終將安泰阿克斯三世
　　逐回亞洲。

27　羅馬人的卡魯科（carrucoe）就是通稱的輦式馬車，也是豪華馬車，車身用純銀製
　　造，遍布精美的浮雕，駕車的騾馬都使用黃金鑲嵌的馬具，這種競相奢華的風氣
　　從尼祿在位，一直蔓延到霍諾流斯時代仍未止息。哥德人圍城前六年，聖梅拉尼
　　婭（St.Melania）回到羅馬，前往接迎的貴族駕著華麗的馬車，使得阿皮安
　　（Appian）大道擁塞不堪。然而奢豪還好為舒適所取代，一輛普通的現代馬車下面
　　裝著彈簧，比起古代用金或銀製作的兩輪馬車更為適用，過去那種車子裝在軸幹
　　上面滾動，顛簸得非常厲害，大部分暴露在外面，在嚴酷的天候得不到庇護。

28　從阿馬西亞（Amasia）主教阿斯特流斯（Asterius）的講道中，瓦羅亞（Valois）發現一
　　種新流行的服飾，就是有些虔誠的紈袴子弟，把繡的熊、狼、獅、虎、林木以及
　　狩獵，換上喜愛的聖徒肖像和傳奇的圖畫故事。

用。在這種蛇龍混雜、人潮擁擠的場所，他們要是遇到一個吹牛拍馬的下流傢伙，就用熱烈的擁抱表示他們的友情。對於一般市民的問候，露出不屑回答的傲慢態度，認為他們的身分只配吻他的手，還有一些人得跪下去親他的腳才行。等他們盡情在浴池洗滌感到身心清爽後，重新佩戴表示高貴身分的戒指和飾物。帶來的私人衣櫃裡裝滿精美的亞麻衣服，足夠供十多人穿著，他們從裡面挑選最喜愛的樣式，而且直到離開都擺出睥睨一切的態度。要是馬塞拉斯(Marcellus)大將在征服敘古拉(Syracuse)*29以後，也表現出這麼一副德性，倒是讓人無話可說。

這些英雄人物有時也會完成辛勞的建樹，他們會視察在意大利的產業，經由奴隸勞累的雙手獲得捕獵的樂趣30。要是任何時刻，特別是炎熱的季節，他們竟然鼓起勇氣登上彩色繽紛的帆船，從盧克林湖(Lucrine)31駛向普提奧利(Puteoli)和開伊塔(Cayeta)的海濱，抵達風景極為雅緻的莊園，就會把自己這趟航行當成凱撒和亞歷山大的領兵出征。然而就拿那把閃閃發光的雨傘來說，若是有一隻蒼蠅膽敢停在綢緞傘面的縐褶上，若是有一絲陽光從疏忽而難以覺察的縫隙裡穿透過來，他們就會哀聲嘆氣怎麼要忍受這種苦難，同時裝模作樣地埋怨為什麼沒有生長在西米里亞

---

*29 [譯註]第二次布匿克戰爭期間，敘古拉(Syracuse)與迦太基訂有同盟條約，公元前214年羅馬執政官馬塞拉斯進兵西西里，敘古拉直守到公元前211年為內奸所賣，城陷後當代大科學家阿基米德(Archimedes)隨之被害。

30 普里尼在書信中提到，有三隻大野豬受到引誘陷入羅網，對於這位有哲人風範的獵人而言，一點都不會妨礙到他的研究。

31 把原文裡面阿佛努斯(Avernus)這個帶兇兆的字加以改換，倒是無關重要的小事。阿佛努斯湖和盧克林湖相互連接在一起，等到阿格里帕修建巨大的堤防形成朱理安港以後，可以經過一條狹窄的水道進到普提奧利灣。魏吉爾就住在這個地方，在工程進行時曾經詳盡的加以敘述。註釋家特別是卡特洛(Catrou)，從斯特拉波、蘇脫紐斯和笛翁的著作中獲得很多第一手的資料。地震和火山爆發改變此區的地貌，從1538年起，盧克林湖轉向流入蒙特·奴歐伏湖(Monte Nuovo)。

(Cimmeria)[32]，那裡是黑暗永遠籠罩的地區。在前往鄉下的旅程中[33]，整個家庭全隨著行動，就像步兵和騎兵、重裝和輕裝單位、前鋒和後衛，全都在經驗豐富的指揮官調派之下。家僕頭目拿著棍棒表示他的權勢，分派和安排數量繁多的奴隸和隨從隊伍。行李和衣櫥抬著在前面走，後面緊跟著一隊廚子，還有在廚房和餐桌旁邊服務的低層人員。隊伍的主力由雜亂無章的各種奴隸組成，無所事事跟著討生活的平民夾雜其間，整個隊伍的人數增加更多。最後有一隊受寵愛的閹人壓尾，全部按年資的深淺排列成行。他們的人數和身受的殘害使義憤的觀眾激起極為厭惡的感覺，只有詛咒著古老年代的塞米拉米斯(Semiramis)發明這種暴酷的手藝*[34]，用來摧殘自然的生機，使未來一代的希望在萌芽時期就被扼殺。為了執行家庭的管轄權力，羅馬貴族對本身受到傷害顯得極度敏感，對於其他人員的遭遇則表現漠不關心的蔑視態度。當他們呼喚送上熱水，要是一個奴隸稍有怠慢不稱他們的心意，立即會被責打三百皮鞭；但同樣這個奴隸若犯了蓄意殺人的重罪，主人就會溫和的表示，這個傢伙真是混帳東西，不過，要是再犯同樣的罪行，絕不會讓他逃過懲罰。

殷勤好客是羅馬人固有的美德，任何一個不相識的陌生人，都可以憑著自己的本領或是不幸的遭遇，從他們那裡獲得慷慨大方的獎賞或救助。到了現在，要是有位身分不低的外國人介紹給傲慢

32　黑暗之國西米里亞這個在文學上著名的表達方式，最早是借用荷馬的著作(在《奧德賽》第十一卷)，是指大洋對岸一個遙遠而傳奇的國土。

33　我們從塞尼加的經驗之談，可以知道羅馬人在旅行時所發生的三個奇特景象。(1)、他們讓一隊努米底亞輕騎兵在前面開道，揚起滿天的灰塵等於宣告有大人物即將來到；(2)、裝載行李的騾子不僅運來貴重的花瓶，甚至還帶來水晶和雪花石膏製作易碎的器物，博學的法文翻譯家在譯塞尼加的作品時，把雪花石膏當作中國和日本的瓷器。(3)、年輕奴隸美麗的面孔塗上藥物形成一層硬殼，或是抹上油膏，可以防止日曬和嚴寒損傷皮膚。

*34　[譯註]塞米拉米斯是亞述國王尼努斯(Ninus)之妻，後為亞述女皇，以美貌、明慧和淫蕩著稱於古代世界，後將國都從尼尼微遷到巴比倫，據說是從她開始使用閹人。

而富有的議員，第一次會晤時，主人會表示熱誠的歡迎，和藹可親讓人感到賓至如歸，以致在他離開時，對這位顯赫朋友的情誼不禁極爲傾倒，非常遺憾未能早日訪問羅馬，這個帝國的禮儀之邦和泱泱都城。當他在次日再去拜訪，深信必然受到稱心如意的款待時，但卻非常沮喪的發現，主人已經把他這個人，包括他的姓名和國籍都忘得一乾二淨。如果他還是決心要留下來，就會逐漸被歸入幫閒食客之列，獲得准許可以向高傲的贊助人講些奉承的言辭，但這種獻殷勤是白費力氣，這種貴族根本不知道感激和友誼，這些人對來客去留根本不會放在心上。富豪之家準備人數眾多的正式節慶接待[35]，或是假借任何名目辦理窮奢極侈的私人狂歡宴會，挑選賓客是要費心思考的頭等大事，那些謙遜、莊重、或是博學多才的人士很少受到垂青。負責禮賓的管事人員，完全基於圖利自己的動機，總是拉來一批身分低卑的壞蛋，把他們的名字列入宴客邀請名單中。但偉大人物通常最親密的同伴就是這些幫閒食客，他們最精通的技藝就是諂媚阿諛，對不朽恩公的一言一行熱烈的喝采叫好，用大喜欲狂的眼神注視雄偉的大理石柱和斑斕的彩色地面，用盡言詞來讚美豪華盛大的排場和附庸風雅的派頭，就他的才能來說那是最主要的學識。在羅馬的宴席上，擺出體型碩大無比的家禽、野味[36]和魚類，用來引起大家的好奇心，並用一台天平稱出準確的重量。較爲理性的客人對這種

35　原來提到的接待是指一種小籃子，裡面裝著相當份量的煮熟食物，大約值一百個夸德拉(羅馬銅幣，一個夸德拉相當於四分之一阿斯)，或者是十二個半便士，然後把這些籃子排列在大廳裡，準備分給等在門口那些飢餓和卑賤的群眾。像這種類似施捨的不雅習俗，馬修(Martial)的短文和朱維納的諷刺詩經常提到。到了後來，籃子裡原來裝食物，現在就換成裝金幣和銀幣或者是金銀器具，在最高階層的人員升任執政官或結婚這種莊嚴的場合，當成禮物送給他。

36　這種野味拉丁文稱爲glis，法文稱爲loir，英文沒有恰當的稱呼就叫做松鼠，如果用中國人的說法，叫果子狸倒是很適合。這種動物生長在森林裡，寒冷的季節就會蟄伏起來，羅馬人的村莊發展大量飼養和催肥的技術，是農村經濟有利可圖的生產事業，羅馬監察官爲了防止人民過奢華的生活，曾經很愚蠢下達禁令，反而使得豪華的飲宴增加對這種動物的需求，據現在的羅馬仍然把它看成最昂貴的食物，科隆納(Colonna)王子經常拿來當饋贈的禮物。

虛榮而乏味的動作必然產生反感，這時就會宣布一個公證人，負責記錄此一重大事件的詳細實情。

還有一種方法可以進入權貴的家庭和社會，就是參加被稱為競賽活動的賭博。很多老千形成彼此有堅強友誼的小組織，用同謀的方式聯手進行詐欺，有種賭法叫做特色倫安（Tesserarian）[37]，要是精通擲骰子的技術，保證可以發財且獲得極為推崇的地位。有位手法極為高明的大師，在某次晚宴中座次安排在一個行政官員之下，當時就在臉上出現憤怒和不可置信的表情，有點像加圖（Cato）[*38]看到反覆無常的民眾，不選他擔任執政官的感覺。貴族很少對求知產生興趣，他們厭惡辛勞學習，也不知勤學有何好處，平常讀的書籍不過是朱維納（Juvenal）的諷刺詩和馬流斯‧麥克西繆斯（Marius Maximus）冗長而荒謬的歷史作品。祖先留下來的圖書館，就像陰森可畏的墳墓，整日見不到一絲光線[39]。但劇院的貴重樂器，像是長笛、大型豎琴和水壓式管風琴，都不惜巨資建構在家中使用，人聲和樂器合奏的旋律在羅馬的宮殿和府邸裡不停蕩漾。在這些豪門權貴的家庭，聲色歡娛重於理性的追求，珍惜軀體勝於心靈的修為。他們竟然奉行這種養生之道：只要懷疑會受到傳染，即使無關要緊的疾病，也會謝絕最親密友人的拜訪。就是派出探問狀況的僕人，也要先行洗浴一番才准進入家門。然而這種自私又怯懦的過敏行徑，屈服在更為強烈的貪婪

---

37 這種賭博性的棋賽可以翻譯為大家比較熟悉的名字，像是古雙陸棋（trictrac）或者是巴加門（backgammon），也就是十五子棋。甚至最嚴肅的羅馬人都特別喜愛，像是繆修斯‧西伏拉（Mucius Scaevola）律師就是有名的高手。

*38 ［譯註］加圖（95-46B.C.）是羅馬政治家，支持元老院的貴族政體，為人正直純樸，被譽為「共國和國的良心」，聲望之高無人可及，豈知在競選執政官時慘敗而歸，讓他不敢置信。

39 諷刺詩可能過於誇張，馬克洛庇斯（Macrobius）的《農神節》以及傑羅姆的書信提供很多證據，羅馬有些最高階層的人員無分男女，對於基督教神學和古典文學都有很深的素養。

之下。爲了盼望有利可圖的好處，一個富有的議員即使患有痛風，也會不顧一切趕到斯波列托(Spoleto)這樣遠的地方*40。只要有希望繼承產業或獲得遺產，就會壓下高傲和自大的情緒。一個沒有子女的富有市民，是羅馬人中間最有權勢的人物，誰都知道應該用那些技巧，可以在一份有利自己的遺囑上完成簽署，有時還要想辦法讓它早日生效。曾有一對夫妻住在同一住所不同房間之內，出於不讓自己吃虧這種在所難免的動機，竟然分別請來律師，同時記述產生相互關聯但卻完全對立的意願。過度的奢侈就會受到災難的懲處，使得一些權貴人家也要使用卑鄙的計謀。他們爲了借錢不惜卑躬屈膝，低聲下氣，那種醜態很像喜劇裡的奴才。但要他們還錢時，就如同海克力斯的子孫，仗著自己的權勢一毛不拔。如果要債的不肯罷休，他們就會找信得過的幫閒食客，讓他控告這位不講情面的債主下毒殺人或者使用法術，只有在簽署一份放棄全部債務的切結以後，才會從監獄裡放出來。這些腐蝕羅馬人道德倫理的邪惡行爲，還攙合著非常幼稚的迷信舉動，使他們降低合於理性的思考能力。他們對腸卜師的預言佩服得五體投地，相信從犧牲的內臟可以看出前途的光明遠大。還有得多人一定要遵從占星學的規定，在沒有弄清楚水星的位置和月亮的盈虧之前[41]，絕不肯進食、沐浴或在公眾場合亮相。奇怪的是，一些非常邪氣的懷疑論者對這些虛無縹緲之事深信不疑，卻完全否定神明的存在。

五、羅馬居民的行爲習性和人口數量

　　人煙稠密的城市是通商貿易和生產製造中心，那些靠著技術和勞力謀

---

*40　[譯註]斯波列多在羅馬北邊約五十哩，是進入首都的門戶，爲兵家必爭之地。

41　馬克洛庇斯是這些羅馬貴族的朋友，他認爲星座是未來各種事件的起因，至少可以從其中看出一些跡象。

生的中層階級，具有龐大的生產能力和實質的服務水準，從這層意義來
說，是社會當中最值得尊敬的對象。但羅馬的平民長久以來，就鄙視固定
不變和奴僕習性的行業，難免要遭到債務和高利貸的重壓。農民到達服兵
役的年限，不得不拋下需要耕種的田地[42]。意大利的土地原來分給享有自
由權利和貧窮的家庭，後來逐漸為貪婪的貴族巧取強奪。在共和國衰亡前
那段時期，根據統計只有兩千名市民擁有可以獨立生活的財產。然而，人
民經由選舉，可以授與國家的職位、軍團的指揮權、和富裕行省的行政管
理權，這時他們的確感到自豪，使得貧窮生活的困苦得到相當的安慰，而
且也能從候選人充滿野心的慷慨中，及時獲得一些補助。這些候選人總想
從羅馬的三十五個區部，以及一百九十三個百人連中[*43]，獲得超過多數的
選票。但當這些揮霍無度的平民階層，非常不智的放棄權力的運用和繼承
以後，他們在凱撒的統治之下，成為一群可憐的賤民，要不是得到解放的
奴隸和流入的移民不斷補充，可能只要幾代的時間就會完全絕滅。早在哈
德良統治時代，一些有見識的當地人士就提出抱怨，倒也不是沒有道理。
他們認為帝國的首都吸引世間所有的邪惡罪行，以及相互對立民族的風俗
習慣。像是高盧人的酗酒放縱、希臘人的狡譎輕浮、埃及人和猶太人的野
蠻剛愎、亞細亞人的奴顏婢膝、以及敘利亞人的淫亂好色，都打著羅馬人
傲慢和虛假的名號，混雜成為包羅萬象的群體，全部都藐視自己的同胞，

42　李維的史書中充滿富豪的勒索和貧苦債務人的痛苦。在原始的時代，勇敢老兵的
　　悲慘遭遇必定一再重覆，這些時代不值得稱讚。

*43　[譯註] 全體羅馬市民按照公民大會（Comitia Trubuta）分屬三十五個區部，是按地
　　域劃分的投票單位。選舉官吏和通過法律要獲得超過半數，即十八個區部的票，
　　區部成員依不動產所在地為準，可以繼承，取消和核定要獲得監察官的批准。區
　　部有兩種，一種是農村區部為三十一個，城市區部為四個；選出的官吏的位階較
　　低，像是護民官、財務官和市政官等。還有一種選舉組織是百人連大會（Comitia
　　Centuriata），全體市民分屬一百九十三個百人隊，每個百人隊以多數決代表一張
　　選票。除最窮的貧民全部列為一個百人隊外，其餘分為五個階級，愈富有的階級
　　分到的百人隊愈多。投票從最上階級開始，直到獲得半數九十七個百人隊同意為
　　止，從此可知羅馬共和國是一種富豪政治。百人連大會選出的官吏位階較高，像
　　是法務官、執政官和監察官。

甚至也看不起居住在這座永恆之城以外的統治者[44]。

　　然而，這座城市的名字讓人聽來感到肅然起敬，居民經常會肆意引發騷亂，但總會得到赦免。君士坦丁的繼承人不會動用強大的軍事力量，粉碎民主制度最後殘留的餘孽，倒是採用奧古斯都溫和的政策，研究如何解救不計其數人民的貧窮，消磨無所事事的空閒[45]。其一，爲了方便懶惰的平民，把每月分配穀物改爲每日發放麵包，運用公費修建並維持相當多數量的爐灶。每位市民在規定的時刻拿著一張配給票，爬上幾級台階到達指定的發放所，免費或付很少的現金買一塊三磅重的麵包供全家食用。其二，盧卡尼亞森林的橡實養肥大量野豬，像一種特別的貢物可以提供物美價廉的肉類，每年有五個月讓最貧窮的市民可以分配到熏肉。就是在最不景氣的年代，依據華倫提尼安三世的一份詔書，首都每年的消耗量也有三百六十二萬八千磅。其三，古代的照明和沐浴的熱水都需要用油，羅馬每年要向阿非利加徵收三百萬磅，要是以體積計算是三十萬英制加侖。其四、奧古斯都使盡全力要提供足夠的穀物給這個大都會，但以維持人類生存所需項目爲準。當民眾大聲吵鬧指責酒類的價格昂貴而且獲得困難時，面容嚴肅的改革者發布一份公告提醒所有臣民，通到城內的阿格里帕(Agrippa)供水渠道，可以供應充沛的泉水，如此純淨而且有益身心健康，誰也不應該埋怨會口渴。這項嚴格的禁酒規定後來在無形中慢慢放寬，雖然奧理安(Aurelian)有大手筆的計畫，但並沒有全面實施[46]。酒類的獲得已經很容易而且售價不貴，公共酒窖的管理委託給層級較高的行政官員，康帕尼亞出產的葡萄酒很大的部分供應羅馬，可讓市民大飽口福。

44　朱維納的第三首諷刺詩表達他的氣憤不平，當塞尼加被殺前要安排他的母親舒適度過餘生，不禁想起大部分人都遭到放逐，提醒他母親眞正出生在羅馬的居民，人數何其稀少。

45　所提到的麵包、鹹肉、油和酒在《狄奧多西法典》第十四卷幾乎都可找到，但所述全是大城市警察的待遇，相關證據在戈德弗洛瓦的評論裡可見到，無需贅述。按照《狄奧多西法典》的規定，在軍用分配賦量方面提高價格，一個金幣(十一個先令)可買到八十磅鹹肉，或是八十磅的油，或是十二摩笛(品脫)的鹽。要是與一瓶酒可換七十磅鹹肉的規定相對照，可以得知葡萄酒的價格爲一加侖十六便士。

46　奧理安的計畫是在伊特魯里亞(Etruria)沿著海岸種葡萄，這裡就是托斯卡尼可怕、落後而又未開發的瑪瑞米(Maremme)。

　　壯觀的供水渠道受到奧古斯都稱讚，對羅馬人的色摩（Themoe）也就是浴場供應所需用水。城市有很多地點都建造浴場，隨著帝國的興旺增加數量，使得都城的建築更顯宏偉。安東尼紐斯・卡拉卡拉（Antoninus Caracalla）大浴場在規定時間開放，一共有一千六百個大理石座位的容量，從元老院議員到一般平民都可使用，並沒有差別待遇。戴克里先浴場的規模更大，有三千多個座位，高大房間的牆壁砌上色彩絢麗的馬賽克，模仿鉛筆畫的風格看起來非常雅緻，埃及花崗岩鑲嵌著貴重的努米底亞（Numidia）綠色大理石顯得格外精美，熱水從成排閃閃發光的銀噴口不斷注入寬大的浴池。就是最貧苦的羅馬人也只要花一枚小銅幣，每天就可以獲得高貴豪華的享受，連亞細亞的國王聽到都羨慕不已[47]。從這些建築宏偉的宮殿走出一群衣著破爛的平民，打著赤腳也沒有穿上斗篷，整天遊手好閒在大街或廣場亂逛，到處打聽新聞再不然就是彼此胡鬧爭吵，把養活妻兒子女少得可憐的生活費拿來賭博，夜晚的時光花在陰暗的酒館和妓院，縱情於粗鄙而低級的色情勾當[48]。

　　但是這些好吃懶做的群眾，真正感到生動而壯觀的娛樂，還是經常舉辦的公眾競技比賽和表演活動。基督徒君王基於惻隱心，禁止角鬥士慘無人道的搏命格鬥，但羅馬人民仍把賽車場視為他們的家園、廟宇及共和國之所在。焦急的群眾在天剛破曉就趕去占位置，很多人在鄰近的柱廊熬過無眠而憂慮的夜晚。從早到晚，顧不得日曬雨淋，有時多達四十萬名觀眾全神貫注，觀看比賽進行。他們的眼睛緊盯著馬匹和賽車手，心情隨著他們選擇的賽車顏色是否獲勝而感到希望或恐懼，羅馬的氣運全取決於比賽的結局[49]。他們在欣賞捕殺兇狠的野獸以及各種戲劇表演時，同樣會十分

47　塞尼加拿西庇阿・阿非利加努斯在利特隆（Liternum）莊園的浴場，跟羅馬宏偉的公共浴場作比較（還在不斷增加）。很久以後才有安東尼和戴克里先的浴場，收費是一個夸德拉（quadrans），相當於四分之一阿斯（as），約為英國一個便士的八分之一。

48　阿米努斯在描述羅馬貴族的奢華和驕縱以後，又以同樣的氣憤的口吻揭露一般民眾的惡行和愚昧。

49　歷史學家阿米努斯對賽車的表達沒有諷刺詩人那樣強烈而生動有力，然而兩者都不約而同描繪出當時的狀況。大賽車場所能接受的節目，在城市原始記錄裡都有記載，兩者的不同表示沒有相互抄襲，但是數量之多令人不敢置信，雖然鄉村的群眾在這種狀況下蜂擁到城市來。

激動,大聲叫囂歡呼。在現代大都會裡的戲劇節目,可以培養高雅純正的
風範,提高欣賞的品味和德行,但羅馬人無論在喜劇或悲劇方面,都擺脫
不了一味模仿希臘古典劇的風格[50]。自從共和國衰亡後這些劇也就跟著消
聲匿跡[51],被毫無藝術價值且庸俗不堪的滑稽劇所取代,只剩下靡靡動人
的音樂和富麗堂皇的布景。啞劇表演[52]從奧古斯都在位一直到公元六世紀
盛行不衰,可以不借重語言表達,便能演出古代神明和英雄的神話傳說。
他們所使用的藝術手法和身段,有時會使嚴肅的哲學家為之莞爾,觀眾更
會哄堂大笑與喝采。羅馬的劇院寬大宏偉,經常有三千名舞女和三千名歌
手,加上主唱組成各種合唱團一起表演。他們受到群眾喜愛的程度,就是
發生供糧不足或政局不穩時,所有外鄉人都會被驅離城市,這項法律對自
由業也嚴格執行,但在公眾娛樂方面有重大貢獻的人卻可獲得赦免[53]。

　　據說好奇而愚蠢的伊拉迦巴拉斯(Elagabalus)想從蜘蛛網的數量,計
算出羅馬居民的人數;一個更合理的測定方法應該受到賢明君王的注意,
這個對羅馬政府很重要而後代會感到興趣的問題,其實可以輕易解決。市
民的出生和死亡都要據實登記,要是古代的作家不怕麻煩,能夠提出年度
的總數或者每年的平均數,我們就可以計算出一個滿意的答案,用來駁斥
學者非常武斷的說法,肯定哲學家合理且接近事實的臆測[54]。經過鍥而不
捨的努力,總算蒐集若干資料,雖然還不夠完整,就某個程度來說,還是

50　賀拉斯(Horace,Quintus Horatius Flaccus,65-8B.C.,羅馬詩人和諷刺詩作者)
　　《達西爾》(*Dacier*)一書的註釋題材豐富而且內容複雜,提到當時的悲劇作家和
　　作品,像是帕庫維斯(Pacuvius)的《布魯特斯和狄西阿斯》和瑪提努斯(Maternus)
　　的《加圖》,而《屋大維婭》(*Octavia*)一劇被認為是塞尼加的作品之一,演出時
　　仍舊不受觀眾歡迎。

51　在昆提良(Quintilian,35-96A.D.,修辭學家)和普里尼的時代,悲劇詩人竟然沒
　　落到這種狀況,自己借一個大房間,把劇本讀給請來的一群人聽。

52　啞劇在希臘獲得高的名聲,因為需要精通各表演的技術和手法,布里特(Burette)
　　對於啞劇的藝術寫出一部短短的發展史。

53　阿米努斯非常氣憤的抱怨,羅馬街頭到處都是女性在閒逛,她們根本不管孩子的
　　死活,整天花很多時間做頭髮,然後到戲院去打情罵俏,賣弄風騷。

54　黎普休斯(Lipsius)和艾薩克·伏休斯(Issac Vossius)在做白日夢,認為羅馬的人
　　口有四百萬、八百萬甚至一千四百萬。休謨憑良心並且抱著懷疑的態度,反對一
　　些別有用心的看法,把古代的人口數量減少很多。

可以用來說明古代羅馬的人口問題。其一，在帝國首都被哥德人圍攻期間，數學家阿摩紐斯（Ammonius）精確測量城牆的周長，發現相當於二十一哩。不要忘記城市的形狀接近正圓，大家都知道，這是同樣周長可以包含最大面積的幾何圖形。其二，建築師維特魯威斯（Vitruvius）的業務在奧古斯都時代非常發達，他的意見在這個問題上極具權威。他提到羅馬人民有的居所不計其數，早已超越城區狹小的範圍，伸展到極遠的地方。園林和別墅向四周發展，土地相對縮小而不敷使用。他提出雖不方便但已普遍採用的辦法，住宅盡量向上空發展。這種高聳的建築物因為偷工減料的關係，很容易引起事故帶來致命的災難。所以奧古斯都甚至尼祿都一再制定法律，規定羅馬城牆內的私人建築物，高度不得超過地面七十呎。其三，朱維納[55]依據他本人的經驗，哀嘆更為貧窮的市民所遭受的苦難，好心建議他們應該毫不猶豫搬離烏煙瘴氣的羅馬城。只要花上每年為陰暗而悲慘的公寓所付的租金，在意大利的小城就能買到舒適而寬敞的住宅。可見羅馬的房租極為昂貴，富豪花費鉅資購買土地興建府邸和花園，但羅馬人民絕大多數擁擠在狹小的空間。同一所住屋的不同樓層和房間，分租給很多戶平民居住，跟目前的巴黎和其他城市的作法大致一樣。其四，狄奧多西在位時，有人撰文提到羅馬的詳細狀況，城市劃分為十四個區，所有房屋的總數是四萬八千三百八十二戶[56]。這些住宅分為住家（Domus）和公寓（Insuloe）兩大類，包括首都各種階層和狀況的所有住所在內：從阿尼西安的大理石府邸，裡面有人數眾多的自由奴和奴隸；到高聳而狹窄的公寓，詩人科德魯斯（Codrus）和他的妻子，獲准租用一間位於屋瓦下方極其悲慘的閣樓。要是我們採用類似狀況下適用於巴黎的平均數計算[57]，就是每一

55 從彼特洛紐斯（Petronius Arbiter，Gaius，一世紀羅馬神話劇的作者）敘述擁擠的公寓，以及朱維納（Juvenal，Decimus Junius Juvenalis，55-127A.D.，羅馬諷刺詩人）的抱怨提供不完整的資料，加上我們取得合法的記錄，知道在奧古斯都時代，幾間住房或是一間公寓的租金，每年大約四萬塞斯退司，等於三百到四百英鎊，這種價錢就普通的建築物來說確實太高。

56 這個數目包括住家1,780戶，都是豪門大戶，此外就是平民居住的公寓46,602戶。根據幾個不同的記錄冊比較，這個數字很正確。

57 美桑斯（Messance）依據各種資料，他算出來巴黎有23,565間住宅，71,114戶人家，以及576,630位居民。

戶不論大小居住二十五人，可以估計羅馬的居民大約是一百二十萬人左右。這個數目雖然超過現在歐洲最大城市的人口，但就一個偉大帝國的首都而言，並不會多得離譜[58]。

六、哥德人第一次圍攻羅馬以及退兵與議和（408-409A.D.）

以上是霍諾流斯統治期間，羅馬遭到哥德大軍圍城或封鎖時的大致狀況。阿拉里克急著要掌握時機發動攻擊，按照兵法部署強大的部隊。他把城池包圍得水泄不通，控制十二個主要的城門，切斷所有對鄰近地區的聯繫，嚴密看管著台伯河的航道，不讓羅馬人獲得大量所需的糧食。貴族和人民在開始時，不免感到驚異和氣憤，一個卑賤的蠻族竟敢冒犯世界的首都。但他們那種倨傲的態度，因為遭到不幸的苦難變得較為謙遜，缺乏大丈夫氣概的憤怒，也無法轉為對抗敵軍的武力，除了增加無謂的犧牲外，不能發生任何防衛的作用。羅馬人要是把塞麗娜（Serena）本人當成狄奧多西的姪女，或者是當今皇帝的孀母，不，應該是岳母，就一定會很尊敬。但他們卻憎恨斯提利柯的遺孀，聽到誹謗的傳聞信以為真，那就是指控她與哥德侵略者保持連繫，正在進行秘密的罪惡勾當。元老院在民眾瘋狂情緒的驅使和威脅之下，對她的罪行並沒有獲得任何證據就判處她死刑。塞麗娜被極為羞辱的吊死，然而昏愚的民眾很驚訝的發現，不公正的殘暴行為並沒有發生立即的效果，蠻族並沒有退兵使城市解圍。這座霉運臨頭的城市逐漸感受糧食短缺的痛苦，後來則是恐怖的饑荒。每天供應的麵包從三磅減為半磅、三分之一磅到完全停止。穀物的價格迅速上漲，貧窮的市民買不起生存所需的食物，靠著向富有人家乞討一點殘羹度日。格里先皇帝的遺孀莉塔（Laeta）仁慈施捨[59]，使公眾的苦難一度有所紓解。她定居在

---

58 這種算法與布洛提爾（Brotier, Gabriel, 1723-1789A.D., 耶穌會教士）用同樣原則所得到的數字並沒有很大的差異，他是塔西佗最後的編輯，雖然他強調要精確，但事實上要達到這種要求很困難也沒有必要。

59 只知道莉塔母親名字叫做皮蘇美娜（Pissumena），至於她的父親、家庭和籍貫全都不清楚。

羅馬，故世的丈夫所指定的繼承人為了感恩圖報，贈送可以用來維持生活的皇族年金，她全部拿出來救濟窮人。但個人所有且數目有限的金額，實不足以解救眾多人民的轆轆飢腸。

災情擴大危及居住在大理石府邸的元老院議員，有很多人從小過著不知世事的享福生活，現在才知道活下去實際所需為數極少，只有不惜無用的金銀財寶，拿來換取昔日不屑一顧的少量粗糲雜糧。就是感官或想像最引人厭惡的食物，或是對身體和健康有害卻可以吞嚥的東西，在饑火中燒的狀況下都能大口吃進肚內。到處都可聽到陰森可怕的傳聞，有些卑鄙的亡命之徒為了活命殺死自己的同胞，然後把肉割下來吃掉。甚至有些母親（這是人類胸懷裡最強烈的兩種本能，現在竟然發生這樣恐怖的衝突），甚至說是母親也吃被殺幼兒的肉！數以千計的羅馬居民缺乏糧食餓死在家裡或街頭，城外的公共墓地都在敵人的控制之下，許多沒有掩埋的屍體腐爛以後，發出的臭氣瀰漫在空氣中。悲慘的饑荒之後接著是到處傳染的瘟疫肆虐，帶來更為可怕的生命損失。從拉芬納的宮廷一再傳來消息，保證派出迅速而有效的救援，羅馬人在一段時間內就靠這個信念，勉強支持著微弱的決心。等到最後對於任何人為的救助都感到失望時，只能同意求助於超自然的力量。羅馬郡守龐培努斯（Pompeianus）聽信一些托斯卡尼占卜師的本領和法術，可以運用咒語和奉供犧牲，從天空的雲層召來雷電，發出天火燒毀蠻族的營地[60]。這件重要的機密大事通知羅馬主教英諾森（Innocent），因而這位聖彼得的傳人後來受到指控，雖然毫無根據，但卻說他重視共和國的安全，勝於關心基督徒的嚴格教規。但這個問題在元老院進行討論時，有人提出條件，就是奉獻犧牲的活動要經過批准，而且在朱庇神廟舉行時要有行政官員在場。也就是說參與可敬會議的大多數人員，害怕引起神（基督教的神）和宮廷的不悅，拒絕加入這種宗教活動，因

60　諾昔繆斯談起這種儀式，但身為希臘人，並不熟悉羅馬和托斯卡尼當地的迷信活動。我懷疑這裡面包含秘密和公開兩部分，前者可能是教導如何施用法術和符咒，努馬靠著這種儀式使朱庇特降雷火於阿溫廷山。

為看來像是公然恢復異教的信仰[61]。

羅馬人已瀕臨絕境,最後只有寄望哥德國王大發慈悲,至少要出於節制的態度。元老院在這個緊急關頭已成為政府的最高權力機構,指派兩位使節與敵人展開談判。這項重要任務交付有西班牙血統的議員巴西留斯(Basilius),他在治理行省的工作上政績卓越。還有一個是約翰,曾在司法部門任職護民官,不僅精通談判事務,而且過去與哥德君王的交往親密,是最適當的人選。他們獲得晉見時,竟然在悲慘局面下擺出高姿態,公然宣稱無論是戰是和,羅馬人決心要維護他們的尊嚴。要是阿拉里克拒絕簽訂公正而光榮的條約,那麼他可以吹起進軍的號角,準備與數量龐大的人民進行決戰,羅馬人不僅訓練有素而且要負嵎頑抗。這位蠻族首領簡短回答:「牧草濃密,更易刈割」,在說完這句粗俗的譬喻以後,發出一陣極其侮慢的大笑,對於毫無戰鬥意志的群眾發出的威脅,表達完全藐視的態度。何況這些群眾在被飢餓折磨以前,早被奢侈的生活斲喪得失去勇氣。然後他用遷就的口氣開出要求的贖金,也就是他從羅馬城下退兵要得到的代價:所有城內無論屬於國家還是私人的金銀、所有可以帶走的財富和值錢的物品、所有能夠證明蠻族出身的奴隸。元老院的使臣鼓起勇氣,用溫馴和懇求的聲調問道:「啊!國王,如果這些東西你全要,那麼打算留些什麼給我們呢?」「你們的命!」高傲的征服者回答說。他們在戰慄之中告退下來,在他們離開之前,阿拉里克同意暫時休兵,以利雙方談判。阿拉里克蠻橫的姿態也逐漸變得更近人情,放寬原來嚴苛的條件,最後同意解圍只要立即支付五千磅黃金、三萬磅銀兩、四千件絲質長袍、三千套質地精美的紅色服裝、再加上三千磅胡椒[62]。但國庫已經空虛,意大利和行省龐大產業的年度租金,受到戰火截斷無法送來,金銀珠寶在饑饉

61　索諾曼暗示的確做過這種實驗但是沒有成效,但並沒提英諾森的名字。蒂爾蒙特拒絕相信有這回事,一個教皇不會自甘墮落到犯下此種罪行。

62　羅馬最昂貴的烹調喜歡使用胡椒,質地最佳的種類要賣十五個笛納或是十個先令一磅,主要來自印度及附近地區,尤其是馬拉巴海岸的產量非常豐富。自貿易和航運發達以後,貨源增加而且售價降低。

時拿來換粗劣的糧食，暗中蓄藏的財富也因人性的貪婪秘而不宣。原來奉
獻給神明的戰利品所剩餘的財物，成爲城市免於毀滅的唯一資金來源。

　　羅馬人在滿足阿拉里克貪財好貨的要求後，很快在相當程度上恢復和
平與充裕的生活。有幾處城門在嚴密的看守下打開，最重要的糧食從河上
和鄰近地區運來，不再受到哥德人攔阻。成群的市民前往郊區一連舉辦三
天的臨時市場，商人從極爲合算的貿易中賺到高額利潤。公共和私人的倉
庫囤儲大批貨物，保障城市未來生活所需的糧食不致匱乏。阿拉里克的軍
營一直維持嚴格紀律，實在令人難以想像。賢明的蠻族首領嚴懲一夥無法
無天的哥德人，表明他信守條約的聲譽，他們在通往歐斯夏的大道上襲擊
幾個羅馬市民。他的軍隊獲得首都大量貢金後變得非常富有，緩緩開進托
斯卡尼這個美麗而豐饒的行省(409A.D.)，打算建立冬營以便休養生息。
哥德人的旌旗成爲四萬蠻族奴隸的避難所，他們砸開鎖鏈獲得自由，在偉
大解救者的指揮下，激勵起強烈的鬥志，要爲奴役生活所受的傷害和侮辱
進行報復。大約就在此時，他得到哥德人和匈奴人強有力的增援部隊，是
在他急迫的邀請下由他的內弟阿多法斯(Adolphus)[63]率領，從多瑙河的兩
岸來到台伯河，一路上遭遇優勢的帝國軍隊，經過激戰蒙受相當損失，歷
盡千辛萬苦才抵達。這位獲得勝利的領導者率領十萬名戰鬥人員，他兼具
蠻族的無畏精神和羅馬將領的素養和紀律，使得意大利提到戰無不勝的阿
拉里克，就會膽戰心驚，面無人色。

　　經過十四個世紀的漫長時間，我們只要敘述羅馬征服者蓋世的戰功就
會感到滿足，不必深入研究政治行爲的動機。阿拉里克在表面上看來一帆
風順時，或許已感覺到隱匿的弱點和內部的缺陷。或許他裝出溫和的姿
態，用來欺騙霍諾流斯的大臣，使他們失去戒備之心。哥德國王一再呼籲
他喜愛和平，決心成爲羅馬人的朋友。在他懇切的要求之下，三位元老院

63　對這位哥德酋長的名字有幾種不同的叫法，喬南德斯和伊希多爾稱爲阿紹法斯
　　(Athaulphus)，諾昔繆斯和奧羅休斯稱爲阿道法斯(Ataulphus)，奧林庇多魯斯稱
　　爲阿都法斯(Adaoulphus)。我還是使用廣爲人知的稱呼阿多法斯(Adolphus)，同
　　時瑞典人一般認爲，古代的哥德人拿這個名字來稱呼自己的兒子和弟弟。

議員當作使節派往拉芬納的宮廷，商討交換人質和簽訂條約有關事項。他在談判過程中提出明確的建議，只會讓人對他的誠意產生猜疑之心，因為與哥德人目前有利的情況不相吻合。蠻族首領仍舊渴望獲得西部軍隊主將這個極為榮譽的位階，律定每年獲得穀物和金錢的補助款，同時選定達瑪提亞(Daimatia)、諾利孔(Noricum)和威尼提亞(Venetia)所屬行省做為新王國的領地，這樣就可以控制意大利到多瑙河的重要通道。要是這些並不過分的條件遭到拒絕，阿拉里克表示願意放棄對金錢的要求，甚至以能據有諾利孔就感到滿足。這塊地方暴露在日耳曼蠻族的進犯之下，早已民窮財盡。但大臣奧林庇斯個性軟弱而又固執，基於個人利益的考量，使得和平的希望完全破滅。他根本不接受元老院非常中肯的勸告，非要派出護衛隊把使節遣送回去。這樣的兵力要是成為擺場面的隨員則人數太多，要想成為有防衛能力的部隊則實力太過薄弱。六千名達瑪提亞人是帝國軍團的精銳，奉命從拉芬納行軍到羅馬，要穿越毫無掩護的原野，現在已被數以萬計的蠻族所占領。這些勇敢的軍團士兵遭到敵軍包圍，在救援無門的狀況下全部成為愚昧大臣的犧牲品，僅有主將華倫斯(Valens)帶著一百多名士兵從戰場逃出來。有位使節不再受到國際法保護，只得花三萬塊金幣的贖金獲得自由。然而阿拉里克對這種毫無成效的敵對行動不放在心上，立即再度提出和平建議。羅馬元老院派出第二個使節團，因為羅馬主教英諾森的加入顯得更有份量和權勢，為了避免在路上發生危險，派出一隊哥德士兵擔任護衛。

奧林庇斯受到人民大聲疾呼的指控，說他是國家災難的始作俑者。但發生在宮廷的陰謀傾軋才削減他的權勢，要不然人民憤怒的情緒還會繼續遭到侮辱。得寵的豎閹把霍諾流斯的政府和帝國交給一個卑鄙的家奴賈維烏斯(Jovius)，他身為禁衛軍統領並沒有發揮應有的才幹，彌補在行政管理方面所產生的過失和錯誤。罪大惡極的奧林庇斯不知是流放還是自行出亡，竟然能保全性命而又歷盡人世滄桑。他過著埋名隱姓到處漂泊的生活，後來又再度崛起掌握權勢，第二次受到罷黜帶來的羞辱，兩耳被割而且死於鞭刑之下，這種可恥的下場對斯提利柯的朋友而言卻是遲來的正

義。奧林庇斯的性格深受宗教狂熱的污染，等他被除去以後，異教徒和異
端分子從大爲失策的禁令中獲得解救，可以出任國家的各項公職。勇敢的
金尼里德（Gennerid）[64]是蠻族出身的軍人，堅持信奉祖先的宗教，被迫解
除軍中的職務。雖然皇帝親自一再對他提出保證，法律並不適用於他這種
地位或功績的人物，但他拒絕接受任何帶有宗教偏見的赦免，寧願保留獲
得正直名聲的屈辱，直到處於困境的羅馬政府受到壓力，只有通過全體適
用的公正法案。金尼里德被擢升爲達瑪提亞、潘農尼亞、諾利孔和雷蒂提
亞的主將，其實他原來就擔任這個重要的職位。部隊在他的指揮和領導之
下，像是能恢復古老共和國的紀律和精神，很快改變訓練怠惰和物質匱乏
的景況，士兵習於嚴格的訓練，糧草的供應也更爲充裕。同時他的個性非
常慷慨，自己掏腰包提供各種獎勵和報酬，拉芬納宮廷由於吝嗇或是貧
困，對這方面的要求通常都會拒絕。驍勇善戰的金尼里德使得鄰近的蠻族
聞虎色變，成爲伊里利孔邊區最堅強的長城。他能保持很高的警覺加上細
心的照應，使帝國獲得一萬名匈奴生力軍的援助。他們抵達意大利國境時
帶著豐富的給養和大群的牲口，不僅足夠大軍出兵所需，也能用來建立一
個墾殖區。但霍諾流斯的宮廷和國務會議，表現懦弱無能和離心離德的模
樣，已經腐敗到處於無政府狀態。衛隊受到賈維烏斯的唆使，爆發怒氣衝
天的叛變，要求立即將兩位將領和兩位高階宦官斬首。將領被送到船上騙
說要保護他們的安全，卻遭到秘密處決。同時皇帝賜恩給宦官，所受到的
懲罰只是不痛不癢流放到米蘭和君士坦丁堡而已。宦官優西庇烏斯
（Eusebius）和蠻族出身的阿羅比克（Allobich），分別接替管理寢宮和衛隊
的職位，然而這兩位直屬皇帝的大臣彼此猜忌，結果造成相互毀滅。傲慢
的內廷伯爵一聲令下，位高權重的寢宮總管竟然就在驚愕萬分的皇帝面
前，當場被亂棍活活打死。接著是阿羅比克在公眾遊行的隊伍中被殺，這

64　諾昔繆斯提到這種情況時，可以看出來他感到很滿意，讚許金尼里德的風範是即
　　將絕滅的異教最後的光榮，但與迦太基的政府表現迥然相異的情緒。他們派遣四
　　位主教前往拉芬納宮廷，抗議最近制定的法律，竟然規定不得強迫轉信基督教，
　　而且要取得本人同意。

也是在霍諾流斯一生的境遇當中，還能看到那麼一絲勇氣和憤慨。

在優西庇烏斯和阿羅比斯喪生前，他們基於自私或罪惡的動機，反對賈維烏斯在里米尼城下，私自與阿拉里克會面所達成的條約，等於貢獻一己之力促成帝國的毀滅。賈維烏斯離開宮廷時，皇帝聽從大家的勸告要展現至高無上、獨斷專行的權威，事實上無論是他的處境或性格，都無法做到這種標準。有一封簽著霍諾流斯的信件送給禁衛軍統領，授與他自行處分國家財物的權力，但是要嚴辭拒絕蠻族首領傲慢無理的要求，不能出賣羅馬軍隊的榮譽。賈維烏斯將這封信非常冒昧的交給阿拉里克本人，哥德國王在會談當中一直保持自制和冷靜，看到信後用極為憤怒的詞句表示，他認為這種方式是惡意侮辱他個人和整個民族。里米尼會議很倉促的半途而廢，賈維烏斯統領回到拉芬納以後，被迫接受宮廷所極力贊同的主張，甚至自己也認為很有道理。於是在他的建議和示範之下，政府和軍隊的主要官員立下重誓，任何情況下絕不接受任何條件的和平，他們要不惜一切犧牲與國家的敵人奮戰到底。像這樣極為草率的做法，形成未來重新談判難以逾越的障礙。霍諾流斯的大臣都贊同這些措施，甚至公然宣布，要是他們向神明提出祈求，都是為了考量國家的安全，根本不在意個人的安危禍福。然而他們發誓是為了神聖的皇帝，透過莊嚴的儀式與權威和智慧的尊貴帝座產生密切的關係，因而要是有誰膽敢違反誓言，就是觸犯塵世的褻瀆神聖和謀叛犯上十惡不赦的罪行[65]。

七、哥德人第二次圍城及擁立阿塔盧斯為帝（409-410A.D.）

皇帝和他的宮廷擺出拒人千里的態度，仗著深溝高壘苟安於拉芬納一隅，使得羅馬毫無防衛力量，任憑阿拉里克拿去發洩心頭怒火。阿拉里克仍舊裝出溫和的態度，當他沿著弗拉米尼亞大道進軍時，不斷派遣意大利

65　拿統治者的頭顱、生命、安全和保護神來發誓，是埃及和錫西厄最古老的習慣，為了奉承權勢很早就運用到居高位的凱撒身上。特塔里安提出指責，認為他那個時代的羅馬人假裝尊敬，才會使用這種誓言。

各城鎮的主教，一再重申他的和平信念，並且向皇帝提出保證，古老的都
城不會毀於戰火，也不讓蠻族殘殺城裡的居民[66]。羅馬總算躲過大難臨頭
的災禍，不是靠著霍諾流斯的智慧和實力，而是基於哥德國王的審慎和仁
慈。他採用效果較差但卻溫和得多的強制手段，不再進襲首都而是將兵力
直接指向歐斯夏港，這裡是羅馬最有創意的工程也是最偉大的建樹[67]。冬
季的航運因為港口開闊毫無掩蔽，以致於經常發生事故，影響到羅馬城的
糧食供應，憑著首位凱撒的天才擬出一勞永逸的構想*[68]，直到克勞狄斯在
位才完成全部工程。人工修建的防波堤遠遠伸入大海，形成一條狹窄的進
港航道，可以有效阻擋洶湧的浪濤，最大噸位的船隻也可以在三個廣闊的
深水港灣裡安全錨泊。台伯河北邊那條支流，在離古老的歐斯夏殖民區約
兩哩的地方注入海灣[69]。這個羅馬海港逐漸擴展規模，成為有主教府邸的
城市[70]，許多巨大的糧倉儲存阿非利加運來的穀物，供應首都所需。阿拉
里克一占領這個重要的地方，馬上呼籲羅馬要識時務立即投降，發出嚴正
的聲明使得他的要求更為有力。要是遭到拒絕或稍有延誤，他毫不猶豫會
把羅馬人賴以維生的糧倉全部摧毀。人民發出不滿的鼓噪加上饑饉帶來的
恐懼，壓下元老院的傲慢和驕縱。他們只得聽從建議不敢稍存怠忽之心，
要擁立新皇帝即位取代一無是處的霍諾流斯，而人選由哥德征服者自行決

66　羅馬的歷史詳細敘述阿拉里克的事蹟，對他的言行極力頌揚，我盡力取中庸之道。

67　十六世紀還可以看到奧古斯都的港口所留下的遺跡，古物學家實地勘察以後很興
　　奮的宣稱，現在所有歐洲的君王都沒有能力興建這樣宏偉的工程。

*68　[譯註]建港構想是朱理烏斯‧凱撒在公元前45年提出，等克勞狄斯即位第二年動工
　　興建，時為公元42年，已經過了100年，但完成在12年後，由尼祿主持竣工典禮。

69　台伯河由兩個河口出海，中間形成一個等邊三角形的島嶼名叫聖島，每邊長度大
　　約二哩，這個島將歐斯夏‧台伯里亞分為兩部分。歐斯夏殖民區位於左邊，正好
　　在台伯河支流的南岸，而港口在右邊位於北岸，中間的距離從辛果拉尼
　　（Cingolani）的地圖上量取是兩哩。在斯特拉波的時代，台伯河挾帶的泥沙使歐斯
　　夏港淤塞。這種情況發展下去使聖島的面積增加，逐漸使歐斯夏和港口都位在海
　　岸邊上，中間相隔一段距離只留下乾河道與一個海灣，表示出河流的變遷狀況，
　　以及海洋的堆積作用。

70　早在三世紀時，也可能遲到四世紀，羅馬的港都是一個設置主教的城市，到九世紀
　　因為害怕阿拉伯人入侵，教皇格列哥里四世將此職位撤消。現在沒落到只有一個小
　　旅社和一個教堂，從主教的府邸可知位階很高，是羅馬教會六個紅衣主教之一。

定。他將紫袍授與羅馬郡守阿塔盧斯(Attalus)，心懷感激的君王立即承認
他的保護人是西部軍隊的主將。阿多法斯出任內廷伯爵，負責控制和監視
阿塔盧斯。這兩個敵對的民族看來像是用友誼和盟約緊密連繫在一起。

羅馬的城門全部敞開，新即位的皇帝在哥德人全副武裝前呼後擁之
下，引導著喧囂吵鬧的隊伍走向奧古斯都和圖拉眞的宮殿。阿塔盧斯把行
政和軍事的重要職位分派給親信和黨羽後，召集元老院的會議，他用非常
正式的華麗辭藻發表演說，決心恢復共和國的尊嚴，統一帝國原有的版
圖，像是埃及和東部各行省過去就承認羅馬的統治。每位有見識的市民聽
到這種大放厥詞的言論，無不對他的格調感到無比鄙視。一個根本不懂軍
事的篡奪者竟然會登上帝位，那是無理取鬧的蠻族對整個國家給予最深的
傷害，使人根本無法忍受。但一般民眾輕浮善變，對於更換主子只會大聲
歡呼叫好，公眾的不滿有利霍諾流斯的敵手。尤其是那些受到壓制的教
派，過去在宗教迫害的詔書下苦不堪言，而現在這位君王阿塔盧斯，曾在
出生地愛奧尼亞的鄉間，受過異教迷信的薰陶，後來又從阿萊亞斯派的主
教手裡接受神聖的洗禮[71]。這些教派期望能得到相當程度的贊同，至少也
要能獲得宗教的寬容。阿塔盧斯初期的統治平穩且順利，他派一個心腹官
員率領實力不強大的部隊，前往阿非利加鞏固臣屬的地位。意大利的大部
分地區都屈服在哥德人的脅迫之下，雖然波隆納(Bologna)進行堅強而有
效的抵抗。米蘭的人民因霍諾流斯的棄守而感到不滿，在大聲歡呼中接受
羅馬元老院的選擇。阿拉里克率領一支精銳軍隊，帶著放在身邊的皇家囚
徒幾乎直抵拉芬納的城門。由禁衛軍統領賈維鳥斯、騎兵和步兵主將華倫
斯、財務大臣波塔繆斯(Potamius)和首席司法官朱理安(Julian)等主要大
臣所組成的使節團，在盛大軍事儀仗護送下進入哥德人營地。他們用君王
的名義承認對手的合法選舉，同意由兩位皇帝分治意大利和西部各行省。
他們的建議遭到輕蔑的拒絕，阿塔盧斯帶著侮辱的慈悲語調，使得反對的

71　索諾曼提到阿萊亞斯派主教的施洗以及菲羅斯托杰斯所稱接受異教的薰陶，我們
　　都表示贊同。從諾昔繆斯顯出興高采烈的樣子以及對阿尼西安家族的指責，可見
　　新即位的皇帝對於基督教可能產生不利的影響。

態度更加讓人難以忍受。他用寬大為懷的口氣表示，如果霍諾流斯馬上脫下紫袍，允許他在遙遠的小島上過流放的生活，安享他的餘生。狄奧多西的兒子目前的處境，就熟知他實力和策略的人來說，確實是瀕臨絕望的關頭，以致他的大臣和將領賈維烏斯和華倫斯，都無法達成所託付的任務，可恥背叛即將沉淪的恩主，靦顏投靠一帆風順的敵手。像這種發生在內廷的謀逆事件真把霍諾流斯嚇壞了，看到每一個向他走過來的奴僕和每一個剛到達的信差，都會驚慌得面容失色，害怕那些藏在他的首都、他的皇宮甚至他的寢室裡的敵人。在拉芬納的港口已經準備好幾條船，要把退位的君王送到東部的皇帝那裡，也就是他年幼姪子統治的疆域。

天無絕人之路（這是歷史學家樸洛柯庇斯的觀點），霍諾流斯總算得到神明保佑。就在他絕望到無法作出任何明智和果敢的決定，只想不顧羞恥地趕快逃命時，料不到竟有增援部隊抵達，四千名久經戰陣的老兵及時在拉芬納的港口登陸。霍諾流斯把城市的守備任務交給這批驍勇的外來弟兄，他們未參與宮廷傾軋，因此還能確保對君王的忠誠，皇帝毋須擔心大禍臨頭以致寢食不安。從阿非利加獲得有利的信息，人們的看法和政局的狀況立即發生重大變化，阿塔盧斯派去的部隊和軍官，因作戰失敗以致全軍覆滅。赫拉克利安（Heraclian）用無比熱誠採取積極行動，使得自己和人民仍舊對帝國忠心耿耿。他身為阿非利加伯爵，還為皇室送來大筆金錢，堅定皇家衛隊效命的信念，而且他早已提高警覺，不讓穀物和食油外運，以免造成羅馬城內的饑饉、騷動和不滿。阿非利加遠征失利，成為阿塔盧斯黨羽之間相互抱怨和指摘的根源。他的保護人內心在不知不覺中對這位君王失去興趣，因為他既缺乏指揮領導才能，也不會溫馴的聽命服從。他們在採取這種最不智的行動時，並沒有讓阿拉里克知悉，可能是不聽他的勸阻。但元老院非常固執，拒絕讓五百名哥德人攙雜在遠征隊伍裡一起登船，等於洩露他們抱著懷疑和猜忌的心態，就他們所處的情況來說，胸襟不夠開闊，舉止也過於鬼祟。哥德國王對賈維烏斯惡毒的權術感到怒火中燒，他被升到貴族的地位，現在倒要進行反正活動，竟還毫無愧色公然宣稱，他看來像是背棄霍諾流斯，實際上是要促成篡奪者毀滅。在靠近里米

尼的一片大平原上,當著無數羅馬人和蠻族群眾面前,可憐的阿塔盧斯被公開剝奪紫袍和冠冕(410A.D.)。阿拉里克把這些皇家衰服,當成和平與友誼的信物送給狄奧多西的兒子。重回工作崗位的官員恢復原職,連拖延不決最後才表示悔誤的人都獲得寬恕。但已下台的羅馬皇帝不顧廉恥只求活命,懇請獲准留在哥德人營地,夾雜在高傲而善變的蠻族行列之中。

八、第三次圍攻羅馬後蠻族之掠奪和義舉(410A.D.)

阿塔盧斯的罷黜除掉締結和約的唯一真正障礙。阿拉里克前進到離拉芬納三哩的地方,對遲疑難決的皇室大臣施加壓力,他們在否極泰來後又擺出傲慢姿態。阿拉里克聽到他的死對頭薩魯斯(Sarus)酋長被接進皇宮,難免心中騰起一番無名業火,何況薩魯斯還跟阿多法斯有過節,也是巴爾提(Balti)家族的世仇大敵。這位豪氣蓋世的蠻族酋長率領三百名隨從,突然從拉芬納的城門衝出來,襲擊哥德人有相當實力的部隊,來往縱橫大殺一陣以後,掌著勝鼓收兵回城,用大軍先鋒的口氣侮辱他的對手,同時公開宣稱,罪孽深重的阿拉里克受到皇帝排斥,永遠不會建立友誼和結盟的關係。拉芬納宮廷的謬誤和愚行使羅馬得到報應,要遭受第三次的浩劫。哥德國王不再掩飾剽掠和報復的欲念,大軍出現在羅馬城下。心驚膽戰的元老院知道沒有任何解救的希望,只能做破釜沉舟的打算,拖延城市覆滅的時間。但他們無法防備奴隸和僕從的密謀,這些人因為出身和利益的關係,甘心情願投靠敵人。撒拉里亞(Salarian)門在午夜時分悄悄打開(410年8月24日),居民被哥德人號角的可怕聲音驚醒。羅馬建城後一千一百六十三年,這座帝國之都曾經征服和培育世界上大多數人類,現在落在日耳曼人和錫西厄人的手中,受到蠻族部落狂暴的蹂躪[72]。

---

72 奧羅休斯報導哥德人入城這個極其重大的事件,只用了七個字,但用很長的篇幅讚許哥德人誠摯的行為。我摘錄樸洛柯庇斯未必完全可信的事蹟,但這種情節還是可能會發生。他認為城市遭到奇襲,時間是元老院議員還在睡覺的中午;但傑羅姆有充分的理由,非常肯定是在夜晚。

　　當阿拉里克強行攻進被征服的城市，從其聲明可得知，他關心人道和宗教的規範。他鼓勵部隊發揮英勇精神奪取應得報酬，盡量從富有而軟弱的人民手裡搶劫戰利品據為己有，但又同時告誡手下，對於不加抵抗的市民要饒恕性命，尊敬聖彼得教堂和聖保羅教堂，要視為不可侵犯的聖地。

　　這是鬼哭神嚎的暴亂之夜，有一些信奉基督教的哥德人，展現出新近改變宗教者的信仰熱誠。他們的行為異乎尋常的虔誠和節制，使得教會的作家出於衷心的讚許，曾經舉例詳細描述，有的地方也特別加以美化[73]。當蠻族士兵在城中亂竄到處尋找獵物時，有一個終生獻身祭壇的老處女，她那簡陋的住屋被兇悍的哥德人撞開。他雖然說話的語氣斯文，還要她交出所有的金銀。真是使人感到驚奇不已，她竟將士兵引導到一間金光閃閃的貯藏室，裡面堆滿用金銀材料精工製做的器具。這個蠻族士兵看到獲得的財寶真是心花怒放，但聽到忠告的話卻使他不敢動手。她說道：「這些都是奉獻給聖彼得的聖器，要是你膽敢拿走，褻瀆神聖的行為會使你的良心不安。就我來說，對於沒有能力保護的東西，也只有聽天由命。」哥德隊長懷著敬畏之心，派遣信差把發現寶藏的狀況報告國王，接到阿拉里克嚴格的命令，所有聖器和飾物要立即歸還使徒的教堂，不得有任何損壞。從昆林納爾（Quirinal）山的盡頭一直到遙遠的梵蒂岡，無數哥德人的分遣隊用作戰隊形通過主要的街道，手裡拿著閃閃發光的兵器保護一長列虔誠的信徒。他們的頭上頂著大堆金銀器具，蠻族的軍隊口令混合著宗教的讚美歌聲。從鄰近的房屋裡，很多基督徒趕快出來加入感人的行列。還有大群的逃難人員不分男女老幼和階級職位，甚至不分宗教派別，全部趁著最好的機會逃進梵蒂岡安全而友善的避難所。聖奧古斯丁寫出宏偉淵博的思想名著《上帝之城》，就是要闡明偉大羅馬的毀滅實屬天意，他以歡欣鼓

73　奧羅休斯推崇哥德人基督徒的虔誠，好像沒有發覺其中絕大部分都是阿萊亞斯派異端。喬南德斯和塞維爾的伊希多爾都贊同哥德人攻占羅馬的行動，所以一再修飾具有教化世人作用的事蹟。根據伊希多爾的記載，曾經親自聽到阿拉里克說到，他要與羅馬開戰並非願意冒犯使徒。這種說法是七世紀的模式，在兩百年以前，要把這種名聲和榮耀歸基督而不是使徒。

舞的心情歌頌基督流傳萬古的勝利，用輕視的口吻質問那些異教徒的對手，能否舉出相類似的例證，說明一個城鎮被蠻族的狂濤捲走時，那些古代傳說裡的神祇能夠保護自己和受騙的信徒嗎？

羅馬遭到洗劫時，發生若干罕見而奇異的事件，這些蠻族的德行值得嘉許。但梵蒂岡這塊聖地和各處使徒教堂，只能接納極少部分羅馬人民。在阿拉里克旗幟下有成千上萬的武士，特別是匈奴人，對於基督的名字或信仰可以說一無所知。因而我們可以大膽推測，不會別有用心或惡意冒犯，在那獸性發作的時刻，所有的情欲都被燃起，人性的抑制全無作用，福音的教誨也難以影響哥德人基督徒的行為。有些作者極力誇張他們的仁慈，卻也坦白承認他們殘酷殺害羅馬人。在恐怖籠罩下，城市的街道堆滿無人掩埋的屍體。市民的絕望有時會轉變成憤恨，蠻族只要遭到反抗就會激起暴虐的震怒，老弱婦孺和傷殘病患都遭到不分青紅皂白的屠殺。四萬名奴隸報復私仇，毫無憐憫和惻隱之心，從前在這些有罪或可惡的家庭裡受到痛苦的鞭打，現在要用他們家人的鮮血來洗滌傷口。羅馬的貴婦和童女視貞潔重於生命，因此遭受比死亡更為可怕的摧殘，教會歷史家特別選出表現婦德的事例供後世景仰。有位容貌美麗的貴夫人是正統教會的基督徒，激起一個哥德青年無法克制的欲火。要是根據索諾曼（Sozomen）合理的推斷，這位青年應該是阿萊亞斯派的異端分子，被她的堅決抵抗所激怒就拔出軍刀，像生氣的情人那樣刺傷她的頸脖，鮮血直流的女英雄還是奮不顧身拒絕他的求歡。一直到這位強姦未遂的罪犯放棄徒然無效的努力，為了表示敬重將她帶到梵蒂岡聖地，拿出六個金幣交給看守教堂的衛兵，要他們安全護送她到丈夫身旁。像這種英勇的舉動和慷慨的行為是極為難得的例子，野蠻的士兵為了滿足肉欲，根本不考慮被虜獲女性的意願和應守的本分。因而，一個微妙而又容易曲解的問題引起激烈的爭辯：那些承受暴力拒不相從的嬌弱受害者，在違背個人意願受到侵犯後，是否算失去純潔的貞操。實在說，還有一些更重要的損失引起更普遍的關切，也不能設想所有的蠻族，在任何時候都要犯下發洩肉欲的暴行。何況年齡和容貌的條件以及堅貞不屈的抗拒，保護絕大多數羅馬婦女免遭強姦的危險。

然而貪婪卻是永難滿足而且普遍存在的欲望，使不同品味和習性的人

都能享受歡愉的東西，只要據有財富便能獲得。在羅馬的搶劫行為主要目
標是黃金和珠寶，重量輕體積小而且價值高，但等到便於攜帶的財富被先
得手的強盜搶光後，羅馬宮殿富麗堂皇和貴重值錢的陳設也被搜刮一空。
裝滿金銀器具的大櫃、塞滿絲綢紫袍的衣箱，都隨意堆放在大車上，跟著
哥德部隊一起行軍。蠻族不把最精美的藝術品當一回事，甚至惡意毀損，
為了獲得值錢的金屬將很多雕像熔化，為了分配贓物用戰斧將貴重的器具
劈成碎片。獲得財富使利欲薰心的蠻族更加貪得無厭，進一步用恐嚇、毆
打甚至酷刑逼供，迫使被擄人員說出藏匿財物的地點。穿著的豪華和貴重
的飾物被視為富有的必然證據，外表窮酸歸之於節儉的個性更有餘財。有
些非常頑固的求財奴通常在遭受最殘酷的拷打後，才供出秘密藏放的心愛
物品。許多冤屈的可憐蟲實在無法拿出對方想像中應有的財寶，結果只有
慘死在皮鞭之下。羅馬的建築物遭受破壞的程度，儘管有的說法過於誇
張，還是在哥德人的暴行中受到相當的毀損。當他們穿過撒拉里亞門入城
時，點燃附近的房屋做為進軍的引導，也用來分散市民的注意力。蔓延的
火焰在混亂的夜晚無人出來撲滅，吞噬很多私人和公共建築物。薩祿斯特
（Sallust）皇宮[74]的廢墟一直保留到查士丁尼（Justinian）時期，就是哥德人大
火的確鑿證據[75]。當代有位歷史學家提到，就是大火也難以燒毀粗大的實
心銅樑，憑著人力根本無法動搖古代建築的基礎。在他虔誠的信念中倒也
包含某些真理，那就是說，天怒補充人怨之不足。令人感到驕傲的羅馬廣
場，四周裝飾無數神祇和英雄的雕像，是為天上的雷火夷為平地[76]。

74　歷史學家薩祿斯特（Sallust, Gaius Sallustius Crispus，86-35B.C.）犯下自己大聲
　　指責的惡行，洗劫努米底亞，將戰利品用來修飾位於昆林納爾山的宮殿和林園。
　　這個地點的建築現在是聖蘇珊娜（St. Susanna）教堂，與戴克里先浴場只隔一條
　　街，到撒拉里亞門的距離並不遠。

75　樸洛柯庇斯表達得清楚而中肯，馬塞利努斯編年史的說法過於偏激，菲羅斯托杰
　　斯說是羅馬成為一片焦土，未免形容過甚產生錯誤。巴吉烏斯（Bargaeus）寫了一
　　篇很特殊的論文，說是哥德人和汪達爾人根本沒有損壞羅馬的建築物。

76　奧羅休斯特別談起他不贊成建立雕像，包括從伊涅阿斯開始算起，阿巴爾（Alba）
　　和羅馬的國王，還有以武功和文藝建立顯赫名聲的羅馬人，以及後來所有封神的
　　凱撒。當然這裡用「廣場」來表示地點會產生困擾，因為在卡庇多山、昆林納爾
　　山、伊斯奎林（Esquiline）山和巴拉廷（Palatine）山四周所環繞的平原，一共有五個
　　相連在一起的廣場，經常會被當成一個。

　　姑且不論騎士和平民階級，在這次羅馬大屠殺中的死亡人數，有一件事可以確定，元老院的議員只有一個死在敵人刀劍之下[77]。但究竟有多少人從尊貴而富有的地位，突然之間成爲可憐的俘虜和人犯，這就很難計算清楚。蠻族通常只要錢財不要奴隸，所以擄獲貧窮的人員索取的贖金很少，一般都是好心的朋友或慈悲的外人代爲支付，要不然就把俘虜在公開的市場或私下的交易中賣掉，這些人還是合法擁有與生俱來的自由，還是公民不會喪失也不容剝奪的權利。但後來很快發現，他們雖然能夠維護個人的自由，生命的安全卻受到威脅，因爲哥德人若無法賣掉他們時，便會一不作二不休將無用的俘虜全部殺光。所以司法部門針對這種情況已經有明智的規定，被出賣的俘虜必須爲賣主服行五年的短期勞役，等於是用勞力來抵付贖金。這些侵入羅馬帝國的民族，早已將大批吃不飽而又驚恐萬分的省民趕到意大利，他們害怕挨餓更甚於受到奴役。等到羅馬和意大利發生災難，居民四散開來就逃到最偏僻遙遠的地方，把那裡當成安全的避難所。當哥德騎兵部隊沿著康帕尼亞和托斯卡尼海岸，一路散布恐怖和毀滅時，與阿堅塔里亞（Argentarian）海岬只有一水之隔的小島伊吉利姆（Igilium），由於海洋的阻絕倒是逃過一劫。在離羅馬這樣近的一個僻靜地點，濃密的樹林裡隱藏著人數眾多的市民。有很多元老院議員的家庭在阿非利加擁有大量世襲產業，要是他們明智決定及早離開，就可以安全抵達歡迎他們的行省，不僅獲得安身立命的場所，更可躲開家破人亡的災難。

　　在逃難的人群之中，高貴和虔誠的普蘿芭（Proba）[78]最有名望，她是彼特洛紐斯（Petronius）統領的遺孀，在羅馬這位最有權勢的公民去世後，她仍舊是阿尼西安家族的大家長，運用個人的財產支持三個兒子先後出任執政官所需的花費。當城市被圍以及被哥德人占領後，普蘿芭以身爲基督徒

77　奧羅休斯曾經比較高盧人的殘酷和哥德人的仁慈，但這種修辭學的對比很容易產生誤導。蘇格拉底很肯定的表示，有很多元老院議員被非常痛苦的酷刑折磨至死，當然這也是強調反面作用的誇張說法。

78　普蘿芭不僅歷盡艱辛，她的家庭與聖奧古斯丁的一生有密切關係，所以受到蒂爾蒙特另眼相看。就在她們抵達阿非利加不久，德米特里阿斯取下面紗，在神前發誓她還保持貞節之身，這件事好像對羅馬和全世界都極爲重要，所有的聖徒都寫信向她致謝。傑羅姆的信還留存到現在，信的內容包含荒謬的推測之辭、充滿生氣的雄辯詞句、以及非常奇特的事實，有些與羅馬的圍城和遭到洗劫有關。

那種聽天由命的態度，忍受重大的財產損失。她登上小船身在海上，這時
看見她的府邸已被烈焰吞噬。最後她帶著女兒拉塔婭和孫女德米特里阿斯
（Demetrias），也是受到景仰的貞女，一起抵達阿非利加海岸。這位貴夫
人把產業的出息或變賣所得的款項，慷慨解囊仁慈施捨，減輕許多人遭受
流離失所和被擄付贖所受的痛苦。但就連普蘿芭這樣的家庭，也無法避免
赫拉克利安伯爵貪得無厭的欺榨。他竟然濫用婚姻的名義，使出極為卑鄙
的手法將羅馬最高貴的婦女，賣給荒淫而又貪婪的敘利亞商人。意大利的
難民沿著埃及和亞細亞海岸散布在那幾個行省裡，一直到遙遠的君士坦丁
堡和耶路撒冷。聖傑羅姆和他的女弟子在伯利恆小村的僻靜居所，擁滿無
數不分男女老幼的乞丐，這些人過去都有顯赫的地位和富有的家世，落到
這種地步難免讓人不勝唏噓。羅馬受到前有未有的浩劫，使得帝國一下陷
入悲傷和恐懼之中。偉大和敗壞形成極為可笑的比照，使得輕信的人們誇
大「城市之后」所遭受的痛苦。教士把東方預言家高深的隱喻用在新近發
生的事件上，有時就會將首都的毀滅和世界末日混為一談。

　　人類對所處的時代在天性上產生一種強烈的傾向，那就是優點難免輕
視，罪惡盡量渲染。然而，當開始時的激動情緒緩和下來，對真正的破壞
狀況進行公正的評估，有知識而明理的當代人士不得不承認，羅馬在建城
初期遭到高盧人的重大傷害，比起衰敗以後在哥德人手下的破壞要更為嚴
重。十一個世紀的經驗使後代子孫提出奇特的比較，用充滿信心的語氣加
以肯定，阿拉里克從多瑙河畔引進蠻族所帶來的蹂躪，遠不如查理五世*79
率領的部隊所造成的破壞為烈。然而這位自封為羅馬皇帝的正統基督教君
王，竟對自己的臣民採取敵對行動。哥德人在六天後就撤離羅馬，但羅馬
卻被帝國主義分子據有達九個月之久，每個鐘頭都為凌虐、淫亂和掠奪的
罪惡犯行所污染。殘暴的隊伍承認阿拉里克是領袖和國王，他的權威對他
們產生約束和制裁作用。擔任聯軍統帥的波旁（Bourbon）在攻城時光榮犧

---

*79 [譯註] 查理五世（1500-1558A.D.）就是西班牙國王查理一世，任神聖羅馬帝國皇
　　帝稱查理五世，鎮壓西班牙城市的叛亂，反對宗教改革和新教，連年與法國和土
　　耳其發生戰爭，奪取歐洲霸權失敗後，於1556年退位。

牲,主將之死使得軍紀蕩然無存,因爲這支軍隊是由意大利、西班牙和日
耳曼三個獨立民族組成。在十六世紀初葉,意大利的生活方式和習性顯示
出人類的極端墮落。他們把社會處於動亂狀況所常見的殺戮罪行,與濫用
權謀和奢華所產生的邪惡技能,非常巧妙的結合在一起。那些冒險家毫無
原則,侵犯愛國主義和宗教迷信所應具有的正確觀點,竟然攻進羅馬教皇
的宮殿,可說是意大利人裡最放蕩的浪子。就在同一個時代,西班牙人使
舊大陸和新大陸爲之戰慄失色,但他們不可一世的英勇行爲,贏得的盛名
卻被陰鬱的倨傲、貪婪的搜刮和無情的暴虐所玷污。爲了不擇手段追求虛
名和財富,他們反覆試驗發展出最惡毒和最有效折磨囚犯的方法。很多在
羅馬剽掠的卡斯提爾人(Castillans),他們熟悉「神聖宗教裁判所」的招
式,或許還有一些志願軍剛從征服墨西哥的戰場歸來,更是此道的老手。
日耳曼人沒有意大利人那樣墮落也不像西班牙人樣殘暴,這些來自山那邊
的武士,在滿是鄉土氣息甚至蠻橫粗暴的外貌下,掩藏著簡樸而純良的心
地。但他們在宗教改革開始後,受到路德的精神和教條的啓示,最大的樂
趣是汙辱和摧毀天主教信仰所供奉的聖物。他們肆意仇恨各種職稱和等級
的教士毫無憐憫之心,而羅馬城的居民中這些人員占有相當大的數量。他
們燃起宗教的狂熱要推翻「反基督」的教皇寶座。這個精神上已經墮落的
巴比倫,只有靠著血與火才能淨化。

九、哥德人撤離羅馬及阿拉里克之死(410A.D.)

戰勝的哥德人在第六天撤離羅馬(410年8月29日),很可能出於審愼的
作風,到不一定是畏懼的效果[80]。驍勇善戰的首領親率滿載財寶和戰利品
的大軍,沿著阿皮安(Appian)大道向意大利南部的行省緩緩前進,要是有
人膽敢捋虎鬚立即摧毀,對不加抵抗的鄉土肆意掠擄。康帕尼亞因奢華而
感到自傲的城市卡普亞,儘管已經日益衰落,還是帝國列名在第八位的大

---

80 蘇格拉底毫無事實根據而且理由也不充分,説阿拉里克接到信息説是東部帝國的
   大軍已經開到,即將對他發起攻擊,所以就趕快逃走。

城而受到重視，這種名聲時至今日已完全被人遺忘。但在這種情形下，鄰近的小鎮諾拉(Nola)[81]卻因聖潔的保利努斯(Paulinus)而聞名於世。他曾出任過執政官、僧侶和主教，在四十歲時，拋棄榮華富貴的享受和文學藝術的嗜好，獻身於孤獨和懺悔的生活。世俗的友人認為，他的行為過於絕情，一定是身心方面喪失理性所致。教士的大聲讚揚使他堅定信心，對這種指責毫不在意。他熱誠皈依以後決心在諾拉的郊區，靠近聖菲利克斯(St. Faclix)顯現奇蹟的墳墓，找到一處簡陋的住所，而虔誠的民眾在周圍已經建造五座信徒繁多的大教堂。他把剩餘的財富和智慧都用來侍奉光榮的殉教者，每逢節慶祭典保利努斯以讚美歌頌揚祂的事蹟，再以祂的聖名興建第六座教堂。整座建築物的造形顯現無比的典雅和細緻，用《舊約》和《新約》故事做題材，繪出精美的圖畫做為裝飾。他那堅定而執著的信仰獲得聖徒的保佑[82]和民眾的愛戴，迫得羅馬前執政官在退職十五年以後，只有接受諾拉主教的位置，這是在羅馬被哥德人圍攻前幾個月的事。在圍城期間，有些宗教界人士能在夢中或親眼看到守護神的形象，在心靈上獲得極大的安慰。然而緊接著發生的情況，證明菲利克斯無能力也無意願保護祂曾放牧過的羊群，諾拉並未逃過普遍蔓延的劫難。被擄的主教唯一可以獲得的保護，是大家全都認為他不僅清白而且貧窮。

　　自從阿拉里克用武力成功侵入意大利後，直到他的繼承人阿多法斯指揮哥德人自動退走，四年的時光轉瞬而過(408-412A.D.)。整個期間他們在毫無干擾的狀況下統治此區，是古人所謂自然和藝術結合有最高成就的人間樂土。實在說，意大利在安東尼時代所獲得的繁榮和富裕，隨著帝國的衰亡沒落已成明日黃花。長期和平所產生的美好果實全落在蠻族手中，他們無法欣賞精緻文雅的奢華生活，那是為養尊處優和不事生產的意大利人所準備。不過，每個士兵都要分得一份生活所需的物質，像是穀物、牛羊、食油和酒類，哥德人營地每天都要徵收且消耗量極大。一些職級較高的武士，還要騷擾沿著康帕尼亞美麗海岸建造的別墅和花園，想當年盧克

81　羅馬奠基前48年(大約是800B.C.)，托斯卡尼人建立卡普亞和諾拉兩個城市，相距約23哩，但後者一直保持沒沒無聞。

82　謙卑的保利努斯曾說，他相信聖菲利克斯會愛他，至少會像主人愛他的小狗一樣。

拉斯(Lucullus)和西塞羅曾經在裡面居住。那些戰戰兢兢的俘虜都是羅馬元老院議員的兒女,手裡拿著鑲嵌寶石的金質高腳酒杯,好讓目中無人的戰勝者猛灌法勒尼安(Falernian)美酒,伸開粗壯的四肢躺在懸篠樹[83]的樹蔭下,避開耀眼灼人的陽光卻又享受太陽帶來的舒適溫暖。他們回憶過去受到的苦難,更加強當前愉悅的感覺。要是對比家鄉的情景,貧瘠的錫西厄山丘是一片荒涼,還有那多瑙河和易北河冰凍的河岸,使得意大利的宜人樂土平添一番嫵媚風味[84]。

不論阿拉里克的目標是名聲、征戰還是財富,他用全副精力不屈不撓的追逐,不會受制於敵人的抗拒,更不會自滿於既有成就。等他到達意大利最南端的領土,馬上被鄰近這個富裕而和平的島嶼吸引。但就算他獲得西西里,也會認爲這不過是重大遠征行動的中途點而已,他內心懷著攫取阿非利加大陸的構想。雷朱姆(Rhegium)海峽和美西納(Messina)海峽的長度共是十二哩,最狹處的寬度只有一哩半。傳說中的深水怪物像是讓人變爲岩石的錫拉(Scylla)女妖,還有世界奇觀的克里布迪斯(Charibdis)大漩渦,只能嚇嚇那些生性怯懦和技術太差的水手。但等到首批哥德人剛上船,突然颳起強烈風暴,把很多運輸船颳翻或吹散,他們對自然力量產生畏懼,高昂的士氣全化爲烏有。阿拉里克的夭折也讓整個計畫泡湯,他得病不久過世(410A.D.),所有的征戰隨之而去。蠻族的兇殘在英雄的葬禮中展現無遺,他們用哀悼的呼聲來讚揚領袖的勇敢和機運,派出大批俘虜辛勞的工作,使得從康森提亞(Consentia)城牆下方流過的布森提努斯

83 懸篠木會形成範圍廣大的樹蔭,所以深受古人喜愛,從東部一直繁殖到高盧。普里尼提到有些樹長得非常巨大,有一棵大樹生長在維利特拉的皇家莊園裡,喀利古拉稱它是自己的窩巢,僅是一根樹枝就能遮蓋一張很大的桌子,連同皇帝和相當數量的隨從人員。普里尼很奇怪的稱呼這些人是「受庇之輩」,像這種表示的方式也可以用在阿拉里克身上。

84 格雷(Gray)的一首詩頗能表現出當時的景況,比起編年的記載史要眞實得多:

光輝燦爛的南國那金色的田園,
蹂躪的鐵蹄夾雜著悽厲的哀怨;
蠻子遠離冷酷的寒冬何其愉悅,
享受溫暖的長日和碧空的明月。
盛開的玫瑰清新芬香襲人如炙,
在勝利的歡宴中痛飲萄葡美酒。

（Busentinus）河改道。國王的墳墓建造在已乾涸的河道上，墓內裝滿從羅馬掠奪得來價值連城的戰利品，然後再讓水流經過原來河道。所有從事此項工程的俘虜全被殺死，阿拉里克埋葬的地點成爲千古之謎。

十、阿多法斯繼位後與羅馬公主之結縭(412-414A.D.)

蠻族爲了解決重大事務的急迫需要，放下個人的仇恨和部落的夙怨，異口同聲推選英勇過人的阿多法斯繼承王位，他也是過世國王的妹婿。我們從他和一個納邦很有名望的公民之間的談話，可以知道新任國王的性格爲人和政策構想。這位人士後來朝聖時，在聖地當著歷史學家奧羅休斯的面，轉述給聖傑羅姆聽：

> 我（阿多法斯這麼說）對自己的英勇具有絕對信心，必可獲得勝利。我曾一度渴望改變世界現況，將羅馬的威望整個消滅殆盡，要從廢墟中建立哥德人的統治勢力，就像奧古斯都一樣在新帝國獲得奠基者的不朽名聲。在經過許多考驗後，我逐漸了解到唯有法律最爲重要，方可維持良好的狀態，使制度能正常運作。但哥德人有兇狠且難以駕馭的氣質，根本不可能擔負奉公守法和管理政府的重責大任。從那時起我提出完全不同的目標，一樣可以滿足自己的榮譽和野心。所以現在有很誠摯的願望，能讓未來的世代抱著感激的心情，知道一個異鄉人所建立的功勳，那就是我用哥德人的刀劍，並非去推翻羅馬帝國，而是恢復和維持它的繁盛。

阿拉里克的繼承人懷著和平願景，停止作戰行動，開始與帝國宮廷認眞談判友誼和聯盟條約。此點對霍諾流斯的大臣而言，也符合他們的利益，可免除過分誇大的誓言所帶來的束縛，那就是將意大利從哥德人的壓榨下解救出來。何況他們同時能得到哥德人的服務，來對付騷擾帝國位於

阿爾卑斯山以北各行省的僭主和蠻族[85]。阿多法斯就像羅馬將領，從最南端的康帕尼亞向高盧南部行省進軍。他的部隊運用武力得到條約協助，很快占領納邦、土魯斯和波爾多等城市，他們雖被邦尼菲斯（Boniface）伯爵趕離馬賽，但仍將領地從地中海延伸到大西洋。飽受欺凌的省民大聲疾呼，敵人好心留下的殘餘財物，現在受到自稱爲盟友的部隊毫無人性的掠奪。當然也有很多似是而非的說法，可用來掩飾或證實哥德人的暴行。那些受到攻擊的高盧城市，可說是處於叛亂狀況，反對霍諾流斯政府的統治。雙方所訂條約的內容，還有宮廷下達秘密的命令，可能公開宣稱贊同阿多法斯的占領。所有不合常規且毫無成效的敵意行爲，會導致軍隊犯下各種罪行，通常表面上歸之於蠻族群眾的習性不受約束，無法忍受和平與紀律。意大利的奢華生活雖鬆弛他們的鬥志，但並未軟化天生的氣質。他們沾染文明社會的惡習，卻未取法其技藝和制度[86]。

阿多法斯的表白倒是很誠摯，獲得一個羅馬公主的芳心，可以提高蠻族國王的身分地位，堅定他對帝國的忠誠歸順。普拉西地婭（Placidia）是狄奧多西大帝和第二位妻子蓋拉（Galla）的女兒，曾在君士坦丁堡的宮廷接受皇家教育，但她的一生飽經患難，這與西部帝國在她的兄弟霍諾流斯的統治下，所激起的變革有密切關係。當羅馬第一次被阿拉里克大軍包圍時，普拉西地婭大約二十歲，正好居住在城內，看到當時那種殘酷而難以容忍的局勢，答應與表姊塞妮娜（Serena）同時赴死。要是按照實情考慮到她正處於嬌柔的年齡，這種狀況可能更爲險惡，但也可能是毫無必要的託辭。獲勝的蠻族拘留霍諾流斯的妹妹當做人質，也可能把她看成俘虜[87]。但當她逼於羞辱的困境，隨著哥德人的營地在意大利到處遷移時，倒是受

85 喬南德斯認爲阿多法斯曾第二次前往羅馬搶劫，當然這個可能性很小，然而他同意奧羅休斯的說法，說哥德君王和霍諾流斯已經簽定和平條約。
86 哥德人撤離意大利和第一次抵達高盧，整個狀況曖昧不清而且產生很多疑點，我從馬斯庫那裡獲得很大的幫助。他把當時破碎的編年史和殘缺的資料，蒐集以後經過整理，產生前後連接成爲整體的歷史。
87 奧羅休斯以及馬塞利努斯和埃達久斯所寫的編年史認爲，哥德人到最後一次圍攻羅馬，才將普拉西地婭帶走。

到相當的尊敬和禮遇。喬南德斯（Jornandes）在著作裡稱讚普拉西地婭美豔動人，可能是用來彌補對她奉承的人在這方面保持沉默。然而她有耀目的家世、花樣的年華、高雅的風度，同時還會紆尊降貴使出討人歡喜的手段，在阿多法斯的內心產生很深的印象。哥德國王很想成為皇帝的兄弟，霍諾流斯的大臣對聯盟的建議並不表示拒絕，要是別有企圖會使羅馬人傲慢心態受到很深的傷害，因此一再催促要求歸還普拉西地婭，做為簽訂和平約定的必要條件。但狄奧多西的女兒毫不猶豫的表示，她願意順從征服者的請求。這位年輕而英勇的君王，除了魁武的身材稍遜阿拉里克以外，無論是文雅的風範或優美的體態，他人都難以望其項背。阿多法斯和普拉西地婭是在哥德人從意大利撤出以前結婚（414A.D.），但莊嚴的婚禮也可能是周年紀念，後來在因吉努烏斯（Ingenuus）的莊園裡舉行，這位人士是高盧納邦最有名望的市民。盛裝的新娘穿著羅馬公主的服飾，很威嚴的端坐在寶座上，哥德國王在這種場合遵守羅馬人的風俗，坐在她旁邊較低的位置就感到心滿意足。婚事的禮物按照部族的習慣送給普拉西地婭[88]，都是罕見而華貴的戰利品，全部從她的國家搶奪獲得。五十名英俊的青年穿著絲質長袍，每隻手舉著一個大盤，裝滿各種金幣以及極為名貴的珠寶。阿塔盧斯一直在哥德人庇蔭下受到命運的擺布，現在被指定帶頭唱出慶祝婚姻美滿的許門（Hymenael）之歌。這位被罷黜的皇帝是位技術高明的音樂家，他的表演受到大家的歡呼讚許。戰勝的蠻族能夠享受到粗野行為的樂趣，行省的民眾也能獲得聯盟帶來的好處，愛情和理性能發出溫和的影響力，哥德領主的兇狠習性也會受到節制[89]。

在結婚宴會中送給普拉西地婭一百盤黃金和珠寶，這在哥德人的寶藏

88　西哥德人（是阿多法斯的臣民）後來訂定法律限制婚姻之愛的慷慨贈予。在結婚後第一年之內，丈夫送禮物和產業使妻子獲得利益是不合法的行為。同時不論在任何時候，出手再大方也不能超過財產的十分之一。倫巴底人在這方面要豪爽得多，他們允許在新婚之夜後要付「喜錢」。這種名聲響亮的禮物是女性保持貞操的報酬，相當丈夫財產的四分之一。有些婦女富於心機，事先就按規定索取禮物，事實上她們已失去資格。

89　我們從歷史學家奧林庇多魯斯那裡獲得有關婚禮的詳情。

來說根本不算一回事。從阿多法斯的繼承人當時的狀況,可以選出一些非
常特殊的品項來說明。阿多法斯在納邦的宮殿,陳設著許多價值連城的純
金裝飾品,上面鑲嵌各種名貴的寶石,在六世紀時被法蘭克人掠走:有六
十個聖餐杯、十五個聖餐儀式時使用的金盤、二十個裝福音書的金盒或書
箱。克洛維斯(Clovis)的兒子把這些奉獻的財物[90]分配給領地內的各處教
堂,他這種信仰虔誠而慷慨大方的器度,等於是譴責哥德人過去褻瀆神聖
的行為。他們有一個在餐桌使用的純金盤重達五百磅,還有一件藝術品名
叫「米索里姆」(Missorium)盤,裝飾著各種寶石精工製做而更為名貴。
他們對獲得此寶倒是沒有良心不安的感覺,因為是埃伊久斯(Aetius)大公
送給哥德國王托里斯蒙德(Torismond)的禮物。托里斯蒙德的一個繼承人
為了能獲得法蘭西王國的援助,答應拿這件華麗的器物當禮品。他當時據
有西班牙的王位,勉強將金盤交付給達哥伯特(Dagobert)的使節,後來反
悔半路將它搶奪回來。經過很長的談判他同意支付二十萬個金幣做為補
償,把「米索里姆」盤當成哥德寶藏最值得驕傲的器物,保存在自己的手
裡[91]。等到阿拉伯人征服西班牙,這批寶藏全部為他們攫走,其中最受到
讚許更引人注目的物品,是同樣大小用整塊翡翠雕成的大盤[92],邊上環繞
著三層佳品珍珠,下面有三百六十五個寶石和純金做的基腳當支撐,估計
可值五十萬個金幣[93]。哥德人的寶藏其中有些成為連繫友誼的禮品或是表
示歸順的貢金,不管怎麼說這些都是來自戰爭和掠奪,是從帝國也是從羅
馬所獲得的戰利品。

90　可以經由波克(Bouquet)的著作參閱法國歷史學家偉大的收藏品。有位不為當代所
　　器重的無名作家認為,這些基督徒禮拜所用的器具原來屬於所羅門神廟所有,要
　　是說能代表什麼意義,只能說必須洗劫羅馬才能發現這些東西。

91　昔森南德(Sisenand)在西班牙繼承王座的時間是631年。達哥伯特挪用二十萬金
　　幣,用來為聖丹尼斯(St.Denys)教堂奠基。

92　根據哥吉(Goguet)省長的意見,這塊巨大的翡翠還有雕像和圓柱,古代都放置在
　　埃及,後來帶到加底斯以及君士坦丁堡,看來是彩色玻璃做的人工製品。這個著
　　名的翡翠盤在熱那亞展示過,的確有值得懷疑之處。

93　這件寶物又稱所羅門之桌,按照東方人的習慣,會把世間所有知名和壯觀的古
　　物,全部歸於這位君王所有。

十一、西部帝國七位僭主之繼起與敗亡(410-417A.D.)

　　等意大利從哥德人的高壓統治下獲得解放後,宮廷各黨派人員在暗中活動獲得任職,讓他們到遭到荼毒的地區去止傷療痛,與民生息。政府訂出非常仁慈而且明智的規定,八個受創最為嚴重的行省,像是康帕尼亞、托斯卡尼、派西隆(Picenum)、桑尼姆(Samnium)、阿普利亞(Apulia)、卡拉布里亞(Calabria)、布魯提姆(Bruttium)和盧卡尼亞,獲得為期五年的稅賦減免特權,正常的貢金減少到原有的十五分之一。就是這戔戔之數也都保留下來,作為維持公共驛站之用。還有就是制定有關的法律,凡是留下沒有居民或無人耕種的土地,同意由鄰近的家庭占用,也接受外地人的申請開墾,並且減免部分租稅。流亡在外的原主提出歸還要求時,新的土地所有人可以獲得優先運用的保障。大約就在此時,用霍諾流斯的名義宣布一次大赦,對於非出於本意或受到牽連的罪犯,免除他們的過失和犯法的行為。這些都是不幸的臣民,在社會混亂和災禍頻生的時期,為環境所迫犯下罪行。首都的重建被視為最迫切的工作,並付出極大的關切之情,鼓勵市民重新整建在戰火中被毀或受損的房舍,特別從阿非利加海岸輸入穀物供應所需。新近逃離蠻族殘害的群眾,有希望過富裕和歡愉的生活就會很快回來。羅馬郡守通知阿比努斯(Albinus)宮廷,根據他的記錄有一天到達一萬四千名異鄉人[94]。結果不到七年的工夫,哥德人入侵的痕跡幾乎消失無蹤,城市又恢復昔日的繁榮和寧靜。這位年老的貴婦人在受到戰爭的風暴騷擾以後,又重新戴上榮譽的桂冠,在迴光返照的最後時期,仍要為復仇雪恥、軍事勝利和永恆統治的預言而雀躍不已[95]。

　　提供給羅馬人民糧食的地區,一支帶著敵意的武力迅速接近,外表看

94　菲羅斯托杰斯提到,霍諾流斯擺出凱旋式的行列進城時,勉勵羅馬人用勤勞的雙手和不斷的祈禱,重建他們的城市,同時編年史也讚許赫拉克利安的功績。

95　克勞狄斯·魯提留斯·奴馬提努斯(Claudius Rutilius Numatianus)的發航日期,因為發生困難無法成行。但斯卡里傑(Scaliger)精於天文和星象,他在416年9月24日離開羅馬,到10月9日到達波多(Porto)開始裝船。魯提留斯在這趟饒富詩意的旅程中,用非常興奮的語氣寫信到羅馬表示恭賀之意。

來的平靜局面立即被打破(413A.D.)。阿非利加伯爵赫拉克利安在國家最
困難和不幸的時刻,用積極進取的赤誠忠義之心,支持霍諾流斯的復國大
業,但在擔任過一年執政官的職位後,竟起反叛的野心要當皇帝。阿非利
加的港口立即滿布海上部隊,在他的率領下準備入侵意大利。他的艦隊在
台伯河口錨泊時,所有的船隻包括皇家的戰艦和單薄的小艇,總數竟然達
到不可思議的三千兩百艘[96],比起澤爾西斯(Xerxes)和亞歷山大的艦隊更
為壯觀[*97],可以覆滅地球上最偉大的帝國,要是拿來恢復羅馬自古以來顯
赫的威勢,應該是更不在話下。然而這位阿非利加篡奪者從爭勝的行省帶
來武力,竟給人以非常渺小而虛弱的印象。當赫拉克利安率領部隊從港口
出發,沿著大道向著羅馬的城門行軍時,與皇家一個隊長的部隊發生遭
遇,激戰使得他心驚膽寒,結果嚐到敗北的滋味。這位率領大軍的閣下大
人,丟下他的財產和朋友不加理會,只管自己趁著一艘船可恥的逃走[98]。
赫拉克利安在迦太基港口登岸,想要當地人還對他忠誠支持,這時發現受
到整個行省的藐視,被看成是個一敗塗地的統治者。叛賊在古老的記憶女
神神廟前被斬首,他的任職執政官所獲得的榮譽全被毀棄[99],剩餘的私人
財產沒有超過四千磅黃金,一般而言還算很正常,全部都落入康士坦久斯
(Constantius)手中。康士坦久斯盡力保衛帝位,後來更與弱勢的君主共享
帝位。霍諾流斯一向用怠惰和漠然的態度,來看待羅馬和意大利所受的災
禍[100]。但等到阿塔盧斯和赫拉克利安產生謀叛的企圖,只要威脅到他的安

---

96 奧羅休斯在阿非利加撰寫這部分歷史時,離開事件發生不過兩年,然而著作所述
  很多未必與事實相符。馬塞利努斯的編年史說是赫拉克利安有七百艘船和三千人
  馬,後面這個數目一定有誤,至於前面那個數字我倒沒有意見。

*97 [譯註]澤爾西斯的艦隊根據希羅多德的記載,早已集結一千兩百零七艘戰船和三
  千艘運輸船,可參閱希羅多德《歷史》第七卷;亞歷山大遠征波斯的艦隊,初期
  有一百六十多艘戰船和大批運輸船,參閱阿里安《亞歷山大遠征記》第一卷。

98 埃達久斯(Idatius)的編年史對這件事有記載,但根本無法令人相信,裡面提到赫
  拉克利安前進到達翁布里亞的奧塔里庫隆(Otriculum),在一場大戰中全軍覆沒,
  損失一萬五千人。

99 所有用赫拉克利安的名義所執行的合法行為全部無效,要回復到原來的狀況。

100 我不願提到很多無聊的謠傳,像是霍諾流斯得到失去羅馬的急報,等他知道這不
  是他所喜愛的鬥雞(因為這隻雞取了「羅馬」這個名字)只不過是世界的都城而
  已,於是就放下心來。但這種傳聞在民間甚囂塵上。

全，過不了一段時間，他那遲鈍麻木的本性就會甦醒過來。他對於避開立即的危險所採取的行動和手段，根本一無所知也一籌莫展，認為意大利不再受到國外和國內敵人的侵略，他還是平靜的生存在拉芬納的皇宮。這時在阿爾卑斯山以外的僭主，名義上一再被狄奧多西的兒子擊敗，實際是被他派遣的部將平服。在忙碌生動的敘述過程中，我可能會忘記提及這位君王的逝世狀況，所以在這裡先說明，他在羅馬首次被圍後又活了十三年。

君士坦丁接受不列顛軍團的紫袍加身，篡奪行為不僅獲得成功，而且看起來非常安全（409A.D.）。從安東尼邊牆一直到海克力斯之柱，全都承認他的統治權力。但整個帝國處於混亂情勢之下，他所享有高盧和西班牙的疆域，全都免不了蠻族各部落的剽掠，這種破壞行動的發展過程，不再受到萊茵河和庇里牛斯山的阻絕。君士坦丁的手裡沾染著霍諾流斯親屬的鮮血，但經由秘密的連繫和強力的勒索，還是獲得拉芬納宮廷批准他反叛所主張的權利。君士坦丁提出莊嚴的保證，要從哥德人手裡解救意大利於倒懸，開始進軍直抵波河河畔。但他那膽小如鼠的盟友只是提出示警，並沒有派兵協助，他也很快撤退回到亞耳的皇宮，然後毫無節制擺出盛大的場面，舉行虛妄而浮誇的凱旋式，好在國人面前炫耀自己的勝利。但他最英勇的將領吉隆久斯（Gerontius）伯爵變節，這種曇花一現的成果立刻被打得粉碎。這位將領因為君王的兒子康士坦斯（Constans）離開去接受皇家的紫袍，所以就獲得西班牙行省的指揮權。我們不知道基於那些理由，吉隆久斯並沒有自己稱帝，而是讓給他的朋友麥克西繆斯（Maximus）。定都在塔拉格納（Tarragona）後，行動積極的伯爵急速進軍越過庇里牛斯山，在君士坦丁和康士坦斯完成防禦準備之前，對兩位皇帝發起奇襲作戰。康士坦斯在維恩納（Vienna）成為俘虜，立刻就被處死。這位不幸的年輕人還來不及悔恨家庭的飛黃騰達，就被迫或許是受到引誘犯下褻瀆神聖的行為，放棄平靜而卑微的修院生活。君士坦丁被圍困在亞耳的城牆之內，要不是得到意想不到的救援，必然會屈服在攻擊者的壓力之下。一支意大利軍隊正在接近，打著霍諾流斯的名號。合法皇帝的正式宣告，使得兩個相互對抗的叛黨大為驚奇。吉隆久斯被自己的部隊所棄，就趕快逃回西班牙，雖

已處於窮途末路，還要發揮羅馬人不屈不撓的勇氣，想從面臨覆滅的局面
重振昔日威名。有一大群不忠不義的叛軍在午夜包圍他的住屋，發起攻
擊，但他在這裡臨時構成堅固的防禦設施，他的妻子、他的一位驍勇的阿
拉尼人的朋友，還有幾位忠心耿耿的奴隸，仍舊追隨著他。他們用無比的
技巧和決心加上儲存大量的標槍和弓箭，有三百多員攻擊者在突襲的過程
中喪失性命。當所有的投射武器消耗殆盡，他的奴隸趁著黎明之際逃走，
吉隆久斯要是不講夫妻的恩愛情分，也會效法他們的行為。士兵為頑強的
抵抗而氣惱不已，就在房屋的四周縱火。現在已到窮途末路的時刻，他應
要求把蠻族朋友的頭砍下來，同時他的妻子不願在世間苟且偷生，就投身
在他的劍上斷頸而亡。伯爵實施三次無效的攻擊後，拔出短劍刺進自己的
胸膛，才終結這悲慘的場面[101]。授與紫袍的麥克西繆斯現在乏人保護，他
的權勢和能力都無法避免束手待斃的羞辱。善變的蠻族在蹂躪西班牙時，
還將這個皇家的傀儡扶植在帝座上，但立刻將他送給霍諾流聽其發落。僭
主麥克西繆斯在押往拉芬納和羅馬示眾後，被公開處決。

　　康士坦久斯是這位將領的名字，他在率軍解亞耳之圍並驅除吉隆久斯
的部隊後，如日中天一般快速擢升。他生來就是一個羅馬人，在帝國的臣
民處於尚武精神衰微之際，這種不平常的徵兆讓人產生深刻的印象。將領
本人表現出雄壯威武和儀態莊嚴的樣子，一般人的看法是他有資格成為帝
位的候選人，事實上他後來還是不負所望。他在與朋友私下交談時顯得和
藹可親，歡宴時也不會板著啞劇的面孔，講一些冠冕堂皇的應酬話。但等
到作戰號角響起，當他騎在馬上，躬著腰像是俯身在馬頸上面(這是他非
常怪異的騎馬姿勢)，就會兇狠瞪著充滿生氣的眼睛注視戰場。康士坦久
斯會讓敵人驚嚇萬分，保證可以獲得勝利，激起士兵高昂的戰志。他接受
拉芬納宮廷賦予的重要任務，要蕩平西部行省的叛亂活動。自封為皇帝的
君士坦丁在苟延殘喘相當時日後，又有一支無敵大軍包圍他的首都，然而

---

101 索諾曼非常讚賞這種負嵎頑抗的行為，出自教會歷史學家之口倒是令人覺得奇
　　怪，也會引起反感。他提到吉隆久斯的妻子是基督徒，從容赴義給她的宗教信仰
　　帶來榮耀，可以獲得不朽的名聲。

這段間隙讓他掌握到時機，能夠與法蘭克人和阿里曼尼人成功完成談判。
他的使節伊多比克（Edobic）率領一支軍隊，立刻前來解亞耳之圍。這位羅
馬將領不等敵人進攻他的陣線，很明智的決定要渡過隆河去迎擊蠻族，在
他的指揮下展開機警和秘密的行動。康士坦久斯的步兵在正面開始接戰
時，他的部將烏爾菲拉斯（Ulphilas）率領騎兵，銜枚疾走在敵人後方占領
有利的位置，一聲令下發起突擊包圍敵軍將其殲滅。伊多比克的餘部為了
保命不是逃走就是投降，他本人從戰場出亡去投奔一個毫無誠信的友人。
這位出賣朋友的傢伙非常清楚，可惡來客的頭顱要是交給皇家的將領，一
定會獲得大筆犒賞和酬庸。在這種情況下，康士坦久斯的行為表現正統羅
馬人的寬宏大量，完全克制自己的猜忌情緒，公開讚揚烏爾菲拉斯的英勇
和功績。但他轉過來對於殺害伊多比克的行為，表現出極為憎惡的態度，
同時非常嚴正表示，在他的指揮之下不容忘恩負義的人出現在他面前，也
不能讓醜行污染他的營地，因為這些人違犯交友之誠和待客之道。篡奪者
從亞耳的城牆上向四周遠眺，已完全喪失最後的希望，只有寄望於征服者
能對他寬大處置，為了獲得個人安全的莊嚴保證，在神聖的基督教長老面
前舉行按手禮，這樣他才敢打開亞耳的城門。但他後來還是有所體驗，那
就是康士坦久斯的行事能夠遵守榮譽和正直的原則，在面對政治的現實要
求也只有退避三舍。實在說，羅馬的將領拒絕讓君士坦丁的鮮血玷辱他的
桂冠，於是廢帝和他的兒子朱理安在嚴密的戒護下被送回意大利，在還沒
有抵達納芬納之前，就遇到前來執行死刑的大臣（411年11月28日）。

在這樣一個時代，帝國每位臣民都認為能憑著功績登上君王寶座，且
遠較靠著家世和血統為優，就會有篡奪者不管前車之鑑，還是前仆後繼搶
奪不休。高盧和西班牙的行省特別感受到這種災禍之苦，由於戰爭和叛亂
之故，社會秩序和紀律已蕩然無存（411-416A.D.）。在君士坦丁脫除紫袍
之前，就是圍攻亞耳進行到第四個月時，皇家的營地接獲信息，說受到阿
拉尼人國王哥亞爾（Goar）和勃艮地人國王干提阿流斯（Guntiarius）的慫
恿，喬維努斯（Jovinus）在上日耳曼的門次（Mentz）登基稱帝。他們要把帝
國授與這位傀儡，就帶著大群難以抗拒的蠻族軍隊，從萊茵河兩岸向隆河

前進。喬維努斯的統治期間很短,整個情況很難了解清楚同時也很特別。就常理來說,康士坦久斯是作戰勇敢且經驗豐富的將領,一定會親率大軍,在戰場上靠著一刀一槍來維護霍諾流斯的帝業。他快速退兵一定有充分理由,證明是至當行動,但他並沒有經過一番血戰,就放棄高盧的所有權。根據記載只有禁衛軍統領達達努斯(Dardanus)是唯一留下的官員,拒絕屈從篡奪者的意志[102]。哥德人圍攻羅馬之後兩年,已在高盧建立起根據地。我們理所當然認為他們只會二者擇一,選擇傾向霍諾流斯皇帝或已退位的阿塔盧斯。霍諾流斯雖是最近聯盟的友人,但他們將阿塔盧斯扣留在營地裡,視狀況需要,要他扮演音樂家或國君。然而在這使人厭惡的時期(很難指出原因或是確切日期),阿多法斯與高盧的篡奪者建立關係,強使阿塔盧斯負起可恥的任務去談判和平條約,等於是要他批准自己下台。讀到這段歷史定會感到怪異,喬維努斯好像沒考慮到,能與哥德人聯盟,對他的帝位而言是最穩固的支持,竟然用曖昧而含糊的言辭,譴責阿塔盧斯所提出的要求是多管閒事。同時他還用藐視的態度對待最重要的盟友,不願接受他們的勸告,將紫袍授與他的兄弟塞巴斯蒂安(Sebastian)。他最不智的作法是接受薩魯斯的服務。英勇的酋長還是霍諾流斯的部屬時,由於君王不知道如何運用獎勵和懲罰的力量,使得薩魯斯在一怒之下背棄拉芬納的宮廷。阿多法斯是在武士的團體裡接受教育,在他所繼承的權利中把復仇的責任視為最貴重和神聖的部分,帶領一萬哥德人去迎戰巴爾提家族的世仇大敵。他趁薩魯斯防護疏忽時發起攻擊,對方只有十八或二十名英勇的隨員陪伴在旁,經過一番激戰後,寡不敵眾全部陣亡,當得起英雄的美名,但引不起敵人的同情,就像獅子陷入羅網[103]只有死而後已。

---

102 賽東紐斯‧阿波利里斯(Sidonius, Sollius Modestus Apollinaris, 430-479A.D.,詩人、克勒蒙主教)在指責君士坦丁的反覆無常、賈維努斯的機智靈巧和吉隆久斯的奸詐背信後,認為這些僭主所有的惡行都集中在達達努斯一個人身上。然而這位統領在世上已獲得可敬的名聲,甚至教會對他也都極為推崇,他與聖奧古斯丁和聖傑羅姆保持通信,何況後者對他用「尊貴的基督徒」這個稱呼。

103 這種表示的方式並不誇張,奧林庇多魯斯在希臘原文裡提到,這是一種匈奴人使用的陷阱,可以用來捕捉敵人,或者用來遲滯敵人的行動。

阿多法斯與高盧的篡奪者原來還維持鬆散的同盟關係，等到薩魯斯死亡以後全部取消。他再度聽從愛情的指使和審慎的策略，保證要將喬維努斯和塞巴斯蒂安兩位僭主的頭顱，立即送到拉芬納的宮廷，這樣一來就能使普拉西地婭的兄長心滿意足。哥德國王履行他的承諾，毫無困難也沒有耽擱，喪失希望的兩兄弟沒有傲人的功勳可以獲得支持，被蠻族協防軍遺棄。瓦倫提亞地區有短暫的抵抗，高盧一個最高貴的城市被摧毀，付出慘痛的代價。阿塔盧斯是被羅馬元老院選出來的皇帝，經歷過登基、遜位、受辱、復位、再度退位以及備受羞辱等不同的際遇，最後只有聽天由命。但當哥德國王撤消對他的保護，不知是出於憐憫還是輕視，他本人並沒有受到任何暴力傷害。命運乖戾的阿塔盧斯在沒有臣民也沒有盟友的狀況被留下，任其自生自滅。他在西班牙的一個港口上船，想要找到安全而偏僻的避難地，但在海上受到攔截，被送到霍諾流斯面前聽候發落。就在拉芬納和羅馬舉行的凱旋式中，長勝的征服者高踞皇帝寶座，他就屈從在前面的腳踏上，經過通衢大街在眾目睽睽下亮相。當阿塔盧斯不可一世時，用來侮辱對手的言辭，被當成懲罰施加在阿塔盧斯自己身上，在被剁掉兩根手指以後，永久放逐到黎帕里（Lipari）島，但會適度供應他生活所需。霍諾流斯剩餘的統治時期沒有受到叛亂的干擾，但可以看到在五年之中，七個篡奪者倒在洪福齊天的君王腳前，而他本人既沒有運籌帷幄的本領，也缺少決勝千里的能力。

十二、蠻族入侵西班牙的混戰及華里亞的崛起（409-418A.D.）

西班牙的形勢因為海洋、山嶺和中間行省的位置，在各方面都與羅馬的敵人保持隔離，這個遙遠而又偏居一隅的國土能夠長久處於平靜局面。我們可以看得出來，有四百年的時間，西班牙很少在羅馬帝國的歷史上留名亮相，也是這個地區的人民能過幸福生活的最佳寫照。高連努斯在位時，蠻族的足跡曾經穿越庇里牛斯山，不旋踵間消失得乾乾淨淨一切又歸於平靜。在公元四世紀，像是伊美里塔（Emerita）或稱美里達（Merida）、柯

杜巴(Corduba)、塞維爾(Seville)、布拉卡拉(Bracara)和塔拉格納,可以
列名羅馬世界最出色的城市。這是一個富於動物、植物和礦物的人間樂
土,有熟練而勤奮的人民用進步的方法來生產製造各種物品,特別方便之
處是船舶的儲存供應設施,可以用來支持範圍廣大而且有利可圖的海外貿
易。在皇帝的保護下,無論工藝還是技術都蒸蒸日上。要是西班牙人的性
格因爲和平與勞役而顯得懦弱,在日耳曼人大敵臨頭的狀況下,似乎可以
激起熱愛戰陣之勇的火花。這些蠻族已把恐怖和破壞從萊茵河散布到庇里
牛斯山,只要把防守山嶺的責任交付在強壯而又忠誠的民兵手裡,就可擊
退蠻族的不斷進犯。但等到地方部隊被迫將哨所和碉堡交出來,全部落在
君士坦丁手下,也就是霍諾流斯幫那批人的手裡,西班牙的門戶立刻就被
出賣給公眾的敵人(409年10月13日)。大約是在哥德人洗劫羅馬前十個
月,那些負責防守庇里斯山的傭兵部隊,知道自己犯下罪行,同時也渴望
掠奪財物,於是放棄自己的崗位,邀集蘇伊威人(Suevi)、汪達爾人和阿
拉尼人的武裝力量,成爲一股莫之能禦的洪流,從高盧的邊界一直衝到阿
非利加的海岸。西班牙所遭遇的災難,可以用雄辯的歷史學家所說的一番
話來加以描述,簡略的表示出當代作家熱情而誇張的演說[104]:

> 這些民族的入寇行動後,接著就是最可怕的災難。蠻族用殘酷的
> 手段來搜刮羅馬人和西班牙人的財富,這種蹂躪的行爲對於城市
> 和鄉村是同樣的暴虐,饑饉的嚴重使得可憐的居民墮落到以人爲
> 食的地步。連曠野的猛獸也在沒有控制的狀況下數量倍增,而且
> 已嚐到血的滋味,在飢餓的怒火中燒之下遂冒險攻擊人類,把人
> 當作獵物飽食一頓。接著瘟疫蔓延開來,這是饑荒密不可分的伙
> 伴,把大部分的民眾消滅殆盡,瀕死者的呻吟聲只會引起倖存友
> 人的羨慕。蠻族終於厭倦屠殺和搶劫,同樣感受到邪惡傳染開來

---

104 埃達久斯希望國家發生這些災難,可以用先知但以理(Daniel)的預言來解釋,因
   而要修改事實的情節,以符合預言的內容。

以後所產生的痛苦，他們完全是自作孽怨不得別人，於是就在人口衰減的地區永久安頓下來。古老的加里西亞(Gallicia)範圍涵蓋舊卡斯提爾王國在內，現被蘇伊威人和汪達爾人瓜分；阿拉尼人散布在迦太基納(Carthagena)和露西塔尼亞(Lusitania)所屬各行省，從地中海一直延伸到大西洋；富裕的貝提卡(Boetica)地區分配給斯林吉人(Slingi)，這是汪達爾族的一個分支。經過這樣劃分後，征服者和他的新臣民訂定一些有關保護和歸順的互惠條約：土地開始耕種，市鎮和鄉村由被俘虜的人民再度據有。與羅馬政府嚴苛欺壓作風相較，大部分西班牙人寧願過目前這種貧窮而落後的生活。然而還是有很多人堅持與生俱來的自由權利，特別是住在加里西亞山區的人民[105]，拒絕屈服在蠻族的奴役之下。

　　喬維努斯和塞巴斯蒂安的頭顱是份重禮，可以用來證明阿多法斯誠摯的友誼，使得高盧重新向他的兄弟霍諾流斯再度降服歸順。「和平」這個詞就哥德國王的立場和性格而言是勢不兩立、無法並存的東西，他很快接受建議轉用戰勝的軍隊對付西班牙的蠻族。康士坦久斯的部隊截斷他與高盧海港的交通線，於是他被迫逐漸向著庇里牛斯山進軍(414A.D.)[106]。等他通過山區，就用皇帝的名義對巴塞隆納這個城市發起突擊。阿多法斯對身為羅馬人的新婦一往深情，並沒有因為時間或已經到手而減輕溺愛的程度，她生下一個兒子就沿用外祖父顯赫的名字狄奧多西，看來他要為帝國的利益鞠躬盡粹死而後已。這個嬰兒沒有保住，傷心的父母把遺體裝進銀棺，埋在巴塞隆納附近一座教堂裡。哥德國王忙著轉戰各處，可以暫時擺脫悲痛的心情。勝利的進展由於內部的叛變而中斷，他犯了最大的錯誤是

---

105 馬里安納(Mariana，Juan，1536-1623A.D.，西班牙歷史學家)在奧羅休斯的著作裡讀到，蠻族要把刀劍打造成耕種的犁頭。很多省民願意與他們生活在一起，認為比受盡羅馬人的壓榨要好得多。

106 要是把奧羅休斯和喬南德斯作一比較，就知道羅馬人和哥德人的歷史學家持不同的觀點，可以推論出來一個靠強制而另一個是用說服。

接受薩魯斯的一個追隨者在麾下服務。這個蠻族雖然身材矮小但是膽大包
天，在暗中策畫要爲敬愛的恩主被害報仇雪恥，何況他還不時遭受傲慢主
子的譏諷。阿多法斯在巴塞隆納的宮殿被暗殺(415年8月)。一群喧囂的黨
徒擅自改變繼承法則[107]，辛吉里克(Singeric)是薩魯斯的兄弟，算起來並
非皇室一族而是局外人，竟然登上哥德人的寶座。他即位後的第一個行
動，就是極不人道的謀害阿多法斯的六個子女，都是前面一次婚姻所出。
他毫無惻隱之心，將他們從一個衰老的主教手裡奪走。不幸的普拉西地婭
沒有獲得應有的尊敬，卻受到殘忍的對待和惡意的侮辱，她的遭遇就連心
胸最冷酷的人也會激起同情。狄奧多西皇帝的女兒混雜在一群平民俘虜
裡，被迫步行十二哩路，後面跟著一個騎馬的蠻族，就是殺害她丈夫的兇
手。普拉西地婭深愛過世的阿多法斯，感到無限的悲傷[108]。

　　但普拉西地婭立刻獲得報仇的快慰。看到她受到極爲羞辱的痛苦，喚
起氣憤的民眾群起反對僭主，結果他在篡位以後第七天被殺。辛吉里克死
亡後，族人的抉擇是將哥德人的權杖授與華里亞(Wallia)，他不僅黷武好
戰而且野心勃勃，在統治初期對羅馬帝國充滿敵意。他率領軍隊從巴塞隆
納行軍到達瀕臨大西洋的海岸，古人懷著敬畏之心認爲此地是世界的盡
頭。他抵達西班牙最南端的海岬，站立地點的下方現在是雄偉的直布羅陀
要塞。他在高崖上注視阿非利加的海岸，距離很近而且非常富裕，重新規
畫因爲阿拉里克逝世而中斷的征服行動，險惡的波濤再度使哥德人的盛舉
飽受挫折，風暴和海難不斷帶來災禍，在迷信的人民內心產生不利的影
響。處於這種狀況下，阿多法斯的繼承人不再拒絕聽取羅馬使節的意見，
尤其是他接到信息，說是在英勇的康士坦久斯指揮下，有大軍即將接近，
於是簽訂正式條約，雙方要確實信守：普拉西地婭很榮譽的回到她兄弟的

---

107 照喬南德斯提出的體制，哥德人王座的繼承權掌握在阿瑪利人(Amali)手裡，但
所指的君主現在是匈奴人的臣屬，在遙遠的日耳曼和錫西厄指揮東哥德人的部
族。
108 君士坦丁堡獲得阿多法斯的死訊，就張燈結綵舉辦各種活動大事慶祝。希臘人在
這種狀況下，到底是痛恨蠻族還是拉丁人，倒是令人感到懷疑。

宮廷，忍受饑饉之苦的哥德人獲得六十萬斗小麥[109]，華里亞保證要用武力來維護帝國權益。西班牙的蠻族之間立即爆發血流成河的戰爭（415-418A.D.），相互戰鬥不息的君主據說寫信、派使節和提供人質給西部皇帝，請他作平靜的旁觀者，對他們的爭執置身事外。就羅馬人而言，最樂意見到的事情莫過於他們的宿敵自相殘殺。西班牙戰爭靠著絕望中的奮鬥和獲得各種勝利，才能堅苦卓絕的支持下去。在經歷三次戰役後，戰功彪炳的華里亞成為哥德人的英雄，顯赫的名聲傳遍整個帝國。他消滅斯林吉人，但這些蠻族已經將美麗而又富裕的貝提卡行省，蹂躪得無法恢復原狀。他在會戰中斬殺阿拉尼人的國王，這些部族都是四處漂泊的錫西厄人，殘餘的人員逃離戰場，並沒有選出新的首領，低聲下氣在汪達爾的旗幟下找到庇護，從此以後處境每下愈況。汪達爾人本身以及蘇伊威人敵不過百戰百勝的哥德人，這些混雜的蠻族群眾退路全被截斷，被驅往加里西亞的山區。這塊面積狹小的範圍全是貧瘠的土地，他們棲身其間，仍舊保持無法平息的敵意。華里亞獲得勝利感到自豪還能信守諾言，他把征討的西班牙仍舊歸還給霍諾流斯。一個受壓迫的民族處於皇家官員暴政的淫威之下，對於受到蠻族的奴役感到心中不安。就在戰局還未完全底定前，華里亞的武力所帶來的頭一件好處，就是鼓勵拉芬納的宮廷，為他們軟弱的國君發布舉行凱旋式的榮譽。他像古代平定各民族的征服者一樣進入羅馬，如果不是大家認為他的生平事蹟，只值得建立一座奴性和墮落的紀念物，我們就會發現一大群詩人、演說家、官員和主教，異口同聲讚揚霍諾流斯皇帝的氣運、智慧和英勇無敵的奮鬥精神[110]。

---

109 這個時刻得到供應可以解燃眉之急。在西班牙的汪達爾人用「特魯利」（Truli）這個稱呼來侮辱哥德人，因為他們已陷入極端悲慘的境地，就是一個金幣才能換到一個「特魯利」的麵粉，也就是半磅的重量。

110 普洛斯帕的編年史記載羅馬人凱旋而歸。有關阿多法斯之死和華里亞的功勳，奧林庇多魯斯、奧羅休斯、喬南德斯及埃達久斯和伊西多爾的編年史，都曾提及。

十三、蠻族在高盧的割據局面及對後世的影響 (419-420A.D.)

要是華里亞在再度越過庇里牛斯山之前，完全根除引起西班牙戰爭的火種，身為羅馬的盟軍只有他才配舉行凱旋式。哥德人渡過多瑙河四十三年後，戰勝的軍隊根據條約規定，獲得第二阿奎丹(Second Aquitaine)行省建立自己的王國。這個濱海地區位於加倫(Garonne)河與羅亞爾河之間，波爾多是首府據有民事和教會的管轄權。城市的位置非常優越可以獲得海洋貿易之利，建造成制式的城區非常雅緻，居民人數眾多而且以財富、學識和文雅的舉止，在高盧人當中出類拔萃。毗連的行省可以比擬於伊甸園，托天之福享有肥沃的土壤和溫暖的氣候，整個鄉土展現勤勉工作所需的技藝和所得的報酬，哥德人在歷經戰陣的辛勞後，盡情享用阿奎丹的葡萄美酒。哥德人的邊界在增加一些行政區域後又擴大很多，阿拉里克的繼承人將皇家的居所設置在土魯斯，形成五個人口稠密的社區，四周有城牆圍繞，大約此時，霍諾流斯統治最後的一年，哥德人、勃艮地人和法蘭克人在高盧的各行省，獲得永久的領地和主權。篡奪者喬維努斯慷他人之慨，把第一日耳曼(First Germany)行省也就是上日耳曼地區，整個割讓給盟友勃艮地人，後來也獲得皇帝的同意成為合法的領地。這些英勇的蠻族逐漸運用武力的奪取或者根據條約的規定，一共占領兩個行省，現在仍舊保持大公國和伯爵封邑的頭銜，這些都是勃艮地人原有的稱呼[111]。法蘭克人是羅馬帝國強大而忠實的盟友，過去英勇抵抗的入侵者，現在受到誘惑要效法他們的榜樣。特列夫是高盧的首府，就被法蘭克人無法無天的幫派所洗劫，還有地位卑下的殖民區原來一直維持在托克森山卓(Toxandria)地方，也可說是位於布拉奔(Brabant)，然後漸沿著馬士(Meuse)河和須耳德(Scheld)河的兩岸伸展地盤，一直到他們的自主權擴

---

111 奧羅休斯讚許勃艮地人溫和謙恭，對待高盧的臣民像是基督徒的弟兄。馬斯庫在他的大著《古代日耳曼史》最後的註釋裡，把日耳曼王國的淵源交代得很清楚。

張到整個第二日耳曼（Second Germany）行省，也就是下日耳曼地區。這些
事實都很正確，可以找到歷史上的證據，但說到法蘭西王國的奠基，在於
法拉蒙德（Pharamond）的武力征戰或是制定法律，甚至於這位英雄人物是
否存在，現代學者都用非常公正的嚴苛態度加以責難[112]。

　　高盧富裕行省受到摧毀始於這些蠻族的興起。建立聯盟會帶來危險和
迫害，起於利益和欲望的反覆無常天性，逼得他們要違犯公眾的和平與安
寧，把負擔沉重而且極不公平的贖金，強加在倖存的省民身上。他們剛剛
逃過戰爭的災難，最美好和最肥沃的土地被分配給貪婪的異鄉人，供給他
們的家庭、奴隸和牲口使用，戰慄的當地人士只有在悲嘆聲中放棄來自祖
先的繼承權利。這種國內發生的慘劇並非僅見於被制服的人民，事實上羅
馬人所遭受的痛苦，不僅來自國外異族的征服以後的暴虐無禮，還有來自
內戰的瘋狂屠殺和清算。三人執政團把十八個意大利最繁榮的殖民區擯棄
於法律保護之外，奪走他們的土地和房屋分配給退伍的老兵，因為是這些
老兵為死去的凱撒報了大仇，同時還剝奪這些地區的自由權利。有兩位同
樣名聲響亮的詩人遭遇類似的狀況，為失去祖傳的產業而悲嘆不已。看來
奧古斯都的軍團士兵，比起霍諾流斯在位時入侵高盧的蠻族，就暴虐和專
橫來說更勝一籌。魏吉爾能從百夫長的劍下逃生實是千鈞一髮，結果還是
被奪去位於曼都亞（Mantua）附近的農莊；但波爾多的保利努斯（Paulinus）
從哥德人買主手裡接到一筆錢，使他感到很欣慰同時也很驚異，雖然比起
產業的實際價格要低很多，掠奪的行為起碼會用溫和與公平的外表加以掩
飾。征服者這個讓人憎惡的名字，被羅馬人用「客卿」這個溫馨而親切的
稱呼所軟化。高盧的蠻族特別是哥德人一再公開宣稱，他們要用友情與人
民建立穩固的關係，對皇帝要負起盟友和服役的責任。霍諾流斯和繼承人
的頭銜、法律以及政府的官員，在高盧的行省仍舊受到尊敬，雖然他們將

---

112 除了在普洛斯帕的編年史裡可以找到一點可疑的線索，在七世紀以前從未提到過
　　法拉蒙德的名字。《法蘭克人言行錄》（Gesta Francorum）一書的作者認為，法拉
　　蒙德的父親瑪科米爾（Marcomir）被放逐在托斯卡尼時，把他推薦給法蘭克人，後
　　來成為他們的國王。

這些所有權都已經交給蠻族盟邦。國王只對本族的臣民握有至高無上和獨
立自主的權勢,為了滿足野心還是要求授與皇家軍隊的主將這個更為顯赫
的職位。像這種發自內心的尊敬,使得羅馬人的名字在戰士的心目中有深
刻的印象,甚至在凱旋式中不敢展示從卡庇多山掠奪的戰利品。

十四、不列顛的分離和獨立以及高盧行省的聯盟會議(409-449A.D.)

在意大利受到哥德人蹂躪,而阿爾卑斯山以外的行省,為連續幾位軟
弱的僭主所壓榨時,不列顛島與羅馬帝國母體發生分離。防守遙遠行省的
正規部隊逐漸撤走,毫無防衛能力的不列顛放棄給薩克遜海盜,還有愛爾
蘭和卡里多尼亞的野蠻人。不列顛人已經陷入絕望局面,無法依賴一個正
在衰亡的君主政體,給予緩不濟急而又極不可靠的援助。他們帶著武器集
結起來驅退入侵者,察覺到自己可以具有實力,為這個重大的發現而樂不
可支[113]。遭受同樣的災難所帶來的痛苦,也激發起類似的精神力量,阿莫
尼卡(Armorica)各行省(這個名稱包括高盧從塞納河到羅亞爾河的濱海地
區)[114]決定拿鄰近島嶼做榜樣,效法他們的行為。羅馬帝國官員的行政都
聽從篡奪者君士坦丁的權威,現在全部被驅除一空。人民建立自由的政府
不像在過去一直是專制主子手下的臣民。不列顛和阿莫尼卡的獨立獲得霍
諾流斯的首肯,當時他是西部帝國的合法皇帝,來函特別託付新興的國家
要注意自身的安全,這可以解釋為永久和絕對放棄原有的統治權力,從某
種程度上看這種主張獲得事實的證明。就在高盧的篡奪者相繼敗亡後,濱
海的行省又重新併入帝國的版圖,然而他們的歸順不是完全心悅臣服,經
常會出現不穩的狀況。人民產生自負、多變而叛逆的性格,不論是爭取自

---

113 諾昔繆斯提到不列顛和阿莫里卡的叛變,只是簡短的幾句話。古物學家,甚至連
    偉大的康登,由於對歐陸的歷史不夠了解,所以犯了很多錯誤。

114 兩位國家地理學家瓦羅亞(Valois)和丹維爾(D'Anville),在他們的作品《古代高
    盧一覽》裡,定出阿莫里卡的界限,這個名字在過去表示很廣泛的地區,後來的
    範圍縮小很多。

由或免除奴役都形成勢不兩立的局面。阿莫尼卡雖然不再維持一個共和國
的形式，還是經常受到煽動，引起帶來毀滅禍害的叛亂[115]。不列顛的喪失
造成無法挽回的後果[116]，但皇帝對一個遙遠行省的獨立，抱著默許的態度
是非常明智的作法。這種分離不會爲譴責暴政或懲處叛逆而帶來無法避免
的痛苦，官員基於國民之間的友誼，就會自動自發尊重相互的利益，根據
聯盟和防護的權利義務建立雙方的關係[117]。

　　不列顛的變革使得政府和軍事的人爲結構爲之冰消瓦解，獨立的國家
在這四十年的期間(409-449A.D.)，爲教士、貴族和自治市鎮的權勢所統
治，一直到薩克遜人入侵爲止[118]。其一，只有諾昔繆斯對這種很特殊的處
理方式留下記錄，他非常確切的提到霍諾流斯的信函，是寫給不列顛的城
市。在羅馬人的保護之下，面積廣大的行省有九十二個重要的市鎮在有幾
個區域興起，其中有三十三個城市因爲獲得某些特權，或是處於重要的位
置，較之其餘的市鎮顯得更爲突出[119]。每一個這樣的城市跟帝國所有其他
行省的城市一樣，成爲合法的法人團體，目標是要符合國家的政策，自治
政府的權力分配給任期爲一年的官員、一個民選的元老院以及人民大會，
完全依據羅馬制度的原始模式，因而年度歲入和財務的管理、民事和刑事
審判的運作，公用事務的計畫和執行，全部依法行事，就像一個具體而微

---

115 都博斯神父的體系就這部分而言，我認爲要提出抗議，孟德斯鳩也大聲疾呼加以
　　反對。
116 普洛柯庇斯曾經提到這件重要的史實，一般人都忽略不加理會。甚至就是比德
　　(Bede，673-735A.D.，英國天主教神父和教會史學家，死後被封爲聖徒)也知
　　道，羅馬人最後是在霍諾流斯統治時期離開不列顛。然而現代的歷史學家和古物
　　學家，都延長羅馬人的統治期限。有些人認爲從他們離開到薩克遜人抵達，其中
　　的間隔只有幾個月的時光。
117 比德沒有忘記爲對付蘇格蘭人和皮克特人，不列顛偶而可獲得軍團援助。以後還
　　有更爲可信的證據，獨立的不列顛人徵召一萬二千人，到高盧爲安塞繆斯皇帝服
　　役。
118 我有義務說清楚歷史真相，這一節所敘述的情況，有的只能靠臆測和類推。我們的
　　語文在表達方面很呆板，有的地方不合文理，只能捨棄條件語氣而改用陳述語氣。
119 這三十三個城市都有明確的註記，其中兩個是自治城市，九個是殖民區，十個是
　　比照拉丁地區給予公民權的城市，還有十二個是有納稅義務的城市。

的共和國。等到他們矢言獨立時，城市和鄰近區域的青年，自然就投身在
民選官員的旗幟下面列陣。但禍亂之源是人人想在政治團體裡獲得利益而
又能逃避負擔，我們不能一廂情願，認為不列顛在恢復自由權利以後，可
以免於群眾的喧囂和黨派的傾軋。對於家世和財富方面高人一等的上層階
級來說，那些行事大膽而眾望所歸的市民難免要侵犯到他們的特權。傲慢
的貴族抱怨他們成為臣民的僕從，有時就會緬懷專制國君的統治。其二，
每個城市的管轄權涵蓋鄰近的地區，元老院那些繼承世襲影響力的主要議
員都支持此一制度。較小的城鎮、村莊和地主顧及本身的安全，也要依附
這些在發展中的城邦好獲得庇護，城市的吸引力所及的範圍要視財富的多
寡和居民的數量而定。但家業龐大的世襲領主不願受制於附近有實力的城
市，渴望成為獨立自主的王候，擁有決定和平與戰爭的權利。附庸風雅展
現意大利的格式的花園和田莊，很快變成堅固的城堡，一旦發生危險的狀
況，可以為鄰近的鄉土提供防護作用。土地的收益用來購置武器和馬匹，
並維持一支軍事武力，成員是奴隸、農民和一群投靠的烏合之眾。在自己
領土內的酋長據有的權力就像一個民選官員，不列顛有一些酋長可能真是
古代國王的後裔，還有很多人採用尊貴的家譜，可以用來申辯被篡奪的凱
撒所中止的繼承權利[120]。他們的處境和希望使他們喜愛祖先的服裝、語言
和習慣。要是不列顛的王候回復到蠻族的狀況，城市還是會保持著羅馬的
法律和生活方式。整個島嶼會因兩個不同的國家派系而形成分裂，由於利
益和憎惡引起的怒氣，再度陷入成千上萬的戰爭和傾軋之中。國家的實力
無法聯合起來對付國外的敵人，反而在無謂的內部口角中消耗殆盡。個人
的功績就會產生一個領導者，可以在同儕之中出人頭地，等到他能夠剝
奪鄰近城市的自由權利，擢升到僭主的高位，使得不列顛在擺脫羅馬政府
以後再度受到專制的壓迫。其三，不列顛教會由三十到四十名主教組成，
加上適當比例的次級教士。他們的處境不夠富裕（對他們而言看起來已經

---

120 活躍而博學的古物學家認為，有幾個部族的不列顛君王，從克勞狄斯到霍諾流斯
　　時代，雖然有較次級的管轄權，但還是在繼續實施統治。要是我們採用這種無法
　　實現的說法，那麼提到他們以後要建立權力就會容易得多。

是貧窮），所以會產生舉止得當和堪作表率的行為，以獲得公眾的尊敬。
教士的利益和性質都贊同和平，並且要與情意相投的國家取得協同一致的
步調，在平常的講道中把這些經驗教訓諄諄告誡所有的教徒。主教會議也
可以說國家是最有份量和最具權威的集會，在這樣的商議過程中，各地的
王侯和官員與主教混雜坐在一起，自由討論和爭辯國家和教會的重要事
務，要調停不同的意見，建立盟邦的關係，徵收所需的稅賦，做出明智的
決定，同心合力的執行。在生死存亡的危急時刻，不列顛人普遍同意要選
出一個大龍頭也就是笛克推多。不過，像這種合於主教角色的教會關切之
情，為宗教的狂熱和迷信的行為所干擾，不列顛的教士一直費盡力氣去根
除貝拉基異端，不僅引起大家的憎惡，也在本鄉本土給他們帶來侮辱。

　　高盧的行省一直對羅馬帝國百依百順，不列顛和阿莫里卡的反叛，把
尋求自由權利的風氣傳播到高盧，這是非常明顯而自然的事。在一份正式
的詔書中[121]，霍諾流斯皇帝以充滿父執輩關愛的語氣（君王都是如此表
達，卻很少讓人感受得到）強烈的保證，要召開七個行省的年度會議
（418A.D.）。這個名稱特別適合於阿奎丹以及古老的納邦，很久以來就
把塞爾特人的粗魯和落後，改變為意大利人的文雅和進步[122]。亞耳是首
府也是商業中心，被指定為舉行會議的地點。通常每年從8月15日到9月13
日，連續進行二十八天的會議。參加的人員是高盧的禁衛軍統領、七個行
省的首長，其中一個的頭銜是總督，六位是省長，加上六十個城市的官員
和主教，還有就是身分和地位很高的富有地主。人數多少並不清楚，但是
要具備相當的資格，這些人也可視為各地區的代表。會議經過授權可以解
釋和傳達君王所頒布的法律，聽取省民申訴所受的冤曲和願望，緩和過重
和不公的賦稅，集思廣益討論地方和國家的重大事件，著眼在於恢復七個

---

121 理姆斯的辛克瑪（Hincmar）指定一個地方給主教，看來（九世紀時）是很好的題材。
122 在《職官志》裡有很明確的證據，七個行省是維尼昔斯（Viennensis）、濱海阿爾卑
　　斯（Alps Maritimae）、第一和第二納邦尼斯（Narbonensis）、諾溫姆‧波普利
　　（Novem Populi）、以及第一和第二阿奎丹。都博斯神父依據辛克瑪的著作，用第
　　一盧格都尼西斯（Lugdunensis）或稱里昂尼斯（Lyonnese），來取代第一阿奎丹。

行省的和平與繁榮。要是圖拉眞和安東尼普遍建立這種制度,使得人民關心政府,產生生死與共的感情,羅馬帝國就會珍惜眾志成城的智慧和功業,將這種觀念傳播到每一個角落,臣民獲得應有的權利就會鞏固國君的寶座。專制政體的行政權要是濫用,在會議的調停和干涉之下,就某些方面來說會產生制止和修正的效果。全體公民和自由民的武力可以用來抵抗外敵,保衛國家的安全。人民的自由權利可以發揮溫和施政與慷慨獻身的影響力,羅馬帝國仍舊保持天下無敵和永垂不朽的聲威。要是規模過大及人事變遷造成無法永久繼續下去,主要組成分子也許就可以各自保持活力及獨立。但當帝國衰亡到病入膏肓時,才遲遲運用局部的治療方式,可以說無法收到任何重大而有益的成效。霍諾流斯皇帝所以表示驚奇,是他必須迫使勉爲其難的行省接受這種特權,照說應該由行省向他提出懇求。因此不出席會議的代表要罰鍰三或五磅的黃金,看來他們把給予的自由當成虛幻的禮物而不願接受,反而認爲這是壓迫者最後給予的殘酷侮辱。

戴克里先浴場極為壯觀的全景

戴克里先禪退後幾個月，

繼位的皇帝用他的名義，

奉獻碩大無匹的浴場給羅馬人民，

然而這些都是過眼煙雲，

浴場成了廢墟，

為許多教堂和修道院提供建築材料。

第三十二章

東羅馬皇帝阿卡狄斯　優特洛庇斯掌權後失勢　蓋納斯之叛　聖克里索斯托受到迫害　東羅馬皇帝狄奧多西二世　波斯戰爭與瓜分亞美尼亞(395-460A.D.)

一、東羅馬皇帝阿卡狄斯臨朝的狀況(395-408A.D.)

　　狄奧多西的兩個兒子分治羅馬世界，終於建立起東羅馬帝國，從阿卡狄斯(Arcadius)臨朝到土耳其人攻占君士坦丁堡，始終處於早熟和衰敗的狀態，就這樣苟延殘喘存一千零五十八年(395-1453A.D.)。帝國的君主堅持保留羅馬皇帝的稱號，實際上不僅虛假也毫無意義，同時還沿襲凱撒和奧古斯都的頭銜，表示自己是偉大帝國首位統治者的合法繼承人。君士坦丁堡的皇宮可與金碧輝煌的波斯宮殿媲美，氣勢雄偉無可匹敵。阿卡狄斯在位講究奢華舖張，飽受指責。聖克里索斯托(St. Chrysostom)[1]在布道的講辭中，用口若懸河的辯才大聲讚美，他說道：

> 皇帝頭戴冕旒或金冠，鑲嵌價值連城的珠寶。專為神聖的龍體供應所有的飾物和紫袍，御用衣物全是絲織品，上面繡著金龍圖案。他的寶座用純金打造。只要皇帝公開露面，身旁有廷臣、侍衛和隨從簇擁護駕，手執矛戈和盾牌，穿著胸甲和頭盔，馬匹的

1　蒙佛康神父在本篤會修院院長的命令下，著手進行吃力的編纂工作，把聖克里索斯托的著作編成對開本十三卷。他基於個人興趣蒐集大量倫理學的書籍，有些是奇特的古物，可以說明狄奧多西時代的風俗習慣和生活方式。

輜軬和配件,全部金光閃閃,展示雄偉的軍容。華麗的盾牌中間
有凸飾突起,四周環繞著較小的飾釘,看起來像人的眼睛。兩匹
純白色的騾子拖拉皇帝的座車,閃爍著耀眼的光芒,純金的車輛
引起觀眾的讚賞。大家全都注視紫色的帷幕、雪白的座毯、碩大
的寶石及各種華麗的金銀器具,隨著座車的行進顯現五彩繽紛的
景象。皇室的畫像都是藍底白框,皇帝坐在寶座上,他的兵器、
戰馬和侍衛圍繞在身旁,被征服的敵人五花大綁趴俯在腳下。

　　君士坦丁在歐、亞兩洲的交界處建立皇家的都城,繼承他的帝王都把
它當成永久的皇居。在這敵人的威脅所不及之處,甚至就是人民的怨言也
難以與聞的地方,他們接受隨著風向從世界各地送來的貢品。固若金湯的
首都多少世代以來,抵禦蠻族兇狠的攻擊。東部帝國統治的疆域以亞得里
亞海和底格里斯河為界,從極為寒冷的錫西厄到衣索匹亞的熱帶地區,中
間隔著二十五天的航程[2],所經範圍全都是東部帝國的領域。帝國人口稠
密的地區是技藝和學術的中心,也是奢華和財富的樞紐,居民接受希臘的
語言和習俗,自稱是人類當中最進步和最文明的群體,看來確有幾分道
理。政府的形式是單純的君主政體,羅馬共和國的名稱長久以來意味著微
弱的自由權利,依據傳統僅保存在拉丁地區的行省。君士坦丁堡的君主以
偉大自詡,在於他們的人民帶著奴性的順從態度,根本不知道這種奴性會
斲喪人的心智,損傷人的才華。臣民的意志要是只能聽命於主子的指使,
沒有能力抵抗蠻族的攻擊以保護自己的生命和財產,也就不能堅定自己的
理性抗拒迷信的脅迫。

2　按照並不精確的推算,一艘船順風行駛一晝夜的距離是一千斯塔德或是一百二十五
　　哩。戴奧多魯斯‧昔庫盧斯(Diodorus Siculus,公元前一世紀希臘歷史學家)計算從
　　帕拉斯‧米奧提斯(Palus Maeotis)到羅得島的航程是十天,從羅得島到亞歷山卓是
　　四天。在尼羅河上航行,從亞歷山卓到北回歸線上的錫尼(Syene),因為逆流而上
　　最少也要十天。他提到在熱帶地區的邊緣已非常炎熱,這倒沒有什麼不對,但在說
　　到處於北緯四十七度的米奧提斯海,就像在北極圈一樣,就未免言過其實。

二、宦官優特洛庇斯的用權與亂政(395-399A.D.)

　　阿卡狄斯和霍諾流斯統治期間最早發生的重大事件，相互之間有密切關連，就是哥德人的叛亂和魯方努斯的敗亡，在西方歷史上占有重要一頁。優特洛庇斯[3]是君士坦丁堡皇宮的宦官總管之一，可以清楚看出，他已經繼承那位傲慢的大臣。他對摧毀魯方努斯的命運不遺餘力，也將重蹈魯方努斯惡行的覆轍。所有發布的命令都要獲得他的首肯，下屬的馴服和逢迎助長他藐視國家法律，有時連習俗也不放在眼裡，這樣做當然比較困難和危險。阿卡狄斯那些最弱勢的前輩君王在位時，宦官的統治在私下進行，幾乎不見蹤影。他們暗示自己是國君的親信，但表面上的功能還是限於奴僕的服務，掌管著皇帝的服飾和寢宮。他們用低聲細語指揮御前會議的進行和決定，用惡意的建言摧殘顯赫市民的名聲和前途，但絕不敢站到帝國的前台，或是公開玷污國家的榮譽。優特洛庇斯是「假性人」之中第一號角色，竟敢出任羅馬的高官和將領，當著忸怩不安的元老院議員面前，登上法庭宣布判決，或是高談闊論發表意見，有時全副武裝騎在馬上，像一個英雄率領部隊出征。這種不顧習俗和禮法的行為，顯示出意志薄弱和不遵法度的心態。同時優特洛庇斯沒有建立不同凡響的功勳，也無法展現高人一等的能力，無從彌補愚蠢和惡劣的圖謀所帶來的缺失。從他過去的經歷來看，既沒有從事法律的研究也沒有投身軍旅的磨練，他的一切做為都是空費力氣，不僅笨拙可笑而且毫無成效，看在旁觀者的眼裡在私下產生藐視之心。哥德人曾表示出他們的想法，希望羅馬軍隊經常由這種將領來指揮。這位大臣的名字只能引起嘲笑，做為一個公眾知名的人物，不僅讓人感到可恨，更讓人感到可悲。阿卡狄斯的臣民想起這個殘疾

3　巴昔烏斯(Barthius)就一個評論家而言，對於作者的敬仰已經到盲目崇拜的程度。他特別喜愛克勞狄安寫來諷刺優特洛庇斯的兩卷詩，認為要優於其他的作品。這幾首諷刺詩確實文雅而又生動，要是抨擊之辭不那麼含混閃爍而又能平心靜氣，可以當作史料運用就會更有價值。

而又老朽的宦官[4]，竟然非常邪惡的模仿大丈夫的行為，心中真是大為光火。他出生在卑賤的奴隸家庭，進入皇宮服務以前，經常被轉手出售伺候上百個主人，在低賤而可恥的葬喪職業中耗盡青春活力，終於到了老年能夠獲得自由擺脫窮困。變佞用尊貴的高位和諂媚的頌辭來滿足虛榮心，而他那令人蒙羞的故事在私下的談話中到處流傳，有時還會誇大各種情節，可以讓人聽得興趣盎然。不論材質是黃銅或大理石，優特洛庇斯的雕像樹立在元老院、首都和行省，裝飾文官和武職各種功業的標誌和圖形，題獻的名銜是君士坦丁堡第三位奠基者，看到真是令人汗顏。他被擢升到元老重臣的大公位階，這個頭銜就一般甚至法律意義上都象徵是皇帝的父執。就在四世紀最後一年，一個宦官也是一個奴隸污辱了執政官的榮名。不過，像這樣怪異而又奇特的驚人之舉[5]，倒是引發羅馬人的厭惡之情。西方拒絕承認這位陰柔奢靡的執政官，把他看成是共和國史上難以磨滅的恥辱。優特洛庇斯的共治者是一個學識淵博受到尊敬的官員[6]，但絲毫沒有令人聯想起布魯特斯和卡米拉斯（Camillus），足以說明兩種不同的施政之道。

魯方努斯大膽妄為，優特洛庇斯更為嗜血及熱中報復；但是宦官的貪婪並不亞於統領無饜的胃口[7]。高據上位的壓迫者靠剝削百姓發財，優特洛庇斯把這些人整垮，將他們的產業據為己有，滿足他的貪財個性。如果僅止於此，就不致引起嫉妒，也不會產生不公正的行為。但是到了後來，那些合法繼承和勤勞工作所獲得的財富，也被他運用掠奪手段加以染指，

4　詩人生動的描述優特洛庇斯的殘疾非常正確，克里索斯托的證詞很可信，也贊同他的說法。克勞狄安提到，當優特洛庇斯把臉上塗的粉洗掉以後，面孔都是皺紋，像是極為醜陋的老婦人。他特別指出一個宦官從年輕到年老，像貌很難看出有什麼很大的差別，這點倒是經驗之談。

5　克勞狄安用誇張的語言，列舉許多令人驚異的事物，像是生出怪物、會說話的動物、降下血雨和石塊以及天上出現兩個太陽等等。第一卷詩最後的結語，是羅馬女神贈給寵愛的霍諾流斯一段頌辭，其中對她自己新近受到的侮辱也提出辯駁。

6　克勞狄安用非常高雅的頌辭，推崇馬留斯·狄奧多魯斯（Mallius Theodorus）的文職官位和哲學作品。

7　諾昔繆斯說他「醉倒在財富中」，這種表達的方式非常有力。在蘇達質的《辭書》和馬塞利努斯的《編年史》裡，都大事責罵優特洛庇斯的貪婪。克里索斯托經常規勸這位變佞，過量的財富會帶來虛榮和危險。

這種勒索的方式經常實施，並不斷改進。克勞狄安對公開拍賣各種職務的狀況，有極為生動而詳盡的描述。

> 虛弱不堪的宦官（讓人發出會心微笑的諷刺詩人這麼說）只會受到貪婪的鼓舞，用一隻奴性的手像可憐的小偷去打開主子的錢櫃，現在已經是富可敵國。這個帝國可恥的掮客把羅馬的行省，從希繆斯山一直到底格里斯河，都拿來定出價碼好朋比分肥。有個人當上亞細亞以代行執政官頭銜的總督，付出的代價是他的莊園。另一個人用妻子的珠寶買到敘利亞。第三個人很沮喪只能用父親的產業換到俾西尼亞的統治權。在優特洛庇斯戒備森嚴的辦公室裡，有一張很大的圖表可以公開參閱，上面標明行省不同的價格。本都、蓋拉提亞和利底亞的價值有很大的差異，能很清楚的區分出來。想得到利底亞只要花幾千金幣，但是富裕的弗里基亞需要的金額就要多得多。宦官期望能用社會不良風氣作藉口掩飾自己的醜行，由於他已經出賣自己的人格，就想把其他所有人的人格全部賣掉。在熱烈的競爭之下，人格就在天平的臂上搖擺不停，這裡關係著行省的命運和前途，直到砝碼的重量使天平傾向一邊，心情在公正的判決時仍舊緊張萬分。（氣憤不已的詩人繼續說道）上面所說的狀況，就是安泰阿克斯的失敗和龐培的勝利，以及羅馬人的英勇無敵所收獲的成果。

貪污的濫權行為獲致高位，可以確保未來的罪行得到豁免。但是優特洛庇斯用籍沒攫取財富，已經沾染違法亂紀的惡名。只要便於指控和定罪，地主的產業就會落到他的手中，也有些貴族在劊子手的刀下血流五步，帝國荒涼冷漠的邊陲充滿無辜而顯赫的流放人員。在東部的將領和執政官之中，阿布登久斯（Abundantius）[8]是優特洛庇斯最為憎惡的對象。他

8　克勞狄斯談及阿布登久斯的罪行和放逐，這是諷刺詩人最好的材料。他把銅牛送給法拉里斯（Phalaris），可以在第一次審判時拿來使用。

犯了無法寬恕的罪名，在於推薦這位卑鄙的奴隸進入君士坦丁堡的皇宮。
大權在握而又忘恩負義的嬖倖，非要讓自己的恩主受到羞辱才感到滿足，
甚至認爲會受到眾人的恭維和讚賞。阿布登久斯被皇帝的敕令剝奪龐大的
家產，放逐到羅馬世界最遠的邊疆，位於黑海之濱的皮提烏斯（Pityus）。
他在蠻族靠不住的憐憫之下苟且偷生，直到優特洛庇斯喪生以後，才遷往
環境較好的放逐地點，位於腓尼基的賽登（Sidon）。毀滅提瑪休斯
（Timasius）需要更爲猛烈而正規的攻擊才能奏效。他在狄奧多西的軍隊出
任主將，這位國之重臣在帖撒利對抗哥德人，贏得決定性的勝利，建立英
勇善戰的令名，就拿君主作榜樣，脫下戎裝享受和平生活，把皇帝對他的
信任放棄給邪惡而別有用心的諂媚之輩。提瑪休斯曾不顧公眾反對，拔擢
無恥之尤的隨從指揮一個支隊。要是蒙受巴古斯（Bargus）的恩將仇報，得
怪自己識人不明。巴古斯在宦官唆使下，指控他的庇主涉入叛逆陰謀，將
領在阿卡狄斯親自主持的法庭受審，宦官總管站在寶座旁邊，向皇上建議
審問的重點和駁斥答辯。但這種形式的審判可以被認爲是偏頗和武斷，皇
帝把進一步調查提瑪休斯的罪行，授權給薩頓奈努斯（Saturninus）和樸洛
柯庇斯（Procopius）負責。前者有執政官的位階，而後者是華倫斯的岳父，
仍舊受到尊敬。公正而合法的調查程序表面上看來由坦率而誠實的樸洛柯
庇斯主持，但是他的同僚運用逢迎的手段，使他只有勉強屈從。結果薩頓
奈努斯對不幸的提瑪休斯宣布有罪的判決，用皇帝的名義籍沒鉅額家財，
好處全部落在嬖倖的手裡。他受到永久的放逐，地點是利比亞沙漠與世隔
絕的歐埃昔斯（Oasis）[9]。羅馬軍隊的主將到達以後就下落不明，有關他遭
遇的詳情有很多不同的說法，聽來倒是充滿矛盾和訛誤。有人暗示優特洛
庇斯派人下手將他秘密處決；也有人提到他要逃出歐埃昔斯，結果因饑渴
活活餓死，在利比亞沙漠發現他的屍體。更有人言之鑿鑿，說他的兒子塞
阿格流斯（Syagrius）逃脫宮廷特務和密探的追捕，集合一批阿拉伯強盜把

9　歐埃昔斯是利比亞沙漠中一個面積很大的綠洲，用泉水灌溉能夠生產小麥、大麥
　　和椰棗。這個綠洲從北到南要走三天，寬度大概有半天的行程，從尼羅河畔的阿
　　拜杜斯（Abydus）向西走五天可以到達。歐埃昔斯四周被寸草不生的沙漠圍繞，它
　　那肥沃的景象在對比之下，被稱爲幸福的島嶼。

提瑪休斯從放逐地救出來，而後父親和兒子就不知所終。至於忘恩負義的
巴古斯，不僅沒有獲得告發應有的報酬，反而被更爲邪惡的大臣找到理由
陷害置於死地，這就是「狡兔死，走狗烹」的必然下場。

　　心懷恨意的民眾和陷於絕境的仇敵，不斷威脅著優特洛庇斯的人身安
全，或許只是他心虛而已。還有一大群貪污逢迎的走狗，靠著他升官發
財，同樣也有這種畏懼之感。他們爲了自保就制訂法律給自己嚴密的防
護，完全違反人道和公正的原則。其一，運用阿卡狄斯的職權以他的名義
制訂相關的法條，任何人只要得到皇帝認可，屬於這個團體的成員，那麼
若有人對這些成員的生命圖謀侵犯，無論是臣民或是異鄉人，均應處以死
刑和籍沒財產之懲罰。這些生命的保護權延伸到叛逆罪，無論是「屈打成
招」或「類推比照」的罪行均算在內。凡涉及本罪的叛徒均不得對下述人
員有所侵犯，包括的範圍不僅是允許參加神聖御前會議的成員，亦即政府
和軍隊職位最顯赫的官員，還及於皇宮的主要負責人員和宦官、君士坦丁
堡元老院議員、軍事指揮官和行省的地方官員。在君士坦丁繼承人之下開
列出非常含混而毫無限制的名單，甚至把官位卑微而數量龐大的低級官員
全部包括在內。其二，要是旨在直接保護君主的代理人，在執行公務時免
於實際的暴力侵犯，運用嚴刑峻法或許說得通。但是附屬於皇室的整個團
體要求獲得特權或赦免權，要讓自己在最邪惡的狀況下，也能免於受到同
胞情有可原或理應如此的憎恨。同時像這個經過奇特曲解的法令，對於私
人之間的口角或是精心規劃謀逆用來反對皇帝和帝國，運用同樣程度的
罪行和懲罰。阿卡狄斯的詔書非常確切而荒謬的宣稱，在這種謀逆案
件之中，「思想」和「行動」受到同樣嚴厲的懲處。知曉產生後患的
意圖，除非立即揭發，所犯的罪行等於自己產生這種意圖[10]。設若有人
行事輕率膽敢懇求寬恕叛徒，就要受到公開和永久的羞辱。其三，

10　巴托盧斯(Bartolus)認爲要放在心裡不動聲色，巴爾達斯(Baldus)的意見是現在等
　　於在地獄裡受煎熬，我個人的看法是繼續效法謹慎的海尼修斯(Heineccius)。我
　　必須贊同巴托盧斯的原則，在情緒上我偏向於巴爾達斯的感受，然而巴托盧斯的
　　原則被紅衣主教黎希留(Richelieu)的律師很莊重的引用，德行高潔的德·索(de
　　Thou)被謀殺，優特洛庇斯應該負責。

有關叛徒的兒子(皇帝繼續提到)雖應同樣接受懲罰,但他們可能是效法父母的罪行;皇家基於好生之德,特別饒恕其性命,然而同時也宣布他們無論是從父系還是母系方面,喪失全部的繼承權,也不能從親戚或陌生人的遺囑中獲得任何贈予或遺產。他們要世代蒙受羞辱,毫無出任官職和發財致富的希望,要忍受貧窮和藐視的痛苦,直到他們覺得活著是災難,只有死亡才能獲得解脫。

像這樣一段話,大可拿來侮辱全人類富於同情的天性,但皇帝(或是他寵愛的宦官)卻把它當成溫和的法律大加讚賞。何況對於贊同或沒有揭發「屈打成招」陰謀活動的人員,此一惡法也讓他們的子女受到同樣不人道和不公正的處罰。羅馬法有些最高貴的規定都已消失無蹤,但是這份詔書成為官僚和暴政最方便而有力的工具,倒是很小心保存在《狄奧多西法典》和《查士丁尼法典》之中。類似的立法精神在現代又死灰復燃,用來保護日耳曼的選侯和羅馬教廷的紅衣主教[11]。

三、特里比吉德的叛亂和蓋納斯的謀逆(399-400A.D.)

這些血腥的法律在毫無武裝和勇氣的人民中間散布恐懼,然而對於東哥德人特里比吉德(Tribigild)[12]大膽的冒險行動,卻無法發揮任何制約的作用。這一支黷武好戰民族的墾殖地,是狄奧多西移植到弗里基亞最肥沃的區域[13]。他們帶著焦急而不耐煩的神情,對於當辛勤的農夫緩慢獲得收

11　不過,讓人感到懷疑之處,是這種法律與日耳曼的自由理念完全相違,結果還是偷偷摸摸放進教皇的詔書。

12　諾昔繆斯對特里比吉德和蓋納斯的叛變,有冗長而詳盡的敘述(他保留很多重要情節)。克勞狄安用來醜化優特洛庇斯的第二卷詩,提供很多歷史材料,當然有的地方還不夠完整。

13　克勞狄安很精確的說明,弗里基亞人的歷史悠久,很早就向四周擴展,由於俾西尼亞人在色雷斯、希臘和高盧建立殖民區,疆域才受到限制慢慢縮小。他敘述弗里基亞的土地肥沃,有四條河流出產黃金,不僅正確而且非常生動。

成，拿來與阿拉里克成功的掠奪和慷慨的報酬作比較。於是他們的首領認為君士坦丁堡的皇宮招待不夠殷切，感覺受到冒犯而產生憤怒之心。位於帝國心臟地區軟弱而富裕的行省，聞到戰鼓的聲音而驚惶失措。忠誠的附庸一直受到忽視和壓迫，一旦蠻族恢復敵意，立刻再度獲得尊敬。在湍急的瑪夏斯（Marsyas）河與蜿蜒的米安得（Maeander）河之間[14]，葡萄園和豐收的田地全部毀於戰火，市鎮傾圮的城牆在敵軍一擊之下化為塵土。戰慄的居民逃脫血腥的屠殺來到海倫斯坡海峽的兩岸，特里比吉德的叛亂使小亞細亞大部分地區變成一片赤土。潘菲利亞（Pamphylia）的農民頑強抵抗，使蠻族快速的進展受到阻止。塞爾吉（Selgae）[15]個城市位於寬廣的沼澤和塔魯斯山高聳的懸崖之間，東哥德人在狹窄的隘道受到攻擊，喪失最勇敢的部隊，面臨失敗的命運。他們的首領並沒有因不幸的挫折而鬥志消沉，軍隊很快從成群的蠻族和亡命之徒獲得補充，希望打著戰爭和征服的光榮旗號，能夠名正言順從事搶劫和掠奪的行動。特里比吉德獲勝的傳聞有時會因害怕壓而不宣，有時會因阿諛故意加以隱瞞，然而逐漸使宮廷和都城大為驚慌。情況不明和故弄玄虛使所有的災難都被誇大，臣民憂心忡忡在推測叛徒未來的動向。特里比吉德要是向內陸前進，羅馬人認為最可能的路線是越過塔魯斯山的隘道，然後進犯敘利亞；如果他要從海上實施突擊，這是哥德首領最可能的行動，為了進行這個危險性最大的計畫，就要占領愛奧尼亞海的港口整備一支船隊，那麼從尼羅河的河口到君士坦丁堡的港口，所有沿海地區都會受到蠻族的蹂躪。燃眉之急的危險，加上固執的特里比吉德拒絕接受調停所提出的條件，迫得優特洛庇斯召開戰爭會議，誇耀自己的部隊久經戰陣據有莫大的優勢，然後把色雷斯和海倫斯坡海峽守備任務託付給哥德人蓋納斯（Gainas），責成他的寵將李奧（Leo）指揮亞細亞的軍隊。這兩位將領雖然做法不同，對於促進叛徒的大業倒是同樣有效。李奧頭腦簡單四肢發達，號稱東方的阿傑克斯，早年的職業是羊

14　克勞狄安對瑪夏斯河流入米安得河的會合狀況，與索恩河流入萊茵河作比較，不
　　同之處是弗里基亞兩條河會合以後，流速不僅沒有增加反而緩慢。

15　塞爾吉是拉斯地蒙人的殖民地，有兩萬市民，到諾普繆斯時代沒落為一個小鎮。

毛梳工,後來投身軍旅生涯,事實上對兵法一竅不通,生性浮躁善變,對於作戰的計畫根本不會貫徹執行,因為無知所以分不清真正的困難,因為怯懦所以喪失有利的機會。

東哥德人輕率冒進,在米拉斯(Melas)河和尤里米頓(Eurymedon)河之間陷入不利的局面,受到潘菲利亞農民的圍困進退不得。但帝國軍隊的抵達不僅沒有使他們全軍覆沒,反而讓蠻族獲得安全和勝利。特里比吉德在漆黑的夜晚奇襲羅馬人警戒鬆弛的營地,忠誠的蠻族協防軍有大部分人員受到勾引,沒有費多大力氣就驅散羅馬人的部隊。他們在首都過著奢華的生活,紀律腐敗到不堪一擊。心懷不滿的蓋納斯認為是他的大膽圖謀才致魯方努斯於死地,結果讓優特洛庇斯坐收漁人之利,懊惱自己毫無志氣才像奴才一樣接受宦官的統治。現在野心勃勃的哥德人被人定罪,至少公眾的輿論如此,說是他在暗中唆使特里比吉德反叛,他們之間的關係不僅同族而且有通家之好[16]。等到蓋納斯越過海倫斯坡海峽,把亞細亞軍隊的殘部收容在麾下,費盡心機使自己的運動迎合東哥德人的願望,採取的撤退行動是先放棄對方要入侵的國土,選擇的前進路線便於蠻族協防軍的背棄潛逃。他一再對皇家宮廷誇大特里比吉德的勇氣、才能和永不匱乏的作戰資源,承認自己無法有效遂行戰爭,逼使授權與勢力強大的對手展開談判。和平的條件聽命於傲慢的叛徒,提出專橫的要求是獻上優特洛庇斯的頭顱,這種敵對的陰謀洩露出背後的策劃人和他的企圖。

膽大包天的諷刺詩人為了發洩心中不滿,本著良心血性指責那些基督教皇帝,尤其是狄奧多西的兒子,把他比成虔誠而無害的綿羊。這樣說不僅冒瀆到歷史的尊嚴,也違犯歷史的真相,因為他們並不認為自己是牧羊人的財產。不過,畏懼之感和婚姻之愛這兩種強烈的情緒喚醒阿卡狄斯委靡的心靈,蠻族的勝利所帶來的威脅使他感到害怕,也屈服在妻子優多克西婭(Eudoxia)嬌柔的勸說之下。她流著裝出來的眼淚,抱著嬰兒呈給父

16　希臘的歷史學家證實蓋納斯和特里比吉德的謀叛事件,但是並沒有傳入克勞狄安耳中,所以他把東哥德人的叛變歸於特里比吉德的黷武好戰,還有就是說他聽從妻子的勸告。

親，懇求他公正處理即將面臨的侮辱，這都要歸罪於大膽無恥的宦官[17]。皇帝伸出手對優特洛庇斯做出有罪的姿勢，將近四年一直束縛著君王和人民的魔咒突然解除，對嬖佞歌功頌德的喝采聲噤若寒蟬，轉換成人民和士兵的喧囂，譴責他所犯的罪行，要求立即處決。優特洛庇斯大難臨頭，處於絕望的時刻，唯有教堂的聖所可以給他庇護，然而這種特權過去他想盡辦法要加以限制。約翰・克里索斯托是位口若懸河的聖徒，很樂意有機會保護毫無抵抗力的大臣，回報選他榮登君士坦丁堡教會寶座的恩情。大主教步上主座教堂的講壇，面對無分男女老幼的群眾，在大家的注視和聆聽下，發表一篇悲天憫人的講道辭，感嘆榮華富貴的變遷無常，對於過去的冤恨愁苦要有寬恕之心。面色蒼白飽受驚嚇的可憐蟲表現出極度痛苦的樣子，卑躬屈節匍匐在祭壇的聖桌下，呈現出宗教信仰的嚴肅和教誨人心的作用。講道人用極其羞辱的言辭，指控優特洛庇斯的不幸是罪有應得，盡量激起民眾對他藐視以緩和難以平息的憤怒。最後還是人性的同情、迷信的力量和出色的辯護占到上風，優多克西婭皇后害怕引起臣民的反感，不敢侵犯教堂的聖所。優特洛庇斯接受說服，加上誓約保證饒恕他的性命，因此願意出首認罪[18]。皇宮新任大臣不顧國君的顏面，立即發布一份詔書，宣稱過去的寵臣所做所爲侮辱執政官和貴族的名聲，現在要廢除他的雕像，籍沒他的家財，永久流放到塞浦路斯島受盡痛苦[19]。卑劣和老朽的宦官不再使他的敵人驚懼難安，他想在和平、孤獨和美好的氣候中安享餘生，也是可望而不可得之事。那些懷著強烈報復之心的仇敵，見到他悲慘的活下去都感到憤怒不平。優特洛庇斯沒有踏上塞浦路斯的海岸就被召喚回去，他還懷著逃脫毒手的希望，以爲只是換個放逐地點。誰知是皇后受

17　只有菲羅斯托杰斯提到這件軼事，不僅奇特也很受重視，哥德人的叛亂和宮廷的密謀有牽連。

18　克里索斯托在另外一次講道中很高興的宣布，只要優特洛庇斯不離開教堂就不會被逮捕。諾昔繆斯不以爲然，聲稱他的敵人逼他離開聖所，然而給他承諾就是證據，說明事先已經有協議。克勞狄安也提到對他的安全給予有力的保證。

19　依據《狄奧多西法典》上的記載，這件詔書的時間（399年1月17日）錯誤，優特洛庇斯的失勢發生在那年的秋天。

到誓言的約束，不得不改變審判和執刑的場地，從君士坦丁堡移到卡爾西頓的近郊。執政官奧理安宣布判決，從而看出專制政府對司法所持的立場和動機。優特洛庇斯殘害人民犯下滔天大罪，可以說死有餘辜。但是我們發現這次審判定罪的理由，是違制使用神聖的馬匹給他拉車，而這種牲口憑著血統和毛色，專供皇帝使用。

當朝政混亂急需改革之際，蓋納斯公開背叛帝國，毫無忠誠之心，率領部隊到達利底亞的塞阿泰拉（Thyatira），與特里比吉德聯合起來，在東哥德人的叛黨頭目中保持發號司令的地位。聯軍勢如破竹，向著海倫斯坡和博斯普魯斯海峽進軍。阿卡狄斯受到通知只要能相信蠻族的誠信，給予他們應有的權勢和保障，就不會失去亞細亞的領土。供奉神聖殉教者優菲米亞的教堂，位於卡爾西頓附近高聳的山頂上，被選來作為會談的地點。蓋納斯用尊敬的態度躬身在皇帝的腳前，要求先拿奧理安和薩頓奈努斯當作犧牲品。這兩個大臣都是執政官的位階，被傲慢的叛軍用刀架在脖子上，直到他親自走去說項，讓他們獲得隨時會變卦而羞辱的緩刑。哥德人依照雙方同意的條件，立即從亞細亞這邊前往歐洲，勝利的酋長接受軍職的頭銜，成為羅馬軍隊的主將。君士坦丁堡很快進駐大量的部隊，所有的追隨人員都獲得帝國的官職和酬金。蓋納斯在年幼時渡過多瑙河懇求羅馬人的保護，後來成為無家可歸的難民，從軍以後靠著勇氣和運道升遷極為快速，最後由於輕舉妄動和謀叛不忠的行為導致身敗名裂。雖然受到大主教強烈的反對，他堅持要為阿萊亞斯派教友獲得一座特定的教堂，由於公開容忍異端，使正統基督徒的自尊大受打擊[20]。君士坦丁堡每個地區都亂成一團，毫無秩序可言。市內那些富有珠寶商的店舖和銀行家的桌子上堆滿金銀財寶，讓蠻族看到眼紅，為著審慎起見，應該把那些引人垂涎的東西搬走，才會減少危險。這些蠻族憎恨對他們採取的預防措施，到了夜晚

20 狄奧多里特力稱克里索斯托提出虔誠的抗議，在他自己的作品裡沒有看到有關的記載，但是他暗示已經獲得成功，這點證明與事實不符。蒂爾蒙特發現皇帝為了滿足蓋納斯貪婪的索求，只有把使徒大教堂的金銀器具鎔掉。

發起幾次讓人害怕的攻擊，甚至要縱火燒毀皇宮[21]。在這種相互疑懼和敵
視的狀況下，守衛部隊關閉城門，市民拿起武器去阻止和懲治謀叛的哥德
人。蓋納斯沒有留在城內，部隊在群龍無首之下受到襲擊和壓制，血腥的
屠殺中有七千蠻族喪生，民眾為了洩憤還不停的追殺。正統基督徒把屋頂
拆掉，不斷拋下燃燒的大木頭，把敵手從阿萊亞斯派的教堂和聚會所趕出
來，一直到完全殲滅為止。

　　蓋納斯若非毫無所悉，要不然就是對成功太有信心，聽到下列消息不
禁大驚失色；部隊的精英分子已經全部被殲；他自己被宣布為公敵；他的
族人弗拉維塔(Fravitta)是羅馬帝國勇敢且忠誠的盟友，現在負責指揮所
有海上和陸地的戰爭。叛軍在色雷斯的掠奪行動遭到各城市強烈的抵抗，
防守非常嚴密使蠻族無可趁之機。蓋納斯手下那些飢餓的士兵，糧米減少
到無法忍受的程度，甚至要拿壕溝旁邊生長的青草當做食物。同時他本人
還在幻想亞細亞的財富和奢華，做出孤注一擲的打算要強渡海倫斯坡海
峽。他缺乏所需的船隻，但是克森尼蘇斯的森林可以提供製造木筏的材
料，無所畏懼的蠻族並不拒絕進擊，相信自己有克服波濤的能力。弗拉維
塔在一旁注意他們所採取的行動，等他們到達半渡時，羅馬人的戰船[22]除
了用槳划，還趁著海流順著風向，使出全力趁勢一路衝撞過去，海倫斯坡
海峽的水面上浮滿哥德人沉船的碎片。蓋納斯的希望完全破滅，連帶還損
失數千最勇敢的士兵，現在心中拋棄統治和征服羅馬人的念頭，決定重過
獨立自主的蠻荒生活。他帶著一隊輕裝行動快速的蠻族騎兵，離開他們的
步兵和行李，準備花八到十天的時間，實施三百哩的行軍從海倫斯坡海峽

21　教會歷史學家重視公眾輿論，有時會加以引導，但是也會全盤接納，因而非常有
　　信心的認定，有一大群天使在護衛著君士坦丁堡皇宮。

22　諾昔繆斯談及這種戰船得名來自黎本里亞人(Liburnians)，速度跟五十隻槳的船隻
　　不分上下(並沒有說明兩者不同之處)，但是要較三層槳船差很多，不過三層槳船
　　很久就沒有使用。然而他從波利比阿斯所發表的見解得到很合理的結論，說是布
　　匿克戰爭時代所建造的戰船，在型號上要大很多。自從羅馬帝國控制整個地中海
　　以後，戰爭不需要大型戰船，建造的技術式微，以致於完全遺忘。

趕到多瑙河[23]。這個重要邊疆的所有守備部隊逐漸被消滅，現在是12月，河流全部凍結，寬闊無邊的錫西厄地區對蓋納斯的雄心大志帶來美好的遠景。他的企圖早已私下傳達給當地的部隊，他們願意為首領的運氣獻身。等到他發出離開的信號，一大群行省的協防軍被不講道義屠殺，蓋納斯懷疑是當地政府的指示。虛榮心很強的弗拉維塔不僅要結束戰爭，還想獲得大眾的讚譽，希望在承平的時代擢升執政官的高位。哥德人快速行軍通過色雷斯平原，以為可以逃脫追捕的恐懼。但是戰力強大的盟友全副武裝要護衛帝國的尊嚴，防守和平而自由的錫西厄[24]，匈奴國王烏爾丁（Uldin）以優勢兵力阻止蓋納斯前進。這個帶有敵意已殘破不堪的地區妨礙到蓋納斯的撤退，他拒絕放下武器投降，不斷發起衝鋒，想從敵軍的陣列中打開一條血路，結果和絕望的追隨者在戰場一齊被殺。海倫斯坡海戰獲勝後十一天，蓋納斯的頭顱被當做最值錢的禮物送到君士坦丁堡，征服者用豐富的賞賜表示衷心的感激，安排節期飲宴張燈結綵，慶賀公眾的獲救。阿卡狄斯的凱旋成為敘事詩的主題[25]，國君不再感受敵意恐懼帶來的壓力，讓自己順從妻子溫和而絕對的控制。誰知美豔如花而又工於心計的優多克西婭，因為迫害聖約翰‧克里索斯托以致於身敗名裂。

四、克里索斯托出任都城大主教的作為（398-403A.D.）

生性怠惰的聶克托流斯（Nectarius）是格列哥里‧納齊成的繼承人，在

23　契斯浩爾（Chishull）從加利波利（Gallipoli）經過哈德良堡到多瑙河的行程，要花大約十五天的時間。他與英國大使一道走，所帶的行李要裝七十一輛四輪大車。這位學識淵博的旅行家名聲顯赫，曾經跋涉阻礙重重而又人跡罕至的路線。

24　諾昔繆斯認為蓋納斯確實渡過多瑙河，但這說法必須修正，因為按照蘇格拉底及索諾曼的說法，蓋納斯是在色雷斯被殺，亞歷山卓和帕斯加爾（Paschal）的《編年史》都記載正確可信的日期。海倫斯坡海戰勝利是在12月23日（按照羅馬人的曆法是元月的朔日前第十）,把蓋納斯的頭顱送到君士坦丁堡是次年的1月3日。

25　優西庇烏斯（Eusebius）寫出哥德戰爭的敘事詩獲得很大的名氣，那時他正在軍中服役，對戰況很清楚；過了四十年後，阿摩紐斯（Ammonius）在狄奧多西皇帝的面前，朗誦相同題材的另一首詩。

他過世以後，相互爭奪的候選人毫無羞恥之心，用金錢收買人民或用諛言取悅佞倖，整個選舉活動把君士坦丁堡教會弄得四分五裂。優特洛庇斯這一次像是背離他平素行事的原則，能夠保持正直的判斷，任用一個毫無關係的陌生人，完全是因為這位人士有高尚的品德。他最近曾到東部旅行，在安提阿聽到克里索斯托的講道極為欽佩。這位教會的長老是土生土長的當地人士，被人稱為「名嘴」而望重一時[26]。敘利亞總督接受一道密令，由於擔心民眾捨不得讓心儀的導師離開，所以派出一輛驛車，將他秘密而又迅速從安提阿載到君士坦丁堡。宮廷、教士和人民都毫無異議也不加干涉，一致同意大臣的選擇。無論是做為聖徒或是演說家，這位新任大主教（398年2月26日）都使公眾感到喜出望外，大為傾心。克里索斯托生於敘利亞首府一個富裕的貴族世家，從小受到慈愛母親細心的照料，延請名師在家中施教。他曾在利班紐斯的學院研習修辭學，舉世知名的詭辯家很快發覺門徒的天份，後來很坦率的提到，要不是他被基督徒偷偷運走，能夠接自己衣鉢的人選非他莫屬。他的信仰非常虔誠，很快接受神聖的洗禮，拋棄能夠飛黃騰達帶來富貴的法律職務，在附近的沙漠裡埋名隱姓，克制肉體的欲望，過著苦修的生活有六年之久，因為身體太過虛弱只能回到人類社會，在米利久斯的安排下，將才智用於教會的服務工作。但是無論在自己家中或者後來大主教的職位，克里索斯托都堅持要實踐修道士的美德。他的前任拿豐盛的年俸，維持闊綽的排場和奢華的生活，他全部用來創辦醫院。受到慈善事業幫助的民眾，寧願聆聽大主教滔滔不絕富於啟發的講

26　蘇格拉底的作品第六卷，索諾曼的作品第八卷和狄奧多里特的作品第五卷，對約翰‧克里索斯托的平生提供詳實可信的材料。除了這幾位眾所周知的歷史學家，我還引用四種主要的聖徒傳記。(1)、《君士坦丁堡大主教辯護錄》這本書非常感人，作者的立場公正，用對話的形式寫成，以獻給海倫波里斯主教帕拉狄斯的名義出版，主教是作者志同道合的教友，對此事非常熱心。這本書也刊入克里索斯托的一些作品。(2)、稟性溫和的伊拉斯繆斯（Erasmus, Desiderius, 1466-1530A.D.，人道主義者）為克里索斯托寫了一本傳記。他的敘述生動活潑而且充滿善意，能夠表現出行文的獨特風格，但是本著教會古物學家的習性，對於重要的事項忽略不提，這是無法避免的缺失。(3)、博學的蒂爾蒙特以無比的耐心和宗教的觀念編纂聖徒的傳記，仔細研究克里索斯托卷冊浩瀚的作品。(4)、蒙佛康神父是個工作勤奮的編纂家，曾經閱讀有關的書籍，發現若干新的講道稿，用做參考寫出克里索斯托的傳記。

道,可以放棄劇院和賽車場的娛樂。他充滿雄辯之美的演說都有記錄,將近二十年來,在安提阿和君士坦丁堡廣受推崇,一直都小心保持下來,主要是一千多篇布道和訓勉的講辭,使得後世的學者專家[27],能夠欣賞克里索斯托的眞才實學。他們一致公認,這位基督教的演說家能夠靈活運用高雅而優美的語言,不僅隨心所欲收放自如,還能掩飾在哲學和修辭方面因知識所據有的優勢。他掌握非常豐富的例證、譬喻、概念和想像,對最普通的主題加以反覆論證和說明,通曉人性迫使欲望屈從德行,拿出戲劇表演的眞實手法,揭發罪惡行爲的愚蠢和可恥。

君士坦丁堡大主教辛勤的濟世救人工作,激怒兩類反對他的仇敵。有些是深具野心的教士嫉妒他的成功,還有就是頑靈不化的罪人痛恨他的譴責,這些人逐漸聯合起來,非要把他扳倒不可。克里索斯托在聖索非亞大教堂的講壇上,發出雷霆之聲怪罪基督徒的墮落,但只是向一般聽眾投出難以忍受的利箭,並沒有傷害和對準任何特定的人士。當他提到財富會帶來特有的罪惡,窮人從抨擊聲中可以獲得片刻的安慰,數量龐大的罪人誰也不會顯得突出,還有人因譴責感到身價提高因而沾沾自喜。但是在這種金字塔式的階級結構中,愈是升到頂點便會收縮到特定的對象,像是高層官員、大臣、受寵的宦官以及宮廷的婦女[28],特別是皇后優多克西婭,在少數罪犯中間自然占有多數的罪行。聽眾要是感到心虛或是自覺有罪,難免認爲這些譴責之辭是別有企圖。勇敢的布道者揭露公眾厭惡的罪行和罪犯,就要負起危險的責任。宮廷在私下表示憎恨之情,君士坦丁堡的教士和僧侶也心生不滿。他們在大主教狂熱宗教激情的感召下,非常倉促進行各項改革。他在講壇上指責君士坦丁堡教士階層,那些負責內部事務的婦

27　我對於克里索斯托數量龐大的講道辭幾乎沒有接觸,兩位教會學者伊拉斯繆斯和杜平(Dupin, Louis Ellies, 1657-1719A.D., 法國神學家)寫出內容豐富立場持平的著作,使我深獲信心,然而前者良好的鑑賞力會因過分喜愛古物而產生偏失,而後者有時顧慮太多就會遷怒於人。

28　君士坦丁堡的婦女分爲兩派,有的仇視克里索斯托,但更多人對克里索斯托忠心耿耿。三位出身高貴而富有的寡婦瑪莎(Marsa)、卡斯崔西婭(Castricia)和優格拉菲婭(Eugraphia)是贊成迫害的主要人物。這位講道人當眾指責她們華麗的穿著、年齡和醜陋的面容,使她們不得不知所收斂,更因而懷恨在心。但奧林匹婭斯(Olypias)因宗教的狂熱展現虔誠的行爲,因而獲得聖徒的稱號。

女打著僕從或修女的名義，不斷引起各種罪惡和醜聞。沉寂而孤獨的苦修
士自絕於世界之外，受到克里索斯托熱烈的讚頌。但是成群結隊墮落的僧
侶出於享樂和圖利的不良動機，經常在首都的街頭四處活動。他認為這些
人辱沒聖職，不僅表示蔑視而且大加攻擊。大主教除了大力勸說以外，只
能用自己的權勢恫聲威脅。他在運用教會法規時，不僅熱心有餘，難免因
個人因素產生包庇，且行事有時欠謹慎。克里索斯托性格暴躁[29]，雖盡量
按照福音的教誨去愛自己的敵人，但還是任意縱容特權去憎恨上帝和教會
的仇敵，很多時候將感情不加控制流露在臉上。他出於健康和禁食之故，
一直保持獨自用餐的習慣，被敵人指責為不夠友善和態度傲慢[30]，至少會
使人拿來強調難以合群的壞脾氣，認為是很嚴重的缺失。唯有親切的交談
才能便於了解和處理事務，他卻保持獨來獨往的風格不願與人溝通，毫無
戒心信任輔祭塞拉皮恩（Serapion）。他對人性有深刻體認，卻很少應用在
下屬和同儕身上。君士坦丁堡大主教始終認定自己有純正的動機和超凡的
天賦，要擴展帝國都城的審理權，增加教區服務工作的範圍，結果被教外
人士指為是野心勃勃的擴權行為，自己卻認為是義不容辭的神聖職責。他
有次巡視亞細亞所屬各行省，罷黜利底亞和弗里基亞十三個主教的職位，
且毫不掩飾宣稱，出售聖職和放縱教規的嚴重腐化現象，已使整個教會階
層受到有害的影響[31]。要是這些主教清白無辜，輕率而不實的譴責就會激
起各界人士的不滿。如果他們確實有罪，為數眾多的同謀發現自己的安全
取決於大主教的滅亡，就會無所不用其極將他描述為東部教會的暴君。

29　索諾曼特別還有蘇格拉底，認為克里索斯托真正的個性是克己復禮、溫文儒雅，
　　做人光明磊落、大公無私。要是他們真這樣想，那對盲從衝動的導師是一種冒
　　犯。這兩位歷史家生在下一個世代，等到暴力活動緩和下來，加上與這位聖徒雖
　　然熟悉但並不了解的人談話，所得印象與事實就大相逕庭。

30　帕拉狄斯（Palladius）就這方面為大主教提出義正辭嚴的辯護：(1)、他從不飲酒。
　　(2)、他的腸胃不好，需要特殊的飲食。(3)、事務繁重、讀書研究和虔誠祈禱，
　　經常使他戒食到日落。(4)、他厭惡盛大宴會上喧囂的談話和輕佻的舉止。(5)、
　　他要節省金錢拿來接濟貧苦大眾。(6)、在君士坦丁堡這樣大的都城，邀請客人
　　難免產生疏忽，他顧慮會引起忌恨和指責。

31　克里索斯托很坦率宣稱，大多數主教都會得救，他擔心少數會受到報應。

五、克里索斯托遭受迫害和兩次放逐(403-438A.D.)

亞歷山卓大主教狄奧菲盧斯(Theophilus)在背後操控教會的陰謀活
動,他是一個活動積極而又喜愛權術的高階教士,不斷誇耀巧取豪奪的豐
碩成果。君士坦丁堡的地位不斷提高,使得亞歷山卓在基督世界從排名第
二降到第三,因而產生民族敵視情緒,在他與克里索斯托的爭吵中更形加
劇[32]。狄奧菲盧斯受到皇后的私人邀請,在君士坦丁堡登岸時帶著一大批
強健的埃及船員,要是遭遇到群眾的拒止可以壯大聲勢。還有一群主教追
隨在旁,用來確保宗教會議獲得多數的表決。宗教會議[33] 在卡爾西頓郊區
稱爲橡樹園的地方舉行(403A.D.),魯方努斯在此建造一所莊嚴宏偉的教
堂和修道院,議程一共進行十四天的會期。一個主教和一個輔祭公開指控
君士坦丁堡大主教,提出四十七項無關重要而且捕風捉影的反對意見,聽
來像是立場公正而且毋須辯駁的頌揚之辭。會議接著四次指名召喚克里索
斯托到會,他仍舊加以拒絕,認爲自己要是落在勢不兩立的敵人手中,個
人和名譽都無安全可言。於是狄奧菲盧斯這批敵人,很審慎的否認要審訊
任何具體的指控,譴責他態度傲慢拒不服從教會的命令,很倉促公開宣判
免去他的職務。橡樹園會議立即咨文呈報皇帝,請求批准和執行他們的判
決,同時用慈悲爲懷的語氣暗示,他們大可以用謀逆罪加在膽大包天的傳
教師頭上,因爲他辱罵優多克西婭皇后是耶洗別(Jezabel)。大主教不容辯
駁罪狀就受到逮捕,在一個皇家公差押解下穿過城市,經過很短一段航程
到黑海入海口上岸,不過兩天工夫就被光榮召喚回去。

---

32 我故意略而不提這些在埃及僧侶之間發生的爭論,像是有關奧利金教義和擬人論
的問題;還有狄奧菲盧斯的欺騙和暴力行爲,運用手腕操控頭腦簡單的伊壁費紐
斯(Epiphanius),他那身材高大的弟兄受到迫害和逃走,以及這些僧侶在君士坦
丁堡從克里索斯托那裡獲得並不穩靠的支持。

33 福提烏斯保存橡樹園宗教會議的原始提案,用來對付錯誤的主張和行爲。克里索
斯托至少受到三十六位主教的譴責,其中有二十九位是埃及人,他的判決書上有
四十五位主教簽名同意。

　　君士坦丁堡的人民都忠於克里索斯托大主教，開始時感到十分驚異，表示出沉默的抗議，突然之間全城一致爆發無法抗拒的狂怒。狄奧菲盧斯趕快逃走，但是那群僧侶和埃及船員組成的烏合之眾，被毫無惻隱之心殺死在君士坦丁堡街頭[34]。接著發生一場地震說明天意所在，暴亂的人潮衝向皇宮的大門，皇后感到恐懼和悔恨，跪倒在阿卡狄斯腳前，承認只有恢復克里索斯托的職位，才能取得公眾的安寧。博斯普魯斯海峽布滿數不盡的船隻，歐洲和亞洲的海岸到處張燈結綵，從港口一直到主座教堂，大主教在人民的勝利歡呼聲中凱旋歸來。他不等另一次宗教會議行使權責，合法修正原來錯誤的判決，就很輕鬆同意恢復原來的職務。克里索斯托完全忽略對手的實力，根本不在意懸在頭上的危險，還是任由宗教的熱情和憤怒的個性一意孤行，特別對婦女的罪惡提出嚴苛的控訴，幾乎等於在聖索非亞教堂裡譴責，那些褻瀆神明的榮譽竟拿來供奉給皇后的雕像。他那極為不謹的言行使敵人得以向優多克西婭報告，或是故意捏造著名講道辭的開頭一段話，讓個性倨傲的皇后大光其火，像這樣侮辱的言詞：「希羅底（Herodias）又在發怒！希羅底又在跳舞！她又在要約翰的頭顱。」對於一個女人又是統治者，根本不可能獲得她的饒恕。她在很短一段時間內保持虛假的休戰狀態，只是為了商議出最有效的辦法，使大主教受盡羞辱以後遭到絕滅的命運。人數眾多的東部高級教士代表大會，在狄奧菲盧斯的遙控之卜，經過他的指使和授意，絲毫不能保持公正的立場，肯定上次的判決完全合法有效。一支蠻族分遣部隊開進城市，用來鎮壓人民的反抗情緒。在復活節前夕的守夜大典中，莊嚴的洗禮被士兵的粗暴行為所中斷，赤身裸體的入教會眾感到羞怯而驚慌不已，基督教的神秘施洗儀式因外人的蒞臨而受到破壞。阿薩修斯（Arsacius）占領聖索非亞教堂和大主教的寶座，正統基督徒只有撤退到君士坦丁堡幾個浴場，後來離開城市去到野外，仍然受到警衛、主教和官員的追捕和凌辱。在克里索斯托第二次也是最後遭到放逐的苦難日子（404年6月20日），主座教堂、元老院大廳和鄰近

34　帕拉狄斯承認，若君士坦丁堡的民眾找到狄奧菲盧斯，定會把他丟進大海。蘇格拉底提到暴民和亞歷山卓的水手發生打鬥，多人受傷及失蹤。只有異教徒諾昔繆斯提及僧侶的屠殺，他認為克里索斯托有特殊才能，能領導不識字的群眾。

的建築物燃起一場大火。一般人認爲這場災難的發生,是受迫害的教派在絕望下的反抗行動,雖無實據卻有此可能[35]。

設若西塞羅自願放逐以維持共和國和平,一定會被認爲功在社稷[36],但克里索斯托的降服,卻是身爲基督徒和臣民無可規避的責任。心存報復的皇后不願接受他卑躬的請求,希望讓他到西茲庫斯或尼柯米地亞去定居,堅持要以小亞美尼亞遙遠而荒涼的庫庫蘇斯(Cucusus)爲放逐地。那個市鎮位於塔魯斯山區一條山脊上,她暗地裡懷有惡毒的念頭,大主教在炎熱的夏季中穿越小亞細亞幾個行省,一共有七十天艱難而危險的行程,會遭到艾索里亞人的攻擊。他們對僧侶抱著無法化解的仇恨,處於這種內外交迫的威脅下,必將置克里索斯托於死地。他終於安全到達拘禁地點,在庫庫蘇斯和附近的阿拉比蘇斯(Arabissus)度過三年,是他一生中最光輝燦爛的日子。他的品格因沒有在位和受到迫害而被神化,人們不記得他在職時的缺失,異口同聲推崇他的才華和德行。整個基督教世界都用尊敬的眼光,注視著塔魯斯山區那塊寂靜的沙漠。大主教受到不幸遭遇的激勵使得心靈更爲活躍,在隔絕的環境與最遙遠的行省保持嚴肅而密切的通信[37]。對於分散在各地的會眾及忠實的追隨者,他教誨他們要堅持自己的信念,催促他們拆除腓尼基的廟宇,根絕塞浦路斯島的異端,擴展教區工作,向波斯和錫西厄傳播福音。經由他派出的使臣與羅馬教皇和霍諾流斯皇帝舉行談判,從不公正的宗教會議大膽上訴,一直上訴到主張自由權利的全國大會指定的最高審判法庭。聲名顯赫的流犯仍保持獨立奔放的心靈,但被監禁的身體卻任由壓迫者報復。他們肆意濫用阿卡狄斯的名義和權威[38],

---

35 我們認爲這自然是諾昔繆斯的指控,但是值得注意之處,蘇格拉底和帕斯加爾《編年史》都肯定是正統基督徒下的毒手。

36 西塞羅用一個演說家和政治家的語氣,表示出這種似是而非的動機。

37 克里索斯托還有兩百四十二封書信傳世,這些信寫給各種不同的對象,表現出堅忍不拔的毅力。西塞羅遭到放逐以後怨天尤人,實在難以望其項背。在第十四封信裡,特別提到在旅途所遭遇的危險。

38 克里索斯托被放逐以後,狄奧菲盧斯刊行一本篇幅冗長內容惡毒的作品,用文雅的詞句不斷對他發起攻擊,說約翰・克里索斯托的靈魂裡摻雜著魔鬼的思想,不僅罪有應得,還要受到更嚴厲的懲罰。聖傑羅姆在他的朋友狄奧菲盧斯請求之下,把這本有益世道人心的作品,從希臘文翻譯爲拉丁文。

下了一道命令，立即要把克里索斯托從當地遷到皮提烏斯最遙遠的沙漠。
他的守衛忠實執行無比殘酷的迫害，使得他還未抵達黑海的海岸，就在本
都的科馬納（Comana）去世，享年六十歲（407年9月14日）。後代人士都承
認他的清白無辜，讚許他的功業德行。東部的大主教都感到無比的羞愧，
他們的前任過去曾與克里索斯托為敵。羅馬教皇下定決心為了恢復死者的
名譽，就陸續將這批人全部免去聖職[39]。他過世三十年以後（438年1月27
日），在君士坦丁堡教士和人民的懇求下，遺骨從偏僻的墓地運送到帝國
的都城[40]。狄奧多西皇帝前往卡爾西頓親自迎靈，以他有罪雙親阿卡狄斯
和優多克西婭的名義，俯伏在棺木上懇求受害的聖徒給予寬恕[41]。

六、阿卡狄斯帝位傳承與帕契麗婭當政（308-453A.D.）

然而我們心存疑問，阿卡狄斯是否把罪惡的污點遺傳給他的繼承人。
優多克西婭年輕貌美，放縱情欲而又看不上自己的丈夫。約翰伯爵與皇后
有私，至少也是交往密切深獲信任，公眾都認為他才是狄奧多西二世真正
的父親。阿卡狄斯是一個誠摯的丈夫，他把兒子的出世當成本人、家庭和
東部帝國的頭等大事，認為會帶來幸福和榮耀，在皇子幼小的年紀就賜予
從無前例的殊榮，同時授與他凱撒和奧古斯都的頭銜。過了不到四年，綺
年玉貌的優多克西婭被流產奪去性命，意外的死亡戳穿一個神聖主教的預
言[42]。他在那舉世歡騰的日子大膽宣告有吉兆顯示，母親將要親眼目睹光
榮的兒子長遠和興旺的統治。正統基督徒大聲歡呼上天主持正義，報復克

39　克里索斯托的後任阿提庫斯（Atticus），在418年將克里索斯托的名字，鑲嵌在君士
　　坦丁堡大教堂的彩色窗戶上，過了十年他被尊為聖徒。西里爾（Cyril）繼承他叔叔
　　狄奧菲盧斯的職務，迫於形勢也只有屈服。

40　這件事使聖約翰修會（Joannites）能夠重歸舊好，他們過去一直不願承認主教職務
　　的繼任者。在克里索斯托的一生中，聖約翰修會實施正統的領受聖餐儀式，受到
　　天主教徒的尊敬，但是他們過於固執，瀕臨與教會分裂的邊緣。

41　根據有些記載，說是受到尊敬的聖徒將遺體從科馬納遷出前，皇帝被迫寫信去邀
　　請並且表示歉意。

42　加薩的波菲利（Porphyry）在該城摧毀八所異教徒廟宇，宗教狂熱更加高漲。

里索斯托無辜受害的冤仇。倨傲而貪婪的優多克西婭過世,可能只有皇帝一人感到悲傷欲絕,家庭的不幸對他的打擊更甚於東部的公眾災難。艾索里亞的匪幫為害猖獗,從本都一直騷擾到巴勒斯坦,無法無天的打劫顯示政府的軟弱。此外還有地震、火災、饑饉和蝗害[43],不滿的民眾同樣都歸之於君王的無能。最後,就在阿卡狄斯三十一歲的盛年,他的統治(如果當得起這個用語的話)已經有十三年三個月又十五天,他逝世在君士坦丁堡的皇宮(408年5月1日)。我們無法對他的一生蓋棺論定,因為在這樣一個史料極為豐富的時期,還是弄不清楚有那一件大事,確實是狄奧多西大帝之子所做所為。

歷史學家樸洛柯庇斯認為皇帝在迴光返照之際,內心倒是顯現一絲人類的審慎或是天賜的睿智。阿卡狄斯考慮到兒子狄奧多西年甫七歲,未來的處境必然困難重重,幼年君王在內有危險的黨派傾軋,在外有波斯國王耶茲傑德(Jezdegerd)虎視眈眈。阿卡狄斯雖然感到焦急萬分,但並不想用分享最高權力來誘使雄才大略的臣民永存忠誠之心,而是憑著膽識求助於器度恢宏的波斯國王,簽訂一份莊嚴的遺囑,把東部的權杖交到耶茲傑德的手中監督。皇家衛隊以史無前例的忠誠接受並完成光榮使命,幼小的狄奧多西受到波斯的軍隊和御前會議的保護。樸洛柯庇斯敘述此一奇特的史實,阿果西阿斯(Agathias)對他的判斷不表同意[44],認為就常理而論,不能任意指責一個基督徒皇帝的頭腦產生問題,竟然敢冒天下之大不韙,將自己的兒子和統治權,託付給毫無誠信可言的陌生人,何況還是帝國的敵人和不信上帝的異教徒。但是對於樸洛柯庇斯說法的真實性,從來沒有人表示異議和駁斥,只是覺得所幸沒有發生問題罷了。事隔一百五十年後,此一政治問題在查士丁尼的宮廷引起爭辯。但是一個行事審慎的歷史學

43　傑羅姆用生動鮮明的筆調,敘述帶來毀滅的蝗蟲飛行途徑,像烏雲遮天,遍布在巴勒斯坦的土地上,及時吹起一陣大風把部分蝗蟲颳進死海,其餘都吹到地中海裡。

44　這種傳說雖甚囂塵上,但只有樸洛柯庇斯形諸文字。蒂爾蒙特很有理性辯稱,這種說法帶來很多好處,他的評論並沒有受到教會權勢的曲解,因為樸洛柯庇斯和阿果西阿斯都算是半個異教徒。

家，在沒有確定阿卡狄斯的遺囑是否眞有其事之前，便不會去討論託付的
行爲是否適當，尤其是此一史實是世界歷史前所未有的事例，我們需要當
代人士確切而一致的證言才能算數。這段極爲新奇的事件到現在還讓我們
感到可疑，必然會吸引當代人士的注意，然而他們普遍表示沉默，這樣看
來並不是後代虛構的傳聞而已。

　　羅馬法學有關私有財產的原則，要是能適切轉用於公共事務的處理，
那麼就可以判定，霍諾流斯皇帝應該擔任姪兒的法定監護人，至少要到他
年滿十四歲爲止。但是霍諾流斯的軟弱和統治的災難，卻使他無法履行應
盡的義務，而且這兩個王國在利害關係和雙方情感上，已經形成極爲難以
超越的隔閡。拿君士坦丁堡來說，在不得已的狀況下寧願聽命於波斯朝
廷，也比臣服於意大利宮廷要好得多。一個君王用富於男子氣概和獨斷能
力的外表，來掩飾他的懦弱無能。在他統治下，那些一無是處的寵臣可以
狐假虎威，暗中爭奪皇宮裡的帝國，用主子的名義發布命令指揮順從的行
省，即使這些行省瞧不起他們也沒有關係。然而擔任一個孩子的大臣，卻
無法用皇家的名義來行事，必須要讓自己獲得和行使獨立的權威。那些政
府和軍隊的高級官員，都是在阿卡狄斯去世前獲得任命，受到共和國自由
權利理念的啟示，自然形成一種少數人壟斷的貴族政體。東部帝國的政府
所幸掌握在統領安塞繆斯（Anthemius）[45] 手中（408-415A.D.），他才能卓
越，在同儕之中始終保持高高在上的地位。年輕皇帝的安全證明安塞繆斯
善盡職責又正直廉潔，憑著行事的審愼和行動的果敢，使得幼帝的統治保
持實力和聲望。烏爾丁率領強大的蠻族部隊，占據色雷斯的要害地區，擺
出傲慢的姿勢，拒絕雙方調停的條款。他指著升起的太陽對羅馬人的使臣
宣布，等這顆星球在天上運行的路徑到達盡頭，才會終止匈奴人的征服行
動。那些同盟的部族棄烏爾丁而去，因爲他們私下相信帝國大臣的慷慨和
公正，迫得烏爾丁只有撤過多瑙河。擔任後衛的錫里人（Scyrri）部落幾乎

45　安塞繆斯是菲利浦的孫子，也是康士坦久斯的大臣，後來成爲安塞繆斯皇帝的祖
　　父。他卸下波斯大使職務後，在405年擔任執政官及十年的東部禁衛軍統領。

全軍覆沒，成千的俘虜分配到亞細亞的行省，擔任奴工從事農耕生產[46]。
公眾享受凱旋式的榮譽，同時也增進君士坦丁堡的防衛能力，新建一道範
圍更廣的城牆，以獲得雙重保護。伊里利孔地區各城市爲加強戒備，重新
整建原有的碉堡工事。政府擬訂一個高明的計畫，爲確保能控制多瑙河，
要用七年的時間建立一支永久性艦隊，擁有兩百五十艘船隻。

　　羅馬人久已習慣君王的權威，皇室的一號人物即使是婦女，只要表現
出勇氣和能力，一樣可以登上狄奧多西二世空出的寶座。帕契麗婭
（Pulcheria）是大他兩歲的姊姊，十六歲就獲得奧古斯塔的稱號。雖然她的
即位稱帝有時流傳著篡奪和陰謀的說法，但仍繼續統治東部帝國近四十年
之久（414-453A.D.）。整個期間包括她弟弟未成年的統治時期、他死後用
她自己名義的統治時期，以及後來她的丈夫馬西安（Marcian）掛名的統治
時期。帕契麗婭出於謹慎和宗教的動機，始終過著獨身生活，儘管有人污
蔑她的貞節[47]，但是她的決心影響到她的妹妹阿卡迪婭（Arcadia）和瑪麗娜
（Marina），被基督教世界視爲超凡入聖的虔誠行爲而倍加讚揚。阿卡狄斯
的三個女兒[48]當著教士和民眾宣布，決心用貞潔來事奉上帝，還把莊嚴的
誓辭鐫刻在嵌寶石的金牌上，公開奉獻給君士坦丁堡大教堂。她們的宮殿
成爲修道院，除了心靈的導師那些忘卻男女之別的聖徒之外，所有的男士
全部審慎排除在神聖的門楣之外。帕契麗婭和兩個妹妹，以及經過挑選爲
她們所喜愛的一些少女，組成一個宗教社區。她們拒絕華麗的衣著，飲食
簡單而節儉，還經常因齋戒而禁餐，每天用部分時間刺繡，白晝和夜晚會
花幾小時進行祈禱和唱讚美詩。皇后的熱忱和慷慨使基督徒童貞的虔誠倍
增光彩，基督教教會史有詳盡的記載，敘述帕契麗婭拿出自己的錢財，在

46　索諾曼在俾西尼亞的奧林帕斯山附近看見錫里人在工作，私心感到極爲欣慰，認
　　爲這個民族現在只剩下這些俘虜，其餘已經全部被消滅。

47　蘇伊達斯相信聶斯托流斯教派所說的話，據稱帕契麗婭所以生氣要對付教派的創
　　始人，是因爲聶斯托流斯指責她與英俊的保利努斯發生不正常關係，同時還與她
　　的弟弟通姦亂倫。

48　弗拉西拉（Flaccilla）是最年長的女兒，在阿卡狄斯之前死亡，再不然可能活到431
　　年，身心方面有缺失或是殘疾，沒有獲得任何位階或頭銜。

東部各行省修建宏偉的教堂，設立福利基金救濟外來的流浪漢和窮苦民眾，贈送巨額捐款作為若干修道院的永久維護費用，同時她為壓制聶斯托流斯(Nestorius)和優提克斯(Eutyches)異端已盡最大的努力。諸如此類的美德理應受到上帝的恩寵，因而殉教者的遺骨和有關未來事件的信息，經由顯靈和啓示傳送給皇家的聖徒[49]。然而，帕契麗婭虔誠的信仰對她全力從事世俗事務毫無影響，狄奧多西大帝的子孫當中，只有她繼承果敢的精神和罕見的才能。她能文雅而熟練的運用希臘和拉丁兩種語文，處理公務無論是口述還是書寫都能游刃有餘。她會深思熟慮權衡問題的輕重緩急，採取行動迅速而果決。她會不動聲色推著政府的巨輪前進，既不會裝腔作勢也不會大驚小怪。她把統治期間長久的安定局面，保持審慎的態度歸功於皇帝的能力。在她最後幾年的和平生活中，歐洲的確苦於阿提拉(Attila)的武力蹂躪，但是亞洲面積廣大的行省仍舊享受太平無事的歲月。狄奧多西二世從未受到這種羞辱，那就是需要對抗和懲處一個反叛的臣民。至於提到帕契麗婭的統治，我們無法對她的武德大為讚許，卻要極力推崇她施政的溫和與繁榮。

七、狄奧多西二世無爲而治的行事作風(414-453A.D.)

羅馬世界非常關心主子的教育，訂立一套很高明的學習和訓練課程，軍事方面有騎術和箭術，文科方面要學習文法、修辭和哲學。東部一些才華很高的大師級人物，為著前途考量都希望收到天子門生。有些貴族青年也被召進皇宮，運用友誼的切磋激起皇帝的學習情緒。帕契麗婭單獨要承擔教導弟弟統治藝術的重要使命，但是引來閒言閒語認為她無此能力，要

---

49 帕契麗婭一再從夢中得到啓示，說有個地點埋著四十位殉教者的遺骸。此地原來是君士坦丁堡一個貴婦的住家和花園，後來當做馬其頓僧侶的修院，最後成爲聖泰爾蘇斯(St. Thyrsus)教堂，是由在397年擔任執政官的凱撒流斯(Caesarius)所建造，有關遺骨的回憶幾乎為人所遺忘。雖然貫丁抱著很仁慈的看法，但是很難爲帕契麗婭找藉口，說她沒有受騙上當，這件事發生時她至少已經三十五歲。

不就是遭到懷疑認爲別有用心。她教導狄奧多西二世要保持端莊和威嚴的
神態，無論是行走、著袍、就座，都要展現一個偉大君王的風範，不要縱
情大笑以免失態，不要倨高位聽人談話，不要用失當的言辭回答，注意自
己的表情要能時而嚴肅時而寧靜。總之，要使羅馬皇帝始終保持和藹和莊
嚴的形象。但狄奧多西[50]從未表現出這種擔當，無法負起高貴的名字所加
之於他的職位和榮譽，竟然落到（要是無能也可以分出等級的話）連他軟弱
的父親和叔父都不如的地步。阿卡狄斯和霍諾流斯在受教育時，父親在旁
親自協助，加以照料和指點，可以用權威和榜樣加強教導的效果。

　　但是狄奧多西二世這位不幸的皇子，出生於帝王之家，根本聽不到眞
理的聲音。身爲阿卡狄斯的兒子命中注定，在一群奴性的婦女和豎閹包圍
下度過漫長的童年。他現在毋須負起身居高位的基本職責，有很多空閒的
時間用於無聊的娛樂和無益的閱讀。狩獵是唯一的積極活動，可以走出皇
宮的限制範圍之外。但是他眞正全力以赴的工作，就是研習畫家和雕刻家
的手藝，甚至夜以繼日樂此不疲。他用非常雅緻的字體抄寫宗教典籍，使
得羅馬皇帝得到書法家的稱譽。狄奧多西被一層無法穿透的帷幕與世隔
絕，只能信任所喜愛的人，而這些人習慣於遷就奉承，百般設法讓他過著
無所事事的生活。那些送給他簽名的公事毋須他閱讀內容，有些不公正的
法令與他的本性相違，常常用他的名義頒行。皇帝的本性純潔、溫和、慷
慨而又善良，但是這些特質唯有獲得勇氣的支持和謹慎的節制，才能稱之
爲德行，否則對人類而言不僅毫無益處，反而帶來莫大的災害。他的心靈
受到皇家教育的摧殘，被可鄙的迷信所壓制和愚弄，要經常的齋戒、唱讚
美詩、盲目接受奇蹟和教義，不斷培養對宗教的虔誠信仰。正統基督教會
無論死去還是活著的聖徒，狄奧多西都狂熱的崇拜。有一次他拒絕進食，

50　兩位教會歷史學家間有明顯差異，表面上要裝出相類似的模樣。索諾曼把一切成
　　就都歸功於帕契麗婭統治帝國，對自己的弟弟給予良好的教育，但是他對狄奧多
　　西二世並沒有讚許之辭。蘇格拉底裝出不願接受恩寵和名聲的姿態，但是他給皇
　　帝寫出精心推敲的頌辭，而且很小心的壓下他姊姊的氣焰。菲羅斯托杰斯用溫和
　　而奉承的語氣表示帕契麗婭的影響力，蘇伊達斯恢復狄奧多西的本來面目。我按
　　照蒂爾蒙特的例子，運用現在希臘人研究所得的一些成就。

因爲一個無禮的僧侶宣稱要將君王逐出教會，直到這位僧侶認錯，願意治好他施予君王的精神傷害，狄奧多西才算不提此事[51]。

八、優多西婭皇后悲歡離合的傳奇事蹟(421-460A.D.)

一個美麗而嫻淑的少女竟能從平民身分攀上皇后的御座，這樣的軼聞要不是狄奧多西的婚姻可以證實，一定被認爲是不足採信的傳奇故事。阿典娜斯(Athenais)[52] 深受讚美，她的父親雷昂久斯(Leontius)施予希臘宗教和科學的教育，當代人士對這位雅典的哲學家有很高的評價。他將世襲的財產平分給兩個兒子，留給女兒少量遺產只有一百金幣，很有信心認爲她的美貌和德行足夠成爲嫁奩。過沒多久阿典娜斯的兩位兄弟出於嫉妒和貪婪，強迫她到君士坦丁堡去找尋庇護。她希望能獲得公正和賞識，就投身在帕契麗婭的腳下。賢明的公主傾聽她動人的訴求以後，私下決定要讓哲學家雷昂久斯的女兒，成爲現已年滿二十歲東部皇帝的妻室。帕契麗婭詳細描述阿典娜斯可愛的容貌，很容易引起她弟弟的興趣：長著大大的眼睛、勻稱的鼻子、白皙的皮膚、金色的長髮、苗條的體態、文雅的風度，學識豐富而善解人意，經歷逆境而修養德性。狄奧多西躲在他姊姊房內一道簾幕的後面，親眼看見那位雅典處女，個性溫和的青年立即表明純潔和高貴的愛情。於是在首都和行省人民的歡呼聲中，皇室的婚禮很快就隆重舉行。阿典娜斯很容易受到說服，承認信奉異教是錯誤的行爲，接受基督教的洗禮獲得優多西婭(Eudocia)的名字。生性謹慎的帕契麗婭等到狄奧

51　昔拉斯(Cyrrhus)主教是當代博學而虔誠的人士，最早讚許狄奧多西服從神的律法。

52　蘇格拉底提到她的名字(阿典娜斯，雅典詭辯家雷昂久斯的女兒)、受洗和婚姻，以及在詩學上的造詣。有關她的歷史最早記載是在約翰・瑪拉拉(John Malala)的作品和帕斯加爾《編年史》之中，這些作者也許看過優多西婭皇后當年的畫像。現代希臘人、諾納拉斯(Zonaras，十一世紀拜占庭歷史學家)和昔瑞努斯(Cedrenus，十一世紀拜占庭歷史學家)全喜愛這則傳奇故事，並不是欣賞她的才華。實在說，我從尼西佛魯斯(Nicephorus)的作品中推測她的年齡，這位羅曼史的作者好像缺乏想像力，當阿典娜斯引燃年輕皇帝心中愛意時，她的年齡已有二十八歲。

多西的妻子生下一個女兒，證實她確有生育能力以後，才同意授與她奧古斯塔的稱號。她的女兒在十五年以後嫁給西部的皇帝。優多西婭的兩個兄弟心懷恐懼奉召前來謁見，她已經原諒給她帶來好運的不厚道行為，現在更能表現出姊妹的親情和虛榮，後來竟把他們提升到執政官和禁衛軍統領的高位。在奢華的皇宮她刻意運用攏絡手段，過去就靠著這個使她飛上枝頭變鳳凰，同時不著痕跡運用自己的聰明才智，來推崇宗教和她丈夫的榮耀。優多西婭把《舊約》前八篇及〈但以理書〉（Daniel）和〈撒迦利亞書〉（Zachariah）的預言*53，用詩的體裁加以改寫，並保持原有的精義。她把荷馬史詩用聯句的方式，拿來讚美基督的平生和神蹟，描述聖西普里安的傳說，及歌頌狄奧多西在波斯戰爭中的勝利。她的作品在阿諛和迷信的時代受到百般稱讚，多少年來倒也沒被公正坦誠的學者專家一筆抹殺54。

皇帝對她的恩愛並沒有因長時間的朝夕相處而冷淡，優多西婭在女兒出嫁後，獲得皇帝同意前往耶路撒冷朝聖，用隆重典禮表達她的感恩，擺出浩蕩的隊伍通過東部帝國，有違基督徒謙虛的精神。她坐在鑲嵌著寶石的黃金寶座上，對安提阿元老院發表精心撰擬的演說，聲稱她同意擴建城牆，同時賞賜兩百磅黃金整修公共浴場，接受感激的安提阿市民為她塑造雕像。她用於耶路撒冷聖地的費用，包括捨施和慈善基金在內，超過慷慨的海倫娜（Helena）皇后。國庫雖因她的過度大方而感到拮据，她卻心滿意足回到君士坦丁堡，帶著聖彼得的鎖鍊、聖史蒂芬的右臂、及一幅疑由聖

---

*53 [譯註]〈但以理書〉是但以理及同伴親身經歷的記錄，以及但以理所得到的啟示，其中見證的事如拒吃王膳、大像之夢、火中遊行、大樹之夢、解釋文字及脫離獅口等；但以理所見異象有四獸、二羊、七十個七、末世的異象等，參閱《聖經》〈舊約全書但以理書〉。〈舊約全書撒迦利亞書〉的主題是努力重建聖殿，恢復敬拜的生活，分為兩大部分，前面是建殿期間的信息，後面是建殿完成後的預言；預言方面提到彌賽亞像是被賣三十塊錢、受到打擊和身體被扎傷等，還有就是後世的預告像耶路撒冷被圍、仇敵得勝、主的再來，神最後的審判和千禧年的景況等，參閱《聖經》〈撒迦利亞書〉。
54 荷馬式的集句詩現在還存世，一再刊印出版，但是還有很多乏味的作品被認為是優多西婭的手筆，引起學者的爭論。《愛奧尼亞》（Ionia）是一本包羅萬象記載歷史和神話的辭典，是另外一個名叫優多西婭的皇后所編纂，她是十一世紀的人，這本作品還有手抄本存世。

路加所繪聖母像[55]。但這次朝聖卻帶來致命後果，要終結優多西婭的榮華
富貴。她仍舊興奮於空洞的排場，而無意中忽略對帕契麗婭應盡的義務，
野心勃勃渴望統治東部帝國。宮廷因兩位女性不和而產生政爭，但狄奧多
西的姊姊勢力強大，最後獲得決定性勝利。御前大臣保利努斯（Paulinus）
遭到處決，東部禁衛軍統領居魯士（Cyrus）罷黜下台，讓公眾知道優多西
婭的恩寵不足以保護最親信的朋友。英俊瀟灑的保利努斯更讓人在暗中相
信謠言，說他成為皇后的情人才是最大的罪行[56]。等優多西婭知道皇帝對
她的愛情已經消失，便要求退隱到遙遠又偏僻的耶路撒冷。她的請求獲
准，但狄奧多西的妒恨和帕契麗婭的報復，仍在後面窮追猛打緊咬不放。
內廷伯爵薩頓奈努斯奉命將她最親信的兩位幫凶處死，這兩位都是聖職人
員，優多西婭立即殺死伯爵為他們報仇。她在這種可疑的情況下沈溺於狂
暴的情緒，怪不得狄奧多西會如此殘酷。皇后陷入悲慘的困境，被剝奪所
有榮譽和地位[57]，在世人眼裡看來，她是自取其辱。優多西婭有十六年的
餘生在放逐中度過，只能從虔誠的信仰獲得安慰，等年華老去、狄奧多西
死亡、獨生女兒被當成俘虜從羅馬帶到迦太基、及受到巴勒斯坦聖僧社會
的影響，這些在無形中使她全心奉獻宗教。歷經人生的窮通禍福和榮枯得
失之後，哲學家雷昂久斯的女兒在耶路撒冷去世，享年六十七歲，彌留之
際還在訴說不休，自矢一生清白，從未逾越友情的限度[58]。

55　巴隆紐斯著作等身，而且文體華麗，但是他受到指責，把不同時代很多謬誤的史
　　實，不考慮真實性如何就全部放在一起。

56　若要提優多西婭的醜聞，我仿效伊發格流斯（Evagrius Ponticus，346-399A.D.，
　　基督教神秘主義者）和馬塞利努斯伯爵的謹慎作法，可以參考《編年史》在440年
　　和444年的記載。這兩個可信的年份是後者指定，可以推翻希臘人很多不實的傳
　　言。至於像「蘋果」這種聳人聽聞的故事，只可見於阿拉伯人的《天方夜譚》，
　　在那裡沒有什麼事不能發生。

57　普里斯庫斯（Priscus）是當代人士也是一個廷臣，提到她時直呼其名，不管是用異
　　教徒或基督徒的名字，都沒有加上表示尊敬的名號和頭銜。

58　有關優多西婭的兩次朝聖以及長住耶路撒冷，還有她的宗教生活和樂善好施，都
　　可以參閱蘇格拉底和伊發格流斯的著作，也要留意帕斯加爾《編年史》的記載。
　　在有關安提阿的歷史方面，約翰‧瑪拉拉是最權威的作者。圭尼神父（Abbé
　　Guenée）在關於豐饒巴勒斯坦的回憶錄（我只看到摘要）中，計算出送給優多西婭
　　的禮物價值兩萬零四百八十八磅黃金，約合八十萬英鎊。

九、波斯戰爭的得失與亞美尼亞的滅亡（422-440A.D.）

狄奧多西二世保持高雅脫俗的心靈，從未讓征服的野心和武功的聲譽激起熱情的火花。波斯戰爭偶爾引起輕微的示警，很少干擾到東部的寧靜，雖然這場戰爭的動機非常光明正大，讓人肅然起敬。身為狄奧多西的監護人，波斯國王耶茲傑德在統治的最後一年，有位主教渴望成為殉教者，在蘇薩破壞一所拜火教的廟宇。這種宗教狂熱所帶來的剛愎行為使他的教友受到報復，祆教祭師實施殘酷的宗教迫害。耶茲傑德偏執的宗教狂熱被兒子瓦拉尼斯（Varanes），或稱巴哈朗（Bahram）模仿，不久巴哈朗就接位登基。有些流亡的基督徒逃到羅馬的邊界，提出毫不讓步的要求，結果遭到絕不通融的拒絕，而這種拒絕因為貿易的爭執使事態擴大，立刻就在敵對王國之間燃起戰火（422A.D.）。亞美尼亞的山區和美索不達米亞的平原進駐充滿敵意的軍隊，連續發生兩次戰役的軍事行動，沒有產生決定性的戰果和重大影響。有些接戰打得難分難解，也有些城鎮遭到圍攻，雙方互有勝負，都沒有占到便宜。若說羅馬人無法光復早已失去的尼昔比斯，那麼波斯人也被驅離美索不達米亞的城市，完全是一個深通軍事的主教採取英勇的行動，用使徒聖湯瑪士的名字來稱呼發出雷鳴的機具。然而這場光輝的勝利經由信差帕拉狄斯（Palladius）用難以置信的速度傳達，在君士坦丁堡的皇宮不斷宣布，接著就用節日和頌辭加以慶祝。當代歷史學家[59]運用頌辭提到非常特別的傳奇故事，像是哥德人阿里賓達斯（Areobindus）很驕傲的向波斯英雄挑戰，拿網把對手纏住再用劍殺死他。還有就是波斯人攻擊羅馬軍的營地，結果有一萬名王室侍衛陣亡。還有就是戰敗的驚恐迫使十萬名阿拉伯人或撒拉森人投身到幼發拉底河，諸如此類的說法極不可信，也不會受到重視。阿米達（Amida）主教阿卡修斯（Acacius）慈善為懷，禁得起時間的考驗，沒有被人遺忘，他的名字仍舊

---

59 蘇格拉底是記敘波斯戰爭最權威的作者，我們同樣可以參閱帕斯加爾、馬塞利努斯和瑪拉拉所編這三種《編年史》。

受到尊敬，在聖曆上有紀念他的節日。他很大膽的宣稱，那些金銀製作的
花瓶既不能食也不能飲，供奉給神是無用之物，於是慷慨的高級教士變賣
阿米達教堂的金銀器具，從波斯人手裡贖回七千名戰俘，用親切的態度充
分供應所需糧食，然後讓他們回到自己的故鄉，好向他們的國王報告，他
的所做所為是發揮宗教真正的濟世精神。發生在戰爭期間的善舉可以減輕
兩國的敵意，我相信阿卡修斯對恢復雙方的和平有極大的貢獻。在兩國邊
境召開的會議上，羅馬的使臣認真規勸波斯人，藉及時的調解來防止尚不
知遠方戰事的皇帝大發脾氣。他們企圖擴大君王的勢力範圍卻徒勞無功，
反而貶低他的人格。雙方正式批准一百年的休戰協定，雖然亞美尼亞的革
命威脅到公眾的安寧，但是這個條約的基本精神還是受到君士坦丁和阿塔
澤克西茲繼承人的尊重，時間長達近八十年之久。

　　自從羅馬人和波斯人的軍隊在幼發拉底河岸首次遭遇以來，亞美尼亞
王國[60]交替受到實力強大的保護人加諸其身的壓迫。在歷史的過程中發生
幾次重大的事件，影響到和平與戰爭的平衡，在前面已經提過。羅馬簽訂
羞辱的條約，放棄亞美尼亞給心懷大志的薩坡爾，權衡雙方的實力波斯明
顯占有優勢。但是阿薩息斯（Arsaces）的皇家後裔不甘心屈服於薩珊王
朝，騷動的貴族極力主張他們有世襲的獨立權利，整個民族仍舊依附君士
坦丁堡的基督教君主。到了五世紀初葉，亞美尼亞因為不斷的戰爭和傾軋
形成分裂[61]，這種不正常的現象使古老的王國突然滅亡。克司洛伊斯
（Chosroes）成為波斯的附庸，統治著東部和大部分的國土；西部各行省承
認阿薩息斯的管轄，但是最高主權掌握在阿卡狄斯皇帝手裡。等到阿薩息

60　本書所述亞美尼亞王國的滅亡和瓜分，取材自克里尼的摩西（Moses of Chorene，
　　五世紀亞美尼亞文學家和歷史學家）所著《亞美尼亞史》第三卷。無論從那方面
　　來看他都是最佳的歷史學家，他可獲得當地的資料，具有滿腔的愛國情操，保持
　　很特殊的見解，強烈表現本土和當代的歷史感。樸洛柯庇斯用不同的方式敘述相
　　同的事實，我所選的情節本身可信，而且與克里尼的摩西所記之間的矛盾最少。
61　亞美尼亞的西部在宗教儀式和課程中使用希臘語和希臘文字，但在東部行省使用
　　這種帶敵意的腔調會受到波斯禁止，因而只有使用敘利亞語。等到五世紀初葉梅
　　斯洛比斯（Mesrobes）發明亞美尼亞字母，接著就把聖經翻譯為亞美尼亞文，原來
　　與君士坦丁堡建立密切的教會和民族關係，在這件事情發生後漸趨鬆懈和冷淡。

斯死後，羅馬人壓迫皇家的政府，要使昔日的盟友成為臣民，同時把軍事
指揮權授與亞美尼亞邊境的伯爵。他為了鞏固自己所處的戰略地位，在靠
近幼發拉底河的源頭一塊肥沃而高聳的地點，建造狄奧多西波里斯
(Theodosiopolis)[62]這座新城，特別增強防備的力量。在整個受到控制的西
部區域，分由五位省長統治，為了顯示尊貴的地位，他們可以穿著金色和
紫色的服飾。那些運道較差的貴族一方面為失去國王而悲傷嘆息，另一方
面為同儕被拔擢而羨慕嫉妒，感到氣憤不平，要與波斯宮廷談判，希望能
獲得和平與寬恕，願意帶著他們的追隨者重返阿塔克薩塔(Artaxata)的皇
宮，承認克司洛伊斯是合法的君主。大約過了三十年以後，阿塔昔里斯
(Artasires)是克司洛伊斯的姪兒和繼承人，亞美尼亞傲慢而貪婪的貴族心
懷不滿而將他推翻，一致同意由波斯總督取代毫無價值的國王，同時很誠
摯的懇求艾薩克(Isaac)大主教的認可。大主教的回答倒是可以代表大多數
迷信民眾的意見，他譴責阿塔昔里斯確有其事而又無可推諉的惡行，明確
宣布會毫不猶豫對國王提出控訴，但是一定要在基督徒皇帝的法庭上，因
為皇帝會處罰這位罪人而不是將他毀滅。艾薩克繼續說道：

> 我們的國王荒淫無道，但是已受過純潔的洗禮。他愛好女色，
> 但是不會尊敬火和元素*[63]。他應該為猥褻的舉動受到譴責，但
> 是他還是一個正統基督徒。雖然他的行為罪大惡極，但是他的
> 信仰虔誠純正。我絕不同意捨棄我的羔羊，任由狂暴的惡狼吞
> 食。你們的決定過於草率，對不信基督者來說是偽善的德行，就
> 一個信徒而言是無法饒恕的過失，所以你們應該幡然悔悟[64]。

62　土耳其亞美尼亞現在的首府是阿柴隆姆(Arzeroum)，狄奧多西波里斯的位置在首
　　府東邊約三十五哩的地方。

*63　[譯註]拜火教亦稱瑣羅亞斯德教或祆教，是世界最古老宗教之一，波斯人瑣羅亞
　　斯德(Zoroaster，628-551B.C.)所創，目前拜火教徒稱為帕爾西人(Parsees)，一
　　直受到伊斯蘭教徒的憎惡和迫害。祆教的元素有地、水、火、風、日和月，尤其
　　以稱為密特拉(Mithra)的火、光和太陽，是最被崇拜的對象。

64　按照亞美尼亞使徒聖格列哥里(St.Gregory)所訂的制度，大主教通常由皇室人員擔
　　任，這樣可限制僧侶階層的影響力，使主教以下的神職人員能與群眾打成一片。

　　內訌的貴族被艾薩克的堅決態度所激怒，指控國王和大主教在暗中對羅馬皇帝保持忠誠之心。巴哈朗偏信一面之辭，親自宣布定罪的判決，這些荒謬的貴族聽到後大爲高興。阿薩息斯的後裔被廢除皇室尊榮[65]，他們已保有五百六十年之久[66]。阿塔昔里斯惡運當頭，原來的領地現被重新命名爲波薩美尼亞（Persarmenia），被貶爲波斯的一個行省。這種篡奪行爲引起羅馬政府猜忌，但急劇升高的爭執很快平息，因爲雙方在友善的氣氛下，將古老的亞美尼亞王國私下瓜分（421-440A.D.），雖然分得不均，倒也沒有異議。奧古斯都對經由這種方式獲得的領土，一定會表示出鄙夷的神情，但對狄奧多西二世頹廢的帝國而言，這種成就是無上的光榮。

65　阿薩息斯皇室的分支仍舊存在，出任亞美尼亞的省長和總督等職位。

66　公元前130年，波斯國君擊敗安泰阿克斯・賽笛特斯（Antiochus Sidetes）以後，立即封他的弟弟瓦拉薩息斯（Valarsaces）爲亞美尼亞國王。由於最後幾位國王的在位時期非常混亂，所以我們認爲卡爾西頓會議（431A.D.）以後，亞美尼亞王國才眞正滅亡，而且是在波斯國王瓦拉尼斯或稱巴哈朗在位期間，也就是420年到440年。

在萬神殿的高大柱廊之下

像是迦太基的天界維納斯神廟，
整個神聖區域的周長有兩哩，
非常明智改建為基督教堂，
運用類似的奉獻方法，
羅馬萬神殿的宏偉圓頂，
得以完整無缺保全下來。

第三十三章

霍諾流斯殞身 華倫提尼安三世繼位為西羅馬皇帝 母后弄權 埃伊久斯和邦尼菲斯的對決 汪達爾人攫取阿非利加(423-455A.D.)

一、霍諾流斯逝世後權臣的篡奪和敗亡(423-425A.D.)

西羅馬皇帝霍諾流斯在漫長而可恥的二十八年臨朝期間,與統治東部的兄弟和後來的姪女,一直保持斷絕來往和拒人千里的關係。君士坦丁堡懷著漠不關心和幸災樂禍的態度,來看待羅馬所遭遇的災難。歷經艱險的普拉西地婭逐漸重建兩個帝國的情誼,讓兩國緊密團結。狄奧多西大帝的女兒曾經是哥德人的俘虜和皇后,在摯愛的丈夫遭族人謀殺後,被盛氣凌人的兇手當罪犯押解,後來終於報復血海深仇。拉芬納宮廷簽訂一紙和平條約,用六十萬斗小麥將她從哥德人手裡交換回來。等她從西班牙回到意大利,在自己家族又要面對新的屈辱。未經她事先同意就講定的婚姻引起她很大的反感,她一再表示不願也沒有辦法。英勇的康士坦久斯制服僭主回朝,霍諾流斯為了獎賞他立下功勳,就將阿多法斯的孀婦許配給他為妻。皇家舉行盛大的婚禮軟化她抵抗的意志,普拉西地婭不再拒絕成為霍諾里婭(Honoria)和華倫提尼安三世的母親,何況她把感激的丈夫管得服服貼貼。這位心胸開朗的將領過去的生活以社交的樂趣和軍中服務為主,現在受到教導產生貪婪和野心的新體驗。他要求授與奧古斯都的頭銜,從霍諾流斯的部屬一躍而為共同統治西部帝國的主人。康士坦久斯即位不過七個月就去世,普拉西地婭的權勢不僅沒有減弱反而大增。她與親哥哥之

間不正常的親密關係，已經不是手足之情而是亂倫之愛。宮廷發生一些勾心鬥角的事故，是地位低微的管家和褓母所引起，以往的深情就一筆勾消。皇帝和他的妹妹發生爭執後，無法在皇宮內相處，特別是哥德人士兵只聽從皇后，拉芬納全城會激起流血和危險的暴動。要想緩和當前的狀況，只能讓普拉西地婭帶著她的兒女自動離開，否則加以強迫也在所不惜。受到放逐的皇室人員在君士坦丁堡登岸時，正好遇到歡祝波斯戰爭勝利的節慶期間，接著就是狄奧多西二世的結婚，所以他們受到非常仁慈而且合乎身分的盛大招待。但東部宮廷連康士坦久斯皇帝的雕像都拒不接受，更不會承認他的未亡人有奧古斯塔的名銜。在普拉西地婭抵達沒幾個月，急報傳來霍諾流斯死亡的信息，他罹患水腫去世(423年8月27日)。這個重要的秘密一直壓住未發布，等到需要他簽署命令，派遣大批部隊行軍前往達瑪提亞海岸，才紙包不住火洩露出來。君士坦丁堡的城門關閉七日，船隻全部停航，對於既不尊敬也無感情的外國君主，公眾用大聲喧囂和矯揉造作的場面來表示哀悼之意。

　　就在君士坦丁堡的大臣正在商量如何處理善後時，一名野心勃勃的局外人士要篡奪霍諾流斯空下的寶座(423-425A.D.)。這個叛徒名叫約翰，是皇帝身邊的樞密大臣，掌理機要，有很大的權勢。雖然他違犯所負的神聖職責，但歷史對他相當仁慈。約翰對於意大利的順從感到得意忘形，何況已經與匈奴建立聯盟，不惜派出使臣去冒犯東部皇帝的尊嚴。等他知道這些代表受到放逐或是監禁，最後全部被很羞辱的驅離，他認為受到不公正的待遇，準備用武力來維護他所要求的權利。東部帝國面對這種狀況，身為狄奧多西大帝的孫兒，應該御駕親征才是正理，但年輕的皇帝被醫師勸阻，很快打消這樣輕率而危險的構想。為了審慎起見，遠征意大利的重大任務全部交付給阿達布流斯(Ardaburius)和他的兒子阿斯帕(Aspar)，他們在波斯戰爭中有非常突出的表現。最後決定阿達布流斯帶著步兵乘船，阿帕斯率領騎兵，陪伴普拉西地婭和她的兒子華倫提尼安，沿著亞得里亞海的海岸前進。騎兵部隊主動積極克服所有困難，發起奇襲，在毫無抵抗之下奪取重要城市阿奎利亞。這時阿斯帕接到信息產生極大的困擾，皇家

艦隊爲暴風吹得四分五散，他的父親帶著兩艘船落在敵人手裡，被帶回拉芬納的港口成爲俘虜。然而這個意外事件看起來非常不幸，對於意大利的征服卻產生有利的影響。阿達布流斯運用對方殷勤有禮的接待，而且還讓他自由行動的機會，盡量與部隊接觸，使他們產生忠誠和感懷之情。等到他發動密謀時機成熟可以著手執行，私下派人通知阿斯帕，迫使他趕快進軍。　個牧羊人要是受到信任就會變成天使，指出一條無人知曉而且認爲無法通行的小路，引導東部的騎兵部隊穿過波河的沼澤地區，經過很短一陣戰鬥以後，拉芬納的城門被打開，將毫無抗拒能力的僭主帶到征服者面前等候發落。約翰的右手被砍下來，騎上驢背遊街，忍受公眾的嘲笑，在阿奎利亞的賽車場中受到斬首的懲處。狄奧多西皇帝接到勝利的信息，就中止正在進行的賽車，帶領民眾在街道上唱著讚美歌，引導大家從橢圓形競技場走向教堂，把整天的時間用來進行感恩的禮拜儀式。

二、華倫提尼安三世的繼位和母后的攝政(425-455A.D.)

君主政體的統治權根據各種先例，考量選舉、繼承和世襲的狀況，對於女性錯綜複雜的主權要求和附帶產生的繼位條件，無法明確定義[1]。狄奧多西有血親的權利也有征服的事實，是羅馬人中唯　可以合法統治的皇帝。在這時，君權可以無限延伸，令人眼花撩亂不知所措，但他那慵懶的天性逐漸讓他默認要遵從正確的政策，以保有東部爲滿足。他明智放棄勞累的工作，像是對付阿爾卑山以北的蠻族，要進行遙遠而沒有把握的戰爭，還要確保意大利人和阿非利加人的順從，何況那些人的內心因語言和利益迥然相異而形成疏離。狄奧多西二世毫無雄心壯志，決定比照他祖父運用穩健的作法，把堂弟華倫提尼安扶上西部皇帝的寶座(425-455A.D.)。皇家的幼兒在君士坦丁堡爲了顯示與眾不同的身分，已經被授與尊貴者的封號。在他離開提薩洛尼卡時，被擢升到凱撒的位階和尊榮。

---

[1]　皇室的繼位模式不僅形形色色而且錯綜複雜，有的出於欺騙或運用武力，有的時機湊合或純屬意外。格羅秀斯(Grotius，Hugo，1583-1645A.D.，荷蘭法學家和歷史學家)費盡心力想要制定合於法理的體系，但是徒然無功。

等征服意大利後，希利昂(Helion)貴族以元老之尊得到狄奧多西的授權，在元老院議員到場觀禮下，祝賀華倫提尼安三世以奧古斯都的稱號登基，很莊嚴的授與皇帝的冠冕和紫袍[2]。在統治羅馬帝國的三位婦女同意下，將狄奧多西和阿典娜斯的女兒優多克西姬(Eudoxia)，許配給普拉西地婭的兒子，很快這對佳偶到達青春期，完成婚禮後更能穩固忠誠的聯盟關係。在同時期，爲了償還戰爭所花的費用，西部伊里利孔從意大利的領土中分割出去，讓渡給君士坦丁堡政府管轄[3]。東部皇帝獲得富裕而濱海的達瑪提亞行省，可以改善當前的狀況，占據更有利的地位。潘農尼亞和諾利孔的統治帶來很大的危險，這片區域滿是亂哄哄的匈奴人、東哥德人、汪達爾人和其他蠻族，二十年來一直是處於滿目瘡痍的狀況。狄奧多西和華倫提尼安繼續尊敬彼此公眾和家庭的聯盟義務，但羅馬政府的統一最後還是避而不談，這議題自然歸於無形之中。他們非常明確的宣布，未來法律的適法性以頒布者個別的領域爲限。如果認爲與對方有關連，經過本人簽署後，再送給獨立的共治者予以批准[4]。

華倫提尼安在接受奧古斯都頭銜時只有六歲，漫長的幼年期完全委託給母親照管(425-450A.D.)。她以監護人的名義照應國家大事，也可說是以女性的身分在西部帝國繼位。普拉西地婭對狄奧多西的妻子和姊姊所具有的聲譽和德行，只能感到嫉妒，實在難以匹敵，無論是優多西婭文雅和優美的氣質，還是帕契麗婭明智和成功的政策。華倫提尼安的母親喜愛掌握權力，雖然她不能公開運作[5]，就用兒子的名義統治二十五年。她那一無是處的兒子所以如此，就讓人產生懷疑，完全是普拉西地婭運用放縱的

2　無論華倫提尼安三世在羅馬或拉芬納接受冠冕，最早的作者都不表同意。在這種不確定的狀況下，我相信對元老院表示尊敬是很合理的事。

3　布瓦(Buat)伯爵對於這次割讓非常關心，要找出事實的根據，解釋割讓的動機，還要追蹤所產生的後果。

4　可參閱狄奧多西首次頒布的律令，經他批准後併入《狄奧多西法典》。在那之前約四十年，除了一項例外，證明所有制定的法律都能通用，就是在東部制定一項法規，猶太人免除出任城市官員的義務。但在阿普利亞(Apulia)和卡拉布里亞(Calabria)的城市，因猶太人數量眾多，西部皇帝單獨頒布詔書，使這項法規無效。

5　卡西多流斯(Cassiodorius，480-575A.D.，狄奧多西大帝和東哥德人統治時代政治家和歷史學家)將普拉西地婭和阿瑪拉桑夏(Amalasuntha)的攝政作一比較。他譴責華倫提尼安的母親個性軟弱，但推崇他的情婦的德行。在這種情況下，阿諛之辭有時也會表達出老實話。

教育，斲喪年輕人的進取精神，有意運用各種方法轉移他的注意力，讓他
不再去追求任何崇高和榮譽的目標。就在尚武風氣日漸頹廢的狀況下，她
的軍隊由埃伊久斯（Aetius）[6]和邦尼菲斯（Boniface）[7]兩位將領指揮，特別是
後者足以當得起最後羅馬人的稱呼。他們只要齊心合力就可以支持正在淪
落的帝國，就是因爲兩人不和，才是喪失阿非利加最主要的因素。擊敗阿
提拉的入侵使埃伊久斯獲得不朽名聲，雖然他的敵手禁不起時間考驗，而
在過去的功績上投下陰影。但馬賽的防衛和阿非利加的解救，證實邦尼菲
斯伯爵的軍事才能。在戰場上無論是局部的遭遇還是個別的戰鬥，他仍舊
使蠻族聞風喪膽。教士特別是他的朋友奧古斯丁，都受到他基督徒的虔誠
心所感召。甚至有一次邦尼菲斯想從世俗退休出家，他那毫無瑕疵的廉潔
操守使人民讚許不已，就是軍隊也畏懼他那執法的公平和堅定。可以舉出
很特殊的案例來說明，有個農夫前來控訴他的妻子和一名哥德士兵有犯罪
的親密行爲，他受理以後交代農夫第二天前來法庭參加審理。到了傍晚伯
爵獲得報告，派出去的人打探到幽會的時間和地點，他親自騎著馬在鄉間
跑了十哩路，出其不意抓住這對犯罪的野鴛鴦，就立即處死這名士兵，第
二天早晨把姦夫的頭拿出來，使得農夫再也無話可說。

　　埃伊久斯和邦尼菲斯的能力都可獨當一面，在不相隸屬的狀況下對付
國家敵人，但他們過去的經歷決定誰是普拉西地婭太后真正賞識和相信的
人。在她遭到放逐和迫害時，只有邦尼菲斯以永不動搖的忠誠一直大力擁
護，提供阿非利加部隊和金錢來撲滅叛徒，證明這是最重要的一股力量。
同樣的這場叛變也受到埃伊久斯的支持，他不僅滿腔熱血且積極主動，率
領一支六萬匈奴人的軍隊從多瑙河趕到意大利邊界，前來爲篡賊賣命助
陣。約翰的早死逼得他接受有利的條約，雖然他身爲華倫提尼安的臣民和
部將，但內心可能還存著叛逆的念頭，繼續與蠻族盟友保持秘密連繫。帝

6　埃伊久斯的父親是高登久斯（Gaudentius），是錫西厄行省地位顯赫的公民，也是
　　騎兵主將，他的母親是意大利富有的貴族。埃伊久斯從年輕時就是士兵和人質，
　　經常與蠻族在一起交談。
7　希波主教後來譴責他的朋友行爲墮落，在發誓守貞以後，還娶阿萊亞斯派的女子
　　爲第二任妻室，同時還懷疑他的家裡養著幾位侍妾。

國以大量的賞賜和承諾，以金錢買到這些部族撤離意大利的保證。但對於太后的統治，埃伊久斯始終掌握最重要的因素而能無往不利，就是親自運用奉承和阿諛的手段，竭盡全力包圍拉芬納的宮廷，拿忠貞和友情的面具掩蓋惡毒的企圖。他最後還使出精心設計的陰謀，欺騙他的女主和一無所知的敵手。就一個柔弱的婦女和一個英勇的將領而言，他們在這方面根本不會產生任何疑惑 (427A.D.)。他私下向普拉西地婭進言[8]，將邦尼菲斯從阿非利加政府調回，同時又派人秘密勸告邦尼菲斯，不要聽從拉芬納宮廷的召喚。於是，他將判處死刑的命令送給邦尼菲斯，另一方面對普拉西地婭暗示，拒絕就是發動叛亂的信號。等到誤信人言的伯爵為了保護自己，在行省採取各項措施建立軍備，埃伊久斯就吹噓他有先見之明，豈不知這場叛亂全是他一手促成。宮廷要是能用穩健的態度來檢視邦尼菲斯真正的動機，他就會重新恢復善盡職責的信心和對國家的忠誠服務。埃伊久斯還不擇手段，使出各種伎倆來煽風點火。伯爵受到危言聳聽的迫害，決定採用孤注一擲的意見，希望能使對方不敢發起攻擊，而且在必要時能擊退入侵的敵軍。但他現在率領一些軍備不振毫無訓練的阿非利加人，要想抵抗西方的正規軍隊，被一個敵手所指揮，而對方的軍事才能不容他小覷，這根本是毫無把握的事，也無法激起大家的信心和士氣。在經過一番猶豫不決的考慮後，審慎和忠誠始終在內心掙扎不已，邦尼菲斯派遣一個深獲信任的朋友，前往汪達爾人國王貢德里克 (Gonderic) 的宮廷，也可說是他的營地，建議雙方結成堅實的聯盟，提供各種條件良好的永久居留地。

三、阿非利加的叛亂和汪達爾人的入侵 (428-429A.D.)

哥德人撤走後，霍諾流斯在西班牙的統治經過重建還不太穩固，只有格里西亞 (Gallicia) 行省例外。蘇伊威人和汪達爾人各自加強營地的防

8　樸洛柯庇斯提到埃伊久斯的奸謀、邦尼菲斯的反叛以及阿非利加的喪失，這些傳聞軼事也獲得一些附帶證據的支持，像邦尼菲斯的悔恨，無論是古代還是現代的宮廷，都會發生類似的情況。

衛，兩族不和經常爭執，都要獨立自主，所以產生強烈敵意。汪達爾人在
各方面占有優勢，就把對手包圍在里昂(Leon)和奧維埃多(Oviedo)之間的
內瓦西亞(Nervasian)山區，一直到阿斯提流斯(Asterius)伯爵率大軍逼
近，勝利這方的蠻族受到壓迫，或是激起恨意，就將戰爭的場面轉移到貝
提卡(Boetica)的平原地區進行。汪達爾人快速的行動遭到堅強的抵抗，卡
斯提努斯(Castinus)主將率領羅馬人和哥德人組成的大軍，兵力占有優勢
前來迎擊，結果在會戰中被劣勢敵軍擊潰，卡斯提努斯毫無羞恥之心逃進
塔拉格納(Tarragona)。這場慘敗在懲罰他的孤軍輕進，也是必然產生的
結局[9]。塞維爾(Seville)和迦太基納(Carthagena)成為暴虐的征服者到手的
獵物，也是戰勝獲得的最大犒賞。汪達爾人在迦太基納港口發現一批船
隻，很容易將部隊運到馬約卡(Majorca)島和米諾卡(Minorca)島。逃難的
西班牙人將他們的家庭和財富，都存放在島上隱密的地點。航海的經驗和
阿非利加的遠景，鼓舞汪達爾人的進取心，願意接受邦尼菲斯對他們提出
的邀請，貢德里克的逝世更有利於冒險事業的著手進行。接位的君王無論
在身心方面，並不是引人注目而有權勢的人物，族人選擇貢德里克的私生
子弟弟，後來成為大名鼎鼎的人物，得到「恐怖的堅西里克(Genseric)」
這個稱呼，讚美他摧毀羅馬帝國建立的功勞，可以與阿拉里克和阿提拉相
提並論。汪達爾人的國王有中等身材，墜馬產生意外使得一足微跛，說話
很慢而且經過仔細的盤算，富於心機讓人高深莫測，擊敗敵人以後不屑模
仿敵人過奢華的生活，但受到激怒或進行報復時，一定要趕盡殺絕，絕不
會心慈手軟。堅西里克的野心毫無限制和顧忌，這位武士善於運用各種暗
中進行的陰謀活動，為了達成目標收買盟友來加以利用，也會在敵人之中
散布引起仇恨與爭端的種子。幾乎就在他快要離開時，聽到外面傳言，說
是蘇伊威人國王赫曼里克(Hermanric)等他放棄以後，就會蹂躪整個西班
牙地區，堅西里克忍不下這種侮辱，追擊迅速退卻的蘇伊威人直到美里達

9　薩爾維安(Salvian)把汪達爾人的勝利歸於他們對宗教信仰的虔誠，他們實施齋戒和
　　祈禱，在軍隊陣列的前面高舉著《聖經》，用來譴責敵人不信上帝和褻瀆神聖。

（Merida），把國王和他的軍隊趕下安納斯（Anas）河*10，獲勝的部隊平靜回到海岸開始搭船離開。船隊載運汪達爾人越過現在的直布羅陀海峽，這條水道的寬度只有十二哩。西班牙人提供所需船隻巴不得他們早點走路，阿非利加的將領引頸企望，想要獲得有力的援助[11]。

在我們想像之中，長久以來對於從北國蜂擁而出的好戰蠻族，習慣上會用誇張的語氣增加他們的人數。等到堅西里克把軍隊集結在茅利塔尼亞（Mauritania）海岸（429年5月），計算出他們的數量就會讓人大吃一驚。汪達爾人各部族聯合起來在英勇的君王領導下，花了二十年的工夫，歷經辛苦的奮鬥從易北河岸一路打到阿特拉斯山脈。他們的君王同時也統治著阿拉尼人，而這個種族大約用去世人一生的時光，從寒冷的錫西厄輾轉抵達極端炎熱的阿非利加。膽大的冒險行動帶來希望，刺激著哥德民族很多勇敢的亡命之徒，還有很多瀕臨絕望的省民，也想用同樣的手段來獲得財富。這些省民過去就遭到蹂躪，在那種狀況下把家業喪失得一乾二淨。然而這些來自各方的群眾總數算起來，能夠提供作戰所需的戰力不過五萬人而已。雖然堅西里克耍花樣增大表面的實力，那就是指派八十個千夫長，每位千夫長可以指揮一千人的部隊，於是就把老人、兒童和奴隸全部算進去，整個軍隊的兵力擴大到八萬人[12]。經過他運用計謀以及阿非利加普遍不滿的情勢，有很多數量龐大而行動積極的盟友參加他的陣營，立刻使得汪達爾人能夠鞏固所建立的權力。茅利塔尼亞有部分地區的邊境是荒涼的大沙漠和大西洋海岸，這裡住著兇狠而未曾接觸文明的種族。他們畏懼羅馬人的武力，殘暴的習性不僅無法矯正，有時反而會激怒狂野的天性。逐水草而居的摩爾人[13]逐漸敢接近海岸地區，從汪達爾人的營地裡，看到從

---

*10　[譯註] 阿納斯河即現在的瓜地亞納河，流過西班牙中部從葡萄牙的里斯本注入大西洋；美里達位於西班牙的中西部靠近葡萄牙邊界。

11　埃達久斯是當代一個西班牙人，他記載汪達爾人渡過海峽是亞伯拉罕紀元2444年的5月份（年度開始是10月份）。這個日期相當於公元429年，也被另一個西班牙主教伊多希爾所證實。但還有很多作者，認為這個時間還要提早一、兩年。

12　我們從埃達久斯可以確定，堅西里克撤離西班牙完全無誤，波西狄斯（Possidius）對於汪達爾人的軍隊有詳盡的描述。

13　樸洛柯庇斯特別提到，一般而論，摩爾人和汪達爾人聯合在一起，是在華倫提尼安逝世後的事。但也有可能，獨立部族的行事方針，不會贊同一成不變的體系。

海岸登陸前所未知的外鄉人，無論是穿著、兵器或英勇善戰的精神和紀律，不僅使他們感到恐懼，同時也產生好奇。日耳曼武士的白色皮膚和藍色眼睛，與他們黝黑和棕褐的體色形成強烈對比，這是熱帶地區烈日照射的必然效果。等到雙方隔閡去除後，主要是語言不通所造成的困難，摩爾人不考慮未來會產生的後果，就與羅馬的敵人建立同盟關係。一大群赤身裸體的蠻子從阿特拉斯山脈的森林和山谷裡蜂擁而出，要對文明的暴君尋求報復。過去羅馬人絲毫沒有仁慈之心，把他們從祖傳的土地上趕走。

　　道納都斯派教徒所受到的迫害，對堅西里克想達成企圖，未嘗不是有利的事。在他登陸阿非利加前十七年，官員下令在迦太基召開一次公眾會議，正統教會感到非常滿意。他們片面宣布理由絲毫不留餘地，認定教派分裂分子的頑固態度完全是有意為之，不能原諒和寬恕。霍諾流斯皇帝經過勸說，要對這樣一個教派施以最嚴厲的懲罰，長久以來已經耐心仁慈對待，但毫無悔改之意。三百名主教[14]及數以千計的卜級教士被趕出教堂，教會財產被沒收，人員放逐到海島上。若他們膽敢在阿非利加各行省躲藏，也被褫奪所有的法律保護。無數的會眾不管是在城市還是鄉村，都被剝奪公民權和宗教禮拜的權利。為了懲罰協助分裂分子舉行不合法聚會的罪行，按照階級和財富的不同，設定非常奇特的罰鍰標準，從十磅到兩百磅白銀不等。要是經過五次罰鍰以後，罪犯仍舊執迷不悟，那麼未來的懲處完全交由皇家宮廷定奪，不受任何成文法的限制[15]。這樣嚴厲的制裁受到聖奧古斯丁[16]熱切的讚揚，大量信徒因而改宗，為正統教會接受。但狂熱分子仍保持反對立場，激起風起雲湧和頑抗到底的精神，使整個國

14　參加迦太基會議的道納多斯派主教有二百七十九人，他們聲稱總數不會少於四百人。正統教會參加的主教是二百八十六人，一百二十八人缺席，除此還有六十四個主教的空缺未補。

15　《狄奧多西法典》第十六卷第五項，列舉從400年到428年，一序列取締道納多斯派的皇家法律令，其中列為第五十四項的法律，是霍諾流斯在414年頒布，內容最嚴苛且收效最大。

16　聖奧古斯丁改變他的觀念，要用適合的方式來對待異端分子，發起熱誠的呼籲，對摩尼教徒要有憐憫之心，赦免他們的罪過。洛克(Locke)在他那老生常談的著作裡，還來做為人道主義最好的範例。另一個哲學家，可敬的貝爾(Bayle)使出全力駁斥此論調，希波的主教就是到了老年，還認為迫害道納多斯派是正當的行為。

度充滿暴亂和流血事件。色康瑟隆(Circumcellions)武裝群眾不是用殘暴的手段毀滅自己，就是拿來對付敵人。殉教者被雙方接受登載在教會名冊，使得死亡數目日益增加[17]。在當前這種情況下，堅西里克這位基督徒，是正統教會的仇敵，就會被道納都斯信徒視爲勢力強大的救命恩人。他們認爲羅馬皇帝的詔書令人厭惡，欺榨善良，期望從他那裡獲得申訴和平反[18]。在一個當地教派積極行動和暗中支持下，阿非利加的征服會變得更爲順利。汪達爾人被指控用惡意的暴行對付教會和教士，說句老實話這是聯盟的狂熱分子幹的好事，偏執的精神不僅玷污基督教的勝利，對於喪失西方最重要的行省發揮很大的作用[19]。

四、邦尼菲斯的反抗和聖奧古斯丁的逝世(430A.D.)

宮廷和人民聽到傳來的消息都大爲驚奇不敢置信，像這樣一個志行高潔的英雄人物，受到大家一致的愛戴和讚許，對國家和公眾有偉大的貢獻，竟會拋棄忠誠的誓言，勾引蠻族摧毀託付給他指揮的行省。邦尼菲斯的友人始終認爲別有隱情，一定基於非常合理的動機，才會引起反叛的行爲，趁著埃伊久斯不在宮廷，請求與阿非利加伯爵舉行開誠布公的談判。大流士(Darius)是位受人景仰的高階官員，奉命擔任使臣負起艱鉅的任務[20]。他們在迦太基展開首次的會晤，很多虛構引起誤會事實經過雙

17　道納多斯信徒誇稱他們有成千上萬這種自願殉教者，奧古斯丁認爲可能是實情，只是數目太過誇張。但他很嚴峻的表示，少數人自己燒死在世上，總比全部在地獄火焰中焚燒要好得多。

18　按照聖奧古斯丁和狄奧多里特的說法，道納多斯派傾向於阿萊亞斯派的教義，至少有部分人抱持這種觀點，所以堅西里克才支持他們。

19　巴隆紐斯提到汪達爾人和道納多斯派的關係，認爲喪失阿非利加這件大事，要想找出所以如此的理由，應該是在天上而不是塵世。在蠻族的統治下，阿非利加的分裂分子享有一百多年不爲人知的和平。等到這段時間結束，我們從皇家的迫害行動，可以再度追蹤他們留下的痕跡。

20　聖奧古斯丁在給邦尼菲斯伯爵一封機密的書信中，並沒有詢問發生爭執的原因，只是很誠摯的勸誡，要善盡一個基督徒和臣民的責任，要毫不遲疑盡快從危險而有罪的情況下脫身。要是能夠獲得妻子的同意，甚至可以出家過獨身和苦修的生活。主教與大流士有密切的連繫，他是負責前來和平解決爭端的大臣。

方的說明，埃伊久斯有煽動作用的信件拿出來加以對比，整個陰謀騙局很
容易查得水落石出。普拉西地婭和邦尼菲斯對於產生致命的錯誤感到悔
恨，氣度恢宏的伯爵相信君主會有寬恕之心，即使在未來爲了洩憤取他性
命，也是自己罪有應得。他用積極的行動和誠摯的作爲表現將功贖罪的決
心，但很快發現，被他破壞根基即將倒塌的大廈，憑著他的實力已是獨木
難支。迦太基和羅馬守備部隊隨著將領效忠華倫提尼安，但阿非利加其餘
部分全淪入戰爭和傾軋之中。汪達爾人殘苛的國王拒絕接受任何妥協的條
件，堅決不願放棄已到手的獵物。投身在邦尼菲斯旗幟下的老兵隊伍，以
及倉促徵集的行省地方部隊，戰敗以後遭到很大的傷亡。獲勝的蠻族縱橫
四野無人敢攖其銳鋒，只有迦太基、色塔（Cirta）和希波·里吉烏斯（Hippo
Regius）幾個大城，像孤島一樣在洪水氾濫的波濤中隱現。

　　阿非利加的海岸地區綿長而狹窄，滿布羅馬人無數世代以來華麗而雄
偉的紀念物，發展的程度從迦太基到地中海的距離，可以很精確的加以衡
量。簡單的敘述能讓有見識的人獲得很清晰的狀況：土地肥沃，生產作
物，人口稠密，居民有足夠維生的糧食，每年出口的小麥非常豐盛而穩
定，阿非利加可以稱爲羅馬和人類的穀倉。不過片刻工夫，從丹吉爾到的
黎波里之間七個富饒的行省，遭到汪達爾人入侵鐵騎的蹂躪，因民眾的仇
恨、宗教的狂熱和嚴厲的指責，造成的破壞被誇大到無以復加的程度。任
何戰爭不論說得多好聽，都是對人類和正義的永久摧殘。蠻族那種兇狠殘
暴和難以約束的精神，在激起敵對情緒後，就會經常擾亂平靜與和諧的社
會。汪達爾人無論在那裡受到抵抗，很少會寬恕敵人的行爲。對付置英勇
兄弟於死地的城市，在奪取以後盡力摧毀來加以報復，落在他們手裡無分
男女老幼，都會遭到活罪難逃的刑求，迫使交出藏匿的財物。堅西里克嚴
酷的政策在於要經常發起軍事行動，無法控制自己激昂的情緒，對所有的
追隨者更是如此。加上摩爾人的趁火打劫和道納都斯派的宗教狂熱，使得
戰爭的災難更形加劇。然而，我始終無法相信，說是汪達爾人所到，即使
他們將來打算要定居下來，也會把橄欖林和所有的果樹全部砍倒。同樣我
也認爲不是事實，說他們運用一種策略，在圍攻城市時會在城牆下屠殺大

量俘虜，好污染氣空造成瘟疫。若眞要那樣，自己就會先倒大楣[21]。

　　天性寬厚的邦尼菲斯伯爵看到赤地千里的殘破景象，心中痛苦不堪，這一切都是他惹的禍，正在迅速擴展使他沒有力量阻止。等會戰失利後退守希波・里吉烏斯，敵人把他視爲阿非利加人所依靠的長城，立刻進行圍攻（430年5月）。希波這個濱海殖民區[22]位於迦太基西邊兩百哩，過去是努米底亞國王的都城，所以獲得「里吉烏斯」此顯赫頭銜。歐洲人把這個現代城市訛稱爲波那（Bona），仍可看到古老年代貿易發達和人口眾多的遺跡。邦尼菲斯因軍務操勞和前途暗淡而憂慮難安，他的朋友聖奧古斯丁[23]用啓發和教誨的談話，平緩他悲苦的心情。希波的主教是正統教會的明燈和支柱，在被圍三個月後獲得解脫（430年8月30日），那時他已屆七十六歲高齡，看到他的家園陷入水深火熱的災難中。奧古斯丁坦承年輕時曾沾染惡習和過錯，但自他幡然悔悟改變信仰那刻起，直到死亡來臨，始終保持純潔而嚴峻的生活方式。他一生中最引人注目的德行，是用熾熱的宗教虔誠對抗所有教派的異端邪說，無論是摩尼教、道納都斯派還是貝拉基教派，一直進行絕不止息的爭論。在他去世幾個月後，這個城市毀於汪達爾人的戰火。所幸存放他卷冊浩瀚著作的圖書館安然無恙，有兩百三十二種神學書籍和論文，此外還有對《聖經》裡詩篇和福音書的詳盡註釋，及大量的書信和講道辭[24]。依照學者專家的評論，奧古斯丁的學識受到拉丁文

21　最早指控汪達爾人要把阿非利加化爲赤地千里的荒漠，是出自下列例證：(1)、迦太基主教卡普里奧拉斯（Capreolus）的一封書信，提起這件事做爲他不能參加以弗所宗教會議的藉口；(2)、出自聖奧古斯丁的傳記，這本著作是他的朋友和同事波西狄斯所寫；(3)、《汪達爾人宗教迫害史》提到有關的情節，作者是維克托・維廷昔斯（Victor Vitensis）。最後這本書所描述的場景，已經是事過境遷以後六十年，作者要想表示他的宗教情懷而不是歷史眞相。

22　古老的希波・里吉烏斯最後到七世紀還是被阿拉伯人摧毀；但在距離兩哩處，用原來的材料建了一個新市鎮，在十六世紀時有三百戶人家，全從事製造業，到處嘈雜不堪。鄰近地區仍如往昔，有純淨的空氣、肥沃的土壤和豐饒鮮美的水果。

23　蒂爾蒙特所著《聖奧古斯丁傳》是四開本一卷，大約有一千多頁。博學的耶穌會教士花這麼多的心血，是爲了對教派的創始者表達虔誠的敬愛。

24　至少就維克托・維廷昔斯而言，這些資料都有記載，然而金納狄斯（Gennadius）感到懷疑，是否有人讀過聖奧古斯丁所有作品，或是有系統蒐集全部的著作。而且他作品還一再出版，杜平（Dupin）也編出讓人滿意的長篇節略本，收錄在本篤會的最後版本中。我個人熟悉希波主教的作品，以《懺悔錄》和《上帝之城》爲限。

的限制而過於膚淺[25]，爲文的體裁有時爲了附庸風雅，難免講究修辭的虛浮不實和矯揉造作。但他具有強烈、寬大和好辯的心胸，敢於探究救恩、天命、意念和原罪的黑暗深淵，構建和恢復基督教嚴格的體制和規章[26]，使得拉丁教會表面不得不大聲頌讚，私下卻感到難以釋懷[27]。

五、堅西里克占領迦太基完成征服大業(431-439A.D.)

邦尼菲斯的戰術高明加上汪達爾人缺乏經驗，使希波城的圍攻作戰延續十四個月之久，海上的交通保持開放的狀況。等到鄰近地區受到不停的掠奪以致搜刮一空，圍攻的軍隊面臨饑饉的威脅，被迫放棄曠日持久的搏鬥。西部帝國的攝政深感阿非利加的重要和當前處境的危險，懇求東部的盟友給予有力的援助。阿斯帕從君士坦丁堡發航，帶來強大的戰力和軍備，增援意大利的艦隊和軍隊。兩個帝國的實力很快聯合起來接受邦尼菲斯的指揮，他發起勇敢的進軍要去擊滅汪達爾人。第二次會戰失敗決定阿非利加的命運，已經毫無挽回的餘地(431A.D.)。他在絕望之下只有登船離開，大部分的士兵不是戰死就淪爲汪達爾人的俘虜，因此允許希波的居民可以帶著家人和財產，在船上占有空下來的艙位。伯爵誤信人言以致輕舉妄動，使得國家的元氣大傷，忐忑不安進入拉芬納的皇宮，蒲拉西地婭滿面笑容使他放下心頭大石。邦尼菲斯滿懷感激接受大公的位階，擔任羅

---

25 聖奧古斯丁在幼年時代忽略對希臘語文的學習，他自己也不感興趣，後來坦承讀柏拉圖的著作是拉丁文譯本。有一些現代學者認爲，要是他不懂希臘文，根本沒有資格對經典作出正確的解釋。西塞羅和昆提良跟從修辭學教授學習希臘語。

26 有關這方面的問題從聖保羅和聖奧古斯丁那個時代以後，很少激起大家熱烈的討論。根據我的了解，希臘的神父對於半貝拉基教義仍舊難以忘懷，聖奧古斯丁的正統教義得自摩尼教的理論。

27 羅馬教會把奧古斯丁尊爲聖徒，對喀爾文(Calvin，Jean，1509-1564A.D.，神學家和教會政治家)大事譴責，然而兩者之間就是拿神學顯微鏡來觀察，也很難發現有何相異之處。莫林納(Molinists)教義爲聖徒的權威所壓制，詹森(Jansenists)教派類似異端邪説受到教會的貶抑，新教阿米紐斯(Arminians)教徒從旁嘲笑他們的爭論，同樣讓人感到困惑。也許更理性獨立的人看到阿米紐斯教派對《聖經》〈新約全書羅馬書〉的評註時，也會微笑以對。

馬軍隊的主將，但是等他看到獎章上面刻著勝利的榮名和功勳，難免要心
生羞愧之情[28]。埃伊久斯的奸計被識破，已經引起太后不悅，再加上敵手
獲得不次的擢升，激起他那傲慢而狠毒的天性，就急忙從高盧趕回意大
利，雖說帶著一群蠻族的隨從，實際看來倒像一支軍隊。軟弱的政府無法
可施，就讓這兩位將領用血腥的決鬥來解決糾紛。邦尼菲斯原來已獲得最
後的勝利，但在決鬥中對手用長矛對他造成致命打擊，過不了幾天就傷重
逝世。他身為基督徒，有仁慈為懷的心地，妻子是富有的西班牙女繼承
人。他勸她不計前嫌，接受埃伊久斯成為第二任丈夫。瀕臨死亡的敵手雖
然慷慨大方，但埃伊久斯並沒有獲得實質的好處，行事公正的普拉西地婭
宣布他是叛徒。雖然他期望守住在世襲領地上蓋的幾座堅強城堡，但皇室
的力量很快把他趕到潘農尼亞，跟對他忠誠的匈奴人住在帳幕裡。國家因
為他們的不和而喪失兩位最出名的勇士，不能貢獻力量為公眾服務[29]。

　　應該可以料想得到，邦尼菲斯退走後，汪達爾人會在毫無抵抗或耽擱
的狀況下，很快達成阿非利加的征服。不過，從希波的撤離到迦太基的攻
陷，八年的光陰轉眼而過（431-439A.D.）。野心勃勃的堅西里克在這段期
間，處於顛峰的極佳前景，竟然急流勇退要商議和平條約，甚至願意用自
己的兒子亨尼里克（Hunneric）做為人質，同意西部皇帝對三個茅利塔尼亞
行省保留不受干擾的統治權[30]。這種穩健的做法不是征服者出於正義的主
張，而是基於政策的需要。他高踞寶座但是被國內的敵人環繞，他們對他
卑賤的出身多方指責，認為合法的繼承應歸於他的姪兒，也就是貢德里克
的兒子。實在說，他為了確保自己的安全，這些姪兒成為可憐的犧牲品，

28　紀念章正面是華倫提尼安的頭像，背面是邦尼菲斯站在凱旋式的戰車上，一手拿
　　鞭子一手執棕櫚枝，用四匹馬拖著座車，有的紀念章是四頭公鹿。說真的，他這
　　樣做會倒大楣！我懷疑是否另外還能找到此類的紀念章，上面出現臣民的肖像。

29　樸洛柯庇斯寫邦尼菲斯的平生事蹟，只到他返回意大利為止。普洛斯帕和馬塞利
　　努斯都提及邦尼菲斯的死亡，後者說到埃伊久斯在早一天準備長矛，所以暗示這
　　是一場正規的決鬥。

30　華倫提尼安頒布非常仁慈的法令，用來紓解努米底亞和茅利塔尼亞臣民所受的苦
　　難，蠲免所欠數額龐大的稅款，將貢金減到原有的八分之一，對於行省官員的判
　　決，同意他們可以向羅馬的郡守提出上訴。

就連他們的母親，逝世國王的遺孀，也被他下令推到安普薩加（Ampsaga）
河中淹死。公眾的不滿爆發危險而經常發生的謀叛活動，汪達爾人死在劊
子手的刀下，比戰場上陣亡的人還要多。阿非利加的局面混亂，大眾樂意
他經常發起攻擊行動，但是反對他建立穩固的政權。摩爾人和日耳曼人、
道納都斯派和正統教會，產生各種不同的反抗作為，一直在擾亂和威脅征
服者施展安定的統治。等到堅西里克揮軍向著迦太基前進，迫得撤收西部
各行省的駐軍，使得海岸的防務空虛，暴露在西班牙和意大利的羅馬海上
武力進犯之下。同時在努米底亞的腹地，實力強大的內陸城市科塔
（Corta）仍然堅持獨立。堅西里克施展過人的精力、意志和殘酷，使這些
困難逐漸迎刃而解，交互運用和平和戰爭的手段，終於建立阿非利加王
國。他簽訂莊嚴的條約，無論是遵守條款還是片面毀約，希望能從中獲得
最大的利益。他用友誼的保證鬆弛敵人的警覺心，好拿來隱藏充滿敵意的
進軍。小西庇阿摧毀這個城市和共和國以後，又過了五百八十五年[31]，迦
太基終於被汪達爾人用奇襲的方式奪取（439年10月9日）。

迦太基新城從廢墟中興起，名義上是殖民地，雖然在皇家權勢方面不
如君士坦丁堡，在通商貿易方面難以匹敵亞歷山卓，在繁華景氣方面也要
差安提阿一籌，但仍舊在西方帝國保持名列第二的地位，好比是阿非利加
世界的羅馬城（要是我們採用當代人的說法）。充滿豪門富室的大都會處於
聽命於人的狀況，仍然訴說當年繁華興旺的共和國。迦太基包括六個行省
的作坊、武備和金庫，早期正常設置的官員層級很低，逐漸從掌管城市街
道和住宅區的財務官員，擢升為主持法庭的最高首長，打著代行前執政官
的頭銜出任總督，顯示的地位和權勢有如古代羅馬的執政官。成立學校和
體育館以教育阿非利加的青年，包括文理和德行的各種課程，加上文法、
修辭和哲學都公開教授，全部使用希臘文和拉丁文。迦太基的建築物不僅
整齊劃一而且富麗堂皇，首都到處都是濃蔭處處的樹叢。新建的港口有安

31　公元前149年迦太基爆發第三次匿克戰爭，迦太基於公元前146年投降，全城夷為
　　平地，居民全發賣為奴。從公元前146年到公元439年一共是五百八十五年。

全而寬廣的海灣，對市民和外鄉人的通商貿易都非常便利。賽車場和劇院
有各種新奇的演出，全部展示在蠻族的面前讓他們大開眼界。迦太基人的
聲名無法與他們的國家相比，遭人指責爲背義棄信的種族，遇事仍舊秉持
精打細算和不守原則的習性，善於經商貿易，重視生活享受，不受禮法約
束。當代最負盛名的傳道師薩爾維安(Salvian)個性嫉惡如仇，在提到迦太
基人時，認爲有兩項最可憎的行爲讓人難以忘懷：一是他們用邪惡的態度
藐視所有的僧侶；一是他們毫無羞恥喜愛不正常的色欲行爲。汪達爾人國
王採用嚴酷的手段，對這個沉溺酒色的民族毫不留情，終能革除他們的惡
習。堅西里克把迦太基的古老、高貴、明智和自由(維克托這樣表示倒是
很理直氣壯)一筆勾消，讓城市全淪落到可恥的奴役狀態。他讓無法無天
的部隊滿足獸欲和貪念以後，編組一個掠奪和壓迫的正規行政體制，發布
命令要求所有人員，立即將金銀、珠寶、值錢的擺設和服飾全部獻給皇家
的官員，不得隱藏或拖延。任何人膽敢私留家財，視同叛國罪絕不寬恕，
要處以死罪和酷刑。直屬元老院的行省有大片土地構成迦太基行政區，經
過仔細測量後分配給蠻族。征服者將拜查修姆(Byzacium)肥沃田園以及努
米底亞和杰突利亞(Getulia)附近地區，全部保留成爲專用的封地。堅西里
克憎惡那些虧待過他的人，這是理所當然的事。他對迦太基的貴族和元老
院議員，不僅猜忌而且充滿仇恨。任何人無論基於榮譽或宗教的理由，拒
絕接受令人感到羞辱的條款，就會受到阿萊亞斯派暴君的永久放逐。羅
馬、意大利和東部各行省，到處都是乞求公眾大發慈悲的流人、難民和無
罪的逃犯。狄奧多里特(Theodoret)那仁慈爲懷的書信中，保存著昔勒斯
提安(Caelestian)和瑪麗亞(Maria)飽嘗苦難的經歷。敘利亞主教看到迦太
基富有的貴族和議員昔勒斯提安，帶著全家大小和奴隸在異鄉乞討過日，
對他們不幸的遭遇感到極爲悲痛。但是他更要讚揚這位被流放的基督徒，
有著哲學家的氣質，表現出聽天由命的態度，雖然身處災難困苦之中，卻
比富裕和安樂的生活感到更大的幸福。瑪麗亞的父親是地位顯赫的優迪蒙
(Eudaemon)，有關她的故事非常奇特而且興趣盎然。迦太基受到洗劫
時，她被一些敘利亞商人從汪達爾人手裡買走，後來被當作奴隸賣到本

鄉。有一個同船運送的女家教，被賣到同一個家庭，雖然瑪麗亞現在也是
奴隸，但這位女家教仍尊敬她過去的女主人。優迪蒙的女兒感激她像以往
在家中服務那樣的照應，本人也如同從前一樣對她百依百順。這種引人注
意的行為透露瑪麗亞的真正身分，雖然昔拉斯(Cyrrhus)主教當時不在，
地方守備部隊有幾名慷慨的士兵，花錢把她從奴隸中贖出來。仁慈的狄奧
多里特供給足夠的生活所需，讓她跟教堂的女執事一起度過十個月，直到
她得到消息，說她父親逃離被毀的迦太基，已在西部某行省擔任重要職
位。為了成全她的孝心，虔誠的主教大力支助，狄奧多里特把瑪麗亞送到
伊吉(Aegae)的主教那裡。伊吉是西里西亞濱海的城市，在每年商品交易
集會期間，西部的船隻都會前來。他特別請教會同事要考慮到她的出身，
給予適當照顧，這封信保存至今。同時他要求將她託付給可靠的商人，能
把失散毫無希望的女兒送到父母懷中，當作平生最大的快事。

六、流傳「七個長眠人」神話故事的本末

教會歷史所提到的傳說大多枯燥乏味，我認為「七個長眠人」[32]這個
神話故事極為引人入勝，發生日期大約是狄奧多西二世在位，正好是汪達
爾人征服阿非利加[33]時。在狄西阿斯(Decius)皇帝迫害基督徒那個時代，
以弗所有七個出身貴族的青年，躲藏在附近山嶺一個大山洞裡。他們注定
要死在暴政手中，當地官員下令用大石塊把入口堵住。他們立刻陷入深沉

32　我認為神話故事並不重要，敘述的著眼在於土爾的格列哥里所關心的部分，所以
　　他才把殉教的事蹟從敘利亞文翻譯為希臘文，還寫進優提契烏斯(Eutychius)教長
　　所撰的編年史裡。

33　阿昔曼尼(Assemanni, Giuseppe Simonio, 1687-1768A.D.，意大利古物學家和圖
　　書館長)引用兩位敘利亞作者的作品。他們把七個長眠人的復活時間，說是塞琉
　　卡斯王朝(Seleucides)建國的第736年(425A.D.)或第748年(437A.D.)。佛提烏斯
　　(Photius, 820-891A.D.，君士坦丁堡教長和歷史學家)讀過的希臘譯文上的時期
　　是狄奧多西統治第三十八年，相當公元439年或446年。這段期間要是從狄西阿斯
　　宗教迫害開始算起，倒是很容易確定。但是說過了三、四百年，穆罕默德就不知
　　道這個傳奇，也是說不通的事。

的睡眠中，非常不可思議的延長到一百八十七年之久，沒有損傷到生命的
機能。這時，山嶺成為祖傳的產業，由阿多留斯(Adolius)繼承。他為了
修建鄉村的房舍，叫奴隸去搬取石塊當作建築材料。當陽光射入山洞，七
個長眠人立刻醒了過來，經過一場睡眠後，他們認為不過幾個鐘頭而已。
大家覺得饑腸轆轆，決定由詹布利克斯(Jamblichus)暗中潛返城裡買些麵
包，帶回來供同伴食用。這位青年(如果還能這樣稱呼的話)對於本鄉本土
很熟悉的環境，覺得好像完全不是那麼回事了。等他看到以弗所的城門
口，耀武揚威似的掛著很大一個十字架，真是讓他大吃一驚。他那奇特的
服裝和過時的語言，使麵包店老闆感到怪異。等他拿出有著狄西阿斯古老
頭像類似紀念章的物品，當做帝國流通的錢幣來支付，老闆懷疑他在私挖
秘密的寶藏，就把他拖到法官面前。他們查詢後，發現令人大為驚愕的事
件，詹布利克斯和他的朋友為了逃避異教徒暴君的虐政，兩個世紀的時光
轉瞬而逝。以弗所的主教、教士、官員、民眾，甚至有人說狄奧多西皇帝
本人，都趕來探訪七個長眠人的山洞。這七個人在虔誠祈禱和敘述本末以
後，很快在安詳中過世。之所以產生這樣奇妙的神話，不能說是現代希臘
人出於善意而說謊，或是容易被騙。這段奇蹟在發生以後的半個世紀，已
經成為四處流行的傳說。薩魯格(Sarug)的詹姆士是一個敘利亞的主教，
生於狄奧多西二世死後兩年。在他的兩百三十篇講道辭中，就有一篇特別
用來讚揚幾位以弗所的年輕人[34]。早在六世紀末葉，土爾的格列哥里對這
個傳奇很感興趣，找人將它從敘利亞文翻譯為拉丁文。東部那些帶有敵意
的教會，同樣用尊敬的態度來紀念他們，將他們的名字很光榮的列入羅
馬、阿比西尼亞和俄羅斯的教會節日表[35]。而且這種名聲並非僅限於基督
教世界，穆罕默德趕著駱駝前往敘利亞的市集時，可能聽人提起這個民間

34　詹姆士是敘利亞教會的東正教神父，生於452年，從474年開始寫講道辭，519年
　　成為美索不達米亞行省薩魯格地方的巴特尼(Batnae)城主教，521年逝世。要是阿
　　昔曼尼把詹姆士的講道辭譯為希臘文，就可以用來答覆巴隆紐斯的異議。

35　聖徒的紀事曆數量非常龐大，在一百二十六年(1644-1770A.D.)之中，就有四開
　　本五十冊之多，日期的進展還沒有超過10月7日。壓抑耶穌會時，可能也終止了
　　這件工作，也就是透過神話和迷信的內容，傳遞歷史和哲學的教誨。

傳說，後來當作神啓列入《古蘭經》[36]。

　　七個長眠人的故事被很多民族採用後加以改編，從孟加拉到阿非利加這些信奉伊斯蘭教的國家莫不如此。在遙遠的斯堪地那維亞半島極偏僻的地區[37]，也曾經發現類似傳說所留下的遺跡。這個故事能表達人類的感情，所以能夠普遍被人接受，還是在於神話的本身有獨特的創意。我們不知不覺從年輕到老去，很難注意緩慢而持續的人事變遷，甚至在經由歷史獲得更長的經驗時，也是習於在想像中運用一序列的因果關係，把位居兩個極端的變革連繫在一起。但如果我們能把兩個重要時代之間的空隙全部擦除，要是能夠睡一場兩百年的長覺，在保持舊世界鮮明印象的眼前，出現新世界的景象，所造成的驚奇和感覺，可以為一部富有哲理的傳奇小說，提供極為生動有趣的題材。要想找出這樣有利的場所，最好是從狄西阿斯當政到狄奧多西二世統治的兩個世紀。在這段期間內，政府從羅馬遷到色雷斯‧博斯普魯斯海峽岸邊一座新城；濫權的尚武精神被人為的奴役制度所鎮壓，這種制度不僅讓人馴服而且著重形式；進行宗教迫害的狄西阿斯，他的寶座一直為身為基督徒的君王所繼承；還有一些皇帝是正統教派，他們根絕古代神話中的神明；那個時代的民眾急著要在黛安娜和海克力斯的祭壇上面，供奉正統教會的聖徒和殉教者。團結的羅馬帝國已經分裂，天才人物墮落化為塵土。名不見經傳的蠻族大軍從冰封的北國一擁而下，在歐洲和非洲最富饒的行省建立勝利者的統治。

36　像這種宗教的傳奇可以帶來很大的好處，但是穆罕默德表現的品味和才智，並不見得很高明：他在故事裡的七個長眠人還加上一條狗（雷克）；說是太陽為了表示尊敬，不敢把光線射進山洞，竟然每天要改變兩次在天空運行的軌道；上帝很細心的照顧他們，為了防止軀體腐爛，要經常翻動他們的身體。

37　保羅是阿奎利亞的輔祭，生在八世紀末葉，他把這個故事放在海邊一個大山洞裡，說是發現北國的七個長眠人受到蠻族的尊敬，他們穿著羅馬人的服裝。於是輔祭猜測是上天特別把他們留下來，要在不信神國度成為未來的使徒。

第三十四章

匈奴人國王阿提拉的性格作風，征戰成就及其宮廷狀況　狄奧多西二世墜馬身亡　馬西安繼位為帝（376-453A.D.）

一、匈奴人的興起及在歐洲建國的過程（376-433A.D.）

　　哥德人和汪達爾人爲了逃避匈奴人，排山倒海壓向西方世界，匈奴人的權勢和興旺卻無法創造偉大的成就。勝利的匈奴人將各旗從窩瓦河散布到多瑙河，獨立自主的酋長之間的爭執與不和，把整體的實力消耗殆盡。英勇武士浪費在零星和掠奪的入侵行動，經常玷污民族的尊嚴，爲了獲得戰利品，不惜自貶身價投效到敗逃敵人的旗幟之下。阿提拉（Attila）[1]的統治使匈奴人再度給世界帶來恐怖，我現在認爲這個實力強大的蠻族，憑著他們天生的特質和積極的作爲，交替侵略東方和西方，打擊對手的民心士氣，促使羅馬帝國很快滅亡。

　　民族大遷移的浪潮從中國北疆向西衝到日耳曼地界，實力強大而又人口眾多的部族經常會出現在羅馬行省的邊陲。人爲的阻障只能抵擋累積的力量於一時，容易屈服的皇帝惹起蠻族無理的需索，但是永難滿足無厭的

---

[1]　有關阿提拉生平事蹟的可信史料，可以從喬南德斯和普里斯庫斯（Priscus of Panium，公元五世紀，歷史學家和修辭學家）的著作裡找到。我並沒有參考阿提拉的兩本傳記，一本的作者是十二世紀的達瑪提努斯（Dalmatinus），另一本是十六世紀的格蘭（Gran）主教尼柯拉斯·奧拉胡斯（Nicolas Olahus）。不論現代匈牙利人增加多少材料，全部都是傳聞軼事，看來並不見得比神話小說高明。他們認爲阿提拉入侵高盧和意大利時，曾經娶了無數的妻室，活到一百二十歲。

貪念，因爲他們有強烈的欲望要過奢華的文明生活。匈牙利人有雄心壯志，把阿提拉奉爲他們的國王，事實上這些遊牧民族的各旗，都是他叔父羅阿斯（Roas）或稱爲魯吉拉斯（Rugilas）的子民，將營地安紮在現代匈牙利[2]這個範圍之內。這是一片肥沃的土地，對於這樣一個靠著遊獵和放牧爲生的民族，非常豐盛地供應全部所需。魯吉拉斯和驍勇善戰的弟兄處於有利的地位，不斷提升他們的權力和聲勢，交互運用和平與戰爭的手段來對付兩個帝國。埃伊久斯和他們建立深厚的友誼，可以鞏固雙方的聯盟關係。他經常拜訪蠻族的營地，獲得殷勤的接待和強力的支持，用篡奪者約翰的名義懇求他們出兵。六萬匈奴人進軍到意大利的邊界，無論是揮軍助戰或是安然退兵，都花費國家鉅額的金錢。埃伊久斯運用攏絡的策略，放棄潘農尼亞，把主權讓給忠誠的盟友。東部的羅馬人對魯吉拉斯的武力有芒刺在背之感，不僅是行省連首都也受到威脅。有些教會歷史學家要用神威和瘟疫來消滅蠻族[3]，但狄奧多西放下身段，用較難啓口的權宜之計，經過約定以後每年付給匈奴三百五十磅黃金，用一般費用的項目掩飾聽起來有失顏面的貢金。匈奴國王並不計較，欣表同意。蠻族的兇狠暴躁和宮廷的奸詐善變，不時引起事故，擾亂公眾的安寧。在依附帝國的四個民族之中，我們特別要把巴伐利亞人（Bavarians）提出來表揚。他們不承認匈奴人的統治，羅馬人身爲匈奴人的盟友，竟然鼓勵叛亂並且給予保護。等到魯吉拉斯用強大的武力鎮壓，他的使臣伊斯勞（Eslaw）出言恫嚇，發生很大的作用。元老院一致同意和平，敕令也經過皇帝的批准，同時派出兩位使節前往訂約。一個是普林薩斯（Plinthas），是有錫西厄人血統的將領，身居執政官的高位，另一個是財務官伊壁杰尼斯（Epigenes），是見識高超

2 　匈牙利在歷史上連續被錫西厄人占領三次，成爲殖民區。(1)、匈奴人阿提拉；
　　(2)、六世紀的阿巴里人（Abares）；(3)、土耳其人或馬札兒人（Magiars）在889
　　年。眞正算得上現代匈牙利人的祖先，與最早兩次占領的關係微乎其微，因爲時
　　間實在太遙遠。馬修·貝留斯（Mathew Belius）的著作對古代和現代匈牙利提供非
　　常詳盡的資料，我曾經參考學者著作的摘要。

3 　蒂爾蒙特太過於相信教會作家的著作，浪費很大精力去爭辯，說是他們提到的戰
　　爭和知名人士像是阿提拉這些人，並不是同一件事。

且經驗豐富的政府官員，由企圖心旺盛的共治者推薦擔任這個職位。

魯吉拉斯的死亡使簽訂和約的事宜暫時停頓下來。他的兩位姪兒阿提拉和布勒達（Bleda）接替叔父留下的寶座（433-453A.D.），同意與君士坦丁堡的使節進行私下會談。但是他們擺出高傲的態勢不願下馬，就在上瑪西亞靠近瑪古斯（Margus）城的廣寬平原上，騎在馬背上一面馳騁一面進行商議。匈奴國王在協商過程中，不僅要得到可供誇耀的榮譽，同時還要非常實際的利益。他們指定和平的條件，其中任何一條都在侮辱帝國的尊嚴：在多瑙河兩岸自由開放市場，提供安全和充裕的商品交易；要求每年的貢金從三百五十磅黃金增加到七百磅；從蠻族主人手裡逃走的羅馬人俘虜，每人要支付八個金幣的罰鍰或贖金；皇帝要廢止與匈奴人的敵人所簽訂的任何條約或協定；所有的逃亡人員，要是在狄奧多西的宮廷和行省得到庇護，全部要交還受到冒犯的國君，由指定的法官接收以後再行處置。在遣返的逃亡人員之中，有些不幸的青年具有皇家血統，受到法官嚴屬的懲罰，阿提拉下令要把他們在帝國境內處以磔刑。等到匈奴國王用讓人產生恐懼來向羅馬人施壓時，為了收買人心對這些人給予短期的緩刑，同時要征服錫西厄和日耳曼那些意圖反叛和謀求自主的國家。

二、阿提拉的家世出身和性格容貌以及行事風格(433-453A.D.)

阿提拉是蒙德祖克（Mundzuk）之子，是古老匈奴貴族或王室後裔[4]，他們的族人過去曾與中國的皇帝歷經很多世代的交鋒。依照一個哥德人歷史學家的記載，他的相貌帶著明顯的種族特徵。阿提拉的肖像呈現當代卡爾木克人（Calmuck）[5]醜陋的面容：龐大的頭顱、黝黑的膚色、深凹而又細

4　現代匈牙利人推算出他們的家譜，成為諾亞的兒子含（Ham）第三十五代子孫，然而他們連自己父親的真正姓名都弄不清楚。

5　要是比較喬南德斯與布豐（Buffon, Georges Louis Le Clerc, comte de, 1707-1788A.D.，法國自然科學家）的著作，那麼前者得自第一手的資料。有關阿提拉的細部描述，可能出於卡西多流斯（Cassiocorius）的記載。

小的眼睛、扁平的鼻子、長著幾莖稀疏的鬍鬚、寬厚的肩膀，短小的身材，雖然體形長得極不勻稱，但孔勇有力。這位匈奴人國王舉手投足之間泰然自若，表現出高高在上君臨萬民的氣勢。他有不斷轉動眼睛的習慣，好像思索那些給人帶來恐怖的事物，感到自得其樂的樣子。然而身為蠻族的英雄人物，倒不是沒有容人的雅量和悲憫的情懷。向他乞憐的敵人可以相信他的誠意，只要答應了就是和平和赦免的保證。阿提拉的臣民也認為他是公正無私和寬宏大量的主子。他喜愛軍旅戰陣之事，等到登基後到達盛年，靠著頭腦而非蠻力完成北國的征服。早年他可說是一個冒險犯難的士兵，在戰場拿刀槍贏取無敵的名聲，逐漸轉變成為偉大的將領，用深謀遠慮的智慧建立不朽的功勳。個人的英勇行動發揮的功能究竟有限，除了在詩歌和小說之中。即使是蠻族的勝利一樣要靠經驗和技術，把熱情的群眾團結起來，讓他們願意接受一個人的指揮，赴湯蹈火在所不辭。

　　偉大的錫西厄人征服者阿提拉和成吉思汗，他們在領導統御方面較之粗魯不堪的同胞，畢竟要高人一等，他們並不完全依仗暴虎馮河的勇氣。我們同時也可以看得很清楚，無論是匈奴人還是蒙古人的王國，創始者都把民眾的迷信當作奠立的基礎。傳聞成吉思汗的母親是處女生子，這種出於杜撰的說法就是有人深信不疑，因此使得他不同於凡人。後來有全身赤裸的先知用神靈的名義，把世上的帝國授給他，指出蒙古人的英勇將無敵於天下。阿提拉善於運用宗教的手段，非常適合他那個時代和民族的特性。錫西厄人崇拜戰神，他特別要表現出虔誠的行為，這倒是很自然的事。但是他們不會形成抽象的觀念或具體的表徵，只是在形如彎刀的鐵製圖騰下，祭拜他們的保護神。傳言匈奴族有一個牧人在放牧時，發現有頭母牛的腳受傷，他很好奇要查出原因，就順著血跡去找，結果在草叢裡看見一口古劍露出劍尖，於是把劍從土裡挖出來獻給阿提拉。這種手腕是何等的高明而且富於心機！君主以虔誠的感激之心接受上天所賜與的恩惠，只有他才夠資格成為「戰神之劍」的得主，等於向世人宣告他有統治塵世

的神聖權利[6]，直到千秋萬世。要是為這種莊嚴的目的實施錫西厄人的儀
式，就在廣闊的平原上，用柴束高高的堆積起來，成為長和寬都有三百碼
的祭壇。戰神之劍豎立放在粗野的祭壇最上方，每年要用羊、馬和第一百
位俘虜的鮮血來獻祭[7]。不論阿提拉的拜神活動用那種方式來實施活人獻
祭，或是為了要用犧牲邀得戰神的恩寵，還得繼續在戰場進行獻祭，受到
戰神賜恩的人立刻具備神聖的身分，使得他的征服更為順利，他的統治更
為長久。那些蠻族的諸侯用虔誠而阿諛的語氣承認，他們幾乎不敢逼視神
聖威嚴的匈奴國王[8]。他的兄弟布勒達曾經統治很大一片國土，後來被迫
交回權杖，結束自己的生命。不過，即使這種殘酷的行為也歸之於超自然
力量的衝動。阿提拉揮舞「戰神之劍」所表現的豪邁氣概，讓所有的人承
認只有他率領的無敵大軍可以征服世界[9]。但是他那面積廣闊的帝國，僅
能保存原始的證據，其中提到他參加戰爭的次數和重要的勝利。錫西厄的
國君即使不知道科學和哲學的價值，但是他那些不識字的臣民欠缺應有的
技藝，無法使他的功勳永垂不朽，對此必然感到懊惱和遺憾。

　　若在地球上劃一條線，把文明區域和野蠻區域分開來，將農耕為生的
城市居民和住帳篷的牧人和獵人加以區分，阿提拉所渴望的頭銜是蠻族最
高和唯一的國君。無論是古代還是現代的征服者之中，唯有阿提拉把日耳
曼和錫西厄兩個偉大王國聯合在一起。當他運用這種很含糊的稱號來統治
時，已經知道把極為廣大的範圍包括在內。圖林基亞(Thuringia)的區域延
伸越過實際的邊界，已經到達多瑙河一線，這不過是他的一個行省而已。
他以一個強權的鄰國自居，有實力介入法蘭克人的國內事務。他有一個部

6　普里斯庫斯提到這個眾所周知的故事，不僅出現在作品的本文裡，也被喬南德斯
　　所引用。喬南德斯解釋這把著名的劍和它的名字，特別附會傳說和神話的性質，
　　雖然說是錫西厄人的神祇，事實上是借用希臘人和羅馬人的戰神馬爾斯。

7　為節省篇幅，我長話短說。在活人獻祭過程中，他們砍下犧牲者的肩膀和手臂，
　　然後拋上天空，等掉落在祭壇柴堆上，看落下的位置和形狀，可預判凶吉。

8　奧古斯都說他最高興的事，莫過於有人可以讓他注視，而不要忍受別人用神聖的
　　眼光看他，這種說法才是文明的英雄人物。

9　布瓦伯爵想為阿提拉脫罪，認為他沒有謀殺他的弟弟布勒達，不理會喬南德斯所
　　提非常確鑿的證據，也不同意當代編年史上的記載。

將懲罰在萊茵河的勃艮地人，幾乎要絕滅整個種族。他征服位於島嶼的斯
堪地那維亞王國，四周為波羅的海所包圍和分隔。匈奴人獲得北方地區用
毛皮作為貢品，過去就是靠著這種特殊的材料，當地的土著在嚴冬得到保
護，使其他的征服者不敢染指，而且可以激起自己的鬥志。阿提拉向東的
疆域超越錫西厄人的荒原，詳細情況很難弄清楚，但可以確定，他的統治
已經及於窩瓦河兩岸。匈奴人國王之所以使人畏懼，因為他不僅是位武
士，還是一個術士[10]。他攻擊所向無敵的哲歐根人，使他們的可汗降服稱
臣。他派遣使臣前往中國談判建立同盟關係。阿提拉驕傲的自誇這些民族
都奉他為主，在他有生之年都沒有背叛過，尤其是吉皮迪人和東哥德人，
以人數眾多、作戰英勇和酋長的個人功勳，重要性顯得更為凸出。吉皮迪
人名聲顯赫的國王阿達里克(Ardaric)，是統治者忠誠可靠而又足智多謀的
軍師，阿提拉對他那種無畏的天賦才華非常尊敬。同時他也喜愛東哥德人
國王高貴的瓦拉米爾(Walamir)，為人溫和有禮且行事審慎細心。這一群
粗野豪邁的國王，都是許多黷武好戰部族的領導人物，全部投效到阿提拉
的旗幟下，遵奉命令像侍衛和家臣一樣圍繞在主上的四周，看到他頷首就
感到輕鬆愉快。他要是一皺眉頭，他們難免膽戰心驚。只要他一聲令下，
他們即使赴湯蹈火，也毫無遲疑和怨恨之心。平時這些臣屬的王侯帶著本
國的部隊，按照正常的輪替制度隨護皇家營地，但等到阿提拉集結作戰軍
隊時，能夠進入戰場的兵力到達五十萬或七十萬蠻族之眾。

三、匈奴人入侵波斯和與東部帝國的征戰(430-441A.D.)

匈奴人使臣提醒狄奧多西注意，他們在歐羅巴和亞細亞都與帝國相
鄰，一邊是在多瑙河發生接觸，另一邊已抵塔內斯(Tanais)河。他的父皇
阿卡狄斯在位時，有一股匈奴人為患東部各行省，掠奪大量戰利品和無數

10　哲歐根人相信匈奴人能隨意召來暴風雨。十四世紀信伊斯蘭教的韃靼人提到，名
　　叫傑吉(Gezi)的石頭具有神奇的力量，使自然現象產生變化，因而使他們在一場
　　會戰中失利。

俘虜。他們使用一條不為人知的小徑，沿著裏海海岸前進，橫越亞美尼亞積滿冰雪的山嶺，渡過底格里斯河、幼發拉底河與哈里斯（Halys）河，用卡帕多西亞血統優良的馬匹，補充他們損耗過度和精疲力竭的騎兵部隊，占領西里西亞四境多山的國度，擾亂安提阿市民紙醉金迷的生活。埃及為他們的趨近而戰慄不已，聖地的僧侶和香客趕緊登船，準備逃過將臨的劫難。東方民眾對他們的入侵記憶猶新，內心充滿恐懼和驚慌。阿提拉的臣民運用優勢兵力，發起大膽的冒險行動。無論這場暴風雨是落在羅馬或波斯疆域，難免要讓關心的人先行預測，好有所打算。匈奴國王有一些重要的家臣，他們的位階已列入實力強大的王侯，曾獲得批准與西部皇帝或將領建立聯盟。他們住在羅馬時，提到在東方的遠征情況，橫過荒漠和沼澤後，羅馬人認為他們抵達之處為米奧提斯海。他們穿越山區經過十五天的行軍，抵達米地亞邊界，接著向一無所知的城市巴夕克（Basic）和庫夕克（Cursic）進軍，在米地亞平原與波斯大軍遭遇。他們說，天空被箭雨籠罩，在敵軍優勢兵力的壓迫下，匈奴人只有退兵保持實力。他們經由多條道路向後轉進，歷經千辛萬苦總算擺脫敵軍，損失大部分戰利品後，終於回到皇家營地。他們現在已了解波斯的狀況，矢言報仇雪恥。帝國使臣在阿提拉的宮廷中交談，討論到匈奴人當前大敵的狀況和爾後計畫。君士坦丁堡的大臣表示，他們希望匈奴人將實力轉用到與薩珊王朝君王進行曠日持久且勝負難決的鬥爭。見識卓越的意大利使臣認為東方的共治者要是抱著這種希望，不僅愚蠢而且會很危險。他要讓對方明白其中道理，要是米提人和波斯人都無法抵擋匈奴人的軍隊，那就會助長征服者的權勢和氣焰。無論是當前數目不算龐大的貢金，或授與軍階擔任狄奧多西的將領，都不會讓他感到滿意。何況羅馬人在各方面已被匈奴人的帝國所包圍，阿提拉就會將羞辱和沉重的枷軛，鎖在走投無路的羅馬人頸脖上。

當歐洲和亞洲的強權取得共識要防止迫在眉睫的危險，阿提拉用建立聯盟的方式支持汪達爾人據有阿非利加。拉芬納和君士坦丁堡的宮廷協力發起冒險行動，要光復極為重要的行省，西西里的港口集結狄奧多西的軍隊和船艦。狡猾的堅西里克不斷呼籲要用談判來解決問題，同時作釜底抽

薪的打算，煽動匈奴國王入侵西部帝國。此時正好發生一件微不足道的意
外(441A.D.)，被拿來作為藉口，成為這場毀滅性戰爭的導火線[11]。為了
遵守在瑪古斯簽訂的條約，在多瑙河北岸要設置一個自由貿易的市場，受
到當地羅馬堡壘的保護，這座要塞有個別號稱為康士坦霞(Constantia)。
有一群蠻族違犯商業安全的規定，殺死毫無戒備的商人，餘眾全部四散奔
逃，同時將堡壘夷為平地。匈奴人聲稱他們的殺人越貨是正當合理的報復
行為，因為瑪古斯主教進入他們的地區，發掘並偷竊國王埋在地下的寶
藏。匈奴人嚴厲要求將犯罪的教士、受到褻瀆的財物以及逃亡的臣民，交
給阿提拉的法官。拜占庭宮廷的拒絕引起戰爭，瑪西亞人一致讚譽君主有
堅定不移的決心。但是維米尼康姆(Viminiacum)和鄰近城鎮的毀滅，立即
使他們受到大禍臨頭的威脅。民眾在這種狀況下，只能採用最有效的處理
方式。為了大眾的安全只有犧牲少數可敬的市民，也是無可奈何的事。瑪
古斯主教沒有殉教者的獻身精神，害怕會有這種情況發生，決定採取預防
的措施。他大膽前去找匈奴君王談判，要求對方原諒他的行為，發出重誓
願意將功折罪。他要蠻族在多瑙河岸埋伏一批人馬，在指定的時間，他會
打開主教城市的城門。匈奴人從主教的獻城背叛掌握有利的地位，等於拉
開序幕，獲得一連串光榮而且有決定性戰果的勝利。

　　伊里利孔邊區被一條布滿工事和堡壘的防線所掩護，雖然其中大部分
只是一座單獨的城堡，加上少數防守部隊，對於入侵的敵人通常能夠驅
離，也可截斷他們的退路，因為敵人缺乏圍攻的技術，也沒有持久的耐
心。但是這些實力微弱的阻礙被匈奴人大軍一掃而光[12]，人煙稠密的城市
像是色米姆(Sirmium)、辛吉都儂(Singidunum)、瑞塔里亞(Ratiaria)、瑪
西亞納波里斯(Marcianapolis)、奈蘇斯(Naissus)和撒迪卡，全部為戰火摧

11　普里斯庫斯的歷史著作對戰爭有詳盡記載，但摘錄本提到派遣使臣的狀況，只有
　　這部分保存下來。其他像喬南德斯、狄奧菲尼斯、馬塞利努斯伯爵和普洛斯帕-泰
　　洛(Prosper-Tyro)的原本，及亞歷山卓或帕斯加爾的編年史，都很容易找到，不
　　過，這些作者提供的資料不完整。瓦布對這次戰爭發生的原因、經過情形及持續
　　時間，全深入研究詳細檢查，從而認定戰爭的時間沒有超過444年。

12　查士丁尼皇帝後來將這些堡壘全部恢復，擴大工事的面積並且增加防禦的強度，
　　但是很快被阿巴里人摧毀，他們繼承匈奴人的權力和地位。

毀。所有的城市只要設防，就會遭到同一下場，人員受到懲罰，建築物被
破壞。歐洲在這個部分從黑海到亞得里亞海一線，延伸大約有五百哩的寬
度，阿提拉率領成千上萬的蠻族進入戰場，立刻發起攻擊、占領和蹂躪行
動。不過，民眾的危難和災禍並沒有振奮狄奧多西的勇氣，願意中止他的
休閒活動和宗教奉獻，親自率領羅馬軍團出征。但是他將派遣出去對付堅
西里克的部隊，倉促從西西里召回，位於波斯邊境的防備部隊都已消耗殆
盡。在歐洲集結的戰力，要是將領明瞭指揮之道，士兵克盡服從之責，倒
是可以發揮在武器和數量上的優勢。東部帝國的軍隊在三次連續發生的會
戰中被敵軍擊敗，阿提拉在戰場踩著勝利的血跡前進。前面兩次會戰分別
發生在烏都斯(Utus)河岸和瑪西亞納波里斯城下，使得多瑙河與希繆斯
(Haemus)山之間寬廣的平原，到處進行激烈的戰鬥。羅馬人受到戰勝敵
軍的壓迫，逐漸退向色雷斯的克森尼蘇斯(Chersonesus)。這個行動至為不
當，此地為狹窄的半島，等於陷入絕境中。羅馬人受到第三次的挫敗，大
局已無法挽回。阿提拉殲滅敵人大軍，完全主宰戰場任其縱橫，從海倫斯
坡海峽到色摩匹雷(Thermopylae)關隘，包括君士坦丁堡的郊區在內，可
隨心所欲盡情蹂躪色雷斯和馬其頓所屬各行省。只有赫拉克利(Heraclea)
和哈德良堡(Hadrianople)仗著城池堅固逃過一劫，但東部帝國有七十多個
城市遭到絕滅的命運。狄奧多西的宮廷和毫無戰鬥能力的人民，君士坦丁
堡有如金湯的城牆可以賜給保護，但最近發生一次強烈地震，五十八座塔
樓倒塌，城牆出現很大一段裂口。雖然很快修復損壞，但這種意外事件
因迷信而誇大民眾的畏懼，說是上天要把皇家的都城交到錫西厄的遊牧
民族手中，這些人對於羅馬的法律、語言和宗教完全是門外漢[13]。

13　蒂爾蒙特對這次地震非常注意，它的強度使君士坦丁堡、安提阿和亞歷山卓都能
　　感到自然界的威力，但是教會作家卻認為是上天示警，加以熱烈的慶祝。那些受
　　到民眾推崇的傳道師對地震有偏愛，可以拿來大作文章。

四、遊牧民族對外征戰的策略和相互的比較

對南方文明帝國所有的侵略行動中，錫西厄的遊牧民族不約而同激起
兇暴的習性和破壞的精神。戰爭法則制止全國性的掠奪和屠殺，是基於兩
項有實質利益的原則：一是溫和的征服行動或許可以獲得永久的福利，一
是顧慮到對敵國的惡性破壞，有朝一日會引起對本身的報復行為。但是遊
牧民族幾乎不知道這些希望和畏懼，他們最初的生活方式沒有因宗教和奢
華而改變之前，把阿提拉的匈奴人拿來與蒙古人和韃靼人相比，並沒有什
麼不合適的地方。東方歷史上有些極為殘酷的事實真相，在羅馬短暫而訛
誤的編年史中也可以見到。蒙古人征服中國北部各省以後，要想絕滅人煙
稠密地區的全部居民。這不是勝利的熱情所激起一時的衝動，而是經過會
議深思熟慮所獲得的結果，打算把無主的田園轉變成為放牧牲口的草地。
有位意志堅定的中國官員以微妙的方式[14]提出合理的施政方針，打動成吉
思汗，使他取消執行恐怖的屠殺計畫。但等到中亞和西亞的城市降服在蒙
古人的鐵騎之下，他們毫無人性濫用戰爭的權力，實施大規模的屠殺行
為，雖然權勢的狀況不同，還是依據同樣的理由，這些要歸於匈奴人獲得
勝利所建立的先例。蒙古人對降服以後接受任意處置的居民，下令要他們
離開自己的住處，集中在鄰近城市的平原上，把這些已經完全制服的民眾
區分為三部分：第一類人包括防守部隊的士兵、能夠運用武器的年輕人。
他們的命運很快決定，要不是徵召到蒙古軍隊服役，就是被部隊在現地屠
殺殆盡。這些被俘的群眾四周被執著長矛、彎弓欲射的武裝人員圍住。第
二類人員是年輕貌美的婦女、各業各行的工匠技師、還有家業富裕或地位
高崇的市民，可望獲得贖金，這些人再區分開來，人數各有不同。至於剩
下來的人征服者根本不管他們死活，允許他們回到城裡，同時在把他們的
財物都拿走後，這些可憐的居民有幸可以呼吸家鄉空氣，但還要繳稅。上

14　這位中國官員向蒙古皇帝提出報告，現在所據有的四個省(北直隸、山東、山西
　　和遼東)，在政府正常運作之下，每年的稅收是五十萬兩銀、四十萬擔米和八十
　　萬匹絲絹。耶律楚材是位見識高邁操守廉潔的大臣，拯救人民免於流離失所，教
　　導夷狄學習中華文化。

面所說的處理方式，是蒙古人認為沒有遇到特別強烈的抵抗時的一般做法。但只要在處理時產生任何不滿或阻礙，引起他們的憤怒和疑慮，就會激發獸性，把全體居民殺光。他們那種絕不寬恕的暴虐經常把繁榮的城市化為一片焦土，根據他們的說法，所到之處地面不留任何東西有礙馬匹飛馳而過。柯拉珊（Khorasan）地區有三個重要的都會，就是馬魯（Maru）、內薩布爾（Neisabour）和赫拉特（Herat），全部為成吉思汗的大軍摧毀，經過精確的計算，被殺害的總數是四百三十四萬七千人[15]。帖木兒（Timur）在較為開化的時代接受教育，後來信奉回教。然而，阿提拉要是比得上帖木兒極具敵意的毀滅行動[16]，那麼不論是韃靼人還是匈奴人，都夠資格稱得上「上帝之鞭」[17]。

有人言之鑿鑿，說匈奴人將大量羅馬臣民擄走以後囚禁起來，使得帝國各行省人口絕滅，赤地千里。賢明的立法者掌握工作勤勉的殖民區，就會通過錫西厄的荒原，把實用和裝飾的技藝有關的初步知識傳播開來。但是那些從戰爭中獲得的俘虜，在偶然的狀況下分散到各旗，遊牧民族的編組以旗為單位，全部服從阿提拉的帝國。這些未開化然而處事公正的蠻族，只要簡單的判斷一下，就可以估算出這些俘虜的價值。或許他們不了解一個神學家的長處在那裡，有深奧的學識來爭辯「三位一體」和「道成肉身」，然而他們尊敬每一種宗教的神職人員。行動積極充滿宗教熱誠的

---

15 屠殺的人數在馬魯是一百三十萬人、赫拉特是一百六十萬人、內薩布爾是一百七十四萬七千人。有關這幾個城市，我使用丹維爾的投影地圖。至於說到這些數字，我認為波斯人在誇大他們的損失，而蒙古人在炫耀他們的戰功。（譯者按：這三個城市被殺人數加起來是四百六十四萬七千人，與本文所記四百三十四萬七千人不符，有三十萬人的誤差。）

16 查里菲汀‧阿里（Cherefeddin Ali）是位歌功頌德的廷臣，在頌辭裡留下很多恐怖的事例，提到帖木兒在德里（Delhi）的營地時，看到印度的大軍出現在眼前，帶著微笑下令屠殺十萬名俘虜。他在伊斯巴罕（Ispahan）殺死當地的居民，砍下七萬個人頭堆成幾座高塔。巴格達發生叛亂，他用同樣的方式大力鎮壓。查里菲汀無法從官員那裡獲得正確的資料，但是有另外一個歷史學家說砍下九萬顆人頭。

17 後人稱阿提拉是「上帝之鞭」，古代人像是喬南德斯和普里斯庫斯都不知道有這個說法。現代匈牙利人憑著想像，認為高盧有個隱士最早使用，說是阿提拉喜歡這個頭銜，可以增加皇室的威嚴。馬斯庫和蒂爾蒙特都提到此事。

傳教士歷經辛苦，孜孜不倦，成功傳播福音[18]，即使並不接近君王本人和他的皇宮。遊牧民族根本不明白田產的價值，對於民法的運用或濫權顯得漠不關心，律師口若懸河的辯論技巧，只會引起他們的輕視和厭惡[19]。哥德人和匈奴人有長久的交往，雙方用方言傳達熟悉的知識。野心勃勃的蠻族在軍事方面都使用拉丁語交談，甚至在東部亦復如是[20]。但是他們瞧不起希臘的語言和科學，那些高談闊論的詭辯家和望之儼然的哲學家，在學院受到奉承之辭的推崇，等到在匈奴人手裡就會很羞辱的發現，他們的價值和重要性還比不上伺候他們的僕人，雖然這些僕人不過是身體強壯的俘虜。工匠和技師能滿足匈奴人的需要，所以獲得他們的重視和尊敬。奧尼吉休斯(Onegesius)是阿提拉寵愛的大臣，他手下一個建築師給他蓋了一個浴場，爲了過奢華的生活而大興土木，這倒是很少見的例子。鐵匠、木匠和製造軍械的工匠，對於一個逐水草而居的遊牧民族，無論是戰時或平時，都是最有用而且不可或缺的人員。但是醫生的本領使他們無論在何處，都受到器重和尊敬。蠻族藐視死亡然而害怕生病，即使一個傲慢的征服者在身爲醫生的俘虜面前，也感到心中惴惴不安，認爲他有神奇的力量，能夠免除患者的痛苦，延長他們的生命[21]。匈奴人受到激怒會對奴隸毫無慈悲之心，用專制的手段讓他們受苦受難，但他們的生活方式並不容許建立精細的壓迫制度。俘虜只要勤奮努力，通常會得到自由做爲報酬。

　　歷史學家普里斯庫斯(Priscus)從出使中獲得很多奇特的教訓。他在阿

18　聖克里索斯托的傳教士使大量錫西厄人改信基督教，這些人都居住在多瑙河北岸，以帳篷和大車爲家。伊斯蘭教徒、轟斯托流斯教派和拉丁基督徒，都認爲成吉思汗的子孫會信奉他們的宗教，事實上，這些蒙古君王對相互敵對的傳教士，無分厚薄一視同仁。

19　日耳曼人把瓦魯斯(Varus)率領的軍團殺得一個不留，還特別冒犯羅馬的法律和律師。有個隨軍的律師被抓到，蠻族說是爲了杜絕後患，就將他的舌頭割掉，還把嘴給縫起來，大家這才感到滿意，說是唯有這樣毒蛇不會嘶嘶作響。

20　普里斯庫斯的意思是，匈奴人覺得自己的方言不僅聲音刺耳，而且產生很多困難，所以情願說高盧話或拉丁話。

21　菲利浦‧科明(Philip Comines，1445-1509A.D.，歷史學家)詳盡敘述路易十一臨終前幾個月的狀況，提到他的御醫眞是本領通天，能從這位嚴屬又貪婪的君王身上，硬是弄到五萬四千克朗以及一個入息最豐的主教職位。

提拉的營地走動時，有位陌生人向他打招呼，同時用希臘語問候致意，這
個人從服裝和外表看來是一個富有的錫西厄人。據他自己說，他在維米尼
康姆被圍時失去財產和自由，成為奧尼吉休斯的奴隸。但是他在對羅馬人
和阿卡齊爾人（Acatzires）的戰爭中忠誠服役，逐漸使他升到與匈奴人同樣
的地位，新妻子與幾名子女構成的家庭，形成他與匈奴人之間的誓約。戰
利品恢復與增加他私人的財產，他得到允許可以與過去的領主同桌用餐。
變節的希臘人為自己被俘的那一刻祝福，因為他藉著光榮從軍邁向幸福且
獨立的狀態。這樣自然會引起爭議，討論羅馬政府的優點和缺失，變節者
很嚴厲的大力抨擊，普里斯庫斯用冗長而微弱的聲明來辯護。奧尼吉休斯
的自由奴用真誠而生動的言詞，表明自己的看法，這個衰亡的帝國有種種
惡行，長久以來他身受其害：羅馬的君王殘酷而又荒謬，沒有能力保護臣
民對抗國家的敵人，對於臣民武裝起來實施自衛也投以不信任的眼光；無
法負擔的重稅，運用複雜而武斷的徵收方式，帶來的高壓使人民更難忍
受；多如牛毛而又相互矛盾的法律，晦澀難明而且令人無所適從；只重形
式的司法程序，不僅冗長生厭而且花費甚鉅；法庭的審判只講關係罔顧正
義；普遍的貪污腐化增加富室豪門的影響力，擴大平民百姓的災難和不
幸。在這位幸運放逐者的胸懷之中，愛國的情操終於復活，他流著眼淚哀
嘆，就是這些官員的罪行或軟弱，敗壞最賢明和最有用的制度。

五、阿提拉與東部皇帝簽訂和平條約的內容（446A.D.）

西部的羅馬人基於怯懦和自私的政策，將東部帝國丟給匈奴人，不管
他的死活。就狄奧多西的個性來看，無法補充已經喪失的軍隊，也不能維
持紀律和武德，仍舊要裝著保有「奧古斯都天下無敵」的稱呼和頭銜，但
是實際上已經墮落到乞求阿提拉大發慈悲的地步。反觀他的對手下達專橫
的指示，提出苛刻和羞辱的和平條件：其一，東部的皇帝要放棄廣大而重
要的地區，沿著多瑙河的南岸從辛吉都儂或貝爾格勒（Belgrade），一直延
伸到色雷斯行政區的諾維（Novae），限定的寬度很含糊的計算是十五天的

行程。爲了保持帝國的顏面，至於用什麼方式表示，或是訂立雙方心照不
宣的協定，匈奴人都沒有意見。但是從阿提拉的提案可以看出，雙方的市
集位置要立刻遷移，因爲他擔心被摧毀的城市奈蘇斯，會劃到他的疆域範
圍之內。其二，匈奴國王要求得到的貢金或稱爲補助金，應該從七百磅黃
金增加到兩千一百磅，同時規定要立即支付六千磅黃金，這是他在戰爭中
所花去的費用，當作戰敗賠償的罰款。富裕的東部帝國對這樣的需求可以
立即支付，事實上，有些私人的財富比這個還要多得多，倒是公眾的災禍
顯示出貧窮的現象，至少在財政方面是一片混亂。特別是從民眾強徵的稅
款，在繳交君士坦丁堡國庫的途中，因爲道路阻塞而中斷或滯留。狄奧多
西和他的寵臣用維持皇家排場的藉口，打著基督教慈善事業的名目，任意
支用年度的歲入額度，過著奢侈浪費的生活。然而，出乎意料的軍備需要
耗盡一切可用的資源，只有對元老階層的成員強制要求捐獻。雖然規定嚴
屬但是朝令夕改，總算是唯一權宜之計，及時滿足阿提拉貪婪的胃口，沒
有惹起兵刀之災。那些已經貧窮的貴族逼於無奈，只有顧不得羞恥公開
拍賣妻子的珠寶，以及府邸裡世襲的各項裝飾[22]。其三，匈奴國王建立
本國的司法原則，就是他運用權力使人降服所獲得的財產，無論是自願
還是勉強，此後不再喪失所有權。阿提拉根據此一原則得到結論，從而制
定不得變更的法律，即任何人在戰爭中獲得匈奴人爲戰俘，均需立即開釋
不得延誤，亦不得要求贖金。每一個羅馬人俘虜，甚至包括逃走在內，獲
得自由的贖金爲十二個金幣。所有從阿提拉旗幟下逃亡的蠻族，必須歸還
但不保證或規定可以得到赦免。爲了執行這種兇暴而可恥的條約，皇家官
員逼得要屠殺幾位忠誠而出身高貴的逃亡分子，他們拒絕遣返自尋死路。
這樣一來，羅馬人喪失所有的號召力量，再也無法獲得錫西厄人民的友
誼。對那些願意接受狄奧多西統治的懇求者，羅馬人等於公開宣稱，他們

22　克里索斯托大聲疾呼也提出抨擊，把拜占庭的奢侈品拿來拍賣對大家會有好處。
　　每個富人的家裡都有純銀的半圓形桌子，兩個人都別想抬得起來。純金的瓶子重
　　達四十磅，甚至連杯子和碟子都是純金製品。

不僅違背信義，而且也沒有實力來保護[23]。

在這種情況之下，只有一個城鎮表現出堅定的決心，暴露出皇帝和帝國羞愧到無地自容的程度，否則以這個城市名不見經傳，不可能被歷史學家和地理學家提到。阿茲穆斯（Azimus）是色雷斯一個小城，靠近伊里利孔邊界[24]，以年輕人的尚武精神而名聞遐邇。他們產生的領導人物經驗豐富而且英勇過人，所以膽敢奮不顧身抗拒蜂擁而來的蠻族。阿茲穆斯人並沒有現出氣餒的樣子等待敵軍到來，而是運用奇襲的方式主動發起攻擊，救出被搶走的戰利品和擄去的俘虜。同時有很多國內的流亡人員和逃兵自動投效，使得匈奴人對充滿危險的鄰居感到非常頭痛。在締結條約以後，阿提拉仍然用戰爭威脅帝國，除非阿茲穆斯人也順從他們的國君所接受的條件，不論用說服或強迫的方式。狄奧多西的大臣很羞愧的承認，這也是實情，就是他們不再有權威可以管轄勇敢要求天賦獨立狀況的這群人。匈奴國王只有站在平等的立場去與阿茲穆斯人談判。他們要求歸還一些牧人，這些人是在偶然發起的突擊中，連帶著牲口一起被擄走。阿茲穆斯人於是扣留匈奴人，做為同伴安全的保證。匈奴人同意進行嚴密的調查，但沒有結果。他們必須信誓旦旦說沒有拘留該市任何俘虜，才能從阿茲穆斯人手中接回倖存的兩個匈奴人。阿提拉感到滿意同時也被欺騙，因為阿茲穆斯人鄭重發誓其餘的匈奴俘虜已死在劍下。阿茲穆斯人還說，只要曾經獲得公眾誓約保障卻又叛逃的人士及羅馬人，他們會立刻解決掉。詭辯家不論傾向奧古斯丁的嚴厲訓示，或是偏向聖傑羅姆和聖克里索斯托的溫和脾氣，都可能指責或原諒這種謹慎而故意的掩飾。但是每個士兵和政府官

---

23 從普里斯庫斯的敘述，知道和約的款項並不是很有條理，表達也不很清楚，但是馬塞利努斯伯爵的說法就有點匪夷所思：(1)、阿提拉自己乞求和平與禮物，沒錯，以往他是拒絕過；(2)、就在這個時候，印度使臣送給狄奧多西皇帝一頭馴服的老虎，體型碩大而美麗。

24 樸洛柯庇斯列舉出色雷斯有一百八十二個堡壘或城堡，其中有一個堡壘名叫伊昔蒙土（Esimontou），瀕臨黑海鄰近安契拉斯（Anchialus），所處的位置非常重要。阿茲穆斯的名字和城牆到查士丁尼在位時仍舊存在，但是勇敢的居民遭到羅馬君王的猜忌，後來全部絕滅，不知所終。

員應該知道，要是人人都像阿茲穆斯人這些族群一樣，激起奮發圖強的精神，蠻族就不會踐踏帝國的尊嚴[25]。

六、羅馬人和匈奴人雙方相互派遣使臣的狀況(448A.D.)

要是狄奧多西喪失榮譽能夠換取可靠而穩固的安寧，或是他的怯懦沒有惹來更多的損害，實在說，這倒是讓人感到意外。拜占庭宮廷連續受到五、六位使臣的羞辱[26]，阿提拉派來的大臣不斷知會，對於新近簽訂的條約執行過於遲緩或產生諸多缺失，特別施加壓力。他們提出流亡人員和逃兵的姓名，說這些人仍舊受到帝國的保護。使臣同時用比較溫和的口氣宣稱，除非他們的君主即刻完全獲得滿意，那麼他不可能也沒有意願，平息國內那些好戰部族急需發洩的怒氣。除了這些出於驕傲和利益的動機，使得匈奴國王不斷要進行談判以外，他的內心還有一些不光彩的念頭影響到他的作為，那就是如何奪取敵人的資源使自己的寵臣更為富有。君士坦丁堡的宮廷為了獲得使臣的友誼，還有那些主要的下屬和隨從的幫忙，以提出有利的報告可以維持和平，花費之大使得國庫都無力負擔。蠻族的大臣受到慷慨的接待，讓他們的君主很有面子。他很愉快地計算這些禮物的價值及豪華程度，並且嚴格要求帝國實現每個承諾，以增加手下大臣的財富。因此阿提拉把樞機大臣康士坦久斯(Constantius)的婚姻，當作國家重要事務來處理[27]。這個高盧的投機分子是由埃伊久斯推薦給阿提拉，對於君士坦丁堡的大臣幫過很大的忙，當時約好的報酬是給他找一個富有而出

25　聖傑羅姆和聖奧古斯丁之間發生激烈的爭辯，好像是想用不同的方法，盡全力來調解聖彼得和聖保羅這兩位使徒的口角，使得這個重要的問題可以迎刃而解。事實上，宗教的嚴厲和寬厚，無論是天主教或新教的神學家，或是每個時代的律師和哲學家，對這個問題都有不同的看法。

26　孟德斯鳩用生花妙筆，栩栩如生地描述阿提拉的高傲及羅馬人的可鄙。他對普里斯庫斯的斷簡殘篇都沒有放過，這讓我很欽佩，因為很少人理會普里斯庫斯的著作。

27　我倒是很願意相信，這個膽大妄為的傢伙後來涉嫌叛逆，被阿提拉下令用碟刑處死。但是在被殺的這些人中，有兩個人的名字都叫康士坦久斯，普里斯庫斯很想說清楚，結果讓人更糊塗。

身高貴的妻室，選擇薩頓奈努斯的女兒爲國家盡一份義務。這位滿心不願的受害者後來家中發生事故，產業被很不公正的籍沒，使得愛慕者原來充滿熱情的心也冷淡下來。但是他仍舊用阿提拉的名義提出要求，按照過去決定的條件訂定選擇聯姻的對象。經過很長一陣拖延和提出各種藉口以後，拜占庭宮廷逼得只有把阿瑪久斯（Armatius）的未亡人當作犧牲品，送給傲慢無禮的外鄉人。何況無論是家世、財富和容貌，她在羅馬貴婦人之中可謂無出其右。

　　阿提拉對於在君士坦丁堡糾纏不休和到處施壓的使臣，定出他們的歸國時期。同時他基於虛榮心作祟，一直在盤算帝國派出使臣的層級和地位，於是他抱著關切的態度答應，只要使臣有執政官的位階，他會親自遠赴撒迪卡去迎接。狄奧多西的御前會議用撒迪卡的狀況已經殘破不堪作理由，完全規避他所提出的意見，同時暗示，不論是軍隊或宮廷的任何官員，都有資格和錫西厄最有權勢的君主展開談判。馬克西明（Maximin）[28]是一個受到尊敬的廷臣，在政府和軍隊任職不僅經驗豐富，能力也受到肯定，勉強接受困難重重而又極爲危險的任務，要與怒氣填膺的匈奴國王折衝樽俎。他的朋友歷史學家普里斯庫斯[29]，倒是高興能有機會在和平與家居生活之中，觀察這位蠻族的英雄人物。但使臣負有機密的任務，是極關重要必須保守秘密的犯罪行爲，只讓通譯維吉留斯（Vigilius）一個人知道。在匈奴人的上一任使臣中，歐里斯特斯（Orestes）是潘農尼亞行省有貴族身分的臣民，艾迪康（Edecon）是錫里人部族英勇的酋長，在同一個時候離開君士坦丁堡回到皇家營地。他們無名籍籍，他們的兒子卻有非常特殊的機遇，對比之下顯得大放異彩。阿提拉的兩位臣屬，竟然分別爲成爲西

28　馬克西明施展長才協助阿達布流斯，在422年與波斯簽訂和平條約。等到馬西安登基，拔擢馬克西明出任寢宮總管，在公布的詔書中他位居四位首席大臣之列，後來在東部各行省擔任政府和軍隊各種重要職位。他平服衣索匹亞人的入寇事件，處理善後很得民心，等他過世衣索匹亞人還感懷不已。

29　普里斯庫斯是色雷斯的潘尼姆（Panium）地方人士，憑著口若懸河的辯才，成爲那個時代最有名氣的詭辯家。他撰寫七卷《拜占庭史》敘述當代的狀況，雖然學者對他的作品能有持平之論，我認爲他是異教徒。

羅馬帝國最後一個皇帝，和意大利第一個蠻族國王的父親。

使節帶著大批伴隨人馬行列，第一站在撒迪卡休息，離君士坦丁堡的距離有三百五十哩，是十三天的行程。殘存的撒迪卡仍舊包括在帝國國境之內，羅馬人有責任盡地主之誼。省民供應足夠食用的牛羊，並邀請他們參加場面盛大而飲食精美的晚餐。但因彼此對事物看法不同，再加上說話不謹慎，因而擾亂和諧的氣氛。大臣忠誠維護皇帝的尊嚴和帝國的偉大，匈奴人用同樣的口氣，讚譽常勝君主的光榮事蹟。維吉留斯的阿諛之辭輕率且不當，火上加油，引起雙方爭執。他表現出衝動的態度，拒絕承認神聖的狄奧多西僅是凡人。馬克西明與普里斯庫斯費盡力氣才轉變這個話題，安撫蠻族心頭的怒氣。當艾迪康和歐里斯特斯從座位上起來時，皇家的使臣送給他們貴重的禮物，是絲質長袍和印度珍珠，他們很感激的接受。但歐里斯特斯忍不住暗示，過去他並沒有受到如此尊敬和慷慨的禮物，好像是在暗示他不過是個文官，無法與共治者繼承而來的位階相比。這種明顯的差別真是令人感到不快，使得艾迪康不見得成為一個朋友，而歐里斯特斯自然就成為對立的敵人。經過這次招待以後，他們從撒迪卡趕了一百哩路到達奈蘇斯。這座繁榮的城市是君士坦丁大帝的出生地，現在已經成為一片焦土。居民不是被殺就是逃難離開，只剩下一些老弱殘疾無法行動的人，仍舊獲准留在破損不堪的教堂裡，苟延殘喘的活下去，看來前景真是萬分的淒涼。整個區域的地上散布著被殺人員的骸骨，使臣行進的指向是西北方，只有穿過現在塞爾維亞的山區，等下降到布滿沼澤的平原，多瑙河在前面擋住去路。匈奴人成為這條大河的主人，他們的航運靠著巨大的獨木舟，是把一根大樹幹的中間挖空。狄奧多西的大臣安全抵達對岸，跟他們在一起的蠻族同伴急著趕到阿提拉的營地。營地同樣已經準備好可以提供打獵的娛樂，或者是為了進入戰爭。

馬克西明離開多瑙河大約兩哩，就開始經驗到征服者的無理取鬧。他想把帳幕架設在一個風景優美的山谷，結果受到很嚴厲的制止，說是皇家的居所要保持相當的距離，這種敬畏之心不容侵犯。阿提拉的大臣一直在對他施壓，要他如實供出真正的企圖，以及國君親自交代只讓他聽到的事

情。馬克西明就顧左右而言他,這時他感到很困惑,在神聖的會議裡決定
的秘密,就是在神明面前也不會洩露,怎麼有人出賣給敵人知道。於是皇
家使臣拒絕接受這種羞辱說辭,奉命要立即歸國,接著又撤消命令,過沒
多久又來一次。匈奴人一直想要堅持立場的馬克西明順服,都無法稱心如
意。最後,在奧尼吉休斯的兄弟斯科塔(Scotta)的求情下,這要花很昂貴
的禮物才能得他的友誼,同意安排皇家的覲見,但是沒有得到確切的答
覆,迫得使臣要向北方進行長途的旅程。阿提拉為了滿足自己的虛榮,要
在同一個營地接見東部和西部帝國的使臣。整個行程受到嚮導的管制,規
定休息的時間、趕路的行動,有時還要離開大路,完全為了國王的方便。
羅馬人橫越匈牙利的平原時,認為自己已渡過幾條可以通航的大河,無論
是用獨木舟或是輕便的船隻。但是也可能說得通,特斯(Theiss)河或稱提
比斯庫斯河是條蜿蜒彎曲的河流,他們在不同位置渡的河其實是同一條,
只是稱呼的名字不一樣而已。

　　他們從鄰近的村莊接受糧食的供應,都能按時送到而且數量很豐富,
只是用蜜酒替代葡萄酒,拿粟米當作麵包,還有一種烈酒名叫卡姆斯,根
據普里斯庫斯的說法是從大麥蒸餾釀成[30]。這些食物對於過慣君士坦丁堡
奢侈生活的人來說,實在是粗糙得難以入口。但是在他們偶然遭到不幸
時,能夠從慷慨而好客的蠻族那裡獲得援救。然而同樣也是這些蠻族,在
戰爭中是那樣的恐怖、殘忍、暴虐與無情。使臣將營地設置在一個大沼澤
的邊緣,一陣強烈的暴風雨突然來襲,在隆隆雷聲和閃電之中,帳幕都被
吹塌,行李和器具全都浸在水中。隨從都分散開來,在黑夜裡亂竄,無法
找到正確的道路,大家都為未知的危險感到憂慮不已。這時聽到鄰近村莊
居民的喊叫聲,大家才把狀況弄清楚。這個村莊是布勒達孀婦的財產,所
以過不了一會,就看到明亮的火光,接著他們很善心用蘆葦生一堆大火。

30　匈奴人一直瞧不起農耕生產的工作,他們是一個獲得勝利的民族,難免要盡情運
　　用所獲得的特權。哥德人有很多勤勉工作的臣民,所以把鄰居看成一群餓狼,心
　　懷畏懼之感。薩特人(Sarts)和塔吉克人(Tadgics)都是從事農耕的部族,除了供應
　　自己生存所需,還要進貢給懶惰而又貪婪的主子烏茲別克的韃靼人。

羅馬人的需要甚至欲望都獲得滿足，對於布勒達孀婦非常特殊的禮儀感到困窘不安。她送來一些美麗而討人歡心的少女，來安慰他們旅途的寂寞。他們第二天日出後決定再休息一會，好把行李找到曬乾，人員和馬匹恢復精力，等到傍晚啓程之前，使臣特別對村莊善心的夫人表示感謝，送給她銀杯、紅色毛線、乾果和印度胡椒等非常值錢的禮物。等到這趟冒險結束後，又加入阿提拉的行軍隊伍，中間有六天是與本隊分開，然後緩慢走向帝國的都城，在數千哩廣大的空間沒有遇到一座城市。

七、東部使臣在阿提拉宮廷的所見所聞（448A.D.）

要是我們能確定普里斯庫斯對地理位置很含糊的敘述，看來阿提拉的都城位於多瑙河、特斯河與喀爾巴阡山之間，座落在上匈牙利平原上，可能就在阿格里亞（Agria）或稱托開伊（Tokay）的傑茲貝陵（Jazberin）附近[31]。開始時不過偶然成爲營地，等到阿提拉經常久住以後，慢慢發展成爲一個很大的村莊，用來容納他的宮廷和追隨在身邊的部隊，還有成群無所事事或忙忙碌碌的奴隸和隨從[32]。奧尼吉休斯起造的浴場是唯一運用石材的建築物，全部材料從潘農尼亞運送過來。由於鄰近地區甚至連大木料都很缺乏，也許可以假定這個皇家村莊所用的房舍是用麥稭、泥土或帳幕搭蓋。地位顯赫的匈奴人使用木屋，建築物的大小和裝飾，依據屋主的階級、財富和品味而有所不同。一般而言大而無當都很粗俗，分布的狀況倒是講求秩序而且也很對稱，看來建築物的地點愈靠近君王愈爲尊貴。阿提拉的宮

31　從當時的狀況看來，普里斯庫斯越過多瑙河和特斯河，並沒有抵達喀爾巴阡山山麓。阿格里亞、托開伊和傑茲貝陵都位於平原，他行經的路線都限制在上述地區之內。阿提拉的營地位於布達（Buda）和多瑙河以西三十六哩，布瓦認爲是托開伊，而奧特洛喀賽（Otrokosci）這位博學的匈牙利人說是傑茲貝陵。

32　阿提拉皇室所住的村莊，與成吉斯汗後裔所住的小城卡拉柯隆很類似，雖然看來有很多定居的居民，就十三世紀的狀況，無論就面積大小和建築規模而言，還比不上聖丹尼斯（St. Denys）修道院所在的小鎮。伯尼爾（Bernier, François，十七世紀英國歷史學家和傳教士）對奧林捷貝（Aurengzebe）大君的營地極爲讚譽，說是混合著錫西厄的習俗和印度斯坦（Hindostan）的奢華。

殿在他的統治區域內比所有的屋舍都要華麗宏偉，全部都用木材建造，占
地非常廣闊，外面圍繞高聳的宮牆或稱圍欄，用光滑的方木構成，在四角
建有高塔，作用不完全是用來防衛而是當作裝飾。宮牆把整座小山的平緩
斜面全部圍進去，包括很多各式各樣的木質建築物，供給皇室人員使用。
阿提拉有眾多的妻妾，每人都分派一所獨立的房舍，不像亞洲人有那樣大
的猜疑之心，用嚴格的規定和狹隘的氣量把她們監禁起來。她們能夠保持
文雅的風度接受羅馬使臣的觀見，供給飲食的款待，就是光明正大的行擁
抱禮也沒有關係。當馬克西明獲得皇后舍卡(Cerca)接見時，他讚賞她住
的宮殿建築極為華麗，有高聳的圓柱和支撐，各種大件的木製品非常精
緻，加工製成各種不同的造型，有的經過雕刻以後再打磨得光滑無比。他
細心觀察後發現極富裝飾的意味，而且比例非常勻稱且優美。大門有侍衛
保持警戒，使臣通過以後被引導至舍卡的私人接待室。阿提拉的妻子坐在
柔軟的臥榻上，也可以說是躺著接見使臣的來訪。地板上面舖著地毯，侍
女在皇后的四周圍成一圈，還有一些宮女坐在地上，正在刺繡作活計。蠻
族的武士身上穿著修飾美麗的服裝，匈奴人很驕傲的展示這些財富，是他
們獲得勝利的成果和證據。各式各樣的馬具、所佩帶的刀劍，甚至於所穿
的鞋子，都裝飾著黃金和貴重的寶石。他們的餐桌上擺滿各種餐具和高腳
酒杯，金銀製作的瓶器和酒具，很多是希臘工匠或藝術家所製造的精品。
只有國君顯出高傲的姿態，仍舊堅持要過錫西厄祖先單純的生活[33]。無論
是衣著、兵器和馬匹的配件都很樸素，沒有任何裝飾，只有一種顏色。皇
家的餐桌上只有木頭杯子和盤子，肉類是唯一的食物，北國的征服者從來
不吃麵包之類的奢侈品。

　　阿提拉第一次在多瑙河畔接受羅馬使臣的觀見時，他的帳幕圍繞著英
勇無敵的侍衛。蠻族的國君坐在木椅上，嚴肅的面容、憤怒的神色和暴躁
的語調，使得生性剛毅的馬克西明也不禁大吃一驚。但是維吉留斯更要膽

33　蒙古人在通卡特(Toncat)的宴會中，爭相展現他們在亞洲奪取的戰利品。成吉思
　　汗的寶座上仍舊舖著老舊的黑毛毯，從他擢升為君王以後，就坐在上面指揮驍武
　　好戰的遊牧民族。

戰心寒，他非常清楚所要面對的威脅狀況。要是阿提拉不尊重國家之間的
法律，會把欺騙的通譯釘在十字架上，讓腐爛的身體去餵兀鷹。國君親自
拿出一份很完整的清單，顯示出維吉留斯如此大膽，竟敢說只發現十七個
逃兵來欺騙他。但是他又帶著高傲自大的態度宣稱，他覺得爲這些逃亡的
奴隸發生爭執是很丟人的事。狄奧多西把防衛行省託付給這些軍隊，他對
這些無能爲力的作用表達出輕視之心。「在面積廣大的羅馬帝國境內(他
接著說道)，無論是哪種堡壘，無論是什麼城市，自認堅固安全且難以攻
克，就懷抱著能夠存在的希望。實在說，只要我們高興，難道就不能把它
化爲齏粉？」他赦免通譯，不過，他強制要求等他們回到君士坦丁堡後要
把人全部歸還，同時要派地位更爲顯赫的使臣。這時他的怒氣逐漸平息下
來，當天家中有喜事也能緩和他那兇狠的脾氣。他要與伊斯拉姆(Eslam)
的女兒結婚，在道路上接受大家的祝賀。阿提拉在皇家村莊的入口舉行奇
特的典禮，大群婦女出來迎接她們的英雄也是她們的國君。她們走在前面
成爲兩隊很長的行列，列與列之間拉開白色的亞麻紗布，兩邊的婦女拿在
手裡高高舉起來，在年輕處女組成的歌唱隊上方形成一個罩幕，用錫西厄
語唱著慶祝婚禮的頌歌。寵臣奧尼吉休斯的妻子帶著一群女性隨從，在自
己家門口等待君主在回到皇宮的路上向他致敬。按照當地的習俗，她準備
好酒和肉，用款待來表示效忠之意。等到君王很親切表示要接受她準備的
禮物，僕人舉起銀製的小桌到適當的高度，這時他騎在馬背上。當阿提拉
用嘴唇接觸到酒杯以後，奧尼吉休斯的妻子再度祝福，然後他繼續前進。

　　阿提拉的住處位於帝國中心，不會在後宮浪費時間過安逸的日子。匈
奴國王要維持高高在上的地位，就不能逃離公眾的注視。他經常要主持會
議，召見各國使臣。他的人民把他視爲上訴的最高法庭，按照東方的習
慣，他有固定的時間在木造皇宮的大門口，聽取人民的訴願。阿提拉用歡
宴接待錫西厄人的王侯和貴族，東部和西部的羅馬使臣兩次受到邀請。馬
克西明和他的同僚在門楣前停下來，虔誠的酹酒祝福匈奴國王身體健康和
萬事順遂，然後被引導到寬廣大廳的座次。皇家的餐桌和臥椅舖著地毯和
亞麻布，在大廳的中央高出地面有幾個台階。只有阿提拉的一個兒子、一

個叔父或是他所喜愛的國王，可以陪著他共享簡單而清淡的飲食。在他的
兩邊按次序擺著兩排餐桌，每桌有三到四位客人。右邊是受到尊敬的上
位，羅馬人有自知之明，他們的位置在左邊。貝里克（Beric）是位名不見
經傳的酋長，可能是哥德族人，竟然坐在狄奧多西和華倫提尼安的代表前
面。蠻族國君從侍酒者手裡接過盛滿葡萄酒的長腳杯，殷勤有禮的喝下去
向最顯赫的來賓祝福。這位貴賓從座次上站起來，用同樣的禮節以效忠的
誓詞表示他的尊敬。這種儀式一直繼續下去，直到每個人或者說至少是宴
會中有地位的人士，全都受到國君的歡迎和祝福。只要每道荣送到桌上就
要重複這種儀式，一共有三次之多，這樣就用去相當多的時間。但是等到
所有荣肴全部撤收下去，酒還是繼續供應。兩個使臣保持清醒和正常的態
度離開夜間的宴會以後，匈奴人還是繼續盡情的痛飲，不醉不休。

然而在他們告退之前，有幸見識到這個民族在歡樂宴會中所表現出來
的禮儀。兩位錫西厄人站在阿提拉的臥椅前，朗誦自己所著的詩篇頌揚君
王的英勇和勝利。大廳立刻陷入深邃的寧靜，諧和的聲音吸引來賓的注
意，全部沉醉在永恆的回憶之中。武士的功勳受到讚頌，眼裡閃爍著衝鋒
陷陣的光輝，等不及要躍馬浴血奮戰。老人流出失望的眼淚，他們再也無
法分享戰陣的光榮和勝利[34]。這種娛樂方式可以訓練出他們的武德。接著
就是詼諧的鬧劇，倒是能夠達到雅俗共賞的程度。一個摩爾人和一個錫西
厄人小丑，他們那種畸形醜陋的面貌、荒謬可笑的服裝、滑稽逗趣的姿
態、妄誕諷刺的言辭，把拉丁語、高盧語和匈奴語混淆運用，讓人無法理
解的奇腔怪調，激起粗俗的觀眾哄堂大笑，整個大廳回響著歡呼的聲音，
充滿快樂的氣氛。就在縱情喧鬧的狂歡場合，只有阿提拉神色未改，保持
堅定不爲所動的態度，一直到他最年幼的兒子伊爾納克（Irnac）進來之前，
都沒有絲毫的鬆懈。他帶著笑容用父愛的慈祥擁抱他的小孩，用手溫和的
捏一下細嫩的面頰，洩露出他的偏袒和溺愛，畢竟預言家曾說，伊爾納克
在未來要成爲家族和帝國的中流砥柱。過了兩天後，使臣再次接到邀請，

34　要是我們相信蒲魯塔克的記述，他說錫西厄人的習慣，是在縱情歡宴的場合，爲
　　了振奮戰爭的勇氣，會撥著弓弦唱出豪邁的歌聲。

有機會感謝阿提拉的文雅風度和待客之道。匈奴國王花很多時間與馬克西明進行親切的交談,但是殷勤的態度突然被粗魯的言辭和傲慢的指責所打斷。他所以發怒是出於圖利的動機,爲了樞機大臣康士坦久斯的私人要求,因此表現出非常失禮和唐突的行爲。「皇帝很久以前答應許給他一門富有的妻室(阿提拉說道),要是讓康士坦久斯感到失望,那麼羅馬皇帝就是一個說謊的騙子。」使臣在第三天告辭歸國,有幾名俘虜不停向他乞求,經過匈奴人同意付出合理的贖金獲得自由。除了皇室的禮物之外,允許每位錫西厄貴族都送給他一匹馬,做爲最貴重而有用的禮物。馬克西明沿著原路返回君士坦丁堡,與阿提拉的新使臣貝里克同行。雖然兩人不小心產生爭執,但馬克西明想到自己以艱辛的旅程,對於維持兩國的聯盟與和平有貢獻,覺得很欣慰[35]。

八、東部帝國唆使謀害匈奴國王阿提拉之始末(448A.D.)

但羅馬使臣根本不知道,在發誓要信守約定的面具之下,隱藏著出賣對方的企圖。當艾迪康注視著富麗堂皇的君士坦丁堡,不僅感到驚奇萬分而且生出羨慕之心。通譯維吉留斯知道這種狀況,安排艾迪康與宦官克里薩菲斯(Chrysaphius)[36]私下見面交談,要知道現在是克里薩菲斯掌握皇帝統治帝國。經過幾次會商後,相互立下重誓。這個宦官無論是個人的情緒或經驗,根本沒有展現一點大臣的氣質和風範,竟提議要艾迪康去謀害阿提拉,事成以後讓他一生享受不盡的榮華富貴。匈奴使臣聽到這個誘人的提議,表現出熱烈的情緒,認爲他有能力也很容易執行血腥的行動。整個計畫通知御前大臣,虔誠的狄奧多西也同意暗殺不共戴天的仇敵。但這個

35　普里斯庫斯提到這次出使發生非常奇特的事件,但除了他的記述外,找不到任何旁證。我對這方面並沒有成見,只是摘要敘述當時的歷史背景,與羅馬使臣的旅程和任務的關係不大。

36　蒂爾蒙特曾經提到過寢宮總管的繼位,實際上是他們用狄奧多西的名義統治整個帝國。從歷史的記載可以知道,在君士坦丁堡宮廷這類寵臣當中,克里薩菲斯可以算是最可惡也是最後的一個。他的教父優提克斯(Eutyches)是一個異端教派的創始者,克里薩菲斯不僅多方袒護還幫著迫害正統教會。

奸詐的陰謀活動最後還是失敗，可能是艾迪康事先的掩飾，要不然就是事後的反悔。雖然他很誇張的表示內心痛恨叛逆，但他聰明到很早就自首供認不諱。要是我們回顧馬克西明使臣所受的待遇，以及阿提拉所表現的言行，不禁對蠻族感到欽佩。他們尊敬待客之道，明知這位使臣要圖謀殺害阿提拉的生命，還是把他看成是一個國君的大臣，盡心款待讓他安然返國。但是維吉留斯的輕舉妄動反倒露出破綻，等他回到皇家的營地，感覺到自己犯下的罪行和危險的狀況，在他的兒子陪伴下，帶著裝黃金的沉重錢袋逃走。這些黃金都是受寵的宦官提供，用來滿足艾迪康的需要，買通侍衛好獲得他們的效力。通譯很快被捕，拖到阿提拉的法庭，一副色厲內荏的模樣，滿口喊冤，等到威脅要立即處死他的兒子，逼得他一五一十吐露所有的犯罪細節。貪財的匈奴國王用贖金或籍沒的名義，接受兩百磅黃金就饒了叛徒一命。何況他認為殺了這種人反而污了他的刀，應該要找最高貴的對象來發洩他的憤怒。

阿提拉立即派出使臣伊斯勞和歐里斯特斯前往君士坦丁堡，帶著一份強制執行的命令。對兩個使臣而言，照著阿提拉的意思去做總比違抗旨意要安全得多。他們一無所懼進入皇宮準備覲見，歐里斯特斯的頸脖上掛著那個非常重要的錢袋，質問站在寶座旁邊的宦官克里薩菲斯，要他承認這就是他犯罪的證據。但譴責的任務由地位更高的共治者伊斯勞負責，他用莊嚴的態度對東部皇帝說出下面一段話：

> 狄奧多西是地位崇高和受人尊敬的父母所生的兒子；阿提拉同樣是高貴家族的後裔，他的行為配得上從他父親蒙德祖克所繼承的地位和榮譽。但狄奧多西同意支付貢金，已經喪失他父親的尊嚴，把自己貶到奴隸的身分。在這種狀況下，他要尊敬無論是運道或功勳都位居他之上的人，而不是像一個可惡的奴隸，在暗中圖謀殺害他的主子。

阿卡狄斯的兒子只習慣奉承的聲音，聽到嚴厲的語氣說出實情真是驚

訝不已。他羞愧滿面且全身戰慄,對於伊斯勞和歐里斯特斯提出的要求,甚至不敢直接拒絕,說是不願砍下克里薩菲斯的頭顱。於是他派遣地位崇高的使者,帶著大隊伴隨的兵力和許多名貴禮物,前去安撫阿提拉的怒氣。現在選派諾米烏斯(Nomius)和安納托留斯(Anatolius),應該可以滿足阿提拉的虛榮。這兩位大臣的位階分別是執政官和大公,前者是帝國掌管金庫的財務大臣,後者是東方軍隊的主將。阿提拉親自到德倫可(Drenco)河畔迎接使臣,雖然開始時,裝出憤懣的神色和傲慢的姿態,等聽到求情的言辭和看到奉上的豐盛禮物,他的怒氣也就逐漸平息下來。他親口赦免皇帝、宦官和通譯的圖謀,願意遵守誓言履行和平條約規定的事項,釋放大量俘虜,對於流亡人員和逃兵不再理會他們的死活,歸還多瑙河以南大片區域,原來是準備將這個地區的財富和居民全部遷移。但是這個條約還是要花大量金錢來購買,否則就要用來支撐一場慘烈而持久的戰爭。狄奧多西的臣民被迫加稅,贖回那一無是處的宦官,然而他們如果能見到他被處死,就是花再多錢也很高興[37]。

九、狄奧多西的死亡以及帕契麗婭和馬西安的繼位(450A.D.)

愧赧一生的狄奧多西皇帝活在羞辱環境的日子並不太長。他在君士坦丁堡附近騎馬射獵,發生意外摔到萊庫斯(Lycus)河裡,墜落時背脊受傷,過了幾天逝世,享年五十歲(450年7月28日),在位四十三年[38]。他的姊姊帕契麗婭一直運用宦官,在暗中發揮極其有害的影響力,保持權勢控制著政府和教會的事務,現在順理成章獲得一致推崇,正式成為東方的女皇,也是羅馬人第一次承認女性統治。帕契麗婭一登基,為了平息眾怒,

---

37 從普里斯庫斯殘留的作品中,可以知道這次陰謀事件以及嚴重的後果。這位歷史學家並沒有提到精確的日期,但是在那三、四年之間,阿提拉和東部帝國展開一序列的談判,直到450年狄奧多西死亡才告中止。

38 狄奧多魯斯的選集和帕契加爾的編年史,都記載著狄奧多西墜馬身亡,並沒特別提到受傷的情形,但是必然會發生這種後果,也沒有必要加以杜撰,所以我們相信十四世紀一個希臘學者卡利斯都斯(Callistus)的敘述。

採取斷然行動，不經合法審判，就將宦官克里薩菲斯處死在城門前。貪婪的寵臣累積巨大的財富，不僅證明他罪有應得，也是死有餘辜。在教士和民眾的歡呼聲中，女皇並沒有忘記性別帶來的偏見和危害，爲了預防在背後發出不滿的怨言，非常明智斷然決定要選擇一個共治者，他會永遠尊敬妻子的優越地位和處女貞操。她將自己許配給馬西安（Marcian），他大約有六十歲，是元老院的議員，成爲帕契麗婭名義上的丈夫，接受皇帝的紫袍（450年8月25日）。他的宗教熱誠在堅持正教的信條上表現無遺，正統教會對他讚不絕口，這些信條是在卡爾西頓的宗教會議中制定。但是馬西安的言行舉止，不論是私人生活還是以後登上帝座，事實可以證明，連續兩代世襲君王的衰弱統治，幾乎要使政府解體以後，唯有他能夠鼓起鬥志恢復帝國的生機。他生於色雷斯，接受軍事教育成爲職業軍人，但年輕時境遇坎坷，過著貧窮和不幸的生活。當他第一次到達君士坦丁堡，全部家財只有兩百個金幣，是借自一個朋友。他在阿斯帕和阿達布流斯父子手下服務十九年，不僅在軍中還替他處理家務，追隨這位權勢極大的將領，從事波斯戰爭和阿非利加戰爭，在這位將領發揮影響力加以支持之下，獲得護民官和元老院議員的榮譽職位。馬西安的個性溫和而且很有才幹，即使經由推薦得到尊敬和恩惠，也不會讓恩主產生猜忌之心。但他看到這樣一個貪污和專制的政府，已經濫權到極爲嚴重的狀況。他宣稱改革勢在必行，他的榜樣也使他倡議修改的法律增加威嚴和力量。

第三十五章

阿提拉進犯高盧，為埃伊久斯率西哥德人所擊退　阿
提拉入侵義大利後被迫撤離　阿提拉、埃伊久斯和華
倫提尼安三世相繼逝世(419-455A.D.)

一、埃伊久斯的出身家世以及與蠻族的關係(433-454A.D.)

　　馬西安的著眼是要避免戰爭，盡可能保持安全而光榮的和平。但他非
常了解，要是統治者顯示出怯懦的避戰態度，和平就沒光榮與安全可言。
阿提拉一直無禮的施壓，認為應該支付每年的貢金。馬西安基於這種立
場，用相當勇氣答覆對方的要求。皇帝對蠻族很明確的表示(450A.D.)，
他們不能再提出貢金來侮辱羅馬的尊嚴。他的處理原則是，只要盟國保持
忠實的友誼，就會獲得慷慨的報酬；要是膽敢破壞國家的和平，他會率領
部隊運用武力，擊退蠻族的進犯。使臣阿波羅紐斯(Apollonius)在匈奴人
的營地，也用同樣的語氣表示他的看法，很大膽要求安排與阿提拉進行面
談，否則他就不贈送禮物。出乎阿提拉意料之外，墮落的羅馬人竟會展現
尊嚴的神色，對可能的危險擺出藐視的態度。阿提拉威脅要懲罰狄奧多西
繼承人的輕舉妄動，但是他對率領無敵大軍，究竟先攻打東部帝國還是西
部帝國，始終舉棋不定，這時世人等待他的決定，無不憂心如焚。他派遣
使臣同時對拉芬納和君士坦丁堡的宮廷挑戰，用傲慢的言辭侮辱兩位皇
帝：「阿提拉是吾人的國主，亦是汝等的君王，特此命令汝準備宮殿，有

待主上的大駕光臨[1]。」但是蠻族裝出輕視東部羅馬人的樣子，認為過去經常獲得壓倒性的勝利，所以決定要完成更光榮和重要的偉業，再轉用兵力來對付不堪一擊的敵人。匈奴人在入侵高盧和意大利的重大行動時，自然會被這些行省的富裕和興旺所吸引。但是對阿提拉而言，還有特別的動機和因素，只能解釋為西部帝國是在華倫提尼安的統治之下，要是直截了當的講，完全是埃伊久斯當家作主[2]。

埃伊久斯在敵手邦尼菲斯過世後，就躲到匈奴人的帳幕裡避風頭，無論是他當時的安全或日後的東山再起，都可說欠負盟友良多。他沒有像一個有罪的放逐犯那樣苦苦哀求，而是率領六萬蠻族大軍要求特赦。普拉西地婭皇后原本還不鬆口，但後來也只能遷就現實，這當然是因為力有不逮而心生畏懼，但表面上仍出於仁慈寬厚，說願意饒恕他以往的過錯。她還把自己及兒子和西部帝國都交到這位倨傲無禮的臣民手裡，甚至連邦尼菲斯的女婿都沒法保護。仁慈而又忠誠的塞巴斯蒂安 (Sebastian)[3]受到無情的迫害，被迫在各國尋找庇護，最後在為汪達爾人服務時不幸去世。埃伊久斯鴻運高照，很快擢升到最高的大公位階，成為國家的元老重臣，並曾三次獲得執政官殊榮，用騎兵和步兵主將的頭銜掌管全國的軍事武力，當時的作者也稱他為西羅馬帝國的公爵或將領。他之所以盡全力讓狄奧多西的孫子保有紫袍，不是個人的德行而是基於審慎的需要，也使得華倫提尼安在意大利享有和平與奢華的生活。這時身為大公的埃伊久斯呈現一個英雄人物與愛國志士的榮光。哥德歷史學家的說法很有見識，他認為埃伊久斯

1 　《亞歷山卓編年史》或帕斯加爾《編年史》提到這段傲慢的言辭是在狄奧多西的時代，很可能將時代提前了，但遲鈍的編年史家編造不出阿提拉說話的風格。

2 　《法蘭西王國創建史》第二卷，對高盧受到匈奴人入侵的狀況，描述非常清楚，但很有見解的作者都博斯神父，常為了體制和臆測而把自己弄得不知所措。

3 　維克托·維廷昔斯 (Victor Vitensis) 提到他在作戰時非常勇敢，等他到了運氣不好時，就難免指責他行事過於魯莽。實在說塞巴斯蒂安配得上「急先鋒」的美稱，他在君士坦丁堡的冒險行動，以及以後在西西里、高盧、西班牙和阿非利加做出一番驚天動地的事業。馬塞利努斯和埃達久斯的編年史裡，都隱隱約約提起過，即使他在最不幸時，還是有很多追隨者為他賣命亦在所不惜，所以他才能縱橫海倫斯坡海峽和普洛潘提斯 (Propontis) 海一帶，後來還占領巴塞隆納。

的一生是爲了拯救羅馬共和國，隨後的描述雖然太過理想，但多數是實情，並非全屬阿諛之辭：

> 他的母親是富有而高貴的意大利人，他的父親高登久斯（Gaudentius）在錫西厄行省保有顯赫地位，逐漸從軍中家臣的裨校，晉升到騎兵主將的要職。他們的兒子在未成年就入伍擔任侍衛，開始是在阿拉里克那裡做人質，後來又被送到匈奴人的營地。他不斷獲得宮廷文職和武將的高位，完全依靠極爲優異的功勳，眞是文武雙全，眾望所歸。埃伊久斯身材中等，但風度翩翩，強壯的肢體表現出力量、勻稱和敏捷，各種軍事技術超人一等，不論騎術、箭術或標槍投擲都極爲卓越。他有很強的忍力，能不吃不喝、不眠不休的幹活，直到肉體和精神的極限。他具有眞正的勇氣，不僅藐視危險甚至就是受傷也毫不畏懼，所以他那堅定而又正直的心靈，根本不會受到腐化、欺騙或威脅[4]。

落戶在西部行省的蠻族，逐漸受教訓要尊敬埃伊久斯大公的誠信和英勇。他安撫蠻族的衝動情緒、尊重他們的風俗習性、平衡他們的利害關係、同時還要阻止他們蠢蠢欲動的野心。他及時與堅西里克簽定和平條約，保護意大利免於汪達爾人的蹂躪。獨立自主的不列顛人懇求並感激他全力的援助，在高盧和西班牙能恢復並維持皇室的權威。他在戰場擊敗法蘭克人和蘇伊威人，逼使他們成爲帝國最有助益的盟友。

埃伊久斯根據利害關係和衷心感激的原則，費盡心血培養與匈奴人結盟的情感。當他做爲人質或受到放逐，居住在他們的帳幕裡，就經常與恩主的姪兒阿提拉親密的交談。這兩位著名的競爭對手還保持私人和軍方的友情，顯然有私下的連繫，後來還靠著相互饋贈禮物、派遣使者，以及讓

4　弗里基里達斯（Frigeridus）是當代史學家，寫出這段對埃伊久斯的描述之辭，他的作品有若干片斷被土爾的格列哥里保存下來。弗里基里達斯基於責任或利害關係，誇大埃伊久斯的事功。若他不強調埃伊久斯的天性寬厚，就會更讓人信服。

埃伊久斯的兒子卡皮利奧（Carpilio）在阿提拉的營地接受教育，更能鞏固
雙方的關係。埃伊久斯身為帝國重臣，保持外表的感恩和自願的忠誠，掩
飾對錫西厄的征服者的憂慮，因為對方一直用強大的武力壓迫兩個帝國。
他對於阿提拉提出的需求只有順從，要不然就得盡量找理由來搪塞。當阿
提拉攻占一座城市據有合法的戰利品以後，發現受到欺騙，有一些金瓶被
人盜走，埃伊久斯立即派遣諾利孔的總督前往解釋，使他的抱怨不致擴大
事故[5]。可以很明顯看出來，從使臣在皇家村莊與馬克西明和普里斯庫斯
的談話中知道，英勇和審慎的埃伊久斯還無法使西部的羅馬人免於羞辱的
貢金。然而他運用極具外交手腕的政策，盡量延長有利的和平所帶來的優
勢。他把匈奴人和阿拉尼人的大軍納入自己的掌握下，用來防衛高盧，並
在瓦蘭斯（Valance）和奧爾良（Orleans）兩個地區[6]，各安置一個蠻族殖民
區。這是很有先見之明的措施，因為行動積極的騎兵隊可以確保隆河和羅
亞爾河兩處重要通道的安全。這些未開化的野蠻盟軍非常可怕，不僅是對
羅馬的敵人來說，對羅馬的臣民也是如此。他們早期獲得居留地的方式是
使用強迫的手段，在征服以後運用毫無節制的暴力。就是他們進軍通過的
行省，省民也在敵意的壓迫下遭受各種苦難，他們對皇帝和帝國而言都是
外來的陌生人。高盧的阿拉尼人只為埃伊久斯的野心賣命，雖然他懷疑在
與阿提拉發生戰爭時，這些人是否會背叛本族國王的陣營。所以這位大公
想盡辦法限制和規勸他們，不要對哥德人、勃艮地人和法蘭克人產生憎恨
和仇視的心理。

5　使節包括羅慕拉斯（Romulus）伯爵、諾利孔省長普洛摩都斯（Promotus）和軍方的羅
　　馬努斯（Romanus）公爵在內。陪同人員有該行省佩托維奧（Petovio）知名的市民塔
　　圖拉斯（Tastullus），以及歐里斯特斯的父親，他娶了羅慕拉斯的女兒。
6　普洛斯帕提及高盧有些比較偏遠的地區指定給阿拉尼人居住，然而都博斯不同
　　意。如果不論都博斯的修正，合理假設阿拉尼人有兩個殖民區或守備部隊，這樣
　　可以確定他的主張，消除他的否定意見。

二、西哥德人和法蘭克人在高盧建立王國的濫觴（419-451A.D.）

　　西哥德人在高盧南部行省建立王國，逐漸發展實力呈顯穩定的狀況。這些野心勃勃的蠻族無論平時或戰時，對埃伊久斯的一舉一動保持高度的警覺。等到華里亞（Wallia）死後，哥德人的權杖授與偉大征服者阿拉里克的兒子狄奧多里克（Theodoric）。他對這個易於衝動的民族順利統治達三十年之久，可以證明他無論在身體和心靈方面，能用勇猛頑強的精神支持深思遠慮的行動。狄奧多里克無法忍耐狹小領地的約束，渴望據有極為富裕的政治和商業的中心亞耳。但是埃伊久斯及時抵達拯救這座城市，哥德國王遭到相當損失，在很羞辱的狀況下解圍而去。埃伊久斯願意給他一筆補助金，勸他帶著好戰的臣民參加西班牙戰爭，然而狄奧多里克仍在等待，很急切的抓住機會重新進行原先的企圖。哥德人圍攻納邦，貝爾京的行省同時受到勃艮地人入侵，羅馬的敵人明顯聯合起來，國家的安全在各方面都受到威脅。埃伊久斯和他的錫西厄騎兵部隊，在各方面都能堅定而成功的抵抗。兩萬勃艮地人在戰場被殺，剩餘的族人只有歸順，謙卑接受薩伏衣（Savoy）的山區作為依附的領地[7]。納邦的城牆在攻城撞車的重擊下搖搖欲墜，居民忍受饑饉帶來的苦楚已到絕望的關頭。利托流斯（Litorius）伯爵率軍銜枚急進，要求每名騎兵帶兩包麵粉，然後衝過圍攻部隊的防線。蠻族立即解圍而走，八千哥德人陣亡帶來決定性的勝利，全要歸功於埃伊久斯指揮若定的才能。但是等到這位大公為一些公事，也可能是私人利益的問題，被倉促召回意大利，戰事交給利托流斯負責指揮，立刻顯現他的狂妄和僭越。須知指揮一翼的騎兵和指導一場重要的戰爭，需要完全不同的才能。他率領一支匈奴軍隊，非常魯莽向著土魯斯的城門

7　薩伏衣在古時稱為薩保狄亞（Sapaudia），阿米努斯最早提到。《職官志》裡列出兩個軍事要點，都在行省的地區內，有一個步兵支隊配置在多芬（Dauphine）的格勒諾勃（Grenoble），還有一個船艇隊停泊在厄布里杜隆（Ebredunum），用來控制紐夏特爾湖（Neufchatel）。

前進,對敵人抱著毫不在意的輕視態度,以致於不夠謹慎,帶來災禍,而
且所處的位置逼得敵人作困獸之鬥。鳥卜的預言使利托流斯產生非凡的信
心,以為會進入哥德人的都城舉行凱旋式。土魯斯的主教用狄奧多里克的
名義,不斷對托利流斯提出和平的呼籲。他過於信賴這群異教徒的盟軍,
因此拒絕對方提出的有利條件。哥德國王在大禍臨頭的狀況下,展現出基
督徒的虔誠和節制,表示絕不放棄祈禱,直到完成準備開始戰鬥。他的士
兵受到武德精神和宗教狂熱的激勵,對利托流斯的營地發起突擊,戰鬥形
成膠著,雙方互有死傷。羅馬將領的潰敗在於孤軍深入,冒險輕進,後來
被縛在敵人的凱旋式中通過土魯斯的街道,受到長期羞辱的囚禁,悲慘的
處境激起蠻族的惻隱之心[8]。

　　一個國家的尚武精神和財務能力,在長期枯竭的狀況下遭到這樣嚴重
的損失,確實很難恢復原狀。但是在哥德人方面,反而產生進取的野心和
報復的情緒。要是埃伊久斯親臨而不能重建羅馬人的實力和紀律,哥德人
就會將勝利的旗幟插在隆河的河岸上。兩支軍隊想要決一死戰,但是雙方
的將領感到勢均力敵沒有致勝的把握,為了審慎起見就在現地休戰,復交
的行動維持長久和誠信的友好關係。西哥德國王狄奧多里克確實值得臣民
的愛戴、盟友的信賴和世人的尊敬。他有六個英勇的兒子護衛王座,他們
在蠻族營地經過妥善的安排,很用心的演練各種實用的動作,也在高盧的
學校學習羅馬法,了解法律和審判的原則。魏吉爾充滿韻味的詩意,使蠻
族粗暴的習性變得彬彬有禮。哥德國王的兩個女兒分別許配給蘇伊威人和
汪達爾人國王的長子,他們統治著西班牙和阿非利加。殘酷的堅西里克懷
疑他的兒媳密謀毒害他,雖然毫無證據,卻對她施加割除鼻子和耳朵的懲
罰。狄奧多里克的不幸女兒在毀容傷殘的狀況下,很羞辱地送回土魯斯的
宮廷,這種毫無人性的行為在文明的時代不會發生,使旁觀者見到難免流
下同情的眼淚。狄奧多里克身為父親和國王,親情和責任使他矢言要對無

8　薩爾維安企圖解釋神意的運作方式,可以解釋成惡人的災難是審判,正義之士的
　　災難則是試驗。

法彌補的傷害進行報復。皇家的大臣對於蠻族間的爭執一直是喜不自勝，
趕緊供應哥德人武器、船隻和金錢，好發起阿非利加的戰事。要不是愛要
手段的汪達爾人得到匈奴人的大力幫助，殘酷的堅西里克就會遭受致命的
打擊。他用豐盛的禮物和迫切的懇求激起阿提拉的野心去入侵高盧，使埃
伊久斯和狄奧多里克無法達成所圖[9]。

　　法蘭克人的王國仍舊限制在下萊茵的鄰近地區，他們建立明智的制
度，讓墨羅溫（Merovingians）貴族世家[10]獲得接位的繼承權利，這些君王
從擁有圓盾也就是軍事指揮權的人員中擢升[11]。皇家式樣的長髮是出身和
地位的標誌[*12]，淡黃色的頭髮經過仔細的梳理後，像濃厚的鬈髮垂掛在背
後和肩膀上。其餘的族人要遵守法律和習俗的規定，將頭頂後部的頭髮剃
掉，前面的頭髮梳好蓋住前額，可以留兩片八字鬍修飾自己的面容。法蘭
克人高大的身材和藍色的眼睛，一望即知是淵源於日耳曼人血統，他們穿
著緊身衣褲顯示出美好的體型和強壯的四肢，沉重的長劍懸掛在寬皮帶
上，手執一面巨大盾牌保護軀體。這些好武的蠻族從幼年起就接受嚴格訓
練，包括跑步、跳躍和游泳等項目。他們投擲標槍和戰斧，非常有準頭，
對抗優勢的敵人也會毫不猶豫的前進迎戰，不惜生命也要維護祖先舉世無
敵的聲譽[13]。克羅迪恩（Clodion）是第一個留著長髮的國王，可信的正史裡

9　有關狄奧多里克一世統治的權威性說法，可以參閱喬南德斯的著作，埃達久斯的
　　《編年史》以及兩位普洛斯帕的《編年史》，《法蘭西史》都加以運用和摘錄。
　　此外還可加上薩爾維安的神學論文和賽東紐斯的《阿維都斯頌辭集》。

10　格列哥里自己沒有說出「墨羅溫」這個名字，不過若是追溯到七世紀初葉，墨羅
　　溫王朝就成爲皇家的特定稱呼，甚至可以代表法蘭西王國。一個有才氣的學者認
　　爲墨羅溫來自偉大的馬洛波傑斯（Maroboduus），他能夠確切證明，這位君王在把
　　他的名字賦予這個家族時，年代遠比旭爾德里克（Childeric）的祖先更爲古老。

11　塔西佗（Tacitus，Gaius Cornelius，56-120A.D.，羅馬歷史學家，著有《編年史》
　　和《歷史》共三十卷）和土爾的格列哥里一直提及的日耳曼人習俗，最後還是被
　　君士坦丁堡的皇帝所採用。在十世紀的一份手稿上，蒙佛康敘述一種很熟悉儀式
　　的整個過程，雖然不知起源的時間，但在大衛王時代就已運用。

*12　[譯註] 高盧南部地區成爲羅馬行省後，人民受到同化，與羅馬人一樣留短髮，而
　　中部和北部的高盧人都留長髮，此地區自古被稱爲長髮高盧（Gallia Comata）。

13　賽東紐斯·阿波利納里斯曾詳細敘述古代法蘭克人的外貌、衣著、武器和習性，
　　這樣描述雖然很粗糙，還是很有實用的價值；丹尼爾神父特別加以推崇。

提到他的名字和事蹟。他把住處安置在第斯帕岡(Dispargum)[14]，這是位於魯汶(Louvain)和布魯塞爾之間的一個村莊，也可能是個城堡。法蘭克人的國王從派出的探子傳來報告，說是第二貝爾京(Belgic II)行省[*15]處於毫無防備的狀況，只要稍加攻擊就會落到英勇的臣民手中。他採取大膽的行動，穿越卡邦納里亞(Carbonarian)森林[16]的灌木叢和沼澤地帶，占領五世紀時僅有的城市土爾內(Tournay)和康布雷(Cambray)，征服的地區越過無人的荒野抵達索姆(Somme)河。靠著近幾個世紀的勤奮努力，這裏才成為農耕地區，繁殖眾多的人口。當時克羅迪恩在阿特瓦(Artois)平原[17]設置營地，為了慶祝兒子的婚事，根本忽略自身的安全。埃伊久斯率領輕裝騎兵越過索姆河，在毫無預警和不受歡迎的狀況下蒞臨，使婚禮的喜宴為之中斷。沿著一條風景優美小溪，擺在山坡蔭涼地點的餐桌，全部都被粗暴的推翻。法蘭克人在拿起武器排成陣式之前已受到制壓，毫無效果的反抗徒然使自己送掉性命。隨著進軍的大車上堆滿戰利品，新娘和和伴隨的女性只有順從新的主人，他們可以施展戰勝者的權利。埃伊久斯的作戰經驗和積極作為使他占得上風，克羅迪恩的軍事行動不夠謹慎，才蒙受戰敗的羞辱。但法蘭克國王很快恢復實力和名聲，仍保有從萊茵河到索姆河的高盧王國[18]。在他統治之下，或許基於臣民的進取精神，門次(Mentz)、特列夫和科隆這三個都城，都蒙受敵對行為的殘酷和貪婪。蠻族從殘破的特列夫撤離，就一直據有科隆，使得災禍延續很久。然而在四十年期間內，特列夫四次受到圍攻和洗劫，只留下空無人煙的賽車場，顯示出他

14　有些地理學家說第斯帕岡的位置是在萊茵河的日耳曼這邊。

*15　[譯註]貝爾京地方是指塞納河以北到萊茵河之間的地區，後劃分為四個行省，靠萊茵河的兩個行省稱為第一日耳曼尼亞和第二日耳曼尼亞；在西邊的兩個行省稱為第一貝爾京和第二貝爾京，其中第二貝爾京行省靠海，第一貝爾京行省在內陸。

16　卡邦納里亞森林是阿登(Ardennes)大森林的一部分，位於伊斯科特(Escaut)河或須耳德河和馬士河之間。

17　精確的地點曾經是一個城鎮或是村莊，稱為維庫斯‧海倫娜(Vicus Helena)，現代地理學家發現不論是名稱還是地點都位於蘭斯(Lens)。

18　法蘭西的學者急著要在高盧建立王國，就從賽東紐斯的沉默中找出強烈的論點。賽東紐斯不敢暗示說，法蘭克人被征服以後，被迫渡過萊茵河。

們所受的苦難[19]。克羅迪恩統治二十年後逝世，兩個兒子都有繼位的野心，使王國陷入混亂之中。幼子墨羅維斯(Meroveus)[20]聽信讒言懇求羅馬的保護，西部帝國的宮廷接受他的要求，讓他成爲華倫提尼安的盟友和埃伊久斯大公的養子，並且帶著值得炫耀的禮物返國，強烈給予他友誼和支持的保證。然而當他離國時，他的哥哥用同樣熱烈的情緒懇求阿提拉給予大力支援，匈奴國王很高興有這樣一個盟友，可以提供萊茵河當作極爲便利的通道，同時有了光明正大的藉口，能夠順理成章入侵高盧[21]。

三、霍諾里婭的韻事與阿提拉入侵高盧(451A.D.)

當阿提拉宣布決定支持盟友的大業，也就是汪達爾人和法蘭克人的同時，幾乎帶著騎士制度的浪漫精神，認爲自己是霍諾里婭(Honoria)公主的愛人和護花使者。華倫提尼安的姊妹在拉芬納的宮廷接受教育，由於她的頭銜是奧古斯塔[22]，擢升到這樣高的位階，使最狂妄的臣民也不敢抱有求婚的指望，因而要想找到門當戶對的對象實在是非常困難。等到白皙的霍諾里婭滿十六歲，厭惡不斷要求她保持高貴的儀態，使得她無法享受愛情的快樂，空虛的豪華排場難以讓她感到滿足。霍諾里婭爲此嘆息不已，只有屈服在激情的本能之下，投身到寢宮總管尤金紐斯(Eugenius)的懷抱，懷孕的體態立即暴露她的罪行和羞恥(只有專橫傲慢的男子才用這種荒謬的語氣)。普拉西地婭皇后處理此事不夠謹慎，使皇家的醜事傳遍世

---

19 薩爾維安用含混而誇大的語氣表示，博學的馬斯庫曾明確認定這三個城市遭受巨大的災難。

20 普里斯庫斯提過他們的爭位但是沒有說出兩兄弟的名字，他在羅馬見到過老二，是一個沒留髭鬚的年輕人，梳理著很長的鬈髮。本篤會的編者認爲是他們是法蘭克人國王的兒子，但是這些國王名不見經傳，統治著內克爾河兩岸地區。但是豐西馬格尼(Foncemagne)有不同的看法，他證明克羅迪恩的兩個兒子爭位，年幼的弟弟名叫墨羅維斯，是旭爾德里克的父親。

21 墨羅溫家族對王位的繼承採用世襲制度，但是逝世君國的每個兒子，都有資格分享財產和領地。

22 現在還留存著一種獎章，上面有霍諾里婭可愛的頭像，頭銜是奧古斯塔，背面有不太適宜的傳奇「Salus Reipublicoe」，環繞著基督的聖名。

界，因爲她對自己的女兒施加嚴格而羞辱的監禁，把她放逐到遙遠的君士坦丁堡。苦惱的公主留在狄奧多西的姊妹身邊，有一群選來的處女作伴，不再有任何物質享受可言，只能在修道院致力於祈禱、齋戒和守夜，還得裝模作樣的勉強去做，在那封閉的環境中度過十二或十四年的歲月。她無法忍受漫長而且毫無指望的獨身生活，使她做出極爲大膽和鋌而走險的決定。阿提拉的名字在君士坦丁堡不僅眾所周知，而且使人聞之生畏，他不斷派遣使臣保持營地和皇宮的密切交往。普拉西地婭的女兒爲了追求愛情，或者是心存報復，放棄自己的責任和社會的成見，要自動獻身到蠻族的懷抱。事實上，他們的言語她根本不懂，他們的外表極爲醜陋，而且他們的宗教和習俗都爲人所憎惡。在一個忠誠宦官的幫助下，她送給阿提拉一枚戒指做爲愛情的誓言，熱烈懇請他公開要求她成爲合法配偶，因爲他們之間已經私訂終身。匈奴國王對於這種不合適的以身相許，抱著冷淡和輕視的態度加以接受，因此還是不斷增加妻妾的數量，直到野心和貪婪喚醒他的愛意。入侵高盧成爲最重要的事，如果他能合法要求娶霍諾里婭公主爲妻，就可以分享皇家的世襲財產和地位。他們的祖先在古代同樣用帶著敵意和專橫的方式，對中國皇帝的女兒打主意。阿提拉對權利的要求一樣冒犯到羅馬的尊嚴，宮廷用溫和的態度對匈奴人的使臣表示堅定的拒絕，雖然有普拉西地婭和帕契麗婭似是而非的前例可循，但宮廷仍很嚴正否認女性有繼承的權利。然而霍諾里婭已有不渝的婚約，可以拿來反駁錫西厄求愛者的要求[23]。等到發現她私下與匈奴國王連繫，有罪的公主被當成禍害，被君士坦丁堡打發送回意大利。雖然免除她的死罪，但在與名義上的丈夫舉行婚禮以後，被永久的囚禁起來，她只有暗自嘆息自己的罪孽和不幸。霍諾里婭要不是生爲皇帝的女兒，這些災難都可以避免[24]。

　　知名之士賽東紐斯（Sidonius）是土生土長的高盧人，不僅學識淵博且

23　這種說法很有道理，要是女性可以繼承帝位，華倫提尼安娶了狄奧多西二世的女兒和繼承人，就可以有權利統治東部帝國。

24　喬南德斯敘述霍諾里婭的韻事並不完整，普洛斯帕和馬塞利努斯的《編年史》也如此，但是他們的敘述不一致也不可能，除非我們把她與尤金紐斯的私通，以及對阿提拉的許身這兩件事的時空分開。

辯才無礙，後來成爲克勒蒙主教。他曾對友人承諾要寫出阿提拉之戰的正確史實。若非賽東紐斯的謙虛使他無法完成有趣的作品，這位歷史學家就會以簡單的敘述呈現這些大事，不像詩人用含混而可疑的譬喻能更精確暗示。日耳曼和錫西厄的國王和族人，從窩瓦河到多瑙河，都服從阿提拉黷武好戰的召喚。他的旗幟從位於匈牙利平原的皇家村莊開始向西方移動，前進約七百到八百哩，抵達萊茵河與內克爾(Neckar)河會合口。忠於聯盟的法蘭克人在克羅迪恩長子領導下加入匈奴人陣營。一大群輕裝的蠻族行動飄忽，到處剽掠，特別選擇冬季便於渡過冰封的河流。爲數眾多的匈奴騎兵部隊，需要有豐富的牧草和給養，而這些只有在溫暖的季節才能獲得。赫西尼亞森林提供材料造船建橋，成千上萬帶著敵意的群眾擁入貝爾京兩個行省[25]，燒殺擄掠無所不爲，整個高盧瀰漫著肅殺之氣。幸運逃過一劫的城市，按照傳統都歸功於奇蹟發生和殉教士保佑[26]。特洛瓦(Troyes)的得救是聖盧帕斯(St. Lupus)的功勞；聖塞維久斯(St. Servatius)離開塵世以免見到通格里被毀；聖熱納維埃芙(St. Genevieve)[*27]的祈禱使阿提拉的行軍轉向，離開巴黎及附近地區。絕大部分高盧的城市都同樣缺乏聖徒和士兵，被匈奴人圍攻，難逃毀滅的命運。譬如美次(Metz)[28]，匈奴人依照戰爭的慣例，絕不會心慈手軟，連在聖壇的教士和要盡快受洗的

25　喬南德斯的著作裡，記載著這次戰爭最可信而詳盡的狀況。他運用很多卡西多流斯的史料，有的摘要引錄，有的加以改寫，不僅冗長而且重複，後來經過土爾的格列哥里、埃達久斯、伊希多爾和兩位普洛斯帕的《編年史》，加以修正和潤飾。《法蘭西史》把可以蒐集的古代的材料全部刊登上去，所以讀者要仔細的分辨，有的部分雖說是摘錄埃達久斯的《編年史》，但是與格里西亞主教所寫的本文，明顯有相互矛盾的地方。

26　古老的傳說還是值得重視，因爲會與那個時代的眞實歷史發生連帶的關係。

*27　[譯註]聖熱納維埃芙於423年生於南特，十五歲時獻身聖職，在巴黎被蠻族圍攻時行神蹟，救活人民無數，死於512年，成爲巴黎的主保聖徒。

28　布瓦伯爵抱持懷疑的態度，但與主要的理由或批評不盡相吻合。難道土爾的格列哥里對於美次受到蠻族摧毀的記載還不夠精確？相隔時間不到一百年，受害的人民對城市的命運應是記憶猶新，難道居住在那裡的君王不是奧斯特拉西亞(Austrasia)的國王？博學的伯爵著手要爲阿提拉和蠻族辯護，就盡量運用埃達久斯發生錯誤的地方，故意遺漏正確事實，像是埃達久斯就列舉美次被毀的事例。

兒童，都慘遭不分青紅皂白的屠殺。繁榮的城市陷入大火之中，只剩下聖司蒂芬的禮拜堂屹然聳立。阿提拉從萊茵河與莫瑟爾河向著高盧的心臟地區前進，在奧克瑟爾（Auxerre）渡過塞納河，經過長途而辛勞的行軍以後，抵達奧爾良的城牆下紮營，想要占領有利的位置，以控制羅亞爾河通路來保障征服的成果。這次遠征行動主要依靠阿拉尼國王桑吉班（Sangiban）秘密的邀請，他要反叛帝國，答應出賣這座城市。但這樁叛逆陰謀被即時撲滅，使阿提拉大失所望。奧爾良新增工事和堡壘加強防備，匈奴人的突擊被信心十足的士兵和市民驅散。大家齊心合力堅守不退，阿尼努斯（Anianus）主教本著神聖的地位和卓越的智慧，運用宗教的力量和策略來鼓舞士氣，直到援軍抵達。這是一場堅持到底的圍攻作戰，城牆在攻城槌的撞擊之下搖搖欲墜，匈奴人將郊區完全占領，那些沒有能力執武器守衛城市的居民，全都趴俯在地，向上天祈禱。阿尼努斯焦急的計算時日，派得力的人員到城牆的堞垛上，觀看四周遙遠鄉野的狀況。兩次回報沒有任何消息可以激起希望或帶來安慰，等到第三次報告提到遙遠的地平線出現很小一團煙霧，於是虔誠的主教用充滿信心的語氣大聲宣稱：「上帝派來的援軍到了！」全體民眾都跟著叫喊：「上帝派來的援軍到了！」大家注視著遠處的目標愈來愈大，變得更為清晰，逐漸看到羅馬人和哥德人的旗幟，一陣順風吹散瀰漫在空中的灰塵，顯出戰力強大的陣勢。埃伊久斯和狄奧多里克帶著殺氣騰騰的騎兵部隊，迅速前來解奧爾良之圍。

四、埃伊久斯與西哥德人結盟對付匈奴人（451A.D.）

阿提拉所以能輕易進入高盧的心臟地帶，完全在於伺隙而趁的策略和令人驚駭的兵力。他以私下的保證緩和公開的宣告，對羅馬人和哥德人交互運用安撫和威脅的手段。拉芬納和土魯斯的宮廷這時還相互猜疑，對於共同敵人的來臨，竟然漠不關心到坐以待斃的程度。埃伊久斯是國家安全的唯一保障，自從普拉西地婭去世後，皇宮內部的黨派傾軋蔓延，他採取的諸般明智措施難免受到干擾。意大利青年聽到戰爭的號聲響起，面無人

色，嚇得渾身哆嗦。蠻族不論出於畏懼或愛戴，願意獻身阿提拉的大業，懷著疑惑和貪婪的信念等待戰爭的勝利。西部帝國的大公率領一些人馬越過阿爾卑斯山，從實力和數量上來說都不能稱爲一支軍隊。等他到達亞耳或里昂時，獲得令人困惑的信息，說是拒絕防衛高盧的西哥德人，現在公開宣稱他們藐視入侵的敵軍，決定要在自己的領土上擊退對手。元老院議員阿維都斯（Avitus）擔任過禁衛軍統領要職，他在奧文尼（Auvergne）有產業，在那裡過退休生活，現在受到勸說接受重要職位出任使節，能夠發揮才華獲得成就。他對狄奧多里克提出忠告，面對的入侵者有吞併世界的野心，所有的力量要堅定的聯合起來，不能讓他各個擊破，才能發揮抵抗作用。阿維都斯運用口若懸河的辯才，敘述他們的祖先遭到匈奴人傷害的狀況，匈奴人仍舊懷著仇恨把他們從多瑙河趕到庇里牛斯山山麓，哥德人的武士聽到無不激起滿腔熱血。他還努力鼓舞他們的鬥志，每個基督徒都有責任拯救上帝的教堂和聖徒的遺骸，不能受到褻瀆神聖的侵犯。每個在高盧定居的蠻族都要基於個人利益，保護自己的土地和葡萄園，不讓錫西厄遊牧民族肆意蹂躪。狄奧多里克聽到這些事例完全口服心服，立即採取審慎而榮譽的措施，公開宣稱要成爲埃伊久斯和羅馬人忠實的盟友，爲了保護高盧的共同安全，犧牲自己的性命和王國亦在所不惜[29]。那個時代的西哥德人，無論是名聲和實力都到達顛峰狀況，大家抱著愉悅的心情接受戰爭的召喚，準備自己的武器和馬匹，集合在年邁國王的旗幟之下。這位老當益壯的君主帶著兩位年長的兒子，托里斯蒙德（Torismond）和小狄奧多里克，決定親自指揮數量龐大而且英勇善戰的子民。有些部落和民族還在匈奴人和羅馬人之間舉棋不定，看到哥德人的榜樣下定決心。西部帝國的大公賣力勤奮工作，逐漸把高盧和日耳曼的部隊集結起來，這些人過去承認是帝國的臣民或士兵，現在卻爲自願從軍索取報酬，要求以獨立身分獲

29　阿維都斯的頌辭以及喬南德斯《哥德史》第三十六章，敘述阿提拉、埃伊久斯和西哥德人的策略，都不夠完善。這兩位詩人和歷史學家明顯帶有個人或種族的偏見，前者過分吹捧阿維都斯的功勞和重要，後者擔心會讓哥德人的狀況真相大白。要是他們對雷同之處不厭其煩加以解釋，就可證明所述真實無虛。

得盟友的地位。所有的部族包括里提人（Laeti）、阿莫里卡人、布里奧尼人（Breones）、薩克遜人、勃艮地人、薩瑪提亞人、阿拉尼人、里普里亞人（Ripuarians），以及追隨墨羅維斯、當他是合法君主的法蘭克人。以上是埃伊久斯和狄奧多里克指揮下的雜牌部隊，要迅速前進解奧爾良之圍，準備與阿提拉的大軍決一勝負[30]。

匈奴國王在對方進軍時，立即撤收圍城的兵力，吹起號角召回遠處的部隊，他們正攻進一個城市要實施劫掠[31]。阿提拉始終保持審慎的作為以指導勇敢的行動，他預想到如果在高盧的腹地戰敗，產生的後果將導致全軍覆沒，於是趕快退過塞納河，期望敵軍進入夏隆（Châlons）的平原地帶，一望無際的曠野適合錫西厄的騎兵部隊發揮戰力。但是，在秩序大亂的撤退行動中，羅馬人和盟軍的前鋒不斷壓迫阿提拉的後衛，引起激烈的戰鬥。處於漆黑的夜晚和道路不明的狀況，敵對的縱隊經常不預期遭遇。在法蘭克人和吉皮迪人的一場血戰中，有一萬五千名蠻族被殺，這不過為規模龐大的決定性會戰拉開序幕而已。卡塔勞尼亞（Catalaunian）戰場[32]圍繞著夏隆在四周展開，一直延伸到整個行省。喬南德斯曾粗略估計，戰場面積約有一百五十哩長、一百哩寬，就是後來稱為香檳的地方[33]。不過，在這面積遼闊的平原上有些起伏不平的地方，若能掌握制高點，就可以俯瞰阿提拉的營地。兩位將領都知道它的重要性，因此都極力奪取。年輕英勇的托里斯蒙德首先占領最高的小山頂，匈奴人正從對面費力向上進攻時，哥德人以雷霆萬鈞之勢從上面衝下來。誰要是據有這個有利的地點，

---

30 喬南德斯對埃伊久斯的軍隊作了查證：里提人是一支血統混雜的蠻族，可能是高盧的土著，或是歸化的異族；里普里亞人得名是他們的地盤有三條河流通過，就是萊茵河、馬士河和莫瑟爾河；阿莫里卡人擁有塞納河到羅亞爾河之間所有獨立的城市；薩克遜人在拜約（Bayeux）行政區移植一個殖民城市；勃艮地人定居薩伏衣；布里奧尼人是雷蒂提亞一個好武鬥戰的部族，居於康士坦斯湖東邊地區。

31 奧爾良能夠安然無恙可說是奇蹟，要歸功於神聖的主教，而且他有先見之明。

32 夏隆或稱杜洛-卡塔勞隆（Duro-Catalaunum），後來又叫做卡塔勞尼亞，早先是理姆斯區域的一部分，離理姆斯城只有二十七哩。

33 康帕尼亞或稱香檳，土爾的格列哥里經常提到這個地方。這個行省面積廣闊，理姆斯是首府，最高行政首長是位公爵。

該方的士兵和主將自認可以獲得最後的勝利。憂慮的阿提拉請教祭司和腸卜師的看法，據說在檢查犧牲的內臟和切開骨頭以後，有神秘的預兆顯示主要敵手的死亡和他自己的戰敗。這個蠻子接受極爲公正的說法，對於埃伊久斯的才能表示由衷欽佩。匈奴人的個性中經常會出現意氣消沉的情緒，阿提拉也像古代的將領一樣，針對當前的狀況採取必要的手段，用充滿豪情壯志的演說來鼓舞部隊士氣。他不僅用國王的語氣向他們說話，一直率領著他們衝鋒陷陣，攻城掠地[34]。阿提拉要求大家考量過去的光榮、實際的危險和未來的希望，他們憑著天賜的運道，用勇氣打開錫西厄荒野和沼澤的通路，使那麼多黷武好戰的民族趴俯在他們的腳下。他相信同樣的氣運會使他們贏得勝利，在這場值得紀念的會戰中享受最大的歡樂。由於敵方採取審慎的作戰步驟，而且有關係緊密的聯盟，並占據有利的地形位置，因此阿提拉不得不用非常技巧的表達方式，把這些說成是敵人畏戰的結果，而不是穩健的行動。他又說只有西哥德人是敵軍的主力和中樞，匈奴人可以任情踐踏墮落的羅馬人；並且把敵軍密集的衝擊隊形解釋成這是他們膽怯的表現，阿提拉相信敵人甚至無法支持一天會戰的危險和辛勞。這位匈奴國王把軍人武德有關的準則，全都搬出來加以運用。他向臣民提出保證，受到上天保佑的戰士親冒敵人的槍矛，還是會非常安全，不會受傷。對那些退縮不前求饒的無恥敗類，永不失手的命運之神會命中他的胸膛。阿提拉繼續說道：「我自己要投出第一支標槍，那個可恥的倒楣鬼要是不敢照著君主的榜樣去做，就是自取滅亡。」無畏的領導人以身作則，用語言和行動激勵部隊士氣，產生立竿見影的效果。阿提拉順勢接受部隊迫切出戰的高昂情緒，立即下令排成會戰陣式。最前列是勇敢又忠誠的匈奴人，他親自站在最中央的位置。那些對他的帝國表示臣服的民族，像是魯吉亞人、赫魯利人（Heruli）、圖林基亞人（Thuringians）、法蘭克人、勃艮地人都在兩翼依次排開，占滿卡塔勞尼亞原野的廣大空間。右翼

---

34 我認爲像這種激勵士氣的訓話，通常是歷史學家按情節的需要編寫出來。然而那些年老的西哥德人曾在阿提拉的麾下服務，把當時的狀況不厭其煩告訴卡西多流斯，所以阿提拉這段談話的理念和表達方式，帶有最早錫西厄人的那種風格。

由吉皮迪人國王阿達里克指揮，統治著東哥德人的英勇三兄弟位於左翼，
正好面對同宗的西哥德人。其他同盟部隊按照不同的方式列陣，阿拉尼人
國王桑吉班的狀況不穩，就放在中央位置，行動受到嚴格監視，一旦發現
反叛就立即加以懲處。在羅馬人和西哥德人聯軍這方面，埃伊久斯負責指
揮左翼，狄奧多里克在右翼，托里斯蒙德仍舊占領高地，逼得錫西厄軍隊
要延伸側翼和後衛。從窩瓦河到大西洋的各民族都在夏隆的平原集結，但
這些民族中有很多因派系的傾軋、征服或對外的遷移而形成分裂。現在他
們拿著同樣的武器和旗幟，相互做出威脅的動作，一場大規模的內戰一觸
即發。

五、夏隆會戰的經過情形及阿提拉的撤離(451A.D.)

　　希臘人和羅馬人最令人感興趣的民族習性，反映在他們的紀律和戰術
方面。無論是色諾芬（Xenophon）、凱撒或腓特烈（Frederic）的天才*35，都
表現在軍事行動的認知和實踐之中。若對他們進行深入的研究，就可以增
進毀滅人類的技術和能力（要是真想有所改進的話）。但夏隆之役之所以激
起我們的好奇心，只是規模龐大無比而已，完全是蠻族的盲目衝動所決
定。提到這場戰事的作者都懷有若干成見，因為他們全部擔任政府和教會
的職務，對於軍事一無所知。不過，卡西多流斯（Cassiodorius）與很多哥
德人戰士親切交談，這些人曾參與那場令人難忘的戰鬥行動。他們說：
「那是一場兇狠頑強、變化無常、血流成河的會戰，無論是過去或現在任
何時代，沒有一場戰爭能夠與它相提並論。」被殺人數總計是十六萬兩千
人，根據另一份資料是三十萬人。難以置信的數字雖有誇大之嫌，但至少
可以表明真實的損失，能夠讓一個歷史學家振振有辭的指責，瘋狂的君王
僅僅在一個小時內，就消滅整整一個世代的人類。雙方的交戰先是使用投

---

　　*35 ［譯註］腓特烈二世（1712-1786A.D.）即腓特烈大帝，是普魯士國王，黷武好戰，
　　　　擊敗奧國，建立近代德國的軍事武力，也是一代名將。

射武器，這時錫西厄人的弓箭手憑著技術，明顯占了上風，接著就是兩軍的騎兵和步兵廝殺。在國王注視下進行戰鬥的匈奴人，突破盟軍部署較弱且行動遲疑的中央部分，使得兩翼分離，不能相互支援，匈奴人迅速調動兵力到左翼，運用全部力量對付西哥德人。狄奧多里克爲了鼓舞士氣，騎馬沿著隊列來回奔馳，受到東哥德貴族安達吉斯（Andages）用標槍給予致命一擊，從馬上摔落地面。受傷的國王陷身在混戰之中，被自己的騎兵所踐踏，這個重大死亡事件正好印證腸卜含混的預兆。阿提拉深信已勝利在望，這時勇敢的托里斯蒙德從小山上衝下來，使得預言的其餘部分也獲得證實。在阿拉尼人逃走或戰敗的狀況下，陷入混亂的西哥德人又逐漸恢復會戰的陣列，阿提拉只得被迫後撤，匈奴人毫無疑問已遭擊潰。阿提拉奮不顧身像一個普通士兵那樣向前猛衝，但中央的部隊卻因突入太深，超越戰線其餘的隊列，以致於攻擊無法獲得強大的支援，而且側翼缺乏掩護。後來因爲暗夜來臨，錫西厄和日耳曼的征服者才得以避免全線戰敗。他們退到用來加強營地大車構成的圈子裡，騎兵部隊全部下馬，準備進行武器不合手、心情也不適應的防禦作戰。勝敗還是難料，但阿提拉爲了保持榮譽要作最壞打算，下令把馬鞍和貴重物品全部集中，堆積成一個火堆。這位偉大的蠻族國王決定，要是他的防線被攻破，他就一頭衝進火堆中間，不讓敵人有俘虜或殺死阿提拉的光榮成就[36]。

那一夜，阿提拉的敵人同樣陷於惶恐緊張之中且混亂不堪。神勇無比的托里斯蒙德原本要策勵大家發起追擊，直到無意中發現自己陷身在錫西厄人的車陣之中，身邊只有很少的追隨士兵。在夜戰的混亂狀況中，他也從馬上摔落下來，要不是自己年輕力壯，加上同伴拼死相救，這位哥德人的王子很可能步他父親的後塵戰死沙場。同樣的，埃伊久斯在左翼與盟軍分離，並不知道己方已獲得勝利，反倒憂慮自己所要面對的命運。他遭遇到散布在夏隆平原的敵軍部隊，幸好逃脫被捕的下場，最後抵達哥德人的

36　布瓦伯爵仍舊駁斥埃達久斯的正確史實，認爲阿提拉分別在兩次會戰中失利，前面一次會戰發生在奧爾良附近，狄奧多里克被殺；後面這次在香檳，爲狄奧多里克報了大仇。

營地，只能用盾牌當成臨時防壁來固守，直到天亮。帝國將領爲阿提拉的
失敗感到欣慰，現在阿提拉仍留在防線後面，沒有採取任何行動。埃伊久
斯思考這場血戰的情景，內心感到很滿意，因爲損失主要還是落在蠻族身
上。狄奧多里克的遺體在死人堆裡找到，身上有長矛貫穿的致命傷口，確
實是光榮戰死。他的臣民爲國王和父親的死而悲痛不已，但眼淚中夾雜著
歌聲和歡呼，就在被他打敗的敵人面前舉行葬禮。哥德人敲擊著手裡的武
器，用一面盾牌把他的長子托里斯蒙德抬起來，大家一致贊成要把這場勝
利歸於他的功勞。新國王把報仇的責任，當成他繼承父親遺產最神聖的部
分。但對這位無法擊倒的敵手所表現的兇狠和英勇，哥德人感到十分驚
訝。他們的歷史學家把阿提拉比做在獸穴裡負嵎頑抗的獅子，發出狂暴的
怒吼威脅要對付接近的獵人。那些在阿提拉苦難臨頭的時刻，拋棄他的旗
幟不肯出來救援的國王和民族，感受到這位君主的憤恨，將會給他們帶來
迫近且無法避免的危險。雙方軍隊的所有樂器不斷發出驚天動地的響聲，
鼓舞士氣進行搦戰的行動。走在最前列發起衝鋒的部隊，被防線裡從四面
八方射出的箭雨所阻止和殲滅。埃伊久斯召開一次軍事會議作出決定，要
把匈奴國王緊密包圍在他的營地裡，斷絕他的給養和糧食，逼他接受羞辱
的條約，要不就進行寡不敵眾的戰鬥。但性情急躁的蠻族同盟不滿意這種
過度謹慎且拖延不決的作戰方式。另一方面，埃伊久斯要思考長治久安的
政策，在匈奴人完全消滅後，帝國將受到驕縱而強大的哥德民族所施加的
壓迫。於是這位西部帝國的重臣運用優勢的權威地位不斷開導，讓狄奧多
里克的兒子自認責任所在，充滿熱情的心理能安定下來。埃伊久斯用帶
著感情的語氣向他說明事實眞相，他不在國內及延遲返國所帶來的危
險，並勸托里斯蒙德要盡快趕回去，阻止懷有野心的兄弟占據土魯斯的
王座和財富[37]。等哥德人離開，盟軍部隊星散後，阿提拉對夏隆平原的寂

37　埃伊久斯的策略和托里斯蒙德的行爲，都是非常自然的事。按照土爾的格列哥里
　　抱持的觀點，埃伊久斯讓法蘭克人王子回國，是以類似的意見暗示他。然而埃達
　　久斯的敘述就很荒謬，說是埃伊久斯在夜間秘密與匈奴人和西哥德人的國王見
　　面，分別從他們那裡獲得一萬金幣的賄賂，做爲讓他們安然撤退的代價。

靜感到驚訝，懷疑敵軍要使出陰謀詭計，因此又在用大車圍成的防線裡守了幾天。他渡過萊茵河的撤退行動，是使用西部帝國這個名字所獲得的最後一次勝利。墨羅維斯率領法蘭克人追隨在匈奴人後面，一直到達圖林基亞人的邊界。他們保持相當距離，每天夜晚燃燒巨大的火堆，誇大他們的實力。圖林基亞人在匈奴人軍隊裡當兵吃糧，在進軍和撤退時都經過法蘭克人的居住區，在這場戰爭中犯下很多殘酷暴行，以致於過了八十年後，克洛維斯(Clovis)的兒子還要報此深仇大恨。他屠殺他們提供的人質及獲得的俘虜，有兩百多位年輕婦女受到酷刑折磨，身體被野馬分屍，骨頭被大車輾碎，沒有掩埋的肢體丟在路上，任憑野狗和兀鷹吞食。這些就是野蠻的祖先被想像出來的美德，有時會被文明時代的子孫所欽佩和羨慕[38]。

六、阿提拉入侵意大利及威尼斯共和國的建立(452A.D.)

遠征高盧失敗，對於阿提拉的精神、實力及名聲，都沒有造成傷害。他在第二年春天再次提出要求，娶霍諾里婭公主爲妻，以及她所繼承的遺產。再次被拒絕後，他氣憤填膺地重返戰場，越過阿爾卑斯山侵入意大利，率領數量龐大的蠻族軍隊包圍阿奎利亞。蠻族並不熟悉一般正規圍城作戰的方式，就是在古代也要知道一些機械技術，至少要能加以運用。但他有數以千計的省民和俘虜，可以拿來任意犧牲，從事最痛苦和最危險的工作，羅馬技術人員也可以收買用來毀滅自己的國家。阿奎利亞的城牆受到成列的攻城撞車、移動木塔和拋射石塊、標槍和火球的投射機具[39]，不

---

38 殘酷暴行受到克洛維斯之子狄奧多里克嚴厲的譴責，照時間推算和詳細的情節應該發生在阿提拉入侵那段期間。克洛維斯的家族居住在圖林基亞，長久以來都是根據民間傳說，據說他在愛森納克(Eisenach)地區召集會議。馬斯庫精確定出古老的圖林基亞所包括的範圍，此地區因高盧的塞文吉(Thervingi)部族而得名。

39 蒙古人在十三世紀，運用爲他們服務的伊斯蘭教徒和基督徒，製造大型機具攻打中國的城池，有的弩砲可以投射重達一百五十磅到五百磅的石塊。中國人爲了防衛自己的國家，當時就知道運用火藥，甚至造成炸彈，比起歐洲人使用在戰場早了一百五十年。這種天賜的武器雖然威力強大，還是無法保護生性懦弱的國家。

停發起連續的攻擊。匈奴君王運用希望、恐懼、虛榮和利益這些強有力的
刺激因素，要降服這唯一的障礙，使得意大利的征服不致受到影響。那個
時期的阿奎利亞，可算是亞得里亞海岸富裕強大和人口眾多的城市。哥德
協防軍過去曾在本國君王阿拉里克和安塔拉（Antala）的指揮下作戰，能夠
傳承大無畏的精神。市民仍舊記得以往的光榮，他們的祖先抵抗兇狠和殘
暴的蠻族，使得羅馬皇帝的尊嚴不致遭到羞辱。阿提拉花了三個月的時間
圍攻阿奎利亞，毫無成效可言。缺乏補給和軍隊的鼓噪迫使阿提拉放棄原
有計畫，在無可奈何之下只有發布命令，部隊在第二天早晨拆除帳篷，開
始撤退。就在他帶著憤怒、失望和沉思的心情，騎在馬上繞城而行時，看
到高塔上有隻鸛鳥準備離巢，帶著幾隻小鸛要飛向田野。這時他靈機一
動，像一個政治家抓住偶發的微小事件大作文章，提出迷信的解釋，用極
為愉快的語調大聲宣告，鸛是一種家鳥，居住在人類社會中，除非這些高
塔注定要毀棄或倒塌，否則不會離開年代久遠的舊窩[40]。有利的徵兆保證
獲得勝利，匈奴人重新圍攻作戰，同時還注入新的活力和勇氣。就在鸛鳥
飛走的地方，城牆被打開很大一個缺口，匈奴人用無法抗拒的瘋狂力量發
起突擊，以致後代人士連阿奎利亞的廢墟都難以找到[41]。阿提拉完成極為
可怕的懲治行動後，揮軍繼續前進，所到之處像是阿丁隆（Altinum）、康
科第亞（Concordia）、帕度亞（Padua）這些城市，全部變成一堆瓦礫。內陸
城市維辰札（Vicenza）、維洛納（Verona）和柏加摩（Bergamo），任憑匈奴人
肆意掠奪。米蘭和帕維亞毫無抵抗就投降，雖然損失所有財產，但公私建
築物都沒有被燒毀，無數俘虜的性命也被饒恕。他們對這種異乎尋常的仁
慈 之 舉 ， 表 示 由 衷 的 感 激 。 科 門 （Comum）、 杜 林 （Turin） 和 莫 德 納
（Modena）的民間傳說疑點甚多，然而他們提出很多可信的證據，說是阿
提拉的蹂躪行動遍及整個富裕的平原，也就是現代的倫巴底地區，中間有

40　喬南德斯和樸洛柯庇斯都提到這件事，但無法判定最早的史料來源。希臘歷史學
　　家犯了不可原諒的錯誤，把圍攻阿奎利亞的時間說成在埃伊久斯逝世以後。

41　大約過了一百年後，喬南德斯提到阿奎利亞完全毀滅的事實。威尼提亞首府的茱
　　利艾（Julii）廣場有時還使用阿奎利亞這個稱呼。

波河流過，四周爲阿爾卑斯山和亞平寧山所環繞[42]。當他據有米蘭的皇宮以後，看到一幅畫使他極爲吃驚也感到厭惡，上面畫著凱撒坐在寶座上，錫西厄的王侯跪在下面。阿提拉對羅馬人虛榮的紀念物，雖沒有任性地破壞，但卻巧妙地加以修改。他命令一個畫家將畫中人物的形象和態勢轉換過來，畫布上的皇帝在錫西厄國君的寶座前哀求，爲了奉獻貢金正在倒空他的錢袋[43]。看到這幅畫的人應該會認爲角色的調換很適切，完全是實情，甚至會想把獅子和人爭論這個眾所周知的寓言，應用到這個場合。

有一句話用來描述阿提拉的兇狠與高傲，說他「鐵騎所到之處，地面不長寸草」。然而，這個野蠻的毀滅者在無意中爲一個共和國奠定基礎，在歐洲的封建國家中，恢復經商貿易的技術和精神。威尼斯或威尼提亞[44]這個舉世讚譽的名字，原來是指意大利一個面積廣大而且土地肥沃的行省，位於潘農尼亞邊界到阿度阿河，以及波河到雷蒂提亞和朱理安·阿爾卑斯山之間。在蠻族入侵前，威尼提亞有五十座城市，在和平的環境裡非常繁榮而興旺，阿奎利亞處於名列前茅的地位。帕度亞在農業和手工業的支持下，仍能保持古代的尊榮，有五百名市民依據他們的財產列入騎士階級，財產經過精確的統計，總數已達到一百七十萬英鎊之鉅。阿奎利亞、帕度亞和鄰近城鎮有很多家庭，從匈奴人的刀劍下逃生，就在附近島嶼找到安全而隱密的避難所[45]。在亞得里亞海盡頭的海灣，從大洋滾滾而來的波濤已經衰弱無力，幾乎有一百多個小島被淺海與大陸隔開，幾條細長的

---

42 敘述羅馬帝國與阿提拉之間的戰爭時，另外有一場會戰非常著名，但後人並不了解詳情。兩位博學的意大利人西格紐斯(Sigonius)和穆拉托里(Muratori)，對這個題目有深入的研究，給我帶來很多的啓發。

43 蘇伊達斯(Suidas，約十一世紀，拜占庭辭典編纂家)編纂包羅萬象的辭典時，在兩個不同的標題下記述這件軼聞。

44 保羅這位輔祭在八世紀末葉爲文敘述意大利的行省，其中威尼提亞行省的歷史一直到查理曼時代爲止，還是《維洛納簡史》這本著作中最有趣的部分。馬菲(Maffei, Francesco Scipione，1675-1755A.D.，意大利戲劇家、建築家和學者)侯爵寫出詳盡的論文，讓我們大開眼界。

45 找不到當代的證據可用來證實這次的遷移，但事實不容置疑，有些傳統保存著相關的情節。阿奎利亞的市民在格拉達斯(Gradus)島找到棲身之處，帕度亞的市民則逃到里弗斯·阿爾都斯(Rivus Altus)，威尼斯這座城市就慢慢建立起來。

陸地可以阻止海上的波濤,形成狹窄而秘密的通道可以讓船隻進出[46]。直到五世紀中葉,這些遙遠而偏僻的地點還是沒有人在此耕種,居民很少,有的島連名字都沒有。但這些威尼提亞難民的生活習性、技藝才能和政府體制,在這個新的環境裡逐漸形成。卡西多流斯有一封信[47],雖然敘述的狀況是七十年以後的事情,但仍可算是共和國最原始的資料,極具歷史價值。狄奧多里克的大臣用奇特的筆調把他們比成一群水鳥,將自己的家園築在浪濤之中。雖然他承認威尼提亞行省過去有很多貴族家庭,但在經過重大變故後,全貶降到卑微貧賤的地位。他們不論階級的高低都以魚類為主要的食物,以後也都如此。他們唯一的財富是從海水提煉大量的鹽,鹽是人類生活中的必需品,他們將鹽像金銀一樣在附近的市場流通。這群人民也搞不清楚自己是居住在陸地還是海上,生活的必需被滿足後,接著就是貪婪的欲望,因此變得對金和銀的運用非常熟悉。從格拉多(Grado)到基奧查(Chiozza)的島民,彼此關係密切。他們在河流和內陸運河的航行非常安全,但極為辛苦,可以直接進入意大利的心臟地區。他們的船隻無論大小或數量都在增加,可以開往海灣所有的港口。從威尼斯建城的早期,每年要舉行一場婚禮儀式,慶祝城市與亞得里亞海結合。禁衛軍統領卡西多流斯寫信給濱海各城鎮的護民官,雖身為上官但語氣很溫和,教誨他們要激起國民為公眾服務的熱誠,現在需要他們的協助,將大批庫存的油和酒從伊斯特里亞行省運到皇都拉芬納。這些官員所負責的職務並不清楚,根據傳統的說法,在十二個主要島嶼上,每年由人民選出十二位護民官或法官。在意大利的哥德王國之下,還存在著威尼斯共和國,有可信的記錄作證。而且是同樣這份文件要取消他們的崇高權利,那就是歷史悠

46　威尼提亞的島嶼從格拉達斯到克羅迪亞(Clodia)或稱基奧佳(Chioggia),地理位置和古代遺跡全部精確記載在當代的地圖集上。

47　馬菲用博學的古物學家和忠誠的臣民的精神,翻譯並解釋這封很奇異的信件,他認為威尼斯是羅馬共和國唯一合法的繼承者。他把後來成為統領的卡西多流斯寫這封信的時間定為523年,當然,等到他要為卡西多流斯編纂全集,這位侯爵更是成為最權威的人物。後來他還出版一篇討論卡西多流斯名字拼法的論文。

久而永恆不變的獨立地位[48]。

七、阿提拉與羅馬簽訂和約及其逝世的始末(453A.D.)

　　意大利人已很久不再操練武器，在經過四十年的和平後，看到大批無法抗拒的蠻族接近，難免感到驚慌，這些蠻族不僅是宗教也是國家的仇敵。在遍及全國的恐懼浪潮中，只有埃伊久斯毫不在意，當然不是說光靠他一人，在沒有任何協助下，就能完成威名遠播的赫赫戰功。保衛高盧的蠻族不願進軍解救意大利，東部皇帝應允的援軍因距離遙遠，難以濟急，且是否眞如所言會派來援軍也難意料。現在靠著埃伊久斯仍能掌握戰局，親自率領國內部隊，去擾亂和拒止阿提拉進軍。但他眞正顯示出偉大，在於面對無知和忘恩的人民，對他的行動不僅無理取鬧還一味指責。若華倫提尼安心中還存在著大丈夫氣概，他就應選擇這位將領當作效法的對象和指引的導師。但狄奧多西的孫子是位怯懦的君王，不僅無法分擔戰爭的危險，反而拋棄責任先行逃走。他從拉芬納趕到羅馬，離開難以攻破的堡壘到敞開大門的都城，完全顯示出暗中的企圖，那就是一旦個人遭到危險，將立即棄守意大利。不過，羞辱喪權的行爲沒有被執行，是由於御前會議有時會猶豫不決，遇事推拖，這些可惡的打算就會因時間關係得到修正。西部的皇帝帶著羅馬元老院和人民，採取更爲有效的措施，就是派出愼重其事的求和使節，使得阿提拉無法發洩他的憤怒。阿維努斯(Avienus)接受此一重大任務，無論他的身世和財富、曾經擔任過執政官的顯赫地位、個人的才華和能力，以及擁有無數的部從，而且又是元老院的首席議員，可以說是最佳人選。何況他有具有善於應變和講究手腕的性格[49]，最適合

48　我參閱過《威尼斯政府全史》第二卷，發覺它徒有虛名，沾染很多黨派鬥爭的惡意攻訐，把眞正和僞造的資料都混在一起，讀者應該盡量保持中庸之道。

49　可參閱賽東紐斯的書信，裡面最早提到阿維努斯和他的敵手巴西留斯(Basilius)，可以了解到他們的狀況和相互之間的關係。賽東紐斯曾經深入研究過元老院兩位首領的個性，但是他把巴西留斯當成眞正的知心朋友。

私下和公開的談判事務。他的共治者是擔任過意大利禁衛軍統領的特里杰
久斯(Trigetius)，還有羅馬主教李奧(Leo)[50]，他表示不顧個人的危險，也
要為教民的安全請命。李奧的天賦才能在公眾遭到災難時發揮重大的作
用，運用積極的熱忱在正教信仰和宗教紀律的名義下，建立個人的理論基
礎和指導權威，使教會在他的職位加上「偉大」的稱號。這些羅馬使臣被
領進阿提拉的帳幕，他的營地開設的地點正好在蜿蜒的民修斯(Mincius)
河流入貝納庫斯(Benacus)湖的入口處，白色的浪花打擊著湖岸，錫西厄
的騎兵部隊在這裡放馬踐踏卡圖拉斯(Catullus)和魏吉爾的農莊[51]。蠻族國
君用非常客氣而恭敬的態度傾聽來使的高見，最後西羅馬帝國以鉅額贖金
也可以算是霍諾里婭的嫁粧，用錢買到意大利的平安。軍隊的情況有利於
簽訂和約及迅速撤兵，獲得大量的財富和當地溫暖的氣候，使戰鬥的精神
和士氣全部鬆懈下來。北國遊牧民族通常的食物是牛奶和生肉，現在盡情
大吃麵包、痛飲葡萄酒、享用經過烹調的肉類，疾病的狀況嚴重到使意大
利的苦難獲得相當程度的報復。當阿提拉宣布他決定帶領得勝的軍隊進入
羅馬的城門，不論是朋友還是敵人都在勸他，阿拉里克在征服永恆之城後
不久身亡。阿提拉的內心對真正的危險並不在意，卻無法忍受想像中恐懼
的打擊，更無法逃脫迷信思想的影響，何況這些迷信時常幫助他獲得成
功。李奧有讓人印象深刻的口才，莊重嚴肅的態度和主教神聖的袍服，使
阿提拉把他看成基督徒的精神之父而不禁肅然起敬。當時流行的傳聞說是
聖彼得和聖保羅兩位使徒顯靈，如果那位蠻族膽敢拒絕教會繼承人的請
求，就威脅要叫他立刻倒地身亡，這應該算是宗教神話中最高明的故事。
羅馬的安全確實值得神靈的直接干預，經過拉斐爾(Raphael)的畫筆和阿

50　從李奧留傳下來的一百四十一封書信，可以明瞭他的氣質個性和行事風格。他從
　　440年到461年擔任教皇，工作極為繁重，在教會歷史上展現耀目的光芒。

51　馬菲侯爵在地誌學方面不僅興趣濃厚而且極有見地，他認為阿提拉和李奧會晤的
　　地點是在阿里奧利卡(Ariolica)附近，現在稱為佩斯契拉(Peschiera)，正好在河流
　　注入湖泊的河口處。卡圖拉斯的莊園位於風景美麗的薩米奧(Sarmio)半島上，也
　　可發現魏吉爾在班地斯(Bandes)村莊裡的安第斯(Andes)山脈，也就是說維洛納
　　小山的斜坡，緩緩下降到曼都亞(Mantua)的平原。

加第(Algardi)的鑿子加以美化，使得這則傳說更具有說服力[52]。

匈奴國王在撤離意大利前提出威脅，若不把他的新娘霍諾里婭公主，按照條約規定如期交給他的使臣，就會毫不客氣回師再戰，帶來更大的傷害。阿提拉本就有無數妻妾，現在又增加一個名叫伊笛可(Ildico)的美麗少女，因此減少了對公主的愛慕之情。婚禮在多瑙河畔用木頭構建的皇宮裡舉行，按照蠻族風俗有盛大的歡宴招待賓客。國君到午夜以後在酒醉之餘，才又累又睏回到新床。他的侍從在第二天全都不管，讓他去休息或享受新婚之樂，直到太過於安靜引起他們的害怕和懷疑，於是大聲叫喊想把阿提拉驚醒，但仍毫無動靜，最後只有破門進入皇帝的寢宮。他們看到發抖的新娘坐在床邊，頭巾還蓋在臉上，為國王的死亡和自己的危險而悲悼不已。阿提拉是在夜間過世[53]，起因是一根血管破裂，而他正好仰睡，噴出的血沒有從鼻孔流出，反而流進胃部和肺臟，使得呼吸受堵窒息而亡。他們在大平原的中央用絲綢搭一個天幕，把遺體很莊嚴的展示在裡面，挑選幾個由匈奴人組成的分隊，排著隊形踏著節拍圍繞天幕轉圈，向這位英雄人物唱著喪歌。他的一生充滿光榮，出生入死從未失敗。他不僅是族人的父親，也是敵人的剋星，給全世界帶來畏懼和恐怖。按照他們的民族習俗，蠻族要剪下一絡頭髮，再在臉上毫無道理的刺幾個傷口，為了哀悼值得效死的英勇首領，他們不用婦女的眼淚而是戰士的鮮血。阿提拉的遺體分別裝在用金、銀和鐵製作的三具棺材裡，在夜間私下埋葬。從各國掠奪的戰利品都扔進墳墓，把動工挖墓的俘虜全部毫不留情的殺死。那些剛才還極為悲傷的匈奴人，就在國王的新墳前面飲酒作樂。君士坦丁堡流傳一個故事，就在他過世那個幸運的夜晚，馬西安夢到阿提拉的弓被折斷。這

---

52 拉斐爾的油畫在梵蒂岡，阿加第的青銅浮雕在聖彼得大教堂的祭壇。巴隆紐斯很勇敢的支持畫作上的幽靈，這些都是真實的人物，那些博學而且虔誠的天主教徒並不見得表示贊同。

53 判定伊笛可有罪的報導傳到君士坦丁堡，但是名字不對；馬塞利努斯提到歐洲的暴君，在夜間被一個婦女執刀殺死；高乃依(Corneille，Pierre，1606-1684A.D.，法國戲劇家)用真實的史料寫出一部悲劇，有四十行誇大的言辭描述血腥的入寇，最後是阿提拉發出憤怒的呼喊。

種說法足以證明，羅馬皇帝的心頭隨時浮現那位可畏蠻族的形影[54]。

八、華倫提尼安三世謀害埃伊久斯自毀長城（454A.D.）

顛覆匈奴帝國的革命建立了阿提拉的聲名，只有他的才智支持龐大而破碎的統治機構。他死後，那些膽大包天的酋長紛紛封自己爲國王，勢力強大的國王拒絕承認有人可以唯我獨尊。來自不同民族的母親爲故世國君生出很多兒子，就像有些人分家產一樣，在爭奪中瓜分日耳曼和錫西厄民族的統治權。大膽的阿達里克深有所感，特別指出這種自私的行動極爲可恥。還有那些黷武好戰的臣民，像是吉皮迪人和東哥德人，在英勇三兄弟的指揮下，鼓勵他們的盟軍要求獲得自由和加入皇室的權利。於是在潘農尼亞的尼塔德（Netad）河畔，展開一場血腥的決戰，吉皮迪人的長矛、哥德人的短劍、匈奴人的弓箭、蘇伊威人的步兵、赫魯利人的輕裝備、阿拉尼人的重兵器，有的相互廝殺，也有彼此支援，阿達里克獲得勝利的代價是殺死三萬名敵人。阿提拉的長子埃拉克（Ellac）在著名的尼塔德會戰中喪失性命和王冠。他早年的英勇使他登上阿卡齊爾人（Acatzires）的王座，這是錫西厄人的一支，爲匈奴人所降服。所以，他的父親對埃拉克的陣亡一定感到羨慕，因爲就阿提拉愛好榮譽的性格而言，這才眞正是死得其所。埃拉克的弟弟但吉昔克（Dengisich）率領一支匈奴軍隊，到處剽掠襲擾和燒殺破壞，仍舊保持強大的勢力，竟然盤據多瑙河兩岸達十五年之久。阿提拉的皇宮連同古老的達西亞田野，從喀爾巴阡山一直綿延到黑海，全都成爲吉皮迪人國王阿達里克建立新政權的領地。東哥德人征服潘農尼亞，占領的地區從維也納到色米姆一帶。那些曾爲天賦自由而奮戰不息的部族，按照各自的實力分到大小不等的居留地。但吉昔克的王國在他父親眾多奴隸的包圍和壓迫之下，領地縮小到大車所能圍住的地面，在絕望之中只有奮力一搏，向東部帝國發起入侵行動，結果在戰場陣亡，頭顱很羞辱的掛

54　喬南德斯提到阿提拉死亡葬禮的奇異情節，可能是轉述普里斯庫斯的記載。

在橢圓形競技場，給君士坦丁堡的人民帶來歡欣的景象。阿提拉本著一味溺愛或迷信思想，先入爲主認定他的小兒子伊爾納克，會給整個民族帶來永恆的光榮。這位皇子一直想要改變他的哥哥但吉昔克那種奮不顧身的作風，看來他的性格與匈奴人趨向衰亡的境況倒是十分吻合。伊爾納克帶著臣屬於他的各旗，退到小錫西厄的中部地區。他們很快爲新來臨的蠻族浪潮所傾覆，這些人循著匈奴人祖先發現的老路向西移動。希臘作者認爲哲歐根人（Geougen）或稱阿瓦爾人（Avares）居住在大洋的岸邊。他們壓迫鄰近的部族，使得北國的伊果人（Igours），從盛產值錢毛皮而又寒冷的西伯利亞地區出發，遍及整個荒野抵達波里昔尼斯（Borysthenes）河和裏海的門戶，最後終於絕滅匈奴帝國。

東部帝國的君主能與蠻族修好友誼，又能獲得應有的尊敬，在他的統治下，對於帝國的安全當然大有助益。但是西部的皇帝是軟弱無能的華倫提尼安，雖然年齡已經三十五歲，還是不明事理而且毫無骨氣，竟然會謀殺重臣埃伊久斯，不僅自毀長城而且動搖基業。只有天生下賤而嫉妒的本性，才會使他痛恨這樣一個人物，是蠻族最畏懼的英雄和帝國最有力的支柱。宦官赫拉克留斯（Heraclius）是新得寵的近臣，把皇帝從怠惰的昏瞶狀態驚醒過來。當普拉西地婭在世時[55]，他的言行舉止經過掩飾，裝成有孝心的兒子順從母親。埃伊久斯的名聲、他的財富和地位、大批蠻族組成的武裝隨員、他的親信都在政府機構任職有強大的勢力、他的兒子高登久斯（Gaudentius）和皇帝的女兒優多克西婭（Eudoxia）準備訂親有光明的前途，都使他的身分遠在一般臣民之上。他在暗中被人指控說有充滿野心的圖謀，激起華倫提尼安的恐懼和憎恨。埃伊久斯自認爲功勳蓋世、績效卓著，甚至個人行事光明磊落，所以不僅態度傲慢，而且毫無戒心。這位重臣發布一篇敵對的聲明激怒他的君主，後來又逼華倫提尼安立下嚴正的誓

---

[55] 450年11月27日，普拉西地婭在羅馬逝世，埋葬在拉芬納。她的遺體裝在棺木裡，放置在香柏做的支架上，保存很久的年代。正教的教士對她極爲推崇，聖彼得‧克里索羅古斯（St.Peter Chrysologus）認爲她擁護「三位一體論」不遺餘力，爲教會建立莫大的功德。

言，同意批准一件有關和解與聯姻的契約，更增加華倫提尼安的恨意。埃伊久斯公開表明他已經有所懷疑，但是仍忽略自己的安全。他對這些政治上的敵手抱著輕視的心理，根本不相信他們能犯下有氣魄的罪行，就冒然涉險闖入羅馬的皇宮。當他用不耐煩的語氣催促兒子的婚事，華倫提尼安拔出劍來，這在他來說是破天荒的事。像這樣一個精忠報國的將領，竟被皇帝用劍刺進胸膛。他的廷臣和宦官也拚命效法主子的行徑，埃伊久斯被殺一百多刀，倒斃在皇帝的腳前。禁衛軍統領波伊昔烏斯（Boethius）同時被害。在整個事件走透露風聲之前，這位大公的一些主要友人被召喚到皇宮，分別遭到謀殺。這樣一件慘事被安上莫須有的罪名，說是為了維護正義和國家需要，立即由皇帝通知他的士兵、臣民和盟友。那些民族無論視埃伊久斯為漠不相干的陌生人，或是不共戴天的仇敵，都為一個英雄人物的不幸下場感到惋惜；那些在他麾下服務的蠻族，只有掩飾悲痛和憤怒的心情；民眾長期以來對華倫提尼安的鄙視，立刻轉變為深刻且蔓延全國的厭惡。這種情緒不太可能深入宮牆之內，然而當皇帝就教一個羅馬人的看法，他率直的回答使華倫提尼安不禁為之愕然：「我不知怎麼說！陛下，我不知道你出於什麼動機，也不知道你為什麼要這樣做，我只知道你用左手砍下自己的右手[56]！」

九、華倫提尼安三世的敗德惡行及其被弒（455A.D.）

羅馬的奢侈生活吸引華倫提尼安經常前往，而且長期逗留不走，使得他在羅馬比起統治下的任何地點，更受到大眾的藐視。元老院在不知不覺中逐漸恢復共和主義的精神，他們的權勢和供給，對於一個軟弱無能的政府是不可或缺的支持力量。世襲君王擺出不可一世的排場，倒是冒犯到元老院議員驕傲的心態。華倫提尼安為了享樂，竟然傷害到貴族家庭的安寧

---

56 賽東紐斯身為詩人非常世故，不會去吹捧埃伊久斯，何況這位大臣曾經傷害或侮辱過阿維都斯和馬喬里安，倒是後面兩位成為詩人歌頌的英雄。

和榮譽。優多克西婭皇后的出身跟皇帝完全相同，她的美麗和柔情應該受
到君王的寵愛，然而她那用情不專的丈夫，卻在外面到處拈花惹草。彼特
洛紐斯·麥克西繆斯(Petronius Maximus)是阿尼西安家族的成員，身爲元
老院富有的議員，曾兩次出任執政官，有一個賢慧而又美貌的妻子。她堅
定的拒絕態度更加煽起華倫提尼安無法壓制的欲火，決心不擇手段用計謀
或武力達成所望。豪賭是宮廷無法避免的惡習，皇帝不知是運氣好還是在
搞鬼，贏了麥克西繆斯一大筆錢，毫不客氣要他留下戒指做爲賭債的抵
押，然後派一個親信拿著戒指去見他的妻子，用丈夫的名義命令她立即進
宮晉見優克多西婭皇后。麥克西繆斯的妻子毫不懷疑，坐著舁床被抬進皇
宮，那位心癢難挨的愛慕者派人把她領進僻遠無人的寢宮。華倫提尼安毫
無憐花惜玉之心，用暴力違犯了待客之道。她流著眼淚回家，不僅感到極
大的痛苦，而且誤以爲丈夫同謀使她受辱，就對他發出哀怨的咒罵，挑起
麥克西繆斯要討回公道的報復，何況仇恨還受到野心的刺激。當然他可以
抱著合理的期望，經過元老院的選舉程序，獲得厭惡而專制的敵手所具有
的寶座。華倫提尼安以爲世人與他一樣，毫無懷舊和感恩之情，非常大意
將埃伊久斯幾位家僕和隨從，安插成爲他的侍衛。其中有兩個蠻族同意執
行神聖而光榮的任務，要殺死兇手來爲受謀害的恩主報仇。他們有無畏的
勇氣，沒過多久便出現一次很好的機會。華倫提尼安有了興頭要到戰神教
練場去觀看軍事表演，他們突然拔出武器衝上去，先殺死罪不可赦的赫拉
克留斯，接著刺進皇帝的心臟。眾多的隨從沒有抵抗，都爲暴君的死亡感
到高興。這就是華倫提尼亞三世[57]，狄奧多西家族最後一個皇帝的下場
(455年3月16日)。他與堂兄和兩位叔叔同樣遺傳家族的弱點，倒是絲毫不
打折扣的呈現出來。但是他們的溫和、純潔和天眞，使缺乏活力和才能的
性格能夠得到別人的體諒，在這方面他完全沒有繼承到。華倫提尼安使人

---

57 埃伊久斯和華倫提尼安的死亡，有關的原因和細節都密而不宣，而且眾說紛紜。
樸洛柯庇斯是位捕風捉影的作家，而且有先入爲主的成見。他的敘述後來被五、
六個編年史採用，但是都經過訂正。這些編年史都不在羅馬或意大利出版，所以
只能當市井小民的謠聞，後來流傳到高盧、阿非利加、君士坦丁堡和亞歷山卓。

感到最不可原諒之處，是僅有激情而毫無德操，甚至宗教信仰都很可疑。雖然他沒有偏離正統走向異端的道路，但始終喜愛藝瀆神明的巫術和占卜，還冒犯了信仰虔誠的基督徒。

　　早在西塞羅和瓦羅的時代，羅馬的鳥卜官認為羅慕拉斯見到十二隻兀鷹，代表十二個世紀，便是這座城市生存的期限[58]。這種預言在富裕和繁榮的社會無人理會，等到十二個世紀快要結束[59]，全城確實籠罩在羞辱和災難之中，就會激起民眾前途陰森黑暗的憂慮。甚至後人也承認這件事非常奇特，對偶發或傳說的情況做出隨意的解釋，竟然能夠證實西部帝國的絕滅。不過，帝國的衰亡有比兀鷹飛過更為明顯的徵兆：羅馬政府愈來愈被敵人藐視，臣民卻感受更多的壓迫和厭惡[60]；隨著公眾的災禍日多而加重賦稅；需要養成勤儉的風氣卻更被忽視；為富不仁的有錢人把不平等的負擔轉嫁到民眾的身上，就連可以緩解災難的恩惠也被豪門富室奪走；嚴的徵斂不僅籍沒財物還要酷刑拷打。華倫提尼安的臣民寧可接受蠻族比較簡單的暴政，要不就逃到森林和山區，或充當下賤的奴僕和走狗，以苟延殘喘活下去。過去讓世人極力爭取的羅馬公民這個光榮的稱號，現在大家不僅厭惡還棄之若敝屣。高盧的阿莫里卡行省和西班牙大部分地區成立巴高迪（Bagaudae）聯盟，陷入混亂不堪的獨立狀態。帝國的大臣還用迫害的法律和無效的武力，繼續追捕被他們逼上梁山的叛徒[61]。即使蠻族征服者在同一時間全部絕滅，也無法恢復西部帝國。要是羅馬還能繼續存在，也無法保有自由、德業和榮譽。

58　維提烏斯（Vettius）是知名的鳥卜官，他的解釋被瓦羅引用，可參閱他的全集第十八卷。

59　按照瓦羅（Varro, Marcus Terentius, 116-27B.C., 羅馬學者和諷刺詩人）的說法，十二個世紀算到447年期滿，但是羅馬真正建城的年代還是不精確，所以到期的時間可能有些程度的提前或延後。

60　薩爾維安作品第五卷充滿悲慘的哀慟之辭以及嚴厲的謾罵指責，他這種毫無節制的自由主義作風，證明羅馬政府不僅懦弱而且確實腐化不堪。他的作品公開發表的時間，是在喪失阿非利加以後（439A.D.），和阿提拉戰爭之前（451A.D.）。

61　西班牙的巴高迪聯盟與羅馬軍隊展開正式的會戰，埃達久斯的《編年史》再三提及薩爾維安用疾言厲色的語氣，訴說西班牙人民的災禍與叛變。

哈德良陵墓銅牆鐵壁固若金湯

利薩留斯把哈德良巨大的墳墓改建為城堡，
裡面還放著兩位安東尼皇帝的骨灰，
正方的基礎上面巍然矗立圓形的塔樓，
全部用帕洛斯白色大理石砌成，
裝飾著神明和英雄雕像。
愛好藝術的人士看到利西波斯最出色的作品，
被圍攻的敵人從高聳的基座上拖曳下來，
丟進前面的護城河，
真是痛心疾首。

第三十六章

汪達爾人國王堅西里克垂涎羅馬　西羅馬帝國後繼諸帝為麥克西繆斯、阿維都斯、馬喬里安、塞維魯斯、安塞繆斯、奧利布流斯、格利西流斯、尼波斯和奧古斯都拉斯　西羅馬帝國最後的滅亡　奧多瑟是統治義大利的第一位蠻族國王(439-490A.D.)

一、汪達爾人掌握海權和麥克西繆斯皇帝的喪命(439-455A.D.)

　　喪失或殘破的行省從大洋一直延伸到阿爾卑斯山，損害羅馬的光榮和偉大，阿非利加的脫離使國內的繁榮受到重大的打擊。貪財好貨的汪達爾人籍沒元老院議員的世襲產業，中止正常的穀物運送和供應，使好吃懶做的平民無以為生。阿非利加所屬各行省長久以來培育著勤奮而聽話的臣民，現在被野心勃勃的蠻族武裝起來，發動出其不意的攻擊，更加重羅馬人的災難。汪達爾人和阿拉尼人追隨堅西里克勝利的旗幟，獲得這個肥沃而富裕的地區，沿著海岸從丹吉爾(Tangier)到的黎波里(Tripoli)之間的距離一共有九十天的旅程，但是狹長的邊界局限在沙漠和地中海的壓迫之下。黑人民族居住在熱帶地區，堅西里克發現以後沒有興趣，不會出兵加以征服。他把眼光投射在海洋上，下達勇敢的決定憑著堅忍不拔的毅力，終於建立一支強大的海上武力。阿特拉斯山脈的森林提供取用不盡的木材，新獲得的臣民熟練海上航行和建造船隻的技術。堅西里克鼓勵膽大包天的汪達爾人採用新的作戰方式，可以很輕易將他們的兵力帶入濱海的國度。摩爾人和阿非利加人受到引誘，產生從事搶劫的希望，就參加他的陣

營。在過了六個世紀以後,從迦太基港口出發的艦隊,再度要與羅馬人爭
奪地中海的霸權。汪達爾人獲得一連串的成就,征服西西里、洗劫巴勒摩
(Palermo),經常對盧卡尼亞海岸發起襲擊,使得華倫提尼安的母親以及
狄奧多西的姊妹這兩人從迷夢中清醒,不得不保持警惕之心。東西兩個帝
國為了摧毀共同的敵人而聯盟,花費大量金錢所準備的軍力沒有能發揮效
用。堅西里克保持勇氣面對危險,他的政策是不阻止帝國的結盟也不逃避
對手的攻擊。羅馬政府的企圖不斷受到阻撓,完全出於人為的延遲、曖昧
的承諾和明顯的讓步,再就是堅西里克實力強大的同盟;匈奴國王在一邊
橫加干涉,迫得皇帝撤回阿非利加的用兵,先要考慮自己國內的安全。宮
廷發生變故使西部帝國失去保護人和合法的君王,不僅消除堅西里克心中
的憂慮,更激起他貪婪的念頭。他立即整備一支數量龐大的艦隊,就在華
倫提尼安逝世,和推舉麥克西繆斯為帝的三個月後,率領汪達爾人和摩爾
人在台伯河口停航錨泊。

　　彼特洛紐斯‧麥克西繆斯(Petronius Maximus)的一生際遇[1],可以說
是人類幸福生活極其罕見的例子。他出身於阿尼西安家族,不僅高貴無比
而且享有盛名,富足的世襲產業和錢財支持他的地位,加上慷慨的作風和
得體的態度,使個人的才華和德行獲得各方推崇和仿效。他那豪華的府邸
和豐盛的飲宴,經常招待川流不息的賓客,用善於應對的口才使四座談笑
風生。只要麥克西繆斯出現在公眾場合,四周就擁滿成群結隊心懷感激和
奉承逢迎的部從。其實就他的為人處事而論,倒是真正獲得朋友的愛戴。
他建立的功勳贏得君主和元老院的嘉許,曾經三度出任意大利的禁衛軍統
領,兩次獲得執政官的殊榮,擢升到大公的最高位階。但是獲得國家賜予
的榮譽與他享受清閒而安詳的生活,兩者之間沒有衝突。他的時間根據各
種需要用水鐘精確分配,所以對他而言,「一寸光陰一寸金」是平生幸福

1　賽東紐斯‧阿波利納里斯的朋友西拉努斯(Serranus),對於過世的皇帝表達獨特
　　但善意的包涵態度,所以他在《書信集》第二卷的第十三封書信,反駁西拉努斯
　　的矛盾之處。雖然這封信用華麗的文體充滿讚揚之辭,但還是可以了解到麥克西
　　繆斯的為人處世之道。

的最大寫照。華倫提尼安對他的傷害似乎成為最血腥報復的藉口，然而就哲學家的看法，只要他的妻子真正抗拒不從，那麼她的貞潔並沒有受到侵犯。要是她願意滿足奸夫的慾念，夫妻的關係當然無法破鏡重圓。要把狄奧多西家族整個絕滅，會使麥克西繆斯本人和他的國家陷入不可避免的災難之中，就一個愛國人士而言，這需要再三的斟酌考量。

率性而為的麥克西繆斯不考慮後果，只為了滿足一己的仇恨和遂行個人野心，看著華倫提尼安滿身血跡的屍體倒在腳前，耳中聽到元老院和人民異口同聲用皇帝稱號向他歡呼。但他登基那天就是他幸福的終結（455年3月17日），因為他等於是被囚禁（賽東紐斯很生動的表示出這種情景）在皇宮，暗中嘆息度過許多無眠的夜晚。他已經抵達人生慾念的巔峰，渴望從危險的登基中安全脫身。當他帶著懊惱的心情回顧過去愉悅的生活，現在身負帝位的沉重壓力，只能把焦慮告訴他的朋友兼財務官發爾金久斯（Fulgentius），皇帝曾驚呼：「啊！何其幸運的達摩克利斯（Damocles）*2！能在用餐的同時開始和結束他的統治！」他引用這件史事倒是非常恰當，後來發爾金久斯一再重述，做為君王和臣民最富教誨意味的經驗。

麥克西繆斯的統治只延續三個月而已。他那失去控制的時間受到悔恨、罪孽和恐怖的騷擾，帝位的基礎為士兵、人民和蠻族盟友的叛亂所動搖。他的兒子帕拉狄斯（Palladius）與先帝的長女結婚，可以建立家族的合法繼承權利。但是對皇后優多克西婭的暴力侵犯，只能說是起於色慾和報復的盲目衝動。至於他那引起悲劇事件的髮妻，被當成障礙及時處死加以排除。華倫提尼安的孀婦被迫摒除哀悼和憂愁，順從膽大妄為的篡奪者對她的示愛，而且她猜測是麥克西繆斯主使謀害過世的丈夫。這些啟人疑竇的慘劇很快為麥克西繆斯不緊的口風所透露，對於並不甘願的新娘，他懷著惡意要激起她心中的仇恨，何況她始終認為自己早已身居帝王之列，為當前的境遇感到委屈。不過，優多克西婭從東部帝國不可能有希望獲得實

---

*2　[譯註]達摩克利斯是敘拉古僭主戴奧尼休斯的寵臣，有次主子說要讓他享受世間的榮華富貴，設宴款待讓他高居首位，然而一把利劍用一根馬毛吊起高懸在他的頭頂，這時他的快樂和興奮立刻消失。

質的幫助,她的父親和姑母帕契麗婭都已過世,母親在耶路撒冷羞辱和放逐的環境下暗自凋萎,君士坦丁堡的權杖在外人手裡。她只有把眼光投向迦太基,秘密懇求汪達爾人的國王給予援手,說服堅西里克可利用此良機,打著榮譽、正義和同情的名義,來掩蓋貪財好利的企圖[3]。不論麥克西繆斯在所有的職位表現有多出色,但是他缺乏治理帝國的才能。雖然他獲得信息,知道對面的阿非利加海岸已經完成海上作戰的整備,仍然一廂情願認定敵人不會接近,所以沒有採取任何防衛、議和或及時撤退的有效對策。等到汪達爾人在台伯河口下船登陸,皇帝在群眾戰慄和憤怒的鼓噪聲中,從昏睡的狀況突然驚醒,感到惶恐不已,唯一的希望是匆忙逃走,同時還勸告元老院的議員要效法君王的榜樣。但是等麥克西繆斯出現在街頭,就立刻遭到一陣石塊的攻擊,有一個羅馬人或許是勃艮地人獲得首先下手的光榮。遍體鱗傷的屍體被丟進台伯河(455年6月12日)。羅馬民眾為懲處為國家帶來災難的始作俑者而大聲歡呼,優多克西婭的家臣為了替女主人復仇,也表達出熱烈的情緒。

二、汪達爾人洗劫羅馬以及阿維都斯在高盧登基(455A.D.)

暴亂發生後第三天,堅西里克從歐斯夏港口勇敢向著不設防城市的城門前進。羅馬的青年並沒有擺出接戰的陣式,從城門走出一隊沒有武裝而且年歲已高的教士,一個主教在前面領隊[4]。有大無畏精神的李奧(Leo),靠著他那莊嚴的儀表和流利的辯才,再度安撫蠻族征服者兇狠的脾氣。汪達爾人國王同意不殺害放棄抵抗的民眾,保護建築物免於縱火破壞,以及不對俘虜施用酷刑。雖然這些命令並沒有當成一回事真正下達,事實上也

3　縱使樸洛柯庇斯、伊發格流斯、埃達久斯、馬塞利努斯提出證據,博學的穆拉托里還是懷疑這件事的真實性。他特別認為很多說法在時空關係上站不住腳,像是在迦太基附近生長的無花果,在摘下來第三天就運到羅馬的元老院。

4　普洛斯帕的《編年史》證實教皇李奧獲得勝利,但巴隆紐斯對堅西里克赦免三座使徒教堂一事,表示不以為然,甚至對教皇可疑的證詞,也表示不予贊同的態度。

不會有人嚴格遵守，李奧的斡旋還是給自己帶來榮譽，以及給自己的家園
帶來一些好處。但是羅馬和所有的居民，全部陷身在汪達爾人和摩爾人無
法無天的暴行之中。他們帶著盲目的憤怒情緒，要為迦太基受到傷害報復
血海深仇，洗劫的行動持續十四個晝夜（455年6月15日至29日）。所有還剩
下的公私財物，不論神聖或異教的寶藏，他們都不辭辛苦運到堅西里克的
船隻上。戰利品中有兩間廟宇的光輝奪目的遺物，可以代表兩種宗教。即
使是塵世和神聖的事物，仍會受到命運變化無常的影響，這些就是顯明的
例證。自異教被查禁後，卡庇多神殿多次受到褻瀆及遺棄，然而諸神和英
雄的雕像仍舊被人尊敬，精細的鎏金銅瓦屋頂一直保存到被堅西里克貪婪
的手取走[5]。猶太教獻祭使用的神聖器具包括黃金的祭品桌和七個分枝的
燭台，都是按照神的特別旨意在早期製做，安置在耶路撒冷神殿的聖所
裡，在提圖斯（Titus）的凱旋式中公開展示在羅馬民眾面前[*6]，後來存放在
和平女神神廟保管。在不到四百年的時光，這些從耶路撒冷攜回的戰利
品，在羅馬被拿走運到迦太基，擄掠的蠻族根源來自波羅的海海岸。

　　古代的偉大紀念物可能吸引好奇心的注意，同時也引發貪婪。但是當
時盛行的迷信助長基督教教堂的富裕和修飾，替褻瀆神聖的行為提供更多
的資財。虔誠的教皇李奧生性慷慨大方，把君士坦丁堡贈送的禮品，每個
重達一百磅的六個銀瓶全部熔化，證明他想辦法修補損失。從哥德人入侵
以來四十五年的時光轉瞬而過，羅馬的壯麗市容和奢華生活幾乎恢復舊
觀，看來很難逃脫和滿足蠻族征服者貪婪的心態。他們有的是時間去搜刮
首都的財富，也有足夠的船隻將這些物品運走。皇宮裡的各類裝飾品、華

5　揮霍成性的卡圖拉斯（Catulus）首先將卡庇多的屋頂鍍金，這件事真實性如何，眾
　　說紛紜。但是有位皇帝倒是不同凡響，圖密善在整座神殿的外部鎏金就花費一萬
　　兩千泰倫（兩百四十萬英鎊）。克勞狄安和魯提留斯（Rutilius）特別加以證實，無論
　　是基督徒還是哥德人，都沒有拆除這座光輝奪目的建築，而且可以看到卡庇多神
　　殿的殿頂有鍍金的雕像和四匹馬拖曳的戰車。
*6　[譯註]公元66年巴勒斯坦的猶太人發生叛變，提圖斯是維斯巴西安的長子，負責
　　平亂。耶路撒冷的聖殿被焚，聖器成為羅馬人的戰利品。從此猶太人向外流亡，
　　猶太教成為沒有主要寺廟、沒有最高祭司、也沒有獻祭儀式的宗教。

麗的擺設和服裝、餐具間價值昂貴的器皿，都在混亂的搶奪中堆積在一起，黃金和銀塊的總值達到數千泰倫，甚至連青銅器具和價值不高的銅幣，蠻族也不辭辛勞全部搬運一空。優多克西婭親自前去迎接朋友和解救的恩人，立刻就為不智的舉動感到哀傷悲痛。她的首飾財寶全被搶光，這位不幸的皇后和兩個女兒是狄奧多西大帝僅存的後裔，當作俘虜被傲慢的汪達爾人帶走，立即揚帆發航順利回到迦太基港口[7]。幾千羅馬人不分男女，經過選擇只要認為有用或合於資格，被逼著登上堅西里克的船艦。他們的不幸因為蠻族的生性冷酷而更為慘痛，在當成戰利品瓜分時，妻子被迫離開丈夫，兒女從父母懷中奪走。只有迦太基主教迪奧格拉提阿斯(Deogratias)發揮慈善的博愛精神[8]，是他們唯一能獲得的撫慰和支撐。他變賣教堂的金銀器具贖回一些人士的自由，也減輕其他人員受到奴役的痛苦，對大群俘虜給予生活必需品和疾病醫療的援助。有些人在從意大利到阿非利加的航行途中經歷千辛萬苦，健康受到很大的傷害。他親自下達必要的指示，把兩個面積寬廣的教堂改為醫院，病患獲得舒適的床位，有充分的飲食和醫藥供應。這位年事已高的主教不分晝夜前往巡視，勤勉的工作已經超過體力的負擔，抱著仁慈的惻隱之心更提高服務的熱忱。我們不妨拿這種狀況與坎尼(Cannae)會戰的情景作一比較[*9]，判斷漢尼拔(Hannibal)和聖西普里安(St. Cyprian)的繼承人有何不同之處。

埃伊久斯和華倫提尼安逝世以後，使高盧的蠻族保持和平安寧與臣屬關係的約束力量全部解除。海岸地區受到薩克遜人的騷擾，阿里曼尼人和法蘭克人從萊茵河向著塞納河前進，激起了哥德人的雄心壯志，要擴大征服的範圍永久統治。麥克西繆斯皇帝為了免除遙遠地區難以負擔的責任，做出明智的選擇。他對朋友的懇求始終不加理會，在聆聽各方人士的意見

7　裝運卡庇多神殿寶藏和遺物的船隻遭受海難沉沒，整個艦隊只有這一艘出事。那些信奉異教的詭辯家難免要沾沾自喜，說是褻瀆神聖的船隻就會遭到這種下場。

8　迪奧格拉提阿斯掌管迦太基教會只有三年，要是他沒有私下被埋葬，那些瘋狂的民眾為了供奉神聖的遺骸，會把他的屍體擺布得不成樣子。

*9　[譯註]公元前216年8月2日，漢尼拔率領的聯軍與羅馬執政官包拉斯和瓦羅的軍團在坎尼發生會戰。漢尼拔用中央誘敵兩翼包圍的戰術，殲滅羅馬軍隊七萬人。

之後，擢升一個素不相識的陌生人出任主將，負責指揮高盧的軍隊。阿維
都斯(Avitus)[10]是皇帝不熟悉的外鄉人，他的功勳值得授與高貴的職位，
出身是奧文尼教區一個富有的貴族家庭，在那個社會騷動不安的時代，他
滿腔熱血要獻身國家從事文職或軍事的工作。這個不知疲倦的年輕人一邊
在研究文學和法律，同時又努力於軍事和狩獵的練習。他的一生有三十年
的時間用在公眾服務，眞是值得同聲讚譽，無論是作戰或議和都能顯示出
非凡的才幹。他是埃伊久斯手下的得力幹部，在擔任重要的使臣完成任務
以後，被擢升爲高盧的禁衛軍統領。一方面是阿維都斯的功績引起猜忌，
再則他那與世無爭的態度使他急流勇退，於是很平靜的辭去職位，回到座
落在克勒蒙附近的田產過隱居的生活。一條水量充沛的溪流發源在山嶺，
瀑布在喧囂聲中像一匹白練從上往下衝，急速奔流兩哩以後注入湖中。他
的莊園建立在景色優美的湖邊，包括著浴場、柱廊以及夏天和冬天的住
屋，不僅非常奢華也很講究實用，鄰近地區的森林、牧場和草地都是他的
產業[11]。阿維都斯的退休生活靠著閱讀書籍、戶外活動、農耕生產和朋友
交往來打發閒暇的時間[12]。這時他接到皇家送來的文書，任命他爲高盧的
騎兵和步兵主將。等他擔任軍事指揮的工作，蠻族也暫停發洩狂怒的行
爲，只要他運用手段就能迫使對方讓步，讓人民享受眞正的平靜生活。但
是高盧的命運完全視西哥德人的態度而定，這位羅馬的將領把公眾的利益
看得比自己的地位更爲重要，不反對用使臣的身分去拜訪土魯斯。他接受
哥德國王狄奧多里克殷勤的款待，但是就在阿維都斯與勢力強大的民族，

10　阿維都斯的平生事蹟和登基稱帝疑點很多，只能根據賽東紐斯·阿波利納里斯公
　　開發表的頌辭加以推測。賽東紐斯不僅是他的臣民，也是他的女婿。

11　賽東紐斯拿小普里尼當範例，對名叫阿維塔康(Avitacum)的莊園，用華麗的文章
　　作冗長而詳盡的敘述。這座莊園是阿維都斯的產業，精確的位置無法得知，倒是
　　可以參考薩伐隆(Savaron)和色蒙德(Sirmond)所寫的註釋。

12　賽東紐斯在拜訪產業位於尼姆(Nismes)附近的友人以後，曾經敘述哥德貴族的鄉
　　居生活。他們把早上的時光花在網球場或圖書室，圖書室裡有拉丁作家所寫通俗
　　和宗教的書刊，通俗讀物供男士消遣之用，宗教書籍供婦女閱讀。每天供應午餐
　　和晚餐，菜肴是燉煮或燒烤的肉類還有葡萄酒。在兩餐之間的時光，可以小睡片
　　刻，然後就騎馬出遊，回來以後洗熱水浴。

爲雙方堅實的同盟關係建立基礎時，傳來令人極爲驚詫的信息，麥克西繆斯皇帝被殺以及汪達爾人洗劫羅馬城。這時登上空懸的帝座既不會犯罪也不會產生危險，激起他野心勃勃的豪邁氣慨[13]。西哥德人很容易被說服大力支持，使他對帝位的要求在表決時不會節外生枝，產生變化。蠻族敬愛阿維都斯的爲人和他的德行，當然知道爲西部帝國推舉皇帝不僅帶來榮譽，還有莫大的利益。現在時機已經來到，七個行省的年度會議在亞耳召開，狄奧多里克帶著好戰的弟兄親臨會場，使得深思熟慮的決議受到影響。他們的選擇當然偏向名聲顯赫的同鄉，阿維都斯幾乎沒有遭遇困難，就從高盧的代表手裡接受皇帝的冠冕（455年7月10日），這次選舉在蠻族和省民的歡呼聲中獲得批准，經過懇求以後也得到東部皇帝馬西安的同意。雖然羅馬和意大利的元老院因爲新近遭到災難，表現出卑微的順從態度，但暗中抱怨高盧的篡臣喧賓奪主。

三、狄奧多里克其人其事及對西班牙的遠征行動 (453-466A.D.)

狄奧多里克獲得哥德國王是靠著謀殺他的哥哥托里斯蒙德，所以認爲阿維都斯的登基欠他的恩惠甚多。同時他對這種殘酷行爲的正當性提出辯護，說是他的前任有所圖謀，要違反與帝國的聯盟關係[14]。這種罪惡與蠻族的美德並沒有衝突，何況狄奧多里克的爲人非常溫和而且仁慈，後人要是注視哥德國王早期的畫像也不會有恐懼的感覺。賽東紐斯在和平時期及社交談話中經常私下提到，這位演說家在土魯斯宮廷時，爲了滿足一個朋友的好奇，在一封信裡很詳細敘述這位君王[15]：

13　賽東紐斯在頌辭裡花了七十行的篇幅，描述狄奧多里克和高盧人一直對阿維都斯糾纏不休，非要勉強他同意不可。但是一個講實話的歷史學家只用一句話就可說明一切，那就是「羅馬人喜歡當皇帝」。

14　塞維爾主教伊希多爾有哥德皇室的血統，認定這是一種罪行，只是他們的奴隸喬南德斯很卑劣的爲之掩飾。

15　像這類精心安排的敘述通常帶有政治動機。在蒐集他的書信出刊之前，一定經過賽東紐斯友人的授意，目的是要轉移公衆的視聽，所以第一卷會分開出版。

狄奧多里克表現出端莊嚴肅的神態，即使別人不知道他的功勳也會對他表示尊敬。雖然他出生帝王之家，但憑著他建樹的功勳，即使是一介平民也會獲得很高的地位。他的身材中等、體格強壯有力、四肢勻稱，肌肉的協調良好[16]。要是仔細端詳他的面貌，很明顯有著高聳的額頭、濃粗的眉毛、挺直的鷹鉤鼻、薄薄的嘴唇、整齊潔白的牙齒和白皙的皮膚，通常在謙虛之中帶著羞澀的笑容，不輕易動怒。他一天的作息時間已經精確安排，盡量要出現在公眾的面前。他在每天破曉之前由一小群隨從陪同，前往家中的禮拜堂，通常由阿萊亞斯派的教士在一旁服侍。但是只要有人了解他在私下所保持的宗教情感，一定認為這種勤勉的信仰是出於習慣和政策的影響。早晨的其餘時間他用來處理王國的行政事務，座位四周圍繞著軍官，表現出循規蹈矩的態度和行為。一大群吵鬧的蠻族警衛分布在整個觀見大廳，但是不准進入簾幕之內。簾幕是用來遮住會議室的狀況，不讓外人看見。各國的使臣不斷引見，狄奧多里克很注意的聆聽，回答他們的問題，用語謹慎而簡潔，按照討論事務的性質，會立即宣告或延期回答他最後的裁決。他在大約八點鐘時從寶座上起身，前去巡視他的金庫或馬廄。要是他打算出獵或僅是在馬背上練習，一個他所寵愛的青年攜帶著弓，等到發現獵物就會親自張弓射箭，很少誤失準頭。身為國王他拒絕從事不榮譽的戰爭，把自己看成一個士兵，凡事很少假手別人，否則就會感到羞愧。他的飲食在普通日子與一般平民沒有什麼不同，但是在每個星期六邀請很多客人參加皇宮的宴會。只有在這種情況下，接待用希臘的文雅服務，供應用高盧的豐盛食物，宴會的進行按照意大利的方式和秩序。使用金盤或

---

16 在對狄奧多里克的素描中，我已經隱匿若干細微的情節和純技術的用語。要想獲得這樣正確的資料，狄奧多里克就得像市場要出售的奴隸一樣，全身赤裸裸的展示給賽東紐斯看得一清二楚。

銀盤很少會注意重量，但講究光彩奪目且做工精細，也不借重外
國或價昂的奢侈品來滿足口感。葡萄酒杯的大小和飲用杯數都有
嚴格規定，絕不能酗酒誤事。用餐時要保持受尊敬的沉默態度，
只有莊重和正式的談話才打破安靜的氣氛。狄奧多里克有時在用
餐後會小睡片刻，但會很快醒來並命人準備骰子和賭桌，要大家
不必拘束，盡興玩樂，憑著每人的手氣來激起興奮的情緒。他喜
愛這種賭博就像是沉溺在想像中的戰爭一樣，能夠展現出他的熱
情、技巧、耐性和歡愉的天性。他輸時會大笑，要是他贏就會穩
重而平靜。儘管這些看起來無足輕重，他的廷臣都選在他贏時提
出要求，就是我自己也趁著輸錢的機會獲得國王贈給的利益。大
約在第九時（下午三點）他再度處理政務，人潮不斷進出直到日落
為止。等到皇家晚膳的信號響起，一大批懇求者和抗辯者的人群
在一天的辛勞以後離去。晚餐是更為家常的飲食，有時會有小丑
或啞劇演員用可笑的急智表演，使大家獲得輕鬆的消遣，但是要
求不得用諷刺的言詞觸犯在座的人士。但是女性歌手或靡靡之音
非常嚴格加以禁止，狄奧多里克只喜歡聽激起英勇行為的戰爭歌
曲。等他用完餐以後，夜間的警衛立刻被布置在金庫、皇宮和寢
室的入口。

當西哥德國王鼓勵阿維都斯登基稱帝時，狄奧多里克提供個人的權力
和整個軍隊，成為維護共和國的忠誠士兵[17]。他的功績讓全世界相信，他
不再像祖先那樣陷入黷武好戰的習性不能自拔。等到哥德人在阿奎丹建
國，以及汪達爾人渡海到達阿非利加以後，蘇伊威人在格里西亞創建王
國，渴望征服西班牙，威脅要滅亡羅馬疆域實力微弱的剩餘部分。迦太基
納和塔拉格納的省民為帶有敵意的入侵所苦，向宮廷陳述他們所在受到的
傷害和憂慮的事項。阿維都斯皇帝用自己的名義派遣弗隆托（Fronto）伯爵

17　據說，狄奧多里克無論在高盧或西班牙，都自動提出嚴正承諾，說要對帝國忠誠。

前往，帶著和平與結盟的有利提議。狄奧多里克用強勢作爲進行斡旋，公
開要求他的連襟蘇伊威國王立即退兵，否則他爲了主持正義會派軍隊協助
羅馬。傲慢自大的雷契阿流斯（Rechiarius）答覆道：「跟他說，我根本瞧
不起他的友誼和他的軍隊。他是不是想要我兵臨土魯斯城下，這點我保證
可以辦到。」狄奧多里克收到挑戰以後，爲了防止敵人眞要執行大膽的企
圖，就率領西哥德人越過庇里牛斯山（456A.D.），法蘭克人和勃艮地人也
參加他的陣營。雖然他公開宣稱有責任幫助阿維都斯，私下是爲自己和繼
承人打算，要征服西班牙據爲王國的領地。這兩支軍隊也可以說是兩個民
族，在離阿斯托加（Astorga）約十二哩的烏比庫斯（Urbicus）河岸遭遇，哥德
人獲得決定性的勝利，就在同時等於絕滅了蘇伊威人的名聲和王國。狄奧
多里克從戰場向首府布拉加（Braga）進軍，這座城市在古代是商業中心有
顯赫的地位[18]，現在還保留著廣大壯觀的遺跡。軍隊在進城時沒有大開殺
戒，哥德人尊重女性俘虜的貞操，特別是獻身聖職的修女。但是大部分教
士和人民都成爲奴隸，甚至就是教堂和祭壇也受到洗劫，全城一片混亂。
蘇伊威人時運不濟的國王逃往大洋的一處港口，但是頑強的頂頭風使他的
船隻無法開航。他被捕押送給無法和解的敵手，雷契阿流斯本著男子漢絕
不屈從的精神，不期望獲得寬恕，從容赴死。狄奧多里克基於政策的需要
或者爲了發洩個人的憤恨，在處死蘇伊威人國王以後，率領得勝的軍隊深
入露西塔尼亞，抵達主要的城鎮美里達。除了聖尤雷利亞（St. Eulalia）施
展神蹟的威力以外，沒有遭遇任何抵抗。但是他還是在成功的疾馳中停頓
下來，沒有等到他的征服可以確保安全之前，他就匆匆從西班牙被召返。
在他撤軍向庇里牛斯山前進的途中，對這個國家感到失望，所以引起報復
之心，就縱容軍隊洗劫波連提亞（Pollentia）和阿斯托加。這不僅顯示他是
不講信義的盟友，也是行事殘酷的敵人。就在西哥德國王打著阿維都斯的
名義進行戰鬥和征服時，阿維都斯的統治已經宣告中止。一個朋友羞辱的

18 從蘇伊威國王的意圖來看，可以知道從格里西亞的港口到地中海的航行，已經是
平常之事。布拉卡拉（Bracara）或布拉加的船隻只要很小心沿著海岸前進，就不會
迷失在大洋之中。

下台，使狄奧多里克的聲譽和利益都受到很大的打擊，因爲阿維都斯是靠
著他大力支持，才能登上西部帝國的寶座[19]。

四、里昔默的用權和馬喬里安繼阿維都斯爲帝（456-457A.D.）

在元老院和人民苦苦請求下，阿維都斯皇帝把他的皇宮設置在羅馬，
並在次年接受執政官的職位。他的女婿賽東紐斯‧阿波利納里斯（Sidonius
Apollinaris）爲讚揚他的事蹟，寫了一篇有六百行詩句的頌辭。雖然他寫出
這個作品獲得樹立銅像的榮譽[20]，但內容無論是出於天才的構思還是基於
事實的陳述，倒是非常確切。若我們沒有貶低他神聖的名字，這位詩人過
於誇大一個君主和一個父親的功績，他預言說有長久而光榮的統治，過沒
多久讓人看出與事實發生矛盾。阿維都斯處在這樣一個時代，帝位的威嚴
已敗落爲辛苦而又危險的職務，還要縱情於意大利的奢侈生活。年齡並沒
有熄滅他對愛情的憧憬，於是受到指責說他勾引別人的妻子，其實這是荒
唐而卑劣的笑話，用來侮辱那些丈夫而已，但羅馬人不相信也不了解他的
德行，也不會在意他的過失。帝國的各部分已變得日趨疏遠，高盧的外來
者成爲普遍痛恨和鄙視的對象。元老院申言他們有選舉皇帝的合法權利，
這種主權來自古老的憲法，由於君王的實力已衰弱，更加強他們行使權利
的要求。就連阿維都斯這樣的君主，都可以抗拒沒有武力的元老院，使他
們的投票不能發生作用。但是，現在狀況發生變化，里昔默（Ricimer）伯
爵不僅支持還煽動元老院的不滿。他是蠻族部隊一個主要的將領，負責意
大利的軍事守備任務。西哥德國王華里亞的女兒是里昔默的母親，但是他
父親這方面的家世是來自蘇伊威人[21]。他的民族自尊心也可說是愛國心，

19　蘇伊威人之戰是埃達久斯《編年史》最可信的部分，他那時擔任伊里亞‧弗拉維
　　亞（Iria Flavia）主教，既是旁觀者也是受害人，喬南德斯在《哥德史》中帶著愉悅
　　的心情加以詳述。

20　賽東紐斯雕像位於圖拉眞圖書館一處柱廊下，與著名作家和演說家的雕像放一起。

21　賽東紐斯讚許里昔默的皇家身世，並暗示他可合法繼承哥德人和蘇伊威人的王國。

因為同胞遭逢不幸而大為憤怒，在勉為其難的狀況下只有服從皇帝，然而
這次推選並沒有徵詢他的意見。他用忠誠的服務對付帝國的敵人，發揮很
大的作用，也使他的威名遠播，後來在科西嘉海岸摧毀一支汪達爾人艦
隊，包括六十艘大型戰船。里昔默凱旋歸來，獲得「意大利解救者」的光
榮稱號。他選擇這個時機通知阿維都斯的統治已告結束，實力衰弱的皇帝
離開哥德人盟友的距離太遠，經過一陣短暫而無效的掙扎，被迫遜位(456
年10月16日)。不過，里昔默出於仁慈為懷或是目中無人[22]，讓阿維都斯
退位後出任普拉森提亞(Placentia)主教這個更合意的職位。但是元老院的
怨恨沒有得到滿足，他們保持非常強硬的態度，宣告處以死刑的嚴厲判
決。阿維都斯很快逃向阿爾卑斯山，抱著非常微小的希望，並不願意西哥
德人為他大動刀兵，只想在朱理安(Julian)的聖所使自己和錢財獲得安
全，朱理安是奧文尼的一個主保聖徒[23]。阿維都斯罹患疾病，也有人說是
劊子手在途中讓他送命，遺體運到家鄉布利烏德(Brioude)，長眠在神聖
保護人的足下[24]。阿維都斯只留下一個女兒，就是賽東紐斯·阿波利納里
斯的妻子。賽東紐斯以女婿的身分繼承所有家業，同時哀悼在公私方面都
無法達成期許的落寞之感。他的內心充滿憤恨，因而加入高盧的叛黨，至
少他大力支持。詩人難免犯下一些罪行，使他自覺有贖罪的義務，就用一
篇新的頌詞來奉承繼位的皇帝。

　　阿維都斯的繼承者代表受到眾所歡迎的偉大英雄人物，偶而出現在一
個衰敗的時代，能夠提振人類的榮譽。馬喬里安(Majorian)皇帝無愧於時
人和後代的推崇，一個見識卓越而又立場公正的歷史學家，更能強烈表現

22　根據維克托·圖奴尼西斯(Victor Tunnunensis)的說法，赦免無罪的阿維都斯是同
　　情心的表現，也顯示出極為藐視的態度。他說阿維都斯是「個性單純的人」，這
　　種稱讚非常謙虛，比起賽東紐斯的歌功頌德要真誠得多。

23　據稱朱理安在戴克里先的宗教迫害時期遭難，土爾的格列哥里是他很特殊的門人
　　弟子，曾經寫出整本書來推崇殉教者朱理安的光榮事績，提到他的遺骸產生五十
　　件奇蹟，有些真是匪夷所思。

24　土爾的格列哥里對於阿維都斯這位老鄉的統治，只是很簡略的提及，修正很多錯
　　誤的地方。根據埃達久斯的說法，好像是暗示他是受害身亡。伊發格流斯認為他
　　死於瘟疫，但是事情密而不宣。

極爲普遍的讚譽之辭：「他待臣民慷慨寬厚，讓敵人膽戰心驚，他的德行
無論在任何方面，都要超邁在羅馬統治過的國君。」這段話至少可以證明
賽東紐斯的頌辭還有幾分可信。雖然這位善於奉承的演說家用同樣熱情的
語調，去歌頌那些不值一提的君王，但是在這種狀況下，他懷有特別的企
圖使他的奉承話不致於過分離譜[25]。馬喬里安的名字取自外祖父，他的外
祖父在狄奧多西大帝統治時期，指揮伊里利孔邊區的部隊，就把女兒嫁給
馬喬里安的父親，一個受人尊敬的官員，非常有才幹而且廉潔，在高盧負
責稅收的事務，爲人慷慨好義，贏得埃伊久斯的友誼，但是不願憑著這層
關係，在行事陰險的宮廷謀取有利可圖的職務。他那位成爲未來皇帝的兒
子，接受專業的軍事教育，從幼年時代起就顯示出無畏的勇氣、成熟的智
慧和慷慨的天性，雖然財產有限還是不改樂於助人的本色。馬喬里安一直
在埃伊久斯麾下服務，竭盡全力協助他建立事功，能夠分享他所獲得的榮
譽，然而有時也會加以推辭。最後竟然使那位大公或許是他的妻子，起了
懷疑或猜忌之心，強迫他離職退休[26]。等到埃伊久斯過世後，馬喬里安重
新受到起用並不次擢升，與里昔默伯爵建立密切的關係，這是最重要的步
驟，有助於登上西部帝國皇帝的寶座。在阿維都斯退位後那段空位期，野
心勃勃的蠻族由於出身低微，不可能獲得帝王的殊榮，於是里昔默以大公
的頭銜治理意大利，把騎兵和步兵主將這個更爲重要的職位讓給他的朋
友。過了幾個月以後，他贏得對阿里曼尼人戰事的勝利[27]，獲得羅馬人

25　這篇頌辭是在458年底前發表，那時皇帝還仍舊是執政官，看來是費盡心血的欺
　　人之談，全篇裝飾著謊言和無關痛癢的瑣事，表達的方式不僅缺乏立場而且相互
　　矛盾。賽東紐斯沒有掌握重點，無法凸現人物的主要風格，完全欠缺這方面的技
　　巧，其中對馬喬里安平素生活的描述就用去兩百行文字。

26　埃伊久斯的妻子逼她的丈夫要立即將馬喬里安處死，對於他遭到黜退私下感到很
　　高興。從這些地方可以看出，埃伊久斯與貝利薩流斯和馬爾波羅（Marlborough）完
　　全一樣，他們都受老婆的控制。這些婦人憑著狂熱的虔誠信仰，有時會幫助丈夫
　　完成不可思議的工作，但是難免會提出卑劣而殘酷的要求。

27　阿里曼尼人越過雷蒂提亞的阿爾卑斯山，在貝林佐（Bellinzone）山谷被擊敗，帖遜
　　（Tesin）河從阿杜拉（Adula）山流下經過此處注入馬久里（Maggiore）湖。這場喧騰
　　一時的勝利只殲滅九百名蠻族，顯示出意大利已淪入極度虛弱的地步。

民的愛戴，他也順從民意的要求，就在拉芬納登基稱帝。從他寫給元老院
的書信中，可以了解當時的情況和他的心情：

> 各位議員：諸君的推選和英勇軍隊的擁戴，使我成為帝國的皇
> 帝。願無上權威的神明引導保佑我的施政作為，務使一切舉措能
> 為諸君公眾帶來福祉安寧。就我個人而言，並不渴望權力只是順
> 從民意來治理國家，若我自私自利不知感恩，拒絕國家加於我的
> 沉重工作負擔，等於是放棄盡一個公民的職責。因此，請盡力協
> 助你們所推舉的君王，共同分擔大家的責任，齊心促進帝國的幸
> 福，使我能不負所託。我敢保證，在我們這時代，正義必能恢復
> 古代榮名，德行終將獲得應有的獎賞。讓我們不要畏懼誣告[28]，
> 除了可惡的告發者本人，誰都無罪。我一直對這種行為深惡痛
> 絕，做為一個君王就會嚴懲不貸。我們要提高警覺，我們尊貴的
> 父老里昔默處理軍隊事務，會護衛羅馬世界的安全，免於國外和
> 國內敵人的危害[29]。你們現在明瞭政府施政的原則，對一個曾與
> 各位同甘共苦的君王，可完全信賴他的愛心和忠誠。他仍以身為
> 元老院的議員為榮，而其最感憂慮的，是怕有負諸君推舉之明。

　　這位皇帝在羅馬世界的廢墟中，恢復古代的法律和自由，即使圖拉真
在世也會欣然贊同。寬闊的心胸顯然出於天性，因為他所處的時代沒有可
供仿效的榜樣，從前的君王也沒有可以參考的先例[30]。

28　原文dilationes 的意義是「遲延」，會讓讀者產生誤解，我認為就整個的句子的含
　　意來說，應該用delationes 「誣告」這個字比較正確。

29　馬喬里安從阿維都斯國內敵人的口裡，認為阿維都斯所做所為都是暴政，所以他
　　以後公開承認涉及阿維都斯的死亡，覺得有功應該受到推崇。處於這種情況之
　　下，賽東紐斯感到害怕，只有韜光養晦，著述《十二凱撒》及《阿非利加民族
　　志》 等書，要從與阿維都斯危險的關係中脫身。

30　可以參閱馬喬里安致元老院的詔書和信函，然而他在有的地方用「王國」而不用
　　「共和國」來表示，也是那個時代已經腐敗的象徵之一。

五、馬喬里安痛砭時弊的立法和施政方針(457-461A.D.)

我們對馬喬里安公開和私人的行為所知甚少,但他的法令可反映出君主的特性,不僅從最早的構思和表達都帶有獨創性,也可看出他熱愛人民,同情大眾疾苦,研究帝國衰敗的原因,有能力提出合理而有效的辦法來改變社會混亂的狀況[31]。他在財政方面提出許多規定事項,力圖消除或減輕人民最難忍受的痛苦。其一,從他登基開始,迫切要求減輕省民因產業帶來不堪其苦的負擔(我直接翻譯他說的話),那就是一再加稅的財產估值和超量財產估值[*32]。因此他頒布一項普遍適用的蠲賦詔書,最後完全免除拖欠的稅金,禁止財政官員用任何藉口向人民催繳債務。他下達明智的決定,拋棄過時、擾民、無益的稅收辦法,可以增進且淨化國家歲入的來源。民眾知道往後不再陷入絕境,就會滿懷希望和感激之情,全心全力為國家勤奮工作。其二,在估定和徵收稅款上,馬喬里安恢復由行省官員負責的辦法,取消以皇帝本人或禁衛軍統領名義指派的委員會。那些受寵的廷臣在獲得此類額外的權力後,態度變得傲慢,任意索取需求,裝出藐視下級法庭的神色。他們中飽或圖利自己的數額,不達到交給國庫的款項兩倍時,絕不罷休。有一個強行勒索的案子,若非立法者自己證實,還真不敢置信。這些枉法的人員提出要求,所有的款項必須用黃金支付。但是他們拒絕帝國流通的金幣,而要上面印著弗斯汀娜(Faustina)[*33]或兩位安東

---

31 馬喬里安頒布的法律(數量只有九種,但是都很冗長而複雜),全部列在《狄奧多西法典》的後面,讀者可以參閱。戈德弗洛瓦對新增的部分沒有任何評論。

*32 [譯註]財產估值每十五年舉行一次,用來評定個人的產業做為稅額和貢金的標準;如果稅收發現短缺的現象,就用超量財產估值來加稅。

*33 [譯註]在兩位安東尼皇帝中,第一個是安東尼‧庇烏斯,他的皇后名叫弗斯汀娜,是執政官維魯斯的女兒,因貌美而被人誹謗疑為不貞,他對謠言不加理會。第二位是馬可斯‧奧理留斯‧安東尼,他的妻子是庇烏斯皇帝的女兒,名字也叫弗斯汀娜,素以風流韻事和容貌豔麗著稱於世。所以提到弗斯汀娜金幣很難知道是紀念那位皇后,羅馬人同名同姓實在太多,尤其是女性,經常是女兒沿用母親或姑母的名字,很難分得清楚。

尼皇帝名字的古幣。那些找不到此類稀有錢幣的臣民,就要用其他的方式
去滿足他們永不饜足的要求。如果找到那類金幣,必須按照古代的價值和
重量加倍支付[34]。其三,要把城市自治機構(皇帝所說的話)和次級元老院
(古代非常正式的稱呼)看成各城市的中樞和帝國的支撐,然而由於行政官
員的偏袒不法和徵稅人員的貪污腐化,致使他們的地位愈來愈低微,其中
許多成員拋棄光榮的頭銜,情願背井離鄉流亡異地。

他提出呼籲,甚至強迫他們回到自己的城市。那些使他們放棄市政職
能的有害因素,要找出來全部排除。他明確指示各行省官員,只要經過他
們的批准,就讓這些人恢復原職負起稅務的責任。但是不像過去那樣負起
責任區內全部審定的額度,只需要開列清單,列舉收到稅款的帳目和欠稅
未交的人員。其四,馬喬里安非常清楚,城市自治團體會為過去所受的不
公和壓迫進行報復,因此必須恢復「城市辯護士」那個有用的職位。他訓
諭民眾在人人參與的集會中,選出敢做敢為而正直廉潔的人士,能夠確保
他們的權利,接受不幸的申訴,保護窮苦百姓不致受到富室豪門的欺壓,
把假藉皇帝名義的濫權行為隨時奏聞。

遊客用悲慘的眼光投向羅馬的廢墟,就會責怪古代的哥德人和汪達爾
人,犯下他們不該犯的罪行。事實上他們沒有時間和能力,也沒有興趣和
嗜好來進行這些工作。戰爭的風暴會使城堡和高塔崩塌,但是有些龐大的
建築物連基礎全都毀棄,那可是經過十個世紀的時間,毫無聲息在緩慢中
進行。這些圖利自己的動機所造成的破壞行為,被不知羞恥的人們毫無顧
忌的運用,只有馬喬里安皇帝的藝術鑑賞力才能嚴厲加以制止。城市的衰
微逐漸減低公共建築物的價值,賽車場和大劇院只能挑起人們的欲望,已
經很少能夠給予滿足。廟宇就算逃脫基督徒狂熱的破壞,但既無神像也無
人居住。空間寬闊的浴場和柱廊,失去羅馬日漸稀少的人群。莊嚴的圖書

---

34 博學的格里夫斯(Greaves,John,1602-1652A.D.,數學家和物理學家)經過很用
   心的研究,安東尼時期的金幣重量是一百一十八英喱,到第五世紀的金幣只有六
   十八英喱。馬喬里安基於當時缺乏錢幣,決定讓所有的金幣成為通貨,哥德人的
   金幣因為成色不足,排除在外。

館和法院大廳,對於懶散的一代而言已經是無用之物,他們整日遊手好
閒,不受研究學習和法律事務的干擾。執政官或帝王偉大事功的紀念物,
不再被看成首都千秋萬世的榮譽受到尊敬,只當成建築材料的來源而受到
重視,不僅取之不盡而且價廉物美,比從遙遠的採石場獲得更為方便。羅
馬願意給人方便的官員總是收到理由充分的申請,說是為了必要的工作急
需多少石塊和磚頭。最美觀宏偉的建築式樣為了一些破爛不堪的修繕,而
被拆得慘不忍睹。墮落的羅馬人為了把公物變成私產,不惜用褻瀆神聖的
雙手,損毀祖先最偉大的基業和德澤。馬喬里安一直為城市的敗壞深表嘆
息,對日益猖獗的惡行採取嚴厲的防範措施,就把在特殊狀況下可以拆除
某些古代建築物的批准權,保留在君主和元老院的手裡。任何行政官員如
果膽敢故意非法侵犯此項權利,將被科以五十磅黃金(概約等於兩千英
鎊)的罰鍰處分。對於拒不執行這一命令的下級官員,威脅要施以殘酷的
鞭刑,甚至砍去犯者的雙手。立法者對最後這項可能忘掉依罪量刑的原
則,但是他那股熱忱出於急公好義的情懷,要保護那個時代與生活和欲
望息息相關的紀念物。皇帝認為要運用自己的影響力來增加臣民的數
量,有責任要確保婚姻生活的純真,但是他為達成有益目的所運用的手
段,非僅值得商榷,而且確有不當之處。虔誠的少女如果願意將貞潔獻
給耶穌基督,在年滿四十歲前不得戴上面紗出家。在這個年齡以下的寡
婦,必須在五年內出嫁,否則半數的財產分給近親,或者被國家籍沒。
年歲不相稱的婚姻受到譴責,或被判無效。通奸罪的處分不僅是籍沒財
產和流放,要是罪犯敢溜回意大利,按照馬喬里安公開的宣示,可以格
殺勿論[35]。

35　皇帝非常憤怒,用激烈的語氣叱責托斯卡尼的行政長官洛加提安(Rogatian),說
　　他執法不嚴,過於婦人之仁。馬喬里安訂出法條要懲罰拒不改嫁的寡婦,他的後
　　任塞維魯斯登基後立刻廢除這項規定。

六、馬喬里安恢復阿非利加功敗垂成及被迫退位(457-461A.D.)

馬喬里安皇帝竭盡全力恢復羅馬人的幸福和德行時，遭到堅西里克的武裝力量，無論就對方的個性還是當時的狀況而言，可以說是實力最強大的敵人。汪達爾人和摩爾人的一支艦隊抵達加里亞諾(Garigliano)河的河口登陸，在康帕尼亞擄掠大量戰利品。帝國軍隊對混亂不堪的蠻族發起奇襲攻擊，蠻族被一直追殺到船上，連身為國王妻弟的首領也被殺死。全面提高警覺等於宣示帝國的統治絕非昔比，已經呈現新的局面，但是再嚴密的警戒也難以使意大利漫長的海岸線，不受來自海上的騷擾和侵犯。公眾的輿論把更為高貴而艱鉅的任務強加在天縱英武的馬喬里安身上，羅馬期望他光復阿非利加。計畫攻擊汪達爾人的新居留地，是推行大膽而明智的政策所獲致的結果。若英勇的皇帝能把他的精神灌輸給意大利的青年，若他在戰神教練場恢復使他出人頭地的訓練項目，便有可能親自率領一支羅馬軍隊，揮軍前去對抗堅西里克。這種國家風氣的改革可能得到下個世代的歡迎，但會為盡力維持一個衰敗王國的君主帶來不幸。他們為獲得眼前利益，或是避開迫在眉睫的危險，不得不容忍或加重最有害的違法行為。馬喬里安還是和以前那些最軟弱的皇帝一樣，明知羞辱也只有採用權宜的辦法，招募蠻族協防軍取代自己不習軍旅的臣民。他那出眾的才能像是在揮舞危險的工具，想要展現自己的力量和技巧，豈不知稍出差錯就會傷害到本人。除了那些已為帝國效勞的聯盟以外，慷慨和英勇的名聲使得皇帝能夠吸引多瑙河、波昔里尼斯河，甚至塔內斯河的民族前來為他賣命。阿提拉屬下數以千計最勇敢的臣民，像是吉皮迪人、東哥德人、魯吉亞人(Rugians)、勃艮地人、蘇伊威人、阿拉尼人，全部在黎古里亞(Liguria)平原集結，然而他們所向無敵的實力將會因為相互的敵視而抵消[36]。大軍

---

36 頌辭裡提到軍隊的編組和越過阿爾卑斯山的狀況，這才是最有參考價值的部分，布瓦寫出非常中肯的評述，薩伐隆和色蒙德都無法相比。

在嚴寒的冬天越過阿爾卑斯山，皇帝全副甲冑步行率軍前進，不時用長手杖探試冰雪的深淺，帶著愜意的神色鼓勵抱怨寒冷的錫西厄人，他們很快就要適應阿非利加的炎熱。里昂的市民原本打算關閉城門防守，很快改變主意乞降，受到馬喬里安寬大處理。他在戰場打敗狄奧多里克，對於這位不堪一擊的國王，仍舊承認是他的朋友和同盟。高盧和西班牙大部分地區的結合雖然有利，但還不算穩定，這是勸說和威脅雙管齊下的結果。就是力主獨立的巴高迪，過去一直逃避或反抗前朝的統治，現在也相信馬喬里安的德操。他的營地到處都是蠻族的盟友，他的帝座受到人民的愛戴和熱烈的支持，但是皇帝有先見之明，若不建立海軍武力就無法征服阿非利加。第一次布匿克戰爭期間，共和國以難以置信的努力，在進入森林砍下第一斧後，不過六十天的時間，一支一百六十艘戰船的艦隊，便在海上威風凜凜地排開陣式[37]。即使當前情勢更為不利，馬喬里安的精神和毅力卻不輸古代羅馬人。砍伐亞平寧山的森林，重建拉芬納和麥西儂（Misenum）的軍械庫和造船廠，意大利和高盧競相要對國家做出最多的貢獻。皇家海軍擁有三百艘戰船以及適量的小艇和運輸船，集結在西班牙的迦太基納安全而寬廣的港灣裡。馬喬里安大無畏的神情使部隊充滿必勝的信念，要是我們相信歷史學家樸洛柯庇斯（Procopius）的說法，馬喬里安的進取精神有時會超過審慎的限度，急著想親眼目睹汪達爾人的情況，因此偽裝成使臣，把頭髮染色以後前往迦太基。後來堅西里克發現招待過羅馬皇帝並將他送走，心中感到氣憤不已。這種軼事只能看成不合情理的傳說，完全是後人編造附會，但是這種杜撰的情節也只會加在英雄人物的身上[38]。

　　堅西里克不必親自會晤，也能了解對手的才幹和策略。他又實施慣用的欺騙和拖延戰術，但絲毫沒有發生作用，於是祈求和平的行動不僅更為

37　弗洛魯斯（Florus，Publius Annius，二世紀末期，詩人和羅馬歷史學家）沉醉在詩意的幻想之中，可以使森林很快變成船隻。實在說這件事的處理過程，如同在波里比阿斯在作品第一卷所敘述的情況，都超出人類的能力以外，與事實不符。

38　根據樸洛柯庇斯的說法，當堅西里克引導這位不知底細的客人進入迦太基的軍械庫時，兵器自動發出撞擊的聲音。馬喬里安把自己的黃頭髮染成黑色。

急迫，且表現得更為誠摯。但馬喬里安毫不通融，堅持古代的原則，只要
迦太基是敵對國家，羅馬就無安全可言。汪達爾人國王鑑於臣民被南方的
奢侈生活所軟化，不信他們還有衝鋒陷陣的豪邁勇氣。他也懷疑那些被征
服人民的忠誠，他們都憎恨這位阿萊亞斯教派的暴君。堅西里克採用堅壁
清野的計畫讓茅利塔尼亞化為一片焦土[39]，但無法擊敗羅馬皇帝的作戰決
心，也就是掌握主動在阿非利加海岸任何一處登陸。堅西里克所以能倖免
即刻且難以脫逃的滅亡，在於有幾位強大勢力的臣民發起叛國行為，他們
嫉妒羅馬皇帝的成就，因而產生恐懼心。堅西里克在獲得機密情報的引導
下，對停泊在迦太基納海灣無人防守的艦隊發起奇襲，很多船隻被擊沉、
擄走或燒掉，三年的準備毀於一旦[40]。在這次事件後，雙方的行為都沒有
因一時的幸運而占到上風。汪達爾人沒有因偶然的勝利而自鳴得意，立即
派人再次乞求和平。西部皇帝有足夠能力可擬定龐大的計畫和支持重大損
失，同意簽訂和約不過是想暫停用兵，待海軍完成復建，他還是能運用各
種手段發起第二次的戰爭。馬喬里安回到意大利致力各項民生福利工作，
由於他為人清廉正直，經過很長時期都不知道有人進行陰謀活動，在威脅
他的帝座和生命。發生在迦太基納的不幸事件，使民眾感到目眩的光榮頓
時黯然失色。他壓制政府的濫權作風，等於阻斷大小官員的財路，這位改
革者激起大家極大的反感。那位大公里昔默運用影響力，使善變無常的蠻
族起而反對既尊敬又痛恨的君主。位於阿爾卑斯山山麓靠近托托納
(Tortona)的軍營爆發叛亂行動，以馬喬里安的品德尊貴一樣難以倖免。
他被迫脫下皇帝的紫袍，退位後五天，據稱死於痢疾(461年8月7日)。埋
葬遺體的簡陋墳墓一直受到後人的景仰和感懷，馬喬里安的風範更是受到
後世的敬重和愛戴。惡意攻訐和嘲譏引起他的仗義直言，如果是針對他作

---

39 堅西里克把村莊燒掉，在水裡下毒。都博斯提到，摩爾人為了逃過焦土政策的毀
  滅性作法，就把庫存的供應品埋藏在地下，有時同一處地點會挖二、三百個坑，
  每個坑至少可以放四百蒲式耳的穀物。

40 埃達久斯能夠安全留在格里西亞，里昔默的權勢也無法及於該地。他大膽而且誠
  實的承認汪達爾人靠叛徒成功，但他卻掩飾叛徒的身分。

爲目標，就用不屑一顧的態度漠然視之。但他盡力維護機智表達的自由，與親密朋友相處時，就會拋開尊貴的地位，盡情享受交友之樂[41]。

七、西部帝位的更迭以及對堅西里克的斡旋作爲(461-467A.D.)

里昔默爲了個人野心的利害關係不惜犧牲自己的朋友，心中難免會有懊悔之情，但是他決心不要重蹈覆轍，在選擇另一個皇帝時，爲審愼起見而避免才德之士。唯命是從的元老院在他的操控下，把帝位授與利比烏斯·塞維魯斯(Libius Severus)。他那寒微的出身而又無突顯的功德，竟能在西部登基稱帝，也是咄咄怪事。歷史毫不在意他的身世、推舉、爲人甚或死亡，等到他的生命對贊助人產生不便或帶來威脅，塞維魯斯就難逃滅亡的下場。從馬喬里安的逝世到安塞繆斯(Anthemius)的登基，在這段空位期就名義上有六年的統治眞是乏善可言。整個政府是在里昔默的掌握之中，雖然這個謙遜的蠻族拒絕國王的名位，但他累積大量財富，編組一支聽命於己的軍隊，對外籍建立私人的聯盟關係，用獨立和專制的權威方式統治意大利。奧多瑟(Odoacer)和狄奧多里克後來也如法炮製，但是疆域限制在阿爾卑斯山以內地區。兩位羅馬將領馬塞利努斯(Marcellinus)和伊吉狄斯(Aegidius)對共和國效命盡忠，鄙視里昔默的蠻族出身，反對他有稱帝的任何跡象發生。馬塞利努斯仍舊皈依古老的宗教，身爲虔誠的異教徒在暗中抗拒教會和國家的法律。他精通占卜學爲人所讚譽，但是他獲得最有價值的資格在他的學識、德性和勇氣[42]。研究拉丁文學可以增進他的鑑賞力，軍事才能使他獲得埃伊久斯的賞識和信賴，也爲埃伊久斯的垮台受到牽累。他及時逃脫華倫提尼安的荼毒，在西部帝國騷動不安的時

41　賽東紐斯用冗長的記載來描述在亞耳的一次晚餐，馬喬里安死前不久邀他前去訪問。他本來沒有意願要頌揚一個過世的皇帝，但是隨口一句公正的評語，勝過六百行花錢買來的頌辭。

42　蒂爾蒙特對於非基督徒的德行表示出憤慨的態度，他認爲異教徒的歷史學家有狂熱的偏袒行爲，才會對馬塞利努斯寫出有利的描述。

期，很勇敢的宣稱要保持中庸之道，不涉及黨派之爭。馬喬里安當權以後他自動歸順，也可能是大勢使然不得不爾。馬喬里安爲酬勞他的效命特別讓他管轄西西里，指揮配置在島上的一支軍隊，用來抵抗或是對汪達爾人發起攻擊。但在皇帝逝世後，蠻族傭兵部隊受到里昔默暗中收買要發起叛亂。英勇過人的馬塞利努斯率領一批忠心的追隨者，占領整個達瑪提亞行省，僭用西部帝國的大公頭銜，實行溫和而得當的統治，獲得臣民的愛戴。他建立一支艦隊控制亞得里亞海區域，經常爲意大利和阿非利加的海岸地區帶來驚慌和恐懼[43]。伊吉狄斯是高盧的主將，可媲美古代羅馬的英雄人物[44]，至少他要盡力效法，因此宣稱要爲敬愛的主子遭到謀害報仇雪恥，一支作戰剽悍且人數眾多的軍隊追隨他。雖然他爲里昔默的權謀和西哥德人的武力所阻，無法向著羅馬進軍，但能維持阿爾卑斯山以外地區的獨立統治。無論平時或戰時，伊吉狄斯的名聲都受到各方尊敬。年輕無知的旭爾德里克（Childeric）犯下愚行，法蘭克人施以放逐的處罰後，就推選這位羅馬將領爲國王，這種非常難得的榮譽可以滿足他的自負並非他的野心。過了四年後，這個民族爲傷害到墨羅溫（Merovingian）家族而感到悔恨，伊吉狄斯在這種狀況下只有忍耐，默許合法的君主恢復原來的地位。伊吉狄斯的權勢隨著生命宣告終結，可能是下毒或是私下的暴力侵犯，里昔默當然也脫不了關係，容易輕信傳言的高盧人急著擁抱這樣的說法[45]。

　　西部帝國逐漸沒落後，出現意大利王國。在里昔默統治下，一直苦於汪達爾人海盜的蹂躪。每年春天他們在迦太基的港口整備一支實力強大的

43　馬塞利努斯一生的是非功過很難定論，希臘的歷史學家和當代的拉丁編年史所記載的事項無法吻合。

44　我必須爲伊吉狄斯主持公道，他就是賽東紐斯讚譽有加的主將，但是故意略去名字，負責指揮馬喬里安的後衛。埃達久斯從公眾的報導中知道他是基督徒，推崇他的宗教信仰非常虔誠。普里斯庫斯（Priscus）提及他的軍人武德。

45　丹尼爾神父（Pére Daniel）的觀念很膚淺而且過於現代化，他首先倡導某些異議的論點來反對旭爾德里克的事蹟，但是都博斯和爭奪蘇瓦松（Soissons）學會獎金的兩位作者，對這些觀念都感到滿意。在有關旭爾德里克放逐期限這個問題，那就需要延長伊吉狄斯的生命，超過埃達久斯在《編年史》上所指出的時間，再不然就要修正格列哥里的本文，要讀成翌年四月而不是當年八月。

海上武力，年事已高的堅西里克親自指揮最重要的遠征行動。他把所有的計畫當成機密不讓洩露出去，直到揚帆出海的時刻才讓屬下知道。當舵手問他要採用那條航路時，這位信仰虔誠的蠻族用專橫的口氣回答：「就讓風向來決定航路，會把我們帶到充滿罪惡的海岸，那裡都是注定受到上天懲罰的居民。」如果堅西里克下達更精確的命令，那麼他的判斷是基於掠奪財富而不是懲治罪行。汪達爾人一再進出西班牙、黎古里亞、托斯卡尼、康帕尼亞、盧卡尼亞、布魯提姆（Bruttium）、阿普里亞（Apulia）、卡拉布里亞（Calabria）、威尼提亞、達瑪提亞、伊庇魯斯、希臘和西西里的海岸地區。他們也想占領薩丁尼亞島，據有地中海位於中央的有利位置。他們的軍隊從海克力斯之柱到尼羅河口，散布著毀滅帶來的荒涼和恐怖。他們熱中於獲得戰利品而非戰勝的光榮，所以很少會攻擊防務森嚴的城市，也不會與正規部隊展開陣式堂堂的野戰。但靠著運動的神速，他們對遙遠的目標只要引起洗劫的念頭，就會在形成威脅的同時發動攻擊。他們在船上也裝載相當數量的馬匹，登上陸地後，就用一隊輕騎兵橫掃驚魂喪膽的國度。縱使國君做出令人羨慕的榜樣，土生土長的汪達爾人和阿拉尼人，還是在辛勞和危險的戰爭中逐漸消耗殆盡。等到歷盡艱辛的第一代征服者幾乎滅絕後，他們子孫都是在阿非利加出生，享受著舒適的浴場和花園，這都是父執輩英勇戰鬥獲得的成果。於是出征隊伍空出位置，由大群摩爾人和羅馬人、俘虜和逃犯來適時加以補充。這些走向絕路的可憐蟲，參與掠奪是在違犯自己國家的法律，現在只有全力奉行最殘暴的行為，使堅西里克的勝利蒙受羞辱。堅西里克對待不幸遭擄獲的人員，有時會考慮到貪財求贖的需要，有時則完全是放縱殘酷的暴行。屠殺五百名高貴的占特（Zant）或札辛瑟斯（Zacynthus）市民，把遍體鱗傷的屍首投入愛奧尼亞（Ionian）海，這激起大家的氣憤所造成的後果，要歸罪於下一代的惡行。

　　像這類的罪行不能用受到激怒做為藉口，但是汪達爾國王發起對抗羅馬帝國的戰爭，倒是有合理而且說得通的動機。華倫提尼安的遺孀優多克西婭被當成俘虜從羅馬帶到迦太基，她是狄奧多西家族唯一的繼承人。長女優多西婭處於身不由己的狀況，成為堅西里克長子亨尼里克（Hunneric）

的妻室。於是嚴苛的父親提出合法的權利，要求分給適當比例的皇室產業，像這種情形既不容拒絕也難以滿足。東部的皇帝支付足夠的補助金，至少是很值錢的物品，換來所需要的和平。汪達爾人在保持顏面的條件下送還優多克西婭和幼女普拉西地婭，要發洩怒氣限定在西部帝國的國境之內。意大利人缺乏海上作戰部隊，沒有能力單獨保護海岸線的安全，就懇求東部那些正在走運的民族給予援助，他們在過去無論是平時還是戰時，都承認羅馬有至高無上的權威。但是兩個帝國的永久分離已疏遠彼此的利益和意願，所謂要信守雙方的條約也只是說說而已。西部的羅馬人並沒有獲得武力和船艦的援助，只有冷淡而無效的斡旋行動。傲慢的里昔默局限在困難的處境，經過長期掙扎以後，終於用臣民的身分以謙卑的語氣寫信向君士坦丁堡的帝座告急，爲了對盟友提供的安全付出代價，意大利接受東部皇帝所決定的人選成爲自己的主子[46]。繼續闡明拜占庭這段期間的歷史，既不是本章也不是本卷的目標，但是簡單敘述李奧（Leo）皇帝的統治狀況和行事風格，可以說明爲了拯救衰亡西部帝國所進行的最後努力[47]。

八、李奧在東部登基的始末和推舉安塞繆斯爲帝 (457-474A.D.)

自狄奧多西二世亡故後，君士坦丁堡內部的安寧狀況，從未受到對外戰爭和黨派傾軋的干擾。帕契麗婭帶著東部帝國的權杖，嫁給個性謙恭的馬西安，他秉承感激的態度，尊敬她處於神聖的地位和謹守處女的貞節，在她過世後，他讓人民用宗教的儀式崇敬出身皇家的聖徒[48]。馬西安只注

---

46 詩人逼得自己要去承認里昔默的苦惱。意大利只有向台伯河訴苦，就在河神乞求時，羅馬情願流放到君士坦丁堡，公開宣布要拋棄古老的權利，懇求東方女神奧蘿拉（Aurora）的友誼。像這些神話的架構，克勞狄斯憑著天才可以運用得遊刃有餘，但對賽東紐斯的靈感來說，永遠成爲悲慘的泉源。

47 馬西安、李奧和季諾在位時，那些早期的作者，只留下一些不完整的斷簡殘篇。要靠著編纂狄奧菲尼斯、諾納拉斯和昔瑞努斯最近的作品，來補充欠缺的部分。

48 聖帕契麗婭死於453年，早於她名義上的丈夫四年。現代的希臘人在每年9月10日舉行祭典，她對信仰的虔誠可供後人仿效，她奉獻給教會非常豐富的遺產。

意本國的繁榮，對羅馬的災禍連綿視若無睹。一個勇敢而積極的君主竟如
此固執，一直拒絕出兵對付汪達爾人，有人認爲要歸之於秘密的承諾，馬
西安過去曾是堅西里克的俘虜。馬西安在統治七年以後逝世，若按規定選
出孚眾望的繼位者，就會陷東部於危險的境地。但有一個家族以優勢的地
位，支持符合他們利益的候選人。身爲大公的阿斯帕（Aspar）如果贊同尼
西亞信條[49]，就能順理成章接替帝位。阿斯帕他父親、他自己、他兒子阿
達布流斯，接連三代掌握東部的軍權，他的蠻族衛隊形成一股軍中勢力，
能夠懾服皇宮和首都。阿斯帕擁有雄厚財力，憑著慷慨作風獲得聲望和權
勢。他推薦籍籍無名的色雷斯人李奧，他是軍事護民官，也是阿斯帕家中
的首席管事，這項提名得到元老院一致同意。阿斯帕的忠僕從教長或主教
手裡接受皇家冠冕，在這場罕見儀式中表示蒙受神的恩准[50]。這是首位用
李奧爲名的皇帝，爲推崇他的事功特別加以「大帝」的稱號。根據希臘人
的意見，在這些帝王之中，無論就英雄或君主的標準而言，李奧已幾近完
美境界。然而李奧用溫和而堅定的態度抗拒他的恩主所施加的壓力，表示
他要善盡自己的責任和權力。阿斯帕詫異的發現他無法運用影響力指派君
士坦丁堡的郡守，因此譴責李奧沒有信守承諾，並扯住皇帝的紫袍不放，
實在有失禮儀。阿斯帕說：「這樣做太沒有道理，一個人要是穿上這身袍
服，若再說謊就是有罪。」李奧回答：「君王若爲順從臣下的意願，而放
棄自己的判斷和人民的福祉，那才是沒有道理。」[51]之後，皇帝和大公之
間再不可能眞誠和解，期待雙方保持堅實而長久的關係，無異緣木求魚。
李奧開始暗中徵募一支由艾索里亞人組成的軍隊[52]，並開進君士坦丁堡駐

49　從阿帕斯無法登基稱帝也許可以推斷出，要是涉及異端教派，會成爲永遠難以洗
　　刷的污點，但蠻族出身在第二代就會消失。

50　顯然是最早一次帶有宗教性質的登基典禮，以後被所有基督教世界的君王所採
　　用，從此教士的權力變勢不可當。

51　昔瑞努斯〈十一世紀的拜占庭歷史學家〉對那個時代的作家非常熟悉，所以才能保
　　存阿帕斯這段極不平常的對話。

52　艾索里亞人的權力在東部帝國產生很大的作用，尤其是在後來季諾和阿納斯塔休
　　斯統治時期，等到這些蠻族滅絕後才結束這種狀況。過去他們一直維持獨立自
　　主，表現出兇狠頑強的態度，大約有兩百三十年之久。

防,同時削弱阿斯帕家族的權勢,免除他們在宮廷和政府中擔任的職位。李奧的行為舉止溫和,且在各方面都提高警覺,使得對方不敢輕舉妄動,以免未能制敵反先受其害。像這種內部的重大變故,就會影響到爾後謀求和平還是遂行戰爭的大政方針。長久以來阿斯帕損害帝位的尊嚴,基於宗教和利害關係使他與堅西里克保持私下連繫,也贊同蠻族在阿非利加的建國大業。一旦李奧擺脫這種聽命於人的局面,願意考量意大利人所受的苦況後,便決心根絕汪達爾人暴虐的侵犯行動。他公開宣布要與地位平等的羅馬皇帝結盟,何況是他把西部帝國的冠冕和紫袍授與安塞繆斯。

安塞繆斯的皇室血統可以追溯到僭主樸洛柯庇斯,等到一旦登基稱帝難免要誇大他的德行和事功。但是憑著上一輩的功勳、地位和財富,安塞繆斯成為東部最顯赫的臣民。他的父親樸洛柯庇斯在出使波斯以後,獲得將領和大公的高位,安塞繆斯的名字取自他的外祖父,就是那位受人讚許的東部統領,憑著才幹和忠誠保護狄奧多西在幼年時期的統治,獲得很大的成就。統領的外孫在與馬西安皇帝的女兒優菲米婭(Euphemia)結婚後,立即從一介平民平步青雲扶搖直上。皇室的聯姻可以取代必要的功勳,安塞繆斯很快擢升到內廷伯爵、軍隊的主將、執政官和大公等顯赫的職位。他靠著本領或運道在多瑙河地區獲得戰勝匈奴人的莫大榮譽,馬西安的女婿希望能成岳父的繼承人,也不算是過分虛妄的野心。但是安塞繆斯用勇氣和忍耐來克制失望之情,後來公眾和輿論認為只有他夠資格統治西部,接位登基成為順理成章之事[53]。西部帝國的皇帝從君士坦丁堡啓程,幾位職級尊貴的伯爵陪同,隨護的衛隊實力強大,就兵員數量而論幾乎與正規部隊不相上下,以堂皇的氣勢得意揚揚進入羅馬。李奧所推薦的人選獲得意大利的元老院、人民和蠻族同盟軍一致贊同[54]。安塞繆斯莊嚴的登基大典(467年4月12日)之後,緊接著是他的女兒和大公里昔默的婚禮,這件喜

53　賽東紐斯只要稍有智慧就可以看出,安塞繆斯的願望落空反而使自己的德行增添新的光彩。雖然他無法獲得東部帝國的權杖,也只有勉為其難接受西部的寶座。

54　詩人再度歌頌君王受到全國各階層一致的擁戴,埃達久斯的《編年史》也提到伴隨著行軍的兵力。

事可以保證維持國家的團結合作和幸福太平。兩個帝國在表面上展現富足
繁榮的景象,很多元老院的議員還要講排場來掩飾貧窮,花費之大已到破
產的地步。在這段慶典期間,所有的軍國大事全部停頓,法院緊鎖大門不
受理訟事,羅馬的街頭、劇院以及公家或私人聚集人群的場合,全都迴響
著許門之歌的頌辭和舞蹈。皇家的新娘穿著絲緞長袍,頭上戴著金冠,被
引導前往里昔默的府邸。新郎沒有著軍裝,而是換上執政官和元老院議員
的服飾。賽東紐斯在這個值得紀念的日子,以奧文尼的演說家身分出現,
昔日的萬丈雄心已如過眼雲煙完全消失,他和各行省派來的代表一起祝賀
新帝的登基。在新年元旦的執政官任職儀式上(468年1月1日),這位被人
收買的詩人過去雖然受到阿維都斯的愛護和馬西安的器重,現在經友人的
勸說寫出歌頌英雄的敘事詩,讚美安塞繆斯蓋世的功勳和傲人的幸運,祝
福他的第二次出任執政官和未來的勝利。賽東紐斯發表的頌辭現在還流傳
在世,無論就作者的身分和臣民的作為而言,實在令人感到齒冷,但卻是
成功的最佳保證。奉承之詞的立即報酬是畀以羅馬郡守的高位,能夠在帝
國出人頭地,後來更成為受人尊敬的主教和聖徒[55]。

九、基督教興起後羅馬舉行異教慶典的狀況

希臘人懷抱強烈的期許,盼望皇帝的正教信仰就像維夫特(Weft)一樣
虔誠,他們沒有忘記在他離開君士坦丁堡時,把占地廣大的府邸改建為一
個公共浴場、一間教堂和一所收容老人的療養院[56]。但還是發現一些可疑
之處玷污了安塞繆斯在神學領域的名聲。菲羅昔烏斯(Philotheus)是馬其
頓教派的信徒,皇帝從與他的談話中,感染到宗教寬容的精神,因此羅馬

---

55 賽東紐斯坦誠自己的動機,也提到寫作的辛勞和得到的報酬。他在471年成為克
    勒蒙主教。
56 安塞繆斯的府邸位於普洛潘提斯海的兩岸。在九世紀時,狄奧菲盧斯
    (Theophilus)皇帝的女婿阿列克西爾斯(Alexius),獲得允許可以買下這片土地,
    在景緻最佳的地點蓋了一所修道院,就在裡面終其天年。

的異端分子集會都不再受到查禁。奚拉里(Hilary)教皇在聖彼得教堂對此發出無畏而憤怒的譴責，但還是不能讓皇帝廢除這不得人望的恩典。對已成為弱勢團體的異教徒來說，由於安塞繆斯不予查禁和偏袒維護的態度，使他們對未來感到有一線希望。他與哲學家塞維魯斯(Severus)的友誼以及晉升他為執政官，都被說成圖謀要恢復古老的神明崇拜[57]。這些昔日的偶像現今都被打得粉碎，化為塵土；一度是整個民族尊奉為教條的傳統神話，現在也已無人相信，只有當基督徒詩人加以運用時，才不會引起反感和懷疑[58]。迷信的遺跡尚未完全抹除乾淨，像是起源在羅馬奠基之前的牧神節慶典，在安塞繆斯統治期間仍舊在舉行。這種野蠻而簡單的儀式表現出技藝和農業未發展前的早期社會，鄉野的神明掌管辛勤而歡愉的放牧生活，像是潘神、福納斯(Faunus)和一群山林精靈，都是牧羊人幻想的產物，帶著恣情放蕩、運動嬉戲、挑逗好色的意味，他們的法力有限且遊戲人間。可以用一頭山羊來扮演最適當的角色，提供令人滿足口腹之欲的祭品，獻神以後的犧牲把鮮肉割下來用柳枝串起來燒烤。縱情酒色的青年群集在飲宴中，全身赤裸在原野奔跑，手裡拿著皮帶，被觸摸到的婦女將得到多產的祝福[59]。阿卡狄亞人(Arcadian)成為逃避者後*[60]，渴飲清泉，夜宿樹叢，在巴拉廷山深邃之處建立潘神的祭壇。根據傳說，羅慕拉斯和瑞摩斯(Remus)都在此處受到母狼哺乳，在羅馬人眼中，此地因而變得更為神聖與古老。此林木叢生的地點逐漸成為羅馬廣場，四周全是雄偉壯觀的建築物。待帝國都城改變宗教信仰後，基督徒仍舊在每年2月舉行牧神節

57　達瑪修斯(Damascius)是查士丁尼時代的作家，狂熱喜愛柏拉圖學派的異教崇拜。他寫出另外一部作品，包含五百七十個有關靈魂、魔鬼和妖怪等不可思議的故事。

58　在賽東紐斯所寫作的詩歌中，傳說中的神明是主要的角色。如果傑羅姆僅僅為了讀魏吉爾的作品，就受到天使的懲罰，像克勒蒙主教這樣低劣的模仿者，應該讓文藝女神重責一頓才對。

59　奧維德(Ovid，Publius Ovidius Naso，43B.C.-17A.D.，羅馬詩人，作品有《變形記》)很風趣的描述古代的愚行。然而我們對古代仍舊保持尊敬的心理，即使是一個莊嚴的官員，雖然裸體從街道上跑過，也不會成為驚異或可笑的對象。

*60　[譯註]阿卡狄亞人原來是伯羅奔尼撒半島山區的居民，在馬其頓戰爭中為羅馬人整族擄為奴隸，後來逃脫在羅馬城四周流竄。

活動，他們相信這對動物和植物世界的繁衍綿延具有神奇莫測的影響力。
羅馬主教一直要求廢止這種異教習俗，因爲有違基督教的信念，但無法獲
得官員支持。根深柢固的惡習直到五世紀末葉，教皇傑雷休斯（Gelasius）
才把偶像崇拜完全消滅，完成都城的淨化，爲此他特別頒布正式的辯護
書，用來安撫元老院和人民的抱怨之聲[61]。

十、東西兩個帝國合力遠征阿非利加大敗而歸（462-472A.D.）

李奧讓安塞繆斯平分天下而治，所以在公開談話中，一直對西部皇帝
抱有父子之情，愛護備至。就李奧的地位和個性而言，他自己也知道不應
讓屬下陷身阿非利加戰爭的辛勞和危險之中，但東部帝國已竭盡全力，要
將意大利和地中海從汪達爾人的魔掌中救出。堅西里克長久以來從海上或
陸地對敵人施壓，現在面臨的威脅是各方面都受到無法避免的入侵
（468A.D.）。禁衛軍統領赫拉克留斯（Heraclius）勇敢而成功的行動啓開戰
端[62]，埃及、底比斯和利比亞的部隊在他的指揮下登船裝載。馬匹和駱駝
組成的阿拉伯人縱隊，從沙漠中展開陸上行動。赫拉克留斯在的黎波里海
岸登陸，奇襲並攻占行省的城市，如同像過去加圖（Cato）的做法[63]，經過
辛苦的行軍後，準備與皇家的軍隊在迦太基城下會師。損失的信息迫得堅
西里克提出和平的建議，明知沒有效果但卻能讓他伺隙而乘，同時馬塞利
努斯與兩個帝國復交，更使他提高警覺。這位獨立的大公受到說服，承認
安塞繆斯合法的頭銜，所以才陪他一起前往羅馬。達瑪提亞的艦隊可以在

61　巴隆紐斯從梵蒂岡收藏的手稿，發表傑雷休斯教皇的書信。傑拉休斯經常認爲他
　　的敵人是頂著虛名的基督徒，不能對荒謬的傳統低頭讓步。他把這個時代所有的
　　災難，歸咎於這些無害的慶典節期。
62　赫拉克留斯的遠征遭遇很多困難。要拿出相當的技巧，才能夠運用狄奧菲尼斯提
　　供的詳細情節，又不致與樸洛柯庇斯確鑿的證據相抵觸。
63　加圖行軍的起點是塞林行省的貝倫尼斯（Berenice），比起赫拉克留斯從的黎波里
　　要遠太多。加圖通過這片廣大的沙漠地區花了三十天的時間，除了正常的補給
　　品，還要攜帶大量裝滿水的皮袋。這個地區有很多毒蛇，還要帶一些土生土長的
　　賽利人（Psylli），只有他們有技巧將傷口裡的毒液吸吮出來。

意大利的港口停泊，行動積極的馬塞利努斯把汪達爾人從薩丁尼亞島驅走。積弱不振的西部帝國也爲東部羅馬人的巨大準備工作，貢獻出相當的力量。李奧爲了對付汪達爾人，投注鉅資於海上的作戰整備，並欣喜見到成效。這種令人好奇且有教導意義的數據，展示出一個正在衰亡中的帝國所蘊藏的財富。這些經費包括皇帝由私人產業中供應一萬七千磅黃金，並從禁衛軍統領的金庫中徵收和支付四萬七千磅黃金與七十萬磅白銀。但城市都已到達羅掘俱窮的程度，歲收最主要的來源是罰鍰和籍沒，而一個公正廉明又愛民如子的政府，無法使用這種殺雞取卵的手段。總之，整個阿非利加戰爭的費用支出，不論用什麼方式來計算，總額大致是十三萬磅黃金，約等於五百二十萬英鎊，要是從穀物價格來比較，可知那個時代的幣值較現代要高[64]。從君士坦丁堡駛向迦太基的艦隊共有一千一百一十三艘船，士兵和水手的總數超過十萬人。皇后弗瑞娜（Vorina）的兄弟巴西利斯庫斯（Basiliscus）負責這次重要的指揮任務。李奧的妻子過於吹噓他在遠征行動對抗錫西厄人的功勳，但在阿非利加戰爭中，暴露巴西利斯庫斯的罪狀和無能。友人爲了維護他的軍事聲譽，斷言是他與阿斯帕一致同意放過堅西里克，這樣做等於使西部帝國喪失最後的希望。

　　從戰爭的經驗得知，成功的入侵主要是靠著作戰行動的英勇和快捷。遲疑不決會鈍挫出戰之初所具有的實力和銳氣，抵達遙遠的地域在運輸途中逐漸損害部隊的健康和精力，龐大的海軍和作戰部隊一旦無法掌握良機，戰力就會在暗中耗損殆盡。要是把時間全部浪費在談判上，大軍初次抵達時展現出無可抗拒的氣勢，在敵人習慣以後就失去懾人的力量而受到輕視。巴西利斯庫斯強大無比的海上戰力，從色雷斯的博斯普魯斯海峽一路順利航向阿非利加海岸。他的部隊在波那（Bona）角登陸，這個地方也

---

64 樸洛柯庇斯很清楚說明這場戰爭花費的總額，有關細節部分是蒂爾蒙特從拜占庭作家的著作中，經過辛勞的工作所獲得的成果，但是不夠精確也沒有什麼關係。歷史學家馬爾克斯（Malchus）爲公眾的災難而感嘆不已，但是他指控李奧搜刮人民的錢財，然後存放在金庫裡，這點實在不夠公平。

稱麥邱里海岬，離開迦太基大約有四十哩[65]。赫拉克留斯的軍隊和馬塞利努斯的艦隊在會合以後，全部聽命於皇帝所派遣的主將，汪達爾人在海上和陸地的抗拒行動已經完全受到壓制[66]。要是巴西利斯庫斯抓住敵人心驚膽寒的時刻，堅持大無畏的精神向著首府進軍，迦太基就會不戰而降，汪達爾王國難免絕滅的命運。堅西里克眼見大難臨頭，唯一的希望是靠著熟練的欺敵手段，於是他用最尊敬的口吻鄭重聲明，已經將他本人和國土任憑皇帝處置，但是需要五天的休戰時間來安排有關的投降條款。同時大家普遍相信，他私下慷慨的奉獻使公開的協商行動得到所望的要求。有罪或輕信的巴西利斯庫斯並沒有嚴辭拒絕敵人熱切的懇求，同意給予帶來致命後果的休戰，他的防禦工作極不謹慎，似乎顯示他已自認是阿非利加的征服者。就在這短暫的幾天之內，風向變得有利於堅西里克的圖謀。他把最勇敢的摩爾人和汪達爾人配置在大型戰船上，每艘戰船再拖幾條較大的帆船，船上堆放著易燃材料。這些帶來毀滅的船隻在漆黑的夜晚，衝進沒有戒備也毫無顧慮的羅馬人艦隊，他們只有在感覺到立即的危險才驚醒過來。攻擊部隊奉命要把船隻緊密的相互靠在一起，這種狀況有利敵人實施火攻，能夠迅速的蔓延，成為無法撲滅的災害。風的呼嘯助長霹啪作響的火勢，士兵和水手都在胡亂喊叫，根本無法指揮也沒有人遵從命令，在黑夜的混亂中增加恐懼的感覺。羅馬人費盡九牛二虎之力，才脫離火燒戰船的困境，還能保存一部分的海上戰力。堅西里克的戰船拿出收拾殘局的氣概再興攻擊，很多逃脫火焰焚身的羅馬人不是被戰勝的汪達爾人殺死，就是成為俘虜。在這個發生慘劇的夜晚，約翰是巴西利斯庫斯手下的主要軍官之一，發揮英雄的行徑和絕望中奮鬥的勇氣，能夠從這段湮滅的歷史中拯救自己的名聲於不墜。就在他奮不顧身的實施防禦時，船隻完全著火燃燒。他帶著輕視的表情拒絕堅西里克之子根索(Genso)的召降，根索說只

65　這處海岬到迦太基是四十哩，距離西西里是二十里格(一里格相當三哩)。當年西庇阿在海灣遠方另一個風平浪靜的海岬登陸。

66　狄奧菲尼斯證實有很多汪達爾人的船隻沉沒。喬南德斯很肯定的表示，巴西利斯庫斯曾經攻擊迦太基，這可不能當真，只是說說而已。

要他放下武器就會饒他的性命，但他穿著全身冑甲投身到波濤之中，就在沉入深海之前用最後一口氣大聲呼叫，他絕不願活著落在褻瀆神聖的狗賊手中。巴西利斯庫斯的位置遠離危險之外，所以他表現完全不同的行為，在火攻開始就不顧羞恥趕快逃走，在損失一半的人員和船艦以後回到君士坦丁堡，為保住有罪的頭顱，躲在聖索非亞教堂的聖所。他的姊妹哭泣求情，氣憤不已的君王只好法外施恩。赫拉克留斯的退卻經過沙漠地區。馬塞利努斯撤回西西里，後來被他的一個船長殺害，據稱是受到里昔默的唆使。汪達爾國王現在感到躊躇滿志，他已經除去羅馬人這個心腹大患[67]。羅馬帝國的遠征行動失利以後，堅西里克再度成為海洋的主宰，意大利、希臘和亞細亞的海岸地區暴露在報復和掠奪之下，的黎波里和薩丁尼亞回復原來聽命狀況，西西里成為新獲得的行省。他的一生充滿光榮的事蹟，在他老邁年高壽終正寢之前（477A.D.），還能目睹西羅馬帝國的覆滅。

阿非利加的君主在漫長而積極的統治期間，不辭辛勞與歐洲的蠻族建立良好友誼，在適當時機運用他們的武力，轉移兩個帝國對他的敵意。阿提拉逝世後，堅西里克與高盧的西哥德人恢復聯盟關係。老狄奧多里克的幾個兒子繼續統治此好戰民族，他們受到利益驅使，忘懷了堅西里克施加在他們妹妹身上的殘酷暴行[68]。等馬西安皇帝過世，狄奧多里克二世再也無所顧忌，公開違犯與羅馬人簽訂的和平條約，把面積廣大的納邦行省併入自己的版圖內，這種不守信義的行為使他獲得豐富的報酬。里昔默把伊吉狄斯當成最大敵手，這種政策自私短視，等於在鼓勵狄奧多里克入侵伊吉狄斯所擁有的行省。但行動積極的伯爵防守亞耳擊退來敵，後來在奧爾良獲得大勝拯救高盧免於淪亡，終其一生都在阻止西哥德人的擴張行動。西哥德人的野心很快死灰復燃，企圖要終結仍舊據有高盧和西班牙的羅馬

<hr>

67 要是與當代三個篇幅較短的《編年史》加以對照，就知道馬塞利努斯在迦太基附近戰鬥，後來在西西里被害。

68 想要了解狄奧多里克二世和優里克統治時期有關狀況，喬南德斯是最佳的引導者。埃達久斯只提到開頭，後面的發展結束太快。伊希多爾對資料的取捨太過浮濫，而且只關心西班牙的事務。

帝國，幾乎要在優里克（Euric）統治期間完成這件工作（462-472A.D.）。優
里克在謀害他的兄長狄奧多里克後繼位，無論是平時還是戰時，展現出更
爲兇狠的個性和優越的能力。優里克率領一支大軍越過庇里牛斯山，攻占
薩拉戈薩（Saragossa）和潘庇盧納（Panpeluna）所有的城鎮，在會戰中擊敗
塔拉格尼斯行省英勇善戰的貴族，揮軍進入露西塔尼亞的心臟地區，允許
蘇伊威人保有格里西亞王國，但要臣屬於西班牙的哥德君王。優里克在高
盧的行動同樣積極，也同樣有像在西班牙的重大成就。從庇里牛斯山延伸
到隆河和羅亞爾河這片廣大的國土，只有柏利（Berry）和奧文尼這兩個城
市或地區，拒絕承認優里克是他們的君主。奧文尼的居民在防守主要城鎮
克勒蒙時，發揮堅定不移的毅力忍受戰爭、瘟疫和饑饉帶來的災難。西哥
德人放棄毫無成效的圍攻作戰，把最重要的征服工作暫時擱置。伊克笛修
斯（Ecdicius）是阿維都斯皇帝的兒子[69]，像個英雄人物憑著難以置信的勇
氣，使得行省的青年激起高昂鬥志。他只率領十八名騎士發揮奮不顧身的
精神，攻擊哥德人的軍隊，在實施快速的前衛戰鬥後，獲得勝利，毫無損
傷退回克勒蒙城內。他的仁慈精神更勝於英勇行爲，在物資極爲缺乏的時
期，自己拿出錢財養活四千個窮人，運用個人影響力徵召一支勃艮地人組
成的軍隊，前來解救奧文尼之困。信仰虔誠的高盧公民從他所表現的德行
中，獲得安全和自由的希望。只要他們急著追隨伊克笛修斯的權勢，是否
要選擇流亡異鄉或接受奴役，都已無關緊要。但即使是伊克笛修斯的勝
利，也無法轉變即將遭到毀滅的形勢。公眾的信心已經喪失，國家的資源
消耗殆盡，高盧人深信安塞繆斯只想統治意大利，對於阿爾卑斯山這邊受
苦受難的臣民，根本沒有保護的能力。這位兵微將寡的皇帝只能靠一萬兩
千名不列顛協防軍，用來防守廣大的高盧地區。里奧泰穆斯（Riothamus）
是那個大島的獨立國王或酋長，經過說服以後願意將部隊運到高盧大陸，
於是順著羅亞爾河溯流而上，在柏利建立屯紮的軍營。當地人民對暴虐的
盟友一直抱怨不已，後來部隊被西哥德人的大軍摧毀或驅散。

69　伊克笛修斯是阿維都斯的養子，也可能是他的妻子與前夫所生的兒子。

十一、羅馬元老院行使司法權審判阿凡達斯(468A.D.)

　　羅馬元老院行使司法權的最後一幕用在高盧臣民身上，就是對禁衛軍統領阿凡達斯(Arvandus)的審判和定罪。賽東紐斯被控包庇並協助這位國事犯，後來他能安然無事眞是幸運。他用關懷的態度對不幸的朋友表示同情，認爲是他不謹的言行才犯下大錯[70]。阿凡達斯從危險中得以脫身，無法從中獲得教訓反而增加膽大妄爲的信心，不僅沒有痛改前非反而使行爲更不知檢點，所以他的成功比起敗亡更讓人感到意外。他在第二次出任禁衛軍統領時，又獲得五年任期，這次他放棄過去的一貫作風，不再重視施政的治績和民眾愛戴。他輕浮的性格很容易爲諂媚所腐化，爲反對所激怒，被迫把行省視爲戰利品，來滿足那些糾纏不放的債權人。他善變而無禮的態度觸犯到高盧的貴族，最後被群眾的痛恨所淹沒。元老院針對他的違法下達命令，召喚他前去爲自己的行爲提出辯護。他在風平浪靜中渡過托斯卡尼海，充滿幻想認爲未來一定會太平無事。阿凡達斯以統領的位階仍舊受到應有的尊敬，內務大臣弗拉維烏斯‧亞塞拉斯(Flavius Asellus)伯爵很親切的接待他，並沒有將他監禁，這位伯爵住在卡庇多[71]。

　　阿凡達斯被控訴人在後面窮追猛打，高盧來的四位代表無論出身、地位和辯才都是知名之士。他們以這個重要行省的名義，按照羅馬司法審判的形式，提出民事和刑事的控訴，要求對個人的損失給予賠償，以及主持正義對國事犯施以處罰。他們的訴狀對於瀆職的部分不僅項目繁多而且金額龐大，但是他們主要的證物還是靠一封他們攔截到的信，可以解釋也可以證明完全是他的秘書遵照他的指示所寫。寄信人像是規勸哥德國王，不要與希臘籍的皇帝建立和平友好的關係。他建議對方攻擊在羅亞爾河的不

70　這封信使我們感動，同樣也讓我們了解他的狀況。賽東紐斯的散文受到風尚的影響，品味盧僞做作，但總比枯燥無味的詩篇要高明得多。

71　當卡庇多不再成爲一所廟宇，就被地方政府的官員徵用。仍舊有些羅馬元老院的議員住在裡面，所以允許珠寶商在柱廊下展示珍貴的飾物。

列顛人，然後西哥德人和勃艮地人按照雙方的法律將高盧瓜分。像這樣危害國家的圖謀可以視爲大逆不道，就是做爲他的朋友，也只能譴責他的虛榮和衝動來減輕他的罪名。高盧代表富於心機，決定到辯論最緊要的關頭才運用最有力的武器，但是他們的意圖被關心朋友的賽東紐斯所發現，立刻通知毫不知情的罪犯將要面臨的危險。阿凡達斯不僅拒絕且憎恨朋友對他提出有益的勸告，賽東紐斯內心平靜沒有怒意，只是眞誠的惋惜阿凡達斯竟會如此傲慢和狂妄。阿凡達斯像一個執政官候選人那樣，穿著白袍在卡庇多現身，接受亂哄哄人群對他的致意和提供的服務。他到商人的店舖去看絲織品和珠寶，有時像路人帶著無所謂的態度，有時又像顧客裝出很注意的樣子，對於他所面臨的狀況、元老院、君王以及官司的拖延一直不停的抱怨。局勢很快就讓他閉口沒有話好說，他的審判要盡早開庭，阿凡達斯和控訴人在指定的日子來到羅馬元老院，出席人數眾多的會議。高盧的代表穿著樸素的衣物，獲得法官的同情，反觀他們的對手一副光彩和時新的打扮，只會引起大家的憤慨。阿凡達斯和高盧的首席代表直接在議員的長椅上就座，從他們的行爲來看是驕傲與謙恭的對照。這場引人注目的審判，用法律的力量和自由的辯護，表現出古老共和國鮮明的形象。高盧代表傾訴行省的委曲和苦況，等到他們誦讀那封重要的書信，所有在場人員的心情全部激動起來。剛愎的阿凡達斯還是固執己見，死不認罪。他引用很奇特的假定事項，那就是一個臣民除非陰謀僭取紫袍，否則不得判決犯有叛逆罪。在宣讀文件時，他一再大聲承認願意眞誠的和解，等到元老院一致表決他犯下死罪，他非但感到難以置信而且驚惶萬分。元老院的敕令剝奪他的統領位階，他成爲一介平民，被一群禁卒很可恥的押解到國家監獄。在十四天的休會期後，元老院召開會議宣告死刑的判決，但是他在埃斯科拉庇斯島的監獄中，還抱著一線希望。因爲按照古老的法律，即使對於罪大惡極的犯人，還是給予三十天的待決期[72]。他的朋友多方設法，

72　根據法律的規定，死刑宣判以後到行刑只有十天的時間，狄奧多西在位又增加二十天，所以一共有三十天的待決期。

獲得安塞繆斯皇帝的憐憫和寬恕，高盧統領改爲流放和財產充公這個較爲溫和的處分。阿凡達斯的過錯值得同情，但赦免塞洛納都斯（Seronatus）的罪行，共和國受到司法不公的指控。奧文尼的人民提出上訴，最後終於定罪並且公開處決。這位罪不可逭的大臣，等於是那個時代和國家的加蒂藍（Catiline）*73。他與西哥德人保持秘密通信連繫，出賣他所壓迫欺榨的行省，孜孜不倦致力於制定最新的稅則和追查作廢的犯行。他那種令人髮指的惡行如果沒有激起畏懼和憎恨，也一定會讓人感到藐視和不齒74。

十二、安塞繆斯爲里昔默所弑及奧利布流斯的興亡(471-472A.D.)

上面所提到的罪犯還是受到法律制裁，並沒有超越法律範圍之外。但不論里昔默所犯的罪行爲何，這個權勢薰人的蠻族能與君王相爭，也能取得妥協，願意建立聯姻關係。安塞繆斯承諾要給西部帶來和平興旺統治，卻很快爲災禍和傾軋所籠罩。里昔默對於現在有個人權勢高過於他，感到惶惶不安而且無法容忍，因此離開羅馬，把府邸安置在米蘭。這是一個非常有利的位置，對於散布在阿爾卑斯山和多瑙河之間的好戰部族而言75，一方面便於邀請前來相助，另一方面也容易加以拒止。意大利逐漸分裂成爲兩個獨立而相互敵對的王國，黎古里亞的貴族爲迫在眉睫的內戰而驚惶不已，全部投身在大公的腳前，懇求他以大局爲重。里昔默不動聲色用傲慢的口氣回答：「就我而言，我還是願意與這位蓋拉提亞人（Galatian）76保

---

*73　[譯註]加蒂藍出身沒落的貴族家庭，後來成爲羅馬的政治人物，與西塞羅競選執政官失敗，就在意大利各城邦煽動叛亂，後來以陰謀叛國罪在公元前62年被處死。

74　賽東紐斯詛咒昔洛納都斯的罪行，對於他受到懲處大聲讚許，這是一個正直的公民應有的氣憤態度，或許因爲他是個人的仇敵而產生的痛恨心理。

75　安塞繆斯在位時，里昔默在會戰中擊敗並殺死阿拉尼人國王貝爾果（Beorgor）。里昔默的姊妹嫁給勃艮地人國王，同時他跟蘇伊威人在潘農尼亞和諾利孔所建立的殖民區，都維持非常親密的關係。

76　塞爾蒙德(他對《英諾狄斯傳》（Ennodius)所寫的註譯)用「活躍的蓋拉提亞人」這個綽號來稱呼安塞繆斯，皇帝可能生於蓋拉提亞行省。這裡的居民都是高盧-希臘人（Gallo-Grecians），一般人認爲他們兼具野蠻和頹廢兩種惡習。

持友誼。但是,看到我們順從,他就變得驕傲,誰來節制他的驕傲,平息他的怒氣?」他們向里昔默提到帕維亞(Pavia)主教伊壁費紐斯(Epiphanius)[77],不僅人品清貴、才識高超,且有口若懸河的辯才,若擔任使臣從利害關係和婚約親情方面著手,可說服最強烈的反對意見。推薦的人選得到里昔默的同意,伊壁費紐斯本著慈悲為懷的精神願意負起說客任務,毫不延遲立刻前往羅馬,憑著他的地位和聲望獲得隆重接持。主教的說辭是為了和平這點倒是不難了解,他一再重申,無論在任何情況下,要寬恕對方的侮辱和無禮,這樣才是仁慈、寬厚和謹慎之道。他鄭重地規勸皇帝避免與兇狠的蠻族發生衝突,不僅危害到自身安全,也會對國家帶來毀滅。安塞繆斯雖承認他所言不虛,但他對里昔默的行為感到深刻的悲傷和憤怒,這種情感就在談話中不由自主的發洩出來。於是他驚呼說道:

> 這位忘恩負義之徒所提出的任何要求,難道我們曾經拒絕過?對於他所做所為即使讓人怒不可遏,我們難道還不是忍氣吞聲?我願不得紫袍的尊嚴把女兒嫁給一個哥德人,為了國家的安全我甚至犧牲家世和門風。這些應該使里昔默永保忠誠的慷慨,反而激起他用不義的手段來對付他的恩主。難道他沒有掀起各種戰爭來打擊帝國?難道不是他經常唆使和協助那些帶著敵意的民族傾洩他們的憤恨?是不是我現在就得接受他那不忠不義的友誼?他已經違犯作為一個兒子的責任,我還能希望他尊敬這一紙婚約?

但安塞繆斯的怒氣在充滿熱情的宣告中逐漸消失,願意屈從伊壁費紐斯的提議。主教為恢復意大利的和平感到滿意,就回到自己的轄區[78],但雙方的修好是否能真誠維持下去,實在讓人懷疑。皇帝的力量過於弱小

---

77 伊壁費紐斯在帕維亞擔任三十年的主教,要不是他的繼承人英諾狄斯為他作傳,後人都不知道他的平生事功。在這本傳記中特別把他譽為當代最偉大人物之一。

78 英諾狄斯提及伊壁費紐斯充當和事佬的經過,他的敘述難免冗長而又誇張,但是在西部帝國滅亡的過程中,多少可以透露一些不為人知的情節。

迫得只有故示仁慈，里昔默暫時中止野心勃勃的行動，在暗中加強準備項工作，一旦時機成熟，決心要顛覆安塞繆斯的統治。後來和平與忍讓的假面具撕破，里昔默獲得勃艮地人和東方的蘇伊威人大量增援以後，軍隊的戰力更爲強盛。他公開宣布與這位希臘籍的皇帝斷絕所有關係，從米蘭向著羅馬的城門進軍，把營地紮建在阿尼奧河河岸，急著期望奧利布流斯（Olybrius）的來到，把他當成下任皇帝的候選人。

　　元老院議員奧利布流斯出身阿尼西安家族，自認能夠合法繼承西部帝國。他娶華倫提尼安的幼女普拉西地婭爲妻，是在她被堅西里克送回後，她的姊姊優多克西婭仍被留下，如同俘虜一樣成爲堅西里克兒子的妻室。汪達爾國王支持羅馬盟友的公正權利，一面用恫嚇手段，一面提出懇求，並特別指明，若元老院和人民不承認合法的君王，仍擁戴不合格的外鄉人當皇帝，就會引起戰爭[79]。奧利布流斯與國家公敵建立友誼，使他在意大利無法獲得民眾愛護，但里昔默一心想推翻安塞繆斯皇帝，就引誘奧利布流斯成爲皇位候選人，憑著顯赫的身世和皇家的聯姻，一切行動合法，不會被視爲謀逆的叛賊。他身爲普拉西地婭的丈夫，像祖先一樣獲得執政官的高位，大可居住在君士坦丁堡安享榮華，因他欠缺治理帝國的天賦才能，所以感到不必爲帝位而自尋煩惱。但奧利布流斯終屈服在友人的不斷糾纏下，加上他妻子在旁慫恿，遂草率地陷身在內戰的危險和災難中。他接受意大利的紫袍，是因私下取得李奧皇帝的默許，然而他在西部登基稱帝，還是出於那個生性善變的蠻族在背後支持。他無論是在拉芬納還是奧斯夏港登陸，都未遭到絲毫阻礙（堅西里克主宰著海洋），很快到達里昔默的營地，在那裡成爲西部世界的統治者（472年3月23日）[80]。

　　里昔默把前哨從阿尼奧河延伸到米爾維亞橋，因而據有梵蒂岡和賈尼

79　汪達爾人送回優多克西婭和她的女兒，是在馬喬里安過世以後。或許授與奧利布流斯執政官（464A.D.），就是當作聯姻的禮物。

80　奧利布流斯一定是在登基稱帝以後，才會表示明顯的敵意（雖然帕吉不這麼想）。狄奧菲尼斯和帕斯加爾《編年史》很明確認定，李奧事先曾私下默許。我們不知道李奧的動機何在，但在這段信息封閉的時代，很多與公眾有關的重大事件，我們都不清楚它的來龍去脈。

庫隆(Janiculum)，台伯河將這邊與城市其餘部分隔開[81]。傳聞那些擁護奧利布流斯的議員，已從元老院退出，要召集會議形成一次合法的選舉。但元老院多數議員和人民仍舊堅定擁戴安塞繆斯，哥德軍隊給予有效支持，使他延長統治時間。在抵抗三個月後，公眾遭到伴隨而來的災難，饑饉和瘟疾肆虐。最後，里昔默在哈德良橋或稱是聖安基洛(St. Angelo)橋發動兇狠的突擊，哥德人在他們的領袖基利默(Gilimer)戰死前，一直在這處狹窄的通道實施英勇防禦。戰勝的部隊排除前進阻礙，勢如破竹衝進城市中心，安塞繆斯和里昔默的內爭摧毀羅馬至萬劫不復的境地(這是當代一個教皇的說法)。命運乖戾的安塞繆斯從躲藏處被拖出來，毫無人性的女婿下令將他殺死(472年7月11日)，這是第三位或第四位在他手上犧牲的皇帝。軍隊的士兵和黨派的暴民聯合，行為就像蠻族一樣兇殘暴虐，不受約束到處燒殺擄掠。這些奴隸和平民所形成的暴民，根本不理會當前處境，只想趁機搶劫，整個城市呈現出嚴苛的殘殺和縱情的放蕩這種極為怪異的對照[82]。此帶來巨大災難的事件，除了罪惡毫無光榮可言。事後不過四十天，僭主里昔默得病暴斃(472年8月20日)，意大利才獲得絕處重生的機會。里昔默把指揮軍隊的權力給他的外甥，甘多柏德(Gundobald)是勃艮地人的一個諸侯。這次重大變革的主要當事人都在同一年內相繼離開人世，奧利布流斯的統治不過七個月，他的死亡(472年10月23日)並沒有顯示出遭受暴力侵犯的跡象，後裔只有與普拉西地婭所生的一個女兒。狄奧多西大帝的家族從西班牙遷移到君士坦丁堡，都是靠著女性的傳承得以延續不絕，現在已經是第八代[83]。

---

81 奧古斯都把羅馬分為十四區，只有賈尼庫隆此區位於台伯河向著托斯卡尼這邊。但五世紀時，梵蒂岡此區發展成相當規模的城市。根據教會的分布狀況，當時的教皇辛普利修斯把羅馬分為七個教區，其中有兩個在聖彼得教堂這邊。想把此事說清楚，需寫冗長論文，才能指出我不同意納汀尼(Nardini)這位博學的羅馬人之處。

82 當維斯巴西安的部隊攻打羅馬破城而入以後，士兵在獸性大發之下各種不幸的慘劇都會發生。時代的變革會帶來同樣的災難，但是時代雖然會周而復始，也不見得會產生一個塔西佗，能把當前的狀況加以描述。

83 阿里賓達斯(Areobindus)娶查士丁尼皇帝的姪女為妻，應是狄奧多西二世的第八代子孫。

十三、格利西流斯和尼波斯的接位及歐里斯特斯的崛起(472-476A.D.)

意大利處於帝位空懸任由無法無天的蠻族四處爲患時[84]，李奧在御前會議對西部選出新的君主極表關切。弗瑞娜皇后加緊運作要光大自己的家族，她曾將一個姪女嫁給朱理烏斯‧尼波斯(Julius Nepos)，而尼波斯繼承叔父馬塞利努斯統治達瑪提亞，比起西部皇帝的虛名具有更大的實權，他被弗瑞娜皇后說服接受紫袍。拜占庭宮廷的行事作風不僅軟弱無力且優柔寡斷，當安塞繆斯甚至奧利布流斯逝世數月後，所指定的繼承人才帶著大隊人馬出現在意大利臣民眼前。這段期間，格利西流斯(Glycerius)是一個籍籍無名的軍人，被他的恩主甘多柏德授與帝位。但勃艮地君主既無能力也無意願用內戰來支持他的人選，而且他要在國內遂行自己的野心，於是越過阿爾卑斯山回到高盧[85]。失去保護的格利西流斯願意用羅馬的權杖交換薩洛納主教的職位。處理完畢這位競爭者後，尼波斯皇帝受到元老院、意大利人和高盧省民的承認。大家異口同聲稱讚他的德行操守和軍事才能，任何人只要從他的政府獲得好處，就用預言的口吻宣布，尼波斯會使臣民重新恢復幸福的生活[86]。他們的希望(要是還有人心存這種希望的話)不過一年就消失無蹤，在尼波斯短促而屈辱的統治期間，唯一的重大事項是簽訂和平條約，把奧文尼割讓給西哥德人。意大利皇帝爲了獲得國內的安全，犧牲高盧最忠誠的臣民[87]。但這種安寧的局面，很快爲蠻族同盟軍憤怒的叛亂所侵犯。他們在將領歐里斯特斯(Orestes)的指揮下，全速

84　西部帝國最後一次變革，在狄奧菲尼斯、喬南德斯、馬塞利努斯《編年史》，以及一個不知名作者所留的殘篇，華勒休斯放在阿米努斯作品的後面，都曾經隱約提到這件事。要不是福提烏斯(Photius)帶著惡意加以刪減，我們可以從馬爾克斯和康迪達斯(Candidus)所寫當代歷史中，獲得更多第一手資料。

85　甘多柏德在他的兩位兄弟被殺或病故以後，單獨繼承勃艮地王國。由於內部發生爭執，這個王國很快滅亡。

86　尼波斯將大公的頭銜賜給伊克笛修斯，過去安塞繆斯曾經有過承諾。

87　尼波斯派伊壁費紐斯爲使臣去見西哥德人，目的是要確定每年貢金的數量。他用悲慘的談話來掩飾可恥的秘密，立刻激起克勒蒙主教充滿正義的指責。

從羅馬向著拉芬納進軍。尼波斯爲叛軍的接近而戰慄不已，他對拉芬納的防禦能力沒有信心，趕快逃上他的船隻，退回亞得里亞海對岸的達瑪提亞公國。他經過這次可恥的遜位後又多活了五年，一直到在薩洛納（Salona）被背義的格利西流斯殺死前，始終處於皇帝和放逐者之間這種很曖昧的狀況。爲了獎勵格利西流斯的罪行，他被升爲米蘭的總主教。

被征服民族在阿提拉死後都揚起獨立的大纛，根據他們的領土權和戰爭的成果，在多瑙河以北的廣大地區，或是在多瑙河與阿爾卑斯山之間的羅馬行省，建立起自己的國家。其中最勇敢的年輕人受到召募，組成一支稱爲「同盟軍」的軍隊，用來保衛意大利安全，也給人民帶來難以言喻的恐懼[88]。在這雜亂混合的群體中，以赫魯利人、錫里人、阿拉尼人、圖西令吉人（Turcilingi）和魯吉亞人明顯占有優勢。歐里斯特斯是塔圖拉斯（Tatullus）的兒子，也是西部最後一個羅馬皇帝的父親，拿這些武士當作效法的榜樣[89]。前面已提過歐里斯特斯的歷史，知道他並沒有背棄自己的國家，憑著身世家財使他成爲潘農尼亞最顯赫的臣民。當行省割讓給匈奴人，阿提拉成爲合法統治者，他進入宮廷服務，擔任阿提拉的樞密大臣，一再被派到君士坦丁堡出任使臣，代表專橫的國君提出種種要求。等征服者去世，歐里斯特斯恢復自由之身，保持超然立場，拒絕追隨阿提拉的兒子退回錫西厄的曠野，也不聽從東哥德人的命令，他們現在已篡奪整個潘農尼亞地區。他情願在意大利的君主手下服務，因這些君主都是華倫提尼安的繼承人。歐里斯特斯具有英勇和勤勉的稟性，且作戰經驗豐富，所以在軍事生涯的升遷非常迅速，後來獲得尼波斯的寵信，拔擢成爲大公及軍隊主將。部隊長久以來就尊敬歐里斯特斯的爲人處事和大權在握。他對於部隊也非常關切，經常與將士用自己的方言交談，與各部族的酋長都是多年的好友，已經建立密切的關係。於是在他的請求之下，大家拿起武器反

88　我們從樸洛柯庇斯得知是傭兵覆滅西部帝國。一般人的意見和當時的歷史學家都產生錯誤的看法，認爲奧多西是一個異鄉人和一個國王，是他帶著自己的子民，一支外國人組成的軍隊侵入意大利。

89　華勒休斯只是把時間弄錯了，但我們可以相信他的斷言，阿提拉的樞密大臣就是奧古斯都拉斯的父親。

對出身寒微的希臘人，這位不得人望的君王竟敢要求他們聽命從事。當歐里斯特斯基於一些秘密的動機，不願穿上紫袍登基，這些酋長就順水推舟擁護他的兒子奧古斯都拉斯（Augustulus）成為西部帝國的皇帝。尼波斯退位以後，歐里斯特斯懷抱雄心壯志，現在已抵達希望的頂峰，但就在第一年的終了，立刻發現有一場叛變起來反對自己，就像過去他反覆灌輸的違犯誓言和忘恩負義完全一模一樣。意大利的統治完全操縱在傭兵的手裡，種種翻雲覆雨的變化全視他們的選擇，如果君王不願當聽話的奴隸，就要成為立即的犧牲者。這些異鄉人都是危險的盟友，他們欺壓和侮辱羅馬人最後僅餘的自由和尊嚴。在每次帝位興亡更替的變革之中，他們為了支付的代價和應有的特權而爭執，那種無禮犯上的姿態已經到達無法忍受的程度，然而這些傭兵還在羨慕高盧、西班牙和阿非利加的同胞得到更多的好處。勝利的軍隊建立獨立自主和永遠傳承的王國，於是這些傭兵部隊堅持他們絕對的要求，立刻劃分意大利三分之一的領土。歐里斯特斯居於完全不同的立場，所秉持的精神讓人感到欽佩，他的選擇是寧願迎戰一支武裝起來的蠻族群眾，也不願陷無辜的人民於水深火熱的災難之中。於是他拒絕接受這種厚顏無禮的要求，反而使野心勃勃的奧多瑟（Odoacer）獲得有利的藉口。這個膽大包天的蠻族向那些戰友提出保證，如果大家敢拋棄成見聯合起來接受他的指揮，他會立刻為大家討回公道，畢竟合乎禮法的請願不能就這樣受到否決。在意大利所有的軍營和城防部隊的駐防地點，同盟軍抱著同樣的希望發出憤怒的吼聲，很快集結在深得軍心的首領所張開的旗幟之下。不幸的歐里斯特斯為這股勢不可當的狂流衝倒，在倉促之中退守帕維亞這座防衛嚴密的城市，神聖的聖靈顯現派教徒（Epiphanites）在這裡設置主教的座堂。帕維亞立即受到圍攻，防禦的工事全部被摧毀，市鎮受到洗劫，雖然主教費盡力氣總算獲得相當成效，教堂的財產受到保護，女性俘虜的貞節不受侵犯，只有處死歐里斯特斯才能平息暴亂[90]。他

90　英諾狄斯增加樸洛柯庇斯敘述的分量，雖然我們懷疑是否真是魔鬼的圖謀要圍攻帕維亞，好讓主教和他的教民受苦受難。

的兄弟保羅在拉芬納附近的作戰中被殺，剩下毫無希望的奧古斯都拉斯不再獲得奧多瑟的尊敬，反而要懇求他大發慈悲。

十四、奧多瑟在意大利的勝利和西羅馬帝國的滅亡（476-490A.D.）

這個獲得勝利的蠻族是艾迪康（Edecon）的兒子，前一章曾提到艾迪康的功績，那時他是歐里斯特斯的同僚，涉及謀害君王的叛逆事件，被免除使臣職位。但他及時悔悟，要不就是早有圖謀，不僅能將功贖罪，且獲得阿提拉賞識，擢升到引人注目的高位。他指揮的部隊要輪替護衛皇家的村莊，錫里人的部族成為他的臣民，雙方關係親密且可傳承。等各族開始叛亂，他們還是追隨匈奴人。十二年後，又提到艾迪康的光榮事蹟，在寡不敵眾的狀況下與西哥德人展開鬥爭，經過兩場犧牲慘重的會戰，錫里人被擊敗，四處星散[91]，英勇的首領在經歷部族重大的災害以後，無法偷生於世，留下兩個兒子奧努夫（Onulf）和奧多瑟，繼續與當前的苦難奮鬥不息，在他們流亡外國期間靠著搶劫和提供軍旅服務，來維持忠實的追隨人員。奧努夫直接投效君士坦丁堡，等到他殺害心胸寬闊的恩主以後，玷污他在軍旅生涯所獲得的名聲。他的兄弟奧多瑟領導所屬在諾利孔的蠻族當中，過著漂泊不定的生活，無論是他的個性還是運道都適合最艱辛的冒險事業。當時整個國度最得眾望的聖徒是塞維里努斯（Severinus），奧多瑟為了要決定未來的前途，就虔誠的拜訪聖徒隱居的小室，懇求他的認同和祝福。低矮的門戶容不下奧多瑟魁偉的身材，他只有彎腰躬身進入室內。聖徒從謙卑的姿態看出他的前途無可限量，會創造偉大的事功，就用預言的口氣向他指示：「前往意大利去追求心中的目標，你會立刻脫去這身襤褸的袍服，獲得的財富可以使你發揮慷慨的天性[92]。」這個蠻族有大無畏的

91　布瓦已經明確交代奧多瑟的家世出身和冒險事蹟，我幾乎也要相信他就是洗劫安吉爾（Angers）的同一個人物，而且在大洋上指揮一支薩克遜海盜的船隊。

92　華勒休斯引用聖塞維里努斯傳記，今尚有抄本存世，內含很多世人未知而很有價值的史料。聖塞維里努斯死後三十年，他的門徒優吉庇斯（Eugippius）撰寫這本傳記。

精神，不僅接受也證實聖徒所說的預言，獲得允許爲西部帝國提供軍旅服務，很快獲得很高的職位，負責警衛工作。他的言行舉止逐漸變得高雅，軍事素養也有很大的進步。意大利的同盟軍沒有選他擔任將領，倒不是奧多瑟的勇氣和才能不夠標準[93]，他所建立的功勳使大家一致擁戴他成爲國王。但是在他的統治期間，一直拒絕穿著紫袍和冠冕[94]，以免觸怒各部族的諸侯。他們的臣民在不意之中混雜起來，組成一支戰無不勝的軍隊，經過時間的同化和策略的需要，在不知不覺中形成一個偉大的民族。

　　蠻族對皇權非常熟悉，意大利歸順的人民毫無怨言準備服從權威。奧多瑟在運用時還是以西部皇帝代理人自居，但他決心廢除這個無用又浪費的職位，這完全是古老傳統所遺留的負擔，因此需要膽識和洞察力才能找出更方便的運作方式。時運不佳的奧古斯都拉斯成爲自取其辱的工具，他向元老院表示退位之意，會議用最後的服從行爲尊重羅馬君主的決定，仍舊體現出熱愛自由的精神和憲法的形式。元老院一致通過敕令，要將一封書信送給季諾（Zero）皇帝，他是李奧的女婿和繼承人，在經歷一場爲時短暫的叛變後，恢復秩序，登上拜占庭的寶座。羅馬元老院嚴正聲明：

　　　　放棄有關的權利和意願，不再在意大利繼續帝位的傳承。就他們的意見，認爲只要有一個君王，憑著他的權威可以同時照顧和保護東部和西部。元老院用他們和人民的名義，同意整個帝國的中樞應該從羅馬轉移到君士坦丁堡。他們單方面很自私的放棄選擇主子的權利，剩餘的權威中唯一留下來的遺物是通用於世界的法律。共和國（他們提到這個名字一點都不感羞愧）完全信任奧多瑟在政府和軍事方面的能力和德行，同時元老院很謙卑的懇請，皇帝只要授與他大公的頭銜，以及統治意大利行政區的權力。

93　狄奧菲尼斯說奧多瑟是哥德人，可以肯定他在意大利接受教育和栽培，同時強烈表示他精通拉丁文，可見他曾長期在皇家衛隊服務。
94　奧多瑟的頭銜從理論上來說就是國王，但沒有加上民族和國家的字號。

君士坦丁堡帶著不滿和氣憤的態度接待元老院的代表團。當他們觀見季諾時，他嚴辭指責西部竟如此對待安塞繆斯和尼波斯兩位皇帝，這是在意大利懇求之下東部才同意選派。「你們謀殺第一個皇帝（季諾繼續說道），然後又把第二位皇帝趕走，但是現在他還活著，應該是你們合法的君主。」但是謹慎的季諾立刻放棄復位這種不切實際的想法，何況只有一個皇帝可以使他的虛榮心獲得滿足，他的雕像能在羅馬光榮的樹立。他的表現雖然曖昧，但還是抱著友善與奧多瑟大公通信的念頭，同時很高興接受皇家的徽章標誌，以及寶座和皇宮的神聖裝飾，這些都是蠻族恨不得趕快從人民眼前移走的東西[95]。

從華倫提尼安去世這二十年的期間，連續有九位皇帝喪生或垮台。歐里斯特斯的兒子獲得推選完全靠著年輕英俊，就這一點值得後人的注意。如果他的統治不是標示著西羅馬帝國的滅亡（476年或479A.D.），那麼在人類歷史上就沒有留下任何可資紀念的事蹟[96]。身為大公的歐里斯特斯在諾利孔的佩托維奧（Petovio），娶了羅慕拉斯（Romulus）伯爵的女兒為妻，為自己的兒子取奧古斯都（Augustus）這個名字雖說是羨慕權勢，但是這在阿奎利亞是常用的綽號。然而這個城市和這個國家兩位最偉大的奠基者，他們的稱號竟會很奇特的集合在最後這繼承人的身上[97]。歐里斯特斯的兒子僭用並侮辱了羅慕拉斯·奧古斯都（Romulus Augustus）這個名字，但希臘人把第一個名字訛用為摩邁拉斯（Momyllus），而第二個名字，拉丁人為輕視起見加上表示「小」的語尾詞，就成為奧古斯都拉斯（Augustulus）。心胸豁達且仁慈的奧多瑟饒了無害年輕人的性命，讓他帶著全家離開皇

---

95 馬爾克斯負起元老院交付的特別任務，出使去見季諾，我們為他感到遺憾。一件無名作者的殘本以及節錄康迪達斯著作的摘要，同樣可以說明這件事情的始末。

96 西部帝國滅亡的精確年代，一直無法獲得定論，世俗認定的時間是476年，顯然來自可信的編年史記載。但喬南德斯指出有兩個年代，就把這個重大的歷史事件延後到479年。雖然布瓦忽略他所提出的證據，還是產生很多附帶的情節，用來支持喬南德斯的說法。

97 我們可以提出一個著名而且很類似的案例，羅馬帝國最卑賤的臣民僭用顯赫的名字帕垂休斯（Patricius）。等到愛爾蘭改信基督教以後，這個名字就傳遍整個民族。

宮，並固定賜給他六千金幣的年金，指定康帕尼亞的盧克拉斯（Lucullus）城堡做為他放逐或退休的住處。羅馬人從布匿克戰爭的辛勞中喘息稍定，就為康帕尼亞的美景和歡愉所吸引。老阿庇西的鄉間住屋位於利特隆（Liternum），展現出農村簡樸作風的永恆[98]。那不勒斯灣令人心曠神怡的海岸滿布別墅，蘇拉（Sylla）讚賞他的對手見識高人一等。莊園位於高聳的麥西儂海岬，在每一邊都可以控制陸地和海洋，涵蓋的範圍延伸到遙遠的地平線。過了幾年以後，馬留的別墅為盧克拉斯買下，價格從兩千五百英鎊猛漲到八萬英鎊[99]。新主人用希臘的藝術和亞洲的財富把住所裝飾得美輪美奐，盧克拉斯的府邸和花園在皇家的宮殿中，獲得首屈一指的聲譽[100]。等到汪達爾人在海岸地區肆虐，位於麥西儂海岬的莊園逐漸加強防衛的力量，成為堅固的城堡，西部最後的皇帝在此過著退隱生活。這重大的變革後又過了二十年，莊園改為教堂和修道院，供奉著聖塞維里努斯的遺骨，在破敗的辛布里人（Cimbric）和亞美尼亞人戰勝紀念碑中，過著與世無爭的平靜日子。直到十世紀初葉，這些遺留的堡壘可能成為撒拉森人危險的庇護所，就被那不勒斯的人民夷為平地[101]。

十五、羅馬精神的淪喪和奧多瑟統治意大利的狀況(476-490A.D.)

奧多瑟是首位統治意大利的蠻族，治下的臣民自命不凡，處處覺得高

98　參閱塞尼加雄辯滔滔的演說辭。這位哲學家可能會想到，人世的奢華是相對的。就是老西庇阿也被粗俗的當代人士指責犯下了奢華的惡習，而他自己的言行舉止，因為不斷學習和與知識分子交談的關係，已經變得非常文雅。

99　要是以當時的幣值來算，就是從七萬五千個德拉克馬暴漲到兩百五十萬個德拉克馬，然而就算產業屬於馬留所有，那麼他的退休生活也是無比的奢華。羅馬人嘲笑他的怠惰，但很快就悲悼他竟然開始行動。

100　盧庫拉斯在貝宜（Baiae）、那不勒斯和塔斯庫隆（Tusculum）還有莊園，外表看起來形狀各異，但是豪華和壯觀的程度則不相上下。他誇口說他改變住家的天候環境，就像鸛鳥和大鶴隨著季節遷移一樣。

101　塞維里努斯在公元482年死於諾利孔，門徒將其遺體護送至意大利，轉運途中不斷發生奇蹟。一個尼阿波里坦（Neapolitan）的貴夫人非常虔誠，將聖徒供奉在盧庫拉斯的莊園，也就是奧古斯都拉斯退位以後居留之處，此時他早已不在了。

人一等。羅馬人受到莫大恥辱，的確令人由衷同情；但墮落的後代裝出一副悲傷和氣憤的樣子，卻讓人感到憐憫。但是意大利災難不斷，逐漸剝奪了羅馬人自由與光榮的高傲意識。在羅馬事功鼎盛時期，行省被共和國的武力降服，市民也受到共和國法律管轄。這些法令後來被內部的爭執摧毀，城市和行省也變成暴君任意處置的私產，憲法的形式原本是用來緩和或掩飾奴役的作用，也在不知不覺中為時間和暴力所消滅。意大利人對於他們藐視或厭惡的君主，始終為他們的蒞臨或離去感到哀怨。人民在連續五個世紀內，受到縱兵殃民的軍事統治、任性善變的專制政體和無所不在的高壓策略所帶來的無窮痛苦。就在同一時期，蠻族從卑微和屈從的狀況中脫穎而出。日耳曼和錫西厄戰士被引進行省，羅馬人處在他們的羞辱或保護之下。這些蠻族一開始是作為奴僕或同盟，但最後卻成為主子。人民的憤恨為畏懼所鎮壓，反倒尊敬好戰首領的精神和權勢。他們被授與帝國的高位，羅馬的命運依靠在無可匹敵的外鄉人手中所執的刀劍。堅毅的里昔默立足在意大利的廢墟之上，雖沒有國王的頭銜，卻已在行使君主的權力，逆來順受的羅馬人在無形中已準備接受奧多瑟和後續各蠻族的統治。

　　意大利國王奧多瑟被勇氣和機運推上高位，實在是名正言順足可當之無愧，養成溝通的習慣逐漸泯滅兇暴的天性，雖然身為征服者又是一個蠻族，但能夠尊重臣民的制度甚或他們的偏見。經過七年統治後，奧多瑟恢復西部的執政官，他自己出於謙虛或高傲的心態，拒絕接受此一榮譽頭銜，不像東部的皇帝還繼續保有。元老院的首席元老連續由十一名最有聲望的議員擔任[102]，名單中因有受人尊敬的巴西留斯（Basilius）而倍增光彩。他的人品及德行都獲得賽東紐斯的友誼和感恩的讚譽，而且賽東紐斯曾經做過他的部從[103]。皇帝頒布的法令能嚴格執行，意大利的民政權力仍

---

102 帕吉或者是穆拉托里發現執政官的登記名冊，執政官由奧多瑟或元老院提名，顯然要獲得東部帝國的認可。

103 賽東紐斯‧阿波利納里斯將他那個時代（468A.D.）居於領導地位的兩位元老院議員吉內狄斯‧阿維努斯（Gennadius Avienus）和昔西納‧巴西留斯（Caecina Basilius）加以比較。就公眾服務和私人生活而言，他指出前者虛有其表而後者腳踏實地。有位年輕的巴西留斯，可能是他的兒子，在480年出任執政官。

掌握在禁衛軍統領及他的下屬官員手裡。奧多瑟將引人反感的徵收稅賦工作授與羅馬官員負責，但把及時施惠給民眾的角色保留給自己運用[104]。他與其餘蠻族一樣信奉阿萊亞斯異端教義，但尊敬教士和教會神職人員。正統基督徒保持沉默，證明他們還能享用宗教寬容政策。為保持城市安寧，需要郡守巴西留斯插手選擇一個羅馬主教，發布詔書限制教士讓渡土地，最終目標是在保障人民權益。他們基於信仰的虔誠，為修復損毀的教堂要負擔沉重的財務壓力[105]。意大利受到征服者的武力保護，邊界獲得高盧和日耳曼蠻族的尊重，不像過去在軟弱的狄奧多西家族統治下，長期受到騷擾。奧多瑟渡過亞得里亞海去懲處刺殺尼波斯皇帝的兇手，獲得達瑪提亞此一濱海行省。他越過阿爾卑斯山，從居住在多瑙河彼岸的魯吉亞人國王法瓦(Fava)或稱菲勒蘇斯(Feletheus)手中，奪回剩餘的諾利孔地方，在戰場擊敗並俘獲國王，大量俘虜和臣民又回到意大利的懷抱。羅馬遭受長期的戰敗和羞辱，現在受到蠻族主子的統治終於可以揚眉吐氣[106]。

　　儘管奧多瑟行事謹慎又獲得成功，他的王國卻呈現悲慘和荒涼的淒苦景象。從提比流斯時代起，意大利感受到農業的衰敗，有人難免要就這個題目抱怨，說是羅馬人的生存完全靠風向和海浪的幫助。在帝國分裂和衰亡的過程中，埃及和阿非利加停運每年進貢的穀物，居民人數隨著生活必需品的減少而下降。整個國家因戰爭、饑饉[107]和瘟疫帶來無法挽回的損失，已是民窮財盡。聖安布羅斯(St. Ambrose)看到昔日人口稠密、繁榮興旺的城市，像是波隆那(Bologna)、莫德納(Modena)、雷吉姆(Regium)和普拉森提亞，現已殘破不堪，心中難免感慨。教皇傑雷休斯是奧多瑟的臣民，他用誇張的語氣宣稱，伊米里亞(Aemilia)、托斯卡尼及鄰近幾個行

---

104 伊壁費紐斯替帕維亞的人民向奧多瑟求情，國王施恩蠲免五年的稅賦，後來又將他們從禁衛軍統領貝拉基斯(Pelagius)的壓迫之下解救出來。

105 過十六年後，教皇敕馬克斯在羅馬宗教會議，指責巴西留斯的處理程序不合常規。

106 輔祭保羅以及卡西多流斯和庫斯皮尼安(Cuspinian)兩種編年史，都簡略提到奧多瑟的戰爭。優吉庇斯所撰聖塞維里努斯的傳記，布瓦伯爵很用心研究，特別舉出諾利孔的毀滅和巴伐里亞人所遺留的古蹟。

107 饑饉在意大利肆虐時，正當赫魯利人國王奧多瑟突然入侵。一個法國詩人用動人的散文和詩篇加以敘述。我不知道他從那裡獲得這方面的資料，但我非常確定，他所描寫的狀況不符真實的歷史。

省,幾乎已是人煙絕滅。羅馬的平民靠主子餵養,等到過往的慷慨供應無
法維持,只有坐以待斃或流亡他鄉。藝術沒落使得勤奮的工匠整日遊手好
閒,生活沒有著落。元老院議員在國家受到摧殘時,原本還抱著極大耐心
加以支持,後來都爲喪失家產和奢華的生活而悲傷不已。龐大的地產中有
三分之一被征服者據爲己有,只能歸類爲意大利的荒廢土地。這種傷害因
帶來的羞辱而更爲加重,實際感受的痛苦因擔心大禍臨頭而變得更難忍
受。看到土地被分給成群新來的蠻族,每個議員都憂慮萬分,生怕專橫的
測量員來到他們喜愛的別墅,或是收穫豐盛的農莊。那些最不幸的人們無
力反抗,只有保持沉默,爲了生存,對饒過他們性命的暴君,還應該懷有
感激之情。既然他是羅馬人命運的最高主宰,對留給他們的一份財產,應
該看成純粹出於善意所賜予的禮物[108]。奧多瑟的審慎和仁慈緩和意大利的
苦難,原來他曾許諾,要用滿足任性和喧囂群眾的需要,做爲他擢升國君
的代價。蠻族國王常受到當地臣民的反抗、推翻或謀殺,然而意大利有形
形色色的傭兵隊伍,集結在一個他們選出的將領之下,便能享有更大的行
動自由和掠奪特權。一個王國若缺乏民族向心力和世襲繼承權,很快就會
解體崩潰。奧多瑟在統治十四年後,受到東哥德國王壓迫,狄奧多里克的
才華比他更高。總之,奧多瑟的才能無論是作戰藝術或政府管理,都稱得
上是一個英雄。他重建一代的和平與繁榮,名聲至今尚爲後人稱頌。

---

108 像這些話題只能用來讓人獲得安慰或是勸人多加忍耐,西塞羅在凱撒的軍事專制
    之下,也用這些話向他的朋友帕皮流斯‧庇都斯(Papirius Paetus)提出暗示。不
    過,對羅馬哲學家來說,對於「活著的價值」這個題目一直引起強烈的爭辯,他
    們主張要有自由選擇生和死的權利。

逸邐巴拉廷山的凱撒宮殿

農業是手工業的基礎，
天然的產物是各種工藝品的原材料，
濫用的行為被冠上奢侈浪費的惡名，
歷代以來受到有道之士的嚴厲譴責。
要是每個人都只有生活的必需品，
棄絕無用的冗物，
必將有益人類的德行和幸福。

第三十七章

寺院生活的起源、過程及其影響　蠻族信奉阿萊亞斯
教派依皈基督教　汪達爾人在阿非利加的宗教迫害　阿
萊亞教派在蠻族中遭到禁絕（305-712A.D.）

　　我深深了解到政府和教會事務的關係密切，已到達無法分離的狀況，
促使我先行說明基督教的發展、迫害、建立、分裂、最後獲得成功和逐漸
腐敗的過程。我有意延後兩件重大宗教問題的研討，不僅有助於人性的研
究，對羅馬帝國的衰亡也極關緊要，那就是其一爲修院生活的創立[1]，其
二爲北方蠻族的皈依。

一、修院生活的起源以及安東尼的事蹟 (305A.D.)

　　繁榮與和平產生世俗和修行這兩類基督徒的區分。行事鬆散和瑕疵難
免的宗教活動可以滿足一般民眾的需要，君主或官吏、軍人或商賈，要求
熾熱的情緒和絕對的信仰，能與自己從事的職業、追求的利益和放縱的心
意相互調和一致。但是那些服從甚至濫用福音書嚴格教條的苦修者，被野
蠻的信仰狂熱所鼓舞，把人類看成罪犯而將上帝尊爲暴君。他們在所生存
的年代，用嚴正的態度拋棄世俗的事務和人間的歡樂，完全戒除飲酒、吃
肉和婚姻，懲罰自己的肉體、抑制自己的欲念、要用悲慘的痛苦生活來換

1　托馬森(Thomasin)和艾里歐(Helyot)非常用心討論修院制度的起源。這兩位作者
　　不僅學識淵博而且態度誠懇，就這個題材的全盤考量提出不同的見解，然而生性
　　審慎的新教徒根本不相信天主教徒的指點，倒是可以參閱賓漢(Bingham)所著
　　《古代的基督徒》一書第七卷。

取永恆的幸福。在君士坦丁統治時期，苦修者逃離瀆神而墮落的人世，進入永遠隔絕之地或宗教團體，就像耶路撒冷最早的基督徒一樣[2]，拋棄塵世的財產不再使用。他們把相同性別和意念的人員聚集在一起，組成群體的社區，自稱為隱士、僧侶或苦行僧，表明他們要孤獨退入天然或人為的荒漠之中。他們很快受到所鄙視的塵世給予的尊敬，毋須理性和科學，在神性哲學中獲得最高的讚譽，遠超過辛勤工作的希臘學派。這些僧侶在藐視財富、痛苦和死亡方面可與斯多噶派一比高下，畢達哥拉斯學派的沉默和順從在他們奴性的紀律中復活，也和犬儒學派一樣堅定不移，厭惡文明社會的形式和禮儀。但是這些神聖哲學的門徒渴望建立更純潔和更完美的模式，他們踏著先知的足跡前進一直退隱到沙漠[3]，恢復虔誠奉獻和沉默靜觀的生活方式，這是巴勒斯坦和埃及的艾森尼(Essenians)教派所創立。普里尼用哲學的眼光帶著詫異的神色觀察這個孤獨的民族，他們居住在死海附近的棕櫚樹叢之中，生活沒有物質慾念，不靠女性繁殖後代，憑著對人類的厭惡和悔恨，可以永遠獲得自願前來參加的同道。

埃及是眾多迷信的發源地，為僧侶的修院生活提供第一個範例。安東尼(Anthony)是生活在下蒂貝伊斯(Thebais)地區一個不識字的青年[4]。他分散所有的家產[5]，拋棄自己的家庭和鄉土，運用前所未有而且一無所懼的宗教狂熱，開始過著苦修的悔罪生活(305A.D.)。他在一處墓地和破敗的塔樓上，度過一段長時間的痛苦見習期後，大膽越過尼羅河向東在沙漠裡跋

2　卡西安(Cassian)認為這就是「團體派」僧侶制度的起源，但是後來慢慢衰落，直到安東尼和他的門徒又恢復這種生活方式。

3　加爾默羅(Carmelites)修會獲得先知以利亞的譜系，知道是合於常規的繼承。羅馬和西班牙的宗教裁判法庭，使得法蘭德斯(Flanders)的耶穌會教士對褻瀆神聖的批評保持沉默，所以加爾默羅修會才將以利亞的雕像，樹立在聖彼得教堂。

4　古代和現代的人士都認為安東尼根本是無知之輩，但是蒂爾蒙特表示不同的看法，說是安東尼使用母語可以讀和寫，這裡所指的母語是古代的科普提克(Coptic)語文，他只是對希臘字母一竅不通而已。哲學家辛尼休斯非常清楚，憑著安東尼的天賦才華，毋須借助一般的學識。

5　這裡說到他的產業有三百個阿羅拉(Arura)；一個阿羅拉的面積等於一百個埃及肘尺的平方，而一個肘尺無論哪個時代都等於二十二吋，所以一個阿羅拉相當於四分之三英畝。

涉三天，發現一個僻靜的地點，可以提供樹蔭兼有水源之利，最後才定居在靠近紅海的柯爾辛（Colzim）山。這裡有座古老的修道院，仍舊保存這位聖徒的姓名和對他的懷思[6]。基督徒與眾不同的虔誠信念，使他趕著進入沙漠深處。當他不得不在亞歷山卓現身時，面對人群能謹慎而莊嚴維護自己的名聲，阿泰納休斯贊同他的教義，雙方建立深厚的友誼。這個埃及農民曾婉拒君士坦丁皇帝對他很客氣的邀請。德高望重的教長（安東尼高齡達一百零五歲）親眼看到自己的榜樣和教導獲得豐碩的成果。眾多的僧侶居地在利比亞的沙漠、蒂貝伊斯的山岩和尼羅河的城市，迅速發展開來。亞歷山卓南邊的山區和附近的尼特里亞（Nitria）沙漠，群居著五千名苦行僧。旅客仍然可以查看五十個修道院所留下的遺址，安東尼的門徒建立在這塊不毛之地。上蒂貝伊斯地區空曠的塔本尼島（Tabenne）[7]，居住著帕克繆斯（Pachomius）和他的一千四百位同教兄弟。這位神聖的修道院院長前後共建立九個男修道院和一個女修道院，在復活節的慶典中，可以同時集結五萬名教友。他們全部奉行聖潔的紀律，建築宏偉和人口眾多的大城奧克林克斯（Oxyrinchus），是正統基督教會的中樞，把很多的廟宇、公共建築物，甚至連城市的壁堡，全都奉獻出來做為禮拜和慈善之用。這位主教可以在十二個教堂講道，管理著一萬名女修道士和兩萬名男修道士[8]。埃及人對這奇異的變革感到無比光榮，竟然希望而且相信僧侶的數目已與其餘的人民相等。過去曾有人提到這個國家的神聖之物何其多，那麼後人也可以拿來應用，說是在埃及找神比找人更要容易。

6　傑羅姆和昔卡爾（Sicard）都敘述過這座修院，兩者不完全吻合，神父的描述憑著幻想，而耶穌會的教士是基於經驗。

7　塔本尼是尼羅河一個小島，在坦提拉（Tentyra）或登德拉（Dendera）教區之內，位於現代市鎮杰爾吉（Girge）和底比斯古老遺跡之間。蒂爾蒙特懷疑它是否是個島嶼，但是我可以從現有的事實推斷，最早的名字是寶（Bau）或帕寶（Pabau），後來用來稱呼大修道院。

8　魯方努斯計算此地有十二座教堂，阿米努斯提到奧克林克斯時抱著很尊敬的態度，他說那裡的居民在壯麗宏偉的廟宇裏崇拜一條小魚。

二、修院生活的推廣和迅速發展的原因 (328-370 A.D.)

　　阿泰納休斯向羅馬推薦僧侶生活的有關知識和實行辦法(341A.D.)。
那些爲此一新哲學啓開學院之門的安東尼門徒，陪伴著他們的主教進入神
聖的梵蒂岡。外貌陌生而野蠻的埃及人起初會引起人們的畏懼和厭惡，最
後成爲大家頌揚和仿效的對象。元老院的議員以及有錢的貴夫人，全都把
自己的府第和莊園改建成宗教場所，古代廟宇的廢墟和羅馬廣場的中心現
在全都是修道院[9]，使得規模狹小的六位處女灶神祭司制度不禁相形失
色。一個名叫希拉里昂(Hilarion)的敘利亞青年[10]，拿安東尼作榜樣，在離
加薩約七哩處於大海和沼澤之間的海灘上，安置荒涼的住所(328A.D.)。
他堅持四十八年的悔罪苦修，同樣把信仰的熱情播散開來，每當他起身前
往拜訪巴勒斯坦眾多修道院時，總有兩三千名苦修僧追隨這位聖者。巴西
爾(Basil)[11]在東部的教會歷史上有不朽名聲，就他的知識而言曾經在雅典
學習和研究，就他的野心而論即使凱撒里亞大主教的職位也難滿足，然而
他卻退隱到本都一處蠻荒之地(360A.D.)，打算很快爲黑海沿岸大量接受
基督信仰的教友制定教規。土爾的馬丁[12]在西部有極大名聲(370A.D.)。
他是軍人、隱士、主教和聖徒，建立高盧的修道院，死時有兩千名門徒送
葬。爲他作傳的歷史學家辯才無礙，對於蒂貝伊斯的沙漠產生藐視之心，
認爲在氣候條件較佳狀況下，無法磨練出更優秀的教士品質。就僧侶發展
的過程而論，不管是傳播的速度還是普及的範圍，較之於基督教本身也不

9　傑羅姆只是偶而提到他把修院生活推薦到羅馬和意大利。

10　同樣這位作者用欽佩的口吻談及寶拉、希拉里昂和馬爾克斯的事蹟，這些令人愉
　　悅的作品唯一的缺陷是沒有事實根據，不合常情。

11　巴西爾最早的隱退地點是艾里斯(Iris)河岸的一個小村莊，離開新凱撒里亞不遠。
　　他在十到十二年的修院生活中，經常爲長時間的神召所困惑。他所訂定的苦修戒
　　律，其眞實性如何使有些學者產生爭論，但是客觀的證據最有說服力，他們只能
　　證實，一個眞正的狂熱分子才能完成這項工作。

12　蘇庇休斯・塞維魯斯很權威的提到，羅馬的書商最高興販賣馬丁的通俗作品，可
　　很快售完。

遑多讓。帝國每一個行省以及後來的每一個城市，到處都充滿愈來愈多的
僧侶。從勒林斯（Lerins）到利帕里（Lipari）所有托斯卡尼海上荒無人煙的孤
島，全被苦行僧選作自願流放的地點。整個羅馬世界各行省之間有方便的
海路和陸路相通，從希拉里昂的平生事蹟來看，一個窮困的巴勒斯坦隱士
很容易穿越埃及，乘船抵達西西里，在伊庇魯斯（Epirus）逃避塵世，最後
到塞浦路斯島定居下來[13]。拉丁區域的基督徒擁戴羅馬的宗教規章制度，
到耶路撒冷朝聖的進香客，在氣候迥異故鄉的遙遠國度，很熱中於模仿此
地的修院生活。安東尼的門徒越過熱帶地區，遍布在衣索匹亞這個基督徒
帝國。位於夫林特夏（Flintshire）的班克爾（Banchor）修道院有同教弟兄兩
千多人，他們在愛爾蘭的蠻族中間建立很多傳教的居留地。愛奧納（Iona）
是赫布里迪斯（Hebridcs）群島中的一個島嶼，愛爾蘭的僧侶在那裡定居下
來，使北國地區出現一絲科學和迷信的光芒[14]。

　　這些不幸的放逐者為陰森而無可抗拒的迷信神靈驅使，離開正常的社
會生活。他們的決心受到數百萬人支持，這些人無分男女老幼和階級地
位，全是虔誠的信徒；每一個進入修道院大門的改宗者都相信，要踏上一
條艱辛的道路才能走向永恆的幸福[15]。像這種宗教動機所產生的後果，經
常由每個人的性格和境遇所決定。理性可降低宗教動機的影響，感情也會

13　當希拉里昂從帕利托尼姆（Paraetonium）乘船到帕凱努斯角（Cape Pachynus），他付
　　的船費是一本福音書。波蘇米安（Posthumian）是高盧僧侶，到埃及遊歷過，他發
　　現乘坐商船從亞歷山卓到馬賽，行程的時間是三十天。阿泰納休斯為了把他所寫
　　的《聖安東尼傳》寄給外國的僧侶，只有加緊著述，好趕上船隊發航的時間。

14　愛奧納或稱海伊（Hy）或哥倫比克爾（Columbkill），雖然不算貧瘠，面積卻很小，
　　只有兩哩長一哩寬，但名聲極為響亮：(1)、島上有一座建於566年的聖哥倫巴
　　（St. Columba）修道院，院長對卡里多尼亞的主教有特定的管轄權。(2)、修道院
　　有一所收藏古典書籍的圖書館，有希望可以看到李維的全集。(3)、修道院的墓
　　園埋葬蘇格蘭、愛爾蘭和挪威的六十位國王，他們都想安息在聖地。

15　克里索斯托為了推崇修院生活和為它辯護，特別寫出三本書（本篤會編成第一大
　　卷）。方舟的例子給他很大的鼓勵，竟敢宣稱除了這群特別的選民（指僧侶）沒有
　　人會得救，在其餘方面他變得比較仁慈，同意天國也區分不同的等級，就像太
　　陽、月亮和星星一樣。他拿國王和僧侶做很鮮明的對照，認為國王的報酬不多但
　　是懲罰很嚴（說起來不怎麼公平）。

發生同樣作用,但這些動機對兒童和女性不夠堅定的心志,會產生更強烈
的吸引力。個人暗藏心中的悔恨及偶而遭遇災難,使得宗教的說服力加
強,這些動機從塵世的虛榮和利益的考量中獲得更大的幫助。有人認
爲,這些虔誠而謙卑的僧侶爲獲得救贖,不惜放棄塵世生活,最夠資格
擔任基督教的屬靈管理工作。有些隱士抱著勉強的態度被人從窯洞裡拉
出來,在民眾的歡呼聲中,被推上大主教寶座。埃及、高盧及東部的修
道院接連出現不少聖徒和主教,野心立即發現秘密通道,可引導用來獲
得財富和榮譽[16]。眾望所歸僧侶的盛名與整個派系的成功密不可分,都竭
盡全力增加追隨者的數量。他們用曲意奉承的方式進入高貴和富有的家
庭,以各種阿諛和誘導的手法,拉攏對修院增加財富和地位的入教者。憤
怒的父親爲失去唯一的兒子而悲傷不已[17],無知的少女爲出世的虛榮所惑
不惜違反自然法則,還有一些貴夫人放棄家庭生活的懿德,妄圖追求虛幻
不實的無上完美。寶拉(Paula)聽從傑羅姆舌燦蓮花的說辭[18],用褻瀆神聖
的「上帝之泰水大人」稱號[19],誘使名聲響亮的寡婦讓自己的女兒優斯托
契姆(Eustochium)奉獻守貞。寶拉在精神導師的勸說和陪同下,捨棄羅馬
和年幼的兒子,退隱到伯利恆神聖的村莊,在那裡建立一所醫院和四間修
道院。她的施捨和悔罪在正統基督教會獲得顯赫高位。這樣一個極其稀有
且著名的悔罪者,被當成那個時代的光榮和範例,受到人們頌揚。但在
每個修道院中擠滿出身卑下的平民,他們從教會所得遠超過他們在塵世
所做的犧牲。農民、奴隸和工匠可以進入此一光榮而安全的聖職,逃脫
貧窮和卑賤的處境。而且僧侶表面看來生活清苦,由於習俗的影響、公眾

---

16 根據托馬森和馬比雍(Mabillon,Jean,1632-1707A.D.,教會學者、古物學家和歷
    史學家)的看法,教會逐漸將僧侶納入聖秩制度的一部分。

17 米德頓(Middleton)博士毫無根據的責怪克里索斯托的言行和作品,說他憑著辯才
    無礙,支持修院生活不遺餘力,獲得很大的成效。

18 傑羅姆那位信仰虔誠的貴夫人,成爲他作品中最重要的部分。他那篇〈寶拉的墓誌
    銘〉,實在是精心推敲又過分誇耀的頌辭,一開始就是荒謬到極點的肉麻話:「若
    我身體的器官都變成舌頭,若我的四肢都能發出聲音,然而我也無法……。」

19 魯方努斯非常憤慨的責問他的對手,像這樣褻瀆和荒謬的字句,到底是從哪篇異
    教的詩歌裡抄襲來的?

的讚揚和暗中違犯教規，使得難以忍受的環境能夠得到緩和[20]。羅馬的臣民無論是本人還是財產，都要負擔不公平而且過度的稅賦，只有用這種方式免於帝國政府的壓迫。那些怯懦的青年寧願到修院去苦修，也不肯過危險的軍旅生活。有如驚弓之鳥的各階層省民，在逃脫蠻族的傷害後，可在那裡找到安身立命之地。可編組成很多軍團的人力都躲藏在宗教的聖所裡，也就是這些可以紓解個人困苦的因素，在減弱帝國的力量和強度[21]。

三、基督教修道院的各種規章制度和生活方式

古代的僧侶職業是自願虔誠獻身的活動，有些宗教狂熱分子的信仰並不堅定，擔心受到被拋棄的上帝永恆的報復。但是修道院的大門始終為悔罪的人敞開，有些僧人基於理性和感情使自己的信仰堅定專一，可以過著常人和公民一樣的生活，甚至就是基督的配偶也可以合法擁有塵世的情人[22]。各種醜聞的案例和迷信的過程，使人不禁想起強力的限制是很適合的行為。在經過適當的審查以後，新入教者的忠貞在隆重和永恆的誓言裡獲得保證，無可反悔的誓約得到教會法規和國家法律的批准，犯罪的逃亡者會被追趕、逮捕、重新關到永恆的監牢。政府官員的干預有時可以壓制任性的行為，在某種程度上可以緩和修院戒律的奴役作風。僧侶的行動、言語、甚至思想都受刻板的規則[23]或嚴苛的尊長所律定，極其微小的

20　多明我(Dominican)修會的托缽修士在卡地茲(Cadiz)時，暫時借居在同道的修道院裡，休息的時刻從未受到夜間祈禱的干擾。

21　皇帝想要善盡國家和個人的職責，但國家安全的脆弱長堤被迷信的洪流沖毀。就查士丁尼的作為而論，很多方面讓僧侶喜出望外。

22　就馬爾克斯的例證以及卡西安和他的友人的企圖來看，可以證明他們有無可置疑的自由。伊拉斯繆斯(Erasmus，Desiderius，1466-1530，人道主義者)在《聖傑羅姆傳》中已經很委婉加以敘述。

23　本尼迪克特‧阿尼阿尼努斯(Benedict Anianinus)蒐集古代的手抄本教規，是僧侶的改革者在九世紀初葉所撰。盧卡斯‧賀斯廷紐斯(Lucas Holstenius)在十七世紀刊行，包括三十種不同的規則適用於男士或婦女，這裡面有七種來自埃及、一種來自東方、一種來自卡帕多西亞、一種來自意大利、一種來自阿非利加、四種來自西班牙、八種來自高盧或法蘭西、一種來自英格蘭。

過失立即受到糾正，運用的方式是譴責禁閉，或是額外禁食及血腥鞭笞。抗拒命令、口出怨言或拖延誤事都看成最嚴重的罪行[24]。要盲目聽從修道院長的指示，無論是多荒唐無稽甚或違紀犯法，而這卻是埃及僧侶管理準則和品格要求，甚至他們的耐性也受到異常的考驗。他們常被指派去移動一塊極大岩石；認眞爲插在地上一根枯乾的手杖澆水，一直澆到第三年讓它像一棵樹那樣發芽開花；走過一個燃燒的火爐；或把他們的嬰兒丟進深池。就是有一些聖徒或瘋子，能通過毫不在意且一無所懼的服從，在教會的歷史中成爲不朽人物[25]。思想的自由是泉源，可產生寬闊的心胸和理性的情緒，但全被盲從和習慣摧毀殆盡。那些惡行如同奴隸的僧侶，虔誠追隨著教會暴君的信仰和情緒，東部教會的平靜受到一群狂熱信徒的侵犯，他們膽大包天毫無理性，行事殘酷讓人髮指。皇家軍隊奉命鎭壓時竟然毫不羞愧的承認，就是遭遇最兇狠的蠻族，也不會讓他們更爲擔驚受怕[26]。

僧侶極爲怪誕的服裝是基於迷信的決定而形成[27]。但是他們在外表上獨特之處，在於一成不變追隨簡單的原始式樣，經過時代的變遷以後，在一般人眼裡看來就感到十分可笑。本篤會（Benedictines）的教長公開反對服裝要挑選式樣或考慮好壞，他認眞規勸所有門徒盡量穿國內通用的服裝，只要質地粗糙和獲得方便就好。古代僧侶的穿著隨氣候條件和生活方式而有所不同，對埃及農民的羊皮大襖和希臘哲學家的斗篷披風都毫不在意。他們也可以使用埃及的亞麻布，在埃及不過是便宜的國內產品，但是在西部卻拒絕這種奢侈的外國貨。僧侶從來不剪髮也不刮鬍鬚，用布巾包著頭以免爲邪惡陰靈所見，除了極爲寒冷的冬天通常都光著腿和腳部，用

24　西方通常運用哥倫巴努斯（Columbanus）的規則，觸犯輕微的過失要責打一百鞭。在查理曼大帝以前的時代，院長濫用權力可以砍去僧侶的肢體，挖去他們的眼睛。沒有一種懲罰比地牢或墓穴更爲殘酷和恐怖，那是以後的事。

25　耶穌會教士羅斯威德（Rosweyde）曾編纂成巨冊供修道院運用，他蒐集所有分散的文章，編成兩部内容繁雜的索引。

26　賈丁（Jotin，John，1698-1770，歷史學家和神學家）博士提到卡帕多西亞的僧侶引起反感的勇氣，可以證明克里索斯托將他們放逐是確有其事。

27　卡西安只有詳盡描述埃及僧侶的服裝，索諾曼賦予這些寓意和德性。

一根長手杖支持著緩慢而吃力的腳步。一個眞正的苦行僧外表既可怕又可厭，他們認爲凡人類所嫌惡的感覺必爲上帝所接受。塔本尼的神聖戒律譴責用水洗身和塗油的衛生習慣。苦修的僧人在地面、硬板或粗糙的毛毯上睡覺，一紮棕櫚葉片在白天當坐墊，夜晚就是枕頭。他們的住處原來都用輕便材料搭成狹小低矮的茅篷，可以用街道把這些住所劃分開來，形成巨大而且人口眾多的村莊。在四面的圍牆之內有一間教堂和一所醫院，也許還會有一間圖書室，幾間必要的辦公室，一個花園、以及供應用水的一處流泉或一口水井。三十或四十名兄弟組成教規和飲食各異的家庭，埃及一般較大的修道院包含三十或四十個家庭。

　　僧侶的詞彙把歡樂和罪惡視爲同義語。他們從經驗知道嚴格的齋戒和節制的飲食，才是防止肉欲之念有效之道。他們奉行或強制的節食規定並非永久不變，愉悅的五旬節慶典可用來調劑大齋節特別嚴格的齋戒禁食，也使新成立的修道院過分的宗教狂熱得以慢慢緩和下來。高盧人有強烈的食欲，不可能效法埃及人堅忍而溫和的德行[28]。安東尼和帕克繆斯的門徒能滿足[29]於每天十二英兩定量的麵包或餅乾[30]，分爲份量少得可憐的兩餐，中午和夜間各吃一次。拒用修院食堂提供煮過的蔬菜，這被視爲美德受到尊敬，也被認爲是應盡之責。但院長有時會格外開恩讓大家飽食一頓奶酪、水果、沙拉和尼羅河的小魚乾。等到後來食物的範圍慢慢加大，海魚和河魚都獲得允許也有人食用，但肉類在很長時間內還只限於病人和旅客。等到肉類逐漸在歐洲一些戒律不嚴的修院廣爲採用後，立即產生一些奇異的區分，譬如鳥類不論是野生或家養，都比田野較大的動物更爲潔淨。清水是早期僧侶最純正的飲料，本篤會創辦人正好處在縱酒無度之

28　在西方以哥倫巴努斯所運用的規則最爲嚴峻，他在貧窮的愛爾蘭接受教育，才會如此的苛刻和剛毅，就像埃及以節儉知名一樣。塞維爾的伊希多爾所訂的規則最溫和，假日還供應肉類。

29　霍華德(Howard)的《監獄狀況》一書提到：「犯人只能喝水不能飲酒，至少每天能有一磅半的麵包。」

30　一小塊麵包或餅乾只有六盎斯重，獲得「習於窮苦」的美稱。不過，帕克繆斯在食物的分量方面會放寬，但是會按照進食的多少增加工作的份量。

時，受到風氣的影響同意每人每天可飲用半品脫的葡萄酒，不久就感到後悔不已。意大利的葡萄園很容易供應這點需要，他那些獲勝的門徒在越過阿爾卑斯山、萊茵河和波羅的海時，要求喝到同份量的烈酒或蘋果酒。

想成爲僧侶的候選人渴望達到福音書要求的貧窮美德，在第一次進入共同生活的社會時，必須放棄單獨占有任何私產的念頭，甚至連名義都要丟掉[31]。同教兄弟一起勞動，這種責任當成悔罪和鍛鍊加以讚揚，更重要的是作爲每日賴以糊口的工具[32]。勤勞的僧侶會在森林和沼澤邊開墾，成爲一個菜園或一片田地，運用雙手耕種，極有成效。他們樂意服行奴隸和傭工的勞役，還有幾種行業要用來滿足服裝、器具和住屋的需要，一個大修道院都能自行辦理。修院的學習絕大部分傾向於加深迷信的程度，而不是驅散迷信的濃霧。然而，有些學識淵博的個人出於求知欲望或宗教熱誠，會深入研究神學甚至是瀆神的科學。後代的人懷著感激之心承認他們的善舉，用永不厭倦的筆保存希臘和羅馬不朽的文獻，並且將這些名著廣泛流傳到世界各地[33]。但是那些出身卑微的僧侶，特別是在埃及，他們勤勞的工作是製造各種木屐，或者用棕櫚葉片編成草墊和籮筐。要是內部人員過多無法全部安排工作，就會派出去做生意來支持僧侶社區的需要。塔本尼和蒂貝伊斯的修道院都有船隻，沿著尼羅河順流而下，可以抵達亞歷山卓。在基督徒的市場上，像這類身分的神聖工人，更增加勞動的價值。

但體力勞動的需要逐漸被取代，新加入的僧侶期望將財富託付給聖徒，決心要與聖徒終生爲伴。在極爲有害的法律縱容之下，他們獲准在未

31　西方的僧侶不得有私人財物，嚴格禁止有「我的」書、「我的」外衣或「我的」鞋子這種表達方式，哥倫巴努斯的規則是責打六鞭。《修道院規則》一書的作者用諷刺的筆調，嘲笑現代的修道院過於講究美食，但他不知道古代的狀況也同樣荒謬。

32　托馬森和馬比雍是教會學術研究的大師，用嚴肅的態度考查僧侶的日常工作。前者把它看成是僧侶的功德，而後者認爲是他們應盡的責任。

33　馬比雍蒐集很多奇特的事例，證明他的前輩無論在東方還是西方都從事文藝工作。聖馬丁的門徒在埃及古老的修道院抄寫書籍，卡西多流斯允許僧侶有很寬廣的學習範圍。要是他們的筆有時會從克里索斯托和奧古斯丁，漫遊到荷馬和魏吉爾，我們也不必表示出憤慨和驚駭的樣子。

來接受捐贈和遺產，而且可以自行運用[34]。梅拉尼婭（Melania）捐獻三百磅重的銀盤，寶拉爲贊助心儀的僧侶所欠下的龐大債務。這僧侶把禱告和悔罪的功德，全歸之於一個富有而又樂善好捐的罪人[35]。知名的修道院不停擴大到鄰近的鄉村和城市後，擁有的地產與日俱增，就是偶發的意外事件也不會使財富減少。在制度建立後頭一個世紀，不信上帝的諾昔繆斯（Zosimus）帶著惡意表示，基督教僧侶爲照顧窮人利益，使得社會大多數人都淪爲乞丐。只要他們還保持原有熱忱，就會不負所託親任慈善事業忠誠的管事，但經手太多的金錢會敗壞他們的紀律，逐漸擺出富豪的高傲姿態，最後縱情於奢侈花費。他們公開的靡費可當成宗教儀式排場的藉口，還有更正當的理由要爲不朽的修院興建耐久的住所。但每個時代的教會都會對不守清規的僧侶提出指控，他們不再記得戒律的要求，全心追逐塵世的虛榮和情欲的樂趣，這些都是他們誓言棄絕的身外之物[36]。而且他們很可恥的揮霍教會的財富，這些是創始者和後人經過歷代的辛苦所累積[37]。這種自然的墮落過程，從痛苦危險的善舉淪入人類普遍存在的惡行，這狀況就一個哲學家的看法，是必然的結果，因而無法激起他的悲情和憤怒。

早期僧侶的生活要在悔罪和孤獨中度過，在不受干擾的狀況下所有的時間排滿各種工作，積極行使合理的社會職能。不論什麼時候獲准踏出修道院的範圍以外，都會有兩個帶著猜忌之心的隨伴陪同，相互監視並伺察彼此的行爲，回來以後要立即忘掉在塵世所見所聞，更不許向他人提起。

---

34 托馬森曾經探索民事法、教會法和普通法的變革狀況。現代法蘭西認爲僧侶已被宣告死亡，所以剝奪他們所有的繼承權利。

35 梅拉尼婭想要記下禮物的價值，一個名叫帕波（Pambo）的僧侶給予發人深省的回答：「妳是要把禮物送給我還是奉獻給神？如果是奉獻給神，祂能將山岳放在天平上稱重，所以不需妳來告訴盆子的重量。」

36 第六次宗教大會限制女性在男修道院過夜，同樣男性也不得在女修道院留宿。第七次宗教大會禁止修建男女兩性混雜的修道院，但是從巴爾沙蒙（Balsamon）所發表的看法，這種禁令形同具文。

37 我不知在那裡聽到或讀過，說是一個本篤會的修道院院長坦承：「我發誓守貧使我每年得到十萬克朗收入，我發誓服從使我升到統治君王的高位。」我忘記他發誓守貞會有什麼結果。

信奉正統教義的外來客人，在隔離的房舍接受親切的款待，但是與客人之
間危險的交談只限於經過挑選的年長僧人，他們的言行謹慎而且信仰堅
定。除非有僧人在場，否則身爲修院的奴隸不能接受朋友和親戚的來訪。
要是有人拒絕與親人見面或交談，竟然使年幼的姊妹和老邁的雙親痛苦萬
分，就會被視爲無上美德而受到眾人的推崇[38]。僧侶在一生中沒有知心之
交，所處的群體完全是偶然狀況下形成，就像出於外力和偏見囚禁在同一
個監獄裡。遁世的狂熱信徒很少有思想和情感可以與人溝通，經過院長的
特許規定相互訪問的次數和時間。他們在靜寂之中用餐，全部都包著頭
巾，彼此不能親近交談甚至到視而不見的程度[39]。學習可以解決孤獨的痛
苦，但是修院的社會充滿農民和工人，過去並未受過教育，無法進行任何
啓發思想的學習。他們可以努力工作，但是追求精神完美的虛榮使他們輕
視靠體力的勞動。要是引不起個人的興趣，勤奮就會變質成爲怠惰無力。

　　每個人按照信仰狂熱的程度，白天用高聲禱告或默禱在個人的私室裡
度過。他們在傍晚集會，夜間被叫起來參加修道院的公開禮拜儀式。埃及
晴朗的天空很少有烏雲掩蓋，準確的時間完全由星辰的位置來決定。每天
兩次響起粗獷的號角或喇叭聲，做爲敬神禮拜的信號，打破沙漠地帶無邊
的寂靜[40]。睡眠是不幸的人們最後的庇護所，甚至連這個也受到嚴格的限
制。僧侶的空閒時間沉重向前滾動，沒有任何要處理的事務，更沒有消遣
作樂的閒情。就在每天結束之前，總要抱怨太陽的移動何其緩慢[41]。在這
種了無生趣的情況下，迷信還要追逐和折磨極爲可憐的信徒[42]。他們在修

38　皮爾(Pior)是一個埃及僧侶，他同意他的姊妹來看他，但在整段期間都閉上眼睛。

39　帕克繆斯的規則第七、八、二十九、三十、三十一、三十四、五十七、六十、八
　　十六和九十五條，對靜默和苦修有非常嚴格的要求。

40　卡西安在所著《制度》一書的第三卷和第四卷，長篇大論探討僧侶的白晝和夜間
　　的祈禱，他不斷提到祈禱文，說是一個天使指示給塔本尼的修道院。

41　卡西安根據自己的經驗，敘述僧侶經常嘆息自己的孤獨，就會在心志和身體方面
　　表現出倦怠和冷漠的態度。

42　年輕的斯塔吉流斯(Stagirius)將他的誘惑和苦難，傳給他的朋友聖克里索斯托。
　　每位聖徒一生之中總會產生類似的狀況，像是耶穌會的創始人，名聲顯赫的伊尼
　　果(Inigor)或稱伊格納久斯(Ignatius)，就有過這種值得紀念的經驗。

院中僅能得到的休息時間，要被延時的懺悔、瀆神的疑慮和犯罪的欲念所
干擾。他們把一切自然的衝動都視爲無可赦免的原罪，只能在永遠冒著烈
焰的無底深淵邊緣顫抖不已。這些可憐的犧牲品長期在疾病和絕望的痛苦
中掙扎，只有瘋狂或死亡才能獲得解脫。耶路撒冷到六世紀才建立一所醫
院，收容一小部分自我要求極爲嚴苛的悔罪者，這些人已陷入神智不清的
地步[43]。他們的幻覺在到達狂亂的程度之前，可以提供大量與迷信有關的
史料。他們已經走火入魔，相信在呼吸的空氣中充滿看不見的敵人，還有
無數的魔鬼在尋找機會，變化成各種不同的形象來敗壞他們未能刻意防備
的德行，有時還使用脅迫的手段。無論是想像還是感覺，都爲失去節制的
幻影所欺騙。有些隱士在極度睏倦的狀況下作午夜祈禱，很容易把恐怖或
歡樂的幻象，混雜在時而沉睡時而清醒的夢境之中[44]。

四、僧侶的分類和苦行僧的行爲模式

　　僧侶分兩大類：一種是遵守紀律過正常生活的團體派(Coenobites)；
還有就是逃避社會離群索居的苦修派(Anachorets)。這類靈修弟兄中最虔
誠而且意志最堅定者，不僅棄絕人世也同樣摒除修道院。在埃及、巴勒斯
坦和敘利亞最受歡迎的修道院，四周被勞拉(Laura)[45]所圍繞，這是一圈相
距甚遠的地下囚室。在大眾的喝采和效法之下，這些隱士的奇特悔罪行爲
在當時非常盛行[46]。他們在十字架和鎖鏈的重壓下痛苦的過活，精瘦的肢
體上套滿生鐵鑄造的沈重頸圈、臂鐲、手銬和腳鐐，所有多餘的衣物當成

43　我曾經讀過這樣的報導，說是「有些」僧侶沒有向院長吐露出他們所面對的誘
　　惑，因而疑似自殺。我認爲有「很多」僧侶這麼做。

44　參閱卡西安的第七和第八校勘本，他一本正經的查問，爲什麼從聖安東尼以後，
　　魔鬼的活動和數量顯著減少。羅斯威德對《修士傳》(Vitae Patrum)一書製作冗
　　長的附錄，指出各種不同的地獄景色，魔鬼要是扮成女性形象那才是勢不可當。

45　托馬森對這些小室有詳盡的記載，吉拉昔繆斯(Gerasimus)在約旦的荒野建立他的
　　修道院，一座有七十個小室的勞拉跟著一起蓋好。

46　狄奧多里克蒐集三十個苦行僧的傳記和神蹟，編成内容豐富的大部頭書籍。伊發
　　格流斯很簡短的推崇巴勒斯坦的僧侶和隱士。

累贅被厭惡的拋棄。這些無分男女過著未開化生活的聖徒,赤裸的身體全靠自己的長髮形成自然的遮掩,格外讓人異口同聲加以讚譽。他們渴望回歸到粗陋而悲苦的狀態,墮落到原始的人類與同屬的動物沒有多大區別。苦行僧有許多派別的名字來源,根據他們與牛羊一樣在美索不達米亞草原上吃草的習慣而獲得[47]。有些野獸成為他們模仿的對象,他們就經常占用這些野獸使用的巢穴作為住室,或者把自己埋藏在人工挖成或自然形成的岩洞中。在蒂貝伊斯的大理石採石場,從刻在石頭上的痕跡可以找到他們悔罪的紀念物[48]。最有成就的隱士被認為可以很多天不進食,很多夜不入睡,很多年不說話。要是有人設計出一個非常特殊的囚室或坐處,讓使用者擺出最不舒服的姿勢,暴露在最嚴酷的天候之下,那麼這個人(我不該用「人」這個字)將獲得最大的榮譽。

五、柱頂修士西門的事蹟和對後世的影響 (395-415 A.D.)

在過著僧侶生活的英雄人物當中,柱頂修士西門(Simeon Stylites)發明一種空中悔罪法,不僅大名鼎鼎而且永垂不朽。這位年輕的敘利亞人在十三歲時,就丟掉牧羊人的行業,投身到管理嚴厲的修道院中,經過很長一段痛苦的見習期,其中有幾次虔誠的自殺而獲救。後來他在安提阿東邊相距三、四十哩的山嶺,安置好自己的住處,在一圈石柱圍成的空間之內,用鐵鏈將自己鎖住,先爬上九呎高的石柱頂端,逐次上升到六十呎的高處[49]。在最後這個頂點的位置上,敘利亞的苦行僧經歷三十個炎夏和寒冬。習慣和訓練使他身處危險的頂端不會感到畏懼和暈眩,能用各種姿態向神祭拜,有時站直身體張開雙臂,擺出十字架的形狀高聲禱告。但他最常用的姿勢,是一次又一次不停把枯乾的身體向後反折過去,額頭擺在腳

---

47 偉大的聖伊弗倫(St. Ephrem)為這些吃草的僧侶撰寫一篇頌辭。

48 昔卡德帶著驚奇和虔誠的態度探查下蒂貝伊斯的洞穴,裡面的銘刻都是古老的敘利亞文,阿比西尼亞的基督徒使用這種字母。

49 伊發格流斯指出柱頂的面積狹小,只有二肘尺或三呎見方,這與理性、事實和建築的規則矛盾。人們從地面看上去,視覺很容易產生失誤。

背上。有一個好奇的參觀者，連續數了一千兩百四十四次以後，不知何時結束，才沒有再數下去。他的大腿上長了一個潰瘍[50]，可以縮短他過神聖的生活，但對他沒有造成妨害，這位毅力堅強的隱士至死沒有離開柱頂。一個帝王要是任性使用這種酷刑，就會被人稱為暴君。但一個暴君絕無此種能力，讓忍受殘酷暴虐的受害者，可以度過如此漫長的痛苦生活。這種自動的殉道活動必然逐漸摧毀心靈和肉體的感受能力，也很難想像這些嚴酷折磨自己的宗教狂熱分子，對其他人類會抱有任何深厚的情感。每個時代和所有國家的僧侶，都同樣以殘酷無情見稱於世，很少會因個人的友誼改變嚴峻的冷漠態度。這一切完全由宗教的仇恨所煽起，就是這種絕不憐憫的狂熱心態，才會支持宗教裁判法庭令人髮指的神聖職責。

這樣一個身為僧侶的聖徒，只會引起哲學家的藐視和憐憫，卻受到帝王和人民的尊敬和崇拜。高盧和印度不斷前來朝聖的人群，都向著西門的神聖石柱頂禮膜拜；撒拉森人各部族用武力爭奪他的祝福儀式；阿拉伯和波斯皇后都懷著感激之心，承認他具有超自然的德業；狄奧多西二世在教會和國家發生重大事件時，也會向這位天神般的隱士請教。他的遺體從特列尼撒（Telenissa）山啟靈時，竟有一支莊嚴浩大的護靈隊伍，由教長、東部的軍隊主將、六位主教、二十一個伯爵和護民官及六千名士兵組成。安提阿把他的遺骨看成該市榮譽的象徵和金湯永固的保護神。新近崛起而人所周知的苦行僧，連使徒和殉教者的名聲都為之失色。整個基督教世界都拜倒在他們的神龕之下，他們的遺骨和遺物所產生的奇蹟，在數量和時效方面，遠超過他們生前的神威。但他們一生光采奪目的傳說[51]，也由那些利害相關的同教弟兄假裝相信加以美化。一個信仰的時代很容易說服別

50　這個潰瘍的發生與古代的一件醜聞有關，我覺得毋須加以隱瞞。據說魔鬼化為天使，邀請西門登上金光閃閃的車輛，就像當年對以利亞那樣。聖徒急著抬起腳來，撒旦找到這個機會對他的虛榮心施以懲罰。

51　我不知道如何選出或指出那些神蹟，曾經包含在羅斯威德的《修士傳》一書中。這是一本大部頭的書籍，篇幅達數千頁，但奇蹟的數目遠遠不止。可以在蘇庇修斯·塞維魯斯的《對話錄》找到一個措辭很文雅的樣本，《聖馬丁傳》也有類似的記載。說是塞維魯斯很尊敬埃及的僧侶，然而他卻很明顯的瞧不起他們，說他們不能讓死者復活，但土爾的主教使三位死去的人恢復生機。

人，那怕是埃及或敘利亞僧人稍爲出點主意，也可以改變宇宙的永恆法則。受到上天寵愛的信徒只要撫摸一下、說一句話，甚至從遙遠的地方傳送一個信息，便可以立即治癒纏綿床榻的痼疾，把盤據在他們靈魂和肉體裡最兇惡的魔鬼驅走。他們經常與沙漠的獅子和毒蛇交談，操控它們的行動，也能讓枯乾的樹枝發出新芽，沉重的鐵塊浮在水面，坐在鱷魚背上渡過尼羅河，用高熱的熔爐使青春重返。這些難以置信的故事像作詩一樣任意杜撰，但無法具備詩的才華與風格，嚴重影響到基督徒的理性、信仰和德操。他們的無知和輕信的態度貶低和破壞心靈的功能，毀棄歷史的論證。迷信逐漸讓哲學和科學的敵對之光趨於熄滅，每一種爲聖徒運用的宗教禮拜形式，及他們所相信的每一種神秘教義，都有神的啓示做爲堅強後盾。在僧侶奴役和怯懦的統治下，人類的一切美德都受到壓制。我們要是把西塞羅的哲學著作與狄奧多里克的神聖傳說加以衡量，把加圖與西門的爲人處世和行事風格做一比較，知道其間的距離有天淵之別，我們就會對那場難忘的變革擊賞不已，它經歷五百年之久，終於在羅馬帝國完成。

六、蠻族皈依基督教和烏爾菲拉斯發揮的作用(360-400A.D.)

基督教的發展能夠奠定基礎，在於針對兩種不同的對象，獲得光榮和重大的勝利。首先是運用宗教的力量控制羅馬帝國的公民，他們不僅見識多廣而且過著奢華的生活；接著降服黷武好戰的錫西厄和日耳曼蠻族，他們覆滅羅馬帝國並且信奉羅馬人的宗教。在這些未開化的新入教者當中，哥德人走在最前面，整個民族受到同胞改信基督教的恩惠，至少有一個臣民可以置身有用技藝的發明者之列，受到後人的懷念和感激。高連努斯(Gallienus)在位期間，哥德人的武裝隊伍蹂躪亞細亞地區，擄走大量羅馬省民做爲俘虜，其中有很多基督徒，有些還是教士。這些身不由己的傳教士被當成奴隸，分散在達西亞的村莊，不停努力工作，爲的是要拯救他們的主子。他們散布福音教義的種子，爾後逐漸傳播開來，不到一個世紀，這件虔誠的工作終於在勤勞的烏爾菲拉斯(Ulphilas)手裡完成(360A.D.)。

他的祖先來自卡帕多西亞的一個小鎮，被俘以後當作奴隸運過多瑙河。

　　哥德人的主教和使徒烏爾菲拉斯，靠著純潔的生活和信仰的熱誠獲得國人的愛戴和尊敬。他宣示真理和美德的教義自己能夠身體力行，他們不僅接受而且深信不疑。他完成艱辛的任務把聖經譯成當地的語文，這是一種日耳曼人或條頓族的方言，但他非常謹慎有意略去四卷〈列王紀〉（Kings）（〈列王紀〉有上下兩卷，要說四卷應該還包括〈歷代志〉上下兩卷），唯恐敘述的內容激起蠻族兇狠殘殺的精神。士兵和牧人使用粗俗的語言，缺乏足夠的字彙，難以表達崇高的宗教意念，但由於他過人的天賦才華，經過修改趨於完善。烏爾菲拉斯在著手譯經之前，不得不先編出新的字母表，裡面包含二十四個字母，其中有四個是他發明，用來表達希臘語和拉丁語所沒有的發音[52]。但是哥德教會蒸蒸日上的景象被戰爭和傾軋所摧毀，各部族的酋長因宗教派別和利害關係產生分裂。羅馬人的盟友菲列德根（Fritigern）成為烏爾菲拉斯的信徒，生性傲慢的阿薩納里克（Athanaric）不願接受羅馬帝國和福音教義的制約。在他的迫害下，新加入基督教的改信者的信仰受到考驗。一輛大車上面高高供著索爾（Thor）或渥登（Woden）形象並不清楚的畫像，由一支莊嚴的隊伍護送在營地的街道上走過，那些拒不向祖先信奉的神祇頂禮膜拜的叛徒，會立即和他的家人在帳篷裡被火燒死。烏爾菲拉斯的為人行事受到東部宮廷的尊敬，他曾兩次擔任議和使臣前往訪問，為哥德人的悲慘處境發出呼籲，請求華倫斯給予保護。有人把摩西的名字加在這位精神領導人身上，因他帶領改信的人民通過多瑙河的激流，前往「應許之地」[53]。那些牧人追隨他的腳步也聽從他的命令，同意在瑪西亞山區的山麓，一片草木叢生的原野定居，有肥沃的草原為他們的牲口提供秣料，糧食和酒類也能在富饒的行省買到。這些

52　《四福音書》的殘缺哥德文譯本在1665年刊行，可視為條頓語文最古老的紀念物。不過威茲庭（Wetstien, Johann Jacob, 1693-1754A.D., 日耳曼神學教授）想用毫無根據的臆測，剝奪烏爾菲拉斯的榮譽。在他所增加的四個字母中，有兩個是用來代表W和我們的Th。

53　菲羅斯托杰斯把這個行程的時間弄錯了，當成是君士坦丁統治的時代，但是我認為還要在民族大遷移之前。

與人無害的蠻族享受平靜的生活,在基督教的信仰中日益繁榮壯大[54]。

這些蠻族兇惡的同宗弟兄是所向無敵的西哥德人,普遍接受羅馬人的宗教。他們之間始終維持著戰爭、友好和征服的恆久關係。他們從多瑙河到大西洋漫長的勝利進軍中,讓所有的盟友都改信他們的宗教,也教育了新生的世代。虔誠的信仰統治阿拉里克的營地或土魯斯的宮廷,不僅可以啟迪也在羞辱羅馬和君士坦丁堡的皇宮。就在這段期間(400A.D.),所有的蠻族都信奉基督教,並且把他們的王國建立在西部帝國的廢墟上,像是高盧的勃艮地人、西班牙的蘇伊威人、阿非利加的汪達爾人、潘農尼亞的東哥德人,以及把奧多瑟推上意大利寶座的各種傭兵隊伍。法蘭克人和薩克遜人仍舊犯有信奉異教的錯誤,但是法蘭克人拿克洛維斯作模範獲得高盧的王國,征服不列顛的薩克遜人接受羅馬傳教士的感召摒棄野蠻的迷信,這些新入教者在傳播信仰方面,表現極有成效的宗教熱誠。墨羅溫王朝的國王和後來的繼承者查理曼大帝和奧索斯(Othos)帝系,靠著法律和勝利擴大十字架的領域。英格蘭產生日耳曼人的使徒,他們把福音之光逐漸從萊茵河一帶,傳播到位於易北河、維斯杜拉河和波羅的海的民族[55]。

多種不同的動機影響到蠻族改信者的理性和感情,很難用幾句話表達清楚。蠻族的心性善變而且出人意料,無論是夢境、徵兆、傳聞的奇蹟、教士或英雄的行徑、信教妻子的魅力,特別是危險時刻,他們對基督教的上帝所做的祈禱或誓言得以靈驗,全都對他們發生支配作用[56]。早期得自教育的成見逐漸消失在來往密切的習慣之中,福音書的道德觀念因僧侶過分誇張的德行獲得保護,聖者遺骸的神奇力量和宗教儀式的豪華排場使形而上的神學理論得到支持。但是一個薩克遜主教[57]向受人愛戴的聖徒提出建議,要他採用合理而有效的說服方式,傳教士有時會拿來努力勸導不信

---

54 我們只有相信喬南德斯對這一小部分哥德人的描述,教會對他們似有世俗管轄權。

55 摩斯海姆(Mosheim, Johann Lorenz von, 1694-1755,教會歷史家)簡述基督教從四到十四世紀在北部的發展過程,這個題目能夠為教會史,甚至為哲學史提供材料。

56 蘇格拉底把勃艮地人改信基督教歸於此因素,奧羅休斯讚揚他們的信仰非常虔誠。

57 可參閱文契斯特(Winchester)首任主教丹尼爾寫給聖邦尼菲斯的信,是最早和極為詳盡的資料。那時聖邦尼菲斯正在黑瑟(Hesse)和圖林基亞的野蠻人中宣講福音。

教的人。這位極爲明智的辯論家說道：

> 有關傳說中男神和女神從肉身誕生的方式，以及以後相互之間的
> 繁衍綿延，不管怎麼說我全都相信。只要從這個論點出發，可以
> 推斷他們具有天賦的缺失和人類的弱點，有出生就必然有死亡。
> 那些最老的神或女神是在什麼時候、運用何種方式、出於那類原
> 因，誕生出來的呢？祂們是還在繼續繁殖，還是停止生育呢？如
> 已經停止，那麼請把持反對意見的人召來，向他們說明爲什麼會
> 出現這種奇怪的變化。要是還在繼續生育，神的數量多得已經數
> 都數不清，要是我們不夠謹慎崇拜一個無能的神祇，豈不是要冒
> 著得罪權威更高的神明，產生忌恨和憤怒的危險？可見的天空和
> 大地，以及整個宇宙體系，就人類心靈的理解而言，究竟是創造
> 出來抑或永恆存在？如果是創造出來，那麼在創造之前，那些神
> 又如何能夠存在，或是存在於何處？若是永恆存在，祂們如何占
> 有一個獨立自主、先於世界而存在的帝國？提出這些問題要用自
> 制而溫和的態度，同時要在適當的時機很含蓄的表達。基督的啓
> 示就是眞理和美德，力求那些不信的人感到羞愧而不是憤怒。

這種形而上的理論對日耳曼的蠻族來說過於玄妙，更爲粗俗的權威力
量還是給予支持，同時也得到普遍的贊同。塵世繁榮帶來的好處使這些理
論拋棄異教，轉而爲基督教服務。羅馬人是世界上最強大和進步的民族，
也都摒除祖先的迷信。要是帝國成爲廢墟怪罪新興宗教的無能，那麼這種
恥辱在勝利的哥德人皈依以後也完全洗刷乾淨。英勇和幸運的蠻族征服西
部的行省，不斷接受同時也做出帶有啓示的榜樣。在查理曼大帝以前的時
代，歐洲的基督教民族難免要沾沾自喜，他們占有溫帶的地區和肥沃的土
地，可以生產穀物、酒類和食油，反觀野蠻的偶像崇拜者和他們無能爲力

的偶像,只能屈居地球的一角,限制在北部黑暗而寒冷的地區[58]。

七、汪達爾人對阿萊亞斯異端的支持和運用(429-530 A.D.)

基督教爲蠻族打開天堂之門,使他們的道德和政治情勢產生重大的變化,同時讓他們開始使用文字。對於把教義寫在聖書中的宗教來說,這點極爲重要。就在著手研究神聖的眞理時,由於擴大眼界到歷史、自然、藝術和社會等方面,他們的心靈也逐漸跟著充實。聖經的譯本使用民族語言,必然有助於他們改信基督教。當他們與教士在一起也會激起求知的欲望,想要閱讀原文,了解教會的神聖禮拜儀式,從祖先的作品中研究與神學傳統的關係。這類精神食糧保存在希臘和拉丁的語文中,是隱藏古代知識珍貴無比的碑銘,身爲基督徒的蠻族可以接觸到魏吉爾、西塞羅和李維不朽的著作。從奧古斯都在位到克洛維斯和查理曼的時代,一直在進行心靈的溝通。人類一直記得要達成更完美的狀態,爭強好勝之心因而受到鼓舞。科學的火焰在暗中維持生動的活力,使日趨成熟的西方世界獲得溫暖和光明。在基督教最腐敗的狀況下,蠻族仍然能從新舊約中學到公理正義,從福音學到惻隱憐憫。要是對責任的了解不足以領導他們的行動,或是規範他們的熱情,他們有時會受到良心的約束或悔恨的懲罰。但是宗教的直接權威不如神聖的聖餐儀式那樣有效,可以把基督徒的弟兄在精神的友誼中結合在一起。這種情緒的影響力有助於他們爲羅馬人服務或建立同盟,保持忠貞不貳的態度,更可以減輕戰爭的恐怖,緩和征服的傲慢,即使帝國在衰亡時,對羅馬的名聲和制度保持尊敬。在異教盛行時代,高盧和日耳曼的祭司統治人民,控制官員行使司法的權力。狂熱的新入教者轉而把更多的忠貞和服從,虔誠奉獻給基督教的教皇。主教的神聖地位靠塵世的權勢來支持,在士兵和自由公民組成的議會中擁有光榮的席位,用和

---

58 查理曼的劍增加爭論的說服力,但是當丹尼爾寫這封信時(723A.D.),伊斯蘭教徒的統治地區從印度直到西班牙,可以拿來反駁這種說法用來對付基督徒。

平的手段來安撫蠻族死不認輸的精神，符合他們的利益也是他們的職責。
拉丁教士之間不斷的書信來往，羅馬和耶路撒冷絡繹不絕的朝聖香客，以
及教皇日益增加的權威，都鞏固基督徒共和國的團結。這樣逐漸產生類似
的風俗習慣和共同的法律體系，形成與其他人類有所區別，一些獨立甚或
相互敵對的現代歐洲民族。

　　但是不幸的意外事件會使宗教大業的運作受到阻礙和延遲，等於把致
命的毒藥注入救贖之杯。不論烏爾菲拉斯在早期抱著何種情懷，他把帝國
和教會緊密連繫在一起，這種狀況在阿萊亞斯派當權的時代形成，卻是不
爭的事實。哥德人的使徒贊同里米尼信條，保持開放的心靈和誠摯的信
念，公開表示聖子並不等於聖父，兩者絕非本體同一[59]。把這種錯誤的認
知在教士和人民之中散布，整個蠻族世界受到感染成為異端邪說的巢
穴[60]。狄奧多西大帝已經在羅馬人中間，將這些異端教派壓迫清除殆盡。
這些新入教者的性格單純而且沒有知識，無法體認形而上的精微玄妙之
處，但是他們能虔誠接受並能堅定謹守純正而真實的基督教教義。烏爾菲
拉斯和他的繼承人都用條頓語來宣講和解釋宗教的經典，這能夠獲得莫大
的方便，有助於傳播福音的工作。他們任命相當數量合格的主教和執事人
員，用來教導這些同宗的部族。東哥德人、勃艮地人、蘇伊威人和汪達
爾人遷居在殘破的西部帝國，聽到拉丁教士滔滔不絕的講道[61]，認為不
如本國的導師給他們更容易領悟的教訓，於是這些黷武好戰的改信者把阿
萊亞斯教派當成本土的信仰。在宗教方面產生無法調和的差異，永遠成為
猜忌和仇恨的源頭。受到譴責的蠻族為異端這個可憎的稱呼所激怒，北方

59　烏爾菲拉斯和哥德人傾向半阿萊亞斯教派，是他們不再堅持聖子是被造之物以後
　　的事，但他們與維護異端的人士繼續保持密切交往。他們的使徒把整個爭論看成
　　無關緊要的瑣事，只是被教士的熱情所激起。

60　哥德人的阿萊亞斯教義要歸罪於華倫斯皇帝。蒂爾蒙特冷靜觀察，薩爾維安保持
　　憐憫之心，認為這種錯誤是自動產生。

61　奧羅休斯在416年很肯定的提到，基督的教堂(指正統教會)坐滿匈奴人、蘇伊威
　　人、汪達爾人和勃艮地人。

的英豪很勉強的相信，他們的祖先都下了地獄 [62]。但是等他們知道自己信教以後，也不過改變永恆罪孽所應得的懲罰方式，難免震驚以致憤慨不已。身爲基督徒的國王期望從皇室的高級教士獲得積極的鼓勵，而不僅僅是安詳的嘉許，這些都已經成了習慣。正統教派的主教和他們的教士，對於阿萊亞斯教派的宮廷，永遠抱著反對的態度，稍有不愼常會使自己成爲罪犯，帶來很大的危險[63]。教堂的講壇是發布煽動言論最神聖和安全的地點，迴響著法老王和荷羅孚尼斯（Holofernes）的名字[64]。獲得光榮拯救的希望和承諾，可點燃公眾的不滿。這些蠱惑人心的聖徒受到引誘，要盡快完成自己宣告的預言。縱使他們的宗教會產生摩擦引起衝突，高盧、西班牙和意大利的正教教徒，在阿萊亞斯教派的掌權之下，仍能享有自由與和平。對這樣一個人數眾多的民族而言，傲慢的主子尊重他們的宗教熱忱，決心要犧牲性命來保護他們的聖壇。所有的蠻族都讚揚並效法虔誠信仰和意志堅定的榜樣，不過，征服者把他們對宗教的寬容歸於理性和仁慈這種更高尚的動機，避免公開承認是感到畏懼，以免受到難堪的譴責。同時他們喜愛眞正基督教所表達的感情，在不知不覺中受到博愛精神的教化。

教會的和平有時還是會受到擾亂和破壞。正教信徒的言行不夠謹愼，而蠻族無法克制急躁的脾氣，阿萊亞斯的教士在一旁推波助瀾，實施種種嚴苛和不義的偏袒行爲，這種狀況也被正教信仰的作者加以誇大和渲染。西哥德國王優里克（Euric）應該擔起宗教迫害的罪名，他使教會的功能停止運作，至少對主教的職權加以限制，監禁阿奎丹深得民心的主教，後來更施以流放和籍沒的處罰 [65]。但只有汪達爾人把宗教信仰看成重大任務，

---

62 傳教士的說話非常不夠謹愼，弗里森人（Frisons）國王拉波德（Radbod）聽到這種論調不禁大怒，就在走向聖水盆接受施洗時止住腳步。

63 賽東紐斯是西哥德人治下的克勒蒙主教，阿維道斯是勃艮地人治下的維恩納主教，他們的書信可以說明正教信徒一般的性向。從克洛維斯和狄奧多里克的沿革可以聯想到一些具體的事實。

64 堅西里克承認兩者非常相似，但誰要是很不謹愼的提到此事，就會受到嚴厲懲罰。

65 這些都是克勒蒙主教賽東紐斯當時所發的怨言。土爾的格列哥里就引用這封書信，雖不見得眞有其事，卻認爲阿奎丹出現九個空缺，一定是有主教成爲殉教者。

要用殘酷而荒謬的手段壓制整個民族的心靈。堅西里克（429-477A.D.）在
年輕時就與正統教會斷絕關係，凡是背教變節者別想得到他的赦免和寬
恕。他發現那些在戰場上逃走的阿非利加人，竟敢在宗教會議和教會事務
方面與他爭論所屬意的問題，不禁勃然大怒，何況他那獰惡的習性根本無
視於畏懼和同情。於是信奉正教的臣民在絕不寬容的法律和專橫武斷的懲
罰下呻吟反側，堅西里克的語氣很粗暴也沒有人敢抗拒。他的行為即使不
合情理，只要了解他的意圖也會在旁附合，因此經常執刑所流的鮮血沾染
到皇宮和整個疆域，這筆賬都算在阿萊亞斯教派的頭上。不過，在海洋統
治者的心中，只有武力和野心才是最重要的支配因素。但是他那不爭氣的
兒子亨尼里克（Hunneric）（477A.D.），只遺傳到他的缺點和惡習，同樣用
毫不通融的狂怒態度折磨正教信徒，對他的兄弟、姪兒和父親的友人和親
信痛下毒手，奪去他們的性命。甚至對阿萊亞斯教派的教長，他也採取令
人髮指的殘酷手段，把他當眾活埋在迦太基。兩個教派的宗教戰爭用奸詐
的休戰協定來加強暗中的準備，汪達爾的宮廷把宗教迫害當成最重要的工
作正在全力推動，此時亨尼里克得到惡疾很快逝世，雖然教會無法立即獲
得解救，但總算報了血海深仇。

　　亨尼里克有兩個姪兒，先後繼承阿非利加的寶座。甘達蒙德
（Gundamund）（484A.D.）統治十二年，特拉斯蒙德（Thrasimund）（496A.D.）
在位長達二十七年。他們仍舊敵視和壓迫正統教派，甘達蒙德似乎想要與
他的叔父比個高下，殘酷的行為更勝一籌。即使後來他態度軟化，等他召
回放逐的主教，恢復阿泰納休斯派的禮拜儀式，卻英年逝世，使得受迫害
的教派無法享受姍姍來遲的仁慈。他的弟弟特拉斯蒙德是最偉大和最有成
就的汪達爾國王，無論是英俊的相貌、審慎的個性和豪放的心胸，都顯得
極為卓越。但他那偏執的宗教狂熱和虛偽的慈善行為，使得寬厚的天性墮
落無遺。他運用溫和而有效的引誘手段來取代威脅和強迫，財富、地位和
皇家的恩賜是背教變節者慷慨的報酬。那些違犯法律的正教信徒放棄他們
的信仰，換取法外開恩的赦免。不論特拉斯蒙德在心中盤算要採取多嚴厲
的措施，他會耐心等待，對手一旦輕舉妄動，就可提供給他施以致命打擊

的最好機會。他臨死時還懷著難以消除的偏見，堅持繼承人發出嚴正的誓言，對阿泰納休斯的信徒絕不寬恕。但繼位的赫德里克（Hilderic）（523A.D.）個性溫和，很難相信野性未馴的亨尼里克竟有這樣的兒子。他雖然不得不立下有違天理的誓言，還是要盡仁慈和公義的職責，他的登基以恢復和平與自由當成光榮的標誌。推行仁政的統治者過於軟弱，他的寶座為堂兄弟傑利默（Gelimer）所篡（530A.D.），他是狂熱的阿萊亞斯派信徒。就在汪達爾國王能夠肆意運用權力時，整個國家為貝利薩流斯（Belisarius）的武力所顛覆，正統教派開始報復他們忍受多年的迫害[66]。

八、汪達爾人在阿非利加的宗教迫害具體事例

正教信徒發表激昂慷慨的演說，是他們受到宗教迫害的唯一見證，在其他方面不可能提供完整和確切的經過和案例，也不能很公平地看待所涉及的人物和見解，但有很多相關情節，值得重視和相信，特別列舉如下：

其一，在現存一件最原始的法律條文中[67]，亨尼里克很明確的公開宣告，宣告的內容可能是正確的，是說他已把羅馬皇帝詔書裡有關的規定和罰則，全部如實翻譯過來。這些詔書是為了對付異端教派的集會，以及那些對掌握既得利益教會持異議的教士和人民。只要真正了解事情的來龍去脈，就知道正教信徒必須譴責自己過去的所作所為，默認現在的受苦是罪有應得。但是他們一直堅持拒絕賜給改信的恩典，而過去他也向別人提出這樣的要求。就是他們在宗教迫害的皮鞭下戰慄時，亨尼里克燒死或驅逐

66　維克托・維廷昔斯是被堅西里克放逐的主教，曾撰寫五卷當代的歷史，其中保存汪達爾人宗教迫害最原始的資料，還有就是聖發爾金久斯（St. Fulgentius），他受到特拉斯蒙德的迫害而知名於世。另外還有立場公正的樸洛柯庇斯所撰《汪達爾人之戰》第一卷。唐・魯納特（Dom Ruinart）是維克托作品的編輯，加上很多註釋和補遺，不僅範圍廣泛而且表現淵博的學識，襯托得整個主題更為出色。

67　亨尼里克認為自己的教派是多數派，在里米尼和塞琉西亞的宗教會議中，肯定會有一千名以上的主教公開宣布他們的信仰。所以在這種狀況下，三位一體的論點不可能成立，正統教會不能以三位一體論者自居。

很多摩尼教徒，他們竟對亨尼里克的嚴苛作法大聲喝采。阿萊亞斯的門徒
和阿泰納休斯的門徒，無論是在羅馬人還是汪達爾人的境內，都應享受互
惠同等的寬容，正教徒雖然害怕還是加以拒絕，認為這是可恥的妥協[68]。

其二，正統教派經常運用各種會議，來侮辱或懲處堅持異端信念的對
手，現在就要以其人之道還治其人之身。在亨尼里克的命令之下，四百六
十六位正統教派的主教在迦太基集會。但是當他們得到允許，進入覲見
時，他們帶著羞愧的神色，看見阿萊亞斯教派的昔里拉（Cirila）得意洋
洋，高坐在教長的寶座上。在整個議事的過程中無論是吵鬧不休還是沉默
不語，是要拖延時間還是立即表決，要動用軍隊來鎮壓還是鼓動民眾來喧
囂，都激起雙方相互的指責。最後這些參加爭論的人全部被分隔開來，從
正統教派的主教中間選出一個殉教者和一個悔改者，二十八位主教怕事逃
走，還有八十八位聽命服從。其餘人員之中有四十六位被發配到科西嘉，
為皇家的海上部隊砍木頭造船。剩下三百零二位主教全部放逐到阿非利加
各行省，讓他們接受敵人所施予的羞辱，刻意剝奪他們的一切權利，使他
們無論在精神上和實質上，都不能過比較舒適的生活。經過十年艱辛的放
逐一定會減少他們的人數，要是他們順從特拉斯蒙德的法律規定，就是禁
止任何主教的任命，那麼阿非利加的正統教會即使保有現存的會眾，一樣
淪入滅亡的絕境。因此他們不遵守這些規定，違命的後果是兩百二十位主
教遭到第二次流放的處分，在薩丁尼亞受了十五年的折磨，直到仁慈的赫
德里克接位才告結束[69]。阿萊亞斯教派的暴君在經過深思熟慮以後，帶著
惡意選擇這兩個島嶼當放逐地。塞尼加依據個人的經驗，哀嘆及誇大科西

---

68 迦太基的教士把這些狀況稱為危險的騙局，他們好像要拿這些說辭當羅網，來陷
害正統教會的主教。

69 特拉斯蒙德喜歡聽別人讚譽他溫和與博學，針對這位阿萊亞斯教派的暴君所引起
的爭論，發爾金久斯（Fulgentius，467-532A.D.，魯斯皮主教，反對阿萊亞斯教派
和半貝拉基派的正統教義辯護家）特別撰寫三卷書命名為《最虔誠的國王》
（Piissime Rex）。發爾金久斯的傳記中提到放逐的主教是六十名，後來維克托·
塔奴尼西斯（Victor Tunnunensis）和伊希多爾把人數增加到一百二十名。但當代還
有一本可信度不高的編年史，裡面記載的人數是兩百二十名。

嘉的悲慘狀況[70]。薩丁尼亞比較富裕，但是氣候對身體有害。

其三，堅西里克及其繼承人爲使正教信徒改宗，因此盡心盡力護衛汪達爾人信仰的純潔。在所有的教堂關閉之前，穿著蠻族服裝參加禮拜就是犯罪的行爲。誰要是敢不遵守最高當局的命令，就會被人粗魯的拽著頭髮在地上拖走。有一個內衛軍部隊的軍官拒絕信仰君主的宗教，在受到羞辱的情況下被剝奪階級和職位，放逐到薩丁尼亞或是西西里；也有人在定罪以後送到優提卡(Utica)的農莊，像奴隸和農夫一樣辛苦幹活。特別在劃分給汪達爾人的區域，嚴格禁止舉行正統教會的禮拜儀式，把傳教士和改信者都視爲罪犯，要當眾施以嚴厲的懲罰。運用這些非常極端的手段，能夠保持蠻族虔誠的信仰，激起宗教的狂熱，用獻身神明的憤怒情緒，負起窺伺者、告發人和劊子手的職責。無論何時他們的騎兵隊在趕赴戰場時，行軍時最高興的娛樂就是褻瀆正統教會的教堂，侮辱對方教派的教士[71]。

其四，養尊處優的市民只要過去在羅馬行省接受過教育，就會遭到極爲殘酷的待遇，被發配解送摩爾人的沙漠地區。有一支由主教、長老和輔祭組成的高齡隊伍，連帶著四千零九十六名信仰堅定的群眾，也找不到很適合的罪名，只是在亨尼里克的命令下，被押解驅出自己的家園。他們在夜間像牛群一樣圈在一小塊地面，全部囚禁在自己的排洩物之中，白天被迫在熾熱的沙地上行軍，如果因高溫和勞累而昏厥，就會受到鞭抽或是拖著前進，一直等到氣絕在折磨人的差役手中。這些不幸的流放犯人到達摩爾人的村莊，可能會激起當地居民的同情心，他們仁慈的天性還沒有受到宗教狂熱的影響。但是這些放逐的人如果想要逃避未開化生活所帶來的危險，就會招來更大的苦難。

其五，宗教迫害的始作俑者在事先經過仔細思考，決定是否不計後果

---

70 可以參閱這位斯多噶哲學家所寫虛僞而乏味的文章，他受到放逐不能像奧維德那樣表現剛毅的氣概。科西嘉或許不生產穀物、酒類和橄欖油，但是也不至於連青草、飲水甚至取暖的火都沒有。

71 一個摩爾人的君王想要獲得恩寵，就盡力討好基督徒的上帝，把汪達爾人褻瀆神聖的痕跡全部清除乾淨。

硬幹到底。他們激起正統教派的憤怒情緒，要努力加以撲滅，把拒不從命的行為當成罪犯來責罰。如果罪犯沒能力或沒意願繳交罰款，就施加毫無惻隱之心的打擊，讓他們感受到嚴苛法律的痛苦。要是他們對較輕的刑責表示藐視，那就運用死刑來遏阻。雖然有的是虛構的說法但是也有公開的表示，我們非常明白，正教信徒忍受最嚴酷和最羞辱的待遇，特別是在亨尼里克的統治下。受到尊敬的市民、貴族家庭的婦女和獻身聖職的處女，全身赤裸被滑車吊在半空，腳下懸著重物，在這種酷刑的痛苦煎熬下，赤裸的身體還要受皮鞭抽打，或是用燒紅的烙鐵燙最敏感的部位。阿萊亞斯教派的信徒為了對付敵對教派，割下他們的耳朵、鼻子和舌頭，砍下他們的右手。雖然被害人的精確數目不很清楚，但是證明有很多人遭到非刑的迫害，可以舉出姓名的人員就包括一名主教和一名前執政官[72]，他們都具備成為殉教者的條件。塞巴斯蒂安伯爵的事蹟也能獲得類似的榮譽，他用毫不動搖的堅定信念認同尼西安信條，使身為異端的堅西里克怒不可遏，把這位勇敢進取而又雄心萬丈的流亡人士，視為令人感到畏懼的對手。

其六，阿萊亞斯教派的官員採用新辦法，可懾服個性軟弱的人，威脅生性怯懦的人，使他們改變宗教信仰，就是用欺騙和暴力逼他們接受受洗的儀式。若他們拒絕參與可憎和褻瀆的禮拜活動，就對正教的變節者施以嚴厲懲處。這種可恥的辦法違反個人的自由意志，冒犯已經統一的聖禮儀式。敵對的教派以前彼此認同洗禮的效力，汪達爾人堅定維持革新以後的做法，據稱這是道納都斯派所作的建議，並提出可供運用的規範。

其七，阿萊亞斯教派的教士在宗教方面的殘酷手段，要超過汪達爾人的國王，但是他們沒有能力培養他們亟於擁有的屬靈園地。教長[73]可以把寶座安置在迦太基。在主要的城市，部分主教可以篡奪敵手的地

---

72 他的名字叫維克托里努斯(Victorianus)，是艾得魯米屯(Adrumetum)一個富有的市民，受到國王的信任獲得官職，頭銜是阿非利加代行執政官的總督。

73 迦太基主教更適合的頭銜應該是總主教，只有教派和部族的主要負責人可以稱為教長。

位,但是數量較少而且不懂拉丁語[74],這些蠻族沒有具備在大教堂擔任教會職位的資格。阿非利加人在喪失正統教派的本堂神父以後,等於被剝奪公開舉行基督教儀式的權利。

其八,羅馬皇帝理所當然是「本體同一」教義的捍衛者,阿非利加信仰虔誠的民眾如同羅馬人和正教信徒那樣,比起篡奪的蠻族異端,他們寧可受合法君王統治。那時是季諾在統治東部帝國,還有皇帝的女兒普拉西地婭,她是另一個皇帝的未亡人,也是汪達爾人皇后的妹妹,在他們兩人的斡旋和講情下,出現一段平靜時期,亨尼里克恢復迦太基的主教座堂。但是這種受到關照的時間很短暫,倨傲的暴君根本瞧不起帝國所推崇的宗教,所以在羅馬使臣前往皇宮的通衢大道,特意安排血淋淋的宗教迫害景象[75]。他召集主教在迦太基開會,要他們公開宣誓支持其子赫德里克的繼位,絕對不與外國或進行越過海洋的通信連繫,像這樣的要求聽起來言之有理,就臣民來說,不僅是倫理也是宗教的責任,但是會議裡只要是有識之士都加以拒絕[76]。當然不同意的藉口看起來很難自圓其說,那就是基督徒的發誓違犯教規沒有效用,對於一個猜忌的暴君,只會引發他的懷疑。

九、正統教會的策略失誤和濫用神蹟的狀況

受到宮廷和軍隊運用武力欺壓的正統教會,無論在信徒的數量和神學的知識方面都勝過對手。希臘[77]和拉丁的神父在阿萊亞斯教派的爭論上也

---

74 昔里拉教長公開宣稱他不懂拉丁文,普通的交談也許沒有問題,但是沒有辦法用這種語文進行爭辯或宣講。他手下的汪達爾教士更是一竅不通,也沒有信心站在阿非利加人的前面,說出一番道理來讓大家從命。

75 他這樣做為的是要引起使臣的注意,當時的羅馬使臣是烏拉紐斯(Uranius)。

76 維克托坦誠承認引用福音書「不可起誓」的訓誡,只是避免無法履行誓言時所應盡的義務。有四十六位主教拒絕受到放逐科西嘉的懲處,有三百零二位主教願意起誓,後來就分發到阿非利加各行省任職。

77 發爾金久斯(Fulgentius)是拜查辛尼(Byzacene)行省的魯斯皮(Ruspae)主教,出身元老院議員的家庭,曾經受過完整的通才教育。在他獲得允許學習拉丁文之前,能夠用本國語背誦荷馬和米南德(Menander,342-292B.C.,雅典喜劇作家)所有作品。

運用同樣的武器，一再使得烏爾菲拉斯那些蠻橫無禮而且目不識丁的繼承人啞口無言，再不然就是高舉白旗，自覺在宗教戰爭的技術和知識方面無法占到上風。然而正統教會的神學家並沒有運用光榮的成就，反倒是在確定不被追究的情況下去杜撰一些傳聞，一定會被安上欺騙和僞造的惡名。他們把引起爭論的作品歸於古代基督徒最有聲望的人物。維吉留斯（Vigilius）和他的門徒[78]經常冒用阿泰納休斯和奧古斯丁的名字，而且手法相當笨拙。那些聞名於世的信條，可以明確地解釋三位一體和道成肉身的奧秘，在經過推斷以後，極有可能是來自阿非利加的學院[79]。甚至《聖經》本身也爲輕率和褻瀆的手所汙染。在最重要的經文裡，斷言三個神格的統一有來自上天的證人[80]，然而正統教派的神父、古老的譯文和可信的抄本[81]都保持沉默，對此提出無言的指責。這段經文的解釋是正統教會的主教，首先在亨尼里克所召開的迦太基會議裡提出宣告[82]，其中有一個寓言式的解釋所形成的旁註，對拉丁文《聖經》的經文帶來很大的困擾，但在經過十個世紀的黑暗時代以後，終於得到恢復和修正[83]。等到印刷術發

---

78 用阿泰納休斯和奧古斯丁的名義所寫的兩篇序文，可以拿米與泰普蘇斯（Thapsus）的維吉留斯所撰《對話錄》作一比較。無害的虛構作品可以讓有見識的讀者拿來消遣，但是主題過於嚴肅，而且阿非利加人太過無知。

79 昆斯尼爾（Quesnel）所倡導的見解能爲大家樂意接受，但有三件真正的事實，在他們初次知道時感到震驚，現在已是眾所周知的事：（1）、我們在教堂常讀到的信條，並非出於阿泰納休斯之手。（2）、在他死後一世紀內，這些信條還沒有出現。（3）、這些信條最初是在西部行省用拉丁文寫成，君士坦丁堡的吉內狄斯（Gennadius）教長對這些很特別的作品感到極爲驚駭，不客氣的宣稱這是醉漢所寫。

80 見〈約翰一書〉五章七節。天主教徒西門（Simon）在1689年奮鬥爭取表達意見的自由；新教徒米爾（Mill）在1707年情願成爲條文的奴隸。亞美尼亞人威茲庭在1751年根據他那個時代和教派的需要，任意加以解釋。

81 現存手抄本數量超過八十件，有些已有一千兩百年之久。無論是梵蒂岡、康帕盧廷西安（Complutensian）編輯或羅伯特·司蒂芬斯（Robert Stephens）的正統教義抄本，文字都已漫漶，無法辨識。藏於都柏林和柏林的兩種手抄本並無價值，令人意外。

82 或許是四位主教用同道的名義，把他們公開承認的信仰寫成文章後發表，以後很快爲阿非利加的辯論家、維吉留斯和福根久斯所引用。

83 在十一和十二世紀時，坎特柏立（Canterbury）總主教朗弗蘭克（Lanfranc）和羅馬教廷的紅衣主教兼圖書館長尼柯拉斯（Nicolas），分別對《聖經》進行校勘和訂正。雖經過校訂，但就最古老和最清晰的二十五種拉丁文手抄本，經文的章節仍未能達到要求標準。除原稿外，要想同時具備古老和清晰兩種特質，是可遇不可求的事。

明以後[84]，希臘文《新約》的編者要遷就傳統的成見和當代的情況[85]，心
存虔誠信仰的欺騙行為，無論是在羅馬還是日內瓦，同樣帶著宗教的熱忱
加以接受，就在現代歐洲國家用各種語文，毫無限制的增加刊印的數量。

欺騙的經文會引起懷疑，阿非利加的正教信徒用可疑的神蹟來為自己
辯護，證明他們的宗教信仰不僅是真實無虛而且合乎正道，看來要靠著自
己的努力而不是上天可見的保護，這個道理倒是非常說得通。然而歷史學
家用公正無私的立場來看待宗教的衝突，只提到一件超自然的事實，可以
用來訓誨信仰虔誠的教徒，讓不相信的人士大吃一驚。提帕沙(Tipasa)[86]是
茅利塔尼亞一個濱海的殖民區，位於凱撒里亞以東十六哩，很多世代以來
為居民狂熱的正教信仰而聞名於世。他們面對憤怒的道納都斯派信徒毫無
畏懼之感，激烈抵抗以後就逃避阿萊亞斯教派的暴政，知道要派來一個異
端教派的主教，就決定放棄這座城鎮。大部分居民購買船隻渡海到對面的
西班牙，剩下無法成行的不幸教徒拒絕參與篡奪者所有的聖事活動，仍舊
敢保持虔誠而非法的聚會。這種違命的態度激怒亨尼里克要嚴厲處置，派
遣一個伯爵率領軍隊從迦太基前往提帕沙。他把正教信徒集中在市鎮的廣
場上，當著整個行省公開宣布他們的罪行，刑責是砍去他們的右手和割去
舌頭。但是這些神聖的悔改者沒有舌頭還能說話，阿非利加主教維克托
(Victor)證實這件神蹟。他在這個事件以後兩年公開發布宗教迫害的歷
史，維克托說道：「要是有人懷疑這件事的真實性，可以前往君士坦丁
堡，聽聽副輔祭瑞斯提圖都斯(Restitutus)清晰而完美的話調，他是光榮的
受難者之一，現在暫住在季諾皇帝的皇宮，信仰極為虔誠的皇后對他非常
尊敬。」在君士坦丁堡我們很驚奇的發現一個冷靜、博學而且完美毫無破

---

84 意大利運用日耳曼人發明的技術印行羅馬和希臘作家作品，伊拉斯繆斯和紅衣主教
    希米尼斯(Ximenes)，將最早的希臘文《新約聖經》多次印行(1514年、1516年及
    1520A.D.)。康帕盧廷西安的多種語言對照本，就花去紅衣主教五萬達克特銀幣。
85 謹慎的伊拉斯繆斯將希臘文的《新約聖經》建立在三個主要的證據上，一是康帕
    盧廷西安的編輯帶有誠實的成見；二是羅伯特‧司蒂芬斯不切實際的想法造成排
    字的錯誤；三是狄奧多爾‧貝查(Theodore Beza)精心設計的虛妄和奇特的誤解。
86 提帕沙(很容易與努米底亞一座同名城鎮發生混淆)在維斯巴西安授與拉丁聯盟的
    權利以後，這座城鎮變得小有名氣。

綻的證人，抱持著漠不關心和無動於衷的態度。加薩的伊涅阿斯（Aeneas）是位柏拉圖學派哲學家，他見過這位阿非利加的受難者，曾精確描述：

> 我見到他本人也與他說過話，我一直在思考他沒有說話的器官，用什麼方法能發出清晰的聲音。雖然我的耳朵聽到還是要用眼睛來檢查，我讓他張開嘴巴，看到舌頭已經整根整個割除，就是醫生來施行這樣的手術，還是會經常使人喪生[87]。

加薩的伊涅阿斯所提出的證言獲得多方面的肯定。像是查士丁尼所頒布永存後世的詔書，馬塞利努斯那個時代的編年史，以及後來的教皇格列哥里一世，他那時是羅馬教皇的大臣，正好住在君士坦丁堡[88]。這些人都生在一個世紀的範圍之內，對這件神蹟的真實性，全部都訴求於個人的認識，以及社會知名之士的告知。後來有同樣的案例在塵世這個大舞台上再三出現，經過很久的時間，可以接受人類判斷力的考驗。沒有舌頭可以說話，是阿非利加的悔改者最不可思議的寶物，能夠使人相信他們的語言不僅純正而且代表著正教的信仰。但是對不信上帝的人而言，他們那頑固的心靈被秘密、惡疾和疑慮所占據，無論是阿萊亞斯教派還是索齊尼派的信徒，他們從根本上拒絕三位一體的教義，不能為阿泰納休斯派的神蹟這種似是而非的證據所動搖。

十、阿萊亞斯教派的衰亡和正統教會的復興（500-700 A.D.）

汪達爾人和東哥德人繼續信奉阿萊亞斯派的教義，直到他們在阿非利加和意大利所建立的王國遭到毀滅的命運。高盧蠻族皈依法蘭克人正統的基督教信仰，西班牙在西哥德人改變宗教信仰後，重新恢復正統教會。

87　加薩的伊涅阿斯是一個基督徒，就靈魂不朽和肉體復活的觀點寫出這本《對話錄》，此外還有二十五封書信存世。

88　在這些證人中並沒有載明自白者的人數，在古老的每月記事錄中可查出六十個人。

出現一個皇家殉教者做爲榜樣，可加速發生有益後世的變革[89]。我們要是把他稱爲可恥的叛徒，道理上還是說得過去。李奧維吉德(Leovigild)是西班牙的哥德國王，受到敵人的尊敬和臣民的愛戴，正教享有獲得宗教自由的權利。阿萊亞斯教派的宗教會議想要藉廢除二次受洗這種引起民怨的儀式來減少疑慮，但沒有獲得成功。他將皇室的冠冕授與長子赫門尼吉德(Hermenegild)，讓他負責治理貝提卡公國，同時爲他締結門當戶對的婚約。這位墨羅溫家族的公主信奉正教，雙親是奧斯特拉西亞(Austrasia)的西格伯特(Sigebert)國王和當代知名的布魯契爾德(Brunechild)。美麗動人的茵艮迪斯(Ingundis)當時不過十三歲，在托雷多信奉阿萊亞斯教派的宮廷結婚以後，受到丈夫的寵愛和婆婆的迫害。由於她的信仰非常虔誠和堅定，哥德皇后戈文珊(Goisvintha)在甘言相勸不成就施加暴力欺凌，濫用身爲婆婆和皇后的雙重權威[90]。戈文珊有次受到抗拒不禁怒火中燒，抓住正教徒公主的長髮將她摔倒在地，用腳把她踢得滿身是血，還下令將她的衣服剝光丟進水池。赫門尼吉德深愛他的妻子，覺得不該用這種令人羞辱的方式對待剛進門的新娘，也爲自己喪失顏面而惱怒不已。茵艮迪斯逐漸讓他知道是爲了神性的眞理而受苦受難。哥德國王的繼承人受到柔情的訴怨，加上塞維爾總主教黎安德(Leander)大力說服，經過堅信禮的莊嚴儀式改變信仰，接受尼西亞教條[91]。衝動的年輕人爲宗教的熱情激起雄心萬丈的氣概，竟然違犯身爲一個兒子和臣民應有的本分。在西班牙的正教信徒雖然沒有受到宗教迫害而感到憤憤不平，還是讚許他用虔誠的叛亂來對抗身爲異端的父王。美里達、哥多華和塞維爾的圍攻作戰曠日持久，使

89　可以參閱西班牙兩位主要歷史學家馬里亞納(Mariana)和弗里拉斯(Ferreras)的作品。馬里亞納幾乎已經忘記他是耶穌會的修士，竟然採用羅馬古典文學的風格和精神。弗里拉斯是一個勤勉的編輯，完全根據蒐集的實情來修訂他的編年史。

90　戈文珊連續嫁給兩位西哥德國王：她與阿泰奈吉德(Athanigild)生了一個女兒布魯契爾德，就是茵艮迪斯的母親(所以戈文珊除了是茵艮迪斯的婆婆還是她的外婆)；後來又嫁給李奧維吉德，但是她的兩個兒子赫門尼吉德和雷卡瑞德，全是前次婚姻所出(所以茵艮迪斯嫁給赫門尼吉德，等於是外甥女嫁給舅舅)。

91　正統教承認異端教派的洗禮，但是要再舉行一次儀式，就是後來所稱的堅信禮，才能獲得應有的各種權利。

得內戰拖延下去，這幾個地方的民眾都堅定加入赫門尼吉德的陣營。他邀
請信仰正教的蠻族像是蘇伊威人和法蘭克人，派軍前來摧毀自己的家園。
他還懇求羅馬人給予危險的幫助，他們現在已經據有阿非利加和部分西班
牙海岸地區。同時總主教以神聖的身分擔任使臣，親自前往拜占庭宮廷展
開有效的談判。但是國王控制西班牙的軍隊和財政，採取積極的行動，終
於粉碎正教信徒的希望。大逆不道的赫門尼吉德無力抵抗也難以脫逃，被
迫向憤怒的父親投降。李奧維吉德仍然注意到自己的神聖責任，剝奪叛徒
所有帝王的尊榮，予以放逐的處分，但還允許他繼續皈依正統教會。赫門
尼吉德再次發起毫無成功機會的叛變，激起哥德國王滿腔怒火，在不得已
的狀況下只有宣判他死刑，後來私下在塞維爾的高塔裡執行。赫門尼吉德
直到臨終還是堅定不屈，拒絕接受阿萊亞斯教派的聖餐儀式，做爲自己求
得信仰安全所付出的代價，光榮的事蹟終於獲得聖赫門尼吉德的稱號。他
的嬌妻和幼子被羅馬人拘留，受到可恥的囚禁。家庭的不幸玷污李奧維吉
德極爲自豪的名聲，終其一生爲此事感到苦惱悔恨。

　　雷卡瑞德（Recared）是李奧維吉德的兒子和繼承人，吸收命運悲慘兄
長的信仰，採取審愼的態度，終於獲得成功，成爲西班牙首位信奉正教的
國王。他並沒有反叛自己的父親，只是耐心等待老王的去世，同時更沒有
指責李奧維吉德生前的作爲，只是很虔誠的提到，將要去世的國君棄絕阿
萊亞斯教派的錯誤，遺命要求兒子改變哥德民族的宗教信仰。爲了使這件
事獲得圓滿的結局，他召集阿萊亞斯教派的教士和貴族階層開會，公開宣
布自己是正教信徒，並且規勸他們要仿效君王的行爲。如果費了很大的力
氣來解釋可疑的經文，或帶著好奇的心理追求形而上的論點，就會引起永
無止境的爭議。國君經過深思熟慮，將兩個很實際而且可見的爭論，就是
塵世和天國的證言，向這群大字不識的與會人員提出說明。塵世全部從命
尼西亞宗教會議：西班牙的羅馬人、蠻族和居民，毫無異議一致贊同正統
教會的信條，只有西哥德人對基督教世界的認同擺出抗拒的態度。一個迷
信的時代隨時準備尊敬超自然的療程，把它當成天國的證據。正教的教士

有能力和德操來執行，貝提卡的奧瑟特(Osset)教堂[92]用來施洗的水盆，每年在復活節的前夕會自動溢出聖水[93]。土爾的聖馬丁那法力不可思議的神龕，使得格里西亞的君王和人民全改宗信仰正教[94]。身爲正教徒的國王在改換本土宗教這個重要的過程中，遭遇到相當大的困難。孀居的太后秘密策動謀反要害他的性命，兩位伯爵在納邦高盧激起危及國本的兵變。但雷卡瑞德解除陰謀分子的武裝，擊敗倡亂的叛徒，並將他們繩之以法，執行嚴苛的正義，阿萊亞斯教派可以譴責這是宗教迫害。有八位主教承認過錯願意悔改，從他們的姓名可以知道出身蠻族。所有收集到的阿萊亞斯教派神學書籍堆放在房間內，連同房子一起化爲灰燼。整個西哥德人和蘇伊威人無論是受到引誘還是經過驅策，全部接受正教的聖餐儀式。至少到了繼起的世代，宗教信仰熱忱而誠摯，同時蠻族的奉獻極爲慷慨，西班牙的教堂和修道院變得非常富足。西班牙人熱烈的關心態度可以用來改進尼西亞信條，七十名主教在托雷多集會接受國君的建議，定出聖父、聖子和聖靈的次序，這個在教義上極爲重要的論點，以後產生深遠的影響，造成希臘教會和拉丁教會的分裂[95]。雷卡瑞德只能算是新入教者，立即向格列哥里教皇致敬並徵詢他的意見。格列哥里是一個博學而聖潔的神職人員，在他的治下獲得卓越的成就，異端分子和沒有信仰的人士皈依正道，他的名銜榮獲「偉大」的稱號。雷卡瑞德的使臣到了梵蒂岡的門房，很恭敬的呈送黃金和寶石所製貴重禮物。所得的回報非常豐富，包括施洗者聖約翰的頭髮，一個十字架裡鑲嵌著一小片極爲神聖的「眞十字架」，一把鐵製的鑰匙，其中的成分有少量是從綑綁聖彼得的鎖鍊上刮下來的鐵屑。

92　奧瑟特又稱茱麗亞・康士坦霞(Julia Constantia)，在波提斯(Boetis)河的北邊，位於塞維爾的對面。土爾的格列哥里所提供的資料，比起名義上歸屬於露西塔尼亞更值得相信，過去是葡萄牙人基於虛榮和迷信才有這種説法。

93　運用這種神蹟一定要講究技巧。一個阿萊亞斯教派的國王緊密關閉教堂大門，在教堂四周挖一道深溝，還是無法中斷在復活節供應施洗用的聖水。

94　有關蘇伊威人改信基督教的時間和情況，弗里拉斯認爲很難得到正確的資料，他們在那時已被李奧維吉德併入西班牙的哥德王國。

95　尼西亞信條或稱君士坦丁堡信條的新增部分，在653年的托雷多第八次宗教大會中首次出現，但是用一般的教義來表示。

這位格列哥里同時也是不列顛在靈性方面的征服者，鼓勵倫巴底皇后虔誠的狄奧德琳達（Theodelinda），在勝利的野蠻人中間宣揚尼西亞的信仰。他們現有的基督教教義全部為阿萊亞斯教派的異端邪說所污染，皇后全力奉獻神聖的工作，仍舊留下很大的空間，使後來的傳教士發揮功能創造成就。意大利還是有很多城市在相互敵對的主教操縱下發生爭執。但是阿萊亞斯教派在宗教上創建的事業，在真理的信念、利害的關係和君主的榜樣這些沉重的壓力下，已經不勝負荷，逐漸崩潰。經過三百年的戰爭，意大利的倫巴底人最後還是改變信仰（600A.D.），埃及從柏拉圖學派獲得的爭論終於落幕[96]。

十一、猶太人受到宗教迫害及蠻族皈依的成效（612-712 A.D.）

最早對蠻族宣講福音的傳教士訴諸於理性的說服，主張宗教寬容所帶來的利益，但是一等到他們建立屬靈的王國，立刻勸導基督徒國王要根除羅馬人和蠻族殘存的迷信，絲毫不能心慈手軟。克洛維斯的繼承者對拒絕毀棄偶像的農人，會當眾責打一百皮鞭。盎格魯・薩克遜的法律對於向魔鬼奉獻犧牲的罪行，處以入獄和籍沒等更為嚴厲的懲罰。甚至就連賢明的阿爾弗雷德（Alfred）也採用極為嚴格的摩西戒律，當成無可避免的責任。但是基督教人民逐漸廢除這些懲罰和罪行；由於他們的無知是一件好事，可以免於學院所帶來的神學爭論；由於沒有偶像崇拜和異端邪說，極不寬容的精神就只能用來迫害猶太人。這個受到放逐的民族在高盧建立若干個會堂，但是西班牙從哈德良時代開始，就充滿他們的殖民區[97]。他們藉通商貿易和操縱金融累積巨大的財富，激起君主假借宗教的貪念。對他們的

---

96 武尼弗瑞德（Warnefrid）認為在洛薩里斯（Rotharis）統治時期（636-652A.D.），阿萊亞斯教義仍然占有優勢。虔誠的輔祭對於全國性的改變信仰，並不想標明準確的時代，不過，這是在七世紀末葉完成。

97 猶太人自稱進入西班牙是靠著所羅門（Solomon）的船隊和尼布甲尼撒（Nebuchadnezzar）的軍隊。到了羅馬帝國時代，哈德良運送猶大（Judah）支派四萬家和便雅憫（Benjamin）支派一萬家到西班牙。

壓迫不會產生危險，因爲猶太人已經喪失運用武力的能力，甚至連想都沒有想過。西昔布特(Sisebut)是哥德國王，統治時期是在七世紀初葉，得快就實施最嚴酷的迫害行動[98]。九萬猶太人被迫接受基督教的洗禮，冥頑的非基督徒被沒收財產，身體受到酷刑的摧殘。是否允許他們可以放棄自己的家園，這件事倒是讓人懷疑。信仰極爲虔誠的正教國王，甚至就是西班牙的教士，只有節制自己的行爲，還莊嚴的宣布他們的判決，他們不會把聖禮強加在任何人身上。但是爲了教會的榮譽，卻使受過洗的猶太人也要加以限制，只能保持在宗教的外圍活動，因爲他們對基督教始終存著不相信和憎恨的態度。由於猶太人經常食言反悔，使得西昔布特的一個繼承人誓言要把整個民族逐出他的疆域。托雷多的御前會議批准此項敕令，每一個哥德國王必須宣誓要維護此一極爲重要的詔書。但是暴君並沒有意願讓這些犧牲品脫離他們的掌握，他們可以視興致任意施以苦刑，可以當成最賣力勞動的奴隸，施以有利可圖的壓榨。猶太人繼續留在西班牙，忍受民事法和教會法的重負，這是在同一個國度之內很忠實的改寫爲宗教裁判的法典。哥德國王和主教最後終於發現，惡意的傷害會產生仇恨，而仇恨總會找到報復的機會。這個民族是基督教暗中或公開的敵人，仍舊在奴役和苦難之中繁衍綿延，生生不息。猶太人的密謀和私通，協助阿拉伯的征服者獲得迅速的成功[99]。

一旦蠻族撤走有力的支持，阿萊亞斯派不得民心的異端邪說受到藐視歸於湮滅，但是希臘人仍然保持玄虛而好辯的性向，建立一種不爲人知的教義，連帶產生新的問題和新的爭議，使有野心的高階神職人員和沉溺於幻想的僧侶獲得權力，破壞教會的和平，甚至整個帝國都飽嘗苦果。然而這些爭議限於學院和宗教會議而知者甚少，被帝國的歷史學家所忽視。摩

98　伊希多爾在擔任塞維爾總主教時，對於西昔布特的信仰狂熱雖然抱著不以爲然的態度，還是感到非常欣慰。巴隆紐斯指出艾摩因(Aimoin)的數量作爲證據，但是這種證據沒有說服力，我也無法對引用的資料進行查證的工作。

99　巴奈吉(Basnage，Henri，sieur de Beauval，1656-1710，荷蘭律師)翔實敘述猶太人的狀況。他可能從西班牙宗教大會的信條和西哥德人的法律找出奇特的例子，對他的題材極爲重要，但我一無所知。

尼教派致力於統一基督和瑣羅亞斯德(Zoroaster)的宗教,在暗中傳播到行省,但是這些外國的信徒受到諾斯替教派的牽累,被認為是毫無廉恥的群體,在公眾極端仇視之下為帝國的法律所嚴格取締,通常受到極刑的制裁。貝拉基教派理性的見解從不列顛傳到羅馬、阿非利加和巴勒斯坦,在迷信的時代消滅在無聲無息之中。但是東部為聶斯托流斯派和優提克斯派的爭論所困惑,期望解釋道成肉身的奧秘,加速基督教在發源地的滅亡。這些爭論最早引起激烈的反應是在狄奧多西二世統治時期,但發生的重大影響已經超越本卷的範圍。爭論的形而上觀點所產生的關聯,教會的野心所引起的鬥爭,對國力日衰的拜占庭帝國所造成的政治影響,從以弗所和卡爾西頓的宗教大會到穆罕默德的繼承人征服東部,也許可以寫成一序列生動有趣和富於教訓意味的歷史。

第三十八章

克洛維斯當政及其改變信仰　戰勝阿里曼尼人、勃艮地人和西哥德人　在高盧建立法蘭西王國　蠻族的律法　羅馬人的景況　西班牙的西哥德人　薩克遜人占據不列顛（449-582A.D.）

一、西羅馬帝國覆滅後高盧所發生的變革（476-536A.D.）

　　高盧人[1]不願再忍受羅馬人強加在身上的枷鎖，但他們應該回想羅馬帝國初期，維斯巴西安皇帝的部將曾提出發人深省的教訓，可說是份量重過萬鈞，塔西佗[2]用他那如椽大筆很精確的表示出來：

> 在共和國的保護下，高盧人得以脫離內部的紛爭和外敵的侵略。你們雖然喪失民族的獨立，卻獲得羅馬公民的名分和特權，像羅馬人一樣享受民治政府的永久利益。你們由於所處的位置比較偏遠，很少受到暴君的欺凌和壓迫。我們並沒有遂行征服者的權利，只是從你們徵收的貢金中獲得一份就感到滿足。和平要用武力來保障，而武力需要用經費來支持。為了你們的安全，羅馬人

1　我在本章引用《高盧的法蘭西建國史》巴黎出版對開本第七卷有關的資料，由於波克（Bouquet）的勤奮努力以及其他本篤會編纂者的協助，所有原始的證據早到1060年，都按編年史的次序排列，還加上引證淵博的註釋。這樣有關整個國家的歷史作品記載到1500年為止，真可以激起我們一比高低的競爭心。

2　刪減塔西佗的文字實在是過於狂妄，但是我選用他所提出的一般概念，這可以運用於高盧當時的狀況和未來的變革。

才防守萊茵河這條天塹以拒止凶狠的日耳曼人,他們一直念念不
忘在打主意,想要以荒蕪的森林和沼澤來換取富裕而豐饒的高
盧。羅馬的衰亡會給行省帶來致命的危險,你們就會埋葬在巨大
政治結構的廢墟中。這個英勇而明智的體系興起已有八百年之
久,等到羅馬人被趕走以後,你們幻想中的自由就會被一個蠻族
主子侮辱和壓榨,要面對未開化的征服者無窮無盡的敵意。

　　善意的勸告受到接納,而奇特的預言也都一一實現。在四百年前,強
壯的高盧人迎戰凱撒的軍隊,不知不覺中發生同化作用,成為公民和臣民
的社群。等到西部帝國瓦解,日耳曼人渡過萊茵河,為了據有高盧發生激
烈的競爭。愛好和平、舉止文雅的居民對他們不僅表示輕視,而且極為反
感。何況高盧人自覺在知識水準和生活程度要高人一等,難免產生驕傲的
心理,嘲笑來自北國蓄著長髮和身高體壯的野蠻人。他們粗魯的習性、下
流的嗜好、貪吃的胃口以及可怖的外貌看到就令人討厭,連發出來的氣味
都令人作嘔。奧頓和波爾多的學校仍然教授各種文理課程,高盧的年輕人
熟悉西塞羅和魏吉爾所使用的語文,聽到日耳曼方言粗俗而刺耳的聲音感
到驚訝不已。他們帶著無限的惋惜,認為文藝女神也會被勃艮地人的七弦
琴嚇得花顏失色,只有趕快逃走。高盧人在技藝和習性方面具有天賦的優
越感,但缺乏勇氣來保護自己,只有低聲下氣聽命甚至奉承勝利的蠻族,
靠著蠻族大發慈悲才能苟安偷生,所有的財產都朝不保夕[3]。
　　奧多瑟斷送西部帝國以後,馬上要與最有權勢的蠻族建立友誼。這位
意大利的新統治者,要把阿爾卑斯山以外羅馬人征服的地區,一直遠抵萊
茵河與大西洋[4],全部放棄給西哥德國王優里克(Euric)。元老院裝模作樣
算是同意慷慨的作風,但是在稅收和國土方面並沒有實質上的損失。優里

3　賽東紐斯・阿波利納里斯裝出有先見之明而又非常高興的樣子,訕笑高盧人落於
　　這麼艱辛的處境。
4　憑著格羅秀斯在學術界的名氣,我相信如果不是根據某些有權威的手稿,就不會
　　用萊茵河來代替隆河。

克獲得合法的權利,只是證實他的野心和成就,哥德民族受到鼓舞要在他的指揮下,建立一個包括高盧和西班牙在內的王國。亞耳和馬賽向他的軍隊投降,奧文尼爭取自由權利受到大力的鎮壓,就連主教也要勉強發表公正的讚辭,才能獲得撤消流放的命令。賽東紐斯與一群使臣和懇求者等在皇宮的大門前,波爾多宮廷的事務繁多,證明西哥德國王的權勢和名望。赫魯利人用靛藍繪滿赤裸的身體,雖然居住在遙遠的海邊,但也來懇求保護;哥德國君缺乏海上武力,然而薩克遜人不敢侵犯濱海的行省;他的權威降服高大的勃艮地人;就連最兇狠的民族也只有遵從不平等的和平條款,他才釋放被俘虜的法蘭克人;阿非利加的汪達爾人也盡力巴結,以得到友情的好處;潘農尼亞的東哥德人獲得有力的支援,來對抗隔鄰匈奴人所施加的壓力。只要優里克稍為點點頭,就可以讓歐洲北部風雲變色或是相安無事(以上是詩人慣用的辭句)。連波斯最偉大的國王也要請教西部的神諭;台伯河老邁年高的神明也卵翼在加倫河的天才之卜[5]。國家的氣數通常依賴偶然的機運,後來產生偉大的法蘭西可以歸功於哥德國王的英年早逝。他的兒子阿拉里克(Alaric)是無依無靠的襁褓嬰兒,反觀對手克洛維斯[6]卻是野心勃勃的勇敢青年。

二、墨羅溫王朝克洛維斯的崛起和對外的征戰(481-496 A.D.)

克洛維斯的父親旭爾德里克(Childeric)在日耳曼過放逐生活時,受到圖林基亞國王和皇后友善的照顧。等到他被赦回,巴西娜(Basina)皇后逃離丈夫的宮殿,投入愛人的懷抱,同時毫無顧忌的宣稱,沒有人比旭爾德里克更為聰明、強壯和英俊,所以他才是她愛慕的目標[7]。克洛維斯就是

5　經過喬南德斯證實,像這樣對哥德英雄的描述倒是不太離譜。

6　我使用克洛維斯這個慣常的稱呼,來自拉丁文的Chlodovechus或Chlodovaeus,但是Ch在日耳曼語是個氣音,所以真正的名字和Luduin或Lewis沒有多大差別。

7　巴西娜這樣說是很自然的事,見到她的法蘭克人當時還是青年,在與格列哥里談話時都已垂垂老去,而且土爾的主教也不會中傷第一個基督教國王的母親。

這對野鴛鴦的愛情結晶，不過十五歲的年紀，父親就亡故，由他繼承指揮
薩利(Salic)部族的權利。他的王國[8]領地狹小，局限在巴塔維亞的島嶼，
是古老的土內爾(Tournay)和阿拉斯(Arras)主教轄區[9]。克洛維斯受洗時，
手下武士的數量沒有超過五千人。法蘭克人同宗的部族沿著貝爾京地區的
河流分布，像是在須耳德河、馬士河、莫瑟爾(Moselle)河和萊茵河兩岸
一帶散居，受到獨立自主的國王所管轄。這些薩利人的王侯都是墨羅溫家
族的後裔，相互之間保持平等和聯盟的關係，時而產生敵對的行為。但日
耳曼人在和平時期服從有世襲審判權的酋長，到了戰時自由追隨深獲民心
和作戰勝利的將領。克洛維斯憑著優異的功績贏得本族同盟軍的尊敬和忠
誠。當他首次開赴戰場，不會將金銀財寶存放在私人的箱櫃，也不會在自
己的庫房堆滿酒類和糧食[10]。他要效法凱撒當年在這個地區的作為，拿刀
劍獲得大量財富，用征戰的成果收買軍心為己效命。每一次作戰和遠征得
勝以後，就會累積一大批戰利品，每位武士憑著功績分到應有的一份酬
勞。皇家的特權在於提出軍法部勒的規定，蠻族難以駕馭的野性經過教導
以後，也會體認到紀律所帶來的優勢[11]。每年3月軍隊要接受年度校閱，
詳盡檢查兵器整備狀況。當他們行軍通過後方和平地區，要做到秋毫無
犯。克洛維斯的裁決絕對是鐵面無私，擅離職責和抗命不從的士兵會受到
立即處死的懲罰。素來人們對法蘭克人的作戰英勇一直是讚譽有加，但是
克洛維斯的英勇表現在冷靜和審慎的作為，一切行動務求完美毫無缺失
[12]。他在處理與人群有關的事務時，會仔細衡量利益、感情和意見的分
量，所採取的措施有時會發揮日耳曼殘暴的性格，有時會贊同羅馬時代寬

---

8 都博斯神父的功勞在確定克洛維斯早期王國的範圍和臣民的真正數目。

9 根據教會的記載，阿拉斯最早屬於異教徒所有，那是在克洛維斯受洗前很多年。

10 土爾的格列哥里拿克洛維斯的貧窮來對照他孫子的富有，然而雷米吉烏斯提到他
的父親很有錢，足夠贖回很多俘虜。

11 蘇瓦松的花瓶是很有名的故事，可以用來說明克洛維斯的權力和性格。但是就這
一點產生很多爭論，被布蘭維利耶(Boulainvilliers)、都博斯和一些帶有政治偏見
的古物學家所曲解。

12 尼佛諾瓦(Nivernois)公爵是位家世高貴的政要，由他負責各種重要而且講究技巧
的談判，可以見識到克洛維斯的政略運用非常成功。

大爲懷的政策,對待基督教有關的問題也莫不如是。他過世時年僅四十五
歲,使得戰無不勝的軍事生涯爲之中斷,但是在他三十年的統治之下,已
經在高盧建立法蘭西王國。

克洛維斯擊敗伊吉狄斯(Aegidius)的兒子塞阿格流斯(Syagrius),贏
得旗開得勝的首次用兵。在這種狀況下,可能是私人的仇恨燃起公開爭執
的火花,父親的光榮戰蹟侮辱到墨羅溫王室,兒子的權力激起法蘭克國土
極爲嫉妒的野心。塞阿格流斯把蘇瓦松這座城市和所屬的領地當成世襲產
業加以繼承,第二貝爾京行省破敗荒涼的殘留城市包括理姆斯、特洛瓦
(Troyes)、波斐(Beauvais)和亞眠(Amiens)等地,很自然的劃歸這位伯爵
或大公所有[13]。等到西部帝國解體,他也許可以仗著權勢用羅馬國王這個
頭銜來統治[14]。身爲羅馬人,塞阿格流斯曾經學習修辭和法律有關的文理
課程,但是他爲了應付當前的狀況和政策的需要,也能用熟練的日耳曼方
言與人溝通,不受羈縻的蠻族對法庭會求助於這位陌生人。他具有特別的
才能,可以用地方的土語解釋各種規定,說明案情和判決是否公正,執行
法律非常勤勉而且和藹可親,使他的聲望日益升高。他的敕令不僅充滿智
慧而且公正無私,贏得民眾發自內心的服從。塞阿格流斯的統治及於法蘭
克人和勃艮地人,好像要恢復全民社會早期的制度[15]。在和平占領的過程
當中,塞阿格流斯很勇敢的接受克洛維斯的挑戰,就像武士制度所標榜的
精神和方式一樣,在指定的日期和地點與敵手決一勝負[16]。凱撒在高盧那
個時代,僅蘇瓦松地區就有五萬名騎士傾巢而出,這支大軍由城市的三個

13　塞阿格流斯和他的父親所據有的王國,畢耶(Biet)很精確定出領土的範圍和形
　　勢,但是他引用都博斯靠不住的證據,沒有將波斐和亞眠算在內。

14　我認爲弗瑞德格流斯(Fredegarius)很謹愼,在他的作品《土爾的格列哥里之概
　　述》裡,用大公來取代羅馬國王那個不可信的頭銜。

15　賽東紐斯把塞阿格流斯稱爲蠻族的梭倫(Solon)和安菲翁(Amphion),用友善和公
　　正的口吻提到這位虛構的國王。同樣靠著這種任意的仲裁,狡猾的德奧西斯
　　(Deioces)將自己升上米提人的寶座。

16　畢耶花很多力氣確定戰場位於諾讓(Nogent),這裡有一個本篤會的修道院,在蘇
　　瓦松北邊約十哩,地面很明顯有一圈異教徒的墳墓。克洛維斯把琉伊利(Leuilly)
　　和庫西(Coucy)鄰近的土地賜給理姆斯的教堂。

軍械庫或作坊[17]供應所需的盾牌、冑甲和投射器具。但是高盧年輕人無論
勇氣和數量，經過承平日久已經無復當年氣概，只有組織鬆散的志願軍或
傭兵隊伍，在塞阿格流斯的旗幟下開拔前進，沒有能力對抗發揮民族精神
的法蘭克人。要是不清楚塞阿格流斯真正的實力和作戰的資源，只是責備
他迅速逃走，這是很不公平的說法。他只是在會戰失敗以後，才在遙遠的
土魯斯宮廷避難。國勢衰弱而且尚未成年的阿拉里克，無法協助也不能保
護命運乖戾的流亡者，怯懦的[18]哥德人為克洛維斯的恫嚇之辭所威脅，身
為羅馬人的國王經過短時期的囚禁以後，就被劊子手處決。貝爾京的城市
向法蘭克國王投降，克洛維斯在統治第十年征服面積寬廣的通格里地區
[19]，使整個領地向東擴展到很大的範圍。

有人很荒謬的說到阿里曼尼人得名的由來，是因為他們住在利曼
（Leman）湖邊一塊想像中的居留地。這塊人間樂土從利曼湖延伸到阿凡
西（Avenche）和侏羅（Jura）山脈，一直為勃艮地人所據有[20]。赫爾維提亞
（Helvetia）的北部地區的確是被兇狠的阿里曼尼人制服，但征戰獲得的成
果全被自己親手毀滅。被羅馬的技藝所改善和裝飾的行省，再度退化到
原始的荒野狀況。物產豐富和人口眾多的阿爾（Aar）山谷[21]，仍可以發現
壯觀的溫多尼薩（Vindonissa）遺留的古蹟。從萊茵河的源頭到緬因（Mein）
河與莫瑟爾河的會合口，蜂擁而至的阿里曼尼人勢不可當。他們根據古老

17　蘇瓦松的三種製造物是Scutaria，Balistaria和Clinabaria，最後這種用於整套冑甲中
　　沉重的胸甲上。

18　像這種說法只限於某些情況，歷史無法證明格列哥里的法蘭西偏見有道理。

19　都博斯的敘述和他的讀者都使我感到滿意，不像土爾的格列哥里一再弄不清楚狀
　　況，認為圖林基亞的日耳曼王國在萊茵河的對岸，而陶格里亞（Tongria）的高盧城
　　市位於馬士河。事實上這些都屬於更古老的厄布羅尼斯（Eburones）國度，現在是
　　列日（Liege）主教轄區。

20　瓦特維爾（Watteville）確定赫爾維提亞的疆域就是阿里曼尼亞公國、外侏朗尼
　　（Transjurane）和阿凡西（或稱洛桑），都在現代瑞士國境內，分別使用德語和法語。

21　在溫多尼薩古老的城牆內，有哈布斯堡（Habsburgh）的城堡、科尼斯菲爾德
　　（Konigsfield）的修道院和布魯克（Bruck）的城鎮，都是後來才建造。有見識的旅客知
　　道，這些紀念物可以分別代表羅馬人的征服、奧地利的暴君和封建采邑、僧侶的迷
　　信思想和勤勉的自由權利。若真是哲學家，就會讚賞他那個時代的優點和幸福。

的所有權和新近的勝利，控制河流兩岸，接著越過現在的阿爾薩斯和洛林兩省，散布到整個高盧地區。他們大膽侵犯科隆王國，因而召喚薩利人的王侯前來防衛里普里安(Ripuarian)聯盟。克洛維斯在離科隆約二十四哩的托爾比克(Tolbiac)平原迎擊高盧的入侵者，日耳曼兩個最兇狠的民族，為了過去所建樹的功績和未來即將展現的偉業，激起一爭高下的壯志雄心。法蘭克人經過頑強奮戰以後敗北而退，阿里曼尼人發出勝利的怒吼，猛烈的緊壓不放。但在克洛維斯的勇氣、領導或許是虔誠的宗教感召之下，又恢復會戰的行動。在這血流成河的日子裡，戰鬥的結局決定帝國的主人，敗者難逃奴役的命運。阿里曼尼人最後一個國王在戰場陣亡，他的人民遭到殺戮和追捕，只有丟下武器聽憑征服者發落。缺乏紀律的烏合之眾不可能整頓再戰，城牆和工事可以在遭遇災難時提供保護，但他們抱著傲慢的心理全部加以毀棄，等到戰敗，那些行動積極而且毫無畏懼的敵人，就會尾隨他們進入森林深處。狄奧多里克恭賀克洛維斯的勝利，這位意大利國王最近才娶了克洛維斯的妹妹阿博芙萊達(Albofleda)。但是他為了懇求者和流亡人士向他的內兄求情，因為這些人正在哀求他的保護。屬於阿里曼尼人所有的高盧領土成為勝者的戰利品，這個倨傲的民族一直沒有被羅馬的武力所征服，而且經常發起叛亂。現在他們承認墨羅溫國王的統治，他也仁慈的允許他們仍舊保有獨特的習俗和制度，但是要接受他指派的一個公爵，承認他治理和繼承的權利。法蘭克人完成西部行省的征服以後，只有他們能維持在萊茵河對岸的古老居所，逐漸將過去已經枯竭的國土恢復生機，文明的發展一直推進到易北河岸和波希米亞山區，只有日耳曼人的馴服可以確保歐洲的和平[22]。

---

22 土爾的格列哥里在他的作品《法蘭克人行誼》以及致狄奧多里克的書信中，提到阿里曼尼人被擊敗，他們的部族有的定居在雷蒂提亞受狄奧多里克的保護，後來狄奧多里克的繼承人將這個地區的殖民區割讓給克洛維斯的孫子。

三、克洛維斯改信正統基督教及對後世的影響 (496-497A.D.)

克洛維斯一直到三十歲時還在繼續膜拜祖先的神明[23]，對於基督教抱著不相信也不理會的態度，使他能夠在敵人的地區大肆劫掠教堂，心中毫無羞愧之感。他的高盧臣民樂於在宗教信仰方面不受束縛，主教心中最盼望的工作要摒除偶像崇拜，對於異端教派倒是不甚在意。墨羅溫王室的君主與嬌柔的克蘿提兒妲 (Clotilda) 締結幸福美滿的婚約。她是勃艮地國王的姪女，雖然處在阿萊亞斯教派的宮廷，她所受的教育卻使她公開宣布接受正教的信仰，所以讓異教徒的丈夫完成改信和皈依，不僅是她的興趣所在，也是她的責任[24]。克洛維斯不知不覺從情話綿綿之中傾聽教義的開導，同意長子可以受洗 (也許是最初簽訂婚約的條件)，然而嬰兒夭亡帶來迷信的恐懼，後來他被說服再一次接受危險的經驗。克洛維斯在托爾比克會戰遭遇困苦時，大聲向克蘿提兒妲的神以及基督徒乞求幫助。勝利使他帶著感恩的心情，很尊敬的傾聽雄辯的言辭[25]。理姆斯主教雷米吉烏斯 (Remigius)[26] 力陳，改變信仰對他而言，會在世俗和精神方面帶來莫大的利益。國王聲稱他對正教信仰的理念感到滿意，但是為了政治上的理由要暫緩公開宣布。但是法蘭克人熱誠擁戴的歡呼使這些顧慮變得多餘，他們很明確的表示要追隨首領和英雄，不論是走向戰場還是接受洗禮。重要的

23　克蘿提兒妲或者是格列哥里認為克洛維斯事奉希臘和羅馬的神明，事實上很不可信。發生這種錯誤可以說明一種現象，就是不到一個世紀的時間，法蘭克人已經把民族的宗教遺忘得乾乾淨淨。

24　土爾的格列哥里提到克洛維斯的婚姻和皈依，甚至就是弗瑞德格流斯、不知作者姓名的《典範》(Epitomizer)、《法蘭克人行誼》的作者以及艾摩因本人，在聽到後並沒等閒視之。對這些極為重要的事件，長久來傳統倒是保存很多關鍵性的情節。

25　有一個旅客從理姆斯回到奧文尼，從書店老闆或謙虛的總主教秘書手裡，弄到他的演說辭抄本。雷米吉烏斯有四封書信傳世，看來配不上賽東紐斯捧上天的讚許之辭。

26　雷米吉烏斯繼承人之一的亨克瑪為他作傳。理姆斯教堂古老手抄本的來源引起一些秘聞，因是亨克瑪自私而大膽的杜撰，所以遭到焚毀。但讓人特別注意的是，雷米吉烏斯在二十二歲 (457A.D.) 那年授聖職出任主教，擔任這職務有七十四年之久。

典禮在理姆斯的主座教堂舉行,每一項儀式盛大而莊嚴,使粗魯的新入教者產生宗教的敬畏之心[27]。這位新的君士坦丁有三千好戰的臣民跟著一齊受洗,還有很多稟性溫和的蠻族效法他們的行動。為了服從大獲全勝的高級神職人員,他們不僅崇拜燒毀過的十字架,且把過去膜拜的偶像燒掉。

克洛維斯聽到基督的平生和死亡的悲慘事蹟,內心受到感動,激起為時短暫的熱情。他沒有權衡神秘的犧牲所產生極為有益的後果,表現出衝動的憤怒情緒,甚至說道:「我要親自率領英勇無敵的法蘭克人,為他受到的屈辱報仇雪恥[28]。」但野蠻的高盧征服者對宗教的證辭沒有能力辨別對錯,而這種宗教是靠辛勤的研究查明歷史的證據和神學的理論。克洛維斯無法感受福音書發揮的溫和影響力,那會使真正改變信仰的人滋生馴服的信念和純潔的心靈。雄才大略的統治者不斷違犯道義和身為基督徒的責任,無論在戰時或平時,他的手上都沾滿鮮血。克洛維斯剛解散格里西亞教堂的宗教會議,就若無其事的處死墨羅溫家族所有的王侯[29]。然而法蘭克人的國王可能真心禮拜基督教的上帝,比起他們這個民族的神祇更為卓越,具有更大的權勢。托爾比克之戰獲得拯救和勝利使克洛維斯產生信心,萬軍之王的耶和華會在未來對他施加保護。馬丁這位眾所周知的聖徒,在土爾神聖的墓地仍舊不斷顯現神蹟,使他在西方世界享有盛名。靠著他有形或無形的影響力發揮作用,才能水到渠成獲得一個慷慨大方的正教國君。克洛維斯發表褻瀆的評述,說聖馬丁是位昂貴的朋友[30],但我們不必解讀成永久或理性懷疑的徵兆。但不管是塵世還是天國,對法蘭克人

---

27 在克洛維斯受洗時,一隻白色的鴿子帶來一瓶神聖而精純的膏油,仍舊供法蘭西國
    王在加冕禮中使用,而且裡面的容量一直會自動補充,這則傳奇的作者是亨克瑪。
    佛托特(Vertot)用極端的敬意和卓越的技巧,把禁不起檢驗的迷信基礎連根剷除。
28 這種粗俗無知的表達方式被格列哥里很審慎的加以隱瞞,要是讓弗瑞德格流斯、
    艾摩因和聖丹尼斯的編年史知道,就會當成基督徒信仰熱誠的迸發而大加表揚。
29 格列哥里很冷靜的提到克洛維斯一再犯下重大的罪行,表面裝出悔改的模樣,他
    得到結論是野心主宰一切。
30 在哥德戰爭獲勝後,克洛維斯賜給土爾的聖馬丁豐富的奉獻。後來他想用一百個
    金幣當作禮物好贖回他的戰馬,但是駿馬受到蠱惑,留在馬廄裡不動,直到贖金
    加倍才肯出來,這項奇蹟使國王大為驚異。

的皈依都感到欣慰，在這值得紀念的日子，克洛維斯從施洗的聖水盆登上基督教世界的頂峰，只有他一個人配得上正教國王的稱號和權柄。阿納斯塔休斯皇帝在有關神聖的道成肉身方面，抱著非常危險的錯誤觀念。意大利、阿非利加、西班牙和高盧的蠻族都涉及阿萊亞斯異端，所以克洛維斯是教會唯一也是最有力的擁護者。教士承認他是合法的君主和光榮的救星，正統教派的熱情和厚愛對克洛維斯的軍隊給予堅定的支持[31]。

在羅馬帝國統治下，主教擁有財富和審判權，表現出神聖的形象和永恆的職位。他們有無數信徒聽從平易近人的言辭，還可以召開全省的宗教集會，這些使他們獲得尊敬，有時也會產生危險。他們所發揮的影響力一直受到爭議，因爲會使迷信得到很大的進展。還有就是法蘭西王國的建立，從某種程度上看來，可以說是一百位高級教士有穩固的聯盟所造成的結果，他們在統治著高盧那些深表不滿的城市，何況這些城市都能獨立自主。阿莫里卡共和國的根基淺薄，一再受到搖撼以後就會崩潰，但是人民仍然要保衛國內的自由權利，表現出不愧爲羅馬人所應有的尊嚴，英勇抵抗克洛維斯掠奪性的入侵和經常性的攻擊。現在克洛維斯使出全國的力量，把征服的行動從塞納河延伸到羅亞爾河，獲得成功以後產生一個平等而有利的聯邦政體。法蘭克人對阿莫里卡人的作戰英勇表示欽佩[32]，阿莫里卡人因爲法蘭克人的宗教信仰願意雙方和解。配置在各地用來防衛高盧的軍事力量，包括一百多個騎兵和步兵編組不同的隊伍，這些部隊獲得羅馬士兵的稱呼和特權，但是都從蠻族青年中源源不斷的補充。帝國最遙遠地區戍守工事的人員和零星分散的殘部，過去表現出英勇氣概，現在已落入無望的深淵。他們雖然沒有鬆懈防務，但是要撤退就會受到攔截，要想與本國保持連絡也完全無濟於事，他們已經被君士坦丁堡的希臘君主所遣

31　維恩納主教阿維都斯就這個問題寫信給克洛維斯，很多拉丁主教向他表示感到高興和願意追隨之意。

32　在樸洛柯庇斯原作的本文中是一個不知名的民族，瓦羅亞(Valois)恢復阿莫里卡人這個比較適合的名字，以後就一直沿用下去。然而一個不帶成見的讀者自然會假設，樸洛柯庇斯的目的是要敘述一個與羅馬聯盟的日耳曼部族，不是背叛帝國的高盧城市所組成的一個盟邦。

棄。他們仍舊保持著虔誠的信念，拒絕與高盧信奉阿萊亞斯教派的篡奪者
發生任何關係。等到一個正統教會的英雄人物，提出非常寬大的條件和協
議，他們當然感到面子十足樂意接受。這些軍團的接班人雖然是正式編制
不過盧有其名，在接踵而來的時代裡，能夠引人注目也只是他們的武器裝
備和旗幟標誌、特殊的服裝和制度而已。等到他們志願加入後，更能增強
地方部隊的實力，鄰近的王國對法蘭克人的兵員數量和作戰精神更爲畏
懼。高盧北部行省的降服，並非取決於一次會戰的機運，而是戰爭與談判
交互運用緩慢產生的影響。克洛維斯努力不懈必要時又能稍作讓步，不管
如何總能發揮最大效果，終於達成雄心壯志的目標。他那種兇暴的作風和
亨利四世的德行作一對比，眞可以說是南轅北轍大相逕庭，讓人聯想到人
性怎麼會完全相反，然而這兩位君王所處的立場倒是頗爲相似。他們用勇
氣、政策和及時改變信仰建立功勳，完成了征服法蘭西的偉大事業[33]。

四、克洛維斯擊敗甘多柏德獲得勃艮地戰爭的勝利(499-532 A.D.)

勃艮地王國的領地局限在高盧兩條河流之間，索恩河和隆河從佛日
(Vosges)山向阿爾卑斯山延伸的森林地帶，一直向南流到馬賽入海[34]。甘
多柏德(Gundobald)執掌國家的權柄，這位驍勇無比而且野心勃勃的君
王，兩位弟兄的過世可以減少競爭王座的對手，其中一個是克蘿提兒妲的
父親[35]。但是他竟然還讓最年幼的弟弟戈德吉塞爾(Godegesil)，擁有獨立

33　樸洛柯庇斯提出這個重要的插曲，可以凸顯出法蘭西王國的根源來自何處，然而
　　我必須提出兩點：(1)、希臘歷史學家對西部的地理位置顯示出不可原諒的無
　　知；(2)、這些條約和特殊的利益應該會留下一些痕跡可以追查，但是在土爾的
　　格列哥里所有的作品以及《薩利法典》裡全都找不到。

34　馬賽所在的行省一直延伸到杜藍斯(Durance)河，以後全都割讓給東哥德人，有二
　　十五位主教的簽名等於代表勃艮地王國，時間是519年，然而我認爲溫多尼薩沒
　　有包括在內。主教與異教徒占多數的阿里曼尼人住在一起，經常參加最近基督教
　　王國的宗教會議是很自然的事。馬斯庫提到勃艮地君主國時，說明很多細部的情
　　節(在他那四個第一註釋本裡)。

35　馬斯庫有充分理由不相信土爾的格列哥里提出的證詞。他從阿維都斯寫的文章
　　裡，證實甘多柏德裝模作樣譴責此悲劇事件，他的臣民卻裝出歡天喜地的樣子。

的日內瓦公國,這是唯一不夠謹慎之處。甘多柏德是位阿萊亞斯教派的君主,克洛維斯改信正教剛好可以使他提高警惕,不僅讓他感到滿意也給他帶來希望,可以藉此激勵他的教士和人民。於是他在里昂召集主教舉行會議,盡可能調停在宗教和政治上的不滿狀況。兩個教派發生激烈的爭執,使會議毫無成效可言。阿萊亞斯教派譴責正統教會禮拜三位真神,正統教徒用神學的觀點辯解他們所執的理由,相互提出異議和反駁,到處回響著固執成見的喊叫,一直到國王說出心中的憂慮才平息下來。他向正統教會主教提出非常唐突但是帶有決定性的問題:「如果你仍真的公開聲稱信仰基督教,為什麼不能約束法蘭克國王?他對我宣戰,要與我的敵人聯盟來毀滅我。如果他抱著真誠的態度改變宗教,就不應該產生嗜殺和貪婪的念頭。他要用行為表現他的信仰。」維恩納主教阿維都斯(Avitus)代表教友回答,用和藹可親的姿態和悅耳動人的聲音發言:

> 我們並不了解法蘭克國王的動機和意圖。但是《聖經》教導我們,說是王國放棄神的律法就會遭到覆亡的命運。誰要是把神當成仇寇,那麼敵人就會在四面蜂擁而起。要是帶著人民回歸神的律法,祂就會在你的疆域賜給和平與安全。

正統教會提出訂立和平協議的首要條件,勃艮地國王並不想接受,將宗教會議延緩並加以解散,但在此之前他譴責這些主教,說克洛維斯身為主教的朋友和入教者,卻私下引誘戈德吉塞爾不要效忠他的兄長[36]。

甘多柏德的弟弟毫無忠誠之心,根本禁不起勾引。戈德吉塞爾遵命率領日內瓦的軍隊加入皇家的陣營,使得陰謀活動更容易獲得成功。就在法蘭克人和勃艮地人勢均力敵相持不下時,他掌握最好的機會投靠敵營,這樣一來就決定戰爭的勝負。首尾兩端的高盧人對甘多柏德的支持極為有

---

36 維恩納主教阿維都斯是主要當事人,可能是會議的秘書。杜平發現短短一篇記載,提到他的為人和他的作品。

限，他無法對抗克洛維斯的軍隊，只有倉促撤離戰場，地點好像是在朗格勒（Langres）和第戎（Dijon）之間。甘多柏德對第戎的防守能力也沒有信心，然而這是受兩條河流圍繞的四方形城堡，有四個城門和三十三座塔樓，城牆的高度是三十呎，倒有二十呎厚[37]。甘多柏德把重要的城市里昂和維恩納放棄給在後緊追的克洛維斯，仍舊馬不停蹄，慌忙逃到亞維農（Avignon），離戰場已有兩百五十哩。經過長期的圍攻作戰和勾心鬥角的談判，總算讓法蘭克國王認清當前狀況，若繼續打下去會帶來更多危險和更大的困難。於是克洛維斯向勃艮地君主索取一筆貢金，強迫甘多柏德對於兄弟的背叛行為，不得追究還要加以獎賞，然後帶著南部行省所獲得的戰利品和俘虜，趾高氣揚班師回國。傳來的信息使場面盛大的凱旋頓時黯然失色，甘多柏德違背剛剛簽訂的條約。不幸的戈德塞吉爾和五千名法蘭克人[38] 防守部隊留在維恩納，受到圍攻後在奇襲下失守，戈德塞吉爾被毫無人性的兄長殺害。高談和平的統治者遇到這種不守信義的暴虐行為，也會氣沖斗牛失去耐心。但高盧的征服者裝出若無其事的樣子，免除原來規定的貢金，仍舊把勃艮地國王當成聯盟，接受他在軍事上所提供的服務。克洛維斯無法像在先前那些戰爭一樣，可以確保無往不利的優勢，他的對手接受經驗教訓，勵行新的策略，以獲得人民好感。高盧人和羅馬人讚譽甘多柏德的法律溫和而且公正，幾乎將他的名望提升到征服者的同一水平。他用好聽的言語奉承主教使他們安於現狀，同時運用計謀讓大家以為他會改變信仰，然後設法規避直到死前最後一刻才受洗。在這種溫和施政的作風之下，能夠保障勃艮地王國的和平，延緩受到摧毀的命運[39]。

勃艮地王國最後的滅亡，時當甘多柏德之子西吉斯蒙德（Sigismond）

37　土爾的格列哥里描述第戎的狀況，完全依據自己的看法，並沒有參考別人的作品。這座堡壘事實上可以稱之為城市，一直到十二世紀都在朗格勒主教的管轄之下，以後成為勃艮地公國的首都。

38　土爾的格列哥里同意有這麼多法蘭克人，但是他一廂情願認為這些人都被甘多柏德屠殺殆盡。處事謹慎的勃艮地人饒恕克洛維斯的士兵，將這些俘虜送給西哥德國王，安置在土魯斯地區。

39　有關勃艮地戰爭我聽從格列哥里的意見，他的敘述精采，樸洛柯庇斯根本無法相比。也有一些學者認為是兩次不同的戰爭，都博斯神父清楚表明事件的來龍去脈。

統治期間。身爲正教信徒的國王獲得聖徒和殉教者榮名[40]，但皇家聖徒的手上沾著兒子的鮮血，這是後母倨傲和憎恨的情緒作祟，兒子雖無辜卻成爲父親的劍下亡魂。西吉斯蒙德知道自己犯下大錯後，抱著不幸青年冰冷的屍體哀悼慟哭，他接受隨從嚴厲的諫言：「啊，陛下，是你讓人感到憐憫和悲痛，並不是死者。」不過，他對瓦雷(Vallais)紀念聖摩里斯(St. Maurice)的阿高隆(Agaunum)修道院，奉獻大量捐款，減輕自覺有罪所遭受的良心譴責，建立修道院以推崇底比斯軍團純屬想像的殉教者[41]。虔誠的國王設置一個正式的合唱團，要唱出永恆的讚美詩。他像僧侶那樣保持恆久而嚴格的禮拜活動，非常謙卑的虔誠祈禱，希望天國爲了懲罰他的罪孽會使世界蒙受苦難。他的祈禱受到垂聽，復仇者開始動手，勃艮地的行省被法蘭克人的軍隊蹂躪。西吉斯蒙德在會戰失敗後，希望能活下去以延長悔過的時間，穿上僧侶服裝隱藏在荒郊野外，被他的臣民發覺後出賣，藉此獲得新主子賞賜的好處。蒙塵的國君及其妻子和兩位子女被送到奧爾良，克洛維斯的兒子們下達慘絕人寰的命令，將他們全活埋在深井裡。這種殘酷的行爲不合天理人情，部分藉口可說是他們年輕，個性衝動。野心驅使他們征服勃艮地，孝心可能激發或掩飾他們的野心。克蘿提兒妲有神聖的虔誠之心，但不會寬恕所受到的傷害，迫得她的兒子要殺死西吉斯蒙德全家，來爲她父親之死雪恥報仇。叛逆的勃艮地人一直要掙脫加在身上的鎖鍊，只要同意盡到付貢金和服兵役的義務，克洛維斯的兒子答應他們可以保留自己民族的法律。墨羅溫王朝君王能和平統治所征討的這個王國，過去雖有光榮歷史和偉大事功，但現在爲克洛維斯的武力所制服[42]。

40　這也算是殉教者！這個字眼的原意是普通證人，意義經過多奇怪的扭曲！聖西吉斯蒙德以善於醫治熱病聞名。

41　在五世紀末葉之前，聖摩里斯教堂和他的底比斯軍團，在阿高隆找一個地方供虔誠的朝聖客使用。這樣一個亂糟糟的社區男女混雜，產生很多見不得人的行爲，後來被循規蹈矩的西吉斯蒙德修道院所廢除(515A.D.)。不到五十年的時間，他的「光明天使」發起一次夜間突擊，主教和教士都被謀殺。

42　阿凡西主教馬留對西吉斯蒙德的下場和勃艮地的征服，都提出可信的日期。土爾的格列哥里也敘述主要的經過情形。樸洛柯庇斯和阿果西阿斯由於相距過遠，看來他們並不完全了解真相。

五、克洛維斯贏得哥德戰爭建立法蘭西王國（507-536 A.D.）

旗開得勝的克洛維斯使哥德人的光榮受到羞辱，法蘭克人快速的發展讓哥德人感到嫉妒和畏懼。阿拉里克年紀很輕就享有大名，在對手強勢作爲下感到自嘆不如。兩國相鄰的邊境發生很多爭執，談判沒有結果，拖延一陣後，兩國君王同意見面會商。克洛維斯和阿拉里克在羅亞爾河一個小島舉行會議，離安布瓦士（Amboise）不遠。他們相互擁抱爲禮，交談氣氛非常親切，一起舉行盛大宴會，分手時矢言和平與手足之情。表面上的信任隱藏著見不得人的陰謀，充滿敵對和叛逆的企圖，雙方彼此控訴，因此有必要成立最後的仲裁，但後來兩方都逃避和否認仲裁的存在。克洛維斯已將巴黎當成帝都，就在這裡召集諸侯和武士開會，他的動機和藉口是要發起哥德戰爭。他宣稱：「我看到高盧大部分地區仍爲阿萊亞斯教派據有，內心感到惱怒不已。讓我們在上帝的幫助之下進軍去討伐他們，等征服異端教派後，我們可以占領和分配最富裕的行省。」法蘭克人受到遺傳的英勇和宗教熱情鼓舞，大聲讚許國君深謀遠慮的計畫，不論是陣亡還是征服，同樣有利可圖，他們願意獻身戰爭，不惜以死相報。這時有人發出莊嚴的誓言，若不贏取勝利絕不刮臉修面，那怕不方便也只有忍受。克蘿提兒妲無論是公開還是私下的勸誡，一直極力贊助這件偉大的義舉。她提醒丈夫這番事業是建立虔誠的信仰根基，一定可以邀得上帝的恩寵。她對於所有家僕也是如此要求。這位基督徒的英雄有高明的戰技，用強壯有力的手臂投出他的戰斧，說道：「我要在戰斧落下的地點建立一座教堂，以榮耀神聖的使徒。」這種裝模作樣的舉動肯定獲得正教信徒的擁戴，何況在私下已經建立連繫。信徒神聖的願望逐漸成熟，發展爲勢不可當的通敵活動。哥德暴君指控他們情願接受法蘭克人統治，衝動的譴責使阿奎丹的人民提高警覺。羅德茲（Rodez）主教奎提阿努斯（Quintianus）[43]是熱衷的追

---

43 說來真是奇怪，在用羅德茲古老方言所寫的押韻詩中，發現奎提阿努斯平生經歷一些最重要的事件，而且非常可信。

隨者，他被放逐後，講道比在教區裡更能發揮影響力。法蘭克人在與勃艮地人建立聯盟後，實力增強不少。阿拉里克為抵抗國外和國內的敵人而集結軍隊，數量上遠比克洛維斯的軍事力量強大得多。西哥德人重新開始加強訓練，他們過著長期平靜且衣食無缺的生活，早已忽略對這方面的要求。一隊勇敢而強壯的精選奴隸伴隨主人上戰場[44]，高盧的城市被迫提供協助。東哥德國王狄奧多里克統治著意大利，盡力想要維持高盧的平靜局面，或許是故意裝出有這種需要，挺身而出擔任不偏不倚的仲裁者。但明智的國君害怕克洛維斯建立如日東升的帝國，遂基於民族和宗教的關係，肯定地提出保證要支持哥德人。

　　偶然發生或刻意安排的奇特徵兆裝點克洛維斯的遠征，當成受到上帝恩寵的明確宣示，為迷信的時代所接受。他從巴黎出發，經過土爾神聖的教區帶著崇敬的態度繼續前進，突然感到心神不寧，想到要去參謁聖馬丁的神龕。這裡不僅是高盧的聖地，也可以獲得神諭的指示。他的信使受命要特別注意，在他進入教堂那一剎那，所唱出的讚美詩詞句。他真是非常幸運，這些詩篇在歌頌天國勇士的英武和勝利，可以很容易轉用到這位新的約書亞（Joshua）和基甸（Gideon）身上[45]，他正要趕赴戰場擊滅天主的敵人。奧爾良為使法蘭克人的進軍獲得安全保障，特別在羅亞爾河上架設一座橋樑。但是在離波瓦提耶（Poitiers）約四十哩的地方，維恩（Vienne）河的水位高漲，使得行程受到妨害，而且西哥德人在對岸設置營地。作戰的延遲通常會給蠻族帶來危險，因為他們在行軍的途中，會將經過地區的糧草耗用一空。現在克洛維斯雖然有充分的時間和足夠的物資，然而面對兵力優勢的敵人，要想構築橋樑或者強行打開一條通路，這是完全不切實際的做法。態度友善的農人熱烈歡迎他們的救星，很容易提供不為人知而又沒

44　孟德斯鳩提到西哥德人的法律並且加以證實，所有的主人在從軍出征時，要有十分之一的奴隸隨著前往戰場。

45　這種求得預兆的方式來自異教徒，後來就用〈詩篇〉或《聖經》來取代荷馬和魏吉爾的史詩。把在特殊場合之下聽到或看見的神聖字句，將為首的字母組合起來，然後推測所代表的含意。從四世紀到十四世紀盛行一時，雖然一再受到國務會議下達敕令譴責，國王、主教和聖徒還是樂此不疲。

有防備的徒涉位置。後來加上傳奇的故事更能誇大發現渡河點的功勞，說是一條極爲碩壯而又美麗的白色公鹿，出來引導和催促正教軍隊的行軍。西哥德人的軍事會議猶豫不決而又混亂不堪，一群性情粗暴的戰士狂妄無禮誇耀自己的實力，拒絕在日耳曼的強盜面前逃走，激起阿拉里克要用武力來維護羅馬征服者的名聲和血統。行事謹慎的酋長提出勸告，強迫他避開法蘭克人第一擊的銳氣，期望在高盧南部的各行省，會合久經戰陣和贏得勝利的東哥德人，這時意大利國王已派遣軍隊提供援助。哥德人在最重要的關頭把時間浪費在無益的商議，過於倉促放棄有利的位置，緩慢而混亂的行動喪失安全撤退的機會。克洛維斯渡過徒涉點後，後來這個地點仍稱爲哈特（Hart，公鹿），他不顧一切迅速進擊阻止敵人脫逃，夜間行軍靠閃閃發光的流星指引方向，高高懸掛在波瓦提耶主座教堂的上空。聖奚拉里正教繼承人預先的說法與現況完全一致，上天的信號可以和在沙漠裡引導以色列人的火柱相比。在這天清晨的第三時已經過了波瓦提耶約十哩，克洛維斯俯視下方的哥德軍隊就發起立即攻擊。對手在恐懼和混亂中很快完成防禦準備，在極端危險中重振士氣。鬥志高昂的年輕人發出鼓噪的聲音要求出戰，拒絕在羞辱的逃跑中偷生。兩位國王遭遇以後實施單獨決鬥，阿拉里克死在對方的手下。兩位哥德人奮不顧身騎馬衝上來，要爲戰死的君主報仇。勝利的克洛維斯靠著堅固胸甲和靈活戰馬，才避開兩支致命長矛的攻擊。這場會戰陣亡的屍體堆積如山，這種含糊的形容已足以知道大肆殺戮的殘酷和毫無軍紀的約束。格列哥里很小心的提到賽東紐斯之子，他那位勇敢的老鄉阿波利納里斯（Apollinaris），在奧文尼貴族的隊列前面喪失性命。也許這些疑似正教信徒被惡意地任憑敵人盲目亂殺一通，也許是個人的戰功和從軍隊獲得的榮譽，取代了宗教的影響力[46]。

46　樸洛柯庇斯在修正本文並對錯誤之處加以申辯以後，就說阿拉里克戰敗之處是在喀卡森（Carcassone）附近。我們從格列哥里、福土納都斯（Fortunatus）和《法蘭克人行誼》一書作者所提的證據得到結論，會戰的地點是在克蘭（Clain）河的兩岸，波瓦提耶的南邊，距離約有十哩。克洛維斯追到維逢（Vivonne）附近趕上西哥德人發起攻擊，在一個小村的邊上獲得決定性的勝利，這個地方現在仍舊稱爲聖奚拉里（St. Hilaire）平原。

　　上面所說就是蒙受上帝恩惠的帝國（如果可以用這個眾所周知的名稱
來掩飾我們的無知）所遭遇的狀況，要想預知戰事的發展或解釋所產生的
各種後果，確實有很大的困難。有時一場血流成河的勝利也不過是占領戰
場而已，然而損失一萬人的敗仗，可能會在一天內毀滅一個世代的成果。
經過波瓦提耶這場決定性的會戰以後，接著就是征服阿奎丹。阿拉里克身
後留下一個年幼的兒子、一個可惡的敵手、相互傾軋的貴族和不忠不義的
人民。哥德人剩餘的部隊不是被憤怒的群眾制壓得無法動彈，就是在內鬥
中相互對立將力量抵消殆盡。法蘭克國王毫不遲疑繼續前進圍攻安古蘭
（Angouleme），他的號角長鳴使城市的城牆像耶利哥（Jericho）那樣應聲倒
塌。這種光輝耀目的奇蹟不能算是迷信，而是主教派出技師在暗中將防壁
的基礎挖空所致[47]。克洛維斯在波爾多沒有遭到抵抗就接受投降，將冬營
設在此地，採取非常明智的措施，把在土魯斯奪取的皇家金庫盡快轉移過
來，通常金庫都設置在王國的都城。征服者繼續深入直達西班牙的邊境[48]，
恢復正統教會唯我獨尊的地位，在阿奎丹設立一個法蘭克人殖民區[49]，將
鎮壓和掃蕩西哥德民族這些容易達成的任務，分別授與他的部將來執行。
但是意大利聰明又有權勢的國王對西哥德人施加保護，這時歐洲的局勢仍
能保持平衡。狄奧多里克或許延後東哥德人的進軍，但是他們堅持到底毫
不懈怠，能夠有效拒止克洛維斯充滿野心的擴張行動。法蘭克人以及勃艮
地人聯合組成的大軍，被迫在亞耳解圍而去，據稱他們的損失高達三萬
人。這種難以預料的命運枯榮使克洛維斯知所收歛，願意接受一個有利的
和平條約。西哥德人以保有塞提瑪尼亞（Septimania）的主權爲滿足，這是

47　安古蘭位於波瓦提耶到波爾多的途中，雖然格列哥里把圍攻的時間延後，我認爲
　　他還是弄錯歷史事件發生的順序，而不是克洛維斯沒有遵守戰爭的原則。
48　羅里柯（Rorico）提到他們抵達庇里牛斯山下的佩皮南（Perpignan），這樣一來就洩
　　了底，因爲佩皮南要到十世紀才出現。作者的文體華麗但是過於穿鑿附會，像一
　　個先驅人物用比喻的方式，敘述他的同胞法蘭克人的一般歷史，但是到克洛維斯
　　死亡就結束記載。
49　《法蘭克人行誼》的作者明確肯定，克洛維斯安置一部分法蘭克人在聖東吉
　　（Saitonge）和波地羅（Bourdelois），羅里柯倒是深表同意。然而他們很快就與阿奎
　　丹的羅馬人混雜在一起，後來查理曼在這裡建立更多有勢力的殖民區。

一條狹長的海岸地區，從隆河延伸到庇里牛斯山。但是阿奎丹面積廣大的行省，從庇里牛斯山直到羅亞爾河，永遠併入法蘭西王國。

哥德戰爭勝利後，克洛維斯接受羅馬執政官的榮譽職位。野心勃勃的阿納斯塔休斯（Anastasius）也把表彰高貴地位的頭銜和標誌，頒授給最有勢力的對手狄奧多里克。然而基於很多不爲人知的理由，克洛維斯的名字並沒有列入東方或西方的《歲時記》（*Fasti*）[50]。高盧的國君在這個莊嚴的日子，頭上戴著冠冕抵達聖馬丁教堂，接受紫色的長袍和斗篷。他再從這裡騎馬前往土爾的主座教堂，在經過街道時，親自拋出大量的金幣和銀幣，當作賞賜散發給喜氣洋洋的群眾，這時大家不斷發出「執政官」和「奧古斯都」的歡呼聲。克洛維斯已經有合法的權威，獲得執政官的職位不可能增加任何實質的利益，執政官只是一種名義，一種幻影，一種空虛的裝飾品而已。如果征服者受到指點要求晉升高位所應得的古老特權，那麼他必須遵守任期一年的規定。但是羅馬人只是顯示對古老名銜的尊重，代表個人對主子應有的態度，甚至連皇帝也要降格以從接受執政官的名位。對蠻族來說等於簽訂神聖的義務，要尊敬共和國的威嚴。狄奧多西的繼承人爲了獲得克洛維斯的友誼，只有心照不宣承認高盧被篡奪的事實。

克洛維斯去世二十五年後，他的兒子和查士丁尼皇帝在簽訂的條約中，正式宣布要授與這項重要的職位。意大利的東哥德人沒有能力防護遙遠的國土，就把亞耳和馬賽兩個城市讓給法蘭克人。亞耳仍舊有禁衛軍統領駐紮來裝點門面，馬賽因貿易和航海之利極爲富裕[51]，這項處理措施獲得皇家授權。查士丁尼也慷他人之慨，承認法蘭克人對阿爾卑斯山

---

50 由於克洛維斯是君王的敵人，意大利的《歲時記》對這樣一個執政官，自然就會拒絕登錄他的名字。但是能夠解釋君士坦丁堡和埃及保持沉默的任何合理假設，都被阿凡西主教馬留同樣保持不予置評的態度所推翻，他在勃艮地王國編寫自己的《歲時記》。要是土爾的格列哥里所提出的證據缺乏分量或是不夠肯定，我就會相信克洛維斯就像奧多瑟一樣，接受大公這個永久性的頭銜和位階。

51 在墨羅溫王朝國王的統治下，馬賽人還是從東方輸入紙張、酒類、食油、亞麻、絲綢、寶石和香料等等。高盧人和法蘭克人到敘利亞去做生意，而敘利亞人也在高盧建立貿易據點。

以外地區的主權，解除省民應對君士坦丁堡盡忠報效的義務，對墨羅溫
王朝的帝座建立更合法的基礎，雖然這樣做也不見得會更穩固。法蘭克
人從此開始，有權可以在亞耳大事慶祝，觀賞賽車場的比賽節目，同時
還獲得一項特權，過去連波斯國王也遭到拒絕，那就是發行銘刻法蘭克
國王姓名和頭像的金幣，成為帝國合法的通貨[52]。當代一個希臘歷史學家
讚譽法蘭克人在公私兩方面的德行，但偏袒得過火，就是拿來當成國內
的編年史也不太適合[53]。他對法蘭克人的舉止文雅和彬彬有禮讚不絕口，
同時也佩服他們遵守制度的政府組織和正統教義的宗教信仰，甚至大膽
斷言這種蠻族無法從衣著和語言方面，看出與羅馬臣民有所區別。也許
法蘭克人已經展現出社交的習性與和善的風度，像這方面的優點，不論
在任何時代都可以用來掩飾原有的惡行，有時還會遮蓋卓越的本質。或
許阿果西阿斯（Agathias）和其他的希臘人，為軍隊的快速進步和帝國的顯
赫成就而感到眼花撩亂。除了哥德人的塞提瑪尼亞行省以外，整個高盧
和勃艮地在征服以後全都臣屬於克洛維斯的幾個兒子。他們絕滅圖林基
亞的日耳曼王國，把原來模糊不清的領地伸展到萊茵河對岸，一直深入
孕育他們的森林，抵達難以通行的心臟地區。阿里曼尼人和巴伐里亞人
占領雷蒂提亞和諾利孔的羅馬行省，一直到達多瑙河南岸，都自承是法
蘭克人地位卑微的諸侯。何況阿爾卑斯山並非有力的障礙，無法阻止法
蘭克人擴張領土的野心。等到克洛維斯最後倖存的一個兒子，統一墨羅
溫王朝繼承和征服的疆域，他的王國遠大於現代法國的面積。然而現代
法蘭西的技藝和政策有長足的進步，在財富、人口和軍備方面，遠超過
在克洛泰爾（Clotaire）或達哥伯特（Dagobert）統治下遼闊而野蠻的國度。

52　法蘭克人可以命令特列夫、里昂和亞耳的鑄幣廠，像羅馬皇帝那樣將一磅黃金鑄
　　成七十二個索利達斯（solidus）金幣，但是他們把金和銀的比例提高到十倍，一個
　　索利達斯金幣的價值相當於十個先令。蠻族貢金的一般標準是四十個笛納
　　（denarii）銀幣或是三便士銀幣，而十二個笛納銀幣等於一個索利達斯金幣，價值
　　是一磅銀。令人感到奇怪的是，到了現代的法蘭西，這個比例反而減低。
53　土爾的格列哥里倒是展現非常不同的風格，在同樣的歷史空間對蠻族貶多於褒，這
　　很不容易。他們把粗野和腐化的行事原則合起來運用，真是讓人感到極為震驚。

六、蠻族的法律原則和司法體系及審判方式

只有法蘭克人或稱法蘭西人,是歐洲唯一的民族,可以自詡爲西部帝
國征服者不朽基業的繼承人。但是在他們征服高盧以後,接著是十個世紀
的混亂和愚昧。由於學術復興,學生接受雅典和羅馬學派的教育,輕視蠻
族出身的祖先;他們充滿耐心勤奮工作,用來準備所需要的材料,可以滿
足文明時代的好奇心,激勵更爲輝煌的遠景,在達成這個目標之前,
有很長一段時間已經悠然消逝[54]。批評和覺悟的眼光終於指向法蘭西的
古代事物,但甚至哲學家也沾染自以爲是和泛情緒化的通病。有關高盧人
的奴性以及與法蘭克人自願而平等的聯盟關係,成爲非常極端而獨特的體
制,很草率加以認定,同時還固執的爭辯不休。有兩派人毫無節制的相互
指控,說是對方陰謀反對群眾的權利、貴族的地位和人民的自由。然而尖
銳的衝突有利於運用知識和天才的反對力量,每個對手在交互受到壓制和
獲得勝利以後,可以根除一些古老流傳的謬誤,建立若干顛撲不破的眞
理。一個不帶偏見的陌生人,從他們的發現、他們的爭辯,甚至他們的謬
誤所傳授的指導中,掌握一些原始的材料,可以描述出在高盧臣服於墨羅
溫王朝國君的武力和法律之後,羅馬省民所面對的情況。

不論怎麼說,人類社會處於蒙昧未開而且奴役成性的極端落後狀況,
乃是被若干一成不變的常用規則所管理。塔西佗逐項敘述日耳曼人原始的
純樸天性,發現公眾和私人生活中一些永久的原則或習慣,保存在忠實信
守的傳統之中,一直到文字和拉丁語的傳入才有所改變[55]。遠在墨羅溫王

54　都博斯神父承認這種學習和研究的過程眞的非常緩慢,他提到土爾的格列哥里有
　　關作品,在1560年之前也只有出版一次。海尼修斯(Heineccius)抱怨日耳曼對蠻
　　族的法典擺出漢不關心和輕視的態度,出版者包括希羅達斯(Heroldus)和林登布
　　洛杰斯(Lindenbrogius)等。現在這些法律和格列哥里的歷史著作,都是墨羅溫王
　　朝的紀念品,在《法蘭西史》的前四卷表現出純正和完整的面貌。

55　《日耳曼法律史》和《日耳曼法律原則》是海尼修斯兩本內容精闢的作品,我閱
　　後獲得很多助益。他在《日耳曼法律原則》一書的序文中,試著要爲蠻族法律體
　　系所產生的缺失提出辯白。

朝建立國王的推選制度之前，法蘭克人最有勢力的家族或部落，指定四位
德高望重的酋長草擬《薩利法典》[56]。他們辛勞的成果經過三次人民大會
的審查和核定，等到克洛維斯接受洗禮以後，發現有些條文與基督教產生
矛盾或無法並存，就根據需要視當時的狀況加以改進。克洛維斯的幾個兒
子對《薩利法典》再度正式修正，達哥伯特在位時終於將法典用目前的形
式經過訂正以後頒布，這時法蘭西君主國建立已經有一百年之久。就在這
個時期，《里普里安習慣法》重新改寫以後刊行，查理曼本人是那個時代
和自己國家的立法者。要是對於這兩部民族法典進行深入的研究，可知有
關條款仍舊在法蘭克人當中盛行一時[57]。同樣的關切也延伸到屬國，墨羅
溫王朝的國王運用最高權力，對阿里曼尼人和巴伐里亞人簡陋的法規，非
常用心的重新編修再予批准。西哥德人和勃艮地人征服高盧早於法蘭克
人，他們卻缺乏耐性創立這方面的成就，須知法律是文明社會最基本的福
祉之一。優里克是第一個哥德君主，將人民的生活方式和風俗習慣形諸於
文字，然而勃艮地人法律的成分著眼於政策的要求而非司法的公正，用來
安撫高盧臣民在重負下的痛苦，想要重新獲得他們的擁戴。因此，基於奇
特的巧合，在日耳曼人架構出非常單純的法規的同時，羅馬人精心發展的
司法體系已經到達登峰造極的地步。我們可以就《薩利法典》和《查士丁
尼羅馬民法彙編》(*Pandects of Justinian*)，來比較兩者之間最初發軔與完
全成熟的民智。無論是否有人堅持一己之見而贊同野蠻的習性，我們在冷
靜考量後，還是認為羅馬人具有無可超越的優點，不僅在於知識和理智而
是人性和公正。然而蠻族的法律要適應他們的需要和意欲，他們的行業和
他們的能力，所以他們從最初的所作所為到後來的一切建樹，還是致力於
保持社會的和諧與促進社會的發展。墨羅溫王朝並沒對形形色色的臣民強

56　《薩利法典》的最早的文字顯然就是拉丁文，可能是在五世紀初葉寫成，在真假
　　未明的法拉蒙德時代之前(421A.D.)。序文裡提到四個州推出四個立法者，很多
　　行省像是法蘭哥尼亞(Franconia)、薩克遜、漢諾威、布拉奔(Brabant)，都聲稱這
　　些人由他們派出。

57　很多學者知曉《薩利法典》和《里普里安習慣法》。前者的運用範圍從卡邦納里
　　亞森林直到羅亞爾河，後者受到遵從的區域從卡邦納里亞森林到萊茵河。

制律定統一的行為準則，而是允許帝國每個民族甚至各個家庭自由運用本身所擬訂的規定。就是合法的寬容精神所帶來的共同福祉，也不會將羅馬人排除在外。子女要接受父母的法律，妻子要接受丈夫的法律，而自由奴要接受庇主的法律。在所有的法律案件中，無論任何地方不同民族所屬的當事人，原告或是控訴者必須遷就被告的法庭，而被告經常請求司法給予自由心證的權利，可以認定為無罪。如果一個公民當著法官的面，公開聲明他想活在何種法律之下，選擇他想歸屬的民族團體，就有更寬廣的自由空間。像這種非常特定的恩惠，可以廢除勝利所帶來的不公正差別待遇。但這些要靠自己來爭取權利，蠻族養成自由意念和尚武習性占有莫大的優勢，羅馬省民敢怒不敢言，就他們的條件而言只有忍受所帶來的痛苦[58]。

當鐵面無私的法庭要處死一個謀殺犯時，等於保證每個平民都有不容侵犯的權利。法律、官吏和整個社區都在護衛個人的人身安全，但是在日耳曼結構鬆散的社會，報復行為視為光榮之舉，通常會受到人們的認同和讚許。獨立不羈的武士自己動手責罰或是提出辯護，對別人施予傷害或是接受傷害。要是他出於自私的行為或憤怒的情緒，使敵人成為不幸的犧牲品，這時他只畏懼死者子孫和親友的憎恨所引起的報復。官吏自知缺乏制裁力量，過於軟弱，介入之後無法懲處而只能調解。要是能說服或強迫爭執的兩造，付出和接受相當金額作為「血錢」[59]，對於這種處理的方式就已經感到滿足。法蘭克人的脾氣兇暴，反對嚴屬的判決和罰則，藐視無效的約束力量。他們純樸的作風被高盧的財富腐化後，一時衝動或有意為之

58　這種選擇的自由是出於推測，來自洛塔爾(Lothaire)一世的一部成文法，當然舉這個例子過於接近現代而且難免偏見之識。馬布利(Mably)從《薩利法典》獲得另一種見解，他的假設是法蘭克人的法律開始時只限於蠻族，以後才包括所有的人(羅馬人也在內)。我很抱歉要否定這種很巧妙的臆測，查理曼改進以後的法典表現出嚴苛的意念，皇家和沃芬布特(Wolfenbuttle)的手抄本可以加以證實。至於寬鬆的解釋來自福爾達(Fulda)手抄本的權威，希羅達斯編纂後出版。

59　在希臘的英雄時代，只要用金錢滿足死者家人的要求，謀殺的罪名可以獲得赦免。海尼修斯在《日耳曼法律原則》的序文中，以贊成的口吻暗示，羅馬和雅典的殺人罪處罰也不過是放逐。話是不錯，但是就羅馬和雅典的市民來說，放逐就是最重的刑罰。

的罪行，不斷侵犯公眾的安寧。任何一個主持正義的政府，對於謀殺一名
農夫還是一個君主，都會處以相同的刑責。但法蘭克人在刑事訴訟程序中
展現種族的偏私和不公，是征服帶來的最大凌辱和暴虐[60]。在制定法律沒
有引起風波的時刻，他們嚴正宣稱蠻族的生命比羅馬人更有價值。法蘭克
人出身和地位顯赫的人士稱為安特盧斯遜(Antrustion)[61]，他們的身價提升
到六百個金幣；高貴的省民獲得與國王同桌用餐的榮幸，但合法謀殺他們
只要支付三百金幣的代價。一個法蘭克人在通常的條件下兩百金幣就綽綽
有餘，但低賤的羅馬人處於羞辱和危險的處境，賠償的數額少到只有一百
或五十金幣。在這種狀況下，法律不能規範任何公平和理性的原則，公眾
的保護完全取決於個人的實力。但是立法者已經權衡輕重，不是基於公平
正義而是合乎策略需要，那就是拿損失一個士兵或一個奴隸來做比較。傲
慢而貪婪的蠻族用高額的罰鍰來保護自己的頭顱，對於毫無防護能力的臣
民只提供少得可憐的幫助。時間可以逐漸消除征服者的倨傲作風，以及被
征服者的忍讓態度。最勇敢的公民接受經驗帶來的教訓，就是自己會遭到
比施加於人更為嚴重的傷害。等到法蘭克人的言行舉止稍減剽悍之氣，他
們的法律也更為殘苛。墨羅溫王朝的國王想要效法西哥德人和勃艮地人，
用公正的態度履行嚴刑峻法[62]。在查理曼帝國時代，謀殺通常判處死刑，
現代歐洲的司法體系處以極刑的案例有增無已[63]。

君士坦丁將治民和領軍的權責加以區分，蠻族又再度合併兩者的職

---

60 這種不平的狀況在《薩利法典》和《里普里安習慣法》中還是不盡相同，後者對
　　羅馬人並沒差別的待遇。然而教士的階級位於法蘭克人之上，而勃艮地人和阿里
　　曼尼人處於法蘭克人和羅馬人之間。

61 安特盧斯遜毫無疑問是法蘭克人地位最高的階級，但問題是這種位階是及身而止
　　還是可繼承。馬布利能夠羞辱因家世帶來的驕傲心態，倒是感到自得其樂，所以
　　他特別提到，法蘭西的貴族階級最早是起於克洛泰爾(Clotaire)二世統治的時代
　　(615A.D.)。

62 參閱勃艮地人的法律、西哥德人的法典和契爾德伯特的制度，這些跟巴黎無關，
　　顯然是奧斯特拉西亞的產物。未成熟的立法所造成的嚴厲不僅草率而且過分，契
　　爾德伯特懲罰謀殺犯和盜匪，有時連疏忽職責的法官也涉入同一判決之中。西哥
　　德人把手術失敗的外科醫生，交給亡故病人的家人去處置。

63 謀殺可用金錢和解，在日耳曼仍舊留下一些痕跡可追蹤，直到十六世紀還可見到。

權。條頓口音刺耳的稱呼，也改用聲調柔和的拉丁頭銜，像是公爵、伯爵
和統領。就是這些官員在管轄的地區內指揮部隊、推行政務和主持審
判[64]。態度蠻橫和大字不識的酋長，很少能有資格執行法官的職責，因為
擔任法官要有明智的理念和充分的才能，經驗的獲得和學識的增進在於辛
勞的教導和栽培。所以就酋長而言，粗魯而又無知迫得他們採用簡便而易
明的方法，在法庭對審判的案件做出裁定。每一種宗教的神明都被用來肯
定證人所言屬實，或是懲罰偽證的謊言，但是日耳曼的立法者過於單純，
對於這種有力的工具造成誤用或濫用的現象。有關係的被告只要有一群友
善的證人在法庭出現，嚴正宣告他們相信被告或提出保證，就可以證實他
的清白判定無罪。按照起訴罪名的輕重，決定無罪判決的所需法定證人。
七十二位異口同聲的證辭，就可以釋放一個縱火犯和殺人兇手。當法蘭西
皇后的貞潔引起懷疑，三百位挺身而出的貴族毫不遲疑的宣誓作證，年幼
的君王確實是她去世丈夫所出[65]。非常明顯和經常發生的偽證造成罪行和
醜聞，使得官員要拿走這些危險的誘惑物，根據經驗用無情的水火所帶來
的懲罰對付靠不住的證人。這些非常特別的審判變幻無常而且帶有圖謀，
在很多案件當中，要不是奇蹟的介入無法證實罪行，也可拿來斷定清白無
辜。像這類的奇蹟完全是出於欺騙和無知，然而使用如此簡單明瞭而又絕
對可靠的方法，即使最錯綜複雜的案件很容易水落石出。狂暴的蠻族拒絕
接受官員的裁定，對於上帝的判決只有啞口無言的聽從[66]。

　　格鬥審判在一個黷武成性的民族中，逐漸獲得大眾的認同和法定的權
威，他們不相信勇敢的戰士應該死去而膽小的儒夫反能偷生[67]。不論是在

64　海尼修斯對日耳曼的法官和法律體系這個主題，曾經有長篇大論的著述。在墨羅
　　溫王朝當政時期，我沒有發現任何證據提到估稅員是從人民中選出。

65　孟德斯鳩提到薩利人的法律不承認反面證據（證明事實並未發生），所以普遍被蠻
　　族的法典所採用。然而這種出身貧賤的侍妾，竟然成為克洛維斯之孫的妻室。

66　穆拉托里在《古代的意大利》這本書中，就「神斷法」提出兩篇論文。他期望不
　　要用火燒死無辜者，也不要讓罪人藏身在純潔的水底。

67　孟德斯鳩不惜放下身段親自說明和辯解格鬥審判這個主題，他追隨奇特的制度從
　　甘多柏德時代直到聖路易時代，而一個哲學家有時會在古代的法律中迷失。

民事和刑事訴訟程序中，原告或控訴者、被告甚至證人，在缺乏合法的證據時，都要面臨對手致命的挑戰。這對他們而言是一種義務，要不就放棄這個控案，或者是公開在比武場的決鬥中維護自己的榮譽。他們可以實施徒步戰鬥或是馬上對決，按照所在國家的習慣[68]。至於決定用刀劍還是長矛，要經過天意、法官或人民的批准。這種血腥的法律是由勃艮地人引進高盧。阿維都斯提出指責和抗議以後，他們的立法者甘多柏德[69]不惜親身回答。這位勃艮地國王對他的主教說道：「你的說法不對。國家的戰爭和私人的決鬥都要接受神的裁決，上天難道沒有將勝利賜予堅持正義的人士？」基於這種論點占有優勢，荒謬和殘忍的決鬥當成一種審判的方式，特別在日耳曼的一些部族中非常盛行，很快傳播開來，為歐洲所有君主國採用，從西西里一直到波羅的海。經過十個世紀以後，合法暴力的時代還沒有完全消逝。聖徒、教皇和宗教會議的譴責都沒有發生功效，看來可以證明迷信的影響力已經減弱，可能是與理性和人道結合以後造成的反常現象。法庭沾染無辜者和受尊敬市民的鮮血，法律現在向富人示惠而屈服於強者。那些衰老、弱小和怯懦的人們，只有拋棄最合理的要求和權利，以免在不公平的搏鬥中遭受危險而判定有罪，再不然要依靠僱用的打手給予可疑的協助。這種壓制性的司法體系強加在高盧省民頭上，人身和財產的傷害引起怨聲載道。不論個人的力量和勇氣能到達何種程度，勝利的蠻族喜愛武器而且經常練習，無形中就要高人一等。受征服的羅馬人被不當的召喚一再進行血腥的鬥爭，先天就處於不利的地位[70]。

68　當著虔誠的路易這個皇帝的面前，在愛克斯-拉-查普勒（Aix-la-Chapelle）舉行一次極為著名的決鬥。尼吉拉斯（Nigellus）的敘述裡特別推崇貴族的馬上戰鬥，然而法蘭克人還不知道有這種方式。

69　甘多柏德在里昂頒布最早的詔書中（501A.D.），建立並合法運用格鬥審判。過了三百年以後，里昂主教阿果柏德（Agobard）請求「虔誠者」路易，廢止阿萊亞斯派暴君所制定的法律，他也提到甘多柏德和阿維都斯的對話。

70　孟德斯鳩明白勃艮地人、里普里安人、阿里曼尼人、倫巴底人、圖林基亞人、弗里森人和薩克遜人為何承認格鬥審判，事實上《薩利法典》並沒有同意。然而尼吉拉斯提到，這個習俗至少在涉及叛逆的案件時會用得到。

七、蠻族據有高盧後土地分配和社會狀況

從前有十二萬貪得無饜的日耳曼人在阿里奧維斯都斯（Ariovistus）的指揮下渡過萊茵河，徵收塞昆奈（Sequani）三分之一肥沃的土地供他們運用。征服者還施壓要求再加三分之一，用來安置有兩萬四千蠻族的新殖民區，他們受邀前來高盧分享豐碩的收成。過了五百年後，西哥德人和勃艮地人，打算為阿里奧維斯都斯的失敗報一箭之仇。他們同樣篡奪臣民三分之二的土地，已超過應有的比例，但分配的狀況並沒有遍及整個行省。獲勝的民族要遷移過來，地點基於他們自己的選擇和領導者的政策，所以只限於幾個特別的區域。在這幾個區域內，每個蠻族都受到一些羅馬省民殷勤的接待，能夠緊密連繫在一起。地主對這些不受歡迎的來客被迫放棄三分之二的產業，但日耳曼人無論是牧人或獵人，只有寬廣的森林和草原才能讓他們感到滿足，所以有時會放棄面積很小但更值錢的土地，給願意辛勤工作的農人[71]。古代可信的證據雖然保持沉默還是會贊同此種論點，那就是法蘭克人強占土地時並沒有用合法的方式來緩和或掩飾。他們分散在高盧所有的行省，根本不遵守法令和管制。每個勝利的強盜根據自己的意願、貪婪和實力，用刀劍定出他要繼承的土地範圍。在他們統治初期，蠻族實在想要施行任性而為的掠奪，但克洛維斯擬訂堅定不移且手腕高明的政策，抑制這種強橫不法的風氣，不致加重受壓迫人民的不幸，也使得征服者能維持團結和紀律。極為著名的蘇瓦松之瓶，就是奪取高盧的戰利品加以分贓的證據，克洛維斯有責任和義務為勝利的軍隊賜予報酬，安置人數眾多的民族，毋須對高盧忠誠的正教信徒施加惡意和過多的傷害。他可以從皇家的財產合法獲得大量經費，也從高盧的篡奪得到無人繼承的土

71　分配土地通常用不引人注意的暗示，出現在勃艮地人和西哥德人的法律條文之中。孟德斯鳩校長很技巧的加以解釋，我只想增加一點，對哥德人來說，地區的判決就是分配土地的明確證據。勃艮地人經常要奪走剩餘的三分之一，除非他們能用五十年的期限加以阻止，否則羅馬人總想要恢復他們的權利。

地，就能減少豪奪和籍沒的酷苛需要。卑順的省民平均分擔損失後，在可容忍的範圍之內只有默默承受[72]。

墨羅溫王朝君主所創造的財富存在於廣闊的領土上，他們在征服高盧以後，仍舊像祖先那樣喜愛簡樸的田園生活，放棄城市任其荒廢沒落。他們發行的錢幣和各種特許狀，以及舉行宗教會議，上面的記載和銘刻都使用鄉村的名字，而且他們一直住在位於鄉間的宮殿。像這樣的宮殿共有一百六十處，散布在王國的各行省。雖然有宮殿的稱呼卻沒有人為修飾和奢侈豪華的感覺，要是有人把它冠以城堡的尊稱，事實上將它看成舒適的農莊更為恰當。留著長髮的國王所居住的府邸，四周有進出方便的院落和畜舍，裡面飼養牛隻和家禽，園裡種植各種蔬菜。各種手藝和買賣，農田的耕種以及漁獵的收獲，只要是奴隸所擔任的工作，全部都成為君主的收益。他的庫房堆滿糧食和酒類，可以發售或自用，整個管理工作遵照私人理財的嚴格規定[73]。克洛維斯和他的繼承人用龐大的家產收益，供應殷勤待客的需要，賞賜忠心而又勇敢的伴護和隨從，這些人無論在戰時或平時，能夠赴湯蹈火提供個人的服務。每一個伴護按照階級、功績或受到寵愛的程度，授與他們一塊封地，所以賜予的報酬不僅是一匹馬或一副胄甲而已。封地最早的得名，是出於獲得土地所有權的簡單方式。國君可以從心所欲讓他繼續保有，但是這種特權的基礎很薄弱，完全視國君個人是否慷慨而定。但是這種因人而定的土地所有權期限逐漸遭到廢止[74]，法蘭西獨立而貪心的貴族建立合法的制度，把封地當成永久的財產並且可以繼承。所有權不穩固的主人使土地受到濫用或忽略，這樣的變革倒是會帶來

72　這倒是很奇怪，對於巧取豪奪這種不可思議的臆測，孟德斯鳩校長和馬布利竟然會同意。布蘭維利耶伯爵穿過無知和偏見的烏雲，表示出強烈的了解。

73　可以參閱查理曼有關農村的詔書或法典，包括這個龐大君主國七十幾種明確而詳盡的規定，要有羊皮和羊角的數量資料以及賣魚的許可，要求大的莊園要養一百隻母雞和三十隻鵝，小的莊園要養五十隻母雞和十二隻鵝。馬比雍曾經調查過墨羅溫莊園的名稱、數目和位置。

74　可以從勃艮地的法律裡找到一段文字，證明一個父親從甘多柏德那裡獲得的皇家恩典，有功的兒子期望能繼續保有賜與的土地。勃艮地人可以穩固的維持原有的特權，這種案例對法蘭西的受益人起了激勵作用。

好處[75]。高盧區劃給皇家和特定受益人的產業之外，還有很大部分在分配以後為保有絕對所有權的土地，或稱為薩利人用地，可以免付貢金，而且薩利人用地為法蘭克人男性後裔所分享[76]。

墨羅溫王朝的帝系在血腥的內鬥中無聲無息的衰落。各行省崛起一批新即位的暴君，他們被稱為「領主」，篡奪統治的權力，對所在地區的臣民進行毫無憚忌的壓迫。勢力相當的對手帶著敵意抵抗，可以抑制有野心的暴君，但是法律的力量已經失去作用。褻瀆神聖的蠻族敢無視於聖徒或主教的報復[77]，對於沒有保護能力的鄰人，很少尊重在世俗產業上所立的界碑。日耳曼人征服者喜愛狩獵當成最重要的娛樂，對於公眾或普通的自然環境使用權利，羅馬的法學觀念認為屬大眾所有，但是他們加以嚴格的限制。含糊不清的權力像是「人」可以凌駕於地上、空中或水裡野生動物之上，只限於人類之中一些特別幸運的個體。高盧再度到處覆蓋著森林，動物要保留為領主的消遣所用。如果獻殷勤的家臣蹂躪田野，也不會受到任何處罰。狩獵是貴族和僕從所具有的神聖特權，身為平民的違犯者會受到鞭笞和入獄的合法責罰。但是在一個很少有作品提到市民生活的時代，在皇家森林的區域內殺死一頭公鹿或野牛，都是很重的罪行[78]。

按照古代戰爭的通用原則，征服者對所制服和赦免的敵人就成為合法的主人[79]。個人奴役起於有利可圖的動機，羅馬承平時代會加以抑制，現在因獨立的蠻族有無法化解的敵意，不僅再度恢復且更為猖獗。哥德人、

---

75 馬布利很明確的斷言封地和采邑曾經發生變革，他的貢獻在於精確區分發生的年代。孟德斯鳩在這方面是門外漢。

76 薩利人土地的起源和性質，在愚昧無知的時代倒是讓人弄得非常清楚，現在反而使學識最淵博的學者感到很困擾。

77 聖馬丁曾施展兩百六十次神蹟，對褻瀆神聖者一再施以懲處。這位土爾的主教提到，即使有些馬匹像發瘋一樣亂跑，還是會回到這處神聖的草地。

78 僅僅是受到嫌疑，勃艮地國王貢特朗的寢宮總管楚多(Chundo)，就被亂石擊斃。索斯柏立(Salisbury)的約翰強調生存的權利，暴露十二世紀各種殘酷的行為。

79 基督教發揮強大的影響力，戰俘受到奴役的習慣在十三世紀時完全消除。但是從土爾的格列哥里經常出現的文章中知道，墨羅溫王朝當政時，視這種狀況為平常之事，毋須加以譴責。甚至就是格羅秀斯本人和他的評註家巴比拉克(Barbeyrac)，費很大力氣去證明，這個習慣符合天性與理智。

勃艮地人和法蘭克人從獲勝的遠征中歸來,拖著一長串的牛羊和俘虜,他們所受的待遇慘不忍睹。舉止文雅和神態聰明的年輕人,可留在家庭裡服役,但這要視主人的情緒而定,會受到寵愛也可能遭遇殘酷的虐待。有用的匠人或是僱工(像是鐵匠、木匠、裁縫、鞋匠、廚子、園丁、染匠和金銀器匠等等)施展技術為主人服務或賺取利潤。羅馬俘虜沒有技術而只能做粗活,根本不管過去是什麼階級,被蠻族打發去照顧牲口或耕種田地。世襲的農奴完全依附高盧的田地,新近得到供應所以數量一直增加,受奴役的人民有時會因不可靠的恩惠而獲得解放,但更多人受到貪婪專制的壓迫,這完全要視領主的情況和脾氣而定。領主掌有絕對的生死大權,領主嫁女兒時,常有一大批負責各種事務的下人,被鐵鍊鎖在大車上防止逃走,當成嫁粧送到遙遠的外國[80]。羅馬法律的尊嚴保護每個公民的自由權利,防止個人不幸的災難和陷入絕望之境而產生鋌而走險的結果。墨羅溫王朝國王的臣民完全沒有個人的自由,這種合法的自裁行為,用最可恥的條款來表示,完全在扼殺人性的尊嚴。窮人用犧牲人生所有的欲念來出賣生命,這種方式逐漸為膽怯的弱者和虔誠的信徒所仿效。在社會秩序蕩然的時代,他們投身有勢力的酋長,畏縮的擁擠在城垛的庇護下,或者追隨深得民心的聖徒,圍繞在神龕四周。他們表現出全心全意的降服,為塵世或精神的庇主所接受。他們匆忙辦理賣身投靠的手續,以致於無可挽回的決定自己所處的地位,連帶後代子孫都受到約束。從克洛維斯統治開始,一直延續五個世紀,高盧的法律和習慣絲毫沒有改變,傾向於促成賣身為奴的數量增加,同時要固定奴役的年限。時間和暴力幾乎要消滅社會的中間階層,在貴族和奴隸之間只留下隱約和狹小的空隙。這種武斷的區隔接踵發生後,傲慢和偏見會轉變為民族的差別待遇,通常是墨羅溫王朝的軍隊和法律的力量所造成。貴族認為他們的血統來自獨立和勝利的法蘭克人,就會濫用征服者無可抗拒的權力,凌越俯伏在地的奴隸和平民,認為這些人有高盧人和羅馬人想像中可恥的家世。

80　土爾的格列哥里提到一個很著名的例子,契培里克(Chilperic)濫用身為主人的私權,在巴黎附近有很多家庭隸屬於他的產業,被迫遷移到西班牙。

八、高盧的羅馬人在蠻族統治下所受的待遇

　　征服者把法蘭西這個名字強加在他所統治的國土之上，提到法蘭西的一般狀況和變革，就要舉出一個行省、一個主教轄區或是一個元老院議員家庭的特殊例子。高盧所有獨立的國家和城邦之中，奧文尼從前一直維持卓越的地位，勇敢進取和人數眾多的居民保有一件非常獨特的戰利品，就是凱撒本人的佩劍，是他在哲哥維亞（Gergovia）的城牆前面被擊退時所遺留[81]。由於都是特洛伊人的後裔，他們認為與羅馬人的聯盟是一種手足之情。若每個行省都能效法奧文尼的勇氣和忠誠，西部帝國就不會滅亡，至少也可以拖延一段時日。等到他們抱著勉強的態度宣誓效忠西哥德人，也始終能夠緊守自己的諾言。波瓦提耶會戰最勇敢的貴族捐軀沙場，他們毫無抵抗接受勝利的正統教徒統治者。克洛維斯的長子狄奧多里克輕易達成征服行動，收獲極為豐碩。但遙遠的行省與他統治的奧斯特拉西亞兩相分離，中間還有蘇瓦松、巴黎和奧爾良王國，在他父親死後為三個弟弟所繼承。巴黎國王契爾德伯特（Childebert）對鄰接的奧文尼那優美的國土起了覬覦之心[82]。奧文尼的高地區域在南部升起直達色芬（Cevennes）山脈，顯現富裕的森林和牧場各種形形色色的景象，山坡的兩側覆蓋著葡萄園，每一處山顛都有村莊或是建造的城堡。奧文尼的低地部分，阿里葉（Allier）河流過優美而寬闊的利曼尼（Limagne）平原，土壤極其肥沃，能夠不停供應產量龐大的作物。根據一份偽造的報告，說是合法的統治者在日耳曼被殺，奧文尼的城市和主教轄區被賽東紐斯・阿波利納里斯的孫子出賣，契爾德伯特為運用秘密手段獲得勝利而竊喜不已。

81　當凱撒看見哲哥維亞時就笑了起來，然而他提到哲哥維亞圍城之戰未能獲勝，還是不夠坦率，我們期望一個經常贏得勝利的偉大人物要講實話。不過他也承認，他在一次攻擊就損失四十六名百夫長和七百名士兵。

82　克洛維斯的幾個兒子在第一次或第二次的分配產業中，把柏利分給契爾德伯特，後根據阿威南（Arvernam）的說法，這位巴黎的國王進入克勒蒙時，整個國度的外貌被一層薄霧所籠罩。

　　然而在整個民族即將從事勃艮地戰爭時，狄奧多里克生性自由的臣民提出威脅之辭，要是他一味只顧發洩個人的憤恨，就要拋棄他的標誌脫離他的陣營。但法蘭克人很快為國王雄辯的口才說服。狄奧多里克說道：

> 跟隨我去攻打奧文尼！我會領導你們前往這樣一個行省，可以獲得黃金、白銀、奴隸、牲口和華貴的服飾，能夠滿足大家的願望。我再次向各位提出承諾，保證會把這裡的人民和他們的財富當成大家的獵物，讓你們心滿意足帶回自己的家園。

　　為了達成他的承諾，狄奧多里克喪失一個民族對他的忠誠，何況這個民族已成為亟須毀滅的對象。他的部隊在日耳曼最兇狠的蠻族增援下，使奧文尼產物豐盛的田園成為一片赤土。只有一座堅強的城堡和一個神聖的神龕，這兩處地方在蠻族燒殺擄掠的暴怒中獲得保全和救贖。美羅列克堡（Meroliac）[83]座落在險峻的山岩，從平原拔地而起高達百呎，整個工事範圍之內有個巨大的蓄水池和若干可耕之地，法蘭克人帶著羨慕和失望的神情注視無法攻克的堡壘。他們突擊五十餘位落伍的人員，這時俘虜的數量龐大，使他們感到供應的壓力，於是開出微不足道的贖金，讓這些可憐的受害者在生死之間可以做個選擇。殘酷的蠻族原本想把他們看成反抗的守備部隊，全部殺光一個不留。還有一支特遣部隊揮軍深入布萊維斯（Brivas）或布利烏德（Brioude），當地居民帶著值錢的財物，前往聖朱理安的聖所尋求庇護，教堂大門緊閉，可以抗拒攻擊的隊伍。有個勇敢的士兵從唱詩班的窗戶翻進去，為同伴打開進入的通路，教士和民眾及祭壇上神聖的法器，全部當成戰利品擄走，在離布利烏德不遠的地方進行褻瀆神聖的分贓。但克洛維斯信仰虔誠的兒子，對於這種大不敬的行為施以嚴厲責罰，處死犯行最為兇殘的為首分子，其餘查不出姓名的從犯只有留給聖朱

---

[83] 本篤會的編輯在為土爾的格列哥里編書時，根據當地的狀況，把這座堡壘命名為墨羅列克堡，位於上奧文尼，離摩里亞克（Mauriac）有兩哩路。

理安報復。他將這些俘虜全部釋放，送回被搶劫的物品，擴大庇護的權利，將神聖殉教者墳墓周圍五哩的地面都包括在內。

奧斯特拉西亞的軍隊從奧文尼撤走之前，狄奧多里克堅持要求這個民族爲未來的忠誠立下誓言，也只能靠著畏懼來限制他們產生憤恨之心，於是選出一隊出身高貴的青年，都是元老院最重要議員的兒子，解送到征服者那裡充任人質，做爲契爾德伯特和他的同胞誠信的保證。等到開始有戰爭發生或陰謀活動的謠言在流傳，這些無辜的青年立即貶爲奴隸，其中一個名叫阿塔盧斯(Attalus)[84]，他的冒險事蹟值得加以敘述。等他被送到特列夫地區爲主子養馬後，他的祖父是朗格勒的格列哥里主教，派出密探經過辛苦搜尋，終於發現孫子在擔任下賤的工作。但格列哥里主教能提供的贖金，受到貪婪的蠻族嚴辭拒絕，他們要求十磅黃金的天價才釋放出身高貴的俘虜。後來是李奧堅持不懈的計謀才使他獲得解救，而李奧是在主教廚房工作的奴隸[85]。一個不知情的奴隸販子很容易把李奧推薦到阿塔盧斯主子的家中，蠻族用十二個金幣買下李奧，很高興知道憑著他的手藝可以享受主教餐桌的奢華和美食，於是這個法蘭克人說道：「我在下禮拜天要宴請鄰居和親戚，你要拿出本事來，讓他們見見世面，享受國王的宮廷獲得不到的招待。」李奧向主人提出保證，只要提供足夠數量的家禽一定會達成要求。主人切望獲得好客的聲名，貪吃的客人對他的烹調讚不絕口，手段高明的李奧逐漸獲得信任，負責管理家事。經過一年後，他很謹慎低聲將他的計畫告訴阿塔盧斯，囑咐他在次晚準備逃走。到了午夜，這些酒醉的客人都離開餐桌，李奧陪伴法蘭克人的女婿到他的居處作長夜之飲，好將他灌醉以免誤了大事。這個膽大包天的奴隸在完成各項危險的安排以後，進入主人的寢室把他的長矛和盾牌拿走，到馬廄把跑得最快的兩匹馬

84　土爾的格列哥里提到阿塔盧斯的故事，他的編輯魯納特(Ruinart)把兩個阿塔盧斯混在一起。這個阿塔盧斯在532年還是一個青年，另一個阿塔盧斯是賽東紐斯的朋友，是五十或六十年前的奧頓伯爵。發生這種錯誤不應該歸於無知，只能說是出於人物本身的重要性。

85　這位格列哥里是土爾主教的祖父，活到九十二歲的高齡，出任奧頓伯爵有四十年之久，後來成爲朗格勒主教也有三十二年。根據詩人福土納都斯的頌辭，他在兩種不同的職位都有卓越的貢獻。

牽出來,拔開門閂,打開沉重的大門,勉勵阿塔盧斯要想逃得性命和獲得
自由,就要不顧一切迅速飛奔。他們後來顧慮被發覺,就把馬匹留在馬士
河的岸邊[86],游泳渡過河流,在鄰近的森林裡走了三天,靠著偶然發現的
一株野生李樹維持生命。他們躲在濃密的灌木叢中,聽到馬群經過的聲
音,對主人滿面的怒容感到驚怖,聽到他的宣布更是憂慮不已。要是犯罪
的流亡者被抓到,有一個會被他用刀當場砍成肉泥,另一個會用絞架吊
死。最後,阿塔盧斯和忠心耿耿的李奧到達理姆斯一個改信者友善的住
所。主人用麵包和葡萄酒恢復他們衰弱的體力,把他們藏匿好免得被敵人
搜出來,安全引導他們越過奧斯特西亞王國的邊境,抵達朗格勒的主教府
邸。格列哥里帶著眼淚和歡笑擁抱他的孫子,全家人都感激李奧把阿塔盧
斯從奴隸的枷鎖中拯救出來,然後賜給李奧一座農莊,使他的餘生過著幸
福和自由的生活。這個很獨特的經歷是阿塔盧斯親自告訴他的表弟或姪
兒,所以情節非常真實而且動人,而他的表弟或姪兒是第一個法蘭克人歷
史學家。土爾的格列哥里[87]生於賽東紐斯‧阿波利納里斯死後六十年,所
遭到的情況非常類似,都是土生土長的奧文尼人,都是元老院議員,也都
是主教。因此,兩者風格與感情的不同呈現出高盧的衰落,而且很明確顯
示,在這樣短的時間內,人類的心靈已經喪失多少活力和教養[88]。

　　各種矛盾對立或有意為之的訛傳,能夠緩和或誇大高盧的羅馬人在墨
羅溫王朝統治下所受的壓制,我們現在有辦法識別可以不加理會。征服者
從未頒布任何有關奴役或籍沒的普遍性詔書,但是一個墮落的民族會用文
雅與和平這些冠冕堂皇的名目,來為自己的軟弱找藉口,就會暴露在兇狠
蠻族的武力和法律之下,財產、自由和安全都會受到無禮的侵犯。個人的
傷害起於偏私不能以常情看待,但是絕大多數羅馬人在變革以後還能倖

86　瓦羅亞和魯納特把本文裡的莫瑟爾河改為馬士河,我個人沒有太多意見。然而在
　　檢視詳細的地理位置以後,我可以為此辯護。
87　格列哥里的雙親是貴族後裔,在奧文尼和勃艮地擁有龐大家產。他生於539年,授
　　聖職出任土爾主教是在573年,死於593年或595年,就在他完成歷史著述後不久。
88　格列哥里的風格欠缺文雅和簡明,他處於引人注目的高位,但對自己的時代和國家
　　完全陌生。在這冗長的作品(最後五卷包含十年的時間)中,凡是後代想了解的事幾
　　乎全部刪除。細讀他的著作令人痛苦,我因此有權能公布不利他的宣判。

存，仍舊保有財產和市民的特權。他們的土地有相當大部分為法蘭克人強
行取走，保有剩餘的產業還能豁免貢金倒也是件好事。同樣無法抗拒的暴
力掃過高盧的各種行業和生產製造，摧毀皇家專制政府精心策劃和所費不
貲的行政體系。省民經常為《薩利法典》或《里普里安習慣法》的野蠻司
法制度而痛心不已，但是私人生活有密切關係的婚姻、遺囑和繼承，還是
遵從《狄奧多西法典》的規定。一個心存不滿的羅馬人能夠表明個人的願
望，可以追求還是屈就蠻族的頭銜和地位，或是獲得國家的榮譽以滿足個
人的野心。羅馬人的教育和稟性使他們特別有資格擔任政府的職務，很快
產生好勝之心重燃對軍事的熱情，可以與勝利的日耳曼人一起在隊列裡行
軍，甚至率領一支部隊。我不打算列舉將領和官員的名字[89]，來證實墨羅
溫王朝寬容大度的政策。勃艮地最高指揮職位加上大公的頭銜，連續委任
給三位羅馬人，最後一個是權勢極大的馬摩拉斯(Mummolus)[90]。他不僅
拯救君主政體也帶來擾亂不安，出任奧頓伯爵這個職位時排擠他的父親，
後來在金庫留下三十泰倫的黃金和兩百五十泰倫的銀塊。在幾個世代裡，
生性蠻橫和大字不識的蠻族，被排除在教會的高位和神職之外。高盧的教
士幾乎為土生土長的省民包辦，有些高居主教職位的尊榮，傲慢的法蘭克
人只有俯伏在臣民的腳下。戰爭中損失的權力和財富在宗教的迷信中逐漸
恢復，在塵世有關的事務中，《狄奧多西法典》是教士通用的法律，但蠻
族的司法制度可以放心用來保障個人的安全。一個副輔祭就抵得兩個法蘭
克人，安特盧斯遜與神甫受到同樣的尊重，而主教的生命遠高於一般標
準，受到重視的程度可達九百金幣[91]。羅馬人用基督徒的宗教和拉丁人的

89　法蘭西的古物學家有一個原則，那就是用姓名來分辨羅馬人與蠻族。他們的姓名
　　毫無疑問可以形成合理的推測，然而在讀格列哥里的作品時，我看到貢達法斯
　　(Gondulfus)的先世是羅馬元老院的議員，而克勞狄烏斯是蠻族。

90　土爾的格列哥里在第四卷到第七卷一再提到馬摩拉斯，他的才華優異倒是不足為
　　奇。但如果格列哥里附帶的意思不便出口，那就是馬摩拉斯的金庫超過十萬英鎊。

91　薩利人的法律對教士的安全沒有提供保護，我們認為就更為文明的部族而論，沒
　　有預知會發生謀害神職人員這種邪惡的行為。然而盧昂(Rouen)總主教普里提克
　　塔都斯(Praetextatus)，被弗瑞德岡笛斯(Fredegundis)皇后下令殺死在祭壇前。

語文與征服者建立連繫[92]，但相較於奧古斯都時代和使徒時代的簡明純潔，他們的語言和宗教已經墮落到極爲不堪的地步。迷信和野蠻的發展迅速而普遍，聖徒的崇拜掩蓋平民的眼光，讓他們不再注視基督徒的上帝。條頓語的字句和發音，使農民和士兵粗俗的方言受到影響而產生訛誤，然而像是神聖的宗教儀式和社交的來往仍然使用拉丁語文，就會根除出身家世和戰爭勝利帶來的差別待遇。高盧的民族在法蘭克人虛有其名的政府統治下，逐漸變得無所適從。

法蘭克人與高盧的臣民混雜以後，能夠提供人類最有價值的禮物，就是法治的自由精神所形成的體系。國王的繼承來自世襲但權力有限制，在他之下，首長和律師可以在巴黎原來凱撒居住的宮殿進行討論。鄰近的場地是皇帝校閱傭兵兵團之處，用來召集自由人和武士舉行立法會議。在日耳曼的森林裡勾畫出簡陋的模式，可以借重羅馬人在民治方面的智慧加以修飾和改進，但小心翼翼的蠻族要保障個人的自由獨立，對政府的苦心投以輕視的眼光，每年3月的年度會議只有無疾而終。高盧的征服造成民族的分裂，幾乎到達完全瓦解的程度[93]。這樣一個君主體制在司法、軍備和稅務方面沒有留下任何建樹，克洛維斯的繼承人在人民放棄立法和行政的權責後，既沒有決心也沒有實力推動這方面的工作。只有皇家的特權表現出任意的掠奪和謀殺，喜愛自由使得毫無王法的法蘭克人藐視秩序，而又期望享有不受懲罰的赦免權，使得個人的野心受到鼓舞，帶來羞辱的後果。在克洛維斯死後七十五年，他的孫子勃艮地國王貢特朗（Gontran），派遣軍隊侵入哥德人據有的塞提瑪尼亞或朗格達克（Languedoc）地區。勃艮地的部隊、柏立、奧文尼和鄰近地區都爲有希望獲得戰利品而興奮不已。這群烏合之眾在日耳曼或高盧伯爵旗幟下進軍，攻擊的力量極爲衰弱以致毫無成效。然而無論是友善還是敵對的行省，在不分好壞的狂暴行動下變得殘破不堪。麥田、村莊甚至教堂都被放火燒毀，居民遭到屠殺或被

92　波納米（Bonamy）確定法蘭西的語言還是逐漸從羅馬人的音調轉換而來。在卡羅溫（Carlovingian）家族當政時，法蘭西的國王和貴族仍舊明瞭日耳曼祖先的方言。

93　國民大會的制度與法蘭西這個國家好像同時成立，但是從性格上來看，雙方從來沒有意氣相投時。

被拖走成為俘虜。在秩序大亂的撤退中，五千名缺乏人性的蠻子死於飢餓和自相殘殺。等到虔誠的貢特朗譴責首領的罪行或是疏忽，威脅要即刻處以極刑，根本不等合法的宣判，他們將不幸的狀況歸咎於民眾無可救藥的墮落和腐化所致。這些首領說道：「沒有人再畏懼或尊敬國王、公爵或是伯爵。每個人都愛做壞事，毫無顧忌從事犯罪的勾當，稍為加以糾正就會立刻激起暴亂。如果行事鹵莽的官員竟敢指責或制止這些叛逆的臣民，很難活著逃過他們的報復。」就是這同一個民族，用令人髮指的惡行顯示出過度濫用自由的結果，後來卻能用榮譽和人道的精神來彌補過失，現在服從一個絕對權力的君主，從而獲得安慰和尊榮。

九、西哥德人在西班牙的建國和施政作為

西哥德人將絕大部分高盧所有權捨棄給克洛維斯，但是他們的損失在輕易的征服行動中獲得豐碩的補償，能夠安全享有西班牙的行省。哥德人開始建立君主國，很快併吞格里西亞的蘇伊威王國，使現代的西班牙人仍舊能滿足民族的虛榮心，但是羅馬帝國的歷史學家既沒興趣也無義務，追述他們編年史上瑣碎而貧瘠的記載[94]。高聳的庇里牛斯山脈將西班牙的哥德人與其餘的人類隔絕，他們的生活方式和規章制度與一般日耳曼部族相同之處，已經有所說明。我預先在前一章提到有關教會的重要事件，就是阿萊亞斯教派的滅亡以及猶太人受到宗教迫害，下面僅敘述若干有趣的情節，有關西班牙王國的民事和教會制度。

法蘭克人和西哥德人從偶像崇拜和異端邪說改信正統教義以後，對於迷信與生俱來的災禍和無意獲得的福祉，決心表示出同樣順服的態度。但是法蘭西的高級神職人員早在墨羅溫王朝絕滅以前，已經腐化成為戰鬥和狩獵的蠻族。他們對宗教會議的用處抱著藐視之心，忘記自制和守貞的戒

---

94 黑暗時代的西班牙何其不幸，法蘭克人有土爾的格列哥里，薩克遜人或盎格魯人有比德，倫巴底人有保羅·武尼弗瑞德(Paul Warnefrid)，但是西哥德人的歷史之中，包括塞維爾的伊希多爾和比克拉(Biclar)的約翰所著編年史，不僅篇幅簡短，而且內容不夠完整。

律，把僧侶修道誓約的公益置之不顧，情願沉溺於個人的野心和奢華之中[95]。西班牙的主教潔身自愛所以才能獲得大眾的尊重，他們緊密團結就能掩蓋所犯的惡行，穩固在塵世的權威。教會有合於常情常理的紀律規範，就能用和平、秩序和穩定引導政府的作為。從第一個信奉正教的國王雷卡瑞德，到不幸的洛德里克（Roderic）以後跟著接位的威提札（Witiza），連續召集十六次全國宗教大會。六個大都市托雷多、塞維爾、美里達、布拉加、塔拉格納和納邦，分別由資深總主教擔任主席，會議由所屬主教組成，自己不克參加可派出代表，同時要留下一個位置給最神聖或最富有的西班牙修道院院長。在前三天的會議，大家熱烈討論教會有關教義和紀律的問題，俗家人士不得參加他們的議程，而這些過程都在莊嚴的儀式下進行。第四天的早晨打開大門，迎進皇宮的高階官員、行省的公爵和伯爵、城市的法官和哥德貴族，經由人民的同意批准天國的教令。省民大會也採用類似的規定，授權年度宗教會議聽取人民的訴願，可以補救受到冤曲的判決。西班牙的教士發揮極大的影響力，支持一個合法的政府。以往在每一次的變革中，主教總是準備要奉承勝利者以及羞辱敗亡者，盡力燃起宗教迫害的火焰，使法冠凌駕於皇冠之上，辛勤的工作獲得很大的成就。然而在托雷多的全國宗教大會中，蠻族的自由精神受到教會政策的安撫和指導，為了國王和人民的共同利益，制定若干見識卓越的法律。王座虛懸時由主教和內衛軍決定接位人選，等到阿拉里克帝系斷絕以後，帝王的寶座仍舊限於血統純正和出身高貴的哥德人。教士為合法的君王舉行神聖的塗油儀式，總是推薦或親自履行忠誠的職責。臣民如果抗拒國君權威、密謀奪取國君的生命，或是與國君遺孀不道德的結合，完全違反守貞的節操，教士就會發出宗教的譴責。但是國君在登上寶座以後，受到人民與神的相互誓約所限制，要將最重要的託付事項忠實的執行。施政工作最大的缺失，無論出於事實或想像，在於受到有勢力的貴族階層控制。主教和內衛軍獲得最重要的特權就會加以護衛，那就是不得罷黜、入獄、刑求或處死

95　上述這些事件是聖邦尼菲斯的怨言，他是日耳曼的使徒以及高盧的改革者。聖邦尼菲斯惋惜這八十年的放縱和腐化，似在暗示於660年時，蠻族可出家當教士。

他們，除非經過同儕自由而公開的審判，才可以處以流放或籍沒。

在托雷多召開一次立法會議，對於從殘暴的優里克到虔誠的伊基卡（Egica），連續幾位哥德國王所編纂的法典，進行審查以後加以核定。長久以來西哥德人自己滿意祖先遺留極爲簡陋的習慣法，縱容阿奎丹和西班牙的臣民仍舊享用羅馬法。經過幾個世代在技藝、政策和宗教方面的改進，激勵他們用來模擬或取代外來的制度，擬定有關民事和刑事訴訟程序的法典，施用於人數眾多而又團結合作的民族。同樣的義務和特權頒授給西班牙君主國的各民族，征服者在不知不覺中拋棄條頓土語，情願接受平等所帶來的約束，提升羅馬人共享自由的權利。在西哥德人統治下，這種公正無私的政策所產生的優點，因爲西班牙處於很特別的位置得以發揚光大。基於宗教方面無法妥協的差異，省民長期與阿萊亞教派的主子形成離心離德的局面。等到雷卡瑞德改變信仰後，破除正統教會所秉持的成見。無論是大西洋還是地中海的海岸地區，仍然爲東部皇帝所有，他們在暗中煽動不滿的民眾，要除去蠻族加在身上的枷鎖，力陳他們要維護羅馬公民的名聲和尊榮。要讓產生疑慮的臣民保持忠誠，最有效的方式是使他們自己相信，他們在叛亂中所冒的風險，大於他們從革命中所獲得的好處。人類的天性是去壓制自己痛恨和畏懼的人，一個與此相反的體系所表現的睿智和仁慈，使人不得不衷心欽佩和讚揚[96]。

十、不列顛的變革及薩克遜人的入侵和統治(449-455 A.D.)

當法蘭克人和西哥德人分別在高盧和西班牙建立王國時，西部第三大行政區不列顛爲薩克遜人所征服。自從不列顛與羅馬帝國分離後，產生很多流傳的軼事，就讀者來說，爲最無知的人所熟悉而最有見識的人所忽

96　西哥德人的《法典》一般分爲十二卷，經過波克訂正以後發行，孟德斯鳩校長對這部書的態度非常苛刻。我並不欣賞這種風格，我也厭惡迷信，但是我必須說，這套民事法律體系展現社會更爲文明和進步的狀況，勃艮地人甚至倫巴底人都沒有到達這種程度。

略，我對此毫無責怪之意，只是表明不願接受的立場。薩克遜人運用槳櫓
或戰斧的本領高超，不諳文字，無法使建立的功勳永垂不朽。省民回復未
開化的狀況，忘懷敘述國家遭到毀棄的經過。在羅馬的傳教士重新燃起學
術和基督之光以前，讓人起疑的傳統幾乎絕滅殆盡。吉爾達斯（Gildas）大
肆宣揚的主張、內紐斯（Nennius）的斷簡殘篇或無稽之談、薩克遜人的法
律和編年史中無人注意的暗示、以及年高德劭的比德（Bede）爲教會所作的
記述，這些都被後來的作者樂於引證，有時還會根據想像加以修飾潤色，
我對這些作者既不會批評也不會採用[97]。然而帝國的歷史學家有意探索這
場變革，直到這個行省完全從眼前消失。就是一個英國人也會抱著好奇
心，想要知悉蠻族建國的狀況，因爲他的姓氏、他的法律甚或他的家世全
部淵源於此。

　　羅馬政府解體後約四十年，佛特金（Vortigern）對於不列顛的王侯和城
市，看來已經獲得最高指揮權，雖然建立的根基還不夠穩固。這位不幸的
國君遭到舉國一致的譴責，原因出在他那軟弱無力而且後患無窮的政策，
邀請實力強大的外族來驅除國內敵人苦於應付的入侵。那些心情極爲沉重
的歷史學家認爲，他派遣的使臣前往日耳曼海岸，在薩克遜人的群眾大會
上發表哀憐的講話。這些黷武好戰的蠻族決定用戰船和軍隊，幫助遙遠而
未知島嶼的懇求者。要是不列顛確實不爲薩克遜人所知，也就不會受到那
樣多的災難。但是羅馬政府的實力不足以保護臨海的行省，抗拒日耳曼的
海盜，獨立自主已經形成分離的國家，更會暴露在他們的侵犯之下。薩克
遜人有時會默許蘇格蘭人和皮克特人加入，聯合起來進行掠奪和破壞。佛
特金的敵人在四面環伺，他的王座和人民隨時會受到攻擊。處於這種情況
只有對各種危險加以平衡，薩克遜人的海上力量可以成爲最危險的敵人，
或是最有助益的盟友。所以他寧可與這些蠻族建立聯盟關係，這樣說來他
的政策不僅值得讚許而且理由非常充分。亨吉斯特（Hengist）和賀爾薩

97　工作勤奮的卡特（Carte）和才智過人的惠特克（Whitaker）是當代的作家，我對他們
　　深表感激。曼徹斯特（Manchester）非常突出的歷史學家能夠掌握主題，雖然書名
　　不起眼，但是範圍涵蓋整個的英格蘭史。

(Horsa)帶著三艘船沿著東部海岸航行,佛特金應允付給他們優厚的待
遇,讓他們願意負責不列顛的防務。他們憑著大無畏的精神,很快把國家
從卡里多尼亞的侵略者手中解救出來。珊尼特(Thanet)島是個安全而肥沃
的地方,分配給蠻族協防軍做爲居留地,按照協定充分供應所需的衣物和
糧食。良好的接待激勵五千戰士前來投效,用十七艘船運送他們的家庭,
及時到達強大的援軍,使亨吉斯特初期的戰力很快提升。狡猾的蠻族對佛
特金提出有利的建議,要在鄰近皮克特人的地方爲忠誠的盟友建立一個殖
民區。有四十艘船的第三支船隊,在亨吉斯特的兒子和姪兒的指揮下從日
耳曼發航,對奧克尼(Orkneys)島大蹂躪一番。然後有一支新來的部隊在
諾森伯蘭(Northumberland)海岸下船,這個地點在神聖的島嶼對岸,位於
不列顛最北端。很容易預知即刻就會帶來禍害而且根本無力制止,這兩個
民族因相互猜忌帶著怒氣分道揚鑣。薩克遜人誇大他們的作爲,對於忘恩
負義的民族深表不滿。不列顛人也感到極爲懊惱,他們花費龐大的報酬,
還是無法滿足傲慢傭兵貪心的胃口。畏懼和憎恨的動機激起不能善了的爭
執,薩克遜人拿起武裝完成備戰。要是他們運用一次歡宴的安全時刻,他
們就犯下謀叛作亂的大屠殺,對於用來維持和平與戰爭的正常溝通關係,
澈底摧毀相互信任的基礎[98]。

十一、薩克遜人建立七王聯盟及不列顛的展望(455-528 A.D.)

亨吉斯特膽大包天竟然想要征服不列顛,規勸他的族人掌握光榮的機
會。他生動描述土地的肥沃、城市的富裕、土著怯懦的習性、以及這個面
積廣大孤懸海外的島嶼處於交通便利的位置,薩克遜人的船隊可以從四面
八方進入,毫無阻礙。就在一個世紀的時間之內,不斷建立的殖民區都來

98　內紐斯把謀殺三百名不列顛酋長一事歸咎於薩克遜人,這種罪行倒是合乎他們天
　　生野蠻殘酷的行徑。但是我們沒有理由要相信,大石柱是薩克遜人的紀念物,巨
　　人先將大石塊從阿非利加運到愛爾蘭,在安布羅休斯(Ambrosius)的命令和梅林的
　　法術之下,再搬到不列顛。

自易北河、威瑟(Weser)河和萊茵河的河口,主要的組成部分是日耳曼三
個英勇的部落或民族:朱特人(Jutes)、古老的薩克遜人和盎格魯人
(Angles)。朱特人在亨吉斯特專有的旗幟下作戰,他領導族人在光榮的路
途上衝鋒陷陣,在肯特建立第一個獨立王國。冒險事業所獲得響亮的名聲
要歸功於最早的薩克遜人,這個民族的國號在征服者的普通法和語言裡都
曾經提到,就是在五世紀末葉建立在南不列顛的君主國。盎格魯人聞名後
世在於人數眾多和成就非凡,他們在這個國家奠定不朽的稱號和占領最廣
的區域。蠻族為了在海洋或陸地達成剽掠的願望,逐漸與這三重的聯合編
組混雜在一起。弗里斯蘭人(Frisians)受到鄰近不列顛海岸的引誘,曾經
短暫平衡本土的薩克遜人所具有的實力和名氣;丹麥人、普魯士人和魯吉
亞人(Rugians)隱約被提及;還有一些偶而遷移到波羅的海的匈奴人,為
了征服新世界登上日耳曼人的船隻[99]。但創造這種艱辛的成就,並非聯合
民族的勢力經過準備以後著手執行。每一個勇氣十足的酋長根據他的名聲
和財富,集合一群追隨者,裝備一支有三艘甚或六十艘船隻的船隊,選擇
要攻擊的地點,至於後續的行動受到作戰狀況和個人利益的支配。很多英
雄人物在不列顛的入侵中敗下陣來或喪失性命,只有七位勝利的首領能獲
得並維持國王的頭銜,薩克遜七國聯盟(Saxon Heptarchy)是征服者設立七
個獨立的王座。這七個家族中有一個在女性繼承的傳統下,一直延續到我
們現在的統治者,這七個家族都可以追溯到神聖的戰神渥登(Woden)。當
然也可以聲稱,這些共和國有一個代表民意的議會和大權在握的官員,使
國王的行為受到節制,但是像這種虛偽的政略架構,根本就違反薩克遜人
粗魯和狂暴的天性。他們的法律只有保持緘默,當代的編年史都不夠理
想,只能對內部的爭權奪利提供黑暗而血腥的描述[100]。

---

99 比德一一列舉所有這些部族,雖然我會考量惠特克所著的評論,對於弗里斯蘭人
等部族與盎格魯-薩克遜人的混合,我不認為有任何荒謬之處。

100 比德列出七個國王,其中薩克遜人兩位、朱特人一個和盎格魯人四位。他們在七
國聯盟繼續掌握最高的權力和名位,但統治權威來自征服而不是法律。他用同樣
的口氣提到其中一個平定曼(Man)島和安格塞(Anglesey)島,還有一個將貢金強
加在蘇格蘭人和皮克特人身上。

　　一個對塵世生活毫無所知的僧侶，竟敢負起歷史學家的責任，對於不列顛從西部帝國分離那個時代的狀況，提供錯誤的論點，有的地方根本是不知所云。吉爾達斯用華麗的辭藻描述農業的進步，國外的貿易隨著每一次的潮水進入泰晤士河和賽汶（Severn）河，無論是公家還是私人的建築物，都有堅實而高聳的結構，他指責不列顛的人民過著罪惡的奢侈生活。然而也就是同一個作者提到，這個民族連最簡單的技藝也付之闕如，要是沒有羅馬人的幫助，根本無法供應構建邊牆所需石塊和製造武器所需鐵料，用來保護自己的國土[101]。不列顛在皇帝長期統治之下，助長文雅和奴化的風氣，逐漸形成羅馬的行省，安全完全依靠國外的武力。霍諾流斯的臣民用驚訝和恐懼的眼光，注視新近獲得的自由權利。他們在喪失民政和軍事組織的狀況下被遺留在當地，那些地位尚不明確的統治者缺乏應有的技巧、勇氣和權威，無法指揮民眾組成的部隊對付最平常的敵人。引進薩克遜人洩露內部的衰弱，貶低君王和人民應有的地位，難免產生憤懣之情更增加危險。缺乏團結的精神難以遂行有效的解決辦法，瘋狂的黨派傾軋使大家渴望指控禍害而非防止狀況惡化。他們都把處理不當歸咎於對手的錯誤，然而不列顛人並非無知之輩，並非不會製造和運用武器。薩克遜人持續不斷和混亂不堪的攻擊，使他們從驚愕之餘清醒過來，無論戰事的順利和逆轉，都能增進民族尚武精神的紀律和經驗。

　　就在歐洲和非洲大陸屈從蠻族毫無抵抗時，不列顛在外無奧援下，單獨進行英勇而效果不彰的長期奮鬥，對抗勢不可當的海盜。薩克遜人幾乎在同一時刻，襲擊北部、東部和南部的海岸。居民決心要保護城市就加強各種防禦設施，很辛勞的工作使山嶺、森林和沼澤發揮地形之利，征服每個地區都要付出血的代價。當代的編年史家很明智的保持緘默，就是薩克遜人失利的有力證據。亨吉斯特一心想征服不列顛，但在長達三十五年非常活躍的統治期間，他的雄心壯志只限於據有肯特而已。他在北部開拓很

---

101 惠特克很俐落的點出荒謬之處。一般的歷史學家熱中於有趣或重要的事件，對這個問題並不在意。

多殖民區，也都被不列顛人的刀劍所絕滅。西薩克遜君主國經過三代好戰
家族不屈不撓的努力，歷盡艱辛終於奠定基礎。塞爾迪克（Cerdic）是渥登
最勇敢的子孫，他的一生都耗盡在漢普夏（Hampshire）和威特（Wight）島的
征服，在巴當（Badon）山之戰蒙受很大損失，使他落於羞辱的狀況引恨長
眠。他那作戰英勇的兒子肯里克（Kenric）向著威特夏（Witshire）前進，開
始圍攻索斯柏立（Salisbury），及時配置在有利的制高點，擊潰前來解救城
市的一支軍隊。等到後來又發生馬波羅（Marlborough）之戰[102]，不列顛敵
軍展現他們的兵法，部隊部署成為三線配備，每一線的隊列包含三種不同
的隊伍，就是騎兵、弓箭手和長矛兵，這種方式是依據羅馬人的戰術原
則。薩克遜人形成有力的縱隊發起衝鋒，用短劍勇敢迎戰不列顛人的長
矛，保持勢均力敵的激戰直到黑夜來臨。在兩次決定性的勝利中，三位不
列顛國王戰死，加上塞倫塞斯特（Cirencester）、巴斯（Bath）和格洛斯特
（Gloucester）的投降，使塞爾迪克的孫子索林（Ceaulin）率領獲勝的軍隊進
入塞汶河兩岸，建立名聲和勢力。

　　經過一百年的戰爭以後，獨立的不列顛人仍舊據有西部海岸整個區
域。從安東尼邊牆直到康瓦耳最遠的海岬，內陸地區的城市依然反對蠻族
的武力。攻擊者的數量和勇氣繼續增加，使抵抗變得衰弱無力，緩慢而痛
苦的努力贏得持續的發展。薩克遜人、盎格魯人和其餘各族的聯盟，從北
部、東部和西部進軍，一直到勝利的旗幟在島嶼的中央會師，不列顛人退
過塞汶河，仍舊保持民族的獨立權利。薩克遜七國聯盟甚或成為君主國以
後，不列顛人還倖存在一隅尚未滅亡，勇敢的戰士寧可出亡也不願受到奴
役，在威爾斯的山區建立安全的庇護地，康瓦耳延後了一段時日才勉強
降服[103]。有一支流亡隊伍靠著自己的打拚，或許是墨羅溫王朝國王的善

102　在馬波羅附近的貝朗-比里格（Beran-birig）或巴貝里堡（Barbury-castle）。薩克遜的編
　　年史指出名稱和時間，康登確定地點，亨丁頓（Huntingdon）的亨利提到會戰細節。
　　這些都相當可信，十二世紀的史家可用來參考的材料，現都已蕩然無存。

103　康瓦耳最後還是被阿特爾斯坦（Athelstan）征服，他在艾克希特（Exeter）設置一個殖
　　民區，不讓不列顛人越過塔馬（Tamar）河。康瓦耳武士的精神受到奴役而墮落，
　　從崔斯特朗爵士的羅曼史可以知道，他們的怯懦已經是舉國周知。

意收留,在高盧獲得一個根據地[104]。阿莫里卡的西部海角得到「康瓦耳」或「小不列顛」之類的新稱呼。歐塞斯米(Osismii)的空曠之地進居陌生的民族,在伯爵和主教的權威統治下,保存祖先的法律和語言。等到克洛維斯和查理曼的後裔勢力衰退時,阿莫里卡的不列顛人拒絕繳納慣常的貢金,占領鄰近的凡恩(Vannes)、雷恩(Rennes)和南特(Nantes)等地區,成為有勢力的屬國,統一在法蘭西的君權之下。

在一個世紀永無間斷也難以善罷的戰爭中,不列顛人盡力運用勇氣和技術來保衛不列顛的安全。然而,如果勇士的功勳被埋沒在歷史的灰燼之中,我們也毋須怨天尤人,無論人類是否缺乏知識或德行,每個時代因流血或戰爭而顯赫一時的行動,總是多得不勝枚舉。佛特金之子佛特穆(Vortimer)的墳墓,構建在海岸的邊際,當成對薩克遜人戰無不勝的地標,他曾在肯特的戰場兩次擊敗他們。安布羅休斯‧奧理安(Ambrosius Aurelian)的出身淵源於羅馬貴族世家[105],為人遜恭有禮而又驍勇善戰,世人推崇他光輝的成就,直到最後戰死沙場[106]。但是每個不列顛人都被亞瑟[107]的威名所掩蓋,他是南威爾斯西魯里人(Silures)的世襲諸侯,後來成為民族推選出來的國王或將領。要是按照最合理的記載,他在十二次連續的戰鬥中,擊敗北部的盎格魯人和西部的薩克遜人。但是在一個人心淪喪的時代,忘恩負義的人民和國內頻仍的災禍給英雄帶來無窮的苦難。

---

104 不列顛人在高盧建國,最早是六世紀時,由樸洛柯庇斯、土爾的格列哥里以及土爾的第二次宗教會議(567A.D.)得到證實。土爾的第一次宗教會議(461年或是481年)有一個不列顛的主教在上面簽名,還有里奧泰穆斯(Riothanus)的軍隊,以及吉爾達斯自由發揮的演講辭,可用來證明這次的遷移最早不過五世紀中葉。在此之前,阿莫里卡的不列顛人只見於傳奇故事。惠特克對卡特的重大過錯全不在意,倒是嚴厲指責無心之失,這點使我大惑不解。

105 比德在他的《編年史》提到安布羅休斯是在季諾統治的時代(474-491A.D.),說他的父母身著紫袍,而他在《教會史》的解釋是使用皇室的頭銜和標誌而已。

106 這是古物學家一致同意的臆測,雖然看來有點可疑。安布羅休斯在西薩克遜與塞爾迪克作戰時,被納坦利奧德(Natanleod)擊敗,除自己喪生,亦損失五千臣民。

107 我對威爾斯的吟遊詩人米爾丁(Myrdhin)、洛馬區(Llomarch)和塔利森(Taliessin)一點都不了解。我所以相信亞瑟的存在和功勳,主要在於內紐斯明確而又詳盡的證辭。惠特克敘述亞瑟的戰爭聽起來非常有趣,當然不會說確有「圓桌」之事。

他的一生事蹟比起驚天動地的名聲可以說是實有不逮。威爾斯和阿莫里卡的吟遊詩人名不見經傳,薩克遜人痛恨他們,其餘的世人對他們一無所知。經過他們粗枝大葉的修飾潤色,把亞瑟的功業當做傳統保存有五百年之久。諾曼人征服者高傲又好奇,探究不列顛古老的歷史,帶著心儀而又深信的態度傾聽亞瑟的傳奇故事,熱烈讚譽一個君王彪炳的戰功,將不共戴天的仇敵薩克遜人打得落花流水。蒙默思(Monmouth)的傑福瑞(Jeffrey)將他的羅曼史用拉丁文改寫,後來才譯成大眾所喜愛的方言。雖然情節的安排毫無條理但是文字非常華麗動人,就經驗、學識和幻想而言完全是十二世紀的風格。一個弗里基亞殖民區建立的過程,從台伯河發展到泰晤士河,很容易轉用伊涅阿斯的神話,說亞瑟的皇家祖先淵源於特洛伊,與凱撒有姻親的關係。他的戰利品裝飾著受控制的行省和皇家的頭銜,在丹麥的勝利報復最近所受的傷害。不列顛英雄的俠義豪勇、宗教迷信、歡宴盛會、馬上比武以及圓桌武士的規範,完全抄襲騎士制度風行一時的言行準則。尤瑟(Uther)之子流傳於世的奇聞軼事,比起諾曼人歷盡艱險所創建的英勇事業更不可信。進香朝聖和聖地之戰將阿拉伯人魔法的各種神蹟傳入歐洲,像是神奇的精靈、碩大的巨人、飛行的惡龍以及令人銷魂的後宮,混雜著西方比較簡單的神話。不列顛的命運依靠梅林(Merlin)的法術和預言。亞瑟以及圓桌武士的羅曼史適合大眾口味,每個民族都要自行引用和加以修飾,連希臘和意大利都稱頌他們的名字。蘭斯洛(Lancelot)爵士和崔斯特朗(Tristram)爵士卷帙浩繁的故事,君主和貴族抱著虔誠的態度加以研讀,對古代真正的英雄和歷史人物反而不理不睬。終於科學和理性之光再度燃起,符咒和魔誡全部破滅,幻想的神話已經消失,公眾意見很自然的產生轉變。當前這個時代過於現實,甚至懷疑亞瑟是否真有其人[108]。

抵抗要是不能防止,反而會增加征服帶來的痛苦。過去從來沒有像薩

---

108 湯瑪士・武頓(Thomas Warton)用詩人的品味和古物學家的勤奮,詳細敘述中世紀羅曼史的發展過程,以及學術研究的大概狀況。他的《英詩史》第一卷附在前面有兩篇學識淵博的論文,對我啟發良多,我受益匪淺。

克遜人的鎮壓產生這麼多的恐怖和蹂躪，他們憎恨敵人的英勇，藐視條約的誠信，破壞基督教信仰最神聖的事物而毫無羞愧之心。幾乎在每個地區的戰場上都看見累累白骨，倒塌塔樓的殘破碎片沾染鮮血。安德里達（Anderida)[109]被攻破時，倖存的不列顛人無分男女老幼被屠殺在廢墟之中。諸如此類災禍在薩克遜七王聯盟時代屢見不鮮，羅馬人苦心經營在不列顛培養的技藝、宗教、法律和語言，為蠻族的繼承者澈底根絕。等到主要的教堂被毀以後，主教拒絕殉教者的冠冕，帶著神聖的遺物退到威爾斯和阿莫里卡。留下其餘的教民缺乏精神食糧，宗教的儀式無法舉行，福音的訓誨難以記憶，基督教在無形中受到查禁，不列顛的教士或許可以從詛咒崇拜偶像的外來者得到一點安慰。法蘭西國王讓羅馬臣民繼續擁有特權，但是兇暴的薩克遜人踐踏羅馬和皇帝的法律。民事和刑事的審判程序、職位的頭銜、官吏的編制、社會的階層，甚至有關個人權益的婚姻、遺囑和繼承，最後都遭到廢止。無論是貴族還是平民都成為奴隸，這些受到歧視的群眾為傳統的習慣法所統治，是由日耳曼的牧人和海盜草率制定。羅馬人所教導有關學術、貿易和社交的語言，在荒蕪和孤獨的環境中被人遺忘。日耳曼人採用相當數量的拉丁語和塞爾特語單字，用來表示新需要和觀念[110]。但這些大字不識的異教徒仍保存和運用民族的方言[111]，幾乎每個人的姓氏都表明條頓人的血統[112]，特別是在教會或政府服務的人士更為顯著。英格蘭的地理名詞通常用外國的特徵和稱呼來敘述。如此迅速而澈底的重大變革很不容易找到類似的例證，但是會使人懷疑，移植在不列顛的羅馬文明不如高盧和西班牙那樣根深柢固，這片國土和居民存在

---

109 康登把安德里達的位置放在紐溫登(Newenden)，這裡是肯特的沼澤地帶，過去是一片淺海，正好在大森林(安德里達)的邊緣，這個森林覆蓋漢普夏和索塞克斯大部分地區。

110 約翰生(Johnson)認定有不列顛淵源的英文單字為數甚少。惠特克對英國語文素有研究，發現至少有三千個字是外來語，特別製成冗長而詳盡的編目。實在說，許多單字可能來自拉丁語和薩克遜語，然後被不列顛的當地方言所借用。

111 在七世紀初期，法蘭克人和盎格魯-薩克遜人相互明瞭對方的語言，因為他們的根源都是來自條頓語。

112 在第一代的意大利或蘇格蘭的傳教士以後，教堂高階神職人員中有很多是薩克遜的新入教者。

著原始的粗俗習氣，意大利的生活方式只不過像薄薄一層光亮的油漆刷在表面。

　　這種奇特的取代方式說服歷史學家和哲學家，不列顛的省民全部遭到絕滅。外來人口不斷的注入以及日耳曼殖民區迅速增加，使空曠的土地再度有人居住。據說有三十萬薩克遜人服從亨吉斯特的召集命令[113]，盎格魯人整族移遷使得故鄉一片荒蕪，那個時代的比德證實確有其事[114]。要是把他們散布在收獲富裕的荒野，行動不受任何限制，加上糧食非常充足，就我們的經驗也可以知道人類自然繁殖的力量。薩克遜王國顯示出最近才被發現和開墾，市鎮的規模很小，與村莊相隔的距離很遠，對農耕漠不關心而且毫無技術可言，一畝最好的土地只能豢養四頭綿羊，放棄很大面積的樹林和沼澤任其荒廢以致草木叢生。像德罕(Durham)這樣一個現代的主教轄區，整個區域從泰因(Tyne)河延伸到提斯(Tees)河，回復到蠻荒森林毫無人煙的原始狀況。像這樣數量不夠的人口，在幾代之內都可以用英國的殖民區來供應。但是就理論或事實都不足以證明這個不近情理的臆測，說是在不列顛的薩克遜人征服後，只有他們會留在人為的荒原中。嗜殺的蠻族在鞏固統治和滿足報復之後，為了自己的利益，對沒有抵抗的地區會保存其農夫和牲口。在每一次連續變革之中，忍辱圖存的群眾就成為新主子所擁有的財富，基於相互的需要只有默默批准食物和勞工極其有益的契約關係。威爾弗里德(Wilfrid)是薩塞克斯(Sussex)的使徒，由於皇家改變宗教信仰，使他獲得契赤斯特(Chichester)附近的塞爾西(Selsey)半島當作贈送的禮物，連帶所有的居民以及他們的家產，一共是八十七戶家庭。他立即解除他們在宗教和世俗方面所受的束縛，結果是兩百五十位男女奴隸從大恩大德的主子手裡接受洗禮。薩塞克斯王國的領地從海岸直到泰晤士河，包括七千戶人家，其中一千兩百戶位於威特島。要是我們根據這個並不可靠的資料加以計算，英格蘭大致有一百萬從事農耕的傭工，也可以稱

---

113 卡特雖然引用一些不列顛歷史學家，但我怕只有蒙默思的傑福瑞是唯一的證人。
114 事實很可能也有很好的證據。但像這樣結構鬆散而又混雜的日耳曼部落，我們發現日耳曼的《安吉利法》(Angli)和《武里尼法》(Warini)，是在後續這段時期。

爲半自由的農奴，依附在專制地主的產業上。貧窮的蠻族想把自己的小孩
或是本人出售，成爲永久的奴隸或是賣到國外[115]，然而有特定的豁免權給
予國內的奴工[116]，足以顯示他們的數量比外來者和俘虜要少得多，這些俘
虜是因戰爭而喪失自由或是改變主人。當時間和宗教逐漸緩和盎格魯-薩
克遜人兇狠的天性，法律促成經常實施的解放行動，例如具有威爾斯或坎
布連(Cambrian)血統的臣民，獲得次級自由人這種相當有利的身分，可以
擁有土地，具備資格參與市民社會的權利[117]。對新近降服的兇狠民族而
言，他們居於威爾斯和康瓦耳的地境之內，這種比較溫和的待遇可以保證
他們的忠誠。威塞克斯(Wessex)明智的立法者伊那(Ina)，用國內聯姻的
方式將兩個民族團結在一起。在薩克遜君主的宮廷中，索美塞特夏
(Somersetshire)四位不列顛領主居有顯赫的地位。

　　獨立的不列顛人顯然已經回到原始的野蠻狀況，從那時起他們的教化
和復原就不夠完美。敵人使他們與其餘的人類隔絕以後，他們立刻就變成
正統基督教世界詆毀和憎惡的對象[118]。威爾斯山區仍舊奉行基督教，只不
過教士受戒的方式不同，慶祝復活節的日期不一而已，但這些粗俗的分裂
分子非常固執，抗拒羅馬教皇專橫的命令。不列顛人逐漸放棄使用拉丁語
後，意大利直接與薩克遜的改變宗教者發生連繫，等於剝奪不列顛人獲得
技藝和學識的權利。塞爾特語和西部的方言在威爾斯和阿莫里卡保存和傳
播開來。吟遊詩人伴隨著德魯伊教，直到十六世紀仍然受到伊麗莎白朝法
律的保護。他們的首領是朋格維恩(Pengwern)或亞伯夫勞(Aberfraw)或卡
瑪森(Caermathaen)宮廷受人尊敬的官員，像國王的僕從一樣隨著參戰。

---

115 從比德和曼茲柏立(Malmsbury)的威廉大致相同的證詞，顯然盎格魯-薩克遜人始
　　終都堅持這種不近情理的做法。他們的年輕人會在羅馬的市場公開出售爲奴。
116 按照《伊那法》的規定，越過海洋出賣奴隸就是不合法。
117 一個瓦盧斯人(Wallus)可以擁有一個海得(hyde爲面積單位，約60到120英畝)的土
　　地，價值120先令。同樣的法律規定，一個自由的薩克遜人可以擁有200先令的土
　　地，而一個有封地的領主土地面積值1,200先令。我們知道這些立法者都是西薩
　　克遜人或墨西亞人(Mercians)，在成爲基督徒後繼續進行不列顛的征戰。肯特四
　　位國王制定法律時，從來不管不列顛臣民的死活。
118 比德敘述不列顛島的教會狀況，在他的歷史著作(731A.D.)中得出結論，提到不列
　　顛人對英格蘭國家和天主教會，始終抱著永難和解的深仇大恨，特別加以譴責。

他在會戰的戰線上唱著歌，讓戰士知道不列顛君主在激勵大家的鬥志，也可以任意的劫掠。戰利品中最好的小母牛是歌者可合法要求的獎賞。在他下面的次級執事人員，人聲和器樂歌詠隊的隊長和成員，在各自的巡迴區內拜訪皇室、貴族和平民家庭。公共的財產幾乎被教士耗用一空，在吟遊詩人苦苦不斷需索的情況下，更是雪上加霜。他們的職位和功勞在嚴格考驗下受到肯定，對超自然啓示的強烈信念更提升詩人和聽眾的想像[119]。塞爾特人自由的最後安息之地是高盧和不列顛極北邊區，畜牧較農耕更爲合適。不列顛人的財產是他們的牛馬和羊群，牛奶和肉類是日常飲食，麵包被看成外國的奢侈品而加以拒用。他們能夠自由自在生活在威爾斯的山區和阿莫里卡的沼澤，但是人口快速增加，被惡意的歸罪於縱情一夫多妻的緣故，這些任性的蠻族家中會有十房妻室和五十個子女。他們的脾氣衝動而又暴躁，不論是行動還是說話都很大膽放肆[120]。他們不了解和平的策略，交替發洩他們的熱情在國外和國內的戰爭之中。阿莫里卡的騎兵、昆特(Gwent)的長矛兵和美里昂尼斯(Merioneth)的弓箭手同樣知名於當世，但他們生活貧苦，沒有能力購置盾牌和頭盔，體位過重妨礙到散開作戰時的速度和靈巧。希臘一個皇帝對不列顛的狀況感到好奇，英國最偉大國君之一覺得有讓他了解的必要。亨利二世提起個人的經驗，認爲威爾斯被一群裸體的武士所占據，他們迎戰全身胄甲的敵人，毫無畏懼之感[121]。

談到不列顛的變革，無論從學術方面還是整個帝國而言，範圍都已經縮小得多。籠罩在島國上方難以透視的烏雲，最早是被腓尼基人發現並開始清除，後來凱撒運用武力將之完全驅散，現在再度堆積在大西洋的海岸，一個羅馬行省再度在大洋的神話島嶼中消失無蹤。霍諾流斯統治時代

---

119 本南特(Pennant)在威爾斯旅行，對於當地的吟遊詩人提供很多有趣的資料。在1568年時，伊麗莎白女王特別在喀懷斯召開一次競賽，有五十五位吟遊詩人參與，用歌喉或樂器一比高下，由摩斯頓(Mostyn)家族負責評審，獎品是一具銀豎琴。

120 坎布瑞西斯(Cambrensis)認爲，羅馬人、法蘭西人和不列顛人有天生大膽而雄辯的口才。這位惡毒的威爾斯人暗示，英格蘭人之所以沉默寡言，是受到諾曼人奴役所產生的效果。

121 吉拉達斯(Giraldus)詳盡描述威爾斯人和阿莫里卡人的風俗習慣，後來爲佛托特(Vertot)引用。

過了一百五十年後，當代有位嚴肅的史家[122]，敘述這座遙遠島嶼令人驚異
的事物：一條古老的邊牆將它分隔爲東西兩部分，這是生與死的界線，更
適合的說法是隔開眞相和虛構的傳聞。東部是美好的國度，居住著文明開
化的民族，空氣清新宜人，水源純淨充足，土地生產收成豐碩的作物；越
過邊牆就是西部，空氣傳染致命的疾病，地面都是毒蛇，淒涼的荒野是死
者最後安息之地，在大量的船隻和活人划槳手操縱下，從對岸運送過來。
法蘭克人的臣民中有些家族是漁人，免除繳納貢金，原因是神秘的任務需
要大洋的卡戎（Charon）來執行。每一個輪值人員在午夜時分接受召喚，像
是聽到鬼魂在呼叫名字的聲音。他已經體驗到他們的重量，感覺受到未知
而又無可抗拒的力量驅策。經歷這種如夢幻境以後，我們非常驚異的讀
到，這個島嶼名叫不列提亞（Brittia），橫臥大洋之中面對萊茵河口，離大
陸的距離不到三十哩，爲弗里斯蘭人、盎格魯人和不列顛人三個民族所擁
有。有些盎格魯人隨著法蘭西使臣的隊伍，出現在君士坦丁堡。樸洛柯庇
斯報導一個獨特而並非不可能的冒險故事，是在宣揚一個英國女傑的大無
畏精神，而不是她的靈巧氣質。她被許配給瓦尼人（Varni）的國王拉迪吉
（Radiger），這個日耳曼的部落鄰接海洋和萊茵河。但是變心的愛人基於
政治的動機，打算要娶他父親的遺孀，也就是法蘭克國王狄奧迪伯特
（Theodebert）的姊妹[123]。盎格魯人的公主受到遺棄，並沒有自憐自怨，而
是要報復所受的羞辱。據說她那些好戰成性的臣民，不知道運用馬匹，甚
至沒看過馬。但她率領一支船隊有四百艘船和十萬人的軍隊，從不列顛勇
敢航向萊茵河口。在一次會戰失敗後，被俘的拉迪吉懇求勝利的新娘大發
慈悲。她原諒受到無禮的冒犯，將敵手釋放，然後迫使瓦尼人的國王要以

---

122 這位希臘歷史學家在敘述這些驚異事物時，自己也感到混淆，甚至連島嶼的名稱是
　　布里提亞（Brittia）還是不列顛都沒搞清楚，用很多毫無關連的情節來加以說明。

123 克洛維斯的孫兒狄奧迪伯特是奧斯特拉西亞的國王，當代最有權勢和黷武好戰的君
　　主，在位時期從534到547年，完成許多轟轟烈烈的冒險事蹟。他的姊妹特德契笛斯
　　（Theudechildis）隱退到森斯，在那裡建立修道院，把自己的產業都施捨出來。要是
　　我們相信福土納都斯（Fortunatus）的讚美之辭，拉迪吉喪失最有身價的妻室。

榮譽和忠誠，善盡一個丈夫的責任[124]。這次英勇的戰績顯然是盎格魯-薩克遜人最後的海上作戰行動。他們就是因為掌握航海的技術，才能稱霸大洋建立不列顛帝國，但這些技術很快就為傲慢的蠻族所忽略，怠惰的心態放棄處於島嶼位置的通商優勢條件。七個獨立王國激起持續不斷的爭執，不列顛世界無論是平時還是戰時，很少想到要與大陸的民族建立連繫。

十二、結語

我已經竭盡全力敘述大約五個世紀的羅馬帝國衰亡情況，從圖拉真和兩位安東尼皇帝的幸福時代，直到西部帝國被澈底消滅。在最後這段災禍叢生的期間，薩克遜人窮兇惡極與當地土著爭奪不列顛的主權，高盧和西班牙被強大的法蘭克王國和西哥德王國所瓜分，加上蘇伊威人和勃艮地人的附庸王國還要分一杯羹，阿非利加慘遭汪達爾人殘酷的迫害和摩爾人蠻橫的騷擾。羅馬和意大利的疆域直達多瑙河兩岸，普遍受到蠻族傭兵的侵犯，這些縱兵殃民的暴政為東哥德人狄奧多里克的統治所接替。帝國所有的臣民，只要是使用拉丁語，享有羅馬人的特權，全都受到外來侵略者的凌辱和摧殘。日耳曼一些獲得勝利的民族，在歐洲的西部諸國就生活方式和政府架構建立新的體系。君士坦丁堡的君王成為奧古斯都實力軟弱而虛有其名的繼承人，隱約之間表現出羅馬的威嚴。不過，他們還繼續統治從多瑙河到尼羅河和底格里斯河的東部地區。在意大利和阿非利加，哥德王國和汪達爾王國為查士丁尼的武力所推翻。從希臘皇帝的漫長歷史過程，能提供很多意義深長的教訓和興趣盎然的變革。

---

124 她可能是盎格魯人一個君王或首長的姊妹，這位君主在527年登陸不列顛，經過多年的征戰，在恆伯(Humber)河和泰晤士河之間，逐漸建立東安格利亞(East-Anglia)和墨西亞(Mercia)王國。英國的作者都不知道她的名字和事蹟，但是羅威(Rowe)從樸洛柯庇斯的歷史著作，聯想到皇家的宗教改變信仰，洛杜干尼(Rodugune)的性格和立場所產生的悲劇。

牛市廣場的圓形廟宇

這些宏偉的建築物可以當成倉庫、作坊和集會場所之用，
或許那些廟宇的牆壁，
經過神聖的淨化儀式以後，
用來禮拜真正的神，
也可以消除古老偶像崇拜的罪孽。

西羅馬帝國衰亡的一般評述

　　希臘人在整個國家被貶爲行省後，還認爲羅馬人的勝利並非來自才能，而是共和國的運道。任性而爲的女神盲目派發和施捨祂的恩惠，現在情願（這是當時的奉承用語）收起雙翼，從地球頂端飛下來，把不朽的皇座安置在台伯河畔[1]。一位智慧甚高的希臘人以哲學家的精神，寫出他那時代的歷史鉅著，向國人揭示羅馬的偉大在於有深厚基礎，勿再存有自欺欺人的自我安慰之感。羅馬市民彼此間的忠誠，來自教育習性和宗教傳統，對國家亦復如是。榮譽與德操是共和國的立國宗旨，有雄心壯志的市民都竭盡全力，以求得到舉行一次凱旋式的殊榮。羅馬青年看到家中懸掛的祖先畫像[2]，油然而生奮發圖強之心，要與同儕比個高下。貴族和平民之間的鬥爭已趨向溫和，最後終於建立堅定而能保持平衡的制度，能把人民會議的自由權利、元老院的權勢和智慧、以及有帝王身分的官員所具有的執行權力，全部結合起來。每當執政官展示共和國的旗幟，每個市民都受到誓言的約束，要拔出刀劍爲國家效命，一直到完成十年兵役的神聖職責。運用此一立意完善的制度，可以把新生一代的自由人和士兵，源源不絕送上戰場。同時數量龐大的軍隊還會得到意大利諸多城邦的增援，這些盟友不僅黷武好戰而且人口眾多。他們過去與羅馬人爲敵，在經過英勇抵抗後終於屈服，最後結成齊心合力的同盟。那位見識恢宏的歷史學家，激起小

1　這是蒲魯塔克象徵性的表示手法，他的兒子朗普里阿斯（Lamprias）對此深信不疑。我個人認爲這是過分的讚譽之辭，在蒲魯塔克之前一百五十年，希臘已經流行此種說法，引起波利比阿斯的注意加以駁斥。

2　薩祿斯特聽到西庇阿和麥克西繆斯這段重要的表白，然而這對貴族兄弟早在薩祿斯特出生前很多年就已去世。但是拉丁作家可以讀波利比阿斯的作品，他與西庇阿兄弟是同時代的人物和朋友。

西庇阿追求立德立功的雄心，也曾親眼目睹迦太基的毀滅[3]。在他的著作中精確描述羅馬的軍事制度：像是徵兵、武器、訓練、指揮、行軍、紮營，指出所向無敵的羅馬軍團，較之菲利浦和亞歷山大的馬其頓方陣，還要更勝一籌。波利比阿斯根據平時與戰時的制度，推斷出一個民族的精神和成就，在於無視恐懼和棄絕安逸。極具野心的征服計畫，雖然會因及時的籌謀而遭受挫敗，但一定要嘗試才能獲得成功。毫無正義可言的摧毀行動，獲得政治德行的支持，而且以謹慎和勇氣爲首要。共和國的軍隊有時在會戰中被敵人擊敗，但是最後還是獲得戰爭的勝利。他們用迅速的步伐向著幼發拉底河、多瑙河、萊茵河和大西洋進軍，那些用來代表各民族和國王的金像、銀像和銅像，一個個都被羅馬王國的鐵拳擊得粉碎[4]。

　　一個城市的興起竟然擴張成爲一個帝國，這樣奇特的現象，值得哲學家進行深入思考。但羅馬的衰亡是偉大到達顛峰狀況後，非常自然而且無法避免的結果。繁榮使腐敗的條件趨向成熟，毀滅的因素隨著征戰的擴張而倍增。一旦時機來到，或是意外事件的發生移去人爲的支撐，龐大無比的機構無法承受本身重量的壓力而倒塌。這種毀敗的過程非常簡單而明顯，讓我們感到奇怪的是，並非羅馬帝國爲何會滅亡，而是帝國怎麼能維持這樣長久。百戰百勝的羅馬軍團進行遙遠的戰爭，沾染異國和傭兵的惡習，先是壓制共和國的自由權利，接著侵犯皇帝的統治權威。皇帝爲維護個人的安全和公眾的和平而擔憂受怕，但卻束手無策，只有採用低劣的權宜之計，放鬆對軍紀的要求，結果使他們把君王當成敵人一樣予取予求。軍事政府的組織鬆散，缺乏進取心，最後爲君士坦丁帶有私心的制度所摧殘，從此羅馬世界爲蠻族的洪流所淹沒。

　　經常有人提到羅馬的衰亡應歸之於帝國中樞移動所在的位置，但本書

3　波利比阿斯是西庇阿的友人和教師，他提到迦太基被羅馬人放火燒毀時，西庇阿讀出《伊利亞德》描述特洛伊焚毀的兩行詩句，感嘆人世變幻無常，命運難測，害怕羅馬有一天也會遭到同樣下場。

4　參閱《聖經》舊約全書〈但以理書〉第二章：「第四國必堅狀壯如鐵，鐵能打碎克制百物，又能壓碎一切，即國也必打碎壓制國。」

表明的觀點是政府的權力只是分割而非轉移。東部在君士坦丁堡建立帝
座,這時西部仍舊有皇帝定都在意大利,聲稱自己對軍團和行省享有同等
的繼承權利。雙重統治所造成的危險情勢,不僅損傷帝國實力,也醞釀對
立的惡行,增加一項可供壓迫和專制體系運用的工具。在狄奧多西墮落的
繼承人之間產生的競爭,不是以才能和功勳當標準,而是比奢華和頹廢的
生活。一個愛好自由的民族在遭遇極大的災禍時,會團結一心;但對衰亡
的王國而言,只會加速內部傾軋。阿卡狄斯和霍諾流斯的寵臣相互仇視,
把國家出賣給共同的敵人。拜占庭宮廷漠不關心甚至難掩喜悅之情,看待
羅馬的羞辱、意大利的災難和西部的喪失。在後續幾代的統治中,兩個帝
國恢復聯盟關係,但東部的羅馬人在給予援助時,一直保持拖延、遲疑和
應付的心態。希臘和拉丁兩個民族的分裂,因為永遠存在著語言、習俗、
利益和宗教的差異,最後變得水火不容。但若從另外的角度來看,這種事
態也產生有利的後果,證明君士坦丁的判斷非常正確,在長時間的衰敗過
程中,固若金湯的城池擊退蠻族的大軍,保護亞細亞的財富。不論平時還
是戰時,都能控制住連接黑海和地中海的重要海峽。建立君士坦丁堡的主
要著眼,有助東部的保存,並非導使西部滅亡。

　　宗教的終極目標是追求來生的幸福,要是聽到有人提到基督教的引入
和氾濫,對羅馬帝國的衰亡產生若干影響,也不必表示驚訝和氣憤。教士
不斷宣講忍耐和退讓的教義,奮發圖強的社會美德就會受到阻撓,連最後
一點尚武精神也埋葬在修道院。公家和私人財富中很大一部分,奉獻給慈
善事業和宗教活動,而且這種需索永無止境。士兵的薪餉浪費在成群無用
的男女身上,他們把齋戒和禁欲看成唯一可供讚揚的長處。信仰、熱誠、
求知、以及世俗才有的怨毒情緒和爭權野心,燃起神學爭論的火焰。教會
甚至國家都陷入宗教的派系傾軋之中,這種鬥爭極其慘烈且永遠無法和
解。皇帝的注意力從軍隊營地轉到宗教會議,羅馬世界遭到另一種嶄新形
式的暴政壓榨,受盡迫害的教派成為國家躲在暗處的敵人,然而朋黨的精
神無論多麼有害和荒謬,卻成為團結或分裂的基本原則。來自各地教會的
一千八百名主教,向一位有正教信仰的合法君主反覆灌輸絕對服從的理

念。他們經常舉行會議,不斷通信,使相距遙遠的教會保持密切連繫。正統教會在屬靈層次的聯盟,可以強化福音書的博愛精神,當然在某些方面也會加以制約。僧侶保持無所作爲的神聖性質,在一個奴性十足和牝雞司晨的時代倒是大受歡迎。但要是迷信不能提供一條安全的退路,產生種種敗德的惡行會誘使一無是處的羅馬人,出於更卑鄙的動機拋棄共和國的旗幟。宗教的訓示只要能滿足或肯定信徒的自然意向,信徒就會心甘情願的服從。基督教發揮真正純潔的影響力,可以從北部的蠻族入教者,產生有益的作用中去尋找。當然,其中還是有不盡如人意的地方。如果說君士坦丁的改信基督教加速羅馬帝國的衰亡,勝利的宗教卻減輕顛覆帶來的衝擊,緩和征服者殘暴的心態。

如此重大的變革對現在這個時代可以發生教誨的作用。愛國人士的職責完全是爲了增進本國的利益和榮譽,但一個哲學家應該有高瞻遠矚的眼光,把各種居民到達同樣教養和文化文平的歐洲視爲一個大共和國。權力的均勢繼續會發生高下的波動,本身和鄰近王國的繁榮會交替起伏,但局部的事態對整體的幸福狀況不會造成危害,也不會損及歐洲人及其殖民地,在藝術、法律和習性的體系方面,較之其他人類所占有優勢的地位。地球上的野蠻民族是文明社會的共同敵人,我們可能會帶著極爲關切的好奇心去探索,想要知道歐洲是否處於這些災難的威脅之下,這些災難在過去曾一再破壞羅馬的軍備和制度。或許進行同樣的思考,可以證實強大的帝國仍會倒下,也可以解釋確保安全應該注意下列的主要因素。

其一,羅馬人不知道所面臨的危險到何種程度,也不清楚有那些敵人。越過萊茵河和多瑙河,在歐洲和亞洲的北部地區,充滿無數狩獵和遊牧的民族,全都貧窮、貪婪且暴亂,兇狠好鬥,急著掠奪勤勞的成果。蠻族世界很快受到戰爭衝動的刺激,遙遠的中國發生變革會動搖高盧和意大利的和平,匈奴人從獲勝敵人面前逃走,轉向西方進軍。這股洶湧的洪流因俘虜和同盟的增加而聲勢日益浩大,那些被匈奴人擊敗後逃跑的部落,反而激起征戰的精神。無數蠻族隊伍用逐漸累積的力量壓向羅馬帝國,要是位於前列的戰士遭到消滅,留下的空位立刻有新來的攻擊者補充,勢不

可當的民族大遷移已不再是來自北方。長期的安寧一直歸於人口的增加，
實際上是工藝和農業進步的必然後果。日耳曼不再是一些簡陋的村落，散
布在森林和沼澤之中，現在可以提供一份名單，上面列著兩千三百個有城
牆的市鎮。丹麥、瑞典和波蘭先後建立基督教王國，漢斯（Hanse）同盟的
商人和條頓的騎士，沿著波羅的海海岸把殖民地一直建到芬蘭灣。俄羅斯
從芬蘭灣到東部海洋現在已經形成實力強大和文明進步的帝國，農業、手
工業和製造業被引進窩瓦河、鄂畢（Oby）河和勒那（Lena）河的兩岸地區，
連最兇狠的韃靼遊牧民族都受到教訓，只有降服歸順。完全自主的蠻族統
治限制在極為狹窄的範圍之內，卡爾木克人或稱烏茲別克人的殘部為數
有限，組成的軍隊對歐洲大共和國已不能構成威脅[5]。然而表面上的安
全不能讓我們忘記，新來的敵人和意料之外的危險，仍有可能在名不見經
傳的民族中出現，甚至所在的位置從世界地圖上都無法找到。阿拉伯人或
稱撒拉森人征服的地區從印度直到西班牙，過去一直在貧困和卑賤中過著
悲慘的生活，是穆罕默德在他們野蠻的軀體中注入狂熱的信仰。

　　其二，羅馬帝國牢牢建立在成員獨特而完美的聯合基礎上。臣服的民
族不僅放棄獨立的希望，甚至忘掉獨立的念頭，願意接受羅馬公民的身
分。蠻族把西部各行省強行從母體的懷中奪走，但這種團結要付出很高的
代價，那就是犧牲民族的自由權利和尚武精神才能獲得。有些依賴性很重
的行省缺乏活力和勇氣，靠著傭兵和總督來保護他們的安全，派駐的軍隊
和將領都聽從遙遠的宮廷發號施令。一億人的幸福為一、兩個人的行為所
支配，何況有的還只是孩子，他們的心靈為深宮的教育、奢侈的生活和專
制的權力所腐化敗壞。正是狄奧多西未成年的兒子和孫子在位期間，帝國
遭受最重大的傷害。這些無能的君王到達成年時，把教會丟給主教、國家

5　《韃靼譜系史》的英國和法國編者，對於當前的狀況增補一些引人入勝的敘述，
　　但是還不夠完美。中國人在1759年討伐弱小的布加里亞（Bucharia），前進到巴達
　　桑（Badakshan）地區，已經接近阿姆河的源頭，在完成對卡爾木克人的征服以後，
　　我們一直懷疑這些民族的獨立性。但是這種征服非常的不穩定，我也不敢說對中
　　華帝國的安全是否有所裨益。

丟給宦官、行省丟給蠻族。歐洲現在分爲十二個強大的王國，雖然面積大
小不一，還有三個頗受尊敬的聯邦和各式各樣較小但仍然獨立的國家。隨
著統治者人數的增加，君王和將相的才能更有發揮的機會。當阿卡狄斯和
霍諾流斯在波旁王朝的寶座上酣睡不醒時，有一位朱理安或塞米拉米斯在
北部統治。當政者彼此產生恐懼和感到羞恥，暴政的濫權行爲已經有所收
斂，有些共和國獲得秩序和穩定，君主國也能吸收自由與溫和的原則，就
是缺失甚多的制度也具有一些榮譽心和正義感，這是時代的風氣使然。平
時有很多活躍的敵手在爭強鬥勝，刺激知識和工業的進步。戰時的歐洲軍
事力量在比較有節制而不分勝負的鬥爭中，獲得練習的機會。要是一個野
蠻的征服者從韃靼人的沙漠裡崛起，必須連續擊敗俄羅斯身強力壯的農
民、日耳曼聲勢驚人的軍隊、法蘭西作戰勇敢的貴族和不列顛頑強剽悍的
戰士，他們或許會聯合起來進行共同防禦。縱然得勝的蠻族將奴役和破壞
帶到大西洋的邊上，會有一萬艘船隻裝上文明社會的殘餘部分，好逃脫他
們的追擊。現在的美洲世界全部是殖民地，歐洲就會在那裡靠著原有的制
度，重新恢復並且繁榮起來[6]。

其三，寒冷、窮困以及危險和勞累的生活，強化蠻族的力量和勇氣。
不論是在那個時代，他們一直欺壓講究禮節和愛好和平的中國人、印度人
和波斯人，這些民族從不在意要使軍事力量與自然財富保持均衡。古代黷
武好戰的國家像是希臘、馬其頓和羅馬，訓練出大批士兵，運用正常的操
作程序，鍛鍊他們的身體，加強他們的勇氣，倍增他們的戰力。他們把獲
得的鐵全部打製成強有力的武器。但這種優勢逐漸隨著他們的法律和習俗
而衰退，君士坦丁和繼承人的軟弱政策，把只知匹夫之勇的蠻族傭兵武裝
起來，教導他們作戰用兵之法，因此對帝國造成毀滅性的打擊。火藥的發
明改變了軍事技術，人類能夠控制自然界兩種最強大的能量，就是空氣與
火。數學、化學、機械和工程都用來爲戰爭服務，敵對雙方運用最複雜的

6　美國現在有六百萬歐洲血統的後裔，而且數量在北美還繼續增加。不論他們的政
　　治立場是否會有所改變，但是他們保持歐洲人的生活習慣。英國語文在這個人口
　　眾多的大洲傳播極爲迅速，更使我們感到高興。

攻擊和防禦方式進行交戰。歷史學家很氣憤的看到，準備一次圍攻作戰的費用足夠建立和維護一個繁榮的殖民地。然而也不能把覆滅一座城市看成費錢而又吃力的工作，就感到不高興，也不能因為勤勞的人民要靠著這種技術才能獲得保護，而感到不悅。這種技術只要存在，就能供應已衰退的軍事能力。現在為了對抗韃靼人馬隊，大砲和防禦工事成為無法超越的障礙。歐洲在將來肯定不會受到蠻族的侵襲，因為在蠻族能征服之前必須不再是野蠻人。戰爭科學之所以進步緩慢，因為要伴隨著和平時期的技術能力和國家政策的改進。以俄羅斯為例可以明顯看出，他們要能夠站在被征服的開化民族之前，而毫無羞愧之色。

要是這些看法認為可疑或不夠正確，還是可以找到等而下之的例證，使我們充滿希望獲得安慰。古代和現代的航海家，以及文明民族的歷史或傳說，都曾經提到真正的野蠻人，他們全身赤裸而心靈有如赤子，沒有法律、技藝、思想甚至語言[7]。或許原始和普遍狀況下的人類，便是從這種最低下的條件中逐步獲得發展，一直到能夠馴服動物、耕種土地、渡越海洋到觀察天象。他的智能和體力的改善和練習所獲得的進步，可以說包容的範圍很廣但並不平衡，開始時比較緩慢，隨後速度逐漸加快，經過多少世代辛勤努力向上攀登，隨後會出現迅速下滑的現象。地球上有幾個氣候帶感受到光明與黑暗的變遷情形，然而四千年的歷史經驗應該可以增加我們的希望，減少我們的恐懼。我們無法確知在邁向完美的過程中，究竟能夠到達何等高度，然而可以正確斷言，除非地球表面的自然環境有所改變，否則沒有一個種族會回復到原始的野蠻狀態。社會的進步可從三個方面加以觀察：其一，詩人和哲學家只靠本人的心靈發生作用，來說明他所處的時代和國家。但這種超凡入聖的理解力和想像力，非常稀有而且是自發性產物。要是憑著帝王的意志和學究的說教，就能創造出荷馬、西塞羅

7　產生詩人、哲學家和歷史學家的作品，是一件容易而又冗長沉悶的工作，因此我認為西拉庫斯（Siculus）的證詞不僅重要而且可信，自己也覺得非常滿意。伊克錫法吉（Icthyophagi）在他那個時代到紅海去遊歷，只能對新荷蘭（New Holland）的土著進行比較。當地的野蠻人不像想像中那樣落後，還是有一些技藝和工具。

和牛頓的天才，他們也不會讓人感到極爲羨慕。其二，法律和政策、貿易
和生產、技術和科學所帶來的利益更是實際而長久。許多人經由教育和訓
練，在各自的崗位上爲社會謀福利，但是這種整體架構是技藝和勞動的結
果，複雜的機器會因時間而耗損，爲暴力所摧毀。其三，最實用而且最起
碼的維生技術，不要高超的才能和民族的屈從，便能進行各種運作，也毋
須個人的特殊能力，或是眾人的團結合作，這對人類而言是何等幸運。每
一座村莊、每一個家庭以及每一個個體，都能獲得能力和意向，永遠保持
對火[8]和金屬的運用，知道繁殖和指使家畜，熟悉捕魚和狩獵，明瞭初步
的航行知識，大致清楚穀物的耕種，以及其他營養的獲得，能夠進行簡單
的交易。個人的才華和公眾的勤奮都可能絕滅殆盡，但這些堅強的植物能
忍受暴風雨的摧殘，在貧瘠的土壤裡札下永恆的根。奧古斯都和圖拉眞光
芒四射的時代，籠罩著無知的烏雲而黯然失色，蠻族就這樣顛覆羅馬的法
律和宮廷。但農神用鎌刀作爲象徵，仍舊年年在收割意大利的作物，康帕
尼亞的海岸再也不會重現里斯特里岡人（Laestrigons）的盛筵[9]。

　　自從這些維生技術被首次發現以來，戰爭、商業和宗教熱情成爲無價
之寶的禮物，便在舊世界和新世界的野蠻人中間傳送，會繼續散布，再也
不會消失。因此，我們大可以欣然接受這個可喜的結論：世界上每個時代
都爲人類增加財富、幸福、知識和德行[10]。

8　講起來讓人感到奇怪，還是有些民族不知道使用火，甚至是奧塔海提（Otaheite）靈
　　巧的土著。他們沒有金屬，也不會製造陶甕，所以不會用火煮食或加熱液體。
9　《奧德賽》第九和第十卷，荷馬對害怕和無知水手的故事加以美化，把意大利和
　　西西里的吃人肉者轉移到巨大的怪物身上。
10　發現者的功績經常爲貪婪、殘酷和宗教狂熱所沾染，民族之間的交流就會傳播疾
　　病和偏見。只有我國在這時代出於善意，算是很特殊的例外，在國王陛下的命令
　　之下，純粹爲著科學和人類的研究，著手進行五次重大的航行。這位君主在不同
　　的階段賜給社會莫大的恩典，他在首都建立一所美術學校，同時把對人類有益的
　　植物和動物，推廣到南海的島嶼。

英文索引簡表

說明：本簡表所列，各條目之數字，前者爲章次，後者爲節次。

中文索引簡表

說明：本簡表所列，各條目之數字，前者爲章次，後者爲節次。

羅馬帝國行政區圖

（314A.D.）

羅馬帝國行政區圖(314A.D.)

I　不列顛　　Britanniae
1　不列顛尼亞(一)　Britannia Prima I
2　不列顛尼亞(二)　Britannia Secunda II
3　弗拉維亞‧凱撒里斯　Flavia Caesariensis
4　馬克西瑪‧凱撒里斯　Maxima Caesariensis

II　高盧　　Gallaiae
5　盧格都尼斯(一)　　Lugdunensis Prima I
6　盧格都尼斯(二)　　Lugdunensis Secunda II
7　貝爾京(二)　Belgica Secunda II
8　貝爾京(一)　Belgica Prima I
9　日耳曼尼亞(二)　Germania Secunda II
10　日耳曼尼亞(一)　　Germania Prima I
11　西奎尼亞　Sequania

III　維尼昔斯　　Viennensis
12　阿奎塔尼卡(二)　Aquitanica Secunda II
13　阿奎塔尼卡(一)　Aquitanica Prima I
14　諾溫姆‧波普利　Novem Populi
15　納邦尼斯(一)　Narbonensis Prima I
16　維尼昔斯　Viennensis
17　納邦尼斯(二)　Narbonensis Secunda II
18　阿爾卑斯‧瑪里提摩　Alps Maritimae

IV　西班牙　　Hispaniae
19　格拉西亞　Gallaecia
20　塔拉康尼西斯　Tarraconensis
21　露西塔尼亞　Lustania
22　迦太基尼斯　Carthaginiensis

23 貝提卡　Baetica

24 茅利塔尼亞‧廷吉塔納　Mauretania Tingitania

V　阿非利加　Africa

25 茅利塔尼亞‧凱撒尼西斯　Mauretinia Caesariensis

26 茅利塔尼亞‧昔特芬斯　Mauretinia Sitifensis

27 努米底亞‧色廷昔斯　Numidia Cirtensis

28 努米底亞‧米利塔納　Numidia Militana

29 阿非利加直屬領地　Proconsularis

30 拜查西納　Byzacena

31 的黎波里　Tripolitanta

VI　意大利　Italia

32 阿爾卑斯‧格拉亞　Alps Graiae

33 阿爾卑斯‧科蒂亞　Alps Cottiae

34 雷蒂提亞(一)　Raetia Prima I

35 雷蒂提亞(二)　Raetia Secunda II

36 伊米利亞　Aemilia

37 威尼提亞　Venetia

38 利古尼亞　Liguria

39 弗拉米尼亞　Flaminia

40 科西嘉　Corsica

41 托斯卡與翁布里亞　Tuscia et Umbria

42 皮西隆　Picenum

43 薩丁尼亞　Sardinia

44 康帕尼亞　Campania

45 桑尼姆　Samnium

46 魯坎尼亞　Lucania

47 阿普里亞　Apulia

48 西西里　Sicilia

VII　潘農尼亞　Pannoniae

49 山地諾利孔　Noricum Ripense

50 濱黑諾特利孔　Noricum Mediterraneum

51 薩維亞　Savia

52 潘農尼亞(一)　Pannonia Prima I

53 潘農尼亞(二)　Pannonia Secunda II

54 華倫里亞　Valeria

55 達瑪提亞　Dalmatia

VIII　瑪西亞　Moesia

56 瑪西亞(一)　Moesia PrimaI

57 達西亞　Dacia

58 普拉瓦利塔納　Praevalitana

59 達達尼亞　Dardania

60 新伊庇魯斯　Epirus Nova

61 舊伊庇魯斯　Epirus Vetus

62 馬其頓　Macedonia

63 帖撒利亞　Thessalia

64 亞該亞　Achaea

65 因蘇拉　Insulae

IX　色雷西亞　Thracia

66 錫西厄　Scythia

67 瑪西亞(二)　Moesia Secunda II

68 色雷斯　Thracia

69 希米蒙都斯　Haemimontus

70 羅多普　Rhodope

71 歐羅帕　Europa

X　亞細亞納　Asiana

72 海倫斯坡都斯　Hellespontus

73 亞細亞　Asia

74 利底亞　Lydia

75 弗里基亞(一)　Phrygia Prima I

76 弗里基亞(二)　Phrygia Secunda II

77 卡里利　Caria

78 呂西亞　Lycia

79 披西底亞　Pisidia

XI 潘提卡　Pontica

80 俾西尼亞　Bithynia

81 帕夫拉果尼亞　Paphlagonia

82 蓋拉提亞　Galatia

83 狄奧潘達斯　Diospontus

84 本都・波里摩尼庫斯　Pontus Polemoniacus

85 小亞美尼亞　Armenia Minor

86 卡帕多西亞　Cappadocia

XII 東部地區　Oriens

87 上利比亞　Libya Superior

88 下利比亞　Libya Inferior

89 埃及・愛奧維亞　Aegyptus Iovia

90 埃及・赫庫利亞　Aegyptus Herculia

91 蒂貝伊　Thebais

92 阿拉伯(二)　Arabia Secunda II

93 阿拉伯(一)　Arabia Prima I

94 巴勒斯坦　Palaestina

95 腓尼基　Phoenicia

96 奧古斯都・利班尼斯　Augusta Libanensis

97 敘利亞　Syria

98 奧古斯都・幼發拉底昔斯　Augusta Euphratensis

99 奧斯浩尼　Osrhoene

100 美索不達米亞　Mesopotamia

101 西里西亞　Cilicia

102 艾索里亞　Isauria

103 克里特　Creta

104 塞浦路斯　Cyprus

大西洋

北海

日耳曼人

1 I
2
3
4
6 II
7 9
8 10
5 11
12 III
13
14
15
20
19
21 IV
22
23
24
25
26 27 29
28 30
31
32
33
34 35 49
36 37 50
38 39
16
17 18
VI
41 42
40 45
43 44 47
46
48
羅馬
地

0   500 km
0   300 miles

行政轄區界線
行省界線

羅馬帝國行政區 (314 A.D.)

聯經經典

羅馬帝國衰亡史 第三卷

2004年10月初版　　　　　　　　　　　　　定價：新臺幣580元
2016年8月初版第七刷
有著作權・翻印必究
Printed in Taiwan.

著　　　者	Edward Gibbon	
譯　　　者	席　代　岳	
總　編　輯	胡　金　倫	
總　經　理	羅　國　俊	
發　行　人	林　載　爵	

出　版　者	聯經出版事業股份有限公司	叢書主編	莊　惠　薰	
地　　　址	台北市基隆路一段180號4樓	校　　對	張　瀞　文	
台北聯經書房	台北市新生南路三段94號		李　隆　生	
電　　話	(0 2) 2 3 6 2 0 3 0 8	文字編輯	張　旭　宜	
台中分公司	台中市北區崇德路一段198號		張　鳳　真	
暨門市電話	(0 4) 2 2 3 1 2 0 2 3	封面設計	胡　筱　薇	
郵政劃撥帳戶第 0 1 0 0 5 5 9 - 3 號				
郵撥電話	(0 2) 2 3 6 2 0 3 0 8			
印　刷　者	世和印製企業有限公司			
總　經　銷	聯合發行股份有限公司			
發　行　所	新北市新店區寶橋路235巷6弄6號2F			
電　　話	(0 2) 2 9 1 7 8 0 2 2			

行政院新聞局出版事業登記證局版臺業字第0130號

本書如有缺頁，破損，倒裝請寄回台北聯經書房更換。　　ISBN　978-957-08-2773-6 (精裝)
聯經網址 http://www.linkingbooks.com.tw
電子信箱 e-mail:linking@udngroup.com

國家圖書館出版品預行編目資料

羅馬帝國衰亡史 第三卷 / Edward
Gibbon著 . 席代岳譯 .
--初版 . --臺北市：聯經，2004年
552面；17×23公分 . --（聯經經典）
譯自：The decline and fall of the Roman Empire
ISBN　978-957-08-2773-6（第三卷：精裝）
[2016年8月初版第七刷]

1.羅馬帝國-歷史-公元前31-公元476年
2.羅馬帝國-歷史-中古(476-1453)

740.222　　　　　　　　　　　93017874

現代名著譯叢

更詳細之簡介，請上聯經網站：http://www.linkingbooks.com.tw